Individualsanktionen des UN-Sicherheitsrates gegen Al Qaida und die Taliban

Beiträge zum nationalen und internationalen öffentlichen Recht
Herausgegeben von Prof. Dr. Burkhard Schöbener

Band 24

Zu Qualitätssicherung und Peer Review der vorliegenden Publikation

Die Qualität der in dieser Reihe erscheinenden Arbeiten wird vor der Publikation durch den Herausgeber der Reihe geprüft.

Notes on the quality assurance and peer review of this publication

Prior to publication, the quality of the work published in this series is reviewed by the editor of the series.

Mahdad Mir Djawadi

Individualsanktionen des UN-Sicherheitsrates gegen Al Qaida und die Taliban

Zum Spannungsverhältnis zwischen Sicherheit und individueller Freiheit im Mehrebenensystem von Völkerrecht, Europarecht und nationalem Verfassungsrecht

PL ACADEMIC RESEARCH

Bibliografische Information der Deutschen Nationalbibliothek
Die Deutsche Nationalbibliothek verzeichnet diese Publikation in der DeutschenNationalbibliografie; detaillierte bibliografische Daten sind im Internet über http://dnb.d-nb.de abrufbar.

Zugl.: Köln, Univ., Diss., 2015

D 38
ISSN 1613-8406
ISBN 978-3-631-67092-7 (Print)
E-ISBN 978-3-653-06344-8 (E-Book)
DOI 10.3726/978-3-653-06344-8

PL Academic Research ist ein Imprint der Peter Lang GmbH.

Peter Lang – Frankfurt am Main · Bern · Bruxelles · New York · Oxford · Warszawa · Wien

Diese Publikation wurde begutachtet.

www.peterlang.com

Für Dimitra

Vorwort

Die vorliegende Arbeit wurde im Sommersemester 2015 von der Rechtswissenschaftlichen Fakultät der Universität zu Köln als Dissertation angenommen. Rechtsnormen, Literatur und Rechtssprechung konnten bis Ende 2013 berücksichtigt werden.

Mein erster Dank gilt meinem Doktorvater, Herrn Professor Dr. Burkhard Schöbener, der die Anregung zu dem Thema gab und mir eine vortreffliche Betreuung zuteilwerden ließ. Für die akademische Freiheit, die er mir als Mitarbeiter seines Lehrstuhls während der Anfertigung der Dissertation gewährt hat, sowie sein beständiges Fordern und Fördern bin ich ihm zu tiefstem Dank verpflichtet. Herrn Professor Dr. Bernhard Kempen danke ich herzlich für die zügige und wohlwollende Erstellung des Zweitgutachtens.

Danken möchte ich auch allen Mitarbeiterinnen und Mitarbeitern des Lehrstuhls für Öffentliches Recht, Völker- und Europarecht der Universität zu Köln für die vertrauensvolle und herzliche Form der Zusammenarbeit. Für die Übernahme der Korrekturarbeiten gilt Frau Nathalie Staratschek, Herrn Dr. Christian Baudewin, Herrn Markus Jobst und Herrn Dr. Martin Winkler mein tiefster Dank. Danksagen möchte ich auch dem Auswärtigen Amt für die großzügige finanzielle Unterstützung bei der Publikation der Arbeit.

Besonderer Dank gilt meinen Eltern, meinem Bruder und vor allem meiner Frau, für ihre tatkräftige Unterstützung, ihren unerschütterlichen Rückhalt und ihre unermüdliche Geduld. Sie haben die Arbeit erst ermöglicht.

Köln, im September 2015 Mahdad Mir Djawadi

Inhaltsübersicht

Inhaltsverzeichnis

Abkürzungsverzeichnis

abgedr.	abgedruckt
AEMR	Allgemeine Erklärung der Menschenrechte
AEUV	Vertrag über die Arbeitsweise der Europäischen Union
AFDI	Annuaire Francais de Droit International
AJIL	American Journal of International Law
AJPIL	Austrian journal of public and international law
Am. Soc'y Int'l L. Proc.	American Society of International Law Proceedings
AMRK	Amerikanische Menschenrechtskonvention
AöR	Archiv des öffentlichen Rechts
AWG	Aussenwirtschaftsgesetz
AVR	Archiv des Völkerrechts
AWG	Außenwirtschaftsgesetz
AWV	Außenwirtschaftsverordnung
AYIL	The Australian yearbook of international law
BDGV	Berichte der Deutschen Gesellschaft für Völkerrecht
BeckRS	Beck-Rechtsprechung
ber.	bereinigt
BGBl.	Bundesgesetzblatt
BVerfG	Bundesverfassungsgericht
BVerfGE	Entscheidungen des Bundesverfassungsgerichts
CHRLR	Columbia Human Rights Law Review
CILIP	Bürgerrechte und Polizei
CJIL	Connecticut Journal of International Law
CLJ	The Cambridge Law Journal
CTC	Counter Terrorism Committee
DJILP	The Denver Journal of International Law and Policy
DÖV	Die öffentliche Verwaltung
DVBl.	Deutsches Verwaltungsblatt
EA	Europa Archiv
EFA Rev.	European Foreigns Affairs Review
EGV	Vertrag zur Gründung der Europäischen Gemeinschaft
E.H.R.L.R:	European Human Rights Law Review
EJIL	European Journal of International Law
ELR	European Law Reporter
E.L. Rev.	European Law Review
EU	Europäische Union
EuG	Europäisches Gericht erster Instanz
EuGH	Europäischer Gerichtshof
EuGRZ	Europäische Grundrechte-Zeitschrift
EuR	Europarecht (Zeitschrift)

Eur.J.Crime.Cr.J.	European Journal of Crime, Criminal Law and Criminal Justice
EUV	Vertrag über die Europäische Union (Lissabon)
EUV a.F.	alte Fassung des Vertrags über die Europäische Union
EuZW	Europäische Zeitschrift für Wirtschaftsrecht
EWS	Europäisches Wirtschafts- und Steuerrecht
FAZ	Frankfurter Allgemeine Zeitung
FP	Fakultativprotokoll
GASP	Gemeinsame Sicherheits- und Aussenpolitik
GJICL	Georgia journal of international & comparative law
GS	Gemeinsamer Standpunkt innerhalb der GASP
GV-Res.	Resolution der UN-Generalversammlung
GYIL	German yearbook of international law
Harv. Int'l L.J.	Harvard international law journal
HHRJ	Harvard human rights journal
Hous. J. Int´l L.	Houston Journal of International Law
HRC-Res.	Resolutionen des UN-Menschenrechtsrates (Human Rights Council)
HRLR	Human Rights Law Review
HRQ	Human rights quarterly
HRRS	Online Zeitschrift für Höchstrichterliche Rechtsprechung im Strafrecht
I.L.M.	International Legal Materials
i. S. d.	im Sinne des
ICLQ	International & comparative law quarterly
ICLQ	International and Comparative Law Quarterly
ICTR	International Criminal Tribunal for Rwanda
ICTY	International Criminal Tribunal for the former Yugoslavia
IGH	Internationaler Gerichtshof
IJHR	International Journal of Human Rights
ILM	International Legal Materials
IOLR	International Organisations Law Review
IP	Internationale Politik
IPWSKR	Internationaler Pakt über wirtschaftliche, soziale und kulturelle Rechte
JA	Juristische Arbeitsblätter
JBÖS	Jahrbuch Öffentliche Sicherheit
JICJ	Journal of international criminal justice
JIHR	Northwestern Journal of International Human Rights
JuS	Juristische Schulung
JZ	Juristenzeitung
KJ	Kritische Justiz
LCP	Law and Contemporary Problems

Leiden J. Int'l. L.	Leiden Journal of International Law
LoyLAICLJ	Loyola of Los Angeles International and Comparative Law Journal
Mich. J. Int'l L.	Michigan journal of international law
MJECL	Maastricht Journal of European and Comparative Law
MPEPIL	Max Planck encyclopedia of public international law
MPYUNL	Max Planck yearbook of United Nations law
MRA	UN-Menschenrechtsausschuss
MRM	MenschenRechtsMagazin
New Engl. L. Rev.	New England Law Review
NJIL	Nordic Journal of International Law
NJW	Neue Juristische Wochenschrift
NVwZ	Neue Zeitschrift für Verwaltungsrecht
NYIL	Netherlands yearbook of international law
ÖJZ	Österreichische Juristen-Zeitung
OVG	Oberverwaltungsgericht
PJZ	Polizeiliche und Justizielle Zusammenarbeit
resp.	respektive
RGDIP	Revue générale de Droit international public
RICR	Revue international de la Croix Rouge
Rs.	Rechtssache
RuP	Recht und Politik
S. Ill. U.L.J	Southern Illinois University Law Journal
Sart. II	Sartorius II
SR-Res.	Sicherheitsratsresolution
SR-Res.	Sicherheitsratsresolution
StrFo	Strafverteidigerforum
StV	Der Strafverteidiger
SZ	Süddeutsche Zeitung
UAbs.	Unterabsatz
Utrecht J Int'l & Eur L	Utrecht Journal of International and European Law
Urt. v.	Urteil vom
VG	Verwaltungsgericht
VO	Verordnung
WiVerw	Wirtschaft und Verwaltung
YEL	Yearbook of European Law
ZaöRV	Zeitschrift für ausländisches öffentliches Recht und Völkerrecht
ZEuS	Zeitschrift für europarechtliche Studien
ZG	Zeitschrift für Gesetzgebung
ZIB	Zeitschrift für internationale Beziehungen
ZÖR	Zeitschrift für öffentliches Recht
ZRP	Zeitschrift für Rechtspolitik
ZStW	Zeitschrift für die gesamte Strafrechtswissenschaft

Einleitung: Die Problematik des Erlasses von Individualsanktionen nach dem Sanktionsregime der SR-Res. 1267/1999

„Jemand musste Josef K. verleumdet haben, denn ohne dass er etwas Böses getan hätte, wurde er eines Morgens verhaftet." Mit diesen Worten beginnt Kafkas berühmter Roman „Der Process", in dem sich der Protagonist mit einem Mal als Beschuldigter eines obskuren Verfahrens wiederfindet. Über die konkret gegen ihn erhobenen Vorwürfe wird er bis zuletzt nichts in Erfahrung bringen können. Seine Verteidigungsversuche bleiben dementsprechend verzweifelt und erfolglos. Am Ende kostet K. das Verfahren sogar sein Leben.

Vielen Personen, die zu Unrecht zu Adressaten des 1267er-Sanktionsregimes[1] des UN-Sicherheitsrates gemacht wurden, dürfte die im Roman beschriebene Verzweiflung K.'s bekannt vorkommen. Dies hängt mit Inhalt und Ausgestaltung des Sanktionsregimes zusammen. Beides lässt sich – zusammen mit den hieraus resultierenden rechtlichen Problemen – am einfachsten am Beispiel der Kadi/Yusuf-Urteile von EuG[2] und EuGH[3] darstellen.[4]

---

1 Das hier zu untersuchende Individualsanktionsregime wurde mit der SR-Res. 1267/1999 v. 15.10.1998 errichtet und durch mehrere Folgeresolutionen erweitert und modifiziert. Zur sprachlichen Erleichterung wird es fortan als „1267er-Sanktionsregime" bzw. als „Sanktionsregime der Res. 1267" bezeichnet.

2 EuG, Urteile v. 21. 09.2005, Rs. T-315–01 (Kadi/Rat und Kommission), Slg. 2005, II-3649; Rs. T-306/01, (Yusuf und Al Barakaat/Rat und Kommission), Slg. 2005, II-3533. Aus der umfangreichen Literatur zu den Urteilen s. nur *Tomuschat*, CML Rev. 43 (2006), 537 ff.; *Hörmann*, AVR 44 (2006), 267 ff.; *v. Arnauld*, AVR 44 (2006), 201 ff.; *Steinbarth*, ZEuS 2006, 269 ff.; *Schmalenbach*, JZ 2006, 349 ff.; *Kotzur*, EuGRZ 2006, 19 ff.; *Schmahl*, EuR 2006, 566 ff.; *Möllers*, EuR 2006, 426 ff.; *Harings*, EuZW 2005, 705; *Bartelt/Zeitler*, EuZW 2003, 712 ff.; *Lavranos*, EFA Rev. 2006, 471 ff.; *Nettesheim*, CML Rev. 44 (2007), 567, 573 ff.; *Karayigit*, Legal Issues of Economic Integration 33 (2006), 379 ff.; *Bainham*, CLJ 65 (2006), 281 ff.

3 EuGH, Urteil v. 03.09.2008, in den verbundenen Rs. C-402/05 P (Kadi/Rat und Kommission) und C-415/05 P (Al Barakaat/Rat und Kommission), Slg. 2008, I-06351. S. hierzu statt vieler *Kämmerer*, EuR 2009, 114 ff.; *Ohler*, EuZW 2008, 630 ff.; *Schmalenbach*, JZ 2009, 35 ff.; *Menz/Scholz*, Eur.J.Crime.Cr.J. 2009, 61, ff.; *Heun-Rehn*, European Law Reporter 2008, 322 ff.; *Schneider/Pfeiffer*, Humanitäres Völkerrecht 2009, 4 ff.; *Witte*, ÖstZöffR 67 (2012), 679 ff.; *Fassbender*, DÖV 2010, 333 ff.; *Sauer*, NJW 2008, 3685 ff.; *Johnston*, CLJ 68 (2009), 1 ff.

4 Beide Sachverhalte wurden durch Beschluss des EuG miteinander verbunden, s. dazu Rn. 66 der unter Fn. 2 aufgeführten Urteile.

In beiden Verfahren stand die Rechtmäßigkeit einer Verordnung der damaligen Europäischen Gemeinschaft (EG)[5] zur Diskussion, die zur Umsetzung des 1267er-Sanktionsregimes erlassen worden war. Dieses Sanktionsregime hatte der Sicherheitsrat mit der SR-Res. 1267/1999 zur Bekämpfung der von Al Qaida und den Taliban ausgehenden terroristischen Gefahr errichtet. Hierbei setzt ein dem Sicherheitsrat unterstellter Sanktionsausschuss die Namen von Personen und Organisationen, die verdächtig sind, Verbindungen zu Al Qaida bzw. den Taliban zu unterhalten, auf eine Sanktionsliste (sog. *Black List*). Die an eine Listung anknüpfenden Sanktionen bestehen neben weitgehenden Einschränkungen der Reisefreiheit und einem Waffenembargo in einer umfassenden finanziellen Sanktionierung der Zielpersonen. Deren Gelder und sonstige wirtschaftliche Ressourcen werden bis auf das für die Bestreitung des Lebensunterhalts Notwendige[6] für unbestimmte Zeit eingefroren (sog. *freezing assets*). Diese Maßnahmen haben eine beträchtliche Reichweite. So fallen unter den Begriff der Gelder

> *„finanzielle Vermögenswerte oder wirtschaftliche Vorteile jeder Art einschließlich von — aber nicht beschränkt auf — Bargeld, Schecks, Geldforderungen, Wechsel, Geldanweisungen oder andere Zahlungsmittel, Guthaben bei Finanzinstituten oder anderen Einrichtungen, Guthaben auf Konten, Schulden und Schuldverschreibungen, öffentlich und privat gehandelte Wertpapiere und Schuldtitel einschließlich Aktien und Anteilen, Wertpapierzertifikate, Obligationen, Schuldscheine, Optionsscheine, Pfandbriefe, Derivate; Zinserträge, Dividenden oder andere Einkünfte oder Wertzuwächse aus Vermögenswerten; Kredite, Rechte auf Verrechnung, Bürgschaften, Vertragserfüllungsgarantien oder andere finanzielle Zusagen; Akkreditive, Konnossemente, Sicherungsübereignungen, Dokumente zur Verbriefung von Anteilen an Fondsvermögen oder anderen Finanzressourcen und jedes andere Finanzierungsinstrument für Ausfuhren“*[7],

und unter den sonstigen wirtschaftlichen Ressourcen

> *„Vermögenswerte jeder Art, unabhängig davon, ob sie materiell oder immateriell und beweglich oder unbeweglich sind, die keine Gelder sind, aber für den Erwerb von Geldern, Waren oder Dienstleistungen verwendet werden können.“*[8]

Das Einfrieren von Geldern ist gleichzusetzen mit

---

5 Die EG ist mittlerweile in der Europäischen Union aufgegangen.

6 Das 1267er-Sanktionsregime sieht Ausnahmen von den Finanzsanktionen vor, u. a. werden auf Antrag der Sanktionsadressaten Finanzmittel zum Bestreiten des Lebensunterhalts freigegeben. Ausführlich hierzu Teil II, Kap. 1 § 2 B IV 1.

7 So Art. 1 Nr. 1 der EU-Verordnung 881/2002, die zur Umsetzung des Sanktionsregimes erlassen worden ist und exemplarisch zur Konkretisierung der Sanktionsmaßnahmen herangezogen werden kann. S. dazu *Schulte*, Der Schutz individueller Rechte gegen Terrorlisten, 69.

8 Art. 1 Nr. 2 der VO 881/2002.

> *„der Verhinderung jeglicher Form von Bewegungen, Transfers, Veränderungen, Verwendung von Geldmitteln und Handel mit ihnen, die deren Volumen, Beträge, Belegenheit, Eigentum, Besitz, Eigenschaften, Zweckbestimmung verändern oder andere Veränderungen bewirken, mit denen eine Verwendung der Gelder einschließlich der Vermögensverwaltung ermöglicht wird“*;[9]

das von wirtschaftlichen Ressourcen mit

> *„der Verhinderung ihrer Verwendung für jeden Erwerb von Geldern, Waren oder Dienstleistungen, einschließlich von – aber nicht beschränkt auf – den Verkauf, das Vermieten oder das Verpfänden dieser Ressourcen.“*[10]

Spiegelbildlich zu diesen Einfrierungsmaßnahmen ist es Dritten verboten, gelisteten Personen oder Gruppierungen Gelder oder sonstige wirtschaftliche Ressourcen zur Verfügung zu stellen. Damit werden Letztere im Ergebnis quasi vollständig vom rechtsgeschäftlichen Verkehr abgeschnitten.[11] Ziel dieses Vorgehens ist es, die Finanzquellen von Al Qaida und den Taliban auszutrocknen. Dadurch sollen beide Gruppierungen ihrer Handlungsfähigkeit beraubt werden. Die Liste der verdächtigten Personen wird durch den Sanktionsausschuss veröffentlicht und in bestimmten Zeitintervallen aktualisiert.[12]

Ursprünglich richtete sich das vom Sicherheitsrat initiierte Sanktionsregime allein gegen die Taliban, die zu jener Zeit fast ganz Afghanistan unter ihre Herrschaft gebracht hatten. Diese sollte zur Auslieferung von Osama Bin Laden gezwungen werden, der seit Anfang der 1990er Jahre mit verschiedenen Terroranschlägen auf amerikanische Einrichtungen in Verbindung gebracht wurde. Die Erweiterung der Sanktionen auf Mitglieder von Al Qaida und ihre Verbündeten erfolgte erst zu einem späteren Zeitpunkt[13] und hatte zunächst nur ergänzende Funktion. Mit dem Sturz des Taliban-Regimes durch die von den USA angeführten internationalen Streitkräfte Ende 2001 entfiel der territoriale Bezugspunkt des Sanktionsregimes zu Afghanistan. Seitdem liegt sein Fokus auf der globalen Bekämpfung von Al Qaida und deren Anhängern.[14]

Die vom Sicherheitsrat verhängten Sanktionen wirken nicht unmittelbar gegenüber den Zielpersonen; sie bedürfen dazu der Umsetzung durch die UN-Mitgliedstaaten. Diese haben die Sanktionslisten zu übernehmen und die vorgegebenen

---

9 Art. 1 Nr. 3 der VO 881/2002.

10 Art. 1 Nr. 4 der VO 881/2002.

11 Instruktiv zu den einzelnen Folgen einer Sanktionierung am Beispiel des deutschen Rechts *Meyer/Macke*, HRRS 2007, 445.

12 Die aktuelle Liste kann auf der Homepage des Sanktionsausschusses unter http://www.un.org/sc/committees/1267/consolist.shtml abgerufen werden (Letzter Aufruf am 31.12.2013).

13 Mit der SR-Res. 1333/2000 v. 19.12.2000, dazu ausführlich Teil II, Kap. 1 § 2 B II.

14 SR-Res. 1390/2002 v. 28.01.2002, dazu ausführlich Teil II, Kap. 1 § 2 B III.

Sanktionsmaßnahmen durchzuführen.[15] In Europa besteht die Besonderheit, dass die Finanzsanktionen – die den Kern der Sanktionsregimes ausmachen – durch die EU und nicht durch deren Mitgliedstaaten umgesetzt werden. Diese erließ dazu zunächst einen gemeinsamen Standpunkt im Rahmen der Gemeinsamen Außen- und Sicherheitspolitik (GASP), der als Grundlage für eine entsprechende Sanktionsverordnung der damaligen Europäischen Gemeinschaft[16] diente.[17] Ebendiese Sanktionsverordnung wurde von den Klägern KADI[18] und YUSUF[19]/AL-BARAKAAT[20] im Rahmen einer Individualbeschwerde nach Art. 230 Abs. 4 EGV[21] angegriffen.[22] Sie befanden sich allesamt auf der Sanktionsliste des Sicherheitsrates und wurden dementsprechend von

15 Die Verpflichtung der Mitgliedstaaten zur Umsetzung der vom Sicherheitsrat erlassenen friedenssichernden Maßnahmen ergibt sich aus den Artt. 25, 48 UN-Charta. Weiterführend hierzu Teil II, Kap. 1 § 2 A II.

16 Jetzt EU.

17 Ausführlich zum Umsetzungsverfahren in der EU Teil II, Kap. 2 § 1. Vgl. zum alten Recht auch *Brandl*, AVR 38 (2000), 376; *Meng*, ZaöRV 42 (1982), 780 ff.; *Zeleny*, ZÖR 1997, 197 ff.

18 HERR KADI ist ein international tätiger Geschäftsmann saudi-arabischer Staatsangehörigkeit mit erheblichen finanziellen Interessen in der Europäischen Union. So Rn. 136 des EuG-Urteils v. 21.09.2005, Rs. T-315–01 (Kadi/Rat und Kommission), Slg. 2005, II-3649.

19 Bei Herrn Yusuf handelt es sich um einen schwedischen Staatsbürger somalischer Herkunft, so Rn. 41 des EuG-Urteils v. 21.09.2005, Rs. T-306/01, Slg. II-3533.

20 DIE AL BARAKAAT FOUNDATION ist eine Vereinigung schwedischen Rechts ohne Erwerbszweck, die laut Satzung erzieherische, soziale und kulturelle Unterstützung sowie Flüchtlingshilfe leistet. Nach ihrer Satzung erleichtert sie den Transfer von Geldern zwischen Schweden und Somalia durch ein System, das den Mängeln des Bankensystems abhelfen soll. Demgemäß hinterlegen in Schweden lebende Personen somalischer Herkunft, die Gelder an Verwandte oder nahestehende Personen in Somalia überweisen wollen, diese Gelder bei der AL BARAKAAT FOUNDATION. Diese sendet sodann eine elektronische Nachricht an eine Vertrauensperson in Somalia, die mit der Zahlung an die Empfänger beauftragt ist. Die in Schweden eingezahlten Gelder werden über schwedische Geldinstitute an die AL BARAKAAT Bank in den Vereinigten Arabischen Emiraten überwiesen. Die AL BARAKAAT FOUNDATION erhebt auf die Überweisungen eine Provision von 5 % und führt ihrerseits eine Provision von 3,5 % an die AL BARAKAAT Bank ab. So Rn. 28 des Beschlusses des Präsidenten des Gerichts Erster Instanz vom 07.05. 2002 in der Sache YUSUF/AL BARAKAAT, Rs. T-306/01 R, Slg. 2002 Seite II-02387. Die Organisation gehörte damit einem HAWALA-Netzwerk an. Mit dem arabischen Wort HAWALA wird ein gerade in Asien weitverbreitetes informelles System zum Transfer von Geldern bezeichnet. Weitergehend hierzu Fn 1298.

21 Jetzt Art. 263 Abs. 4 AEUV.

22 Zur Vereinfachung ist im Folgenden nur vom ersten KADI-Urteil bzw. von den ersten KADI-Urteilen die Rede.

der EU[23] mit Sanktionen belegt.[24] Hierdurch sahen sie sich in ihrer Eigentumsfreiheit sowie in ihren Rechten auf rechtliches Gehör und effektiven Rechtsschutz verletzt.

Das in erster Instanz zuständige EuG wies beide Klagen als unbegründet ab.[25] Es weigerte sich, die Rechtmäßigkeit der angegriffenen Sanktionsverordnung am Maßstab der Gemeinschaftsgrundrechte zu prüfen, weil es dadurch zu einer unzulässigen Inzidentprüfung der inhaltsgleichen Sanktionsresolutionen gekommen wäre. Verbleibe der Gemeinschaft bei der Umsetzung von Rechtsakten des Sicherheitsrates kein eigener Spielraum, könne die Rechtmäßigkeit der von ihr erlassenen Maßnahmen lediglich am Maßstab des *ius cogens* überprüft werden. Unter das ius cogens fallen die zwingenden Normen des Völkerrechts, von denen die Völkerrechtssubjekte wegen ihrer grundlegenden Bedeutung unter keinen Umständen abweichen dürfen.[26] Zur Begründung führt das EuG aus, dass auch der Sicherheitsrat an das ius cogens gebunden sei und in diesem Bereich einer inzidenten Rechtskontrolle durch das Gericht unterliege. Einen von der Sanktionsverordnung ausgehenden ius cogens-Verstoß verneinte es jedoch.

Die Rechtsprechung des EuG ist in der Wissenschaft zum Teil auf Zustimmung[27], zum Teil aber auch auf harsche Kritik gestoßen.[28] Bemängelt wurde insbesondere, dass die betroffenen Individuen durch das Urteil praktisch rechtsschutzlos gelassen würden. Der Sonderermittler des Europarates MARTY bezeichnete die Sanktionslisten gar als „*zivile Todesstrafe*“ und monierte, dass ein „*Serienkiller heutzutage mehr Rechte*“ hätte „*als ein Mensch, der auf einer Terrorliste steht.*“[29]

---

23 Genauer von der damaligen Europäischen Gemeinschaft (EG).

24 Ursprünglich hatten neben Herrn Yusuf die Herren Aden und Abdi, deren Namen ebenfalls für eine gewisse Zeit auf der Sanktionsliste geführt worden waren, vor dem EuG geklagt. Herr Abdi war ebenso wie Herr Yusuf bei der Al Barakaat Foundation als Manager tätig gewesen, s. dazu Rn. 27 des Beschlusses des Präsidenten des Gerichts Erster Instanz vom 7. Mai 2002 in der Sache Yusuf/Al Barakaat, Rs. T-306/01 R, Slg. 2002 Seite II-02387. Nach Intervention der schwedischen Regierung beim Sanktionsausschuss wurden Herr Aden und Herr Abdi aber von der Liste gestrichen und zogen als Reaktion hierauf kurze Zeit später ihre Klagen vor dem EuG zurück. Ausführlich zu den schwedischen Delistungsbemühungen *Cramér*, in: *de Wet/Nollkaemper* (Hrsg.), Review of the Security Council by member states, 85 ff.

25 Ausführlich zur Urteilsbegründung des EuG Teil II Kap. 2 § 2 I.

26 *Heintschel von Heinegg*, in: *Ipsen* (Hrsg.), Völkerrecht, § 15 Rn. 36; *Doehring*, Völkerrecht, Rn. 299.

27 Vgl. statt vieler *Aust/Naske*, ZÖR 2006, 587; *Tietje/Hamelmann*, JuS 2006, 299; *Steinbarth*, ZEuS 2006, 269.

28 Vgl. statt vieler *Lavranos*, NJIL 78 (2009), 343; *Payandeh*, ZaöRV 66 (2006), 41; *Bartelt/Zeitler*, EuZW 2003, 712; *Schmalenbach*, JZ 2006, 349. Vgl. auch *Fassbender*, AöR 132 (2007), 257; *Wessel*, IOLR 2006, 1 ff.

29 Bei der Vorstellung seines Berichts zu den Sanktionslisten am 16.11.2007 in Paris, s. dazu den Bericht in der *Süddeutschen Zeitung* v. 12.11.2007, abrufbar unter http://www.sueddeutsche.de/politik/2.220/dick-marty-bericht-zu-terrorlisten-zivile-todesstrafe-1.344886 (letzter Aufruf 31.12.2013).

Mit großer Spannung wurde daher das Berufungsurteil des EuGH erwartet, das dieser am 03.09.2008 erließ. Darin hob der Gerichtshof die vorinstanzlichen Urteile des EuG auf.[30] Den Empfehlungen des GAs Maduro in seinen Schlussanträgen folgend[31], erklärte er unter Betonung der Eigenständigkeit des Gemeinschaftsrechts, dass Rechtsakte der Gemeinschaft zur Umsetzung verbindlicher Sicherheitsratsresolutionen auch dann vollumfänglich auf ihre Vereinbarkeit mit den Gemeinschaftsgrundrechten zu prüfen seien, wenn der Gemeinschaft bei ihrer inhaltlichen Ausgestaltung kein eigener Gestaltungsspielraum verbleibe.[32] Durch die angegriffene Sanktionsverordnung würden die Kläger in ihren Verteidigungsrechten, ihrem Recht auf effektiven gerichtlichen Rechtsschutz sowie in ihrer Eigentumsfreiheit verletzt, weil sie über die gegen sie erhobenen Vorwürfe nicht ausreichend aufgeklärt werden würden und sich dadurch nicht effektiv verteidigen könnten. Gleichzeitig jedoch hat der Gerichtshof den Erlass von Individualsanktionen als vom Prinzip her rechtmäßig anerkannt.

Mittlerweile hat der Sicherheitsrat auf das 1. Kadi-Urteil des EuGH[33] reagiert und mit der SR-Res. 1904/2009[34] einige Änderungen am Sanktionsregime vorgenommen, mit denen er die vom Gerichtshof geäußerten rechtsstaatlichen Bedenken auszuräumen versucht. So hat er eine Ombudsperson berufen, die von nun an die Delistungsanträge von Individuen annimmt, alle für die Entscheidung relevanten Informationen inhaltlich aufbereitet und dem Sanktionsausschuss eine Beschlussempfehlung vorlegt. Bereits zuvor wurde die Transparenz des Listungsverfahrens erhöht; außerdem unterliegt der Sanktionsausschuss bei seiner Entscheidungsfindung von nun an festen Zeitlimits. Die Problematik des Erlasses von Individualsanktionen ist damit aber immer noch nicht gelöst.

Der Sanktionsausschuss besitzt weiterhin die Möglichkeit, auf Verdacht und ggf. über Jahre hinweg, ohne vorherige unabhängige Prüfung, Grundrechte von Personen wegen deren mutmaßlicher Verstrickung in terroristische Aktivitäten in erheblichem Maße einzuschränken. Nachdem feststeht, dass die entsprechenden Umsetzungsakte der EU vollständig am Maßstab der EU-Grundrechte zu messen sind, müssen nunmehr vor allem die exakten Grenzen bestimmt werden, die sich aus der Anwendung dieser Rechte ergeben. Trifft die Auffassung des EuGH zu, wonach das Sanktionsregime grundsätzlich mit den Unionsgrundrechten[35] vereinbar ist? Falls nicht, stellt sich die Frage, inwieweit nationale Gerichte – wie z.B. das

---

30 EuGH, Urt. v. 03.09.2008, Verbundene Rs. C-402/05 P und C-415/05 P, Slg. 2008, I-06351. S. hierzu *Kämmerer*, EuR 2009, 114 ff.; *Ohler*, EuZW 2008, 630 ff.; *Schmalenbach*, JZ 2009, 35 ff.

31 EuGH, Rs. C-402/05 P (Kadi/Rat und Kommission) Schlussanträge vom 16.01.2008; Rs. C-415/05 P, (Al Barakaat/Rat und Kommission), Schlussanträge vom 23.01.2008.

32 Ausführlich zum Urteil Teil II Kap. 2 § 2 II.

33 Mittlerweile haben EuG und EuGH jeweils ein 2. Kadi-Urteil erlassen, s. hierzu Teil II Kap. 2 § 2 B III.

34 V. 17.12.2009.

35 Jetzt Unionsgrundrechten.

Bundesverfassungsgericht – oder eine internationale Menschenrechtsinstitution – wie der Europäische Gerichtshof für Menschenrechte (EGMR) – entsprechende Defizite ausgleichen könnten.[36] Die jeweils ersten KADI-Urteile von EuG und EuGH bieten zudem Anlass, das Verhältnis von UN-Charta und EU-Recht näher zu beleuchten. Gleiches gilt für das Verhältnis von Charta- und nationalem Recht.

Der Schwerpunkt der Arbeit liegt indes auf der Frage der völkerrechtlichen Rechtmäßigkeit des Sanktionsregimes.[37] Von besonderem Interesse ist in diesem Zusammenhang, ob der Sicherheitsrat überhaupt Sanktionsmaßnahmen gegen nichtstaatliche Akteure erlassen darf, und falls ja, welchen Menschenrechtsbindungen er hierbei unterliegt.[38] Beide Aspekte geben zudem Anlass, sich allgemein mit den Konsequenzen rechtswidriger Sicherheitsratsresolutionen und den bestehenden Möglichkeiten einer Rechtskontrolle seines Handelns zu befassen.[39]

36 Dazu Teil V.
37 Teil III Kap. 3.
38 Teil III. Kap. 4 und 5.
39 Teil III. Kap. 6.

Teil I: Allgemeine Grundlagen zum Erlass von Sanktionen durch den Sicherheitsrat

Das Kernstück des 1267er-Sanktionsregimes bildet die wirtschaftliche Sanktionierung terrorverdächtiger Personen. Dies wirft zunächst die Frage nach Begriff und Formen von Wirtschaftssanktionen im Völkerrecht auf (Kap. 1). Im Anschluss hieran wird das Sanktionsregime in die bisherige Sanktionspraxis des Sicherheitsrates eingeordnet (Kap. 2).

Kapitel 1: Begriff und Formen von Wirtschaftssanktionen

§ 1: Der Begriff der Sanktion

Zu klären ist zunächst der völkerrechtliche Sanktionsbegriff an sich. Er wird nicht einheitlich verwendet, viele (hier nicht weiter interessierende) Einzelheiten sind umstritten.[40] Im Kern versteht man unter einer Sanktion eine Reaktion auf ein völkerrechtswidriges Verhalten. Durch das Zufügen von Nachteilen soll das betreffende Völkerrechtssubjekt dazu gebracht werden, sein rechtswidriges Verhalten einzustellen. Sanktionen sind demnach reine Beugemaßnahmen, ein strafendes Element ist ihnen fremd.[41] Diese Grunddefinition der Sanktion kann auch zur Begriffsbestimmung von Zwangsmaßnahmen des Sicherheitsrates nach Kapitel VII der UN-Charta herangezogen werden, wobei allerdings zwei Besonderheiten zu beachten sind.

Die erste Besonderheit ist terminologischer Art. Der Begriff der Sanktion wird im VII. Kapitel (wie in der gesamten Charta) nicht verwendet. Stattdessen ist gleichbedeutend von (Zwangs-)Maßnahmen (*measures*) die Rede, die in militärische (Art. 42 UN-Charta) und nicht-militärische (Art. 41 UN-Charta) unterteilt werden. Der

---

40 Besonders umstritten ist die Verwendung des Sanktionsbegriffs in den Beziehungen der Staaten zueinander. In der Literatur wird teilweise die Auffassung vertreten, dass Gegenmaßnahmen, die nicht von einer neutralen Instanz, sondern von dem in seinen Rechten verletzten Staat selbst ergriffen werden, vom Sanktionsbegriff auszunehmen sind. Vgl. dazu *Leben*, AFDI 28 (1982), 9, 21; *Zoller*, Peacetime unilateral remedies, 106, sowie *Combacau*, in: *Bernhard* (Hrsg.), Encyclopedia of Public International Law, IV, 314 f. Im Englischen wird in Anlehnung an die Kodifikationsarbeiten der ILC zur Staatenverantwortlichkeit in solchen Fällen zunehmend der Begriff der Gegenmaßnahme (*countermeasure*) verwendet. Dagegen den Begriff der Wirtschaftssanktion weiter einheitlich verwendend *Delbrück*, AVR 30 (1992), 86, 90, sowie *Schneider*, Wirtschaftssanktionen, 30, m. w. N.

41 H.M., siehe dazu *Oette*, Wirtschaftssanktionen, 11 f.; *Schneider*, Wirtschaftssanktionen, 33; *Starck*, UNO-Wirtschaftssanktionen, 73 ff., insb. 77, jeweils m. w. N. Dagegen den Strafcharakter bejahend z.B. *Zoller*, Peacetime unilateral remedies, 106; *Doxey*, International sanctions, 55 f.

Sicherheitsrat benutzt den Terminus der Sanktion (*sanction*) dabei lediglich für die nach Art. 41 UN-Charta erlassenen nicht-militärischen Zwangsmaßnahmen.

Die zweite Besonderheit liegt darin, dass die Voraussetzungen für den Erlass von Sicherheitsratssanktionen nicht vollständig mit denen des allgemeinen Sanktionsbegriffs übereinstimmen. Das Gleiche gilt für die mit ihnen verfolgten Ziele. Sicherheitsratssanktionen werden nach Art. 39 UN-Charta als Reaktion auf eine Angriffshandlung und/oder eine Bedrohung oder einen Bruch des Weltfriedens erlassen und nicht als Reaktion auf ein völkerrechtswidriges Verhalten (wobei den aufgezählten Tatbeständen im Regelfall ein völkerrechtswidriges Verhalten zugrunde liegen wird).[42] Ihr Ziel besteht zudem ausschließlich in der Wahrung oder Wiederherstellung des Weltfriedens und der internationalen Sicherheit und nicht darin, einem allgemein völkerrechtswidrigen Verhalten Einhalt zu gebieten (wobei Ersteres in der Regel das Unterbinden eines solchen Verhaltens impliziert).[43]

§ 2: Der Begriff der Wirtschaftssanktion

Art. 41 UN-Charta zählt als Beispiel[44] für nichtmilitärische Sanktionen u. a. die vollständige oder teilweise Unterbrechung der Wirtschaftsbeziehungen auf. Solche Maßnahmen mit wirtschaftlichem Bezug sind ihrerseits abzugrenzen von sonstigen nichtmilitärischen Maßnahmen, beispielsweise auf dem Gebiet des Sports, der Kultur oder der Wissenschaft, die ebenfalls von Art. 41 UN-Charta erfasst werden.[45] Im Kontext des Art. 41 UN-Charta können Wirtschaftssanktionen somit als alle vom Sicherheitsrat verhängten kollektiven Zwangsmaßnahmen mit wirtschaftlichem Bezug unter Einschluss der Unterbrechung der Verkehrs- und Kommunikationsverbindungen definiert werden, die das Ziel verfolgen, den friedensbedrohenden Akteur durch die Zufügung von Nachteilen zur Beseitigung der von ihm ausgehenden Friedensbedrohung zu bewegen. Maßnahmen auf dem Gebiet des Sports, des kulturellen und wissenschaftlichen Austauschs sowie der diplomatischen Beziehungen werden vom Begriff der Wirtschaftssanktion hingegen nicht erfasst.[46]

---

42 *Oette*, Wirtschaftssanktionen, 11; *Gowlland-Debbas*, ICLQ 43 (1994), 55, 77 ff.

43 *Oette*, Wirtschaftssanktionen, 11; *Dahme*, Terrorismusbekämpfung, 144.

44 Die Aufzählung in Art. 41 UN-Charta ist nicht abschließend, s. dazu statt vieler *Frowein/Krisch*, in: *Simma* (Hrsg.), The Charter of the United Nations, 39–42, Art. 41 Rn. 14 ff., dort auch mit weiteren Beispielen. Die Norm ermächtigt den Sicherheitsrat im Grundsatz dazu, jegliche Maßnahmen nichtmilitärischer Art zu erlassen, die er zur Wahrung und Wiederherstellung des Friedens für geeignet hält. Zu den besonders prägnanten Beispielen gehört die Errichtung der Ad-Hoc-Gerichtshöfe für das ehemalige Jugoslawien und Ruanda sowie der mit der SR-Res. 1373/2001 vorgenommene Erlass quasi-legislativer Maßnahmen zur Bekämpfung des internationalen Terrorismus, dessen Rechtmäßigkeit freilich umstritten ist. Ausführlich zu dem zuletzt genannten Thema s. Teil III, Kap. 3 § 3.

45 *Starck*, UNO-Wirtschaftssanktionen, 26; *Schneider*, Wirtschaftssanktionen, 28.

46 *Schneider*, Wirtschaftssanktionen, 34; *Oette*, Wirtschaftssanktionen, 12; *Starck*, UNO-Wirtschaftssanktionen, 26.

§ 3: Formen von Wirtschaftssanktionen

Wirtschaftssanktionen können umfassender oder lediglich partieller Natur sein. Von umfassenden Wirtschaftssanktionen (*comprehensive sanctions*[47], auch *Embargo* genannt[48]) spricht man bei einer völligen (außen-)wirtschaftlichen Isolation des Zielstaates, d.h. wenn keinerlei Waren, Dienstleistungen oder Kapital in oder aus dem sanktionierten Staat ein- bzw. ausgeführt werden dürfen. In seiner bisherigen Praxis hat der Sicherheitsrat erst vier Mal derartige Sanktionen verhängt, und zwar gegen Südrhodesien, den Irak, das damalige Jugoslawien sowie Haiti.

Im Gegensatz dazu werden von partiellen (*partial*)[49] oder selektiven (*selective*)[50] Wirtschaftssanktionen nur bestimmte Güter oder Dienstleistungen erfasst, wie z.B. Waffen, Rohstoffe (Erdöl, Erze etc.) oder die Weitergabe militärischen Know-hows. Auch Finanzsanktionen, etwa das Einfrieren von Auslandsguthaben oder die Zugangsverweigerung zu den internationalen Finanzmärkten, sind hierunter zu zählen. Gleiches gilt für die Unterbrechung des Flugverkehrs oder sonstiger Transportwege. Zwischen partiellen/selektiven Sanktionen und den weiter unten zu behandelnden intelligenten (*smart*)/zielgerichteten (*targeted*) Sanktionen bestehen inhaltliche Überschneidungen, auf die noch einzugehen sein wird.[51]

Kapitel 2: Die bisherige Sanktionspraxis des Sicherheitsrats

§ 1: Allgemeiner Überblick

Der im Rahmen des 1267er-Sanktionsregimes erfolgende Erlass von Individualsanktionen stellt eine neue Entwicklung in der bisherigen Sanktionspraxis des Sicherheitsrates dar. Dieser hat – nimmt man das 1267er-Sanktionsregime aus – bislang in folgenden Fällen Wirtschaftssanktionen verhängt: gegen Südrhodesien (1968–1979[52]),

---

47 *Cortright/Lopez*, The sanctions decade, 24.

48 Vgl. statt vieler *Schneider*, Wirtschaftssanktionen, 35, sowie *Schröder*, in: *Graf Vitzthum/Proelß* (Hrsg.), Völkerrecht, 7. Abschnitt, Rn. 119, jeweils m. w. N. Auch die vorliegende Arbeit verwendet die Begriffe *Embargo* und *umfassende Wirtschaftssanktionen* synonym. Dieser Vorgehensweise haben sich allerdings nicht alle Autoren angeschlossen. Teilweise weichen die Begrifflichkeiten erheblich voneinander ab. STARCK beispielweise definiert den Begriff des Embargos als das Verbot der Ausfuhr von Rohstoffen und Erzeugnissen in den Zielstaat und grenzt ihn so zum *Boykott* als Unterbrechung der Einfuhr von Gütern mit Herkunft aus dem sanktionierten Staat ab, *Starck*, UNO-Wirtschaftssanktionen, 26.

49 So die Begriffsverwendung von *Oette*, Wirtschaftssanktionen, 15.

50 Der Begriff der selektiven Sanktionen wird z.B. verwendet von *Schröder*, in: *Graf Vitzthum/Proelß* (Hrsg.), Völkerrecht, 7. Abschnitt, Rn. 114.

51 Teil 1 Kap. II § 4 B.

52 SR-Res. 232/1966 v. 16.12.1966, aufgehoben mit der SR-Res. 460/1979 v. 21.12.1979.

Südafrika (1977–1994[53]), den Irak (1990–2003[54]), die Nachfolgestaaten Jugoslawiens (1991–1996[55]), die Bundesrepublik Jugoslawien (1992–1996[56], 1998–2001), Somalia (seit 1992[57]), Libyen (1992–2003[58], seit 2011[59]), Liberia (seit 1992[60]), Haiti (1993–1994[61]), Angola (UNITA) (1993–2002[62]), Ruanda (1994–2008[63]), Sudan (1996–2001[64]; seit 2005[65]), Sierra Leone (1997–2010[66]), Äthiopien und Eritrea (2000–2001[67]), die DR Kongo (2003[68]), die Elfenbeinküste (seit 2004[69]), den Libanon (seit 2005[70]), Nordkorea (seit 2006[71]), den Iran (seit 2006)[72] und Guinea-Bissau (seit 2012)[73]. Einen Sonderfall stellt die SR-Res 1373/2001 dar. Als quasi-legislativer Akt gibt sie den UN-Mitgliedstaaten konkrete Maßnahmen bei der Bekämpfung des internationalen Terrorismus vor.[74]

Zeitlich und thematisch lässt sich die bisherige Sanktionspraxis des Sicherheitsrates in vier Phasen unterteilen.[75] Die erste Phase umfasst die Zeit des Kalten Krieges von 1945–1990. In dieser Zeit spielten Wirtschaftssanktionen aufgrund der

---

53 SR-Res. 418/1977 v. 04.11.1977, aufgehoben mit der SR-Res. 919/1994 v. 26/05.1994.

54 SR-Res. 661/1990 v. 06.08.1990, aufgehoben mit der SR-Res. 1483/2003 v. 23.05.2003.

55 SR-Res. 713/1991 v. 25.09.1991, aufgehoben mit der SR-Res. 1021/1995 v. 22.11.1995.

56 SR-Res. 757/1992 v. 30.05.1992, aufgehoben mit der SR-Res. 1074/1996 v. 01.10.1996, sowie SR-Res. 1160/1998 v. 31.03.1998, aufgehoben mit der SR-Res. 1367/2001 v. 10.09.2001.

57 SR-Res. 733/1992 v. 23.01.1992.

58 SR-Res. 748/1992 v. 31.03.1992, aufgehoben mit der SR-Res. 1506/2003 v. 12.09.2003.

59 SR-Res. 1970/2011 v. 26.02.2011.

60 SR-Res. 788/1992 v. 19.11.1992, die ein Waffenembargo gegen das Land zum Inhalt hatte. Dieses Waffenembargo wurde mit der SR-Res. 1343/2001 v. 07.03.2001 durch ein neues Waffenembargo ersetzt. Nach dem Sturz von C. Taylor hob der Sicherheitsrat mit der SR-Res. 1521/2003 v. 22.12.2003 sämtliche Sanktionen gegen das Land auf. An ihre Stelle traten Sanktionen gegen die ehemalige Führungselite Liberias.

61 SR-Res. 841/1993 v. 15.06.1993, aufgehoben mit der SR-Res. 944/1994 v. 29.09.1994.

62 SR-Res. 864/1993 v. 15.09.1993, aufgehoben mit der SR-Res. 1448/2002 v. 09.12.2002.

63 SR-Res. 918/1994 v. 17.05.1994, aufgehoben mit der SR-Res. 1823/2008 v, 10.07.2008.

64 SR-Res. 1054/1996 v. 26.04.199, aufgehoben mit der SR-Res. 1372/2001 v. 28.09.2001.

65 SR-Res. 1591/2005 v. 29.03. 2005.

66 SR-Res. 1132/1997 v. 8. 10.1997, aufgehoben mit der SR-Res. 1940/2010 v. 29.09.2010.

67 SR-Res. 1298/2000 v. 17.05.2000. In dieser Resolution wurde ein befristetes Waffenembargo erlassen, das aufgrund des Friedensschlusses der Konfliktparteien nicht mehr verlängert wurde, siehe dazu S/PRST/2001/14 v. 15.05.2001.

68 SR-Res. 1493/2003 v. 28.07. 2003.

69 SR-Res. 1572/2004 v. 15.11.2004.

70 SR-Res. 1636/2005 v. 31.10. 2005.

71 SR-Res. 1718/2006 v. 14.10.2006.

72 SR-Res. 1737/2006 v. 23.12.2006.

73 SR-Res. 2048/2012 v. 18.05.2012.

74 Ausführlich hierzu Teil II Kap. 1 C.

75 Eine detaillierte Aufzeichnung aller bisherigen Sanktionsregime mit ihren tatsächlichen Hintergründen und ihren spezifischen Rechtsproblemen findet sich z.B. bei *Starck*, UNO-Wirtschaftssanktionen; *Werthes*, Sanktionen; *Pape*, International

ideologisch bedingten Paralysierung des Sicherheitsrates so gut wie keine Rolle. Verhängt wurden sie lediglich in zwei Fällen, und zwar gegen Südrhodesien sowie gegen das Apartheidsregime in Südafrika.

Die zweite Phase beginnt mit dem Erlass des Wirtschaftsembargos gegen den Irak im Jahre 1990 und endet 1994. Nach dem Wegfall der bipolaren Weltordnung entwickeln sich Wirtschaftssanktionen zum zentralen Handlungsinstrument der kollektiven Friedenssicherung. Alle in diesem Zeitraum erlassenen Sanktionen richten sich klassisch-völkerrechtlich gegen Staaten. Besondere Bedeutung kommt hierbei den umfassenden, gegen den Irak, das damalige Jugoslawien und Haiti gerichteten Sanktionsmaßnahmen zu. Sie sollten sich nicht nur als politisch unwirksam herausstellen, sondern die Zivilbevölkerung nachhaltig in Mitleidenschaft ziehen, was kritische Fragen nach ihrer ethischen Legitimität und ihrer rechtlichen Zulässigkeit aufwirft.

U.a. als Folge dieser Diskussion kommt es Mitte der 1990er-Jahre (dem Beginn der dritten Phase) zum Erlass intelligenter (*smart*) oder zielgerichteter (*targeted*) Sanktionen. Hierbei beschränkt sich die Sanktionierung auf die Schlüsselprodukte im jeweiligen Konflikt oder richtet sich unmittelbar gegen die für die Friedensbedrohung verantwortlichen Personen.

Der Erlass von Individualsanktionen im Rahmen des 1267er-Sanktionsregimes stellt die vierte und gegenwärtig letzte Phase in der Sanktionspraxis des Sicherheitsrates dar. Individualsanktionen richten sich ebenfalls gegen einzelne Personen. Anders als bei *smart sanctions* der dritten Phase weisen sie keinen territorialen Bezug zu einem bestimmten Staatsgebiet oder einer bestimmten Konfliktregion auf. Vielmehr wird auf globaler Ebene ein rechtlich missbilligtes Individualverhalten sanktioniert.

§ 2: Die geringfügige Bedeutung von Wirtschaftssanktionen während des Ost-West-Konflikts (1945–1990)

Die Zeit des Ost-West-Konflikts von 1945 bis 1990 war geprägt von der ideologisch bedingten Blockade des Sicherheitsrates durch seine ständigen Mitglieder. Zum Erlass von Wirtschaftssanktionen kam es deshalb nur in zwei Fällen, und zwar gegen Südrhodesien[76] sowie gegen das Apartheidsregime in Südafrika. Anlass für die Sanktionierung Südrhodesiens[77] im Jahre 1966 war die einseitige Unabhängigkeitserklärung des Landes durch das weiße rassistische Minderheitsregime des Ian Smith[78]. Ursprünglich auf ein Ein- und Ausfuhrverbot für bestimmte Rohstoffe und Tierprodukte sowie auf ein Waffenembargo beschränkt[79], wurde das Sanktionsregime 1968 zu einem

Security 22 (1997), 90; *Birkhäuser*, Sanktionen, sowie *Cortright/Lopez/Gerber*, Sanctions and the search for security.

76 Das heutige Simbabwe.

77 Ausführlich zu den Sanktionen gegen Südrhodesien *Gowlland-Debbas*, Collective responsessowie *McDougal/Reisman*, AJIL 62 (1968), 1.

78 Die Unabhängigkeitserklärung erfolgte am 11.11.1965.

79 SR-Res. 232/1966 v. 08.12.1966.

umfassenden Wirtschaftsembargo ausgeweitet.[80] 1970 wurde zudem der vollständige Abbruch der diplomatischen Beziehungen zu Südrhodesien angeordnet.[81] Die Aufhebung der Sanktionen erfolgte im Dezember 1979[82], nachdem es zuvor zu einer Einigung zwischen dem SMITH-Regime, der schwarzen Oppositionsbewegung und dem Vereinigten Königreich über die Unabhängigkeit Südrhodesiens bzw. Simbabwes gekommen war. Gegen Südafrika erließ der Sicherheitsrat Ende der 1970er Jahre ein Waffenembargo.[83] Weitergehende, von der Generalversammlung vorgeschlagene Wirtschaftssanktionen fanden im Sicherheitsrat nicht die erforderliche Unterstützung.[84] Das Waffenembargo wurde 1994 nach dem Ende der Apartheid aufgehoben.[85]

In beiden Fällen sollten sich die Sanktionen politisch als weitestgehend wirkungslos erweisen. Grund hierfür war, dass die Sanktionsvorgaben des Sicherheitsrates von vielen wichtigen Staaten – u. a. von der Bundesrepublik Deutschland, aber auch von einzelnen ständigen Ratsmitgliedern wie den USA oder dem Vereinigten Königreich – mehr oder weniger offen missachtet wurden.[86]

§ 3: Wirtschaftssanktionen als zentrales Handlungsinstrument der kollektiven Friedenssicherung – der Beginn der Sanktionsdekade (ab 1990)

A. *Die Aufwertung von Wirtschaftssanktionen und ihre Gründe*

Mit dem im Jahre 1990 erlassenen Wirtschaftsembargo gegen den Irak, anlässlich dessen völkerrechtswidrigen Besetzung Kuwaits, begann eine neue Phase in der Sanktionspraxis des Sicherheitsrates. Der kurz zuvor erfolgte Wegfall der bipolaren Weltordnung eröffnete ihm erstmalig die Möglichkeit, die ihm zugedachte Hauptrolle bei der Wahrung des Weltfriedens auch tatsächlich wahrzunehmen. Innerhalb kurzer Zeit machte der Sicherheitsrat von den ihm im VII. Kapitel eingeräumten Kompetenzen ausgiebigen Gebrauch, wobei er bevorzugt auf das Mittel der

---

80 Die SR-Res. 253/1968 v. 29.05.1968 beinhaltete ein nahezu umfassendes Handelsverbot mit Südrhodesien, ebenso wie ein Verbot der Investitionsbetätigung in dem Land. Zudem wurde neben einem Einreiseverbot für südrhodesische Staatsangehörige die Unterbrechung des Flugverkehrs von und nach Südrhodesien angeordnet.

81 SR-Res. 277/1970 v. 18.03.1970.

82 Mit der SR-Res. 460/1979 v. 21.12.1979.

83 SR-Res. 418/1977 v. 04.11.1977.

84 Der Erlass weitergehender Sanktionen scheiterte mehrmals am Veto von Großbritannien und den USA, etwa der Resolutionsantrag S/19585 v. 07.03.1988, abgedruckt in VN 36 (1988), 132; vgl. dazu auch *Birkhäuser*, Sanktionen, 62 f.

85 SR-Res. 919/1994 v. 25.05.1994.

86 Die USA und die Bundesrepublik Deutschland etwa führten in offener Missachtung der Sicherheitsratsresolutionen Chrom- und Eisenerz sowie sonstige Rohstoffe von strategischer Bedeutung aus Südrhodesien ein, vgl. dazu *Oette*, Wirtschaftssanktionen, 48; *Reisman/Stevick*, EJIL 9 (1998), 86, 99.

Wirtschaftssanktionen zurückgriff.[87] Alleine im Zeitraum von 1990–1994 wurden in neun Fällen[88] Wirtschaftssanktionen erlassen, bis zum Jahr 2000 stieg die Zahl auf 13 an.[89] Anschaulich bezeichnen Cortright und Lopez diesen Zeitraum dann auch als „Sanktionsdekade" (*sanctions decade*).[90]

Zu Beginn lag das Hauptaugenmerk von Wissenschaft und Praxis auf einer möglichst wirksamen Ausgestaltung der Sanktionen.[91] Die Wahrscheinlichkeit, die mit ihnen verfolgten politischen Ziele zu erreichen, war nach allgemeiner Auffassung von ihrem Umfang und ihrer Intensität abhängig.[92] Dies erklärt, warum der Sicherheitsrat gerade in der Anfangsperiode zwischen 1990 und 1994 gleich dreimal,

---

87 Diese Präferenz ist im Wesentlichen darauf zurückzuführen, dass Wirtschaftssanktionen im Gegensatz zu diplomatischen Maßnahmen nicht nur kollektive Missbilligung ausdrücken, sondern darüber hinaus einen spürbaren Zwang auf den friedensbedrohenden Akteur ausüben. Sie lassen sich darüber hinaus variabel in Inhalt und Umfang gestalten. Man ging zu Anfang zudem davon aus, dass bei ihnen anders als bei Militäreinsätzen die Gefahr erheblicher finanzieller Kosten sowie des Verlustes unzähliger Menschenleben gering sei.

88 Gegen den Irak (1990–2003), die Nachfolgestaaten Jugoslawiens (1991–1996), die Bundesrepublik Jugoslawien 1992–1996), Somalia (seit 1992), Libyen (1992–2003), Liberia (seit 1992), Haiti (1993–1994), Angola/UNITA (1993–2002) und Ruanda (1994–2008).

89 Gegen die Bundesrepublik Jugoslawien (1998–2001), Sudan (1996–2001), Sierra Leone (1997–2010), Afghanistan/Taliban/Al Qaida (seit 1999) und Äthiopien und Eritrea (2000–2001).

90 *Cortright/Lopez*, The sanctions decade.

91 Dazu *O'Connell*, EJIL 13 (2002), 63, 67 m. w. N.; vgl. dazu auch *Grünfeld*, in: *Genugten/ Groot* (Hrsg.), United Nations sanctions, 113 ff. sowie *Cortright/Lopez*, IJHR 1997, 1, 9.

92 Hinsichtlich des konkreten Funktionsmechanismus standen sich im Wesentlichen zwei Modelle gegenüber. Das erste Modell betrachtete die Führungselite des sanktionierten Staates als rationalen Akteur, der sich der Order des Sicherheitsrates beugt, wenn die negativen Folgen der Sanktionen die durch das inkriminierte Verhalten erlangten Vorteile überwiegen. Nach dem zweiten Modell wird durch die Sanktionen der innerpolitische Druck auf die Regierung verschärft. Die damit einhergehende Verschlechterung der Lebensbedingungen steigere den Unmut in der Bevölkerung. Dies führe zu einer Stärkung der oppositionellen Kräfte, die im Idealfall die Regierung ablösen und das friedensbedrohende Verhalten einstellen würden. Möglich sei aber auch, dass die Regierung selbst dem rechtswidrigen Verhalten ein Ende setze, sei es aus Mitleid mit der eigenen Bevölkerung, sei es zur Abwendung eines drohenden Machtverlustes. Vgl. dazu *Gareis/Varwick*, Die Vereinten Nationen, 144; *Kulessa/Starck*, Frieden durch Sanktionen? Empfehlungen für die deutsche UN-Politik, 5, *Brzoska*, VN 49 (2001), 56, 58.
Mittlerweile herrscht Einigkeit darüber, dass sich ein allgemeingültiges kausales Wirkungsmodell von Wirtschaftssanktionen nicht aufstellen lässt, weil die dazugehörigen politischen, wirtschaftlichen und sozialen Faktoren zu zahlreich sind, sich kaum quantifizieren lassen und von Fall zu Fall variieren. Die Wirkungsweise von Wirtschaftssanktionen gleicht daher mehr oder weniger einer Black Box. Anschaulich dazu *Werthes*, Sanktionen, 34 ff.; vgl. auch *Starck*, UNO-Wirtschaftssanktionen, 82 m. w. N.

und zwar neben dem Irak[93] auch in den Fällen der BR Jugoslawien (Serbien und Montenegro)[94][95] und Haitis[96], zum Mittel umfassender Wirtschaftssanktionen griff.[97]

B. Die verschärfte Diskussion um die Rechtmäßigkeit von Wirtschaftssanktionen

Tatsächlich kam es in allen drei Staaten zu einer nachhaltigen Schädigung der lokalen Wirtschaft.[98] Das übergeordnete politische Ziel, dem friedensbedrohenden Verhalten Einhalt zu gebieten, wurde jedoch in keinem einzigen Fall erreicht.[99]

---

93 Ausführliche Darstellungen zum Sanktionsregime gegen den Irak finden sich z. B. bei *Cortright/Lopez*, The sanctions decade, 32 ff.; *Oette*, Wirtschaftssanktionen, 49 ff.; *Starck*, UNO-Wirtschaftssanktionen, 38 ff.; *Birkhäuser*, Sanktionen, 64 ff.; *Kondoch*, International Peace Keeping 7 (2001), 267 ff.

94 Ausführlich zu den rechtlichen und tatsächlichen Hintergründen des Sanktionsregimes gegen die BR Jugoslawien *Birkhäuser*, Sanktionen, 73 ff.; *Oette*, Wirtschaftssanktionen, 115 ff.; *Starck*, UNO-Wirtschaftssanktionen, 44 sowie *Cortright/Lopez*, The sanctions decade, 63 ff.

95 Die nichtmilitärischen Maßnahmen, die der Sicherheitsrat in Reaktion auf die Konflikte erließ, die durch den Zerfall des ehemaligen Jugoslawiens entstanden waren, gingen über den Erlass von Wirtschaftssanktionen weit hinaus. Zu den sog. friedenserhaltenen Missionen („peacekeeping missions") s. ausführlich *Schweigman*, Security Council, 98, zur Einrichtung des Jugoslawien-Tribunals statt vieler *O'Brian*, AJIL 87 (1993), 639; *Pellet*, RGDIP 98 (1994), 25; *Partsch*, VN 42 (1994), 11, sowie *Oellers-Frahm*, ZaöRV 54 (1994), 416.

96 Eine umfassende Darstellung des Sanktionsregimes gegen Haiti findet sich u. a. bei *Bauer*, Effektivität und Legitimität, 146 ff.; *Birkhäuser*, Sanktionen, 113 ff.; *Cortright/Lopez*, The sanctions decade, 87 ff. sowie *Oette*, Wirtschaftssanktionen, 142 ff.

97 In den anderen Fällen wurden nur partielle Wirtschaftssanktionen, zumeist in Form von Waffenembargos, erlassen.

98 Vgl. zu den Auswirkungen der vom Sicherheitsrat erlassenen Wirtschaftssanktionen auf den Irak und die BR Jugoslawien statt vieler *Starck*, UNO-Wirtschaftssanktionen, 106 ff; 113 ff. sowie zu allen drei Staaten *Oette*, Wirtschaftssanktionen, 77 ff., 132 ff.; 154 ff., jeweils m. w. N.

99 Im Irak und Haiti hatten die Sanktionen sogar einen gegenteiligen Effekt, sie führten zu einer innenpolitischen Stärkung der Machthaber. Grund hierfür ist, dass die Bevölkerung in autokratischen Systemen so gut wie keine Möglichkeit besitzt, durch friedliche Aktionen einen Politikwandel herbeizuführen. Die Sanktionen treffen zumeist die reformwillige Mittelschicht, die verarmt und so an politischer Schlagkraft verliert. Die Herrschaftselite hingegen profitiert wirtschaftlich von den Sanktionen, weil sie den entstehenden Schwarzmarkthandel kontrolliert. Durch geschickten Einsatz staatlicher Propaganda lässt sich zudem die Schuld für die Not der Bevölkerung leicht auf die internationale Gemeinschaft abwälzen und als Vorwand zur Oppression der mutmaßlich mit ihnen verbündeten inländischen Oppositionskräfte nutzen. Es kommt zum Phänomen der Solidarisierung

Hierzu war in Haiti die Androhung, im Irak sogar der Einsatz militärischer Gewalt vonnöten. Die Sanktionen gegen die BR Jugoslawien (Serbien und Montenegro)[100] konnten eine Fortführung der militärischen Auseinandersetzungen zwischen den Nachfolgestaaten des ehemaligen Jugoslawiens über Jahre hinweg nicht verhindern. Vor allem in Bosnien-Herzegowina kam es dabei zu genozidartigen Übergriffen serbischer Militäreinheiten auf die überwiegend muslimische Bevölkerung.[101]

---

weiterer Bevölkerungsschichten mit dem Regime, das im Englischen anschaulich als sog. *„Rally around the flag"*-Effekt (*„Scharen um die eigene Flagge"* oder auch *Wagenburgeffekt*) bezeichnet wird. Siehe dazu *Bossuyt*, The adverse consequences of economic sanctions on the enjoyment of human rights, UN-Doc. E/CN.4/Sub.2/2000/33 v. 21.06.2000, Rn. 49 ff.; *Piotrowicz/Zanetti*, MRM 2004, 274, 278 f.; *Cortright/Lopez*, IJHR 1997, 1, 9; *Werthes*, Sanktionen, 36 f. Pointiert der ehemalige UN-Generalsekretär KOFI ANNAN in seinem Milleniumsreport (*Annan*, We the Peoples: The role of the United Nations in the twenty-first century, Report of the Secretary-General, UN-Doc. A/54/2000 v. 27.03.2000, 50, abrufbar unter https://www.un.org/en/events/pastevents/pdfs/We_The_Peoples.pdf, letzter Aufruf 31.12.2013): „When robust and comprehensive sanctions are directed against authoritarian regimes, a different problem is encountered. Then it is usually the people who suffer, not the political elites whose behaviour triggered the sanctions in first place. Indeed, those in power, perversely, often benefit from such sanctions by their ability to control and profit from black market activity, and by exploiting them as a pretext for eliminating domestic sources of political opposition."

100 Die Sanktionen richteten sich nach dem Erlass der SR-Res. 942/1994 v. 23.09.1994 nunmehr allein gegen die bosnischen Serben, zu den Hintergründen s. *Birkhäuser*, Sanktionen, 79 ff.; *Starck*, UNO-Wirtschaftssanktionen, 49 f.

101 Im Juli 1995 kam es in der UN-Schutzzone rund um die bosnische Stadt Srebenica zum größten Massenmord in Europa seit dem Ende des Zweiten Weltkrieges. Innerhalb weniger Wochen wurden über 8.000 überwiegend muslimische Zivilisten von Einheiten der bosnischen Serben unter Führung des Generals RATKO MLADIC hingerichtet. Der Internationale Strafgerichtshof für das ehemalige Jugoslawien (ICTY) qualifizierte die Vorkommnisse in seinen Urteilen gegen RADISLAV KRISTIC vom 02.08.2001 (Erste Instanz, Gerichtszeichen IT-98–33-T, abrufbar unter http://www.icty.org/x/cases/krstic/tjug/en/krs-tj010802e.pdf (letzter Aufruf 31.12.2013)) und vom 19.04.2004 (Urteil der Berufungskammer, Gerichtszeichen IT-98–33-A, abrufbar unter http://www.icty.org/x/cases/krstic/acjug/en/krs-aj040419e.pdf (letzter Aufruf 31.12.2013)) und VIDOJÉ BLAGOJEVIĆ/DRAGAN JOKIĆ vom 17.01.2005 (Gerichtszeichen IT-02–60-T, abrufbar unter http://www.icty.org/x/cases/krstic/acjug/en/krs-aj040419e.pdf) als Genozid. Ebenso verfuhr der IGH im Urteil Bosnien-Herzegowina gegen Serbien und Montenegro hinsichtlich der Anwendung der Konvention über die Verhütung und Bestrafung des Völkermordes vom 26.02. 2007, IGH, *Application of the Convention on the Prevention and Punishment of the Crime of Genocide (Bosnia and Herzegovina v. Serbia and Montenegro)*, Judgment, ICJ Reports 2007, 43 ff. (abrufbar unter http://www.icj-cij.org/docket/files/91/13685.pdf (letzter Aufruf 31.12.2013)). Vgl. hierzu *Simon*, UN-Schutzzonen, 2 f. sowie ausführlich *Rohde*, Srebrenica, und *Bogoeva/Fetscher*, Srebrenica.

Die Sanktionen waren jedoch nicht nur politisch wirkungslos, sie führten gleichzeitig zu massiven Schäden innerhalb der Zivilbevölkerung. Besonders im Irak waren die Folgen verheerend.[102] Es kam zu einer „humanitären" Katastrophe im Land.[103] Insgesamt wird die Zahl der im Irak durch die Wirtschaftssanktionen zu Tode gekommenen Menschen auf bis zu eine Million geschätzt.[104] Auch in Haiti[105] und – mit Abstrichen – in der BR Jugoslawien (Serbien und Montenegro)[106] forderten die Sanktionen zahlreiche Menschenleben.

Diese negativen Folgen ließen nicht nur ethisch-moralische Zweifel an der Legitimität der Sanktionsmaßnahmen aufkommen.[107] Fortan wurde in der

---

102 Weiterführend hierzu *Hoskins*, in: *Weiss/Cortright/Lopez u. a.* (Hrsg.), Political gain and civilian pain; *Cortright/Lopez*, The sanctions decade, 45 ff.; *Werthes*, Sanktionen, 92 ff.; *Oette*, Wirtschaftssanktionen, 81 ff.; *Starck*, UNO-Wirtschaftssanktionen, 109 ff.

103 Vgl. nur den Wortlaut des Berichts des UN-Sonderberichterstatters Bossuyt, The adverse consequences of economic sanctions on the enjoyment of human rights, UN-Doc. E/CN.4/Sub.2/2000/33 v. 21.06.2000, S. 16, Rn. 63: „As has been documented by United Nations agencies, NGOs, humanitarian and human right organizations, researchers and political leaders, the sanctions upon Iraq have produced a humanitarian disaster comparable to the worst catastrophes of past decades."

104 *Bossuyt*, The adverse consequences of economic sanctions on the enjoyment of human rights, UN-Doc. E/CN.4/Sub.2/2000/33 v. 21.06.2000, S. 16, Rn. 63; *Piotrowicz/Zanetti*, MRM 2004, 274, 279.

105 Vgl. dazu *Cortright/Lopez*, The sanctions decade, 25; 95 ff. m. w. N., vgl. auch *Harvard University School of Public Health*, Sanctions in Haiti: Crisis in Humanitarian Action Crisis in Humanitarian Action, Cambridge, Massachusetts 1993, sowie *Gibbons*, Sanctions in Haiti, 22 ff.; 61.

106 Vgl. dazu statt vieler *Cortright/Lopez*, The sanctions decade, 74 ff., m. w. N.

107 Vgl. nur die Position des ehemaligen UN-Generalsekretärs Boutros-Ghali in einem ergänzenden Positionspapier zur „Agenda for peace" vom 25.01.1995, UN Doc. A/50/60, Rn. 70: „Sanctions, as is generally recognized, are a blunt instrument. They raise the ethical question of whether suffering inflicted on vulnerable groups in the target country is a legitimate means of exerting pressure on political leaders whose behaviour is unlikely to be affected by the plight of their subjects. Sanctions also always have unintended or unwanted effects. They can complicate the work of humanitarian agencies by denying them certain categories of supplies and by obliging them to go through arduous procedures to obtain the necessary exemptions. They can conflict with the development objectives of the Organization and do long-term damage to the productive capacity of the target country. They can have a severe effect on other countries that are neighbours or major economic partners of the target country. They can also defeat their own purpose by provoking a patriotic response against the international community, symbolized by the United Nations, and by rallying the population behind the leaders whose behaviour the sanctions are intended to modify." Ähnlich der Tenor der Rede des ehemaligen UN-Generalsekretärs Annan im Jahre 2000 (*Annan*, We the Peoples: The role of the United Nations in the twenty-first century, Report of the Secretary-General, UN-Doc. A/54/2000 v. 27.03.2000, Rn. 232, abrufbar unter https://www.un.org/en/events/pastevents/pdfs/We_The_Peoples.pdf):

Völkerrechtswissenschaft intensiv darüber diskutiert, inwieweit der Sicherheitsrat beim Erlass von Wirtschaftssanktionen[108] menschenrechtlichen Bindungen unterliegt und ob sein Handeln einer unabhängigen Rechtskontrolle[109] zugänglich ist. Letzterer Aspekt gewann auch deshalb immer mehr an Bedeutung, weil der Vorwurf gegen einzelne ständige Ratsmitglieder[110], den Sicherheitsrat zur Verfolgung nationaler Interessen zu instrumentalisieren, immer lauter wurde.[111]

§ 4: Die Entwicklung intelligenter (*smart*) bzw. gezielter (*targeted*) Sanktionen

A. Entstehungsgründe und Entstehungsgeschichte

Diese zunehmende Kritik führte Mitte der 1990er Jahre zu einem grundlegenden Wandel der Sanktionspolitik des Sicherheitsrates. Als Konsequenz aus den Misserfolgen im Irak, im ehemaligen Jugoslawien und in Haiti sollten die von ihm erlassenen Sanktionen von nun an als sog. *intelligente* (*smart*) bzw. *zielgerichtete* (*targeted*) Sanktionen zuvörderst die für den friedensbedrohenden Zustand verantwortlichen Personen – in der Regel die politische Führungsriege eines Landes – treffen.[112] Das Ziel dieser Neuausrichtung lag in einer verbesserten Wirksamkeit

---

„Because economic sanctions have proved to be such an blunt and even counterproductive instrument…". Vgl. zur Diskussion um ethische Bedenken beim Erlass von Wirtschaftssanktionen auch *Rudolf*, Die Friedens-Warte 72 (1997), 313 ff.; *O'Connell*, EJIL 13 (2002), 63, 69; *Starck*, UNO-Wirtschaftssanktionen, 31 f., jeweils m. w. N.

108 Stellvertretend für die umfangreiche Literatur vgl. nur: *Starck*, UNO-Wirtschaftssanktionen; *Oette*, Wirtschaftssanktionen; *Gowlland-Debbas*, United Nations sanctions; *Reisman*, Am. Soc'y Int'l L. Proc. 89 (1995), 350; *Reisman/Stevick*, EJIL 9 (1998), 86; *O'Connell*, EJIL 13 (2002), 63, 69 ff.

109 Aus der umfangreichen Literatur seien hier exemplarisch genannt: *Bedjaoui*, The new world order; *de Wet/Nollkaemper* (Hrsg.), Review of the Security Council by member states, 2003; *Martenczuk*, Rechtsbindung; *Herbst*, Rechtskontrolle; *O'Connell*, EJIL 13 (2002), 63, 69 ff.

110 Insbesondere gegen die USA und Großbritannien.

111 Dieser Vorwurf kam vor allem im Zusammenhang mit der Aufrechterhaltung der gegen den Irak verhängten Sanktionen nach der Befreiung Kuwaits auf, aber auch anlässlich der Sanktionierung Libyens im Jahre 1992 wegen seiner mutmaßlichen Involvierung in den Anschlag von Lockerbie. Diskutiert wird das Problem der Instrumentalisierung des Sicherheitsrates hauptsächlich in politikwissenschaftlichen Arbeiten, vgl. dazu *Hippler*, in: *Matthies* (Hrsg.), Frieden durch Einmischung?; *Rittberger*, in: *Meyer* (Hrsg.), Eine Welt oder Chaos?; *Wolf*, Die UNO, 55, 57 f.; ausführlich in Bezug auf die USA *Bennis*, Calling the shots; spezifisch für den Bereich der Wirtschaftssanktionen *Werthes*, Sanktionen m. w. N. Vgl. dazu auch *Starck*, UNO-Wirtschaftssanktionen, 65 f, sowie *Herbst*, Rechtskontrolle, 23 f. und *Birkhäuser*, Sanktionen, 101.

112 Vgl. dazu *Tostensen/Bull*, World Politics 54 (2002), 373, 379; *Elliot*, in: *Wallensteen/Staibano* (Hrsg.), International sanctions, 10 f.; *Werthes*, Sanktionen, 116 ff.; *Breyer*, Die gezielten Sanktionen des UN-Sicherheitsrates, 21 ff.

der Sanktionen; gleichzeitig sollten ihre negativen Auswirkungen auf die Zivilbevölkerung und unbeteiligte Dritte vermindert werden.

Der Entwicklung von intelligenten Sanktionen bedurfte es aber auch aufgrund der Genese einer neuartigen Gefährdungslage, der Friedensbedrohung durch nichtstaatliche Akteure. Sie wurde während verschiedener Bürgerkriege und anderer innerstaatlicher Auseinandersetzungen sichtbar, die nach Ende des Kalten Krieges vor allem in Afrika aufgeflammt waren. Dabei hatten Rebellengruppen bestimmte Teile eines Staatsgebiets unter ihre Kontrolle gebracht und sich dort als De-facto-Regime etabliert. Die Kämpfe zwischen diesen Gruppen und den Regierungseinheiten drohten auf die Nachbarstaaten überzugreifen und so die Stabilität ganzer Regionen zu gefährden. Sie wurden deshalb vom Sicherheitsrat als Friedensbedrohung eingestuft.[113]

Zur wirksamen Bekämpfung dieser Bedrohung musste der Sicherheitsrat auch gegen die Rebellengruppen vorgehen. Die UN-Charta ist als völkerrechtliches Instrument jedoch auf die Beilegung von Konflikten zwischen Völkerrechtssubjekten ausgerichtet. Die Annahme einer solchen Subjekteigenschaft ist bei Individuen jedoch problematisch, weil es sich beim Völkerrecht nach seiner ursprünglichen Konzeption um ein Recht der Staaten handelt. Deshalb sah die h.M. das Individuum über lange Zeit hinweg als bloßes Völkerrechtsobjekt an (sog. *Objekttheorie*), das auf internationale Ebene von seinem Heimatstaat vertreten wurde (sog. *Mediatisierung*). Das erklärt auch, warum der Umgang eines Staates mit seinen Staatsangehörigen über Jahrzehnte hinweg dem ausschließlichen Bereich seiner inneren Angelegenheiten i. S. d. Art. 2 Abs. 7 UN-Charta zugeordnet wurde.[114] Die (Straf-)Verfolgung von Rebellengruppen stellt vom Grundsatz her eine solche innerstaatliche Angelegenheit dar. Der Erlass von gezielten/intelligenten Sanktionen ermöglichte dem Sicherheitsrat eine Reaktion auf diese neuartige Form der Friedensbedrohung bei einer weitgehenden Wahrung der staatlichen Souveränität. Zwar wird auch mit gezielten Sanktionen die zwischenstaatliche Ebene durchbrochen, die territoriale Integrität der betroffenen Staaten bleibt jedoch unberührt. Mit ihrer Sanktionierung wurde den Rebellengruppen de facto der Status eines passiven Völkerrechtssubjekts mit entsprechenden Verpflichtungen eingeräumt.[115]

---

113 Instruktiv dazu *Cortright/Lopez/Gerber*, Sanctions and the search for security, 61 ff., 77 ff., sowie *Eckert*, Nichtstaatliche Akteure, 157 ff.

114 Deswegen wurden bereits die Zwangsmaßnahmen gegen Südrhodesien und Südafrika von Teilen der Wissenschaft als Einmischung in deren *domaine réservée* und damit als völkerrechtswidrige *ultra-vires*-Handlung qualifiziert. Die h.M. allerdings sah die Sanktionen als rechtmäßig an, weil es aufgrund der rassistischen Politik beider Länder bereits zu Auseinandersetzungen mit den Nachbarstaaten gekommen war und sich auf diese Weise der für die Feststellung einer Friedensbedrohung notwendige zwischenstaatliche Bezug begründen ließ.

115 Die ersten *smart sanctions* wurden im Jahre 1993 mit der SR-Res. 864/1993 v. 15.09.1993 erlassen und richteten sich gegen die angolanische Rebellengruppe UNITA (União Nacional para a Independência Total de Angola). Diese führte seit Anfang der 1990er Jahre einen blutigen Bürgerkrieg gegen die angolanische Regierung,

B. Formen intelligenter/zielgerichteter Sanktionen

Intelligente/zielgerichtete Sanktionen können objekt- und/oder personenbezogener Art sein. Bei objektbezogenen Sanktionen konzentrieren sich die Sanktionsmaßnahmen auf einzelne Wirtschaftsgüter und Dienstleistungen, die im jeweiligen Konflikt eine Schlüsselrolle einnehmen oder allgemein für den Urheber der Friedensbedrohung von besonderer Bedeutung sind. Klassisches Beispiel für objektbezogene Sanktionen sind Waffenembargos, die vornehmlich bei Auseinandersetzungen zwischen Staaten oder in Bürgerkriegssituationen erlassen werden.[116] Daneben sind Verbote gegen den Handel mit Rohstoffen – vor allem mit Erdöl[117] –, der Lieferung von Luxusprodukten[118] sowie Beschränkungen des Flugverkehrs[119] zu nennen. Besondere Erwähnung

---

unter dem vor allem die Zivilbevölkerung zu leiden hatte. Der Sicherheitsrat sah die Verantwortung für den Konflikt allein bei der UNITA und verhängte zunächst ein Öl- und Waffenembargo gegen die von ihr beherrschten Gebiete (Rn. 19, 22 der SR-Res. 864/1993 v. 15.09.1993). Als die UNITA die Kampfhandlungen weiterführte, erweiterte er die Sanktionen mit der SR-Res. 1127/1997 v. 28.08.1997 um Reiseverbote gegen die politische Führungsriege der Gruppierung und ihre Angehörigen (Rn. 4 lit. a, b). Gleichzeitig wurde die Unterbrechung der Flugverbindungen von oder in die von der UNITA kontrollierten Gebiete angeordnet (Rn. 4 lit. c, d). Mit der Identifikation der Zielpersonen wurde ein eigens zu diesem Zweck eingerichteter Sanktionsausschuss (Rn. 11a der SR-Res. 1127/1997 v. 28.08.1997) betraut.

Als auch diese Maßnahmen nicht den gewünschten Erfolg brachten, verschärfte der Rat die Sanktionen ein weiteres Mal. Er verfügte das Einfrieren des gesamten Auslandsvermögens der UNITA und ihrer Führungsriege (SR-Res. 1173/1998 v. 12.06.1998, Rn. 11). Zudem verhängte er ein Embargo gegen von der UNITA geschürften Diamanten und verbot die Lieferung von Bergbaumaterial und Transportfahrzeugen an die Gruppierung (Rn. 12 der SR-Res. 1173/1998 v. 12.06.1998). Die Sanktionen wurden nach Beginn des Friedensprozesses im Jahre 2002 mit der SR-Res. 1448/2002 v. 12.12.2002 aufgehoben. Ausführlich zu dem Sanktionsregime gegen die UNITA *Birkhäuser*, Sanktionen, 106 ff. und *Oette*, Wirtschaftssanktionen, 163 ff.

116 Vgl. aus der jüngeren Praxis des Sicherheitsrates die Embargomaßnahmen gegen Äthiopien und Eritrea (SR-Res. 1298/2000 v. 17.05.2000, dazu weiterführend *Birkhäuser*, Sanktionen, 144 f.), die DR Kongo (SR-Res. 1493/2003 v. 28.07.2003 sowie die Nachfolgeresolution 1533/2004 v. 12.03.2004), dazu *ders.*, Sanktionen, 145 ff. sowie gegen die Elfenbeinküste (SR-Res. 1572/2004 v. 15.11.2004), dazu *ders.*, Sanktionen, 170 ff.

117 Aus der jüngeren Praxis des Sicherheitsrates sei hier exemplarisch die Verhängung von Ölembargos gegen die UNITA in Angola (s. Fn 115) sowie gegen die Militärjunta in Sierra Leone (SR-Res. 1132/1997 v. 08.10.1997, Rn. 6) genannt.

118 Die Sanktionen gegen Nordkorea, die das Land zur Einstellung seines Atomwaffenprogramms bewegen sollen, sehen u.a. ein nicht näher spezifiziertes Verbot der Ausfuhr von Luxusgütern in das kommunistische Land vor, s. dazu die SR-Res. 1718/2006 v. 17.10.2006, Rn. 8 lit. a) iii). Allgemein zu dem Sanktionsregime *Meerpohl*, Individualsanktionen, 72.

119 U.a. wurden Flugverkehrsverbote gegen die UNITA in Angola (s. Fn. 115) sowie gegen den Sudan – als Reaktion auf den bewaffneten Konflikt in der Provinz Darfur,

verdienen die Diamantenembargos, die der Sicherheitsrat gegen Angola[120], Sierra Leone[121] und Liberia[122] erlassen hat.[123] In Angola und Sierra Leone diente der Handel mit geschürften Diamanten jeweils einer der im Bürgerkrieg beteiligten Konfliktparteien[124] zum Erwerb von Waffen und sonstiger militärischer Ausrüstung.[125] Die Sanktionen gegen Liberia wurden verhängt, weil das Land, in offener Missachtung des gegen das benachbarte Sierra Leone erlassenen Embargos, die dort geschürften Diamanten aufkaufte und den Konflikt durch die Lieferung von Waffen weiter befeuerte.[126]

Personenbezogene Sanktionen richten sich in Form von Finanz- oder Reisesanktionen unmittelbar gegen die für den friedensbedrohenden Zustand verantwortlichen Individuen. Bei Finanzsanktionen werden im Regelfall die Finanzmittel der Zielpersonen eingefroren. Sie stellen die wichtigste Form personenbezogener Sanktionen dar, weil ihre Folgen für die Sanktionsadressaten besonders misslich sind. Bei Reisesanktionen werden die Möglichkeiten zu Auslandsreisen – bis auf wenige Ausnahmefälle religiöser oder medizinischer Art – entweder vollständig aufgehoben oder zumindest empfindlich eingeschränkt.

In dem Erlass von personenbezogenen Sanktionen liegt das eigentliche Novum intelligenter/zielgerichteter Sanktionen, während zwischen objektbezogenen und partiellen Sanktionen inhaltliche Kongruenz besteht. Manche Autoren fassen deshalb auch nur solche personen- oder zielgruppenorientierten Sanktionen unter den Begriff der intelligenten/zielgerichteten Sanktionen.[127] Andere wiederum sehen in intelligenten Sanktionen (*smart sanctions*) den Oberbegriff und differenzieren dann weiter zwischen partiellen/selektiven (*partial/selective*) und zielgerichteten (*targeted*) Sanktionen, wobei sie unter Erstere objektbezogene und unter Letztere

---

SR-Res. 1556/2004 v. 30.07.2004, Rn. 7 ff., erweitert durch die SR-Res. 1591/2005 v. 29.03.2005 – ausgesprochen. Ausführlich hierzu *Birkhäuser*, Sanktionen, 122 ff.

120 Mit der SR-Res. 1173/1998 v. 12.06.1998, s. dazu die Fn. 115.

121 Mit der SR-Res. 1306/2000 v. 05.07.2000, verlängert durch die SR-Res. 1385/2001 v. 19.12. 2001 und 1446/2002 v. 04.12.2002. Ausführlich zum Sanktionsregime gegen Sierra Leone *Birkhäuser*, Sanktionen, 137 ff.

122 Mit der SR-Res. 1343/2001 v. 07.03.2001. Weiterführend zu den vielfältigen Sanktionsmaßnahmen gegen Liberia *Birkhäuser*, Sanktionen, 129 ff.

123 Zu den Problemen bei der Durchsetzung von Diamantenembargos vgl. *Cortright/Lopez/Gerber*, Sanctions and the search for security, 181 ff.; *Cortright/Lopez*, Smart sanctions, 11 ff.

124 In Angola der Rebellengruppierung UNITA (s. dazu die Fn. 115), in Sierra Leone den Rebellen der RUF (REVOLUTIONARY UNITED FRONT). Ausführlich zu den im Zusammenhang mit dem Bürgerkrieg in Sierra Leone erlassenen Sanktionen *Birkhäuser*, Sanktionen, 137 ff.

125 Diamanten, deren Verkaufserlöse zur Finanzierung militärischer Konflikte dienen, werden als sog. *Blutdiamanten* (*blood diamonds*) bezeichnet. Vgl. dazu weiterführend *Cortright/Lopez*, Smart sanctions, 11 ff. sowie *Wilß*, Saubere Diamanten.

126 Vgl. die Präambel der SR-Res. 1343/2001 v. 07.03.2001. Weiterführend *Birkhäuser*, Sanktionen, 130 ff.

127 Vgl. dazu *Cortright/Lopez*, Smart sanctions, 2.

personenbezogene Zwangsmaßnahmen fassen.[128] CORTRIGHT/LOPEZ jedoch, die den Begriff der *smart* bzw. *targeted sanctions* mit ihren Arbeiten entscheidend geprägt haben, verwenden beide Bezeichnungen synonym.[129] Wie in dieser Arbeit definieren sie *smart* bzw. *targeted sanctions* als Maßnahmen, mit denen unter möglichst weitreichender Schonung unbeteiligter Dritter Druck auf bestimmte Individuen oder Gruppierungen ausgeübt werden soll, z. B. dadurch, dass der Handel mit bestimmten Produkten oder bestimmte Aktivitäten verboten wird.[130] Diese Definition entspricht auch dem Verständnis von Sicherheitsrat[131] und h.L.[132]

---

128 Vgl. dazu etwa *Wolf-Zimper*, Zielgerichtete Sanktionen, 33.

129 Vgl. dazu bloß *Cortright/Lopez/Gerber*, Sanctions and the search for security, 4 und 47. Hierauf weist auch *Wahl*, Individualsanktionen, 15, hin.

130 „These twin impulses – to reduce unintended humanitarian consequences and enhance political effectiveness – have led to the use of targeted and selective sanctions. Targeting is intended to focus coercive pressure on those responsible for wrongdoing, while minimizing unintended negative impacts. Targeting means applying pressure on specific decision-making elites and the companies or entities they control. Targeting can also mean selectively sanctioning specific products or activities that are vital to the conduct of an objectionable policy and that have value to responsible decision-makers. While some see a distinction between targeted and selective sanctions, we view the two as inseparably linked. In our definition, a smart sanction policy is one that imposes coercive pressure on specific individuals and entities and that restricts selective products or activities, while minimizing unintended economic and social consequences for vulnerable populations and innocent bystanders", zitiert aus *Cortright/Lopez*, Smart sanctions, 20.

131 So heißt es auf der eigens vom Sicherheitsrat eingerichteten Homepage für bestehende Sanktionsausschüsse (http://www.un.org/sc/committees/, letzter Aufruf: 31.12.2013) wie folgt: „The Council has resorted to mandatory sanctions as an enforcement tool when peace has been threatened and diplomatic efforts have failed. The range of sanctions has included comprehensive economic and trade sanctions and/or more targeted measures such as arms embargoes, travel bans, financial or diplomatic restrictions.
At the same time, a great number of States and humanitarian organizations have expressed concerns at the possible adverse impact of sanctions on the most vulnerable segments of the population. Concerns have also been expressed at the negative impact sanctions can have on the economy of third countries.
In response to these concerns, relevant Security Council decisions have reflected a more refined approach to the design, application and implementation of mandatory sanctions. These refinements have included measures targeted at specific actors, as well as humanitarian exceptions embodied in Security Council resolutions. Targeted sanctions, for instance, can involve the freezing of assets and blocking the financial transactions of political elites or entities whose behaviour triggered sanctions in the first place. Recently, smart sanctions have been applied to conflict diamonds in African countries, where wars have been funded in part by the trade of illicit diamonds for arms and related material..."

132 Vgl. statt vieler *Biersteker*, Targeted Financial Sanctions, IX; *Wahl*, Individualsanktionen, 15.

§ 5: Individualsanktionen ohne staatlichen Bezug – das 1267er-Sanktionsregime

Das hier besonders interessierende 1267er-Sanktionsregime stellt eine Sonderform gezielter personengerichteter Sanktionen dar. Zuvor ließ sich das sanktionierte Individualverhalten immer als staatliches (Handeln von Regierungsvertretern) bzw. quasi-staatliches Verhalten (Handeln von Rebellengruppen als De-facto-Regimen) qualifizieren. Zudem beschränkte sich die von ihm ausgehende Friedensgefährdung auf ein bestimmtes Staatsgebiet oder einen bestimmten Erdteil.

Die 1267er-Sanktionen erfüllen weder die eine noch die andere Voraussetzung. Das inkriminierte Verhalten lässt sich völkerrechtlich weder einer (quasi-)staatlichen Entität zurechnen, noch weist es einen territorialen Anknüpfungspunkt zu einem bestimmten Staatsgebiet auf. Vielmehr soll auf globaler Ebene ein bestimmtes missbilligtes Individualverhalten unterbunden werden. Durch ihre „Nichtstaatlichkeit" fehlt diesen *Individualsanktionen* das völkerrechtliche Identitätskriterium. In einem ersten Schritt kann man sie deshalb als „völkerrechtsfremd" beschreiben.

Auf diese „Völkerrechtsfremdheit" lassen sich dann auch alle mit dieser neuen Sanktionsform zusammenhängenden Probleme zurückführen. Die Verfolgung individuellen Fehlverhaltens fällt grundsätzlich in den Bereich der innerstaatlichen Angelegenheiten. Sie unterliegt formal in fast allen Staaten und in solchen mit demokratischem Regierungssystem auch tatsächlich bestimmten menschenrechtlichen Mindestanforderungen. Hierzu zählt insbesondere die Achtung der Verteidigungsrechte der verfolgten Person sowie die Klärung des Schuldvorwurfes durch unabhängige Gerichte.

Im Völkerrecht als primär staatengeprägtem Recht hingegen haben entsprechende Menschenrechtsvorgaben so gut wie keine Rolle gespielt. Relevanz gewannen sie vor allem im Zusammenhang mit der Frage, inwieweit sich Staaten wegen ihrer Verletzung vor der Staatengemeinschaft verantworten müssen. Wenn der Sicherheitsrat vor diesem Hintergrund unter Durchbrechung des staatlichen Souveränitätsprinzips Individuen quasi unmittelbar sanktioniert – weil er den Staaten keinen Spielraum bei der Umsetzung der Sanktionen lässt –, führt dies zu den bereits in der Einleitung aufgeworfenen Fragen,

- ob er hierzu nach der UN-Charta überhaupt berechtigt ist;
- ob die menschenrechtlichen Mindestanforderungen auch für den Rat beim Erlass der Sanktionen gelten;
- inwieweit sich die Staaten bei der Umsetzung der Sanktionen von ihren nationalen und internationalen Menschenrechtsverpflichtungen unter Hinweis auf die verbindlichen Resolutionen des Sicherheitsrates lossagen können.

Beim Erlass von personengerichteten Sanktionen gegen Mitglieder von Rebellengruppen haben diese Fragen keine Rolle gespielt, weil die Sanktionierung nicht an der *persönlichen Schuld des Einzelnen* anknüpfte, sondern aus der mit der Ausübung (quasi-)staatlicher Hoheitsgewalt verbundenen *politischen Verantwortlichkeit* für eine friedensbedrohende Situation.[133] Vom Eingriff in ihre Souveränität waren zudem vor allem die Staaten betroffen, deren Regierungen unmittelbar an den Konflikten mit den Rebellengruppen beteiligt waren. Für sie gab es keinen Anlass zur weiteren rechtlichen Erörterung der o.g. Fragen, weil sie aufgrund ihrer eigener Schwäche auf die Unterstützung des Sicherheitsrates angewiesen waren. Die übrigen Staaten kamen mit den beschriebenen Problemen regelmäßig nicht in Berührung, weil sich die sanktionierten Personen zumeist nicht auf ihrem Territorium, sondern in der Konfliktregion selbst befanden. Dies erklärt auch, warum das Thema der Rechtsschutzmöglichkeiten sanktionierter Personen während der drei Expertenkonferenzen zu *smart sanctions* in Interlaken, Bonn-Berlin und Stockholm nicht oder nur am Rande diskutiert worden ist.[134]

133 Vgl. dazu *Tomuschat*, EuGRZ 2007, 1, 7.

134 Vgl. dazu *Cameron*, in: *Wallensteen/Staibano* (Hrsg.), International sanctions, 181; *Wallensteen/Staibano/Eriksson*, Targeted sanctions, § 282 ff.

Teil II: Darstellung des 1267er-Sanktionsregimes

Aus Sicht der EU-Mitgliedstaaten sind beim 1267er-Sanktionsregime drei Ebenen zu unterscheiden. Bei der ersten Ebene handelt es sich um die UN-Ebene (Kap. 1). Hier erfolgt der Erlass der Sanktionsresolutionen durch den Sicherheitsrat sowie die Verwaltung des auf diese Weise begründeten Sanktionsregimes durch den Sanktionsausschuss.

Die zweite Ebene würde klassischerweise die innerstaatliche Umsetzung der Sanktionsresolutionen umfassen. Im Bereich der Finanzsanktionen, die den eigentlichen Kern des Sanktionsregimes ausmachen, besteht in Europa allerdings die Besonderheit, dass deren Umsetzung in den Aufgabenbereich der EU und nicht in den ihrer Mitgliedstaaten fällt. Gleiches gilt für Teile des Waffenembargos.[135] Die unionsrechtliche Umsetzung der Sanktionen folgt dabei einem zweigliedrigen Modus. Zunächst wird auf Ebene der GASP ein entsprechender Umsetzungsbeschluss gefasst, der die Grundlage für den im Anschluss erfolgenden Erlass einer Sanktionsverordnung bildet (Kap. 2).

Erst auf der dritten Ebene werden die einzelnen Mitgliedstaaten der EU aktiv (Kap. 3). Im Bereich der Finanzsanktionen beschränkt sich ihre Aufgabe auf den Erlass von Strafrechtsnormen, mit denen Zuwiderhandlungen gegen die Sanktionsvorgaben geahndet werden. Die entsprechenden deutschen Straftatbestände finden sich in den Vorschriften des AWG (Außenwirtschaftsgesetz) und der AWV (Außenwirtschaftsverordnung).[136] Zudem sind die nationalen Behörden zuständig für die Erteilung der in den Sanktionsresolutionen vorgesehenen partiellen Befreiungen von den Finanzsanktionen.[137] Eine originäre Zuständigkeit besitzen die Staaten hingegen bei der Umsetzung der Reisesanktionen sowie des Verbots der Lieferung von Militärgütern.[138]

135 Dies betrifft die technische Hilfestellung bei militärischen Aktivitäten. Vgl. hierzu Art. 2 des Gemeinsamen Standpunktes 2002/402/GASP v. 27.05.2002 sowie Art. 3 der VO 881/2002 gleichen Datums.

136 Dazu gleich ausführlich unter Teil II, Kap. 3 § 1 A.

137 S. dazu Teil II, Kap. 3 § 1 A.

138 S. Artt. 2 u. 4 des Gemeinsamen Standpunktes 2002/402/GASP v. 27.05.2002.

Kapitel 1: Die UN-Ebene

§ 1: Die Sanktionsresolutionen des 1267er-Sanktionsregimes

A. Normative Grundlagen

I. Der Erlass der Sanktionsresolutionen auf Grundlage des Art. 41 UN-Charta

Die normative Grundlage für den Erlass der Sanktionsresolutionen, die das 1267er-Sanktionsregime begründen, bildet wie bei allen Wirtschaftssanktionen Art. 41 UN-Charta.[139] Seine Anwendung setzt nach Art. 39 UN-Charta die vorherige oder gleichzeitige Feststellung einer Friedensbedrohung, eines Friedensbruchs oder einer Angriffshandlung durch den Sicherheitsrat voraus.

II. Die Umsetzungspflicht der Mitgliedstaaten nach Artt. 25, 48 UN-Charta

Die vom Sicherheitsrat nach dem VII. Kapitel erlassenen Resolutionen sind für die UN-Mitgliedstaaten nach den Artt. 25, 48 UN-Charta völkerrechtlich verbindlich.[140] Nach Art. 25 UN-Charta *„nehmen die Mitgliedstaaten die Beschlüsse des Sicherheitsrats im Einklang mit dieser Charta an und führen sie durch."*[141] Art. 48 Abs. 2 UN-Charta konkretisiert diese Verpflichtung für den Bereich der nach Kapitel VII erlassenen Zwangsmaßnahmen. Er bestimmt, dass diese von den Mitgliedstaaten entweder unmittelbar und/oder durch Maßnahmen in den geeigneten internationalen Einrichtungen, deren Mitglieder sie sind, durchgeführt werden. Etwaigen anderen völkerrechtlichen Verpflichtungen der Mitgliedstaaten gegenüber haben die Anordnungen des Sicherheitsrates nach Art. 103 UN-Charta Vorrang.[142] Unmittelbare Wirkung innerhalb der staatlichen Rechtsordnung (z. B. gegenüber den Staatsangehörigen der einzelnen Mitgliedstaaten) entfalten sie jedoch nicht. Hierzu bedürfen sie grundsätzlich eines innerstaatlichen Umsetzungsaktes.[143]

B. Die Entstehung und Entwicklung des Sanktionsregimes

Das 1267er-Sanktionsregime hat – wie der nachfolgende Abriss zeigt – im Laufe seines nunmehr knapp 14-jährigen Bestehens eine beträchtliche Entwicklung erfahren.

---

139 Vgl. statt vieler *Kotzur*, EuGRZ 2008, 673, 678; *Nettesheim*, JZ 2002, 569, 573; *Wagner*, ZaöRV 63 (2003), 879, 908 f.; *Dörr*, JZ 2005, 905, 915.

140 S. dazu statt vieler *Starck*, UNO-Wirtschaftssanktionen, 25; *Dahme*, Terrorismusbekämpfung, 166. Vgl. auch *Herbst*, Rechtskontrolle, 117.

141 Die Reichweite der von Art. 25 UN-Charta ausgehenden Bindung ist umstritten. S. dazu ausführlich Teil III Kap. 6.

142 Art. 103 UN-Charta lautet: „Widersprechen sich die Verpflichtungen von Mitgliedern der Vereinten Nationen aus dieser Charta und ihre Verpflichtungen aus anderen internationalen Übereinkünften, so haben die Verpflichtungen aus dieser Charta Vorrang."

143 *Puttler*, in: *Isensee/Kirchhof* (Hrsg.). HdBStR XI, § 234 Rn. 5.

I. Die Begründung des Sanktionsregimes mit Erlass der SR-Res. 1267/1999 vom 15.10.1999

1. Der tatsächliche Hintergrund – die Anschläge von Nairobi und Daressalam vom 07.08.1998

Der Erlass der SR-Res. 1267/1999 steht in engem Zusammenhang mit den Bombenanschlägen auf die US-Botschaften in Nairobi/Kenia und Daressalam/Tansania vom 07.08.1998, bei denen 223 Menschen getötet und etliche Tausend verletzt wurden.[144] Bei der Suche nach den Drahtziehern fiel der Verdacht rasch auf das Terrornetzwerk Al Qaida und seinen Anführer Osama Bin Laden.[145] Dieser hielt sich zum Zeitpunkt der Anschläge in Afghanistan auf, das sich aufgrund der Duldung und Unterstützung durch die dort regierenden Taliban zum Rückzugs-, Ausbildungs- und Planungszentrum Al Qaidas entwickelt hatte.[146]

Unmittelbar nach den Anschlägen forderte die US-Regierung die Taliban zur Auslieferung von Bin Laden auf, was diese umgehend ablehnten. Daraufhin bombardierten die USA am 19.08.1998 unter Berufung auf das in Art. 51 UN-Charta verankerte Notwehrrecht ein mutmaßliches Ausbildungslager Al Qaidas

---

144 Vgl. die Zusammenfassung im Verfassungsschutzbericht 2009 des Bundesinnenministeriums, 210.

145 Ausführlich zu Al Qaida und Osama Bin Laden Teil III Kap. V § 4 I.

146 Bei den Taliban handelt es sich um eine radikal-islamistische sunnitische Bewegung, die sich Anfang der 1990er Jahre aus afghanischen Bürgerkriegsflüchtlingen überwiegend paschtunischer Herkunft im pakistanischen Grenzgebiet formiert hatte, hauptsächlich aus Zöglingen der dortigen Koranschulen (Talib bedeutet auf Paschtu Schüler, Student). Mit militärischer und logistischer Unterstützung des pakistanischen Geheimdienstes ISI (Inter-Services Intelligence), der sich hiervon die Installation einer pro-pakistanisch gesinnten Regierung in Afghanistan versprach, griff die Organisation 1994 unter ihrem Führer Mullah Omar in den afghanischen Bürgerkrieg ein. Diesen trugen rivalisierende Mudschaheddin-Gruppierungen seit dem Abzug der Sowjetarmee im Jahre 1989 untereinander aus. Innerhalb kürzester Zeit konnten die Taliban dabei 90% des afghanischen Territoriums erobern. Die Hauptstadt Kabul wurde im Jahre 1996 eingenommen. Die besiegten Mudschaheddin-Gruppierungen schlossen sich daraufhin zur sog. Nordallianz unter Führung des später durch ein Bombenattentat getöteten Ahmad Schah Masoud zusammen und zogen sich in ein kleines Gebiet im Norden Afghanistans zurück.
Unmittelbar nach der Einnahme Kabuls riefen die Taliban das islamische Emirat Afghanistan aus und führten eine strenge, sich ausschließlich an der Scharia orientierende islamistische Rechtsordnung ein. International anerkannt wurde das Taliban-Regime jedoch nur von Pakistan, Saudi-Arabien und den Vereinigten Arabischen Emiraten. Mit ihrer Machtübernahme entwickelte sich Afghanistan immer mehr zu einem Rückzugsgebiet für islamistische Glaubenskrieger (*Dschihadisten*) aus aller Welt, u. a. auch für Osama Bin Laden und die Anhänger der von ihm gegründeten Terrororganisation Al Qaida.

in Afghanistan sowie eine Fabrikanlage im Sudan, die in Verdacht der Produktion von chemischen Massenvernichtungswaffen stand. Gleichzeitig forcierte die US-Regierung unter dem damaligen Präsidenten Clinton ihre gegen das Kabuler Regime gerichteten diplomatischen Bemühungen innerhalb des Sicherheitsrats.[147] Dieser erließ am 28. 08.1998 die unverbindliche SR-Res. 1193/1998, die sich allgemein mit der Lage in Afghanistan beschäftigte und die am Bürgerkrieg beteiligten Konfliktparteien u. a. dazu aufforderte, keine Terroristen zu beherbergen und gegen die Nutzung der von ihnen kontrollierten Gebiete als terroristische Ausbildungszentren vorzugehen.[148] Am 04.11.1998 wurde vor einem amerikanischen Bundesgericht in Manhattan Anklage gegen Bin Laden wegen Mordes an den durch die Bombenanschläge in Nairobi und Daressalam umgekommenen US-Bürgern erhoben. Im Anschluss stellte die US-Regierung ein weiteres Auslieferungsgesuch an die Taliban. Dieses wurde von dem Regime in Kabul mit der Begründung abgelehnt, dass eigene Ermittlungen keine Hinweise auf eine etwaige Verwicklung Bin Ladens in die Attentate hervorgebracht hätten. Am 08.12.1998 erließ der Sicherheitsrat die Resolution 1214/1998. Hierin droht er den Taliban explizit mit dem Einsatz von Zwangsmaßnahmen[149], sollten diese weiterhin Terroristen Zuflucht gewähren und mit den sie strafrechtlich verfolgenden Ländern nicht in ausreichendem Maße kooperieren.[150]

---

147 Instruktiv zur Rolle der USA als treibende Kraft beim Erlass von Antiterrormaßnahmen innerhalb des Sicherheitsrates *de Jonge Oudraat*, in: *Boulden/Weiss* (Hrsg.), Terrorism and the UN, 151. Aus ihrer Sicht hat die US-Regierung seit den 1990er Jahren aufgrund von fünf Faktoren ihre Bemühungen in Hinblick auf eine gemeinsame Terrorismusbekämpfung verstärkt. Hierbei handelt es sich 1. um die Zunahme terroristischer Anschläge gegen US-amerikanische Einrichtungen und Staatsbürger, 2. um die wachsende Anzahl an (Todes-)Opfern, 3. um die globale Ausrichtung der Terrororganisationen, 4. um die Gefahr des Einsatzes von Massenvernichtungswaffen durch die Terroristen und 5. um die Unterstützung von Terrororganisationen durch einzelne Staaten. S. dazu auch *Cortright/Lopez/Gerber*, Sanctions and the search for security, 51.

148 Rn. 15 der SR-Res. 1193/1998 v. 28.08.1998. Unmittelbar als Reaktion auf die Anschläge von Dar-e-Salaam und Nairobi hatte der Sicherheitsrat die unverbindliche SR-Res. 1189/1998 erlassen, in deren Präambel er die Staaten allgemein an ihre Pflicht erinnerte, Aktivitäten Privater zur Vorbereitung/Begehung terroristischer Handlungen auf ihrem Staatsgebiet rigoros zu unterbinden.

149 Rn. 15 der SR-Res. 1214/1998 v. 08.12.1998 („Deplores the failure of the leadership of the Taliban, in particular, to take measures to comply with the demands made in its previous resolutions, especially to conclude a ceasefire and to resume negotiations, and in this context expresses its readiness to consider the imposition of measures, in accordance with its responsibility under the Charter of the United Nations, with the aim of achieving the full implementation of its relevant resolutions.“).

150 Rn. 13 der SR-Res. 1214/1998 v. 08.12.1998 („Demands also that the Taliban stop providing sanctuary and training for international terrorists and their organizations,

Nachdem auch diese Drohung des Sicherheitsrates nicht den gewünschten Erfolg brachte, verhängte die US-Regierung am 05.07.1999 Wirtschaftssanktionen gegen die TALIBAN.[151] Sie fror deren in den USA befindliche Finanzmittel ein und untersagte jedwede Art von Wirtschaftsbeziehungen zum TALIBAN-Regime und den mit ihnen assoziierten Personen.[152]

2. Der Inhalt der Resolution

Mit der SR-Res. 1267/1999[153] reagierte auch der Sicherheitsrat auf die fehlende Kooperationsbereitschaft der TALIBAN. Er stellte fest, dass sie der Aufforderung, die Nutzung der von ihnen kontrollierten Gebiete als Zufluchts- und Ausbildungsstätte von Terroristen zu verhindern und OSAMA BIN LADEN den amerikanischen Behörden auszuliefern[154], nicht nachgekommen seien. Dieses Fehlverhalten wertete er als eine Gefahr für den Frieden und die internationale Sicherheit[155] und verhängte – unter ausdrücklichem Hinweis auf seine Kompetenzen nach Kap. VII der UN-Charta – Sanktionen gegen die TALIBAN. Diese umfassten ein Flugverkehrsverbot für alle sich in ihrem Besitz befindlichen Flugzeuge sowie eine Anordnung an die Mitgliedstaaten, jegliches Finanzvermögen der TALIBAN und der mit ihnen assoziierten Personen einzufrieren.[156] Das einzige Ziel der Sanktionen bestand in der Auslieferung OSAMA

---

and that all Afghan factions cooperate with efforts to bring indicted terrorists to justice.").

151 *Damrosch*, Hous. J. Int'l L. 22 (1999), 63, 68 m. w. N. Vgl. auch die Stellungnahme der Gesandtin der USA bei der UN SODERBERG, in S/PV 4051, 3.

152 Vgl. dazu *Murphy*, AJIL 94 (2000), 348, 348, 367 sowie *Damrosch*, Hous. J. Int'l L. 22 (1999), 63, 68.

153 V, 15.10.1998.

154 Die entsprechende Aufforderung findet sich in Rn. 13 der SR-Res 1214/1998 v. 08.12.1998.

155 In der Präambel der SR-Res. 1267/1999 v. 15.10.1998 („Determining that the failure of the Taliban authorities to respond to the demands in paragraph 13 of resolution 1214 (1998) constitutes a threat to international peace and security").

156 Der genaue Wortlaut der Rn. 4 lautet: „(a) Deny permission for any aircraft to take off from or land in their territory if it is owned, leased or operated by or on behalf of the Taliban as designated by the Committee established by paragraph 6 below, unless the particular flight has been approved in advance by the Committee on the grounds of humanitarian need, including religious obligation such as the performance of the Hajj; (b) Freeze funds and other financial resources, including funds derived or generated from property owned or controlled directly or indirectly by the Taliban, or by any undertaking owned or controlled by the Taliban, as designated by the Committee established by paragraph 6 below, and ensure that neither they nor any other funds or financial resources so designated are made available, by their nationals or by any persons within their territory, to or for the benefit of the Taliban or any undertaking owned or controlled, directly or indirectly,by the Taliban, except as may be authorized by the Committee on a case-by-case basis on the grounds of humanitarian need."

Bin Ladens[157]; dementsprechend sollten sie auch nur bis zu deren Vornahme in Kraft bleiben.[158]

Zur Verwaltung der Sanktionen wurde ein Sanktionsausschuss (das sog. Al Qaida sanctions committee[159], im folgenden auch *1267er-Ausschuss* genannt) eingerichtet, der sich aus den Mitgliedstaaten des Sicherheitsrats zusammensetzt. Seine Aufgabe bestand zunächst darin, die einzufrierenden Mittel zu kennzeichnen und die Umsetzung der vom Sicherheitsrat erlassenen Sanktionen durch die Staaten zu überwachen.[160]

---

157 Die Rn. 4 der Resolution, in der die einzelnen Sanktionen aufgeführt sind, bezieht sich ausdrücklich auf die Rn. 2, in der der Sicherheitsrat die Taliban zur Auslieferung von Bin Laden auffordert („...decides further that, in **order to enforce paragraph 2** (Hervorhebung durch Verf.) above...").

158 Rn. 3 der SR-Res. 1267/1999 v. 15.10.1998 („Decides that on 14 November 1999 all States shall impose the measures set out in paragraph 4 below, unless the Council has previously decided, on the basis of a report of the Secretary-General, that the Taliban has fully complied with the obligation set out in paragraph 2 above).

159 Vormals the Al-Qaida and Taliban Sanctions Committee.

160 Rn. 6 der SR-Res. 1267/1999 v. 15.10.1999 („Decides to establish, in accordance with rule 28 of its provisional rules of procedure, a Committee of the Security Council consisting of all the members of the Council to undertake the following tasks and to report on its work to the Council with its observations and recommendations:
(a) To seek from all States further information regarding the action taken by them with a view to effectively implementing the measures imposed by paragraph 4 above;
(b) To consider information brought to its attention by States concerning violations of the measures imposed by paragraph 4 above and to recommend appropriate measures in response thereto;
(c) To make periodic reports to the Council on the impact, including the humanitarian implications, of the measures imposed by paragraph 4 above;
(d) To make periodic reports to the Council on information submitted to it regarding alleged violations of the measures imposed by paragraph 4 above, identifying where possible persons or entities reported to be engaged in such violations;
(e) To designate the aircraft and funds or other financial resources referred to in paragraph 4 above in order to facilitate the implementation of the measures imposed by that paragraph;
(f) To consider requests for exemptions from the measures imposed by paragraph 4 above as provided in that paragraph, and to decide on the granting of an exemption to these measures in respect of the payment by the International Air Transport Association (IATA) to the aeronautical authority of Afghanistan on behalf of international airlines for air traffic control services;
(g) To examine the reports submitted pursuant to paragraph 9 below;).

II. *Die Erstreckung der Sanktionen auf* Bin Laden *und* Al Qaida *mit dem Erlass der SR-Res. 1333/2000*

Nachdem die SR-Res. 1267/1999 nicht den erwünschten Erfolg gebracht hatte, erließ der Sicherheitsrat am 19.12.2000 die SR-Res. 1333/2000.[161] Die Sanktionen gegen die Taliban wurden aufrechterhalten und um ein umfassendes Waffenembargo[162], eine Verschärfung des Flugverkehrsverbots[163] sowie ein an alle Staaten gerichtetes Ausfuhrverbot des zur Herstellung von Heroin notwendigen Essigsäureanhydrids nach Afghanistan[164] erweitert. Außerdem ordnete der Rat die Schließung sämtlicher Auslandsbüros der Taliban[165] sowie der von ihnen kontrollierten Fluggesellschaft Ariana[166] an.

Gleichzeitig wurden die in Ziffer 4 lit. c der SR-Res. 1267/1999 aufgeführten Finanzsanktionen auf Osama Bin Laden und die mit ihm verbundenen Personen und Einrichtungen ausgeweitet.[167] Damit kam es zum ersten Mal in der Praxis des Sicherheitsrates zum Erlass von Sanktionen gegen eine Gruppe von Individuen, die weder der Regierung eines Landes angehörte noch eine De-facto-Herrschaft über ein bestimmtes Staatsgebiet ausübte. Neu ist auch die Einführung eines Listungsverfahrens in den Rn. 8 lit. c, 16 lit. a, b der 1333er-Resolution.[168] Listungen wurden

161 Angenommen mit 13 Ja-Stimmen bei zwei Enthaltungen (China, Malaysia).

162 Rn. 5 der SR-Res. 1333/2000 v. 19.12.2000.

163 Rn. 11 der SR-Res. 1333/2000 v. 19.12.2000.

164 Rn. 10 der SR-Res. 1333/2000 v. 19.12.2000.

165 Rn. 8 lit. a der SR-Res. 1333/2000 v. 19.12.2000.

166 Rn. 8 lit. b der SR-Res. 1333/2000 v. 19.12.2000.

167 Rn. 8 lit. c der SR-Res. 1333/2000 v. 19.12.2000, die wie folgt lautet: „Decides that all States shall take further measures[...]To freeze without delay funds and other financial assets of Usama bin Laden and individuals and entities associated with him as designated by the Committee, including those in the Al-Qaida organization, and including funds derived or generated from property owned or controlled directly or indirectly by Usama bin Laden and individuals and entities associated with him, and to ensure that neither they nor any other funds or financial resources are made available, by their nationals or by any persons within their territory, directly or indirectly for the benefit of Usama bin Laden, his associates or any entities owned or controlled, directly or indirectly, by Usama bin Laden or individuals and entities associated with him including the Al-Qaida organization[...]." Der Terminus „verbunden" entstammt der offiziellen deutschen UN-Version der Resolution.

168 Die relevanten Passagen finden sich in Rn. 16 sowie Rn. 8 lit. c der Resolution. Rn. 16 lautet wie folgt: „(*The Security Council, Ergz. durch den Verfasser*) Requests the Committee to fulfill its mandate by undertaking the following tasks in addition to those set out in resolution 1267 (1999): (a) To establish and maintain updated lists based on information provided by States, regional and international organizations of all points of entry and landing areas for aircraft within the territory of Afghanistan under control by the Taliban and to notify Member States of the contents of such lists;

demnach vorgenommen, wenn ein oder mehrere Staaten dies beantragten. Eine gesonderte Schlüssigkeitsprüfung der Anträge nahm der Sanktionsausschuss zu jener Zeit nicht vor.[169]

Alle Maßnahmen wurden für den Zeitraum von einem Jahr erlassen.[170] Der Sicherheitsrat stellte eine vorzeitige Beendigung in Aussicht, falls die Taliban Osama Bin Laden ausliefern und die Ausbildungslager von Al Qaida schließen würden.[171]

III. Die Mutation zum globalen Individualsanktionsregime mit Erlass der SR-Res. 1390/2002

Bei der SR-Res. 1390/2000 vom 16.01.2002 handelt es sich um die erste zum 1267er-Sanktionsregime erlassene Resolution nach den Anschlägen vom 11.09.2001 und dem anschließenden Sturz des Taliban-Regimes durch ein von den USA angeführtes Militärbündnis.[172] In ihrer Präambel qualifiziert der Sicherheitsrat den internationalen Terrorismus in allgemeiner Form als eine Bedrohung des Weltfriedens und

(b) To establish and maintain updated lists, based on information provided by States and regional organizations, of individuals and entities designated as being associated with Usama bin Laden, in accordance with paragraph 8 (c) above; [...] Der Wortlaut der Rn. 8 lit. c lautet: Decides that all States shall take further measures [...] (c) [...] and requests the Committee to maintain an updated list, based on information provided by States and regional organizations, of the individuals and entities designated as being associated with Usama Bin Laden, including those in the Al-Qaida organization."
Die Vorgängerresolution 1267/1999, die fälschlicherweise in diesem Zusammenhang zitiert wird, sah ein Listungsverfahren in der Form gar nicht vor. Hierauf macht insbesondere *Frowein*, in: *Dupuy/Fassbender/Shaw u. a.* (Hrsg.). FS Tomuschat, 787 aufmerksam.

169 Im Sitzungsprotokoll zur Resolution 1333/2000 v. 19.12.2000 finden übrigens sowohl die Erweiterung der Finanzsanktionen auf Mitglieder von Al Qaida als auch das Listungsverfahren keinerlei Erwähnung. In den Beiträgen der Redner geht es stattdessen ausschließlich um die Aufrechterhaltung der Sanktionen gegen die Taliban. Erst in den SR-Res. 1526/2004 v. 03.01.2004 und 1617/2005 v. 29.05.2005 wird näher konkretisiert, welche Informationen die Staaten, die eine Listung veranlassen wollen, dem Sanktionsausschuss beizubringen haben.

170 Rn. 23 der SR-Res. 1333/2000 v. 19.12.2000.

171 Rn. 24 der SR-Res. 1333/2000 v. 19.12.2000.

172 Die Invasion Afghanistans durch die USA und ihre Verbündeten begann am 07.10.2001. Bereits im Dezember 2001 war mithilfe der Nordallianz fast das gesamte von den Taliban ehemals beherrschte Gebiet zurückerobert worden. Vom 27.11–05.12.2001 fand auf dem Petersberg in Königswinter/Bonn eine Konferenz zur Neuordnung Afghanistans nach dem Sturz der Taliban statt. An der Konferenz nahmen vier Delegationen verschiedener afghanischer Gruppierungen mit insgesamt 28 Delegierten teil. Sie endete mit der Verabschiedung des Petersberger Abkommens, das einen Stufenplan zur Machtübergabe an eine demokratisch legitimierte Regierung vorsah. Mit dem Abkommen wurde der sogenannte

der internationalen Sicherheit.[173] Die Sanktionen gegen die TALIBAN und Al Qaida sowie die mit ihnen verbunden Personen wurden bis auf das Flugverkehrsverbot[174] aufrechterhalten[175] und um ein umfassendes Reiseverbot erweitert.[176] Das Waffenembargo richtete sich nunmehr allgemein gegen die TALIBAN, AL QAIDA und die mit ihnen verbundenen Personen/Organisationen.[177] Einer zeitlichen Beschränkung unterliegen die Sanktionen fortan nicht mehr; der territoriale Bezug des Sanktionsregimes zu Afghanistan fällt weg. Sein Schwerpunkt liegt von nun an auf der globalen Bekämpfung der von Al Qaida ausgehenden terroristischen Gefahr.

IV. Die Folgeresolutionen im Überblick

Seither hat der Sicherheitsrat zahlreiche Folgeresolutionen erlassen. Hierbei handelt es sich in chronologischer Reihenfolge um die SR-Res. 1452/2002[178], 1455/2003[179], 1526/2004[180], 1617/2005[181], 1735/2006[182], 1822/2008[183], 1904/2009[184], 1989/2011[185] sowie 2083/2012[186].

Die Folgeresolutionen dienten im Wesentlichen zwei Zielen. Zum einen sollte die Sanktionsumsetzung durch die Mitgliedstaaten erleichtert, koordiniert und besser überwacht werden. So wurde der Sanktionsausschuss in der SR-Res. 1455/2003[187] beispielsweise dazu angehalten, den Staaten spätestens alle drei Monate eine aktualisierte Version der Sanktionsliste zu übermitteln. Diese wurden im Gegenzug dazu verpflichtet, dem Ausschuss einen Bericht über die bislang von ihnen ergriffenen Umsetzungsmaßnahmen zukommen zu lassen. Zur besseren Überwachung der staatlichen Umsetzungsbemühungen richtete der Rat ein dem Sanktionsausschuss zuarbeitendes Überwachungskomitee[188] ein, das aus fünf vom Generalsekretär

---

Petersberg-Prozess eingeleitet, der zur Demokratisierung und Befriedung des Landes führen sollte.

173 „Reaffirming further that acts of international terrorism constitute a threat to international peace and security[...]".

174 Rn. 1 der SR-Res. 1390/2002 v. 16.01.2002.

175 Rn. 1 der SR-Res. 1390/2002 v. 16.01.2002.

176 Rn. 2 lit. b) der SR-Res. 1390/2002 v. 16.01.2002.

177 Rn. 2 lit. c) der SR-Res. 1390/2002 v. 16.01.2002.

178 V. 20.12.2002.

179 V. 17.01.2003.

180 V. 30.01.2004.

181 V. 29.07.2005.

182 V. 22.12.2006.

183 V. 30.06.2008.

184 V. 17.12.2009.

185 V. 17.06.2011.

186 V. 17.12.2012.

187 V. 17.01.2003.

188 Das Überwachungskomitee war mit der Rn. 4 lit a) der SR-Res. 1363/2001 v. 30.07.2001 eingerichtet worden.

bestimmten Experten bestand.[189] Dieses Überwachungskomitee wurde mit Erlass der SR-Res. 1526/2004[190] durch eine sog. *Monitoring Group* (im Folgenden auch Expertengruppe genannt)[191] ersetzt, die im Wesentlichen die Aufgaben der Überwachungsgruppe übernahm, zusätzlich aber konkrete Maßnahmen zur Verbesserung der Sanktionsumsetzung vorschlagen kann.[192] Das Mandat der Monitoring Group wurde zuletzt mit der SR-Res. 2083/2012[193] um weitere 30 Monate verlängert.[194]

Hauptsächlich ging es bei den Folgeresolutionen jedoch darum, die wachsende Kritik zahlreicher, vor allem westlicher, Mitgliedstaaten am Sanktionsregime abzufedern, die sich an der Eingriffsintensität der Sanktionen und insbesondere an dem Fehlen adäquater Rechtsschutzmöglichkeiten für gelistete Personen entzündet hatte.

1. Die Aufnahme von Ausnahmeregelungen mit dem Erlass der SR-Res. 1452/2002

Eine wichtige Etappe bei diesen Bemühungen markiert der Erlass der SR-Res. 1452/2002 vom 20.12.2002. Hierin formuliert der Sicherheitsrat einige Ausnahmeregelungen zu den Finanzsanktionen. Bereits in der SR-Res. 1390/2002 finden sich entsprechende Ausnahmeregelungen zu den Reisesanktionen.[195] Die Ausnahmeregelungen haben im Laufe der Zeit leichte Modifikationen erfahren, existieren jedoch bis heute.[196]

a) Ausnahmeregelungen zu den Finanzsanktionen

Die Ausnahmeregelungen zu den Finanzsanktionen lassen sich unterteilen in solche für Finanzmittel, derer gelistete Personen zu ihrer Grundversorgung bedürfen, und solche für außerordentliche Ausgaben.[197] Zudem existiert eine Sonderregelung für die Gutschrift von Zinsen oder sonstigen Erträgen auf eingefrorene Konten

---

189 Vgl. Rn. 8 und 13 der SR-Res. 1455/2003 v. 17.01.2003.

190 V. 30.01.2004.

191 Die genaue Bezeichnung lautet *„Analytical Support and Sanctions Monitoring Team"*, s. Rn. 6 der SR-Res. 1526/2004 v. 30.01.2004.

192 Grund für die Ablösung des Überwachungskomitees war der von zahlreichen Staaten heftig kritisierte Umgangsstil seiner Mitglieder, vgl. dazu *Rosand*, AJIL 98 (2004), 745, 753 ff.; *Birkhäuser*, Sanktionen, 163. Seit Erlass der SR-Res.1904/2010 besteht eine weitere wichtige Aufgabe der Monitoring Group in der Unterstützung der Ombudsperson bei der Prüfung von Delistungsanträgen gelisteter Personen. S. dazu ausführlich Teil II Kap. 1 § 3 A II.

193 V. 17.12.2012.

194 Rn. 60 der SR-Res. 2083/2012 v. 17.12.2002.

195 Rn. 2 lit. b) der SR-Res. 1390/2002 v. 16.01.2002.

196 Zuletzt mit Erlass der Richtlinien über die Arbeitsweise des Sanktionsausschusses in der aktuellen Version v. 15.04.2013.

197 S. Rn. 1 lit. a) und b) der SR-Res. 1452/2002 v. 20.12.2002.

gelisteter Personen, ebenso wie für Zahlungen aufgrund von Verträgen, die vor der Sanktionierung abgeschlossen worden sind.[198]

Gelder und sonstige Vermögenswerte zur Deckung der Grundbedürfnisse werden vom Anwendungsbereich der Finanzsanktionen vollständig ausgenommen.[199] Darunter fallen solche zur Deckung der Kosten für Lebensmittel, Mieten oder Hypotheken, Medikamente und medizinische Behandlung, Steuern, Versicherungsprämien und Gebühren öffentlicher Versorgungseinrichtungen oder für die Inanspruchnahme von rechtlichem Beistand.[200] Derartige Mittel durften zuvor von den Staaten nicht freigegeben werden. Eine konsequente Umsetzung der ursprünglichen Sanktionsregelungen hätte mithin zum Hungertod der gelisteten Personen geführt. Über die Freigabe der Mittel müssen die Staaten den Sanktionsausschuss vorab informieren. Dieser kann ihr innerhalb von 72 Stunden[201] widersprechen.[202] Mittel für außerordentliche Ausgaben dürfen erst nach Genehmigung durch den Sanktionsausschuss freigegeben werden.[203] Nach der Regelung in seinen aktuellen Richtlinien soll der Ausschuss innerhalb von fünf Arbeitstagen über die Stattgabe entsprechender Anträge befinden.[204] Anders als bei Finanzmitteln zur Deckung der Grundbedürfnisse gilt der Antrag nach Ablauf dieser Frist nicht als automatisch bewilligt.[205]

Zusätzlich dürfen die Staaten nach Rn. 11 lit. c) der Richtlinien des Sanktionsausschusses[206] Gutschriften auf eingefrorene Konten gelisteter Personen und Organisationen vornehmen, die

- aus der Gutschrift von Zinsen,
- Zahlungen aufgrund von Verträgen, die vor der Listung abgeschlossen wurden oder
- aus sonstigen finanziellen Zuwendungen an die sanktionierten Personen

herrühren, sofern diese Mittel ebenfalls unmittelbar eingefroren werden.

Die Verabschiedung der SR-Res. 1452/2002 kam auf Druck mehrerer westlicher Staaten, insbesondere der schwedischen Regierung zustande, die die vollständige wirtschaftliche Isolation gelisteter Individuen kritisiert hatten.[207] In letzter Zeit hat

198 Rn. 2 der SR-Res. 1452/2002 v. 20.12.2002.
199 Rn. 1 lit. a) der SR-Res. 1452/2002 v. 20.12.2002.
200 Rn. 1 lit. a) der SR-Res. 1452/2002 v. 20.12.2002.
201 Rn. 11 lit. a) der Richtlinien über die Arbeitsweise des Sanktionsausschusses in der aktuellen Version v. 15.04.2013. Ursprünglich betrug die Entscheidungsfrist lediglich 48 Stunden, s. Rn. 1lit. a) der SR-Res. 1452/2002 v. 20.12.2002.
202 Rn. 1lit. a) der SR-Res. 1452/2002 v. 20.12.2002.
203 Rn. 1 lit. b) der SR-Res. 1452/2002 v. 20.12.2002.
204 Rn. 11 lit. b) der Richtlinien über die Arbeitsweise des Sanktionsausschusses in der aktuellen Version v. 15.04.2013.
205 Vgl. hierzu Rn. 11 lit. b) und lit. a) der Richtlinien über die Arbeitsweise des Sanktionsausschusses in der aktuellen Version v. 15.04.2013.
206 In der aktuellen Version v. 15.04.2013.
207 Vgl. dazu Meerpohl, Individualsanktionen, 24 f.

der Sicherheitsrat die Mitgliedstaaten selbst explizit dazu aufgefordert, die Freigabeklauseln so weit wie möglich zur Anwendung zu bringen.[208] In jedem Fall sind die Staaten dazu verpflichtet, sanktionierte Personen bei ihrer Erstlistung über die Existenz der Freigabeklauseln zu informieren.[209] Seit dem Erlass der SR-Res. 2083/2012[210] können gelistete Personen eigenständig Anträge auf Befreiung von den Finanz- und Reisesanktionen stellen. Solche Anträge sind bei dem sog. Focal Point[211] einzureichen, der mit der SR-Res. 1730/2006[212] errichtet worden ist. Dieser leitet die Anträge an den Sanktionsausschuss weiter. Der Ausschuss befindet hierüber jedoch nur, wenn sie zuvor beim Aufenthaltsstaat der gelisteten Personen eingegangen sind. Fehlt es hieran, werden die Anträge den betreffenden Staaten über den Focal Point übermittelt.[213] Zu ihrer Bewilligung ist ein positives Votum des Sanktionsausschusses erforderlich.

b) Ausnahmeregelungen zu den Reisesanktionen

Die in Rn. 2 lit. b) der SR-Res. 1390/2002 aufgeführten Ausnahmeregelungen zu den Reisesanktionen sind zuletzt in der SR-Res. 2083/2012 bestätigt worden.[214] Keine Anwendung finden die Reisesanktionen demnach bei Reisen zur Durchführung eines Gerichtsverfahrens. Ausnahmen sind ansonsten im Einzelfall, etwa aus religiösen oder medizinischen Gründen, möglich.[215] Über ihre Genehmigung entscheidet der Sanktionsausschuss. Entsprechende Anträge können der Ziel- und der Ausgangsstaat sowie der Aufenthaltsstaat und der Heimatstaat stellen.[216] Seit dem Erlass der SR-Res. 2083/2012 ist diese Möglichkeit auch gelisteten Personen eröffnet. Wie bei den Finanzsanktionen können sie ihre Befreiungsanträge beim Focal Point einreichen.[217] Grundsätzlich muss ein Gesuch mindestens 15 Tage vor Reisebeginn beim Sanktionsausschuss oder dem Focal Point eingehen. Eine kürzere Einreichungsfrist

---

208 SR-Res. 1904/2009 v. 17.12.2009, Rn. 7 („Encourages Member States to make use of the provisions regarding available exemptions [...] set out in paragraphs 1 and 2 of resolution 1452 (2002), as amended by resolution 1735 (2006)").

209 Zuletzt in Rn. 18 der SR-Res. 2083/2012 v. 17.12.2012.

210 V. 17.12.2012.

211 S. zum Focal Point noch Teil II Kap. 1 § 1 B IV 2 c).

212 V. 19.12.2006.

213 Rn. 11 lit. c) der Richtlinien über die Arbeitsweise des Sanktionsausschusses in der aktuellen Version v. 15.04.2013. Vgl. auch Rn. 8 und 37 der SR-Res. 2083/2012 v. 17.12.2012.

214 S. Rn. 1 lit. b) der SR-Res. 2083/2012 v. 17.12.2012.

215 Vgl. dazu Rn. 12 lit. f) und o) der Richtlinien über die Arbeitsweise des Sanktionsausschusses in der aktuellen Version v. 15.04.2013.

216 Rn. 12 lit. d) der Richtlinien über die Arbeitsweise des Sanktionsausschusses in der aktuellen Version v. 15.04.2013.

217 Rn. 12 lit. e) der Richtlinien über die Arbeitsweise des Sanktionsausschusses in der aktuellen Version v. 15.04.2013. S. dazu auch die Rn. 8 und 37 der SR-Res. 2083/2012 v. 17.12.2012.

ist dort möglich, wo es aus humanitären Gründen angezeigt ist.[218] Über den Antrag entscheidet der Ausschuss innerhalb von zehn Arbeitstagen im schriftlichen Umlaufverfahren. Diese Entscheidungsfrist kann in dringenden Fällen verkürzt werden. Sofern kein Ausschussmitglied innerhalb dieser Frist seine Ablehnung gegenüber dem Antrag erklärt, gilt er als bewilligt.[219] Im Falle einer Ablehnung wird die Angelegenheit, sofern ein Schlichtungsversuch innerhalb des Ausschusses scheitert, dem Sicherheitsrat zur Entscheidung vorgelegt.[220]

2. Verbesserungen des Sanktionsregimes in rechtsstaatlicher Hinsicht

a) Erhöhung der Transparenz des Listungsverfahrens

Neben dem Fehlen von Ausnahmeregelungen wurde auch die Intransparenz des Listungsverfahrens wiederholt kritisiert.[221] Vor allem mit der SR-Res. 1617/2005 bemühte sich der Sicherheitsrat um eine Entschärfung dieser Kritik. So konkretisiert er in Rn. 2 der Resolution das Tatbestandsmerkmal des Verbundenseins einer Person oder einer Gruppierung mit Al Qaida.[222] Es soll nunmehr bei folgenden Handlungen/Aktivitäten vorliegen:

a) der Beteiligung an der Finanzierung, Planung, Erleichterung, Vorbereitung oder Begehung von Handlungen oder Aktivitäten durch, zusammen mit, unter dem oder im Namen von oder zur Unterstützung der Al Qaida, Osama bin Ladens oder der Taliban oder einer ihrer Zellen, Unterorganisationen, Splittergruppen oder Ableger;

b) der Lieferung, dem Verkauf oder der Weitergabe von Rüstungsgütern und sonstigem Wehrmaterial an diese;

c) der Rekrutierung für diese; oder

d) der sonstigen Unterstützung ihrer Handlungen oder Aktivitäten.[223]

---

218 Rn. 12 lit. f) der Richtlinien über die Arbeitsweise des Sanktionsausschusses in der aktuellen Version v. 15.04.2013.

219 Rn. 12 lit. g) i.V.m. Rn. 4 lit. c) der Richtlinien über die Arbeitsweise des Sanktionsausschusses in der aktuellen Version v. 15.04.2013.

220 Insoweit findet die allgemeine Regel der Rn. 4 lit. a) der Richtlinien über die Arbeitsweise des Sanktionsausschusses (in der aktuellen Version v. 15.04.2013) Anwendung.

221 Teil II Kap. 1 § 2 D.

222 Bzw. den Taliban.

223 „Further decides that acts or activities indicating that an individual,group, undertaking, or entity is "associated with" Al-Qaida, Usama Bin Laden or the Taliban include:
a) participating in the financing, planning, facilitating, preparing, or perpetrating of acts or activities by, in conjunction with, under the name of, on behalf of, or in support of;
b) supplying, selling or transferring arms and related materiel to;
c) recruiting for; or

Zuvor herrschte über diesen Tatbestand erhebliche Unklarheit. Eine substantielle Verbesserung bringt die Regelung allerdings nicht, weil die vom Rat zur Konkretisierung aufgestellten Kriterien selbst äußerst weit und unbestimmt formuliert sind.[224]

Gleichzeitig verpflichtete der Rat die Mitgliedstaaten dazu, ihren Listungsanträgen eine detaillierte[225] Falldarstellung beizufügen, aus der sich die Listungsgründe unter Angabe der hierfür relevanten Fakten ergeben.[226] Die Falldarstellung dient dem Sanktionsausschuss als Entscheidungshilfe, vor allem aber der Information der Sanktionsadressaten und ihren Aufenthalts- und Herkunftsstaaten.[227] Der antragstellende Staat kann allerdings die Weitergabe bestimmter in der Falldarstellung enthaltener Informationen durch den Sanktionsausschuss ausschließen.[228] Seit Erlass der SR-Res. 1822/2008 ist der Sanktionsausschuss verpflichtet, die Gründe einer Listung, soweit sie der Öffentlichkeit zugänglich gemacht werden können, auf seiner Homepage zu veröffentlichen.[229] Zudem ist über Art und Herkunft der belastenden Informationen Auskunft zu erteilen. In Rn. 54 der SR-Res. 2083/2012[230] findet sich erstmals die explizite Bitte des Rates an die Mitgliedstaaten, die Monitoring Group bei der Antragstellung darüber in Kenntnis zu setzen, ob der im Antrag geschilderte Sachverhalt bereits Gegenstand eines nationalen Justizverfahrens war/ist, damit

---

d) otherwise supporting acts or activities of Al-Qaida, Usama bin Laden or the Taliban, or any cell, affiliate, splinter group or derivative thereof."

224 Teil III Kap. V § 4.

225 So heißt es in Rn. 5 der SR-Res. 1735/2006 v. 22.12.2006 („Decides that, when proposing names to the Committee for inclusion on the Consolidated List, States shall act in accordance with paragraph 17 of resolution 1526 (2004) and paragraph 4 of resolution 1617 (2005) and provide a statement of case; the statement of case should provide as much detail as possible on the basis(es) for the listing, including: (i) specific information supporting a determination that the individual or entity meets the criteria above; (ii) the nature of the information and (iii) supporting information or documents that can be provided; States should include details of any connection between the proposed designee and any currently listed individual or entity.").

226 Rn. 4 der SR-Res. 1617/2005 v. 29.07.2005 („Decides that, when proposing names for the Consolidated List, States shall act in accordance with paragraph 17 of resolution 1526 (2004) and henceforth also shall provide to the Committee a statement of case describing the basis of the proposal; and further encourages States to identify any undertakings and entities owned or controlled, directly or indirectly, by the proposed subject.").

227 Vgl. dazu exemplarisch Rn. 6 der SR-Res. 1617/2005 v. 29.07.2005, Rn. 10 der SR-Res. 1735/2006 v. 22.12.2006 sowie Rn. 15 der SR-Res. 1822/2008 v. 30.06.2008.

228 Mit der SR-Res. 1822/2008 sind die antragstellenden Staaten dazu verpflichtet, die nicht veröffentlichungsfähigen Teile der Falldarstellung von vornherein kenntlich zu machen, s. deren Rn. 12.

229 Rn. 13 der SR-Res. 1822/2008 v. 30.06. 2008.

230 V. 17.12.2012.

der Sanktionsausschuss diesen Umstand bei seiner Entscheidung berücksichtigen kann.[231]

Außerdem wurde mit der SR-Res. 1735/2006 ein einheitliches Antragsformular eingeführt, das die Mitgliedstaaten für ihre Listungsvorschläge benutzen müssen.[232] Dieses Antragsformular ist mit Erlass der SR-Res. 1904/2009[233] durch ein neues, überarbeitetes Formular ersetzt worden. Um eine gründlichere Prüfung der Listungsanträge zu erreichen, wurde die den Ausschussmitgliedern hierzu zur Verfügung stehende Frist von fünf auf zehn Arbeitstage erhöht.[234]

Zuletzt hat der Sicherheitsrat mit der SR-Res. 1989/2011 weitere Konkretisierungen hinsichtlich der einzufrierenden Vermögenswerte vorgenommen. So bekräftigt er zum einen, dass alle Unternehmen oder Einrichtungen, die im Eigentum oder unter der direkten oder indirekten Kontrolle solcher mit der Al Qaida verbundenen Personen, Gruppen, Unternehmen oder Einrichtungen stehen oder diese auf andere Weise unterstützen, zur Aufnahme in die Liste vorgeschlagen werden können.[235] Des Weiteren weist er darauf hin, dass zu den einzufrierenden Finanzmitteln auch solche für die Bereitstellung von Webhosting oder damit zusammenhängenden Diensten zählen, die zur Unterstützung von Al Qaida oder den mit ihnen verbundenen Personen und Organisationen genutzt werden.[236] Gleiches gilt für Finanzmittel, die aus Verbrechen, insbesondere aus Lösegeldzahlungen[237] oder dem Verkauf von Suchtmitteln[238] stammen.

b) Aufklärung der Zielpersonen über ihre Listung und deren Gründe

Mit Erlass der SR-Res. 1526/2004[239] wurden die Mitgliedstaaten erstmals dazu verpflichtet, gelistete Personen über ihre Sanktionierung und deren Gründe aufzuklären.[240] Zuvor fand eine Information über diese Punkte nicht statt. Gleiches galt für die Existenz der Freigabeklauseln oder bestehende Rechtsschutzmöglichkeiten. Die in der SR-Res. 1526/2004 noch allgemein gehaltene Informationspflicht wurde mit den Folgeresolutionen weiter konkretisiert und verschärft. Seitdem haben die Mitgliedstaaten eine sanktionierte Person oder Einrichtung über ihre Listung zügig in Kenntnis zu setzen und dieser Benachrichtigung eine Zusammenfassung der

---

231 Bereits in der Rn. 17 der SR-Res. 1989/2011 v. 17.06.2011 wird den Mitgliedstaaten und anderen internationalen Organisationen nahegelegt, den Ausschuss über alle einschlägigen Gerichtsentscheidungen und -verfahren zu unterrichten, damit er sie bei der Überprüfung von Listungseinträgen berücksichtigen kann.

232 Rn. 7 der SR-Res. 1735/2006 v. 22.12.2006.

233 V. 17.12.2009.

234 S. Rn. 6 lit n) der Richtlinien des Ausschusses in der aktuellen Version v. 15.04.2013.

235 Rn. 5 der SR-Res. 1989/2011 v. 17.06.2011.

236 Rn. 6 der SR-Res. 1989/2011 v. 17.06.2011.

237 Rn. 8 der SR-Res. 1989/2011 v. 17.06.2011.

238 Rn. 7 der SR-Res. 1989/2011 v. 17.06.2011.

239 Vom 30.01.2004.

240 Rn. 18 der SR-Res. 1526/2004 v. 30.01.2004.

Listungsgründe sowie eine Beschreibung ihrer Auswirkungen beizufügen. Darüber hinaus besteht eine Aufklärungspflicht über die existierenden Rechtsschutzmöglichkeiten und Ausnahmeregelungen.[241]

c) Verbesserung der Rechtsschutzmöglichkeiten gelisteter Personen

Auch die Rechtsschutzmöglichkeiten gelisteter Personen wurden im Laufe der Zeit verbessert. Anfangs konnten sie sich nicht unmittelbar an den für die Delistung zuständigen Sanktionsausschuss wenden. Stattdessen mussten sie bei ihrem Herkunfts- oder Aufenthaltsstaat vorstellig werden, der dann einen entsprechenden Delisting-Antrag beim Sanktionsausschuss einreichen konnte.

Dieser Mechanismus wurde z.T. heftig kritisiert.[242] Der Sicherheitsrat reagierte auf diese Kritik verhältnismäßig spät. Mit Erlass der SR-Res. 1730/2005[243] richtete er den bereits angesprochenen Focal Point ein, dem die sanktionierten Personen ihre Anträge auf Delistung übermitteln konnten.[244] Allerdings nahm der Focal Point keine eigenständige Prüfung dieser Anträge vor, sondern fungierte ausschließlich als eine Art Anlauf- und Weiterleitungsstelle. Die Entscheidungsgewalt über die Stattgabe der Anträge verblieb weiterhin beim Sanktionsausschuss.

Als Reaktion auf das 1. Kadi-Urteil des EuGH[245], in dem der Gerichtshof die zur Umsetzung des Sanktionsregimes erlassene Sanktionsverordnung wegen Verstoßes gegen verschiedene Gemeinschaftsgrundrechte – insbesondere gegen das Recht auf effektiven gerichtlichen Rechtsschutz – für nichtig erklärt hatte[246], änderte der Sicherheitsrat das Delisting-Verfahren erneut.[247]

---

241 Vgl. zuletzt Rn. 19 der SR-Res. 1904/2009 v. 17.12.2009 („Reaffirms further the provisions in paragraph 17 of resolution 1822 (2008) regarding the requirement that Member States take all possible measures, in accordance with their domestic laws and practices, to notify or inform in a timely manner the listed individual or entity of the designation and to include with this notification the narrative summary of reasons for listing, a description of the effects of designation, as provided in the relevant resolutions, the Committee's procedures for considering delisting requests, [...]and the provisions of resolution 1452 (2002) regarding available exemptions.").

242 U.a. deswegen, weil die Gewährung von Rechtsschutz von der Kooperationsbereitschaft der genannten Staaten abhing.

243 Vom 19.12.2005.

244 Rn. 1 der SR-Res. 1730/2006 v. 19.12.2006.

245 S. dazu ausführlich Teil II Kap. 2 § 2 B II.

246 Soweit die Verordnung die Kläger betraf.

247 Bereits zuvor, in der SR-Res. 1822/2008 v. 30.06. 2008, hatte der Sicherheitsrat zum ersten Mal bekräftigt, dass der Kampf gegen den Terrorismus und auch der Erlass von Individualsanktionen nur im Einklang mit der UN-Charta und den internationalen Menschenrechten erfolgen dürfen. Gleichzeitig sieht die Resolution in ihrer Rn. 25 f. eine vollständige Revision der bisherigen Listungseinträge vor, um deren Richtigkeit zu garantieren.

Er installierte eine Ombudsperson[248], die seitdem anstelle des Focal Points für die Entgegennahme von Delistungsanträgen sanktionierter Personen zuständig ist und vereinfacht ausgedrückt als eine Art Schnittstelle zwischen der gelisteten Person, dem Sanktionsausschuss und den sonstigen Beteiligten (z.B. dem Aufenthaltsstaat oder dem die Listung veranlassenden Staat) agiert.[249] Anders als beim Focal Point erschöpft sich ihre Aufgabe nicht in formal-administrativen Tätigkeiten wie der Weiterleitung von Delistungsanträgen an den Sanktionsausschuss. Vielmehr hat sie die für die Antragsentscheidung relevanten Fakten zu sammeln und für den Ausschuss in Gestalt eines Abschlussberichts inhaltlich aufzubereiten. Hierbei kann sie sich der Hilfe der Monitoring Group bedienen, deren Aufgaben und Kompetenzen zu diesem Zweck ebenfalls erweitert worden sind.[250] Anfangs verblieb die Entscheidungsgewalt über die Stattgabe der Delistungsanträge allein beim Sanktionsausschuss, der hierüber wie auch zuvor im Konsensprinzip befand.[251] Mit Erlass der SR-Res. 1989/2011 hat sich dies jedoch geändert. Mittlerweile fügt die Ombudsperson ihrem Abschlussbericht eine Beschlussempfehlung bei. Fällt diese Empfehlung positiv aus, tritt die Delistung automatisch nach Ablauf einer 60-Tagefrist, die mit dem Abschluss der Prüfung des Abschlussberichts durch den Sanktionsausschuss beginnt, in Kraft, sofern der Ausschuss den Antrag nicht einstimmig ablehnt oder ein Ausschussmitglied um eine Überweisung der Angelegenheit an den Sicherheitsrat bittet.[252] Im letzteren Fall bedarf es zur Bewilligung des Antrags eines positiven Votums innerhalb des Rates.[253]

---

248 Gegenwärtig wird die Position der Ombudsperson von der Kanadierin Kimberly Post bekleidet, die am 03.06.2010 (und damit über ein halbes Jahr nach Erlass der SR-Res. 1904/2009 v. 17.12.2009) von Generalsekretär Ban Ki-Moon für den Zeitraum bis zum 30.06.2011 ernannt worden ist, s. dazu den letter of appointment, S/2010/282, v. 03.06.2010. Ihre Amtszeit wurde mit Schreiben vom 30.6.2011 (UN-Doc. S/2011/404 v. 01.07.2011) bis zum 31.12.2012 und mit Schreiben vom 27.12.2012 (UN-Doc. S/2012/966 v. 31.12.2012) nochmals um 30 Monate verlängert. Frau Post war u.a. von 2006–2010 als Ad hoc-Richterin am Internationalen Strafgerichtshof für da ehemalige Jugoslawien tätig. Ausführliche Informationen über den Lebenslauf von Frau Post können auf der Homepage des Büros der Ombudsperson unter http://www.un.org/en/sc/ombudsperson/bio.shtml (letzter Aufruf 31.12.2013) abgerufen werden.

249 S. dazu ausführlich Teil II Kap. 1 § 3 A.

250 Und z.B. darin bestehen, der Ombudsperson alle vorhandenen, von den Mitgliedstaaten übermittelten Informationen weiterzuleiten oder aber die Stichhaltigkeit der vom Antragsteller gemachten Tatsachenbehauptungen zu überprüfen.

251 S. Rn. 10 der Anlage II der SR-Res. 1904/2009 v. 17.12.2009.

252 Rn. 12 der Anlage II der SR-Res. 1989/2011 v. 17.06.2011.

253 Vgl. Rn. 12 der Anlage II der SR-Res. 1989/2011 v. 17.06.2011.

3. Die Trennung der Taliban- von der Al Qaida-Sanktionsliste mit Erlass der SR-Res. 1988/2011 und 1989/2011

Neben den dargestellten rechtsstaatlichen Verbesserungen des Sanktionsregimes ist noch darauf hinzuweisen, dass mit dem Erlass der SR-Res. 1988/2011 und 1989/2011[254] für die Mitglieder der Taliban und den mit ihnen verbundenen Personen eine eigene, vom 1267er-Sanktionsregime zu trennende Sanktionsliste geschaffen worden ist.[255] Grund hierfür war die Übereinkunft im Sicherheitsrat, dass der Afghanistankonflikt nicht ausschließlich militärisch, sondern nur unter Aussöhnung aller Afghanen – und damit auch der Taliban – gelöst werden könne.[256] Eine solche Aussöhnung hatte zwischen Teilen der Taliban und der Regierung Karsai bereits stattgefunden.[257] Die Aufspaltung der bisherigen Sanktionsliste in Taliban- und Al Qaida-Mitglieder wurde allgemein für sinnvoll erachtet, um Delistungen schneller vornehmen und so weiteren Taliban einen Anreiz zur Aussöhnung bieten zu können.[258]

Inhaltlich bleibt das Taliban- mit dem 1267er-Sanktionsregime weitestgehend identisch; Mitglieder der Taliban und die mit ihnen verbundenen Personen werden weiterhin mit Finanz- und Reisesanktionen sowie einem Waffenembargo belegt.[259] Die Namen der bisher auf der 1267er-Sanktionsliste geführten Personen und Organisationen werden auf die neue Liste übertragen. Über die Aufnahme und Streichung von Personen auf bzw. von der Liste entscheidet ein eigener Sanktionsausschuss, der mit der Rn. 30 der SR-Res. 1988/2011 errichtet worden ist und sich wie beim 1267er-Ausschuss aus den Mitgliedern des Sicherheitsrates zusammensetzt. Listungsanträge kann jeder Staat stellen. Vorab wird jedoch eine Konsultation mit der

254 Beide v. 17.06.2011.

255 S. Rn. 2 lit. f) der SR-Res. 1989/2011 sowie Rn. 2 der SR-Res. 1988/2011, beide v. 17.06.2011.

256 S. dazu insbesondere die Präambel der SR-Res. 1988/2011 v. 17.06.2011. Nach ihrem Sturz durch die von den USA geführten alliierten Truppen im Jahre 2001 zogen sich die Taliban in das afghanisch-pakistanische Grenzgebiet zurück, wo sie im Laufe der Jahre mithilfe des pakistanischen Geheimdienstes ISI langsam zur alten Stärke zurückfanden. Übten sie bis zum Jahre 2005 nur vereinzelnd Anschläge im afghanischen Grenzgebiet zu Pakistan aus, so erweiterten sie ihr Kampfgebiet mit der Zeit kontinuierlich auf den Süden und Südosten des Landes und später auch auf die Hauptstadt Kabul. Dabei übernahmen sie mehr und mehr Kampftaktiken von Al Qaida, wie z. B. den Einsatz von Selbstmordattentätern und/oder die Platzierung von Straßenbomben. Mittlerweile haben die in Afghanistan stationierten NATO-geleiteten ISAF-Friedenstruppen die Kontrolle über weite Teile im Süden des Landes an die Taliban verloren. Aufgrund dieser Entwicklungen hat sich in der Staatengemeinschaft mittlerweile die Einsicht durchgesetzt, dass eine rein militärische Lösung des Konflikts nicht möglich ist.

257 S. dazu die Präambel der SR-Res. 1988/2011 v. 17.06.2011.

258 Vgl. die Präambel der SR-Res. 1988/2011 v. 17.06.2011.

259 Rn. 1 der SR-Res. 1988/2011 v. 17.06.2011.

afghanischen Regierung angeregt, um deren Friedens- und Aussöhnungsbemühungen nicht zu gefährden.[260] Der Ausschuss wird ferner dazu angewiesen, Personen und Einrichtungen zügig von der Sanktionsliste zu streichen, die die Listungsbedingungen nicht mehr erfüllen.[261] Gelistete Personen können auch selbst einen Delisting-Antrag beim Focal Point stellen, der ihn an den Ausschuss weiterleitet.[262] Besonderes Gewicht bei der Beschlussfassung wird dem Umstand beigemessen, ob dem Antrag eine Bestätigung des Hohen (afghanischen) Friedensrates[263] über die Aussöhnung mit dem Antragsteller beiliegt.[264]

C. Die Abgrenzung des 1267er- zum 1373er-Sanktionsregime

Abgesehen von dem nun eigenständigen Sanktionsregime gegen die TALIBAN muss das 1267er-Sanktionsregime strikt von dem Maßnahmenpaket abgegrenzt werden, das der Sicherheitsrat mit der SR-Res. 1373/2001[265] unmittelbar nach den Anschlägen vom 11.09.2001 erlassen hat. Es beinhaltet eine Reihe abstrakt-genereller, auf unbestimmte Zeit erlassener Regelungen zur weltweiten Bekämpfung des Terrorismus. Der quasi-legislative Charakter der 1373er-Resolution stellt ein Novum in der Praxis des Sicherheitsrats dar. Bisher haben sich die von ihm verhängten Zwangsmaßnahmen konkret-individuell an einen bestimmten Personenkreis gerichtet oder sie knüpften an einen konkreten Sachverhalt, beispielsweise an ein bestimmtes staatliches Fehlverhalten, an. Der Erlass der 1373er-Resolution markiert damit die Durchbrechung eines fundamentalen völkerrechtlichen Prinzips, wonach die Entstehung abstrakt-genereller Regeln entweder des staatlichen Konsenses in Form von Verträgen, des Völkergewohnheitsrechts oder der Zuordnung zu den allgemein anerkannten Rechtsgrundsätzen bedarf, in keinem Fall aber einseitig angeordnet werden kann. Nach der überwiegenden Meinung in der Völkerrechtswissenschaft

---

260 Rn. 19 der SR-Res. 1988/2011 v. 17.06.2011.
261 Rn. 18 und 25 der SR-Res. 1988/2011 v. 17.06.2011.
262 Rn. 20 lit. a) der SR-Res. 1988/2011 v. 17.06.2011.
263 Diese Bestätigung wird dem Antragsteller von der afghanischen Regierung übermittelt.
264 Rn. 21 lit. a) der SR-Res. 1988/2011 v. 17.06.2011.
265 V. 28.09.2001.

jedoch ist der Erlass friedenssichernder quasi-legislativer Maßnahmen[266] von Art. 41 UN-Charta gedeckt.[267]

Neben der Aufforderung an die Staaten, terroristische Aktivitäten im eigenen Land effektiv zu bekämpfen[268] und in Terrorismusfragen enger miteinander zu kooperieren[269], liegt der Schwerpunkt der Resolution auf der Trockenlegung

---

266 Hinzuweisen ist in diesem Zusammenhang zudem auf die SR-Res. 1540/2004 v. 28.04.2010, die ebenfalls der Bekämpfung der vom internationalen Terrorismus ausgehenden Gefahren dient. Ihr konkretes Ziel besteht darin, den Erwerb von Massenvernichtungswaffen durch nichtstaatliche Akteure zu verhindern. Zu diesem Zweck werden alle Staaten dazu angehalten, innerstaatlich jegliche Weitergabe von Materialien oder Technologien zur Herstellung von nuklearen, chemischen oder biologischen Waffen an nichtstaatliche Akteure unter Strafe stellen. Ähnlich wie bei der SR-Res. 1373/2001 gibt der Sicherheitsrat damit den Staaten in abstrakt-genereller Form den Erlass bestimmter Antiterrormaßnahmen auf.

267 So z.B. *Wagner*, ZaöRV 63 (2003), 879, 907 ff.; *Aston*, ZaöRV 62 (2002), 257; 262. Kritisch dagegen *Fremuth/Griebel*, NJIL 76 (2007), 339 sowie *Oeter*, AVR 40 (2002), 422, 428. Vgl. dazu auch die Aufsätze von *Kingsbury/Krisch/Stewart*, LCP 68 (2005), 15 sowie *Kingsbury/Krisch*, EJIL 17 (2006), 1, die den Erlass quasi-legislativer Maßnahmen im Kontext des Global Governance und des Global Administrative Laws diskutieren.

268 „Decides also that all States shall:
(a) Refrain from providing any form of support, active or passive, to entities or persons involved in terrorist acts, including by suppressing recruitment of members of terrorist groups and eliminating the supply of weapons to terrorists;
(b) Take the necessary steps to prevent the commission of terrorist acts, including by provision of early warning to other States by exchange of information;
(c) Deny safe haven to those who finance, plan, support, or commit terrorist acts, or provide safe havens;
(d) Prevent those who finance, plan, facilitate or commit terrorist acts from using their respective territories for those purposes against other States or their citizens;
(e) Ensure that any person who participates in the financing, planning, preparation or perpetration of terrorist acts or in supporting terrorist acts is brought to justice and ensure that, in addition to any other measures against them, such terrorist acts are established as serious criminal offences in domestic laws and regulations and that the punishment duly reflects the seriousness of such terrorist acts;
(f) Afford one another the greatest measure of assistance in connection with criminal investigations or criminal proceedings relating to the financing or support of terrorist acts, including assistance in obtaining evidence in their possession necessary for the proceedings;
(g) Prevent the movement of terrorists or terrorist groups by effective border controls and controls on issuance of identity papers and travel documents, and through measures for preventing counterfeiting, forgery or fraudulent use of identity papers and travel documents“, Rn. 2 der SR-Res. 1373/2001 v. 28.09.2001.

269 „Calls upon all States to:
(a) Find ways of intensifying and accelerating the exchange of operational information, especially regarding actions or movements of terrorist persons or

der Finanzquellen des Terrorismus.[270] Zu diesem Zweck hat der Sicherheitsrat die wichtigsten Bestandteile der Konvention zur Bekämpfung der Terrorismusfinanzierung[271], die bis dahin nur von wenigen Staaten ratifiziert worden war, für allgemein verbindlich erklärt. Alle Staaten trifft nunmehr die Pflicht, die finanzielle Unterstützung terroristischer Organisationen in ihrer nationalen Rechtsordnung unter Strafe zu stellen[272] und die Gelder terrorverdächtiger Personen einzufrieren.[273] Anders als beim 1267er-Sanktionsregime unterhält der Sicherheitsrat jedoch keine eigene, für die Mitgliedstaaten verbindliche Sanktionsliste, sondern gibt den Adressatenkreis lediglich abstrakt vor. Die Individualisierung und Sanktionierung der Zielpersonen bleibt den Staaten vorbehalten. In diesem staatlichen Gestaltungsspielraum liegt der entscheidende Unterschied zum 1267er-Sanktionsregime. Zudem beschränkt sich der Adressatenkreis nicht auf die Mitglieder von Al Qaida und die Taliban, sondern richtet sich allgemein gegen terrorverdächtige Personen.

Beide Sanktionsregime müssen daher strikt voneinander getrennt werden. Eine Verzahnung existiert jedoch insofern, als der Sicherheitsrat in der SR-Res. 1390/2002 alle Bestimmungen der SR-Res. 1373/2001 auch auf die Mitglieder von Al Qaida und den Taliban für anwendbar erklärt hat.[274] Hinsichtlich dieser Gruppierungen

---

networks; forged or falsified travel documents; traffic in arms, explosives or sensitive materials; use of communications technologies by terrorist groups; and the threat posed by the possession of weapons of mass destruction by terrorist groups; (b) Exchange information in accordance with international and domestic law and cooperate on administrative and judicial matters to prevent the commission of terrorist acts;
(c) Cooperate, particularly through bilateral and multilateral arrangements and agreements, to prevent and suppress terrorist attacks and take action against perpetrators of such acts", Rn. 3 lit. a-c) der SR-Res. 1373/2001 v. 28.09.2001.

270 Rn. 1 der SR-Res. 1373/2001 v. 28.09.2001.

271 Die internationale Konvention zur Bekämpfung des Terrorismus wurde von einem 1996 eingesetzten Ad-hoc-Ausschuss sowie einer Arbeitsgruppe des Sechsten Hauptausschusses der Generalversammlung ausgearbeitet und von Letzterer am 09.12.1999 ohne formelle Abstimmung gebilligt, s. GV-Res. 54/109 v. 09.12.1999.

272 „Criminalize the wilful provision or collection, by any means, directly or indirectly, of funds by their nationals or in their territories with the intention that the funds should be used, or in the knowledge that they are to be used, in order to carry out terrorist acts", Rn. 1lit. b) der SR-Res. 1373/2001 v. 28.09.2001.

273 „Freeze without delay funds and other financial assets or economic resources of persons who commit, or attempt to commit, terrorist acts or participate in or facilitate the commission of terrorist acts; of entities owned or controlled directly or indirectly by such persons; and of persons and entities acting on behalf of, or at the direction of such persons and entities, including funds derived or generated from property owned or controlled directly or indirectly by such persons and associated persons and entities", Rn. 1 lit. c) der SR-Res. 1373/2001 v. 28.09.2001.

274 Rn. 4 der SR-Res. 1390/2002 v. 16.01.2002.

überschneidet sich damit der Anwendungsbereich beider Sanktionsregime.[275] Außerdem sind das sog. COUNTER TERRORISM COMMITTEE (CTC) – der Ausschuss, den der Sicherheitsrat mit Erlass der SR-Res. 1373/2001 zur Überwachung der ordnungsgemäßen Umsetzung der Sanktionsmaßnahmen durch die Mitgliedstaaten und zur Entwicklung von effektiven Strategien zur Terrorismusbekämpfung eingesetzt hat[276] – und der 1267er-Sanktionsausschuss seit Erlass der SR-Res. 1566/2004[277] zur verstärkten Zusammenarbeit angehalten.[278]

Bei der Umsetzung der in der 1373er-Resolution angeordneten Finanzsanktionen besteht in Europa – wie schon beim 1267er-Sanktionsregime – die Besonderheit, dass sie durch die EU und nicht durch deren Mitgliedstaaten erfolgt. Auch hier erfolgt die Umsetzung in einem zweistufigen Verfahren. Dem auf GASP-Ebene gefassten Umsetzungsbeschluss[279] folgt der Erlass der ihn ausführenden Sanktionsverordnung.[280] Die Listungsanträge werden von den Mitgliedstaaten beim Rat eingereicht. Die Anforderungen an die Antragsbegründung liegen dabei weit höher als bei den 1267er-Anträgen.[281] Einzelne Listungseinträge sind ebenfalls bereits Gegenstand von Gerichtsverfahren vor dem EuG und dem EuGH gewesen.[282] Bei der Frage nach dem Prüfungsmaßstab, der an die Rechtmäßigkeit der

275 Rn. 4 der SR-Res. 1390/2002 v. 16.01.2002.

276 Mit Erlass der SR-Res. 1535/2004 wurde dem CTC ein sogenanntes COUNTER TERRORISM EXECUTIVE DIRECTORATE zur Seite gestellt, das dem CTC bei der Erfüllung seiner Aufgaben behilflich sein soll.

277 V. 08.10.2004.

278 Zuletzt in Rn. 35 der SR-Res. 1822/2008 v. 30.06.2008.

279 Gemeinsamer Standpunkt 2001/931/GASP v. 27.12.2001.

280 VO 2580/2001 v. 27.12.2001.

281 Listungsanträge dürfen nach Art. 1 Abs. 4 UAbs. 1 des Gemeinsamen Standpunktes 2001/931/GASP nur eingereicht werden, wenn sich aus den vorgelegten Informationen ergibt, dass „eine zuständige [nationale] Behörde – gestützt auf ernsthafte und schlüssige Beweise oder Indizien – gegenüber den betreffenden Personen, Vereinigungen oder Körperschaften einen Beschluss gefasst hat, bei dem es sich um die Aufnahme von Ermittlungen oder um Strafverfolgung wegen einer terroristischen Handlung oder des Versuchs, eine terroristische Handlung zu begehen, daran teilzunehmen oder sie zu erleichtern oder um eine Verurteilung für derartige Handlungen handelt." Allerdings dürfen nach S. 2 der Vorschrift auch solche Personen und/oder Vereinigungen auf die Liste aufgenommen werden, die vom Sicherheitsrat auf die 1267er-Sanktionliste gesetzt worden sind. Unter dem Begriff der „zuständigen Behörde" ist eine Justizbehörde oder aber für den Fall, dass diese für die Einleitung der o.a. Ermittlungsmaßnahmen nicht zuständig ist, die entsprechende zuständige Behörde gemeint, Art. 1 Abs. 4 UnterAbs. 2 des Gemeinsamen Standpunktes 2001/931/GASP.

282 Leitentscheidung ist dabei das 1. MODJAHEDIN-Urteil des EuG, Urt. v. 12.12.2006, Rs. T-228/02, Slg. 2006, II-04665). Instruktiv zur EU-Rechtsprechung insgesamt die Zusammenfassung von *Schulte*, Der Schutz individueller Rechte gegen Terrorlisten, 160 ff., insb. 167 ff.

EU-Sanktionsverordnung zum 1267er-Sanktionsregime anzulegen ist, liefert der Vergleich zu der entsprechenden 1373er-Verordnung wertvolle Argumentationshilfen. Hierauf ist im Laufe der Untersuchung noch zurückzukommen.

§ 2: Die Verwaltung der Sanktionen durch den Sanktionsausschuss

Die Verwaltung der Sanktionen erfolgt durch den Sanktionsausschuss. Er ist insbesondere für die Entscheidung über die Stattgabe von Listungs-/ bzw. Delistungsanträgen verantwortlich.

A. Zusammensetzung und Aufgaben des Sanktionsausschusses

Der Sanktionsausschuss wurde mit der SR-Res. 1267/1999 erschaffen. Er setzt sich aus den Vertretern der Mitglieder des Sicherheitsrates zusammen. Hierbei handelt es sich in der Regel um die ständigen UN-Vertreter der jeweiligen Länder. Trotz seiner Befassung mit Verwaltungsaufgaben ist der Ausschuss deshalb als primär politisches Organ anzusehen.

Seine Hauptaufgabe besteht darin, über die Aufnahme oder die Streichung von Personen/Gruppierungen auf bzw. von der Sanktionsliste zu befinden. Auch für die Aktualisierung und Revision der Liste zeichnet er verantwortlich. Darüber hinaus entscheidet er über Anträge auf Erteilung von Ausnahmegenehmigungen – z.B. der Freigabe bestimmter Finanzmittel oder der Lockerung des Reiseverbots – und kontrolliert die Umsetzung der Sanktionen durch die Mitgliedstaaten. Über die Effizienz und Defizite des Sanktionsregimes hat der Ausschuss dem Sicherheitsrat in regelmäßigen Abständen schriftlich Bericht zu erstatten. In diesen Berichten kann er Verbesserungsvorschläge formulieren. Außerdem ist er zur umfangreichen Zusammenarbeit mit den übrigen Ausschüssen angehalten, die der Sicherheitsrat zur Terrorismusbekämpfung errichtet hat.[283] Bei der Erfüllung seiner Aufgaben assistiert dem Sanktionsausschuss die bereits angesprochene, mit der SR-Res. 1526/2004[284] ins Leben gerufene Monitoring Group, die sich aus fünf Experten auf dem Gebiet der Wirtschaftssanktionen zusammensetzt.

B. Die Richtlinien des Sanktionsausschusses

Das Verfahren innerhalb des Sanktionsausschusses ist in den von ihm verfassten Richtlinien (sog. *Guidelines of the committee for the conduct of its work)* festgehalten.

283 Gemeint ist damit das mit der SR-Res. 1373/2001 erschaffene CTC sowie der 1540er-Ausschuss. Die SR-Res. 1540/2004 v. 28.04.2004 hat zum Ziel, den Erwerb von Massenvernichtungswaffen durch nichtstaatliche Akteure zu verhindern. Der 1540er-Ausschuss fällt die Aufgabe zu, die Umsetzung der Resolution durch die Mitgliedstaaten zu überwachen, vgl. Rn. 4 der SR-Res. 1540/2008.

284 V. 30.01.2004.

Diese wurden erstmals am 07.11.2002 erlassen, nachdem der Sicherheitsrat den Ausschuss in der SR-Res. 1390/2002[285] zur Ausarbeitung entsprechender Verfahrensvorschriften aufgefordert hatte. Sie sind seitdem mehrmals, zuletzt am 15.04.2013, aktualisiert worden. Ihrer Natur nach handelt es sich bei den Richtlinien um Innenrecht, welches zunächst nur für die Mitglieder des Sanktionsausschusses im Wege der Selbstbindung verbindlich ist. Für die übrigen Staaten ergibt sich die Verbindlichkeit aus den Sanktionsresolutionen des Sicherheitsrates. Dieser kann seine Entscheidungsbefugnisse an die von ihm errichteten Nebenorgane weitergeben, wodurch diese unmittelbar für den Sicherheitsrat tätig werden. Über Art. 25 UN-Charta erlangen die Entscheidungen (und damit auch die erlassenen Richtlinien) der Nebenorgane dann Allgemeinverbindlichkeit.[286] Die entsprechende Aufgabenübertragung an den 1267er-Sanktionsausschuss findet sich in Rn. 6 der SR-Res. 1267/1999[287]. In Rn. 4 lit. b der SR-Res. 1333/2000[288] wird dem Ausschuss zudem ausdrücklich die Aufgabe zugewiesen, eine ständig zu aktualisierende Liste der sanktionierten Personen und Organisationen zu führen. Zudem heißt es allgemein in Rn. 9 der SR-Res. 1267/1999[289]:

> [The Security Council] „*Calls upon all States to cooperate fully with the Committee established by paragraph 6 above in the fulfillment of its tasks, including supplying such information as may be required by the Committee in pursuance of this resolution;*"

C. Grundsätzliches zur Arbeitsweise im Sanktionsausschuss

Der Sanktionsausschuss kommt in unregelmäßigen Abständen zusammen, und zwar immer dann, wenn der Ausschussvorsitzende dies für sinnvoll erachtet oder ein Ausschussmitglied einen entsprechenden Antrag stellt. Grundsätzlich ist den

---

285 Rn. 5 lit. d) der SR-Res. 1390/2002 v. 16.01.2002.

286 Vgl. dazu *Meerpohl*, Individualsanktionen, 29; *Starck*, UNO-Wirtschaftssanktionen, 87; *Oette*, Wirtschaftssanktionen, 23.

287 So auch *Ohler*, EuR 2006, 848, 861. Irrig daher *Meerpohl*, Individualsanktionen, 29. Die zitierte Regelung hat folgenden Wortlaut: „[The Security Council] Decides to establish, in accordance with rule 28 of its provisional rules of procedure, a Committee of the Security Council consisting of all the members of the Council to undertake the following tasks and to report on its work to the Council with its observations and recommendations[...]."

288 V 19.12.2000.

289 Gleichlautend Rn. 19 der SR-Res. 1333/2000 v. 19.12.2000. In Rn. 7 der SR-Res. 1390/2002 v. 28.01.2002 findet sich zudem folgende Formulierung:
[The Security Council] „Urges all States, relevant United Nations bodies, and, as appropriate, other organizations and interested parties to cooperate fully with the Committee and with the Monitoring Group referred to in paragraph 9 below."

Mitgliedern eine Sitzung des Ausschusses mindestens vier Tage vorher anzukündigen, in Notfällen ist auch eine kürzere Frist zulässig.[290]

Die Sitzungen des Ausschusses sind nichtöffentlich, der Ausschuss kann von dieser Regel jedoch Ausnahmen zulassen. Seine Entscheidungen trifft er im Konsensprinzip.[291] Bei der Entscheidungsfindung wird dabei grundsätzlich ein schriftliches Zirkulationsverfahren angewendet. Sofern innerhalb einer vorgegebenen Frist kein Ausschussmitglied dem Beschlussvorschlag widerspricht, gilt er als angenommen.[292]

D. Das Listungsverfahren

I. Die Entwicklung des Listungsverfahrens

Vor dem Erlass der Richtlinien existierte kein gesondertes Prüfungsverfahren für die von den Staaten eingereichten Listungsanträge. Sie wurden vielmehr vom Sanktionsausschuss im Vertrauen auf ihre Richtigkeit bewilligt.[293] Diese Vorgehensweise entsprach der gängigen Praxis, wie sie etwa beim Erlass von Sanktionen gegen Mitglieder der UNITA in Angola oder der Rebellen in Sierra Leone zur Anwendung kam. Zu ihrer Rechtfertigung wurde auf die geheimdienstliche Herkunft der Verdachtsmomente verwiesen, die aus sicherheitspolitischen Gründen nicht offen gelegt werden könnten. Gerade im Zeitraum unmittelbar nach den Anschlägen des 11.09.2001, in der der überwiegende Teil der Listungen erfolgte, war das Gros der Staaten um eine unbedingte Solidarität mit den USA bemüht. So wurden deren Listungsanträge – die etwa 90% aller Anträge ausmachten – ohne Weiteres mitgetragen.[294] Erst nach und nach wuchs die Kritik an der Intransparenz und der Willkür des Listungsverfahrens. Viele Listungen waren offensichtlich fehlerhaft und entbehrten jeglicher tatsächlichen Grundlage.[295] Zudem wurden Fälle bekannt, in denen sich Regierungen innenpolitisch unliebsamer Gegner mit Listungsanträgen zu entledigen versuchten.

II. Das Verfahren im Einzelnen

Einen Listungsantrag kann jeder UN-Mitgliedstaat beim Sanktionsausschuss stellen. Vor der Einreichung ist der Antragsstaat nach den Ausschussrichtlinien zur

290 Rn. 4 lit a) der Richtlinien zur Arbeitsweise des Sanktionsausschusses in der aktuellen Version v. 15.04.2013.

291 Rn. 4 lit a) der Richtlinien zur Arbeitsweise des Sanktionsausschusses in der aktuellen Version v. 15.04.2013.

292 Rn. 4 lit b) der Richtlinien zur Arbeitsweise des Sanktionsausschusses in der aktuellen Version v. 15.04.2013.

293 Vgl. dazu *Rosand*, AJIL 98 (2004), 745, 748.

294 Vgl. dazu *Rosand*, AJIL 98 (2004), 745, 749 f.

295 Vgl. dazu *Rosand*, AJIL 98 (2004), 745, 749 f.

Kontaktaufnahme mit dem Aufenthalts- und Herkunftsstaat der Zielperson angehalten, um seine Informationsbasis ggf. zu verbreitern.[296]

Dem Listungsantrag ist eine konkrete Falldarstellung anzufügen, aus der sich die Notwendigkeit der Listung ergibt. Dazu gehört vor allem der Nachweis der Angehörigkeit/des Verbundenseins der Zielperson/der Zielgruppierung zu Al Qaida. Seit der SR-Res. 1735/2006 ist bei der Antragsstellung ein vom Ausschuss entwickeltes Standardformular zu verwenden, in dem umfassende Angaben zur Person, aber auch zur Herkunft der Informationen zu machen sind.[297] Die vorherige/gleichzeitige Einleitung eines inländischen Strafverfahrens gegen die anvisierte Person/Gruppierung setzt ein Antrag nicht voraus.[298]

Der beim Sanktionsausschuss eingereichte Antrag wird von dessen Vorsitzenden den Ausschussmitgliedern im schriftlichen Umlaufverfahren zur Entscheidung vorgelegt. Diese haben im Regelfall innerhalb einer Zehn-Tagesfrist über die Schlüssigkeit des Antrags zu befinden.[299] Die Frist kann in begründeten Fällen, etwa wenn der Sanktionserfolg rasches Handeln erfordert, verkürzt werden. Wird dem Antrag in diesem Zeitraum von keinem Ausschussmitglied ausdrücklich widersprochen, gilt er als angenommen. Der Sanktionsausschuss ist dann verpflichtet, das Individuum unverzüglich auf die Sanktionsliste zu setzen und die Listung mitsamt den veröffentlichungsfähigen Gründen innerhalb einer Woche auf seiner Homepage publik zu machen. Zudem ist die ständige Vertretung des Aufenthaltsstaates der gelisteten Person zu informieren. Gleiches gilt für ihren Herkunftsstaat. Beiden Staaten obliegt es dann, die sanktionierte Person über ihre Listung, deren Gründe sowie über die bestehenden Delisting-Verfahren in Kenntnis zu setzen.[300] Lehnt ein Ausschussmitglied einen Delisting-Antrag innerhalb der Zehn-Tagesfrist ab, wird die Angelegenheit, sofern ein Schlichtungsversuch des Ausschussvorsitzenden scheitert, dem Sicherheitsrat zur Entscheidung vorgelegt.[301]

Entstehen bei einem Ausschussmitglied innerhalb der Prüfungsfrist Zweifel an der Schlüssigkeit des Antrags oder sieht es noch weiteren Klärungsbedarf, kann

296 Rn. 6 lit c) der Richtlinien zur Arbeitsweise des Sanktionsausschusses in der aktuellen Version v. 15.04.2013.

297 Rn. 7 der SR-Res. 1375/2006 v. 22.12.2006.

298 Rn. 6 lit d) der Richtlinien zur Arbeitsweise des Sanktionsausschusses in der aktuellen Version v. 15.04.2013.

299 Ursprünglich betrug der den Ausschussmitgliedern eingeräumte Zeitraum zur Überprüfung der Listungsanträge nur fünf Arbeitstage. Erst nach entsprechender Aufforderung durch den Sicherheitsrat in der SR-Res. 1904/2009 v. 17.12.2009 wurden die Sanktionsrichtlinien geändert und die Frist auf zehn Arbeitstage ausgeweitet.

300 Durch die Information soll der gelisteten Person die Möglichkeit eröffnet werden, zu den erhobenen Vorwürfen konkret Stellung beziehen und so ihre Verteidigungsrechte effektiv wahrnehmen zu können.

301 Rn. 4 lit. a) der Richtlinien zur Arbeitsweise des Sanktionsausschusses in der aktuellen Version v. 15.04.2013.

es beim Vorsitzenden eine genauere Überprüfung beantragen.[302] Der Ausschuss hat dann die Möglichkeit, die Monitoring Group bzw. den antragstellenden Staat um weitere Informationen zu ersuchen. Mit dieser Phase der Informationssammlung geht ein Moratorium bzgl. der Entscheidung über den Antrag einher. Dieser Schwebezustand darf höchstens sechs Monate andauern, nur in Ausnahmefällen ist eine weitere Verlängerung um drei Monate möglich.[303] Nach Fristablauf gilt der Antrag als angenommen, es sei denn, ein Mitglied erklärt seine endgültige Ablehnung. In einem solchen Fall wird die Angelegenheit, sofern ein Schlichtungsversuch des Ausschussvorsitzenden erfolglos bleibt, dem Sicherheitsrat zur Entscheidung vorgelegt.[304]

§ 3: Rechtsschutzmöglichkeiten auf UN-Ebene

Auf UN-Ebene bestehen die Rechtsschutzmöglichkeiten gelisteter Individuen aus den vom Sicherheitsrat zwischenzeitlich eingerichteten Delisting-Verfahren. Dabei kommt dem Verfahren, das gelistete Personen und Organisationen von sich aus vor der Ombudsperson anstrengen können (A.), weitaus größere Bedeutung zu. Seit seiner Einrichtung spielt das von Staaten zu initiierende Delisting-Verfahren vor dem Sanktionsausschuss (B.) nur noch eine untergeordnete Rolle.

A. Das Individualdelisting-Verfahren vor der Ombudsperson

Das mit der SR-Res. 1904/2009[305] eingeführte Individualdelisting-Verfahren vor der Ombudsperson ermöglicht es gelisteten Personen und Gruppierungen, eigenständig ihre Streichung von der Sanktionsliste beim Sanktionsausschuss zu erreichen. Es lässt sich in vier Etappen unterteilen. Hierbei handelt es sich um

- die Zulässigkeitsprüfung des Antrags (I.),
- die Informationssammelphase (II.),
- die Dialogphase zwischen den beteiligten Akteuren (III.) sowie
- die Entscheidungsphase (IV).

302 Vor allem Dänemark hat während seiner Zeit als nichtständiges Mitglied im Sicherheitsrat von dieser Möglichkeit ausgiebigen Gebrauch gemacht, s. dazu den 6. Bericht der Monitoring Group *The Analytical Support and Sanctions Monitoring Team*, Sixth report, UN-Doc. S/2007/132 v. 08.03.2007, Rn. 46 Box 2.

303 Vgl. dazu Rn. 4 lit j) und k) der Richtlinien zur Arbeitsweise des Sanktionsausschusses in der aktuellen Version v. 15.04.2013.

304 Vgl. dazu Rn. 4 lit a) der Richtlinien zur Arbeitsweise des Sanktionsausschusses in der aktuellen Version v. 15.04.2013.

305 V. 17.12.2009.

I. Die Zulässigkeitsprüfung des Antrags

Das Delisting-Verfahren beginnt mit der Zulässigkeitsprüfung des Antrags. Die Ombudsperson bestätigt dem Antragsteller zunächst den Eingang seines Delisting-Antrags.[306] Sollte der Antrag unvollständig sein, insbesondere keine oder unzureichende Informationen darüber enthalten, warum die Listungskriterien nicht oder nicht mehr vorliegen, wird er an den Antragsteller zurückgeschickt.[307] Gleiches widerfährt bereits abgelehnten Delisting-Anträgen, die keine wesentlichen Neuerungen enthalten.[308]

II. Die Informationssammelphase

Alle anderen Anträge werden von der Ombudsperson weitergeleitet, zum einen an

- die Mitglieder des Sanktionsausschusses,
- den/die Urheberstaat/en des Listungsantrags,
- den Herkunfts- und Aufenthaltsstaat[309] der gelisteten Person,
- relevante UN-Einrichtungen sowie
- an jeden Staat, dessen Unterrichtung die Ombudsperson für angemessen erachtet[310],

zum anderen an die Monitoring Group.[311] Mit der Weiterleitung des Delisting-Antrags beginnt die Informationssammelphase. Die erst genannten Staaten und Einrichtungen sind nach Erhalt des Antrags dazu aufgefordert, sämtliche verfügbare Informationen, die im Zusammenhang mit Antragsprüfung von Bedeutung sind, an die Ombudsperson zu übermitteln. Über diese Aufforderung hinaus kann die Ombudsperson den Dialog mit den betroffenen Staaten suchen. Sie kann sie insbesondere nach ihrer ersten Einschätzung des Delisting-Antrags befragen sowie nach Informationen, die der Antragsteller ihrer Auffassung nach noch beizusteuern hat. Für die Phase der Informationssammlung ist eine Zeit von vier Monaten vorgesehen, die bei Bedarf um zwei weitere Monate verlängert werden kann.[312]

Die Monitoring Group, der der Delisting-Antrag ebenfalls zugeht, hat der Ombudsperson in diesem Zeitraum folgende Informationen zukommen zu lassen:

- alle für den Delisting-Antrag relevanten Informationen, über die die Monitoring Group oder der Sanktionsausschuss vor der Einreichung des Antrags verfügt hat. Hierzu zählen insbesondere Informationen über Gerichtsentscheidungen oder (laufende) Gerichtsverfahren,

---

306 Rn. 1 des Annex II der SR-Res. 1989/2011 v. 17.06.2011.
307 Rn. 1 des Annex II der SR-Res. 1989/2011 v. 17.06.2011.
308 Rn. 1 des Annex II der SR-Res. 1989/2011 v. 17.06.2011.
309 Bzw. für juristische Personen der Staat, in dem sie ihren Sitz haben.
310 Rn. 2 des Annex II der SR-Res. 1989/2011 v. 17.06.2011.
311 Rn. 3 des Annex II der SR-Res. 1989/2011 v. 17.06.2011.
312 S. zu alldem Rn. 2 des Annex II der SR-Res. 1989/2011 v. 17.06.2011.

- tatsachenbasierte Bewertungen der vom Antragsteller vorgebrachten entlastenden Beweise,
- offene Fragen der Monitoring Group an den Antragsteller.[313]

Die Informationsphase endet mit einem schriftlichen Fortschrittsbericht, den die Ombudsperson anzufertigen und dem Sanktionsausschuss zu übermitteln hat.[314]

III. Die Dialogphase

An die Phase der Informationssammlung schließt eine zweimonatige Dialogphase an.[315] Sie kann um bis zu zwei Monate verlängert werden, wenn die Ombudsperson dies für erforderlich erachtet. Sie kann sie aber ebenso verkürzen.[316]

In der Dialogphase leitet die Ombudsperson zunächst alle offenen Fragen des Sanktionsausschusses, der Monitoring Group oder der am Delisting-Verfahren beteiligten Staaten an den Antragsteller weiter.[317] Nach Möglichkeit soll sie sich in dieser Phase mit dem Antragsteller persönlich treffen.[318] Die Stellungnahmen des Antragstellers übermittelt die Ombudsperson dann an die betroffenen Staaten, den Sanktionsausschuss sowie an die Monitoring Group.[319] Dieses Verfahren wird solange und sooft durchgeführt, bis keine Fragen mehr bestehen.[320] Im Anschluss verfasst die Ombudsperson mit Unterstützung der Monitoring Group einen Abschlussbericht, in dem sie

- alle Informationen, die im Laufe des Delisting-Verfahrens gesammelt worden sind, zusammenfasst und ihre Quellen benennt. Dabei werden die Geheimhaltungsinteressen der Staaten, die der Ombudsperson sicherheitssensible Informationen übermittelt haben, in angemessener Weise berücksichtigt,
- ihre eigenen Aktivitäten, insbesondere die Ergebnisse ihres Dialogs mit dem Antragsteller, resümiert,
- die aus ihrer Sicht wesentlichen Argumente und Informationen zur Beurteilung des Delisting-Antrags darlegt und eine Entscheidungsempfehlung ausspricht. Hierbei hat sie insbesondere das Vorbringen der Staaten, die die Listung ursprünglich veranlasst haben, ernsthaft auf seine Schlüssigkeit zu prüfen.[321] Das Gleiche gilt für die Ausführungen der Staaten, die von den dem Antragsteller zum Vorwurf gemachten Handlungen am meisten betroffen waren.

313 S. zu alldem Rn. 3 des Annex II der SR-Res. 1989/2011 v. 17.06.2011.
314 Rn. 4 des Annex II der SR-Res. 1989/2011 v. 17.06.2011.
315 Rn. 5 des Annex II der SR-Res. 1989/2011 v. 17.06.2011.
316 Rn. 5 des Annex II der SR-Res. 1989/2011 v. 17.06.2011.
317 Rn. 6 des Annex II der SR-Res. 1989/2011 v. 17.06.2011.
318 Rn. 6 des Annex II der SR-Res. 1989/2011 v. 17.06.2011.
319 Rn. 6 des Annex II der SR-Res. 1989/2011 v. 17.06.2011.
320 Rn. 6 des Annex II der SR-Res. 1989/2011 v. 17.06.2011.
321 S. zu alldem 7 des Annex II der SR-Res. 1989/2011 v. 17.06.2011.

IV. Die Entscheidungsphase

Mit der Übermittlung des Abschlussberichts an die Ausschussmitglieder beginnt die Entscheidungsphase, die letzte Etappe des Delisting-Verfahrens. Die Ausschussmitglieder haben 15 Tage Zeit, um sich mit dem Inhalt des Berichts vertraut zu machen.[322] Nach Ablauf der Frist setzt der Ausschussvorsitzende den Delisting-Antrag auf die Agenda der vom Ausschuss zu erörternden Angelegenheiten.[323] Die Diskussion des Antrags muss innerhalb von 30 Tagen erfolgen.[324] Die Ombudsperson – sofern erforderlich, unterstützt von der Monitoring Group – wird dem Ausschuss während dieser Frist den Abschlussbericht präsentieren und auf eventuelle Fragen der Ausschussmitglieder eingehen.[325]

Empfiehlt sie die Aufrechterhaltung der Listung, kommt der Ausschuss dem unmittelbar nach.[326] Hiervon unberührt bleibt die Befugnis jedes Ausschussmitgliedes, einen eigenen Delisting-Antrag zu stellen, der vom Ausschuss nach dem eigens hierfür vorgesehenen Verfahren diskutiert wird.[327] Spricht sich die Ombudsperson hingegen für eine Delistung aus, tritt diese nach Ablauf von 60 Tagen in Kraft, es sei denn, dass

- sich die Ausschussmitglieder innerhalb dieser Frist geschlossen für die Beibehaltung der Listung aussprechen oder
- ein Ausschussmitglied den Ausschuss in dieser Zeit um die Vorlage des Antrags an den Sicherheitsrat ersucht. Dieser muss dann innerhalb eines Zeitraums von weiteren 60 Tagen über den Antrag befinden. Zur Bewilligung des Antrags ist ein positives Votum nach Art. 27 Abs. 3 UN-Charta erforderlich. Bleibt dieses Votum aus, ist der Antrag abgelehnt. Ein ständiges Sicherheitsratsmitglied kann demnach mit seinem Veto die Stattgabe eines Delisting-Antrags verhindern.[328]

Bescheiden Sanktionsausschuss oder Sicherheitsrat einen Antrag abschlägig, teilen sie dies der Ombudsperson unter Angabe der konkreten Gründe mit.[329] Ihrer Entscheidung fügen sie gleichzeitig eine aktualisierte, veröffentlichungsfähige Zusammenfassung der die Listung (weiterhin) rechtfertigenden Gründe bei. Diese wird auf der Homepage des Ausschusses dokumentiert.[330] Die Ombudsperson setzt den Antragsteller in einem Zeitrahmen von 15 Tagen über die Entscheidung des Ausschusses in Kenntnis und übermittelt ihm gleichzeitig eine kurze Zusammenfassung des gesamten Delistungsprozesses, der veröffentlichungsfähigen Teile des

322 Rn. 8 des Annex II der SR-Res. 1989/2011 v. 17.06.2011.
323 Rn. 9 des Annex II der SR-Res. 1989/2011 v. 17.06.2011.
324 Rn. 10 des Annex II der SR-Res. 1989/2011 v. 17.06.2011.
325 Rn. 9 des Annex II der SR-Res. 1989/2011 v. 17.06.2011.
326 Rn. 11 des Annex II der SR-Res. 1989/2011 v. 17.06.2011.
327 Rn. 11 des Annex II der SR-Res. 1989/2011 v. 17.06.2011.
328 Rn. 12 des Annex II der SR-Res. 1989/2011 v. 17.06.2011.
329 Rn. 13 des Annex II der SR-Res. 1989/2011 v. 17.06.2011.
330 Rn. 13 des Annex II der SR-Res. 1989/2011 v. 17.06.2011.

von ihr verfassten Abschlussberichts sowie die Gründe, die den Sanktionsausschuss oder den Sicherheitsrat zur Ablehnung seines Antrags bewogen haben, sofern diese Informationen nicht der Geheimhaltungspflicht unterliegen.[331]

B. Das Delisting-Verfahren bei von Staaten eingereichten Streichungsanträgen

Unbeschadet des Individualdelisting-Verfahrens vor der Ombudsperson können Delistungsanträge auch weiterhin von Staaten gestellt werden. Diese müssen vor der Einreichung ihres Antrags beim Sanktionsausschuss zunächst den Staat konsultieren, der die Listung ursprünglich veranlasst hatte. Gleiches gilt bezüglich des Herkunfts- und ggf. des Aufenthaltsstaates der gelisteten Person.[332]

Im Anschluss leitet der Ausschussvorsitzende den Ausschussmitgliedern den Antrag im schriftlichen Entscheidungsverfahren zu. Diese haben zehn Tage Zeit, um gegen den Antrag zu stimmen. Tun sie dies nicht, gilt der Antrag als bewilligt.[333]

Kommt ein Ausschussmitglied zu dem Schluss, dass es für seine Entscheidung noch zusätzlicher Informationen oder Zeit bedarf, zeigt es dies dem Ausschussvorsitzenden an, der den Antrag dann auf die Liste mit den Fällen setzt, die einer weitergehenden Überprüfung bedürfen.[334] Der hiermit einhergehende Schwebezustand darf nicht länger als sechs Monate dauern, ausnahmsweise ist auch hier eine weitere Verlängerung um drei Monate möglich.[335] Wie beim Listungsverfahren gilt der Antrag als angenommen, wenn kein Mitglied vor Fristablauf seine endgültige Ablehnung erklärt. Im Falle einer solchen Ablehnung und dem Scheitern des im Anschluss durchzuführenden Schlichtungsversuchs ist die Angelegenheit wiederum dem Sicherheitsrat zur Entscheidung vorzulegen.[336]

Mit Erlass der SR-Res. 1989/2011 wurde mittlerweile ein Sonderregime für die Fälle eingeführt, in denen ein Delisting-Antrag von dem Staat/den Staaten eingereicht wird, der/die die Listung ursprünglich veranlasst hatte(n).[337] Handelte es sich hierbei um einen einzelnen Staat, fällt die Entscheidung über seinen Delisting-Antrag

---

331 Rn. 14, 15 des Annex II der SR-Res. 1989/2011 v. 17.06.2011.

332 Bei juristischen Personen des Privatrechts entsprechend den Staat, in dem sie ihren Sitz haben.

333 Rn. 7 lit. f) der Richtlinien zur Arbeitsweise des Sanktionsausschusses in der aktuellen Version v. 15.04.2013.

334 Rn. 4 lit. c) der Richtlinien zur Arbeitsweise des Sanktionsausschusses in der aktuellen Version v. 15.04.2013.

335 Vgl. dazu Rn. 4 lit j) und k) der Richtlinien zur Arbeitsweise des Sanktionsausschusses in der aktuellen Version v. 15.04.2013.

336 Rn. 4 lit. a) der Richtlinien zur Arbeitsweise des Sanktionsausschusses in der aktuellen Version v. 15.04.2013.

337 S. Rn. 27 der SR-Res. 1989/2011 v. 17.06.2011.

wiederum im schriftlichen Umlaufverfahren.[338] Die Entscheidungsfrist beträgt zehn Arbeitstage.[339] Sofern innerhalb dieser Frist kein Ausschussmitglied seine Ablehnung gegenüber dem Antrag erklärt, gilt er als bewilligt.[340] Im Falle einer Ablehnung tritt die Delistung dennoch in Kraft, wenn ihr nach Ablauf einer weiteren 60-Tage-Frist nicht alle Ausschussmitglieder widersprechen oder ein Ausschussmitglied die Überweisung der Angelegenheit an den Sicherheitsrat verlangt.[341] Haben mehrere Staaten zusammen den Listungsantrag gestellt, kommt das soeben beschriebene Sonderregime nur im Falle eines zwischen ihnen bestehenden Konsenses über den Delisting-Antrag zur Anwendung.

§ 4: Zusammenfassung

- Die normative Grundlage der das 1267er-Sanktionsregime konstituierenden Sicherheitsratsresolutionen bildet Art. 41 UN-Charta.[342] Die Verpflichtung der UN-Mitgliedstaaten zu deren Umsetzung ergibt sich aus den Artt. 25, 48 UN-Charta.
- Das ursprüngliche Ziel der Sanktionen bestand in der Auslieferung Osama Bin Ladens durch das zu der damaligen Zeit in Afghanistan herrschende Talibanregime. Nach den Anschlägen vom 11.09.2001 mutierte es zu einem globalen Individualsanktionsregime: Die Sanktionen sollten fortan weltumfassend alle Al Qaida- und Talibanmitglieder sowie die mit ihnen verbundenen Personen und Organisationen treffen.
- Die anschließend erlassenen Resolutionen zielten vor allem darauf ab, der wachsenden Kritik der Mitgliedstaaten an der fehlenden Rechtsstaatlichkeit des Sanktionsregimes durch entsprechende Modifikationen zu begegnen. So wurden u. a. Ausnahmeregelungen von den Finanz- und Reisesanktionen geschaffen, die Transparenz des Listungsverfahrens erhöht und ein Rechtsschutzverfahren für gelistete Personen vor einer Ombudsperson errichtet. Mit den SR-Res. 1988/2011 und 1989/2011 erfolgte zudem eine Trennung des Taliban- vom 1267er-Sanktionsregime, das sich nunmehr allein auf die Sanktionierung von Al Qaida-Mitgliedern und die mit ihnen verbundenen Personen und Organisationen beschränkt.
- Das 1267er-Sanktionsregime ist strikt von dem der 1373er-Resolution zu trennen. Letztere enthält ebenfalls die Aufforderung die Mitgliedstaaten, die Gelder

338 Rn. 7 lit. r) der Richtlinien zur Arbeitsweise des Sanktionsausschusses in der aktuellen Version v. 15.04.2013.

339 Rn. 7 lit. r) der Richtlinien zur Arbeitsweise des Sanktionsausschusses in der aktuellen Version v. 15.04.2013.

340 Rn. 7 lit. r) der Richtlinien zur Arbeitsweise des Sanktionsausschusses in der aktuellen Version v. 15.04.2013.

341 Rn. 7 lit. t) der Richtlinien zur Arbeitsweise des Sanktionsausschusses in der aktuellen Version v. 15.04.2013.

342 Vgl. statt vieler *Kotzur*, EuGRZ 2008, 673, 678; *Nettesheim*, JZ 2002, 569, 573; *Wagner*, ZaöRV 63 (2003), 879, 908 f.; *Dörr*, JZ 2005, 905, 915.

terrorverdächtiger Personen einzufrieren. Allerdings unterhält der Sicherheitsrat beim 1373er-Sanktionsregime keine eigene Sanktionsliste, sondern legt den Adressatenkreis lediglich anhand abstrakter Kriterien fest. Die Identifizierung und Sanktionierung der Zielpersonen bleibt den Staaten vorbehalten. Hierin liegt der entscheidende Unterschied zum 1267er-Sanktionsregime.

- Die Verwaltung des 1267er-Sanktionsregimes erfolgt durch einen vom Sicherheitsrat eigens hierfür errichteten Sanktionsausschuss, der sich aus den Vertretern der Sicherheitsratsmitglieder zusammensetzt. Der Sanktionsausschuss befindet über die Aufnahme oder die Streichung von Personen/Gruppierungen auf bzw. von der Sanktionsliste. Auch für die Aktualisierung und Revision der Liste trägt er die Verantwortung. Die Verfahrensmodalitäten innerhalb des Sanktionsausschusses sind in den von ihm erlassenen Richtlinien über seine Arbeitsweise festgehalten, die von Zeit zu Zeit aktualisiert werden.
- Der Sanktionsausschuss tagt in der Regel nichtöffentlich. Er trifft seine Entscheidungen nach dem Konsensprinzip, wobei grundsätzlich ein schriftliches Zirkulationsverfahren Anwendung findet.
- Listungen werden auf Antrag der Staaten vom Sanktionsausschuss vorgenommen. Bei der Antragsstellung ist ein standardisiertes Antragsformular zu nutzen. Der antragstellende Staat muss seinem Listungsantrag eine konkrete Falldarstellung beifügen, aus der sich die Notwendigkeit der Listung ergibt. Insbesondere die Angehörigkeit/das Verbundensein der Zielperson/der Zielgruppierung zu Al Qaida ist nachzuweisen. Nicht erforderlich ist hingegen, dass bei bzw. vor Antragstellung ein inländisches Strafverfahren gegen die anvisierte Person/Gruppierung eingeleitet wird bzw. worden ist.
- Ordnungsgemäße Listungsanträge werden den Ausschussmitgliedern im schriftlichen Umlaufverfahren zur Entscheidung vorgelegt. Diese haben im Regelfall zehn Arbeitstag Zeit, um über die Schlüssigkeit des Antrags zu befinden. Widerspricht in diesem Zeitraum kein Ausschussmitglied dem Antrag, gilt er als angenommen.
- Es bestehen gegenwärtig auf UN-Ebene zwei Verfahren, mit denen die Aufhebung einer Listung verfolgt werden kann, das Individualdelisting-Verfahren vor der Ombudsperson und das von den Staaten zu initiierende Delisting-Verfahren vor dem Sanktionsausschuss. Dem Ersteren, erst vor kurzer Zeit errichteten Verfahren kommt in der Praxis die weit größere Bedeutung zu, weil es gelisteten Personen und Organisationen die eigenständige Erwirkung ihrer Delistung ermöglicht.

Kapitel 2: Die EU-Ebene

§ 1: Die EU-Maßnahmen zur Umsetzung des 1267er-Sanktionsregimes

Die EU-rechtliche Umsetzung des 1267er-Sanktionsregimes im wichtigen Bereich der Finanzsanktionen erfolgt innerhalb eines zweistufigen Verfahrens.[343] Zunächst erlässt der Rat der EU einen Gemeinsamen Standpunkt im Rahmen der GASP. Dieser bildet dann die Grundlage für die hier anknüpfende Sanktionsverordnung. Dieses zweigliedrigen Verfahrens bedarf es, weil sich Gemeinsame Standpunkte als intergouvernementale Rechtsakte anders als Verordnungen ausschließlich an die Mitgliedstaaten und nicht an die übrigen Unionsangehörigen richten.[344] Dieser Mechanismus bestand bereits vor dem Vertrag von Lissabon (A.) und gilt seit seinem Inkrafttreten weiter fort (B.).

A. Die Rechtslage vor Inkrafttreten des Vertrags von Lissabon

I. Die Annahme eines Gemeinsamen Standpunkts nach Art. 15 EUV a.F.

Vor Inkrafttreten des Vertrags von Lissabon wurde der Gemeinsame Standpunkt auf Grundlage des Art. 15 EUV a.F. angenommen. Zur Umsetzung der SR-Res. 1267/1999 erließ der Rat zunächst den Gemeinsamen Standpunkt 1999/727/GASP, der durch den Gemeinsamen Standpunkt 2001/154/GASP ergänzt wurde. Weil mit dem Erlass der SR-Res. 1390/2002 weitere gewichtige Änderungen des Sanktionsregimes einhergingen, wurden beide Rechtsakte durch den Gemeinsamen Standpunkt 2002/402/GASP[345] ersetzt.

II. Der Erlass der Sanktionsverordnung nach Artt. 301,60 EGV i.V.m. Art. 308 EGV

Zur Umsetzung des Gemeinsamen Standpunktes 1999/727/GASP wurde die VO 337/2000 verabschiedet, die mit dem Erlass des Gemeinsamen Standpunktes

---

343 Das Gleiche gilt für das Verbot der technischen Beratung militärischer Aktivitäten, Art. 2 des Gemeinsamen Standpunktes 2002/402/GASP v. 27.05.2002 sowie Art. 3 der VO 881/2002 gleichen Datums. Die Umsetzung des Verbots der Lieferung von Waffen und sonstigem militärischen Rüstungsmaterial an die gelisteten Personen wird hingegen von den Mitgliedstaaten übernommen. In Deutschland wurde das Verbot mit der Vorschrift des § 69 d Abs. 1 AWV umgesetzt. Hiernach ist die Lieferung von Rüstungsgütern an die sich im Anhang der VO 881/2002 befindlichen Personen und Organisationen verboten. Nach Abs. 2 derselben Vorschrift gilt das Verbot auch für im Ausland lebende deutsche Staatsangehörige.

344 Vgl. dazu *Cremer*, in: *Calliess/Ruffert* (Hrsg.), EUV/AEUV, Art. 25 EUV Rn. 6; *Pechstein*, JZ 2010, 425, 427 f; *Dörr*, in: *Grabitz/Hilf/Nettesheim* (Hrsg.), Das Recht der Europäischen Union, Art. 40 Rn. 22 m. w. N.

345 Art. 4 des Gemeinsamen Standpunktes 402/2002/GASP v. 27.05.2002.

2001/154/GASP durch die VO 467/2001 ersetzt wurde. Grund hierfür war die SR-Res. 1333/2000, die zu einer Erweiterung des Sanktionsregimes geführt hatte.[346] Die VO 467/2001 wurde mit Annahme des Gemeinsamen Standpunktes 2002/402/GASP durch die VO 881/2002 ersetzt, die seitdem zahlreiche Aktualisierungen erfahren.[347]

Über die Rechtsgrundlage der genannten gemeinschaftsrechtlichen Sanktionsverordnungen herrschte jedoch bis zuletzt Streit. Grund hierfür war, dass der EG-Vertrag keine ausdrückliche Befugnisnorm für den Erlass von Individualsanktionen enthielt.[348] Auf die Artt. 301, 60 EGV konnten gemäß ihrem Wortlaut lediglich wirtschaftliche Zwangsmaßnahmen gegen Drittländer gestützt werden, welche der Rat zuvor im Rahmen der GASP beschlossen hatte.[349] Dennoch vertraten manche Autoren die Auffassung, auch Individualsanktionen seien von den genannten Normen gedeckt.[350] Andere plädierten für die Anwendung des Art. 308 EGV, wiederum andere für Art. 308 i.V.m. Artt. 301, 60 EGV. Vereinzelt wurde sogar die Kompetenz der Gemeinschaft zum Erlass von Individualsanktionen gänzlich abgelehnt.[351] EuG und EuGH kamen in ihren ersten Kadi-Urteilen – jedoch mit unterschiedlicher Begründung – zu dem Ergebnis, dass Art. 308 i.V.m. den Artt. 301, 60 EGV die einschlägige Ermächtigungsgrundlage für den Erlass der Sanktionsverordnungen bildete.

---

346 S. dazu bereits Teil II Kap. 1§ 1 B II.

347 In den allermeisten Fällen handelt es sich um eine Aktualisierung der der Verordnung angehängten Sanktionsliste. Die letzte, 208. Änderung der VO erfolgte am 13.12.2013 mit der VO 1338/2013 (letzter Stand 31.12.2013).

348 Zur Situation nach dem Inkrafttreten des Vertrags von Lissabon s. sogleich Teil II Kap. 2 § 1 B II.

349 Art. 301 EGV lautete: „Ist in gemeinsamen Standpunkten oder gemeinsamen Aktionen, die nach den Bestimmungen des Vertrags über die Europäische Union betreffend die Gemeinsame Außen- und Sicherheitspolitik angenommen worden sind, ein Tätigwerden der Gemeinschaft vorgesehen, um die Wirtschaftsbeziehungen zu einem oder mehreren dritten Ländern auszusetzen, einzuschränken oder vollständig einzustellen, so trifft der Rat die erforderlichen Sofortmaßnahmen; der Rat beschließt auf Vorschlag der Kommission mit qualifizierter Mehrheit." Art. 60 EGV besagte in seinem Abs. 1: „Falls ein Tätigwerden der Gemeinschaft in den in Artikel 301 vorgesehenen Fällen für erforderlich erachtet wird, kann der Rat nach dem Verfahren des Artikels 301 die notwendigen Sofortmaßnahmen auf dem Gebiet des Kapital- und Zahlungsverkehrs mit den betroffenen dritten Ländern ergreifen."

350 So z.B. GA Maduro in seinen Schlussanträgen zum 1. Kadi-Urteil des EuGH, Urt. v. 23.01.2008, Verbundene Rs. C-402/05 P und C-415/05 P, Slg. 2008, I-06351, Rn. 11 ff. oder *Dahme*, Terrorismusbekämpfung, 294 ff., die die Kompetenzgrundlage in den Artt. 301, 60 i.V.m. dem Grundsatz der *implied powers* sieht.

351 *Hörmann*, EuR 2007, 120. 130 ff., unter Verweis darauf, dass der Erlass von Individualsanktionen in den Bereich der (damals noch intergouvernementalen) PJZ falle.

1. Die Auffassung des EuG

Nach Ansicht des EuG kam eine Anwendung der Artt. 301, 60 EGV nicht in Betracht, weil beide Vorschriften ihrem Wortlaut nach nur den Erlass von Wirtschaftssanktionen gegen Drittländer abdecken würden, nicht aber den Erlass von Sanktionen gegen Privatpersonen und Vereinigungen.[352] Spätestens mit dem Erlass der SR-Res. 1390/2002[353] habe das Sanktionsregime jedoch jeglichen Bezug zu einem staatlichen Territorium verloren.

Auch Art. 308 EGV[354] scheide als taugliche Ermächtigungsgrundlage aus, weil mit dem Erlass von Individualsanktionen keine Ziele des EG-Vertrags, sondern der GASP verfolgt werden würden.[355] Die strikte institutionalisierte Trennung zwischen beiden Unionspolitiken sei von den Mitgliedstaaten ausdrücklich gewollt und dürfe nicht über den Umweg des Art. 308 EGV ausgehebelt werden.[356]

Ein Rückgriff auf Art. 308 EGV i.V.m. den Artt. 301, 60 EGV sei hingegen zulässig, da die zuletzt genannten Normen bei genauerer Betrachtung der Realisation von GASP- und nicht von Gemeinschaftszielen dienen würden.[357] Mit ihrer Aufnahme in den EG-Vertrag hätten die Mitgliedstaaten ihren Willen artikuliert, für den Anwendungsbereich der genannten Regelungen die gemeinschaftliche Umsetzung von GASP-Zielen zuzulassen.[358] Konsequenterweise müsse dann ein Rekurs auf Art. 308 EGV in den Fällen möglich sein, in denen die bestehenden gemeinschaftsrechtlichen

352 EuG, Urt. v. 21.09.2005, Rs. T-315/01, Slg. 2005, II-03649 u. EuG, Urt. v. 21.09.2005, Rs. T-306/01, Slg. 2005, II-03533, Rn. 130 ff.

353 V. 16.02.2002.

354 Art. 308 EGV hatte folgenden Wortlaut: „Erscheint ein Tätigwerden der Gemeinschaft erforderlich, um im Rahmen des Gemeinsamen Marktes eines ihrer Ziele zu verwirklichen, und sind in diesem Vertrag die hierfür erforderlichen Befugnisse nicht vorgesehen, so erläßt der Rat einstimmig auf Vorschlag der Kommission und nach Anhörung des Europäischen Parlaments die geeigneten Vorschriften."

355 Vgl. EuG, Urt. v. 21.09.2005, Rs. T-315/01, Slg. 2005, II-03649 u. EuG, Urt. v. 21.09.2005, Rs. T-306/01, Slg. 2005, II-03533, Rn. 154 ff. Die Kommission hatte im ersten Kadi-Verfahren den Versuch unternommen, unmittelbar aus der Präambel des Gemeinschaftsvertrags den Schutz des Weltfriedens und der internationalen Sicherheit als Gemeinschaftsziel herzuleiten. Auch dieser Ansatz wurde vom EuG verworfen. Dem Gemeinschaftsvertrag fehlte es nach Ansicht des Gerichts an Aussagen, die die Annahme eines Willens zur Umsetzung einer gemeinsamen Sicherheits- und Außenpolitik legitimerweise stützen würden. Vielmehr seien die Kompetenzen der Gemeinschaft in diesem Bereich so marginal, dass man den Schutz des Weltfriedens und der internationalen Sicherheit nicht zu einem Gemeinschaftsziel erklären könne.

356 EuG, Urt. v. 21.09.2005, Rs. T-315/01, Slg. 2005, II-03649 u. EuG, Urt. v. 21.09.2005, Rs. T-306/01, Slg. 2005, II-03533, Rn. 156.

357 EuG, Urt. v. 21.09.2005, Rs. T-315/01, Slg. 2005, II-03649 u. EuG, Urt. v. 21.09.2005, Rs. T-306/01, Slg. 2005, II-03533, Rn. 158 ff.

358 EuG, Urt. v. 21.09.2005, Rs. T-315/01, Slg. 2005, II-03649 u. EuG, Urt. v. 21.09.2005, Rs. T-306/01, Slg. 2005, II-03533, Rn. 160 f.

Vorschriften zur Realisierung dieser Ziele nicht mehr ausreichen würden.[359] Diese Voraussetzung sei beim Erlass von Individualsanktionen erfüllt.

2. Die Bestätigung der vom EuG ermittelten Kompentenznormen im 1. Kadi-Urteil des EuGH

Der EuGH bestätigte in seinem Berufungsurteil das vom EuG gefundene Ergebnis, verwarf aber die zugehörige Begründung als rechtsfehlerhaft.[360] Wie das EuG selbst erkannt habe, sei bei Art. 308 ein Rückgriff auf gemeinschaftsfremde Ziele, wie z. B. solche der GASP, unzulässig.[361] Dies ergebe sich bereits aus dem Wortlaut der Vorschrift und beruhe auf der von den Vertragsstaaten gewollten institutionellen Trennung der verschiedenen EU-Politiken.[362] Dieses Prinzip sei auch dann zu beachten, wenn bestimmte gemeinschaftsrechtliche Vorschriften der Umsetzung von GASP-Zielen dienten.[363] Die Annahme des EuG, in derartigen Fällen dürfe im Rahmen des Art. 308 EGV auch auf gemeinschaftsfremde Ziele zurückgegriffen werden, müsse deshalb verworfen werden.[364]

Dennoch handele es sich bei der vom EuG bestimmten Kompetenzgrundlage im Ergebnis um die richtige. Denn mit der Aufnahme der Artt. 301, 60 EGV sei die gemeinschaftsrechtliche Umsetzung der entsprechenden GASP-Maßnahmen zu einem Ziel der Gemeinschaft selbst erwachsen.[365] Diese Auslegung werde auch durch Art. 60 Abs. 2 EGV bestätigt, wonach die Mitgliedstaaten nationale Maßnahmen zur Beschränkung des freien Kapitalverkehrs gegenüber Drittstaaten nur so lange verhängen dürften, wie die Gemeinschaft nicht nach Art. 60 Abs. 1 EGV tätig geworden sei.[366] Die durch Art. 308 EGV vorgenommene Erweiterung der Gemeinschaftskompetenzen rechtfertige sich zudem durch den Bezug der Sanktionsmaßnahmen zum Gemeinsamen Markt. Anders als vom EuG angenommen bestünde nämlich beim Ausbleiben einer gemeinschaftsrechtlichen Regelung die Gefahr, dass die gemeinschaftsrechtlichen

---

359 EuG, Urt. v. 21.09.2005, Rs. T-315/01, Slg. 2005, II-03649 u. EuG, Urt. v. 21.09.2005, Rs. T-306/01, Slg. 2005, II-03533, Rn. 164. ff.

360 In der Literatur war das EuG zuvor auf ein gespaltenes Echo gestoßen. Positiv äußerten sich z. B. *Tietje/Hamelmann*, JuS 2006, 299; *Steinbarth*, ZEuS 2006, 269; kritisch dagegen z. B. *Möllers*, EuR 2006, 426; *Bartelt/Zeitler*, EuZW 2003, 712 ff.

361 EuGH, Urt. v. 03.09.2008, Verbundene Rs. C-402/05 P und C-415/05 P, Slg. 2008, I-06351, Rn. 197 ff.

362 EuGH, Urt. v. 03.09.2008, Verbundene Rs. C-402/05 P und C-415/05 P, Slg. 2008, I-06351, Rn. 202.

363 EuGH, Urt. v. 03.09.2008, Verbundene Rs. C-402/05 P und C-415/05 P, Slg. 2008, I-06351, Rn. 197 ff.

364 EuGH, Urt. v. 03.09.2008, Verbundene Rs. C-402/05 P und C-415/05 P, Slg. 2008, I-06351, Rn. 197 ff.

365 EuGH, Urt. v. 03.09.2008, Verbundene Rs. C-402/05 P und C-415/05 P, Slg. 2008, I-06351, Rn. 226 ff.

366 EuGH, Urt. v. 03.09.2008, Verbundene Rs. C-402/05 P und C-415/05 P, Slg. 2008, I-06351, Rn. 228.

Freiheiten wie auch der freie Wettbewerb durch den dann zu erwartenden Erlass nationaler Sanktionsregelungen beeinträchtigt werden würden.[367]

B. Kompetenzgrundlagen nach dem Vertrag von Lissabon

Mit Inkrafttreten des Vertrags von Lissabon haben sich die Kompetenzgrundlagen für den Beschluss innerhalb der GASP (I.) und der Verabschiedung der Sanktionsverordnung (II.) geändert.

I. Die Beschlussfassung nach Art. 28 EUV

Die Artt. 14, 15 EUV a.F. wurden durch Art. 28 EUV n.F. ersetzt. Nach dessen Abs. 1 Satz 1 erlässt der Rat, soweit ein operatives Handeln der Union – z.B. zur Umsetzung von Sanktionsresolutionen des Sicherheitsrates – erforderlich ist, innerhalb der GASP die erforderlichen Beschlüsse. In diesen Beschlüssen sind ihre Ziele, ihr Umfang, die der Union zur Verfügung zu stellenden Mittel sowie die Bedingungen und erforderlichenfalls der Zeitraum für ihre Durchführung festzulegen, Art. 28 Abs. 1 S. 2 EUV. Gefasst werden die Beschlüsse grundsätzlich nach dem Einstimmigkeitsprinzip, Art. 31 Abs. 1 S. 1 EUV. Nach Art. 28 Abs. 2 EUV sind sie für die Mitgliedstaaten bei ihren Stellungnahmen und ihrem Vorgehen verbindlich.

II. Die Befugnisnorm für den Erlass der Sanktionsverordnung – Art. 75 Abs. 1 oder Art. 215 Abs. 2 AEUV?

1. Problemaufriss

Der AEUV enthält mit den Art. 215 Abs. 2 und Art. 75 Abs. 1 nunmehr zwei Befugnisnormen, die für den Erlass von Individualsanktionen in Betracht kommen. Art. 75 AEUV lautet:

> *„Sofern dies notwendig ist, um die Ziele des Artikels 67 in Bezug auf die Verhütung und Bekämpfung von Terrorismus und damit verbundener Aktivitäten zu verwirklichen, schaffen das Europäische Parlament und der Rat gemäß dem ordentlichen Gesetzgebungsverfahren durch Verordnungen einen Rahmen für Verwaltungsmaßnahmen in Bezug auf Kapitalbewegungen und Zahlungen, wozu das Einfrieren von Geldern, finanziellen Vermögenswerten oder wirtschaftlichen Erträgen gehören kann, deren Eigentümer oder Besitzer natürliche oder juristische Personen, Gruppierungen oder nichtstaatliche Einheiten sind.*
>
> *Der Rat erlässt auf Vorschlag der Kommission Maßnahmen zur Umsetzung des in Absatz 1 genannten Rahmens.*
>
> *In den Rechtsakten nach diesem Artikel müssen die erforderlichen Bestimmungen über den Rechtsschutz vorgesehen sein.“*

---

367 EuGH, Urt. v. 03.09.2008, Verbundene Rs. C-402/05 P und C-415/05 P, Slg. 2008, I-06351, Rn. 230 f.

Art. 215 AEUV bestimmt:

> *„(1) Sieht ein nach Titel V Kapitel 2 des Vertrags über die Europäische Union erlassener Beschluss die Aussetzung, Einschränkung oder vollständige Einstellung der Wirtschafts- und Finanzbeziehungen zu einem oder mehreren Drittländern vor, so erlässt der Rat die erforderlichen Maßnahmen mit qualifizierter Mehrheit auf gemeinsamen Vorschlag des Hohen Vertreters der Union für Außen- und Sicherheitspolitik und der Kommission. Er unterrichtet hierüber das Europäische Parlament.*
>
> *(2) Sieht ein nach Titel V Kapitel 2 des Vertrags über die Europäische Union erlassener Beschluss dies vor, so kann der Rat nach dem Verfahren des Absatzes 1 restriktive Maßnahmen gegen natürliche oder juristische Personen sowie Gruppierungen oder nichtstaatliche Einheiten erlassen.*
>
> *(3) In den Rechtsakten nach diesem Artikel müssen die erforderlichen Bestimmungen über den Rechtsschutz vorgesehen sein."*

Welche dieser beiden Normen für den Erlass der Verordnung zur Umsetzung des 1267er-Sanktionsregimes einschlägig ist, wird kontrovers diskutiert.[368] Auch eine kumulative Anwendung ist in Erwägung zu ziehen. Seine praktische Relevanz gewinnt der Streit dadurch, dass die Verordnung im Falle des Art. 75 AEUV im ordentlichen Gesetzgebungsverfahren erlassen wird – das Europäische Parlament gemäß Art. 294 AEUV mithin über ein vollwertiges Mitbestimmungsrecht verfügt –, während es beim Erlass von Maßnahmen nach Art. 215 Abs. 2 AEUV lediglich vom Rat informiert werden muss. Der EuGH hatte zu dem Verhältnis der Artt. 75, 215 AEUV alsbald Stellung zu beziehen.[369] Anlass hierfür war die VO 1486/2009 EU[370], mit der die Ausgangsverordnung 881/2002 EG aktualisiert und inhaltlich überarbeitet wurde. Der Rat hatte sie auf gemeinsamen Vorschlag der Europäischen Kommission und der Hohen Vertreterin der Union für Außen- und Sicherheitspolitik auf Grundlage des Art. 215 Abs. 2 AEUV verabschiedet. Hiergegen wandte sich die Klage des Europäischen Parlaments, der zufolge Art. 75 Abs. 1 AEUV hätte Anwendung finden müssen. Der EuGH wies die Klage ab und bestätigte Art. 215 Abs. 2 AEUV als einschlägige Befugnisnorm.

2. Rechtliche Bewertung

Bei der rechtlichen Bewertung des EuGH-Urteils sind die allgemeinen Grundsätze des EU-Rechts zur Bestimmung der passenden Rechtsgrundlage (a) sowie die gängigen Auslegungsregeln (b) heranzuziehen.

---

368 Vgl. hierzu *Herrnfeld*, in: *Schwarze* (Hrsg.), EU-Kommentar, Art. 75 AEUV, Rn. 14 ff.

369 EuGH, Urt. v. 19.07.2012, Rs. C-130/10, BeckRS 2012, 80571.

370 V. 22.09.2012.

a) Allgemeine Grundsätze zur Bestimmung der einschlägigen Rechtsgrundlage

Nach der ständigen Rechtsprechung des EuGH hat die Bestimmung der einschlägigen Rechtsgrundlage nach objektiven Kriterien zu erfolgen.[371] Maßgeblich sind dabei Inhalt und Ziel des zu erlassenden Rechtsaktes.[372] Bei mehreren infrage kommenden Rechtsgrundlagen ist allein auf diejenige abzustellen, die den Inhalt der geplanten Regelung schwerpunktmäßig abdeckt. Eine kumulative Anwendung mehrerer Rechtsgrundlagen ist ausnahmsweise möglich, wenn eine Maßnahme mehrere Zielsetzungen zugleich hat oder mehrere Komponenten umfasst, die untrennbar miteinander verbunden sind.[373] Ein solches Vorgehen ist jedoch ausgeschlossen, wenn sich die jeweils vorgesehenen Rechtssetzungsverfahren nicht miteinander vereinbaren lassen.[374] Eine solche Unvereinbarkeit ist bei den Artt. 75 Abs. 1, 215 Abs. 2 AEUV gegeben. Art. 75 Abs. 1 AEUV sieht das ordentliche Gesetzgebungsverfahren, Art. 215 Abs. 2 AEUV lediglich eine Benachrichtigung des Parlaments vor.[375] Es bedarf damit in jedem Fall einer Entscheidung für eine der genannten Rechtsgrundlagen.

b) Anwendung der gängigen Auslegungsregeln

aa) Grammatikalische Auslegung

Die grammatikalische Auslegung spricht auf den ersten Blick für die Anwendung des Art. 75 AEUV. Im Gegensatz zu Art. 215 AEUV ist in der Norm explizit von Maßnahmen zur Bekämpfung des Terrorismus und seiner Finanzierung die Rede, während Art. 215 Abs. 2 AEUV allgemein die Möglichkeit zum Erlass von restriktiven Maßnahmen gegen natürliche und juristische Personen sowie gegen nichtstaatliche Einheiten enthält. Allerdings lassen sich unter den Begriff der restriktiven Maßnahmen auch solche der Terrorismusbekämpfung subsumieren.[376] Entscheidend gegen die Annahme einer Spezialität des Art. 75 Abs. 1 AEUV gegenüber Art. 215 AEUV spricht, dass beide Vorschriften der Verwirklichung verschiedener Politiken dienen.[377] Art. 75 AEUV ist eine Norm des dritten Teils des AEUV, der Regelungen zu den internen Politiken und Maßnahmen der Union enthält. Art. 215 AEUV hingegen unterfällt dem Titel V des AEUV, der das auswärtige Handeln der Union regelt. Die grammatikalische Auslegung führt folglich zu keinem eindeutigen Ergebnis.

---

371 EuGH, Urt. v. 06.11.2008, Rs. C-155/07, Slg 2008 I-08103, Rn. 34.

372 EuGH, Urt. v. 19.07.2012, Rs. C-130/10, BeckRS 2012, 80571, Rn. 42.

373 EuGH, Urt. v. 19.07.2012, Rs. C-130/10, BeckRS 2012, 80571, Rn. 44.

374 EuGH, Urt. v. 19.07.2012, Rs. C-130/10, BeckRS 2012, 80571, Rn. 45.

375 EuGH, Urt. v. 19.07.2012, Rs. C-130/10, BeckRS 2012, 80571, Rn. 47 ff.

376 EuGH, Urt. v. 19.07.2012, Rs. C-130/10, BeckRS 2012, 80571, Rn. 60.

377 EuGH, Urt. v. 19.07.2012, Rs. C-130/10, BeckRS 2012, 80571, Rn. 66. Für eine Spezialität des Art. 75 AEUV bei der Terrorismusbekämpfung jedoch *Kotzur*, in: *Geiger/Khan/Kotzur u. a.* (Hrsg.), EUV/AEUV, Art. 215 AEUV, Rn. 2; *Cremer*, in: *Calliess/Ruffert* (Hrsg.), EUV/AEUV, Art. 215 AEUV, Rn. 30.

bb) Systematische Auslegung

Anders ist dies bei der systematischen Auslegung. Hierbei ist vor allem ein Vergleich mit den Vorgängerregelungen der Artt. 60, 301 und 308 EGV zu ziehen. Wie der EuGH zu Recht ausführt, kommt einzig die Norm als Nachfolgeregelung in Betracht, die von ihrem Regelungsbereich mit den genannten EG-Vorschriften inhaltlich übereinstimmt.[378] Diese Voraussetzung erfüllt lediglich Art. 215 AEUV. Zum Ersten weist die Vorschrift einen ähnlichen Wortlaut wie Art. 301 EGV auf. Zum Zweiten bezieht sie sich explizit auf die Finanzbeziehungen und deckt damit gleichfalls die von Art. 60 EGV einstmals geregelten Bereiche ab. Zum Dritten ermöglicht sie mit ihrem Abs. 2 nunmehr auch den Erlass von Sanktionen gegen Individuen, der im alten Recht noch der zusätzlichen Anwendung des Art. 308 EGV bedurfte.[379] Der Anwendungsbereich des Art. 75 Abs. 1 AEUV hingegen ist mit dem der Artt. 301, 60 EGV nicht kongruent. Anders als die letztgenannten Vorschriften bezieht sich Art. 75 Abs. 1 AEUV nicht auf die Aussetzung, Einschränkung oder vollständige Einstellung der Wirtschafts- und Finanzbeziehungen zu einem oder mehreren Drittstaaten, sondern ermöglicht ausschließlich den Erlass von Verwaltungsmaßnahmen in Bezug auf Kapitalbewegungen und Zahlungen zur Verhütung und Bekämpfung des Terrorismus und seiner Finanzierung.[380] Für die Anwendung des Art. 215 AEUV spricht zudem, dass die Vorschrift ebenso ein Bindeglied zur GASP der EU darstellt wie zuvor die Artt. 301, 60 EGV. Das ist daran ersichtlich, dass auch zu ihrer Anwendung die Einnahme eines Gemeinsamen Standpunktes bzw. eines Beschlusses im Rahmen der GASP erforderlich ist. Die Bekämpfung des internationalen Terrorismus und der von ihm ausgehenden Gefahren für den Weltfrieden und die internationale Sicherheit fällt schwerpunktmäßig in den Bereich der GASP. Das ergibt sich insbesondere aus den Artt. 21 Abs. 2 lit. c[381] und 43 Abs. 1[382] EUV. Die systematische Auslegung führt mithin zu dem Ergebnis, dass Art. 215

---

378 Vgl. EuGH, Urt. v. 19.07.2012, Rs. C-130/10, BeckRS 2012, 80571, Rn. 50 ff.

379 Ausführlich zur einschlägigen Ermächtigungsgrundlage nach altem Recht Teil II Kap. 2 § 1 A II.

380 EuGH, Urt. v. 19.07.2012, Rs. C-130/10, BeckRS 2012, 80571, Rn. 54.

381 Art. 21 Abs. 2 lit. c EUV besagt, dass die EU Maßnahmen festlegt und durchführt [...], um „nach Maßgabe der Ziele und Grundsätze der Charta der Vereinten Nationen sowie der Prinzipien der Schlussakte von Helsinki und der Ziele der Charta von Paris, einschließlich derjenigen, die die Außengrenzen betreffen, den Frieden zu erhalten, Konflikte zu verhüten und die internationale Sicherheit zu stärken".

382 „Die in Artikel 42 Absatz 1 vorgesehenen Missionen, bei deren Durchführung die Union auf zivile und militärische Mittel zurückgreifen kann, umfassen gemeinsame Abrüstungsmaßnahmen, humanitäre Aufgaben und Rettungseinsätze, Aufgaben der militärischen Beratung und Unterstützung, Aufgaben der Konfliktverhütung und der Erhaltung des Friedens sowie Kampfeinsätze im Rahmen der Krisenbewältigung einschließlich Frieden schaffender Maßnahmen und Operationen zur Stabilisierung der Lage nach Konflikten. Mit allen diesen Missionen kann zur *Bekämpfung des Terrorismus* [Hervorhebung durch den Autor] beigetragen

Abs. 2 AEUV die einschlägige Rechtsgrundlage für den Erlass der angegriffenen Sanktionsverordnung darstellt.

cc) Die teleologische Auslegung

Das Ergebnis der systematischen Auslegung könnte jedoch aus teleologischen Gründen einer Korrektur zugunsten des Art. 75 AEUV bedürfen. In der Klage vor dem EuGH hat das Europäische Parlament eine Anwendung des Art. 75 AEUV auch mit der Notwendigkeit eines stärkeren Menschenrechtsschutzes zu begründen versucht. Seiner Auffassung zufolge gilt seit Inkrafttreten des Vertrags von Lissabon der allgemeine Grundsatz, wonach grundrechtsrelevante Maßnahmen der Union nur noch auf Grundlage des ordentlichen Gesetzgebungsverfahrens erfolgen dürften.[383] Dieses Argument vermag nicht zu überzeugen. Hiergegen ist zu erinnern, dass effektiver Grundrechtsschutz auch bei einem Vorgehen nach Art. 215 Abs. 2 AEUV über Art. 51 Abs. 1 EU-GRCharta sowie über Art. 215 Abs. 3 AEUV gewährleistet wird.[384] Zudem haben sich die Mitgliedstaaten als Herren der Verträge bei der Fassung des Art. 215 AEUV bewusst für das dort vorgesehene Verfahren entschieden. Vor allem jedoch ist es unzulässig, vom Verfahren auf die einschlägige Rechtsgrundlage zu schließen. Letztere gibt vielmehr das anzuwendende Verfahren vor.[385] Dieser Grundsatz steht im Übrigen auch einer Argumentation entgegen, wonach in Anlehnung an entsprechende Passagen im Titandioxid-Urteils des EuGH Art. 75 AEUV deswegen Anwendung finden müsse, um eine stärkere Beteiligung des Europäischen Parlaments am Rechtsetzungsverfahren der Union und damit eine stärkere Verwirklichung des Demokratieprinzips zu erreichen.[386] Die teleologische Auslegung stellt mithin das Ergebnis der systematischen Auslegung nicht infrage.

---

werden, unter anderem auch durch die Unterstützung für Drittländer bei der Bekämpfung des Terrorismus in ihrem Hoheitsgebiet".

383 S. EuGH, Urt. v. 19.07.2012, Rs. C-130/10, BeckRS 2012, 80571, Rn. 29.

384 So auch EuGH, Urt. v. 19.07.2012, Rs. C-130/10, BeckRS 2012, 80571, Rn. 83.

385 EuGH, Urt. v. 19.07.2012, Rs. C-130/10, BeckRS 2012, 80571, Rn. 80.

386 Vgl. hierzu *Schenke*, Rechtsfindung, Rn. 18 ff. Die entsprechenden Passagen im *Titandioxid*-Urteil lauten:
„(18) Die eine der in Betracht kommenden Ermächtigungsbestimmungen – Artikel 100a – schreibt nämlich die Anwendung des in Artikel 149 Absatz 2 EWG-Vertrag vorgesehenen Verfahrens der Zusammenarbeit vor, während die andere Bestimmung – Artikel 130s – eine einstimmige Beschlussfassung innerhalb des Rates nach einer bloßen Anhörung des Europäischen Parlaments vorschreibt. In diesem Fall würde durch einen Rückgriff auf mehrere Rechtsgrundlagen das Verfahren der Zusammenarbeit ausgehöhlt.
(19) Im Rahmen des Verfahrens der Zusammenarbeit entscheidet der Rat mit qualifizierter Mehrheit, wenn er die vom Europäischen Parlament formulierten und von der Kommission in ihrem überprüften Vorschlag übernommenen Abänderungen seines gemeinsamen Standpunkts akzeptieren will, während er Einstimmigkeit erzielen muß, wenn er nach Ablehnung des gemeinsamen Standpunkts durch das

dd) Ergebnis

Einzig Art. 215 Abs. 2 AEUV kommt als Rechtsgrundlage für restriktive Maßnahmen der Union – einschließlich Maßnahmen zur Bekämpfung des Terrorismus – gegen natürliche oder juristische Personen sowie gegen nichtstaatliche Einheiten in Betracht, wenn der zugrunde liegende Sachverhalt in den Bereich der gemeinsamen Außen- und Sicherheitspolitik fällt und die betreffenden Maßnahmen der Umsetzung eines dort gefassten Beschlusses dienen. Die Verordnung zur Umsetzung des 1267er-Sanktionsregimes erfüllt diese Voraussetzungen. Mithin stellt Art. 215 Abs. 2 AEUV die einschlägige Rechtsgrundlage für ihren Erlass dar.

c) Der verbleibende Anwendungsbereich des Art. 75 AEUV

Das vom EuGH gefundene und hier bestätigte Ergebnis wirft die Frage nach dem verbleibenden Anwendungsbereich für Art. 75 Abs. 1 AEUV auf.

Die systematische Stellung der Vorschrift im Teil III des AEUV – der Regelungen über die internen Politiken und Maßnahmen der EU enthält – spricht dafür, ihn ausschließlich – wie der Rat angeregt hat – bei der Bekämpfung des „internen" Terrorismus zur Anwendung kommen zu lassen, d. h. bei terroristischen Gefahren, die (allein) in der EU lokalisiert sind und letztlich auch nur sie bedrohen.

Hiergegen hat sich insbesondere GA Bot in seinen Schlussanträgen zum o.a. Rechtsstreit zwischen dem Europäischen Parlament und dem Europäischen Rat gewendet.[387] Seiner Auffassung zufolge lässt sich die Bildung von Kategorien wie „interne" oder „externe" terroristische Bedrohung bereits mit dem Wesen des

---

Parlament entscheiden oder den überprüften Vorschlag der Kommission ändern will. Diesem wesentlichen Element des Verfahrens der Zusammenarbeit würde Abbruch getan, wenn der Rat wegen der gleichzeitigen Bezugnahme auf die Artikel 100a und 130s auf jeden Fall einstimmig entscheiden müsste.
(20) Das mit dem Verfahren der Zusammenarbeit verfolgte Ziel, die Beteiligung des Europäischen Parlaments am Gesetzgebungsverfahren der Gemeinschaft zu stärken, wäre damit infrage gestellt. Wie der Gerichtshof in den Urteilen vom 29. Oktober 1980 in der Rs 138/79 (*Roquette Frères/Rat*, Slg. 1980, 3333, Rn. 33) und in der Rechtssache 139/79 (*Maizena/Rat*, Slg. 1980, 3393, Rn. 34) festgestellt hat, spiegelt diese Beteiligung auf Gemeinschaftsebene ein grundlegendes demokratisches Prinzip wider, nach dem die Völker durch eine Versammlung ihrer Vertreter an der Ausübung der hoheitlichen Gewalt beteiligt sind."
Die Ausführungen des EuGH können jedoch nicht dahin gehend verstanden werden, dass bei zwei möglichen Rechtsgrundlagen für den Erlass einer EU-Norm immer derjenigen der Vorzug zu geben ist, bei der das EU-Parlament die größten Beteiligungsrechte besitzt. Vielmehr trifft der Gerichtshof in Rn. 21 seines Urteils die Feststellung, dass aufgrund der vorherigen Erwägungen lediglich ein Rückgriff auf eine doppelte Rechtsgrundlage ausgeschlossen ist und es in jedem Fall einer Entscheidung bedarf, welcher der infrage stehenden Bestimmungen die geeignete Rechtsgrundlage darstellt.

387 EuGH, Urt. v. 31.01.2012, Rs. C-130/10, BeckRS 2012, 80571, Rn. 75 ff.

Terrorismus nicht vereinbaren, der, da er die gemeinsamen Werte und Grundlagen selbst des Rechtsstaats angreift, die gesamte internationale Gemeinschaft betrifft, unabhängig von der geografischen Reichweite der Bedrohung.[388] Außerdem führe die Unterscheidung zwischen externen und internen terroristischen Bedrohungen zu einer Rechtsunsicherheit, die mit dem Erfordernis einer wirksamen Terrorismusbekämpfung nicht zu vereinbaren sei.[389] Beim Terrorismus handelt es sich um ein grenzüberschreitendes Phänomen. Selbst wenn sich eine terroristische Organisation auf den ersten Blick auf ein bestimmtes geografisches Gebiet beschränke, werde sie in vielen Fällen internationale Verflechtungen aufweisen, insbesondere was die Finanzierung ihrer Aktivitäten angehe.[390]

Die praktischen Schwierigkeiten würden sich insbesondere dann zeigen, wenn eine terroristische Gruppierung, die zuvor innerhalb der Union tätig gewesen sei, ab einem bestimmten Zeitpunkt mit anderen terroristischen Gruppierungen kooperiere, die ähnliche Ziele verfolgten und außerhalb der Union angesiedelt seien. In einem solchen Fall sei unklar, ob die Mitglieder der ersten Gruppierung weiterhin als „interne" Terroristen oder vielmehr als „externe" Terroristen anzusehen seien.[391]

Zur Unterscheidung der Anwendungsbereiche der Artt. 75, 215 Abs. 2 AEUV beim Erlass von restriktiven Maßnahmen gegen Personen und nichtstaatliche Organisationen soll letztere Norm nach Ansicht des GAs in folgenden Fällen Anwendung finden:

- bei Maßnahmen zur Unterstützung der Aktivitäten von Drittländern zur Bekämpfung des Terrorismus in ihrem Hoheitsgebiet oder ganz allgemein zur Beendigung von Menschenrechtsverletzungen in diesen Staaten, wobei solche Maßnahmen wie diejenigen gemäß Art. 215 Abs. 1 AEUV wesensbedingt unter die GASP fielen;
- bei Maßnahmen gegen vom Sicherheitsrat oder dem von ihm eingerichteten Sanktionsausschuss ausdrücklich benannter Personen und Organisationen.[392] Dies ist der Fall bei dem hier interessierenden 1267er-Sanktionsregime;
- die Durchführung von vom Sicherheitsrat beschlossenen Maßnahmen durch die Union, bei denen die Benennung der entsprechenden Personen und Organisationen den Mitgliedstaaten überlassen ist. Dies betritt den Fall des 1373er-Sanktionsregimes.[393] Nach Ansicht des GAs stellt Art. 215 Abs. 2 AEUV in solchen Fällen die geeignete Rechtsgrundlage dar, weil die Union aufgrund einer Resolution des Sicherheitsrats zum Handeln verpflichtet sei. Da das Handeln hierdurch dem Bereich der GASP zuzurechnen sei, käme für den Erlass der betreffenden Zwangsmaßnahmen nur Art. 215 Abs. 2 AEUV in Betracht.[394]

---

388 EuGH, Urt. v. 31.01.2012, Rs. C-130/10, BeckRS 2012, 80571, Rn. 75.
389 EuGH, Urt. v. 31.01.2012, Rs. C-130/10, BeckRS 2012, 80571, Rn. 75.
390 EuGH, Urt. v. 31.01.2012, Rs. C-130/10, BeckRS 2012, 80571, Rn. 75.
391 EuGH, Urt. v. 31.01.2012, Rs. C-130/10, BeckRS 2012, 80571, Rn. 76.
392 EuGH, Urt. v. 31.01.2012, Rs. C-130/10, BeckRS 2012, 80571, Rn. 81.
393 S. dazu bereits Teil II Kap. 1 § 1 C.
394 EuGH, Urt. v. 31.01.2012, Rs. C-130/10, BeckRS 2012, 80571, Rn. 81.

Art. 75 AEUV soll hingegen einschlägig sein bei Maßnahmen des Einfrierens von Geldern und wirtschaftlichen Ressourcen, die von der Union autonom und unabhängig von jedem Vorgehen im Bereich der GASP gegenüber terroristisch aktiven Personen und nichtstaatlichen Organisationen erlassen werden würden, ohne dass eine Unterscheidung zwischen einer „internen" und „externen" terroristischen Bedrohung notwendig wäre.[395]

Die Differenzierung des GAs vermag jedoch nicht zu überzeugen. Gegen seinen Ansatz spricht entscheidend, dass der Sicherheitsrat mit Erlass der SR-Res. 1373/2001 die gesamte Staatengemeinschaft in allgemeiner Form zur effektiven Terrorismusbekämpfung – darunter auch zum Einfrieren der Vermögenswerte terrorverdächtiger Personen – verpflichtet hat.[396] Dadurch kann bei unbefangener Sichtweise jede Maßnahme zur Terrorismusbekämpfung auch als eine Maßnahme zur Wahrung des Weltfriedens und der internationalen Sicherheit angesehen werden. Dann bedürfte jede von der Union zu ergreifende Antiterrormaßnahme zunächst eines GASP-Beschlusses und einer anschließenden Umsetzung über Art. 215 AEUV.

Ein solches Ergebnis wäre jedoch wenig einleuchtend, weil Art. 75 Abs. 1 AEUV ohne Anwendungsbereich bliebe. Der Hinweis darauf, dass eine Befugnis des Sicherheitsrats zur Terrorismusbekämpfung ausschließlich dort besteht, wo ein internationaler Anknüpfungspunkt gegeben ist[397] – was terroristische Bedrohungen mit rein nationalem Charakter ausschließt –, hilft an dieser Stelle nicht weiter, weil bei einer die EU bedrohenden terroristischen Gefahr immer auch ein internationaler Zusammenhang gegeben ist. Das macht jedoch nur deutlich, dass als Abgrenzungskriterium nicht allein darauf abgestellt werden darf, ob die unionsrechtliche Maßnahme der Umsetzung verbindlicher Sicherheitsresolutionen dient.

Um die Anwendungsbereiche der Artt. 75, 215 AEUV zumindest theoretisch eindeutig voneinander abgrenzen zu können, ist eine Differenzierung zwischen primär internen und externen terroristischen Gefahren, so wie sie der Rat vorgeschlagen hat, unerlässlich. Der Anwendungsbereich des Art. 75 AEUV reduziert sich mithin auf solche Terrorbedrohungen, die ausschließlich oder schwerpunktmäßig die EU betreffen.[398] Dass die Abgrenzung zwischen Art. 75 AEUV und Art. 215 Abs. 2 AEUV im Einzelfall Schwierigkeiten bereiten kann – wie der GA in seinen Ausführungen deutlich gemacht hat –, steht außer Frage. Diesbezüglich wird man den handelnden Organen trotz des Grundsatzes, dass die Bestimmung der einschlägigen Rechtsgrundlage für Maßnahmen der EU nach objektiven Kriterien zu erfolgen hat, einen wenn auch beschränkten Ermessens- und Bewertungsspielraum einräumen müssen. Das gilt insbesondere hinsichtlich der Beurteilung des Bedrohungspotentials von Terrorgruppierungen, die auch, aber nicht nur auf EU-Gebiet aktiv sind.

---

395 EuGH, Urt. v. 31.01.2012, Rs. C-130/10, BeckRS 2012, 80571, Rn. 79, 82.

396 Rn. 1 ff. der SR-Res. 1373/2001 v. 28.09.2001.

397 Ausführlich hierzu Teil III Kap. 3 § 1 D.

398 Vgl. dazu auch *Ott*, MJECL 19 (2012), 589, 593.

Es ist davon auszugehen, dass Art. 75 AEUV in der Praxis eine weniger bedeutende Rolle zukommen wird als Art. 215 AEUV.[399] Dies gilt umso mehr, als sich die wenigsten Terrororganisationen mit ihren Aktivitäten gänzlich oder hauptsächlich auf die EU beschränken werden.

§ 2: Rechtsschutzmöglichkeiten auf EU-Ebene

Bei den Rechtsschutzmöglichkeiten gegen die Umsetzungsmaßnahmen der EU zum 1267er-Sanktionsregime ist zu differenzieren zwischen dem GASP-Beschluss (A.) und der hierauf beruhenden Sanktionsverordnung (B.).

A. Rechtsschutz gegen den GASP-Sanktionsbeschluss

Die innerhalb der GASP gefassten Gemeinsamen Standpunkte konnten von Individuen nach altem Recht nicht unmittelbar gerichtlich angegriffen werden, da dies weder im V. (GASP) noch im VI. Kapitel des EU-Vertrags a.F. vorgesehen war. Entsprechende Individualklagen wurden von den EU-Gerichten folglich als unzulässig verworfen.[400]

---

399 Ebenso *Ott*, MJECL 19 (2012), 589, 593 f.

400 Von diesem Grundsatz ließ der EuGH allerdings eine Ausnahme zu, wenn Individuen ausschließlich durch einen GASP-Beschluss in ihren Rechten eingeschränkt wurden. Diese Ausnahme betraf einen Sonderfall des zur Umsetzung des 1373er-Sanktionsregimes erlassenen Gemeinsamen Standpunkts 2001/931/GASP. Auf der entsprechenden GASP-Sanktionsliste existiert ein Abschnitt mit Namen von Personen und Organisationen, die nicht unmittelbar sanktioniert werden, bei deren strafrechtlicher Verfolgung sich die Mitgliedstaaten gemäß Art. 4 des Gemeinsamen Standpunktes 2001/931/GASP jedoch Amtshilfe zu leisten ahben.
Die Kläger in den Fällen Segi (EuGH, Urt. v. 27.02.2007, Rs. C-355/04, Slg. 2007, I-1657) und Gestoras pro Amnistia (EuGH, Urt. v. 27.02.2007, Rs. C-354/04, Slg. 2007, I – 1579) gehörten dem entsprechenden Personenkreis an. Vor dem EuG verlangten sie Ersatz für den Schaden, der ihnen durch die Aufnahme in die Liste entstanden war. Das EuG wies die Klagen entsprechend der oben skizzierten Grundsätze zum alten Recht mit der Begründung ab, dass eine solche Schadensersatzklage im EU-Recht nicht vorgesehen sei und es insgesamt keinen Rechtsbehelf gegen die Aufnahme der Kläger in die Liste gebe. Gegen die erstinstanzlichen Urteile legten die Kläger Berufung vor dem EuGH ein und monierten u. a. eine Verletzung ihres Rechts auf effektiven Rechtsschutz.
Der EuGH bestätigte die Urteile des EuG hinsichtlich der fehlenden Zuständigkeit der Gemeinschaftsgerichte im Bereich der PJZ, verneinte aber das Fehlen jeglicher Rechtsschutzmöglichkeit der Kläger. Vielmehr könne das Gericht die angegriffenen Beschlüsse in entsprechender Anwendung des Art. 35 Abs. 1 EUV a.F. im Rahmen eines Vorabentscheidungsverfahrens auf ihre Rechtmäßigkeit hin prüfen. Ob vom Gemeinsamen Standpunkt tatsächlich eine (die Kläger erfassende) Drittwirkung ausgehe, entscheide der Gerichtshof auf Vorlage der nationalen Gerichte. Ebenso könnten die Mitgliedstaaten oder die Kommission in entsprechender Anwendung des Art. 35 Abs. 6 EUV a.F. die betreffenden Beschlüsse zum

Der Vertrag von Lissabon hat den Grundsatz der Nichtjustiziabilität von GASP-Akten aufrechterhalten, Art. 24 Abs. 1 UAbs. 2 S. 6 EUV[401], Art. 275 Abs. 1 AEUV.[402] Von diesem Grundsatz sieht Art. 275 Abs. 2 AEUV jedoch nunmehr zwei bedeutende Ausnahmen vor. Zum einen ist der EuGH zuständig für die Kontrolle der Einhaltung des Art. 40 EUV[403], also für Streitigkeiten hinsichtlich der Frage, ob eine Unionspolitik der GASP unterfällt oder den übrigen Unionspolitiken zuzurechnen ist.[404]

Zum anderen entscheidet der Gerichtshof über die unter den Voraussetzungen des Art. 263 Absatz 4 AEUV (ex-Art. 230 Abs. 4 EGV) erhobenen Klagen von

Gegenstand einer Nichtigkeitsklage vor dem EuGH machen. Zur Möglichkeit einer vom Individuum angestrengten Nichtigkeitsklage nach Art. 230 Abs. 4 EGV äußerst sich der EuGH hingegen nicht.
Das von ihm gefundene, im klaren Widerspruch zum Wortlaut des Art. 35 EUV a.F. stehende Ergebnis begründete der Gerichtshof mit der Überlegung, dass nach Art. 6 EUV a.F. alle Handlungen der Unionsorgane auf ihre Vereinbarkeit mit den Verträgen und den allgemeinen Rechtsgrundsätzen überprüfbar sein müssen. Die fehlende rechtliche Überprüfungsmöglichkeit von Gemeinsamen Standpunkten im Hinblick auf ihre Vereinbarkeit mit den Unionsgrundrechten erkläre sich vor dem Hintergrund, dass sie regelmäßig nur eine unmittelbare Rechtswirkung für die Mitgliedstaaten, nicht aber für Individuen hätten. In Fällen, in denen es ausnahmsweise zu einer unmittelbaren Beeinträchtigung von Individualrechten kommen könne, müsse die Rechtsschutzlücke durch eine entsprechende Anwendung des Art. 35 Abs. 1 (Vorabentscheidungsverfahrens) bzw. des Art. 35 Abs. 6 EUV a.F. geschlossen werden. Andernfalls komme es zu einem „schwerwiegenden und offensichtlichen Systemwiderspruch" innerhalb des europäischen Rechtsschutzsystems. Instruktiv zur Thematik *Krocker*, EuR 2008, 378 ff.

401 Art. 24 Abs. 1 UAbs. 2 EUV lautet: „Für die Gemeinsame Außen- und Sicherheitspolitik gelten besondere Bestimmungen und Verfahren. Sie wird vom Europäischen Rat und vom Rat einstimmig festgelegt und durchgeführt, soweit in den Verträgen nichts anderes vorgesehen ist. Der Erlass von Gesetzgebungsakten ist ausgeschlossen. Die Gemeinsame Außen- und Sicherheitspolitik wird vom Hohen Vertreter der Union für Außen- und Sicherheitspolitik und von den Mitgliedstaaten gemäß den Verträgen durchgeführt. Die spezifische Rolle des Europäischen Parlaments und der Kommission in diesem Bereich ist in den Verträgen festgelegt. Der Gerichtshof der Europäischen Union ist in Bezug auf diese Bestimmungen nicht zuständig; hiervon ausgenommen ist die Kontrolle der Einhaltung des Artikels 40 dieses Vertrags und die Überwachung der Rechtmäßigkeit bestimmter Beschlüsse nach Artikel 275 Absatz 2 des Vertrags über die Arbeitsweise der Europäischen Union."

402 Art. 275 Abs. 1 AEUV bestimmt: „Der Gerichtshof der Europäischen Union ist nicht zuständig für die Bestimmungen hinsichtlich der Gemeinsamen Außen- und Sicherheitspolitik und für die auf der Grundlage dieser Bestimmungen erlassenen Rechtsakte."

403 Art. 47 EUV a.F.

404 S. dazu auch *Kotzur*, in: *Geiger/Khan/Kotzur u.a.* (Hrsg.), EUV/AEUV, Art. 275 AEUV, Rn. 5.

Individuen im Zusammenhang mit der Überwachung der Rechtmäßigkeit von Beschlüssen über restriktive Maßnahmen gegenüber natürlichen oder juristischen Personen nach Art. 215 AEUV. Damit können die den Individualsanktionsverordnungen zugrunde liegenden GASP-Beschlüsse nunmehr von den gelisteten Personen gerichtlich angegriffen werden.

B. Rechtsschutz gegen die Sanktionsverordnung

Eine gelistete Person kann gegen die Sanktionsverordnung mit der Nichtigkeitsklage nach Art. 263 Abs. 4 AEUV[405] vorgehen. Sie muss dabei die Frist des Art. 263 Abs. 6 AEUV[406] beachten, nach der die Nichtigkeitsklage binnen zwei Monaten nach Bekanntgabe der betreffenden Handlung oder in Ermangelung dessen von dem Zeitpunkt an, zu dem der Kläger von der betreffenden Handlung Kenntnis erlangt hat, zu erheben ist. Der Umstand, dass die angegriffene Verordnung der Umsetzung von Sicherheitsratsresolutionen dient, schließt die Jurisdiktion der Unionsgerichte nicht per se aus. Divergenzen bestanden zwischen EuG und EuGH jedoch hinsichtlich des hierbei anzulegenden Prüfungsmaßstabs. Das EuG bejahte in seinem 1. Kadi-Urteil eine sich unmittelbar aus dem Gemeinschaftsrecht ergebende Bindung der damaligen EG (jetzt: EU) an die Sanktionsresolutionen und beschränkte als Konsequenz hieraus seine Rechtskontrolle auf das Ausbleiben von ius cogens-Verletzungen (I.). Der EuGH ist dieser Einschätzung in seinem Berufungsurteil nicht gefolgt. Er führte aus, dass die Sanktionsverordnung vollständig am Maßstab der EU-Grundrechte geprüft werden müsse. Dass sie der Umsetzung von Sanktionsresolutionen des Sicherheitsrats diene, ändere hieran nichts. Auf dieser Grundlage bejahte er eine Verletzung verschiedener Klägerrechte (II.).[407]

I. Die Kadi I-Rechtsprechung des EuG

1. Annahme einer unmittelbaren Bindung an die Sanktionsresolutionen des Sicherheitsrates

Zu Beginn seiner Ausführungen untersucht das EuG das Verhältnis der UN-Charta zu den innerstaatlichen Rechtsordnungen der Mitgliedstaaten. Es stellt fest, dass die Chartabestimmungen nach Art. 103 UN-Charta allen anderen völkervertragsrechtlichen Verpflichtungen der Staaten vorgehen.[408] Für die vom Sicherheitsrat im Rahmen des VII. Kapitels erlassenen Resolutionen ergebe sich dieser Anwendungsvorrang

405 Art. 230 Abs. 4 EGV.

406 Art. 230 Abs. 5 EGV.

407 Beide Urteile sind vor dem Inkrafttreten des Vertrags von Lissabon erlassen worden. Zur Erleichterung ihrer Lektüre ist bei der nachfolgenden Darstellung von der Gemeinschaft statt von der Union die Rede. Des Weiteren wird auf die Normen des EG-Vertrags Bezug genommen. Die an ihre Stelle getretenen Vorschriften des AEUV finden sich in den jeweiligen Fussnoten.

408 EuG, Urt. v. 21.09.2005, Rs. T-315/01, Slg. 2005, II-03649, Rn. 181.

zusätzlich aus den Artt. 25, 48 Abs. 2 UN-Charta.[409] Er gelte auch gegenüber den gemeinschaftsrechtlichen Pflichten der Staaten.[410] Der Vorrang des Charta- vor dem innerstaatlichen Recht resultiere aus Art. 27 WVRK, wonach eine Vertragspartei die Nichterfüllung einer auf einer völkerrechtlichen Übereinkunft beruhenden Verpflichtung nicht unter Hinweis auf ihr entgegenstehendes innerstaatliches Recht rechtfertigen könne.[411]

Im Anschluss an diese Feststellungen wendet sich das EuG dem Verhältnis von UN-Charta und Gemeinschaftsrecht zu. Eine *völkerrechtliche Bindung* der Gemeinschaft an die Resolutionen des Sicherheitsrates bestehe nicht. Das liege daran, dass die Gemeinschaft weder Mitglied der Vereinten Nationen noch Adressatin der Sicherheitsratsresolutionen sei.[412] Die Bindung ergebe sich aber unmittelbar aus den Artt. 297[413] und 307 Abs. 1[414] EGV und damit aus dem Gemeinschaftsrecht selbst.[415] Art. 297 EGV bestimmte:

> *„Die Mitgliedstaaten setzen sich miteinander ins Benehmen, um durch gemeinsames Vorgehen zu verhindern, dass das Funktionieren des Gemeinsamen Marktes durch Maßnahmen beeinträchtigt wird, die ein Mitgliedstaat bei einer schwerwiegenden innerstaatlichen Störung der öffentlichen Ordnung, im Kriegsfall, bei einer ernsten, eine Kriegsgefahr darstellenden internationalen Spannung oder in Erfüllung der Verpflichtungen trifft, die er im Hinblick auf die Aufrechterhaltung des Friedens und der internationalen Sicherheit übernommen hat.“*

Art. 307 Abs. 1 EGV lautete:

> *„Die Rechte und Pflichten aus Übereinkünften, die vor dem 1. Januar 1958 oder, im Falle später beigetretener Staaten, vor dem Zeitpunkt ihres Beitritts zwischen einem oder mehreren Mitgliedstaaten einerseits und einem oder mehreren dritten Ländern andererseits geschlossen wurden, werden durch diesen Vertrag nicht berührt.“*

Mit der Aufnahme dieser Vorschriften in den Gemeinschaftsvertrag hätten die Mitgliedstaaten der Tatsache Rechnung getragen, dass sie sich ihren völkerrechtlichen Verpflichtungen nicht durch Übertragung von Hoheitsrechten an internationale Organisationen entziehen können.[416] Obwohl in den zitierten Vorschriften nur von den (völkerrechtlichen) Pflichten der Mitgliedstaaten die Rede sei, müssten sie auch

---

409 EuG, Urt. v. 21.09.2005, Rs. T-315/01, Slg. 2005, II-03649, Rn. 184.

410 Für die Staaten, die Mitglied der Union bzw. des Europarats sind.

411 EuG, Urt. v. 21.09.2005, Rs. T-315/01, Slg. 2005, II-03649, Rn. 182.

412 EuG, Urt. v. 21.09.2005, Rs. T-315/01, Slg. 2005, II-03649, Rn. 192, unter Hinweis auf seine Rechtsprechung in der Sache Dorsch Consult,, Urt. v. 28.04.1998, Rs. T-184/95, Slg. 1998, II-667.

413 An die Stelle des Art. 297 EGV ist Art. 347 AEUV getreten.

414 Jetzt Art. 351 AEUV.

415 EuG, Urt. v. 21.09.2005, Rs. T-315/01, Slg. 2005, II-03649, Rn. 196.

416 EuG, Urt. v. 21.09.2005, Rs. T-315/01, Slg. 2005, II-03649, Rn. 196. Völkerrechtlich ergibt sich die Pflicht der Staaten, Resolutionen des Sicherheitsrates nach Kap. VII

von der Gemeinschaft beachtet werden.[417] Dies entspreche der Rechtsprechung des EuGH, nach der gemeinschaftsrechtliche Kompetenzen im Einklang mit dem allgemeinen Völkerrecht auszuüben seien. In den Fällen, in denen die Gemeinschaft die Ausübung völkerrechtlicher Kompetenzen für die Mitgliedstaaten übernommen habe, unterliege sie gleichzeitig den damit zusammenhängenden Verpflichtungen.[418] Für das GATT-Abkommen habe der EuGH dies in seinem Urteil International Fruit explizit festgestellt.[419] Eine ähnliche Kompetenzübernahme sieht das EuG vor dem Hintergrund des Art. 301 EGV auch im Bereich der Umsetzung von wirtschaftlichen Zwangsmaßnahmen des Sicherheitsrates als gegeben an.[420] Die Gemeinschaft müsse daher nicht nur dafür Sorge tragen, die Erfüllung der sich aus den Sanktionsresolutionen ergebenden völkerrechtlichen Verpflichtungen der Mitgliedstaaten nicht zu behindern. Durch die von den Mitgliedstaaten übernommene Befugnis zur Umsetzung der Sanktionen habe sie vielmehr ihrerseits alle notwendigen Maßnahmen zur Erfüllung dieser Verpflichtungen zu ergreifen.[421]

2. Der eingeschränkte Prüfungsmaßstab als Konsequenz

Die unmittelbare Bindung an die Sanktionsresolutionen bleibt dem Gericht zufolge nicht ohne Auswirkungen auf den an die Sanktionsverordnung anzulegenden Prüfungsmaßstab. Besondere Bedeutung misst es dabei dem Umstand zu, dass der Gemeinschaft bei der Umsetzung der 1267er-Sanktionen kein eigener Gestaltungsspielraum verbleibe.[422] Eine umfassende Kontrolle der Sanktionsverordnung am Maßstab der Gemeinschaftsgrundrechte käme daher einer Inzidentprüfung der zugrunde liegenden Sanktionsresolutionen gleich.[423] Entscheidungen des Sicherheitsrates seien jedoch der Justiziabilität nationaler und internationaler Gerichte entzogen. Eine umfassende Prüfung der Verordnung durch das Gemeinschaftsgericht stünde damit nicht nur im Widerspruch zu den Artt. 25, 48 Abs. 2, 103 UN-Charta, sie verstieße auch gegen das Gemeinschaftsrecht selbst, insbesondere

der UN-Charta ggf. auch mithilfe der internationalen Organisationen umzusetzen, in denen sie Mitglieder sind, unmittelbar aus Art. 48 Abs. 2 UN-Charta.

417 EuG, Urt. v. 21.09.2005, Rs. T-315/01, Slg. 2005, II-03649, Rn. 196 f.

418 Vgl. EuG, Urt. v. 21.09.2005, Rs. T-315/01, Slg. 2005, II-03649, Rn. 200 ff.

419 Vgl. EuG, Urt. v. 21.09.2005, Rs. T-315/01, Slg. 2005, II-03649, Rn. 203.

420 EuG, Urt. v. 21.09.2005, Rs. T-315/01, Slg. 2005, II-03649, Rn. 202.

421 EuG, Urt. v. 21.09.2005, Rs. T-315/01, Slg. 2005, II-03649, Rn. 204.

422 EuG, Urt. v. 21.09.2005, Rs. T-315/01, Slg. 2005, II-03649, Rn. 214.

423 EuG, Urt. v. 21.09.2005, Rs. T-315/01, Slg. 2005, II-03649, Rn. 215.

gegen die Artt. 5[424], Art. 10[425], Art. 297[426] und Art. 307 Abs. 1 EGV[427] sowie gegen Art. 5 EUV a.F.[428] Etwaige von der Verordnung ausgehende Verstöße gegen die Gemeinschaftsgrundrechte seien aufgrund des Art. 103 UN-Charta unbeachtlich und beeinträchtigten weder die Wirksamkeit der Resolutionen noch der zu ihrer Umsetzung erlassenen Rechtsakte.[429] Deshalb sei es unzulässig, die Sanktionsverordnung am Maßstab der Gemeinschaftsgrundrechte zu prüfen.

Mit dieser Feststellung endet die Prüfung des Gerichts jedoch nicht. Vielmehr sieht es sich als befugt an, die Rechtmäßigkeit der Sanktionsverordnung – und damit inzident der Sanktionsresolutionen – am Maßstab des ius cogens zu überprüfen.[430] An das ius cogens als dem Kanon der zwingenden Normen des Völkerrechts, von dem unter keinen Umständen abgewichen werden dürfe, sei auch der Sicherheitsrat gebunden.[431] Verstießen die von ihm erlassenen Sanktionsresolutionen gegen das ius

---

424 Art. 5 EGV lautete:
[Abs. 1] „Die Gemeinschaft wird innerhalb der Grenzen der ihr in diesem Vertrag zugewiesenen Befugnisse und gesetzten Ziele tätig.
[Abs. 2] In den Bereichen, die nicht in ihre ausschließliche Zuständigkeit fallen, wird die Gemeinschaft nach dem Subsidiaritätsprinzip nur tätig, sofern und soweit die Ziele der in Betracht gezogenen Maßnahmen auf Ebene der Mitgliedstaaten nicht ausreichend erreicht werden können und daher wegen ihres Umfangs oder ihrer Wirkungen besser auf Gemeinschaftsebene erreicht werden können.
[Abs. 3] Die Maßnahmen der Gemeinschaft gehen nicht über das für die Erreichung der Ziele dieses Vertrags erforderliche Maß hinaus."
Mit Inkrafttreten des Vertrages von Lissabon wurde Art. 5 EGV durch Art. 5 EUV ersetzt.

425 Art. 10 EGV hatte folgenden Wortlaut: [Abs. 1] „Die Mitgliedstaaten treffen alle geeigneten Maßnahmen allgemeiner oder besonderer Art zur Erfüllung der Verpflichtungen, die sich aus diesem Vertrag oder aus Handlungen der Organe der Gemeinschaft ergeben. Sie erleichtern dieser die Erfüllung ihrer Aufgabe.
[Abs. 2] Sie unterlassen alle Maßnahmen, welche die Verwirklichung der Ziele dieses Vertrags gefährden könnten.
Art. 10 EG ist nach Inkrafttreten des Vertrages von Lissabon weitgehend durch Art. 4 EUV ersetzt worden".

426 Art. 347 AEUV.

427 Art. 351 AEUV.

428 EuG, Urt. v. 21.09.2005, Rs. T-315/01, Slg. 2005, II-03649, Rn. 221 ff. Art. 5 EUV a.F. lautete: „Das Europäische Parlament, der Rat, die Kommission, der Gerichtshof und der Rechnungshof üben ihre Befugnisse nach Maßgabe und im Sinne der Verträge zur Gründung der Europäischen Gemeinschaften sowie der nachfolgenden Verträge und Akte zu deren Änderung oder Ergänzung einerseits und der übrigen Bestimmungen des vorliegenden Vertrags andererseits aus."
Die Vorschrift wurde mit Inkrafttreten des Vertrages von Lissabon im Wesentlichen durch Artikel 13 EUV ersetzt.

429 EuG, Urt. v. 21.09.2005, Rs. T-315/01, Slg. 2005, II-03649, Rn. 224.

430 EuG, Urt. v. 21.09.2005, Rs. T-315/01, Slg. 2005, II-03649, Rn. 226.

431 EuG, Urt. v. 21.09.2005, Rs. T-315/01, Slg. 2005, II-03649, Rn. 226.

cogens, seien sie nichtig und für die Mitgliedstaaten folglich nicht bindend.[432] Zum ius cogens zählten auch zwingende Menschenrechtsnormen. Deshalb müsse das Gericht nunmehr prüfen, ob die von den Klägern als verletzt gerügten Menschenrechte ius cogens-Charakter besäßen und durch das Sanktionsregime in unrechtmäßiger Weise eingeschränkt worden seien.[433]

3. Keine Verletzung von ius cogens-Rechten

Die Kläger sahen sich durch die angegriffene Sanktionsverordnung in ihrer Eigentumsfreiheit, ihren Verteidigungsrechten und ihrem Recht auf effektiven gerichtlichen Rechtsschutz verletzt. Das EuG verneinte in allen drei Fällen eine Verletzung von ius cogens-Normen.

a) Keine Verletzung des Rechts auf Eigentums

Den ius cogens-Charakter der Eigentumsfreiheit lässt das Gericht offen. Selbst wenn sie einen solchen Charakter besäße, würde sie lediglich vor einem willkürlichen Eigentumsentzug schützen.[434] Ein solcher sei aber beim angegriffenen Sanktionsregime aus mehreren Gründen zu verneinen.

Erstens diene der Eingriff der Wahrung des Weltfriedens und der internationalen Sicherheit und verfolge damit einen legitimen Zweck.[435] Zweitens sei er schon deshalb verhältnismäßig, weil den gelisteten Personen die Möglichkeit offen stünde, bei den zuständigen nationalen Behörden einen Antrag auf Freigabe von Finanzmitteln zur Bestreitung ihres Lebensunterhalts und im Einzelfall auch zur Deckung außergewöhnlicher Kosten zu stellen.[436] Drittens werde die Substanz des Eigentums nicht beeinträchtigt, sondern lediglich seine Nutzung für eine bestimmte Zeit aufgehoben.[437] Der Annahme eines willkürlichen Eingriffs stehe zudem entgegen, dass der Sanktionsausschuss periodisch die Zweckmäßigkeit der Sanktionsresolutionen überprüfe und gelistete Person darüber hinaus jederzeit über ihren Heimat- bzw. Aufenthaltsstaat eine erneute Prüfung ihres Falles durch den Sanktionsausschuss veranlassen könnten.[438] Eine Verletzung der Eigentumsfreiheit unter ius cogens-Gesichtspunkten scheide mithin in jedem Fall aus.[439]

---

432 EuG, Urt. v. 21.09.2005, Rs. T-315/01, Slg. 2005, II-03649, Rn. 230.
433 EuG, Urt. v. 21.09.2005, Rs. T-315/01, Slg. 2005, II-03649, Rn. 231 ff.
434 EuG, Urt. v. 21.09.2005, Rs. T-315/01, Slg. 2005, II-03649, Rn. 242.
435 EuG, Urt. v. 21.09.2005, Rs. T-315/01, Slg. 2005, II-03649, Rn. 247.
436 EuG, Urt. v. 21.09.2005, Rs. T-315/01, Slg. 2005, II-03649, Rn. 239.
437 EuG, Urt. v. 21.09.2005, Rs. T-315/01, Slg. 2005, II-03649, Rn. 248.
438 EuG, Urt. v. 21.09.2005, Rs. T-315/01, Slg. 2005, II-03649, Rn. 249 f. Das Urteil erging zu einem Zeitpunkt, in dem gelistete Personen von sich aus keinen Delisting-Antrag beim Sanktionsausschuss stellen konnten. Zu dieser ihnen jetzt offenstehenden Möglichkeit s. Teil II, Kap. 1 § 3 A.
439 EuG, Urt. v. 21.09.2005, Rs. T-315/01, Slg. 2005, II-03649, Rn. 250.

b) Keine Verletzung der Verteidigungsrechte

Das Gleiche gelte auch hinsichtlich einer Verletzung der klägerischen Verteidigungsrechte. Grundsätzlich komme eine solche Verletzung zwar in Betracht, weil die Kläger zu keinem Zeitpunkt über die konkreten Tatvorwürfe informiert und hierzu angehört worden seien.[440] Bei der rechtlichen Beurteilung dieses Umstands seien zwei Aspekte zu unterscheiden, die fehlende Anhörung durch die Gemeinschaft beim Erlass der Sanktionsverordnung einerseits und bei der Listung durch den Sanktionsausschuss andererseits.[441]

Was den ersten Aspekt angehe, sei es zwar zutreffend, dass das Recht einer Person, sich als Adressat einer belastenden gemeinschaftsrechtlichen Maßnahme zum jeweiligen Vorgang äußern zu dürfen, zu den fundamentalen Prinzipien des Gemeinschaftsrechts gehöre.[442] Dies gelte aber nur, soweit die Gemeinschaft beim Erlass der Maßnahme über einen Beurteilungs- und Ermessensspielraum verfüge. Nur dann könnten die Ausführungen des Betroffenen überhaupt in entscheidungsrelevanter Weise berücksichtigt werden. Hingegen sei eine Verletzung des Rechts auf rechtliches Gehör ausgeschlossen, wenn der wesentliche Inhalt der angegriffenen Maßnahme wie auch die Überprüfung ihrer Richtigkeit in den alleinigen Zuständigkeitsbereich des Sicherheitsrates – bzw. des vom ihm eingerichteten Sanktionsausschuss – falle.[443]

Auch die fehlende Anhörungsmöglichkeit vor dem Sanktionsausschuss führe zu keiner anderen rechtlichen Bewertung. Die Kläger könnten immerhin ihren Heimat- bzw. Aufenthaltsstaat um diplomatischen Schutz[444] vor dem Sanktionsausschuss anhalten. Ein solches mehrstufiges Delisting-Verfahren stelle im Bereich von Individualsanktionen des Sicherheitsrates den Normalfall dar und sei von der Gemeinschaft auch in ähnlichen Fällen akzeptiert worden.[445] Sollte der Heimat- und/oder Aufenthaltstaat die Gewährleistung diplomatischen Schutzes verweigern, bliebe der sanktionierten Person immer noch die Möglichkeit, ein entsprechendes Urteil vor den nationalen Gerichten zu erstreiten.[446]

---

440 Vgl. EuG, Urt. v. 21.09.2005, Rs. T-315/01, Slg. 2005, II-03649, Rn. 253.

441 EuG, Urt. v. 21.09.2005, Rs. T-315/01, Slg. 2005, II-03649, Rn. 254.

442 EuG, Urt. v. 21.09.2005, Rs. T-315/01, Slg. 2005, II-03649, Rn. 255 unter Verweis auf die einschlägige Rechtsprechung des EuGH.

443 EuG, Urt. v. 21.09.2005, Rs. T-315/01, Slg. 2005, II-03649, Rn. 256 ff.

444 In Form eines Delisting-Antrags.

445 EuG, Urt. v. 21.09.2005, Rs. T-315/01, Slg. 2005, II-03649, Rn. 268.

446 EuG, Urt. v. 21.09.2005, Rs. T-315/01, Slg. 2005, II-03649, Rn. 270. Im später erlassenen Ayadi-Urteil (Urt. v. 12.07.2006, Rs. T-253/02, Slg. 2006, II-2139) hatte das EuG gelisteten Personen unter Berufung auf Art. 6 EUV a.F. einen gemeinschaftsrechtlichen Anspruch gegen die Mitgliedstaaten auf Gewährung diplomatischen Schutz zugestanden. Die Mitgliedstaaten seien demnach verpflichtet, Delistungsanträge zügig an den Sanktionsausschuss weiterzuleiten. Dieser Anspruch beruhe darauf, dass der Sanktionsausschuss gelisteten Personen in seinen Richtlinien ein (mittelbares) Recht auf Überprüfung ihrer Listung einräume. Damit gehe eine Pflicht des

Keine ius cogens-Verletzung begründe auch der Umstand, dass gelistete Personen über die ihnen konkret zur Last gelegten Tatsachen nicht aufgeklärt werden würden und sich hierzu nicht sachgerecht äußern könnten. Ein solcher Umstand sei hinzunehmen, wenn der Sicherheitsrat dies zum Schutz der internationalen Sicherheit für notwendig erachte.[447]

c) Keine Verletzung des Rechts auf effektiven gerichtlichen Rechtsschutz

Zuletzt untersucht das Gericht eine mögliche Verletzung des Rechts auf effektiven gerichtlichen Rechtsschutz. Es stellt fest, dass gelistete Personen die Rechtmäßigkeit der Sanktionen – wenn auch nur in eingeschränktem Umfang – von den EU-Gerichten im Zuge einer Nichtigkeitsklage überprüfen lassen können. Eine weitergehende Prüfung – etwa der Listungsgründe oder der Verhältnismäßigkeit der Sanktionen – sei hingegen nicht möglich, da sich dies mit den Befugnissen des Sicherheitsrates nicht vereinbaren lasse.[448]

Die Einschränkung des gerichtlichen Rechtsschutzes begründe jedoch keine ius cogens-Verletzung, da das Recht, wie sich z.B. aus Art. 4 Abs. 1 IPBPR ergebe, nicht uneingeschränkt gelte, sondern aufgrund der Immunität von Staaten und internationalen Organisationen einer gewissen Beschränkung unterliege.[449] Für Maßnahmen des Sicherheitsrates ergebe sich diese Beschränkung unmittelbar aus den Artt. 25, 103 UN-Charta. Sachlich rechtfertige sie sich dadurch, dass es sich beim angegriffenen Sanktionsregime um eine vom Sicherheitsrat erlassene Maßnahme zur Wahrung und Sicherung des Weltfriedens handele, die den Grundrechtsinteressen des Einzelnen vorgehe.[450] Besondere Bedeutung sei hierbei dem Umstand beizumessen, dass die Sanktionen nicht zeitlich unbegrenzt gelten, sondern vom Sicherheitsrat bzw. von dem von ihm beauftragten Sanktionsausschuss regelmäßig

---

Heimat- bzw. Aufenthaltstaat zur sorgfältigen Prüfung und zügigen Weiterleitung eines bei ihm eingereichten Delisting-Antrags an den Sanktionsausschuss einher. Da die Gemeinschaft die Sanktionen in nahezu identischer Weise umsetze, gelte diese Verpflichtung auch unmittelbar im Gemeinschaftsrecht. Der Anspruch könne in Ermangelung gemeinschaftsrechtlicher Vorschriften notfalls vor den nationalen Gerichten eingeklagt werden. Dies gelte auch dann, wenn innerstaatlich – wie beispielsweise in Deutschland – ein rechtlicher Anspruch auf diplomatischen Schutz nicht anerkannt sei. Hier fände nämlich der allgemeine Grundsatz Anwendung, wonach nationale Verfahrensvorschriften, die in Ermangelung gemeinschaftsrechtlicher Regelungen zur Durchsetzung von aus dem Gemeinschaftsrecht erwachsenden Ansprüche Anwendung fänden, so weit zu modifizieren bzw. außer Acht zu lassen seien, wie es zur tatsächlichen Verwirklichung dieser Rechte notwendig sei.

447 EuG, Urt. v. 21.09.2005, Rs. T-315/01, Slg. 2005, II-03649, Rn. 274.

448 EuG, Urt. v. 21.09.2005, Rs. T-315/01, Slg. 2005, II-03649, Rn. 284.

449 EuG, Urt. v. 21.09.2005, Rs. T-315/01, Slg. 2005, II-03649, Rn. 287.

450 EuG, Urt. v. 21.09.2005, Rs. T-315/01, Slg. 2005, II-03649, Rn. 289.

auf ihre Zweckmäßigkeit überprüft werden würden.[451] Folglich sei auch ein Verstoß gegen das Recht auf effektiven Rechtsschutz zu verneinen.

II. Die Kadi I-Rechtsprechung des EuGH

Der EuGH ist der Rechtsauffassung des EuG in seinem Berufungsurteil nicht gefolgt.

1. Uneingeschränkte Justiziabilität der gemeinschaftsrechtlichen Sanktionsverordnung

Anders als das Gericht in erster Instanz geht der Gerichtshof von einer uneingeschränkten Justiziabilität von Gemeinschaftsrechtsakten aus, die der Umsetzung verbindlicher Sanktionsresolutionen dienen. Ob der Gemeinschaft hierbei ein Gestaltungsspielraum verbleibe oder nicht, spiele keine Rolle. Zur Begründung verweist er darauf, dass es sich bei der EG um eine autonome Rechtsgemeinschaft handele, deren interne Zuständigkeiten und Verantwortlichkeiten nicht durch völkerrechtliche Verträge beeinflusst werden könnten. Sowohl die Mitgliedstaaten als auch die Gemeinschaftsorgane seien jederzeit und in jeder Hinsicht an das Gemeinschaftsrecht gebunden, zu dessen fundamentalen Prinzipien die Achtung der Grundrechte zähle, wie sie sich aus Verfassungstraditionen der Mitgliedstaaten und der EMRK ergäben.[452] Prüfungsgegenstand der von den Gemeinschaftsgerichten ausgeübten Jurisdiktionsgewalt seien – wie Art. 220 EGV[453] bestimme – allein Maßnahmen der Gemeinschaft.[454] Hingegen könnten die Völkerrechtsakte, deren Umsetzung die gemeinschaftsrechtlichen Maßnahmen dienten, von den Gerichten nicht überprüft werden.[455] Das gelte auch dann, wenn ihre Vereinbarkeit mit den Regeln des ius cogens infrage stünde.[456] Das Gericht stelle deshalb mit seinem Urteil weder die Rechtmäßigkeit noch die Gültigkeit der entsprechenden Völkerrechtsakte infrage.[457]

Es treffe zwar zu, dass die Befugnisse der Gemeinschaft unter Beachtung des Völkerrechts, insbesondere der Verpflichtungen der Mitgliedstaaten gegenüber

---

451 EuG, Urt. v. 21.09.2005, Rs. T-315/01, Slg. 2005, II-03649, Rn. 291.

452 EuGH, Urt. v. 03.09.2008, Verbundene Rs. C-402/05 P und C-415/05 P, Slg. 2008, I-06351, Rn. 281 ff.

453 Im Wesentlichen ersetzt durch Art. 19 EUV.

454 EuGH, Urt. v. 03.09.2008, Verbundene Rs. C-402/05 P und C-415/05 P, Slg. 2008, I-06351, Rn. 286.

455 EuGH, Urt. v. 03.09.2008, Verbundene Rs. C-402/05 P und C-415/05 P, Slg. 2008, I-06351, Rn. 286.

456 EuGH, Urt. v. 03.09.2008, Verbundene Rs. C-402/05 P und C-415/05 P, Slg. 2008, I-06351, Rn. 287.

457 Vgl. EuGH, Urt. v. 03.09.2008, Verbundene Rs. C-402/05 P und C-415/05 P, Slg. 2008, I-06351, Rn. 287 f.

anderen internationalen Organisationen, auszuüben seien.[458] Dies habe der Gerichtshof bereits in seiner Rechtsprechung zu den Artt. 177, 181[459] EGV hervorgehoben.[460] Der Grundsatz der völkerrechtsfreundlichen Ausübung von Gemeinschaftskompetenzen gelte auch für die Umsetzung von Sicherheitsratssanktionen nach den Artt. 301, 60 i.V.m 308 EGV.[461] So habe der Gerichtshof im Fall Möllendorf[462] den Begriff der wirtschaftlichen Ressource in enger Orientierung an die Vorgaben der Sanktionsresolutionen ausgelegt. Die völkerrechtsfreundliche Auslegung des Gemeinschaftsrechts unterliege jedoch Grenzen. Keinesfalls reiche sie soweit, dass die Rechtmäßigkeit gemeinschaftsrechtlicher Maßnahmen zur Umsetzung von Sicherheitsresolutionen nicht mehr anhand des Gemeinschaftsrechts, insbesondere an den Grundrechten, überprüft werden könne.[463]

Für die Annahme einer derartigen Nichtjustiziabilität gebe es weder im Völker- noch im Gemeinschaftsrecht eine rechtliche Grundlage.[464] Die UN-Charta treffe

---

458 EuGH, Urt. v. 03.09.2008, Verbundene Rs. C-402/05 P und C-415/05 P, Slg. 2008, I-06351, Rn. 291.

459 Art. 208 bzw. Art. 211 AEUV.

460 EuGH, Urt. v. 03.09.2008, Verbundene Rs. C-402/05 P und C-415/05 P, Slg. 2008, I-06351, Rn. 292.

461 EuGH, Urt. v. 03.09.2008, Verbundene Rs. C-402/05 P und C-415/05 P, Slg. 2008, I-06351, Rn. 293.

462 In diesem Fall (Rs. C-117/06, Urteil v. 11.10.2007, Slg I-08361) hatte der EuGH entschieden, dass Art. 2 Abs. 3 der VO 881/2002 der Umschreibung des Eigentums an einem Grundstück im deutschen Grundbuch entgegensteht, wenn einer der drei Erwerber zuvor in die Sanktionsliste aufgenommen worden ist. Die Eigentumsumschreibung war vom zuständigen Grundbuchamt unter Hinweis auf die genannte Vorschrift abgelehnt worden, weil einer der drei Käufer sich zwischenzeitlich auf der Sanktionsliste wiederfand. Nach Ansicht des EuGH stellt auch ein (bebautes) Grundstück eine „wirtschaftliche Ressource" i. S. v. Art. 2 Abs. 3 VO 881/2002 dar. Es handele sich um einen materiellen, unbeweglichen Vermögensgegenstand, der für den Erwerb von Geldern, Waren oder Dienstleistungen verwendet werden könne. Auch der Tatbestand des „Zur Verfügung Stellen" sei zu bejahen, weil er jede nach nationalem Recht erforderliche Handlung erfasse, mittels derer eine Person die vollständige Verfügungsbefugnis über den betreffenden Vermögensgegenstand erlangen könne. Eine Eigentumsumschreibung im Grundbuch stelle eine solche Handlung dar, weil der Käufer das auf ihn übergangene Eigentum veräußern könne. Deshalb müsse Art. 2 Abs. 3 der EG-Verordnung Nr. 881/2002 so ausgelegt werden, dass er der Eigentumsumschreibung im Grundbuch in Erfüllung eines Kaufvertrags auch dann entgegensteht, wenn der Abschluss dieses Kaufvertrags und die Auflassungserklärung vor der Aufnahme des Erwerbers in die Sanktionsliste erfolgten und auch der Kaufpreis vor diesem Zeitpunkt gezahlt worden ist.

463 EuGH, Urt. v. 03.09.2008, Verbundene Rs. C-402/05 P und C-415/05 P, Slg. 2008, I-06351, Rn. 299 ff.

464 EuGH, Urt. v. 03.09.2008, Verbundene Rs. C-402/05 P und C-415/05 P, Slg. 2008, I-06351, Rn. 300.

keine Aussage darüber, auf welche Weise die Mitgliedstaaten die vom Sicherheitsrat beschlossenen Sanktionsmaßnahmen innerstaatlich umzusetzen hätten.[465] Dies bestimme sich einzig nach der jeweiligen nationalen Rechtsordnung. Deshalb gehe die Annahme fehl, die chartarechtlichen Vorschriften stünden der vollständigen Überprüfung entsprechender gemeinschaftsrechtlicher Umsetzungsmaßnahmen entgegen.[466]

Auch könne man, anders als vom EuG behauptet, aus den Artt. 297[467] und 307 Abs. 1[468] EGV keine Verpflichtung der Gerichte zu einer eingeschränkten Kontrolle von Maßnahmen der Gemeinschaft zur Umsetzung von Sicherheitsratsresolutionen herleiten. Die angesprochenen Normen ließen zwar grundsätzlich Abweichungen vom Primärrecht zur Erfüllung völkerrechtlicher Verpflichtungen zu.[469] Dies gelte aber nicht für fundamentale Gemeinschaftsrechtsprinzipien wie der Achtung der Grundrechte.[470] Gegen die Positionierung der UN-Charta an die Spitze des Gemeinschaftsrechts spreche zudem Art. 300 Abs. 7 EGV.[471] Nach dieser Vorschrift sind die im Rahmen des Art. 300 EGV[472] geschlossenen Abkommen zwischen der Gemeinschaft und einem oder mehreren Drittstaaten oder internationalen Organisationen für die Organe der Gemeinschaft sowie die Mitgliedstaaten verbindlich. Unterfiele die UN-Charta Art. 300 Abs. 7 EGV, ginge sie lediglich dem Sekundär-, nicht aber dem Primärrecht vor. Denn Art. 300 Abs. 6 EGV bestimme, dass der EuGH entsprechende Abkommen vorab prüfen und für unvereinbar mit dem Gemeinschaftsrecht erklären könne.[473]

Das gefundene Ergebnis stehe auch nicht im Widerspruch zum BEHRAMI/SARAMATI-Urteil des EGMR[474], in dem dieser eine Verantwortung der Konventionsstaaten für Menschenrechtsverletzungen, die ihre Truppen während des UN-Friedenseinsatzes

465 EuGH, Urt. v. 03.09.2008, Verbundene Rs. C-402/05 P und C-415/05 P, Slg. 2008, I-06351, Rn. 298 f.

466 EuGH, Urt. v. 03.09.2008, Verbundene Rs. C-402/05 P und C-415/05 P, Slg. 2008, I-06351, Rn. 299.

467 Art. 347 AEUV.

468 Art. 351 AEUV.

469 EuGH, Urt. v. 03.09.2008, Verbundene Rs. C-402/05 P und C-415/05 P, Slg. 2008, I-06351, Rn. 301.

470 EuGH, Urt. v. 03.09.2008, Verbundene Rs. C-402/05 P und C-415/05 P, Slg. 2008, I-06351, Rn. 303.

471 Vgl. EuGH, Urt. v. 03.09.2008, Verbundene Rs. C-402/05 P und C-415/05 P, Slg. 2008, I-06351, Rn. 306 ff.

472 Art. 218 AEUV.

473 EuGH, Urt. v. 03.09.2008, Verbundene Rs. C-402/05 P und C-415/05 P, Slg. 2008, I-06351, Rn. 309.

474 EGMR, Verbundene Rechtssache *Behrami/Behrami*, Appl. No. 71412/01 und *Saramati*, Appl. No. 78166/01, Entscheidungen v. 02.05.2007. Rn. 151. Eine nichtamtliche deutsche Übersetzung findet sich in NVwZ 2008, 645 ff. Ausführlich zu diesem Urteil Teil V Kap. 2 § 3 B.

im Kosovo begangen hatten, abgelehnt hatte.[475] Beide Fälle seien nicht miteinander vergleichbar. In dem vom EGMR entschiedenen Fall hätten die Truppen als Hilfsorgan im Auftrag und Namen der UN gehandelt. Deshalb seien die Verletzungen auch nicht den beschuldigten Konventionsstaaten, sondern letztlich der UN zuzurechnen.[476] Im Gegensatz dazu handele es sich bei der angegriffenen Sanktionsverordnung um einen genuin gemeinschaftsrechtlichen Akt.[477] Der EGMR habe in dem besagten BEHRAMI-Urteil zudem klargestellt, dass seine BOSPHORUS-Grundsätze weiterhin Geltung beanspruchen, wonach die Vertragsstaaten für Akte der Gemeinschaft, und zwar auch für solche, die der Umsetzung von Resolutionen des Sicherheitsrates dienen, konventionsrechtlich verantwortlich bleiben.[478]

Zuletzt wendet sich der Gerichtshof der Frage zu, ob er seine Judikatur über die gemeinschaftsrechtliche Sanktionsverordnung nicht aufgrund der substantiellen Verbesserungen der Rechtsschutzmöglichkeiten auf UN-Ebene zurücknehmen müsse.[479] Der EuGH ordnet diese Frage dem Kontext der völkerrechtsfreundlichen Ausübung gemeinschaftsrechtlicher Kompetenzen zu. Er stellt fest, dass sich die Rechtsschutzmöglichkeiten gelisteter Personen durch die Errichtung des UN-Focal Points zwar insoweit verbessert hätten, als sie ihren Delisting-Antrag nun selbst unmittelbar bei der UN einreichen könnten.[480] Allerdings habe sich an den grundlegenden Defiziten dieses Rechtsschutzes nichts geändert.[481] Er sei im Wesentlichen immer noch diplomatischer und zwischenstaatlicher Natur.[482] Jedes ständige Ausschussmitglied könne durch Betätigung seines Vetorechts eine Delistung verhindern. Die gelisteten Personen könnten sich immer noch nicht selbst vor dem Ausschuss verteidigen.[483] Sie würden weiterhin nicht über die ihnen zur Last gelegten Tatsachen informiert und

---

475 EuGH, Urt. v. 03.09.2008, Verbundene Rs. C-402/05 P und C-415/05 P, Slg. 2008, I-06351, Rn. 311 ff.

476 EuGH, Urt. v. 03.09.2008, Verbundene Rs. C-402/05 P und C-415/05 P, Slg. 2008, I-06351, Rn. 312.

477 EuGH, Urt. v. 03.09.2008, Verbundene Rs. C-402/05 P und C-415/05 P, Slg. 2008, I-06351, Rn. 314.

478 EuGH, Urt. v. 03.09.2008, Verbundene Rs. C-402/05 P und C-415/05 P, Slg. 2008, I-06351, Rn. 313. Ausführlich zu dieser Rechtsprechung Teil V Kap. 2 § 3.

479 EuGH, Urt. v. 03.09.2008, Verbundene Rs. C-402/05 P und C-415/05 P, Slg. 2008, I-06351, Rn. 318 ff.

480 EuGH, Urt. v. 03.09.2008, Verbundene Rs. C-402/05 P und C-415/05 P, Slg. 2008, I-06351, Rn. 323. Zum Zeitpunkt der Klage vor dem EuGH existierte das Individualdelisting-Verfahren vor der Ombudsperson noch nicht. Zur Frage, inwieweit dieses eine Rücknahme der Judikatur der Unionsgerichte über die EU-Sanktionsverordnung ermöglicht, s. Teil III Kap. 5 § 3 B II 1 a) bb) bbb).

481 EuGH, Urt. v. 03.09.2008, Verbundene Rs. C-402/05 P und C-415/05 P, Slg. 2008, I-06351, Rn. 323.

482 EuGH, Urt. v. 03.09.2008, Verbundene Rs. C-402/05 P und C-415/05 P, Slg. 2008, I-06351, Rn. 323.

483 EuGH, Urt. v. 03.09.2008, Verbundene Rs. C-402/05 P und C-415/05 P, Slg. 2008, I-06351, Rn. 324.

hätten keinen Zugang zu den mutmaßlichen Beweismitteln.[484] Darüber hinaus müsse der Sanktionsausschuss die Ablehnung des Delisting-Antrags nicht begründen. Insgesamt bleibe es daher dabei, dass das Delisting-Verfahren die Garantien eines gerichtlichen Rechtsschutzes nicht biete und damit weit hinter dem Grundrechtsstandard des Gemeinschaftsrechts zurückbleibe.[485] Eine hierauf gründende Rücknahme der gemeinschaftsgerichtlichen Kontrolle scheide damit ebenfalls aus.[486] Die von den Klägern angegriffene Entscheidung des EuG sei folglich rechtsfehlerhaft und müsse aufgehoben werden.[487]

2. Feststellung einer Verletzung der Klägerrechte

Anknüpfend an dieses Ergebnis stellt der EuGH die Entscheidungsreife des Rechtsstreits fest und erklärt sich nach Art. 61 Abs. 1 Satz 2 seiner Verfahrensordnung für die Entscheidung zuständig.[488] Er bejaht eine von der angegriffenen Sanktionsverordnung ausgehende Verletzung der Klägerrechte auf rechtliches Gehör, effektiven gerichtlichen Rechtsschutz und Achtung des Eigentums.

a) Verletzung der Verteidigungsrechte sowie des Rechts auf effektiven gerichtlichen Rechtsschutz

Das Recht auf effektiven gerichtlichen Rechtsschutz sei als allgemeiner Grundsatz des Gemeinschaftsrechts anerkannt und garantiere den gelisteten Personen eine gerichtliche Prüfung der ihrer Listung zugrunde liegenden Vorwürfe.[489] Zu seiner effektiven Wahrnehmung müssten sie zeitnah über den konkreten Inhalt dieser Vorwürfe informiert werden, und zwar grundsätzlich mit bzw. unmittelbar nach der Listung.[490] Nur auf diese Weise seien ein optimaler Aufbau ihrer Verteidigung und eine adäquate gerichtliche Überprüfung durch die Gemeinschaftsrichter möglich.[491]

---

484 EuGH, Urt. v. 03.09.2008, Verbundene Rs. C-402/05 P und C-415/05 P, Slg. 2008, I-06351, Rn. 325.

485 Vgl. EuGH, Urt. v. 03.09.2008, Verbundene Rs. C-402/05 P und C-415/05 P, Slg. 2008, I-06351, Rn. 326.

486 Vgl. EuGH, Urt. v. 03.09.2008, Verbundene Rs. C-402/05 P und C-415/05 P, Slg. 2008, I-06351, Rn. 326.

487 EuGH, Urt. v. 03.09.2008, Verbundene Rs. C-402/05 P und C-415/05 P, Slg. 2008, I-06351, Rn. 327 f.

488 EuGH, Urt. v. 03.09.2008, Verbundene Rs. C-402/05 P und C-415/05 P, Slg. 2008, I-06351, Rn. 331 f.

489 S. EuGH, Urt. v. 03.09.2008, Verbundene Rs. C-402/05 P und C-415/05 P, Slg. 2008, I-06351, Rn. 336.

490 EuGH, Urt. v. 03.09.2008, Verbundene Rs. C-402/05 P und C-415/05 P, Slg. 2008, I-06351, Rn. 336.

491 EuGH, Urt. v. 03.09.2008, Verbundene Rs. C-402/05 P und C-415/05 P, Slg. 2008, I-06351, Rn. 337.

Der Anspruch auf rechtliches Gehör gewährleiste ebenfalls kein Recht auf Aufklärung und Anhörung vor der Erstlistung. Andernfalls bestünde die Gefahr einer Vereitelung der Sanktionsmaßnahmen durch die Zielpersonen.[492] Beides müsse aber spätestens unmittelbar nach Listungsvornahme erfolgen.[493] Alternativ reiche auch die Einrichtung eines gemeinschaftsrechtlichen Verfahrens aus, das ihnen die Möglichkeit zur Information und Stellungnahme ermögliche.[494]

Bezüglich des Umfangs der Unterrichtung sei es mit dem Recht auf rechtliches Gehör zu vereinbaren, wenn den Sanktionsadressaten gewisse Tatsachen zum Schutz der Informationsquellen vorenthalten würden.[495] Gleichzeitig betont das Gericht jedoch, dass ihm gegenüber die Möglichkeit einer nur partiellen Informationsweitergabe nicht bestehe.[496] Es sei unzulässig, den Gemeinschaftsgerichten unter Hinweis auf mutmaßliche nationale oder internationale Sicherheitsinteressen den vollständigen Zugang zum Belastungsmaterial zu verweigern. Zur Begründung führt der Gerichtshof an, dass ein solches Vorgehen das Recht der Kläger auf effektiven gerichtlichen Rechtsschutz praktisch aushöhlen würde. In Fällen, in denen sicherheitssensible Informationen die Grundlage einer Sanktionierung bildeten, obliege es den Gemeinschaftsrichtern, durch Anwendung geeigneter Techniken die widerstreitenden Interessen zwischen dem staatlichen Geheimhaltungsinteresse auf der einen und dem Informationsinteresse gelisteter Personen auf der anderen Seite zum Ausgleich zu bringen.[497]

Nach der Skizzierung dieser allgemeinen Rechtsgrundsätze prüft der EuGH, ob ihnen die angegriffene Sanktionsverordnung genügt. Diese Frage verneint er. Gelistete Personen würden von der Gemeinschaft über die Listungsgründe weder informiert noch hierzu angehört.[498] Dadurch könnten sie den Gerichten kein konkretes Entlastungsmaterial vorlegen und sich deshalb auch nicht effektiv verteidigen. Mithin sei bereits aus diesem Grund eine Verletzung ihres Rechts auf rechtliches Gehör sowie auf effektiven gerichtlichen Rechtsschutz festzustellen.[499]

492 EuGH, Urt. v. 03.09.2008, Verbundene Rs. C-402/05 P und C-415/05 P, Slg. 2008, I-06351, Rn. 338 ff.

493 EuGH, Urt. v. 03.09.2008, Verbundene Rs. C-402/05 P und C-415/05 P, Slg. 2008, I-06351, Rn. 336.

494 Vgl. EuGH, Urt. v. 03.09.2008, Verbundene Rs. C-402/05 P und C-415/05 P, Slg. 2008, I-06351, Rn. 348.

495 EuGH, Urt. v. 03.09.2008, Verbundene Rs. C-402/05 P und C-415/05 P, Slg. 2008, I-06351, Rn. 342.

496 EuGH, Urt. v. 03.09.2008, Verbundene Rs. C-402/05 P und C-415/05 P, Slg. 2008, I-06351, Rn. 343 f.

497 EuGH, Urt. v. 03.09.2008, Verbundene Rs. C-402/05 P und C-415/05 P, Slg. 2008, I-06351, Rn. 344.

498 S. EuGH, Urt. v. 03.09.2008, Verbundene Rs. C-402/05 P und C-415/05 P, Slg. 2008, I-06351, Rn. 345 ff.

499 EuGH, Urt. v. 03.09.2008, Verbundene Rs. C-402/05 P und C-415/05 P, Slg. 2008, I-06351, Rn. 348 f.

Zusätzlich habe es der Rat versäumt, dem Gerichtshof im Laufe der Verhandlungen Informationen über die die Listung rechtfertigenden Tatsachen beizubringen, wodurch dieser ihre Begründetheit nicht habe prüfen können. Auch dadurch sei das Recht der Kläger auf effektiven gerichtlichen Rechtsschutz verletzt worden.[500]

b) Bejahung einer Verletzung des Rechts auf Eigentum

Im Anschluss eruiert der EuGH die Frage einer möglichen Verletzung der Eigentumsfreiheit der Kläger. Auch dieses Recht ordnet er den fundamentalen Prinzipien des Gemeinschaftsrechts zu.[501]

Bei der Bestimmung seines Schutzbereichs greift das Gericht vor allem auf Art. 1 des 1. ZP der EMRK zurück. Demnach sei die Ausübung der Eigentumsfreiheit nicht schrankenlos gewährleistet, sondern könne zum Zwecke des Gemeinwohls Beschränkungen unterworfen werden, solange die Verhältnismäßigkeit des Eingriffs gewahrt sei und das Recht in seinem Wesensgehalt unangetastet bleibe.[502]

Von den angegriffenen Sanktionen gehe ein Eingriff in die Eigentumsfreiheit aus.[503] Dieser müsse von seiner Intensität in einem angemessenen Verhältnis zu dem von ihm verfolgten Zweck stehen. In diesem Zusammenhang erinnert der Gerichtshof an seine Bosphorus-Rechtsprechung, wonach Maßnahmen der Gemeinschaft zur Umsetzung von Sicherheitsratssanktionen sogar die Beeinträchtigung von Eigentumsrechten Dritter zu legitimieren vermögen, die für die friedensbedrohende Situation keine Verantwortung trifft.[504] Daraus schließt das Gericht, dass eine Beeinträchtigung der Eigentumsfreiheit terrorverdächtiger Personen erst recht möglich sein müsse.[505] Zudem komme es zu keinem Substanzverlust, sondern lediglich zu einer Nutzungsbeschränkung des Eigentums.[506] Durch die Freigabeklauseln würden unverhältnismäßige Härten verhindert.[507] Gelistete Personen könnten außerdem jederzeit von sich aus einen Antrag auf Überprüfung der Richtigkeit ihrer Listung

---

500 EuGH, Urt. v. 03.09.2008, Verbundene Rs. C-402/05 P und C-415/05 P, Slg. 2008, I-06351, Rn. 351.

501 Vgl. EuGH, Urt. v. 03.09.2008, Verbundene Rs. C-402/05 P und C-415/05 P, Slg. 2008, I-06351, Rn. 355.

502 Vgl. EuGH, Urt. v. 03.09.2008, Verbundene Rs. C-402/05 P und C-415/05 P, Slg. 2008, I-06351, Rn. 357.

503 EuGH, Urt. v. 03.09.2008, Verbundene Rs. C-402/05 P und C-415/05 P, Slg. 2008, I-06351, Rn. 358.

504 EuGH, Urt. v. 03.09.2008, Verbundene Rs. C-402/05 P und C-415/05 P, Slg. 2008, I-06351, Rn. 361, mit Verweis auf die Rn. 22 f. seines Bosphorus-Urteils, EuGH, Urt. v. 30.07.1996, Rs. C-84/95, Slg. 1996, I-03953.

505 Vgl. EuGH, Urt. v. 03.09.2008, Verbundene Rs. C-402/05 P und C-415/05 P, Slg. 2008, I-06351, Rn. 363.

506 Vgl. EuGH, Urt. v. 03.09.2008, Verbundene Rs. C-402/05 P und C-415/05 P, Slg. 2008, I-06351, Rn. 363.

507 EuGH, Urt. v. 03.09.2008, Verbundene Rs. C-402/05 P und C-415/05 P, Slg. 2008, I-06351, Rn. 364.

einreichen.[508] Zusätzlich würden die Sanktionsmaßnahmen vom Ausschuss selbst regelmäßig einer Prüfung unterzogen.[509] Die Verhältnismäßigkeit des mit der Sanktionsverordnung einhergehenden Eingriffs sei deshalb grundsätzlich gegeben.[510]

Dies gelte jedoch nicht im Fall der Kläger. Grund hierfür sei die ausgebliebene Anhörung sowie die nicht unerhebliche Dauer ihre Sanktionierung, die weiterhin anhalte. Mithin seien die Kläger durch die streitige Verordnung auch in ihrer Eigentumsfreiheit verletzt worden.[511]

3. Der Urteilstenor

Das Gericht stellt fest, dass die Verordnung, soweit sie die Kläger betrifft, wegen der Verletzung der von ihnen benannten Gemeinschaftsgrundrechte für nichtig zu erklären ist.[512] Allerdings würde eine sofortige Nichtigerklärung den Gemeinschaftsorganen die Möglichkeit nehmen, die vom EuGH angesprochenen Mängel der Sanktionsverordnung zu korrigieren. Dies sei problematisch, da man die Begründetheit der gegen die Kläger erhobenen Vorwürfe nicht ausschließen könne. Auf der anderen Seite stehe jedoch das Interesse der Kläger, möglichst bald Klarheit über die gegen sie gerichteten Vorwürfe zu gewinnen. Um beiden widerstreitenden Interessen gerecht zu werden, räumt der Gerichtshof der Gemeinschaft einen Zeitraum von drei Monaten zur Korrektur des Sanktionssystems ein. Bis zum Ablauf dieser Frist bleibt die streitige Verordnung in Kraft.[513]

III. Der weitere Verlauf des Rechtsstreits – die Kadi II-Urteile von EuG und EuGH

Mit Erlass des Kadi-I Urteils durch den EuGH fand die Diskussion um Umfang und Intensität des unionsrechtlichen Individualrechtsschutzes bei der Umsetzung von 1267er-Sanktionsbeschlüssen jedoch nicht ihr Ende. In den an das Urteil

508 EuGH, Urt. v. 03.09.2008, Verbundene Rs. C-402/05 P und C-415/05 P, Slg. 2008, I-06351, Rn. 365.

509 EuGH, Urt. v. 03.09.2008, Verbundene Rs. C-402/05 P und C-415/05 P, Slg. 2008, I-06351, Rn. 365.

510 EuGH, Urt. v. 03.09.2008, Verbundene Rs. C-402/05 P und C-415/05 P, Slg. 2008, I-06351, Rn. 366.

511 EuGH, Urt. v. 03.09.2008, Verbundene Rs. C-402/05 P und C-415/05 P, Slg. 2008, I-06351, Rn. 370.

512 EuGH, Urt. v. 03.09.2008, Verbundene Rs. C-402/05 P und C-415/05 P, Slg. 2008, I-06351, Rn. 372.

513 Vgl. EuGH, Urt. v. 03.09.2008, Verbundene Rs. C-402/05 P und C-415/05 P, Slg. 2008, I-06351, Rn. 373 ff.

anknüpfenden KADI II-Entscheidungen von EuG[514] und EuGH[515] bestand der Kern des Rechtsstreits zunächst darin, inwieweit eine gelistete Person zur effektiven Wahrnehmung ihrer Verteidigungsrechte nicht nur über die Gründe ihrer Sanktionierung zu informieren ist, sondern auch Zugang zu den Beweismitteln erhalten muss, die den Beschuldigungen zugrunde liegen.[516] Eng in Zusammenhang hiermit stand die ebenfalls in den KADI II-Urteilen zu beantwortende Frage nach Umfang und Intensität der gerichtlichen Kontrolle bei der Prüfung der Stichhaltigkeit der angeführten Sanktionierungsgründe sowie den ihnen zugrunde liegenden Fakten. Diese Frage jedoch war ihrerseits untrennbar mit der der grundsätzlichen Effektivität des unionsrechtlichen Individualrechtsschutzes verbunden, der gegen EU-Maßnahmen zur Umsetzung des 1267er-Sanktionsregimes gewährt wird. Denn würde insbesondere die Tatsachenbasis der erhobenen Beschuldigungen nicht selbstständig von den EU-Gerichten geprüft, sondern – mit der Begründung, dass die Beschuldigungen vom 1267er-Sanktionsausschuss stammten – als zutreffend unterstellt, bliebe eine gelistete Person im Ergebnis weiterhin ohnehin effektiven gerichtlichen Rechtsschutz. Der 1267er-Sanktionsausschuss müsste dann nämlich zur Sicherstellung der Umsetzung seiner Sanktionsbeschlüsse in der EU lediglich auf eine plausibel erscheinende Sanktionsbegründung achten.

1. Die tatsächlichen Geschehnisse nach dem Erlass des KADI I-Urteils des EuGH

Die tatsächlichen Geschehnisse, die zunächst zur KADI II-Entscheidung des EuG geführt haben, lassen sich wie folgt zusammenfassen: Im Anschluss an das am 03.09.2008 erlassene KADI I-Urteil des EuGH übermittelte der Sanktionsausschuss des 1267er-Sanktionsregimes dem ständigen Vertreter Frankreichs bei der UNO am 21.10.2008 die Begründung für die Aufnahme von Herrn KADI in die Sanktionsliste und gestattete deren Weitergabe an ihn. Die Begründung wurde am 22.10.2008 an die Kommission zugeleitet. Diese räumte Herrn KADI die Möglichkeit ein, sich bis zum 10.11.2008 zu den Vorwürfen zu äußern.[517] In seiner Stellungnahme legte Herr KADI Schriftstücke vor, aus denen hervorging, dass die schweizerischen, türkischen und albanischen Behörden Strafverfahren gegen ihn eingestellt hatten, die gegen ihn wegen Unterstützung terroristischer Organisationen oder wegen Finanzkriminalität

---

514 EuG, Urt. v. 30.09.2010, Rs. T-85/09, Slg. 2010, II-05177. S. dazu statt vieler *Allmendinger/Hofmann*, Humanitäres Völkerrecht 2009, 68 ff.; *Simon*, Europe 2010, 12 ff.; *Brodier*, L'Europe des libertés 2011, 14 ff.; *Hilpold*, EWS 2011, 45 ff.

515 EuGH, Urt. v. 18.07.2013, Rs. C-584/10 P, C-593/10 P und C-595/10 P, EuGRZ 2013, 389 ff. S. dazu statt vieler *Al-Rikabi*, E.H.R.L.R. 2013, 631 ff.; *Simon*, Europe 2013, 14 ff.; *Lentner*, ELR 2013, 202 ff.; *Nic Shuibhne*, E.L. Rev. 2013, 435 ff.

516 Vgl. dazu auch noch Teil III Kap. 5 § 3 A II 3.

517 S. hierzu EuGH, Urt. v. 18.07.2013, Rs. C-584/10 P, C-593/10 P und C-595/10 P, EuGRZ 2013, 389, 392, Rn. 30.

eingeleitet worden waren.[518] Gestützt auf diesen Schriftstücken machte er geltend, dass er die gegen ihn erhobenen Vorwürfe immer habe entkräften können, wenn ihm die Möglichkeit eröffnet worden sei, seinen Standpunkt zu den gegen ihn angeführten Beweisen vorzutragen. Er forderte die Kommission deswegen auf, ihm die Beweise für die Behauptungen vorzulegen, auf deren Grundlage der Sanktionsausschuss seine Listung vorgenommen hatte, und ihm gleichzeitig eine Stellungnahme zu diesen Beweisen zu ermöglichen.[519] Zudem beanstandete er, dass eine Vielzahl der in der Listungsbegründung enthaltenen Behauptungen zu allgemein und unbestimmt gehalten sei, und trat diesen Behauptungen unter Vorlage von Beweisen entgegen.[520]

Am 28.11.2008 erließ die Kommission eine Verordnung, mit der Herr Kadi wieder in die EU-Sanktionsliste aufgenommen wurde, und zwar mit Wirkung vom 30.05.2002. Herr Kadi erhob daraufhin vor dem EuG Klage auf Nichtigerklärung der Verordnung, soweit sie ihn betraf. Er machte vor allem eine Verletzung seiner Verteidigungsrechte und seines Rechts auf effektiven gerichtlichen Rechtsschutz geltend.

2. Das Kadi II-Urteil des EuG

Das EuG gab der Klage von Herrn Kadi statt. Es bejahte eine von der Kommission zu verantwortende Verletzung der Verteidigungsrechte und des Rechts auf effektiven gerichtlichen Rechtsschutz sowie einen Verstoß gegen den Grundsatz der Verhältnismäßigkeit. Bei seiner Begründung betonte es den vom EuGH in der Kadi I-Entscheidung aufgestellten Grundsatz einer umfassenden und strikten gerichtlichen Kontrolle der EU-Maßnahmen zur Umsetzung des 1267er-Sanktionsregimes.[521] Damit widersprach es Rat und Kommission, die im Verfahren behauptet hatten, der Gerichtshof habe sich in seinem Kadi I-Urteil zur Frage des Umfangs und der Intensität dieser gerichtlichen Kontrolle nicht geäußert.[522] Diese umfasse nach Ansicht des EuG nicht nur die Prüfung der Frage, ob der angefochtene Rechtsakt begründet sei, sondern auch, ob die angeführten Listungsgründe auf ausreichend konkreten und verifizierten Beweisen und Angaben beruhten.[523]

Zu einer Bejahung der Verletzung der Verteidigungsrechte von Herrn Kadi gelangte das EuG u. a. deshalb, weil die Kommission diese Rechte nach Auffassung des Gerichts nur rein formal und dem Anschein nach – und damit unzulänglich – gewahrt habe.[524] Die Kommission habe sich zu Unrecht strikt an die Beurteilungen

518 S. EuGH, Urt. v. 18.07.2013, Rs. C-584/10 P, C-593/10 P und C-595/10 P, EuGRZ 2013, 389, 392, Rn. 31.

519 S. hierzu EuGH, Urt. v. 18.07.2013, Rs. C-584/10 P, C-593/10 P und C-595/10 P, EuGRZ 2013, 389, 392, Rn. 31.

520 S. EuGH, Urt. v. 18.07.2013, Rs. C-584/10 P, C-593/10 P und C-595/10 P, EuGRZ 2013, 389, 392, Rn. 31.

521 EuG, Urt. v. 30.09.2010, Rs. T-85/09, Slg. 2010, II-05177, Rn. 126.

522 Vgl. hierzu EuG, Urt. v. 30.09.2010, Rs. T-85/09, Slg. 2010, II-05177, Rn. 131.

523 Vgl. hierzu EuG, Urt. v. 30.09.2010, Rs. T-85/09, Slg. 2010, II-05177, Rn. 132–135.

524 S. EuG, Urt. v. 30.09.2010, Rs. T-85/09, Slg. 2010, II-05177, Rn. 171.

des Sanktionsausschusses gebunden gefühlt und zu keinem Zeitpunkt die Intention gehabt, diese Beurteilungen im Lichte der Stellungnahme von Herrn KADI einer kritischen Überprüfung zu unterziehen.[525] Sie habe ferner keine ernsthaften Bemühungen unternommen, die von Herrn KADI vorgebrachten Entlastungsbeweise zu widerlegen.[526] Eine Verletzung der Verteidigungsrechte von Herrn KADI sei darüber hinaus auch deswegen zu bejahen, weil die Kommission ihm den Zugang zu den ihn belastenden Beweisen trotz seines ausdrücklichen Ersuchens verweigert habe, ohne seine Interessen gegen das Erfordernis des Schutzes der Vertraulichkeit der fraglichen Informationen abzuwägen.[527] Zuletzt enthalte die – vom 1267er-Sanktionsausschuss übernommene – Begründung für die Aufnahme von Herrn KADI in die Sanktionsliste zu wenige Angaben und beruhe auf zu vagen Behauptungen.[528] Dadurch sei Herrn KADI die Möglichkeit genommen, die gegen ihn erhobenen Beschuldigungen wirksam zu widerlegen.[529]

Eine Verletzung des Rechts von Herrn KADI auf effektiven gerichtlichen Rechtsschutz sah das EuG darin begründet, dass Herr KADI keinen zweckdienlichen Zugang zu den ihn belastenden Angaben und Beweisen gehabt habe und dadurch seine Rechte im Hinblick auf die Verteidigung gegen diese Angaben und Beweise vor dem EuG nicht unter zufriedenstellenden Bedingungen habe wahrnehmen können.[530] Dieser Verstoß sei auch im Verfahren vor dem EuG nicht geheilt worden, da weder Rat noch Kommission dem Gericht Angaben zu den Beweisen gemacht hätten, die gegen Herrn KADI herangezogen worden seien.[531]

Durch den Umstand, dass Herr KADI keinen adäquaten Zugang zu den Beweisen erlangt habe, auf denen die gegen ihn gerichteten Vorwürfen gründeten, sah das Gericht gleichzeitig auch einen mit den Sanktionsmaßnahmen einhergehenden unverhältnismäßigen Eingriff in die Eigentumsfreiheit von Herrn KADI gegeben.[532]

3. Das KADI II-Urteil des EuGH

Gegen das vom EuG erlassene KADI-II Urteil legten die Kommission und Rat Rechtsmittel ein. Sie beantragten, das angefochtene Urteil aufzuheben und die Klage von Herrn KADI auf Nichtigerklärung der streitigen Verordnung, soweit sie ihn betraf, als unbegründet abzuweisen.[533] In seiner Entscheidung kommt der EuGH zu dem Ergebnis, dass das von Rat und Kommission angegriffene Urteil des EuG

525 S. EuG, Urt. v. 30.09.2010, Rs. T-85/09, Slg. 2010, II-05177, Rn. 171.
526 EuG, Urt. v. 30.09.2010, Rs. T-85/09, Slg. 2010, II-05177, Rn. 178.
527 EuG, Urt. v. 30.09.2010, Rs. T-85/09, Slg. 2010, II-05177, Rn. 173.
528 Vgl. EuG, Urt. v. 30.09.2010, Rs. T-85/09, Slg. 2010, II-05177, Rn. 174.
529 EuG, Urt. v. 30.09.2010, Rs. T-85/09, Slg. 2010, II-05177, Rn. 174.
530 EuG, Urt. v. 30.09.2010, Rs. T-85/09, Slg. 2010, II-05177, Rn. 181.
531 EuG, Urt. v. 30.09.2010, Rs. T-85/09, Slg. 2010, II-05177, Rn. 182.
532 EuG, Urt. v. 30.09.2010, Rs. T-85/09, Slg. 2010, II-05177, Rn. 192–194.
533 S. EuGH, Urt. v. 18.07.2013, Rs. C-584/10 P, C-593/10 P und C-595/10 P, EuGRZ 2013, 389, 393 f., Rn. 49 f.

rechtsfehlerhaft ist. Da er allerdings auch die streitige Verordnung, soweit sie Herrn Kadi betraf, für rechtswidrig erachtet, hält er den Tenor des angegriffenen Urteils aus anderen Gründen aufrecht und weist daher die eingelegten Rechtsmittel zurück.

In seiner Urteilsbegründung bestätigt der EuGH zunächst den in seiner Kadi I-Entscheidung aufgestellten Grundsatz, wonach auch Rechtsakte zur Umsetzung verbindlicher Sicherheitsratsresolutionen einer vollständigen Kontrolle durch die EU-Gerichte unterlägen und insbesondere mit den Unionsgrundrechten in Einklang stehen müssten.[534]

Er stellt anschließend klar, dass das – in Art. 41 Abs. 2 der Charta der Grundrechte der Union verankerte – Recht auf Achtung der Verteidigungsrechte zum einen das Recht auf rechtliches Gehör beinhalte, zum anderen ein Recht auf Akteneinsicht, wobei hinsichtlich letzterem Recht die berechtigten Interessen an Vertraulichkeit zu beachten seien.[535] Das Recht auf effektiven gerichtlichen Rechtsschutz seinerseits verlange, dass sich der Betroffene über die Gründe seiner Sanktionierung informieren könne, sei es durch das Studium der Entscheidung selbst oder durch eine auf seinen Antrag hin erfolgte Mitteilung dieser Gründe. Dies gelte unbeschadet der Befugnis des zuständigen Gerichts, von der betreffenden Behörde selbst die Übermittlung der Listungsgründe zu verlangen.[536] Ein solches Informationsrecht der gelisteten Person sei zum einen unerlässlich, um ihr eine bestmögliche Verteidigung zu ermöglichen, zum anderen, um das zuständige Gericht in die Lage zu versetzen, die Rechtmäßigkeit der fraglichen Entscheidung vollumfänglich zu überprüfen.[537] Sowohl das Recht auf effektive Verteidigung wie auch das Recht auf effektiven gerichtlichen Rechtsschutz würde zudem erfordern, dass die Kommission die Stichhaltigkeit der – vom 1267er-Sanktionsausschuss – übermittelten Gründe sorgfältig und vor allem unparteiisch im Lichte der Stellungnahme der gelisteten Person sowie etwaiger von ihr beigebrachter Entlastungsbeweise prüfe.[538] Zudem müssten die Unionsgerichte zur Wahrung beider Rechte die vom 1267er-Sanktionsausschuss übermittelte Listungsbegründung daraufhin untersuchen, ob sie hinreichend präzise und konkret sei und insbesondere auf einer gesicherten Tatsachenbasis beruhe.[539] Hingegen würden weder das Recht auf effektive Verteidigung noch das Recht auf effektiven gerichtlichen Rechtsschutz verlangen, dass die Kommission als zuständige

534 S. EuGH, Urt. v. 18.07.2013, Rs. C-584/10 P, C-593/10 P und C-595/10 P, EuGRZ 2013, 389, 395 und 397, Rn. 66 f. und 97.

535 EuGH, Urt. v. 18.07.2013, Rs. C-584/10 P, C-593/10 P und C-595/10 P, EuGRZ 2013, 389, 397, Rn. 99.

536 EuGH, Urt. v. 18.07.2013, Rs. C-584/10 P, C-593/10 P und C-595/10 P, EuGRZ 2013, 389, 398 f., Rn. 100.

537 Vgl. EuGH, Urt. v. 18.07.2013, Rs. C-584/10 P, C-593/10 P und C-595/10 P, EuGRZ 2013, 389, 398 f., Rn. 100.

538 Vgl. EuGH, Urt. v. 18.07.2013, Rs. C-584/10 P, C-593/10 P und C-595/10 P, EuGRZ 2013, 389, 401, Rn. 135.

539 Vgl. EuGH, Urt. v. 18.07.2013, Rs. C-584/10 P, C-593/10 P und C-595/10 P, EuGRZ 2013, 389, 401, Rn. 136.

Behörde der betroffenen Person und/oder den EU-Gerichten die Informationen oder Beweise zugänglich mache, die sich ausschließlich im Besitz des Sanktionsausschusses oder des betreffenden UNO-Mitglieds befänden, auch wenn diese Informationen und Beweise mit der Begründung in Zusammenhang stünden, auf die sich die Listungsentscheidung stütze.[540] Insoweit widerspricht der Gerichtshof dem vorinstanzlich zuständigen EuG, das eine entsprechende Offenlegungspflicht der Kommission angenommen hatte, obwohl sich diese – was unstreitig war – im Falle KADI nicht in Besitz der der Sanktionierung zugrunde liegenden Beweise befunden hatte.[541] Mache es jedoch die Vorenthaltung der entsprechenden Informationen und Beweise den Unionsrichter unmöglich, die Stichhaltigkeit der auf ihnen (mit) beruhenden Listungsgründe nachzuprüfen, könnten diese Listungsgründe nicht als Grundlage für die Listungsentscheidung herangezogen werden.[542]

Bei Anwendung der von ihm so aufgestellten abstrakten Grundsätze auf den konkreten Fall von Herrn KADI kommt der Gerichtshof zu dem Ergebnis, dass die streitige Verordnung, soweit sie Herrn KADI betreffe, für nichtig zu erklären sei. Denn keiner der Vorwürfe, die in der Listungsbegründung des Sanktionsausschusses gegen Herrn KADI erhoben worden seien, sei geeignet, den Erlass restriktiver EU-Maßnahmen gegen ihn zu rechtfertigen.[543] Anders als vom EuG angenommen beruhe diese Feststellung jedoch nur in einem einzigen Fall darauf, dass ein angeführter Listungsgrund bereits inhaltlich eine Sanktionierung nicht zu tragen vermochte.[544] Hinsichtlich der übrigen angeführten Gründe ergebe sich die Ungeeignetheit zur Rechtfertigung einer Listung hingegen daraus, dass sie vor dem Hintergrund des detaillierten Bestreitens durch Herrn KADI einer ausreichend konkreten und verifizierten Informations- und Beweisgrundlage entbehrten.[545] Aufgrund dieses Umstands konnte der Gerichtshof den Tenor des nach seiner Ansicht mit Rechtsfehlern behafteten vorinstanzlichen Urteils des EuG aufrechterhalten und die von Herrn KADI angegriffene Verordnung, soweit sie ihn betraf, für nichtig erklären.[546]

---

540 EuGH, Urt. v. 18.07.2013, Rs. C-584/10 P, C-593/10 P und C-595/10 P, EuGRZ 2013, 389, 401, Rn. 137.

541 Vgl. EuGH, Urt. v. 18.07.2013, Rs. C-584/10 P, C-593/10 P und C-595/10 P, EuGRZ 2013, 389, 401, Rn. 138.

542 S. EuGH, Urt. v. 18.07.2013, Rs. C-584/10 P, C-593/10 P und C-595/10 P, EuGRZ 2013, 389, 401, Rn. 137.

543 EuGH, Urt. v. 18.07.2013, Rs. C-584/10 P, C-593/10 P und C-595/10 P, EuGRZ 2013, 389, 403, Rn. 163 ff.

544 Das EuG war in seinem Urteil noch davon ausgegangen, dass alle vorgebrachten Gründe bereits für sich eine Sanktionierung nicht zu rechtfertigen vermochten, vgl. dazu EuG, Urt. v. 30.09.2010, Rs. T-85/09, Slg. 2010, II-05177, Rn. 174.

545 Vgl. EuGH, Urt. v. 18.07.2013, Rs. C-584/10 P, C-593/10 P und C-595/10 P, EuGRZ 2013, 389, 403, Rn. 163.

546 Vgl. dazu EuGH, Urt. v. 18.07.2013, Rs. C-584/10 P, C-593/10 P und C-595/10 P, EuGRZ 2013, 389, 403, Rn. 164.

C. Zusammenfassung der Rechtsschutzmöglichkeiten gelisteter Personen auf EU-Ebene

Gelistete Personen und Organisationen können auf EU-Ebene sowohl gegen den GASP-Beschluss als auch die EU-Sanktionsverordnung vorgehen. Beide Maßnahmen werden von den EU-Gerichten mittlerweile vollständig auf ihre Vereinbarkeit mit den Unionsgrundrechten geprüft. Listungen sind nur rechtmäßig, wenn die Gründe einer Listung der gelisteten Person konkret übermittelt und zumindest den EU-Gerichten gegenüber hinreichend mit Tatsachen belegt werden. Dabei müssen sich die Gerichte selbst von der Stichhaltigkeit der vorgelegten Beweise überzeugen können.

§ 3: Zusammenfassung

- Teile des Sanktionsregimes werden nicht von den EU-Mitgliedstaaten, sondern von der EU im Rahmen der ihr hierfür eingeräumten Befugnisse umgesetzt. Dies betrifft zum einen die Umsetzung der Finanzsanktionen, die den Kern des 1267er-Sanktionsregimes ausmachen, sowie das Verbot der Weitergabe militärischen Know-hows. Die EU setzt die entsprechenden Sanktionsvorgaben in einem zweistufigen Verfahren um. Zunächst fasst der Rat der EU auf Grundlage des Art. 28 Abs. 1 S. 2 EUV einen entsprechenden GASP-Umsetzungsbeschluss. Dieser bildet die Basis für die EU-Sanktionsverordnung, die sich unmittelbar an alle Rechtsakteure in der EU richtet. Rechtsgrundlage für den Erlass dieser Verordnung ist nach zutreffender Auffassung Art. 215 Abs. 2 AEUV und nicht Art. 75 AEUV.
- Gegen den Sanktionsbeschluss auf GASP-Ebene sowie gegen die Sanktionsverordnung können gelistete Personen Nichtigkeitsklage nach Art. 263 Abs. 4 AEUV vor den EU-Gerichten erheben. Diese prüfen die entsprechenden Rechtsakte seit Erlass des ersten Kadi-Urteils des EuGH vollständig auf ihre Vereinbarkeit mit den Unionsgrundrechten.

Kapitel 3: Die staatliche Ebene

§ 1: Die staatlichen Umsetzungsmaßnahmen

A. Der Erlass von Strafvorschriften

Die Sanktionsverordnung der EU bedarf keiner weiteren gesetzlichen Umsetzung durch die Mitgliedstaaten, da sie für alle am Rechtsverkehr teilnehmenden Akteure innerhalb der Union unmittelbar verbindlich ist. Den Mitgliedstaaten verbleibt in den von der Verordnung geregelten Bereichen lediglich die Aufgabe, Strafvorschriften zur Ahndung von Verstößen gegen die dort aufgeführten Verhaltenspflichten zu erlassen.[547] Die maßgeblichen deutschen Regelungen finden sich in §§ 17, 18 des Außenwirtschaftsgesetzes (AWG).[548] Vorsätzliche Verstöße gegen das Gebot der wirtschaftlichen Isolierung terrorverdächtiger Personen und Organisationen können nach § 18 Abs. 1 AWG mit Freiheitsstrafe von drei Monaten bis zu fünf Jahren bestraft werden. Qualifikationstatbestände finden sich in den § 18 Abs. 7 und 8 AWG, die mit einer Freiheitsstrafe von nicht unter einem bzw. zwei Jahren verfolgt werden. Der Versuch ist nach § 18 Abs. 6 AWG strafbar.

Nach den Artt. 4 Abs. 2, 5 Abs. 1 der VO 881/2002[549] sind alle natürlichen und juristischen Personen darüber hinaus verpflichtet, jedwede Information über Kontakte zu gelisteten Personen, die die Einhaltung der Verordnungen erleichtern würden, den zuständigen Behörden unverzüglich mitzuteilen. Die Verletzung dieser Mitteilungspflichten wird nach § 19 Abs. 5 Nr. 1, 4 AWG als Ordnungswidrigkeit verfolgt.

B. Die Entscheidungen über Anträge auf Erteilung von Ausnahmegenehmigungen

In die Zuständigkeit der nationalen Behörden fällt zudem die Entscheidung über die Erteilung von Ausnahmegenehmigungen zu den Finanzsanktionen, die im Einvernehmen mit dem Sanktionsausschuss zu treffen sind.[550] In der Bundesrepublik Deutschland ist für die Entscheidung über die Freigabe von Geldern die Deutsche Bundesbank und für sonstige wirtschaftliche Ressourcen das Bundesamt für Wirtschaft und Ausfuhrkontrolle (BAFA) zuständig.[551]

---

547 Die entsprechende gemeinschafts- resp. unionsrechtliche Vorgabe findet sich in Art. 10 der VO 881/2002 v. 27.05.2002:
(1) „Jeder Mitgliedstaat legt die Sanktionen fest, die bei Verstößen gegen die Bestimmungen dieser Verordnung zu verhängen sind. Diese Sanktionen müssen wirksam, verhältnismäßig und abschreckend sein.
(2) Bis zur Annahme gegebenenfalls erforderlicher Rechtsvorschriften werden im Falle von Verstößen gegen diese Verordnung Sanktionen verhängt, wie sie von den Mitgliedstaaten im Einklang mit Artikel 13 der Verordnung (EG) Nr. 467/2001 festgelegt wurden.
(3) Jeder Mitgliedstaat ist dafür verantwortlich, gegen alle natürlichen oder juristischen Personen, Gruppen oder Organisationen vorzugehen, die seiner Rechtshoheit unterliegen und die gegen die in dieser Verordnung erlassenen Verbote verstoßen haben."
Instruktiv zur gesamten Thematik *Meyer/Macke*, HRRS 2007, 445, 460 ff.

548 Ehemalig § 34 Abs. 4 Nr. 2, Abs. 5, Abs. 6 Nr. 4 und Abs. 7 AWG.

549 V. 27.05.2002.

550 Letzteres freilich in Kooperation mit dem Sanktionsausschuss.

551 S. dazu Anhang II der VO 881/2002 v. 27.05.2002.

C. Die Umsetzung des Reiseverbots und des Waffenembargos

Verantwortlich sind die EU-Mitgliedstaaten darüber hinaus für die Umsetzung des in den Sanktionsresolutionen statuierten Reiseverbots.[552] In Hinblick auf das Waffenembargo ist die EU lediglich für die Umsetzung des Verbots der technischen Beratung von militärischen Aktivitäten zuständig.[553] Die Umsetzung des Lieferverbots von Waffen und sonstigem militärischen Rüstungsmaterial an gelistete Personen und Organisationen fällt hingegen in die Kompetenz der einzelnen Mitgliedstaaten. In Deutschland wurde das Verbot durch § 74 Abs. 2 Nr. 3 AWV umgesetzt. Hiernach ist die Lieferung von Rüstungsgütern an die sich im Anhang der VO 881/2002 befindlichen Personen und Organisationen verboten. Nach § 79 AWV gilt das Verbot auch für im Ausland lebende deutsche Staatsangehörige. Ein Zuwiderhandeln gegen das Verbot wird nach § 80 AWV i.V.m. § 17 Abs. 1, 2–5 AWG mit einer Freiheitsstrafe bis zu fünf Jahren geahndet.

§ 2: Rechtsschutzmöglichkeiten vor deutschen Gerichten

Da der Großteil der Sanktionen in Europa durch die EU und nicht durch ihre Mitgliedstaaten umgesetzt wird, sind auch die Unionsgerichte in erster Linie für Rechtsschutzersuchen gelisteter Personen zuständig. Sollte es bei Entscheidungen deutscher Fachgerichte (z.B. bei Zivilrechtsstreitigkeiten) auf die Rechtmäßigkeit bzw. Auslegung der unionsrechtlichen Sanktionsverordnung ankommen, haben diese das Verfahren auszusetzen und dem EuGH im Wege des Vorabentscheidungsverfahrens nach Art. 267 Abs. 2 AEUV[554] vorzulegen.

Eine originäre Zuständigkeit deutscher Gerichte besteht bei der Überprüfung von Entscheidungen der nationalen Behörden[555] über die Freigabe von Finanzmitteln und Ausnahmen vom Bereitstellungsverbot.[556] Diese Entscheidungen stellen Verwaltungsakte nach § 35 VwVfG dar, gegen die Klage vor den zuständigen Verwaltungsgerichten erhoben werden kann. Bisher bekannt geworden ist in diesem

---

552 S. dazu Art. 4 des Gemeinsamen Standpunktes 2002/402/GASP v. 27.05.2002.

553 Vgl. Art. 2 des Gemeinsamen Standpunktes 2002/402/GASP v. 27.05.2002 sowie Art. 3 der VO 881/2002 gleichen Datums.

554 Zuvor Art. 234 EGV.

555 Die Entscheidungen hinsichtlich der Freigabe von Geldern trifft die Deutsche Bundesbank, hinsichtlich sonstiger wirtschaftlicher Ressourcen die BAFA. Dies ist im Anhang II der VO 881/2002 so festgehalten, in dem die nach Art. 5 der VO zuständigen nationalen Behörden benannt sind. S. dazu auch das Merkblatt „Länderunabhängige Embargomaßnahmen zur Terrorismusbekämpfung" des Bundesamtes für Wirtschaft und Ausfuhrkontrolle (BAFA) vom 28.08.2009, S. 6, abrufbar unter http://www.ausfuhrkontrolle.info/ausfuhrkontrolle/de/arbeitshilfen/merkblaetter/merkblatt_ebt.pdf (letzter Aufruf 24.08.2010).

556 Eine andere, gesondert zu diskutierende Frage ist, ob und unter welchen Umständen das BVerfG die Vereinbarkeit der Sanktionsverordnung mit dem GG prüfen darf. Hierzu ausführlich Teil V Kap. 1.

Zusammenhang die Klage des Marokkaners Mzoudi gegen die Deutsche Bundesbank vor dem VG München, die die Genehmigung der Auszahlung einer ihm zugesprochenen Haftentschädigung zum Ziel hatte.[557] Dabei schloss sich das Gericht der Auffassung der Bundesbank an, wonach Mzoudi die in den Sanktionsregelungen vorgesehenen Ausnahmetatbestände nicht erfülle, und wies dementsprechend seine Klage als unbegründet ab.

§ 3: Zusammenfassung

- Innerhalb des 1267er-Sanktionsregimes reduziert sich die Rolle der EU-Mitgliedstaaten darauf, Strafvorschriften zur Ahndung von Verstößen gegen die EU-Sanktionsverordnung zu erlassen, Entscheidungen über Anträge auf Erteilung von Ausnahmegenehmigungen zu treffen sowie die Reisesanktionen und das Waffenembargo umzusetzen.
- In den Bereichen, in denen die EU die Sanktionsresolutionen des Sicherheitsrates umsetzt, sind die Unionsgerichte für Rechtsschutzersuchen gelisteter Personen zuständig. Jedoch fällt die Überprüfung von Entscheidungen der zuständigen nationalen Behörden über die Freigabe von Finanzmitteln und Ausnahmen vom Bereitstellungsverbot in die originäre Zuständigkeit deutscher Gerichte.

557 VG München, Urteil v. 13.12.2007, Az. M 17 K 07.452.

Teil III: Die Völkerrechtskonformität des 1267er-Sanktionsregimes

Teil III der vorliegenden Arbeit beschäftigt sich mit der Völkerrechtskonformität des 1267er-Sanktionsregimes. Das erste Kapitel enthält methodologische Vorüberlegungen zur Auslegung der UN-Charta. Das zweite Kapitel diskutiert grundsätzliche Fragen der Rechtsbindung des Sicherheitsrates, bevor im dritten Kapitel die Vereinbarkeit des Sanktionsregimes mit Kap. VII UN-Charta geprüft wird. Das vierte und das fünfte Kapitel befassen sich mit den menschenrechtlichen Bindungen, denen der Sicherheitsrat bei der Errichtung und Anwendung des 1267er-Sanktionsregimes unterliegt. Dabei geht es im vierten Kapitel zunächst darum, ob eine entsprechende Menschenrechtbindung überhaupt besteht und wie weit sie konkret reicht. Anknüpfend hieran wird im fünften Kapitel das Sanktionsregime einer konkreten Menschenrechtsprüfung unterzogen. Kapitel sechs setzt mit den Rechtsfolgen rechtswidriger Sicherheitsratsresolutionen auseinander, und Kapitel sieben dient der Zusammenfassung der gefundenen Ergebnisse.

Kapitel 1: Methodologische Vorüberlegungen zur Auslegung der UN-Charta

Den Ausgangspunkt für die Auslegung der chartarechtlichen Bestimmungen bilden die Vorschriften der Artt. 31 ff. der Wiener Vertragsrechtskonvention (WVRK). Sie finden zwar keine unmittelbare Anwendung, weil die Konvention erst nach Erlass der UN-Charta in Kraft getreten ist und ausweislich ihres Art. 4 keine Anwendung auf vorher abgeschlossene Verträge findet. Ihr völkergewohnheitsrechtlicher Charakter ist aber mittlerweile anerkannt, sodass sie auch zur Chartaauslegung herangezogen werden können.[558] Eine allzu schematische Anwendung verbietet sich jedoch. Vielmehr sind die – im Folgenden noch näher zu konkretisierenden – organisationsspezifischen Eigenheiten bei der Auslegung ausreichend zu berücksichtigen.[559]

558 *Ress*, in: *Simma* (Hrsg.), Charta der Vereinten Nationen, Auslegung, Rn. 8, mit entsprechenden Nachweisen der IGH-Rechtsprechung in Fn. 38; *Oette*, Wirtschaftssanktionen, 206; *Dörr*, in: *Dörr/Schmalenbach* (Hrsg.), Vienna Convention on the Law of Treaties, Art. 31 Rn. 6.

559 Instruktiv hierzu *Karl*, Vertrag und spätere Praxis, 26, sowie *Herbst*, Rechtskontrolle, 82 und 105. Vgl. dazu auch *Ress*, in: *Simma* (Hrsg.), Charta der Vereinten Nationen, Auslegung, Rn. 9.

§ 1: Der Grundsatz der objektiven Auslegung der UN-Charta

Wie jeder völkerrechtliche Vertrag lässt sich auch der Gründungsvertrag internationaler Organisationen entweder objektiv, d. h. anhand seines Vertragstextes, seiner Systematik und der vom ihm verfolgten Ziele, oder aber subjektiv-historisch, d. h. in Orientierung an dem Willen und den Vorstellungen der am Vertragsabschluss beteiligten Staaten auslegen. Über die Notwendigkeit einer objektiven Auslegung der Charta besteht heute Einmütigkeit.[560]

Für eine solche Auslegung spricht zunächst ihr Charakter als Satzung einer auf Dauer angelegten internationalen Organisation, deren Vertragswirklichkeit entscheidend von der Praxis der Mitgliedstaaten sowie der Organisation und ihrer Organe selbst geprägt wird.[561] Bei einer schwerpunktmäßigen Orientierung an den Gründungsmotiven ist es in Fällen atypischer – d. h. zum Zeitpunkt des Vertragsabschlusses nicht vorhersehbarer – Gefahrensituationen viel schwieriger, eine Handlungskompetenz der Organisation zu begründen.[562] Kann eine Organisation auf solche Gefahrensituationen nicht oder nicht angemessen reagieren, wirkt sich dies negativ auf die Erfüllung der ihr übertragenen Aufgaben und damit auf ihre Legitimität aus.

Neben diesen Wirksamkeitserwägungen ist zu berücksichtigen, dass die Zahl der der UN später beigetretenen Staaten die der Gründungsstaaten um ein Vielfaches übersteigt. Die Annahme, dass Erstere die Gründungsmotive bei ihrem Beitritt automatisch mit übernehmen, liegt jedoch fern, werden sie sich zur Ermittlung von Ziel und Zweck des Vertragswerks doch vor allem an der jeweilig herrschenden Vertragspraxis[563] orientieren.[564] Ohnehin gestaltet sich die Ermittlung des historischen Parteiwillens als schwierig, weil die inhaltliche Ambivalenz zwischen den aus dieser Zeit stammenden Dokumenten beträchtlich ist.[565] Deshalb darf aus der

560 *Oette*, Wirtschaftssanktionen, 206; *Herbst*, Rechtskontrolle, 98 ff.; *Ress*, in: *Simma* (Hrsg.), Charta der Vereinten Nationen, Auslegung, Rn. 27.

561 Vgl. dazu *Ress*, in: *Simma* (Hrsg.), Charta der Vereinten Nationen, Auslegung, Rn. 20 f.; *Herbst*, Rechtskontrolle, 92 ff., mit Verweis auf die entsprechende Rechtsprechung des IGH.

562 Vgl. dazu *Ress*, in: *Simma* (Hrsg.), Charta der Vereinten Nationen, Auslegung, Rn. 3.

563 Der Organisation und ihrer Mitgliedstaaten.

564 S. hierzu *Oette*, Wirtschaftssanktionen, 207; *Herbst*, Rechtskontrolle, 93. sowie das Sondervotum von Richter Spender im Certain Expenses-Gutachten, *Certain Expenses of the United Nations (Article 17, Paragraph 2, of the Charter)*, Advisory Opinion, 20.07. 1962, ICJ Reports 1950, 1962, 182, 184 f. „In particular in the case of a multilateral treaty such as the Charter the intention of its original Members, except such as may be gathered from its terms alone, is beset with evident difficulties. Moreover, since from its inception it was contemplated that other States would be admitted to membership[...] the intention of the framers of the Charter appears less important than intention in many other treaties where the parties are fixed and constant and where the subject-matter of a treaty is different".

565 Vgl. dazu *Herbst*, Rechtskontrolle, 94 ff.

fehlenden Übernahme bestimmter in den Vertragsentwürfen vorgesehener Bestimmungen nicht schablonenhaft auf eine gegenteilige Auslegung des Chartatextes geschlossen werden.[566]

Im Übrigen ist der Vorrang der objektiven vor der subjektiven Auslegung auch in der WVRK selbst festgehalten. Nach Art. 32 WVRK darf auf die vorbereitenden Arbeiten sowie die Umstände des Vertragsabschlusses nur ergänzend zurückgegriffen werden, wenn die objektive Auslegung nach Art. 31 WVRK zu keinem eindeutigen Ergebnis führt.

§ 2: Die Auslegungsfaktoren im Einzelnen

Die grundlegenden Auslegungskriterien finden sich in Art. 31 Abs. 1 WVRK. Danach ist ein Vertrag nach Treu und Glauben in Übereinstimmung mit der gewöhnlichen, seinen Bestimmungen (Wortlaut) in ihrem Zusammenhang zukommenden Bedeutung (Systematik) und im Lichte seines Zieles und Zweckes auszulegen (teleologische Auslegung).

A. Der Wortlaut

Jede Auslegung beginnt und endet mit dem Wortlaut einer Norm. Ist dieser eindeutig, bedarf es keines Rückgriffs auf weitere Auslegungsmethoden.[567] Im gegenteiligen Fall kommen zusätzlich die systematische und teleogische Auslegung zum Tragen. Nach Art. 111 UN-Charta ist die Charta in ihrer chinesischen, französischen, russischen, englischen und spanischen Sprachfassung gleichermaßen verbindlich. Aus Art. 33 Abs. 1 WVRK ergibt sich, dass jede der genannten Sprachfassungen maßgeblich ist, weil die Charta keine Rangordnung zwischen ihnen vorgibt. Nach Art. 33 Abs. 3 WVRK ist zu vermuten, dass die Ausdrücke in jedem authentischen Text die gleiche Bedeutung haben. Demnach darf sich der Interpret bei der Auslegung auf eine

---

566 Vgl. dazu *Herbst*, Rechtskontrolle, 94 ff.

567 Das hat auch der IGH im Admissions II-Gutachten festgestellt, *Competence of the General Assembly regarding admission to the United Nations*, Advisory Opinion, 03.03.1950, ICJ Reports 1950, 4, 8: „The Court considers it necessary to say that the first duty of a tribunal which is called upon to interpret and apply the provisions of a treaty, is to endeavour to give effect to them in their natural and ordinary meaning in the context in which they occur. If the relevant words in their natural and ordinary meaning make sense in their context, that is an end of the matter. If, on the other hand, the words in their natural and ordinary meaning are ambiguous or lead to an unreasonable result, then, and then only, must the Court, by resort to other methods of interpretation, seek to ascertain what the parties really did mean when they used these words." S. dazu auch *Oette*, Wirtschaftssanktionen, 208; *Ress*, in: *Simma* (Hrsg.), Charta der Vereinten Nationen, Auslegung, Rn. 23.

Sprachfassung beschränken, sofern nicht Unklarheiten oder Divergenzen bezüglich bestimmter Textpassagen auftreten.[568]

B. Die systematische Auslegung

Der Grundsatz der systematischen Auslegung besagt, dass zur Feststellung des normativen Inhalts einer Regelung ihre systematische Stellung im Vertragstext insgesamt zu betrachten ist.[569]

Art. 31 Abs. 2 WVRK konkretisiert diesen Grundsatz dahin gehend, dass zur Auslegung einer Norm neben dem gesamten Vertragstext samt Präambel und Anlagen auch jede sich auf den Vertrag beziehende Übereinkunft, die zwischen allen Vertragsparteien anlässlich des Vertragsabschlusses getroffen wurde, zu berücksichtigen ist.[570] Gleiches gilt für jede von einer oder mehreren Vertragsparteien anlässlich des Vertragsabschlusses abgefasste Urkunde, die von den anderen Vertragsparteien als eine sich auf den Vertrag beziehende Urkunde angenommen worden ist.[571]

C. Die teleologische Auslegung

Kernelement einer jeden – in Abgrenzung zur subjektiv-historischen – vorgenommenen objektiven Auslegung ist die Interpretation des Vertragstextes anhand seines Telos, d.h. seiner Ziele und Grundsätze (sog. *teleologische Auslegung*). Inhaltlich folgt daraus, dass von mehreren Auslegungsmöglichkeiten derjenigen der Vorzug zu gewähren ist, die der Verwirklichung der genannten Vertragsziele am nächsten kommt. Dieser Auslegungsgrundsatz wird auch *effet utile*-Grundsatz genannt.[572]

---

568 In der Praxis jedoch stehen die Fassungen in den Verhandlungssprachen des IGH – d.h. dem Englischen und dem Französischen – bei der Chartaauslegung eindeutig im Vordergrund. An dem Grundsatz, wonach zur Ausräumung begrifflicher Divergenzen alle Chartafassungen in authentischer Sprache gleichermaßen heranzuziehen sind, ändert dies aber nichts. S. dazu *Ress*, in: *Simma* (Hrsg.), Charta der Vereinten Nationen, Auslegung, Rn. 15 f.

569 Vgl. dazu *Heintschel von Heinegg*, in: *Ipsen* (Hrsg.), Völkerrecht, § 11 Rn. 8 f.; *Ress*, in: *Simma* (Hrsg.), Charta der Vereinten Nationen, Auslegung, Rn. 37; *Dörr*, in: *Dörr/Schmalenbach* (Hrsg.), Vienna Convention on the Law of Treaties, Art. 31 Rn. 44 ff.

570 Art. 31 Abs. 2 lit. a WVRK.

571 Art. 31 Abs. 2 lit. b WVRK.

572 *Heintschel von Heinegg*, in: *Ipsen* (Hrsg.), Völkerrecht, § 11 Rn. 16; *Villiger*, Commentary on the 1969 Vienna Convention, Art. 31 Rn. 12; *Herbst*, Rechtskontrolle, 100 f. Aus dem Primat der teleologischen Auslegung wird zudem gefolgert, dass einer internationalen Organisation in Ergänzung zu ihren im Gründungsvertrag eingeräumten Befugnissen weitere ungeschriebene Kompetenzen zuzugestehen sind, sofern sie ohne diese Zusatzkompetenzen ihre Vertragsziele nicht verwirklichen kann (sog. *implied-powers* Lehre). S. dazu statt vieler *Heintschel von Heinegg*,

D. Die Vertragspraxis

I. Die Praxis der Mitgliedstaaten

Die Vertragspraxis der Staaten stellt nach Art. 31 Abs. 3 lit. b WVRK einen eigenständigen Auslegungsfaktor dar. Ihre Relevanz beruht auf dem Grundsatz des *„eius est interpretari leges, cuius est condere"*.[573] Die Vertragsparteien können in ihrer Eigenschaft als Herren der Verträge, einen einmütigen Konsens vorausgesetzt, die Bedeutung von Rechtssätzen verbindlich festlegen. Eine solche Festlegung wird als *authentische Auslegung* oder *Interpretation* bezeichnet.[574]

Dogmatisch ist die authentische Auslegung zwischen Vertragsauslegung und Vertragsfortbildung anzusiedeln.[575] Eine bloße Vertragsauslegung liegt vor, wenn sich die Auslegung im Rahmen der anerkannten Auslegungsregeln, insbesondere des Wortlauts der Vertragsbestimmungen hält. Einer Vertragsänderung kommt die authentische Auslegung dann gleich, wenn mit ihr eine Modifikation der Vertragsinhalte einhergeht, also die *Implementierung neuer, vom Wortlaut des Vertrages nicht mehr umfasster Fälle.*[576] In ihrer Eigenschaft als Herren der Verträge sind die

---

in: *Ipsen* (Hrsg.), Völkerrecht; *Ress*, in: *Simma* (Hrsg.), Charta der Vereinten Nationen, Auslegung, Rn. 37.

573 „Dessen Amt ist es, die Gesetze zu deuten, wessen Amt es ist, sie zu erlassen."

574 *Fastenrath*, Lücken im Völkerrecht, 194 f.; *Dahm/Delbrück/Wolfrum*, VR, Bd. I/3, 674. Vgl. auch *Dörr*, in: *Dörr/Schmalenbach* (Hrsg.), Vienna Convention on the Law of Treaties, Art. 31 Rn. 76 f. Der Ausdruck der authentischen Auslegung wird nicht einheitlich verwendet. KARL definiert ihn als verbindliche Auslegung eines Vertragstextes. Erfolge diese durch beauftragte Organe, liege eine *autoritative Auslegung* vor. Werde sie hingegen durch die Vertragsstaaten selbst vorgenommen, handele es sich um eine *authentische Auslegung im eigentlichen Sinne*. So *Karl*, in: *Schreuer* (Hrsg.), Autorität und internationale Ordnung, 11. *Eckert*, Nichtstaatliche Akteure, 27, nimmt eine solche Differenzierung nicht vor. Sie beschränkt sich auf die Definition der authentischen als verbindliche Auslegung. *Lorinser*, Bindende Resolutionen, 42 und 44, verwendet die Begriffe der authentischen und autoritativen Auslegung in Bezug auf den Sicherheitsrat simultan. Diese Arbeit verwendet den Begriff der authentischen Auslegung ausschließlich in dem im Haupttext definierten Sinne.

575 Vgl. dazu *Fastenrath*, Lücken im Völkerrecht, 195; *Dahm/Delbrück/Wolfrum*, VR, Bd. I/3, 674.

576 Vgl. dazu *Fastenrath*, Lücken im Völkerrecht, 195; *Dahm/Delbrück/Wolfrum*, VR, Bd. I/3, 674; *Martenczuk*, Rechtsbindung, 56. Differenzierend KARL, demzufolge man von einer authentischen Auslegung nur noch dann sprechen kann, wenn die Sinngebung „in irgendeiner Weise durch die Gegebenheiten des Vertrages gebunden ist und daher *zumindest wahlweise* dem vertraglichen Wortlaut, der historischen Vertragsabsicht oder Teleologie des Vertrages entspricht oder entsprechen möchte", *Karl*, in: *Schreuer* (Hrsg.), Autorität und internationale Ordnung, 11. Sei keiner dieser Anknüpfungspunkte gegeben, so läge keine authentische Vertragsauslegung, sondern eine hiervon zu unterscheidende Vertragsänderung vor. KARL gibt jedoch selbst zu, dass die von ihm getroffene Unterscheidung vage

Vertragsparteien bei entsprechendem Konsens prinzipiell auch zu einer solchen formlosen Vertragsänderung befugt. Die Grenzen zwischen einer bloßen Vertragsauslegung und einer Vertragsänderung sind bei der authentischen Auslegung also fließend.[577] Inwieweit der Vertragspraxis der Staaten eine Verbindlichkeit im Sinne einer authentischen Auslegung zukommt, ist von ihrer Dauer und Schlüssigkeit sowie ihres inhaltlichen Verhältnisses zur Charta abhängig.[578] Sind Dauer und Schlüssigkeit nicht gegeben, liegt keine *verbindliche* Auslegung vor. Das schließt jedoch nicht aus, die Praxis als *einen* relevanten Auslegungsfaktor heranzuziehen.[579]

II. Die Praxis des Sicherheitsrates

Bei der Auslegung der UN-Charta spielt – wie generell bei der Auslegung jedes Gründungsvertrags einer internationalen Organisation – die Praxis der Organisation sowie ihrer Organe eine hervorgehobene Rolle.[580] Zur Praxis des Sicherheitsrates zählen in der Hauptsache die von ihm erlassenen Resolutionen und ihre Begründung, aber auch die Stellungnahmen seines Präsidenten sowie die seiner Mitglieder.[581] Schon der IGH hatte in seinem CERTAIN EXPENSES-Gutachten festgestellt,

---

ist. DELBRÜCK, a.a.O., weist zu Recht darauf hin, dass die Unterscheidung zwischen authentischer Auslegung und Vertragsänderung jedenfalls in der Praxis keine entscheidende Rolle spielt.

577 *Fastenrath*, Lücken im Völkerrecht, 195. Ein prominentes Beispiel eines Grenzfalls zwischen einer authentischen Auslegung und einer Vertragsänderung durch die nachfolgende Praxis der Vertragsstaaten stellt die Erweiterung des NATO-Vertrages von einem bloßen Verteidigungsbündnis zu einem breiter angelegten Sicherheitskonzept dar, das unter anderem die Bekämpfung der Gefahren durch Massenvernichtungswaffen oder Akte des Terrorismus vorsieht. Dieses neue Sicherheitskonzept wurde im April 1999 von den Staats- und Regierungschefs der NATO-Mitgliedstaaten ohne förmliche Änderung des NATO-Vertrages verabschiedet. Die Bundestagsfraktion der PDS hatte in dem neuen Sicherheitskonzept eine formlose Änderung des NATO-Vertrages gesehen, zu dessen Annahme die Bundesregierung ihrer Meinung nach die Zustimmung des Bundestages nach Art. 24 Abs. 2 i.V.m. Art. 59 Abs. 2 GG bedurft hätte. Ein vor dem BVerfG angestrengtes Organstreitverfahren (BVerfGE 104, 151 ff.) blieb jedoch ohne Erfolg, weil das BVerfG im Ergebnis die Grenze von der Konkretisierung der Vertragsinhalte zur Vertragsänderung noch nicht überschritten sah. Inwiefern es sich hierbei um eine authentische Interpretation oder eine Vertragsänderung handelte, ließ es dabei jedoch offen. Instruktiv zum Ganzen *Dahm/Delbrück/Wolfrum*, VR, Bd. I/3, 674 f.

578 So explizit *Oette*, Wirtschaftssanktionen, 212, m. w. N.

579 Vgl. dazu *Villiger*, Commentary on the 1969 Vienna Convention, Art. 31 Rn. 22; *Oette*, Wirtschaftssanktionen, 212.

580 *Ress*, in: *Simma* (Hrsg.), Charta der Vereinten Nationen, Auslegung, Rn. 7; vgl. auch *Oette*, Wirtschaftssanktionen, 212, sowie *Dörr*, in: *Dörr/Schmalenbach* (Hrsg.), Vienna Convention on the Law of Treaties, Art. 31 Rn. 85 f.

581 Vgl. auch die Ausführungen des IGH im NAMIBIA-Gutachten, *Legal Consequences for States of the Continued Presence of South Africa in Namibia (South West*

dass die Auslegung der einzelnen chartarechtlichen Bestimmungen zuvörderst dem Organ obliegt, dessen Handlungs- und Tätigkeitsbereiche sie definieren.[582] Dies beruht auf dem allgemeinen Gedanken, dass die Übertragung von Hoheitsrechten auf internationale Organisationen und deren Organe primär deswegen erfolgt, damit diese bestimmte Aufgaben für und anstelle der Staaten wahrnehmen. Mit der Übertragung dieser Aufgaben wird dem jeweiligen Organ gleichzeitig eine gewisse Autonomie bei der Auslegung und Konkretisierung der ihm hierzu eingeräumten Befugnisse zugestanden.[583]

Beim Sicherheitsrat ist dieser Auslegungs- und Konkretisierungsspielraum aufgrund der weiten sprachlichen und inhaltlichen Fassung der ihm im VII. Kapitel eingeräumten Befugnisse besonders groß.

Das erschwert nicht nur die Abgrenzung zwischen einer (noch) zulässigen Vertragsinterpretation und einer unzulässigen Vertragserweiterung.[584] Man sich sogar fragen, ob dem Sicherheitsrat aufgrund der Formulierung seiner Befugnisnormen nicht gleichzeitig die Kompetenz zu ihrer verbindlichen und endgültigen Auslegung eingeräumt worden ist.[585] Eine derartige Kompetenz eines Organs einer internationalen Organisation wird als sog. *autoritative Auslegungs- bzw. Interpretationsbefugnis* bezeichnet.[586]

Africa) notwithstanding Security Council Resolution 276 (1970), Advisory Opinion, 21.06.1971, ICJ Reports 1971, 16, 22, Rn. 22: „However, the proceedings of the Security Council extending over a long period supply abundant evidence that presidential rulings and the positions taken by members of the Council, in particular its permanent members, have consistently and uniformly interpreted the practice of voluntary abstention by a permanent member as not constituting a bar to the adoption of resolutions".

582 *Certain Expenses of the United Nations (Article 17, Paragraph 2, of the Charter)*, Advisory Opinion, 20.07. 1962, ICJ Reports 1962, 151, 168: „As anticipated in 1945, therefore, each organ must, in the first place at least, determine its own jurisdiction. If the Security Council, for example, adopts a resolution purportedly for the maintenance of international peace and security and if, in accordance with a mandate or authorization in such resolution, the Secretary-General incurs financial obligations, these amounts must be presumed to constitute „expenses of the Organization"."

583 *Osteneck*, UN-Wirtschaftssanktionen, 19, spricht in diesem Zusammenhang von einer *dynamischen Interpretationsbefugnis.*

584 Trotz der Schwierigkeiten ist aus dogmatischer Sicht strikt zwischen beiden Rechtsinstituten zu unterscheiden. Pointiert hierzu hat Richter Spender in seinem Sondervotum zum Certain Expenses-Gutachten des IGH Stellung bezogen: „Their right to interprete the Charter gives them no power to alter it", *Certain Expenses of the United Nations (Article 17, Paragraph 2, of the Charter)*, Advisory Opinion, 20.07. 1962, ICJ Reports 1962, 182, 197.

585 Vgl. hierzu auch *Martenczuk*, Rechtsbindung, 143 ff.

586 *Osteneck*, UN-Wirtschaftssanktionen, 19, Fn. 65; *Neusüß*, Legislative Maßnahmen, 143. Vgl. auch *Dörr*, in: *Dörr/Schmalenbach* (Hrsg.), Vienna Convention on the Law

Mit ihrer Anerkennung würde man dem Rat eine rechtsabsolutistische Stellung einräumen, die ihm nach der Charta nicht zukommt.[587] Vielmehr darf das Handeln des Rates den von den klassischen Auslegungsmethoden Wortlaut, Systematik und Telos gesteckten normativen Rahmen grundsätzlich nicht verlassen.[588] Tut es dies

---

of Treaties, Art. 31 Rn. 21. Zur begrifflichen Abgrenzung von autoritativer und authentischer Auslegung s. bereits die Ausführungen unter Fn. 574.

587 Dazu sogleich ausführlich Teil III Kap. 2.

588 *Oette*, Wirtschaftssanktionen, 213; *Dahme*, Terrorismusbekämpfung, 187. Von dem Grundsatz ist der Sicherheitsrat allerdings in einigen Fällen abgewichen, beispielsweise bei der Beschlussfassung nach Art. 27 Abs. 3 UN-Charta. Nach der Praxis des Rates steht hier die Stimmenthaltung eines oder mehrerer ständigen Ratsmitglieder der Annahme des Beschlusses nicht entgegen. Dem Wortlaut des Art. 27 Abs. 3 UN-Charta zufolge bedürfen Beschlüsse des Sicherheitsrates jedoch grundsätzlich *der Zustimmung* von neun einschließlich sämtlicher ständigen Mitglieder. Der IGH hat die Ratspraxis in seinem Namibia-Gutachten dennoch für rechtens erklärt. Ausschlaggebend sei, dass eine einheitliche und konsistente Praxis der Mitgliedstaaten und der Organe der Organisation vorliege, wonach die Stimmenthaltung eines oder mehrerer ständiger Ratsmitglieder einer wirksamen Beschlussfassung des Sicherheitsrates nicht entgegenstehe: „However, the proceedings of the Security Council extending over a long period supply abundant evidence that presidential rulings and the positions taken by members of the Council, in particular its permanent members, have consistently and uniformly interpreted the practice of voluntary abstention by a permanent member as not constituting a bar to the adoption of resolutions. By abstaining, a membcr does not signify its objection to the approval of what is being proposed; in order to prevent the adoption of a resolution requiring unanimity of the permanent members, a permanent member has only to cast a negative vote. This procedure followed by the Security Council, which has continued unchanged after the amendment in 1965 of Article 27 of the Charter, has been generally accepted by Members of the United Nations and evidences a general practice of that Organization", *Legal Consequences for States of the Continued Presence of South Africa in Namibia (South West Africa) notwithstanding Security Council Resolution 276 (1970)*, Advisory Opinion, 21.06.1971, ICJ Reports 1971, 16, 22. Hierzu weiterführend *Herbst*, Rechtskontrolle, 313 f. Die soeben getätigten Ausführungen stellen jedoch den Grundsatz, wonach sich das Handeln des Sicherheitsrates im Rahmen des klassischen Auslegungskanons von Wortlaut, Systematik und Telos halten muss, nicht infrage. Denn im Namibia-Gutachten stand die Rechtmäßigkeit einer Änderung der Abstimmungsmodalitäten innerhalb des Organs Sicherheitsrat zur Diskussion. Diese Verfahrensfrage griff nur peripher in die Rechte der Mitgliedstaaten ein. Dementsprechend sind auch die Anforderungen an den Nachweis einer entsprechenden Zustimmung der Vertragsstaaten niedriger anzusetzen. Ganz anders ist dies, wenn es um die Erweiterung der materiellen Kompetenzen des Sicherheitsrates zulasten der Mitgliedstaaten geht. Der Nachweis, dass ein Handeln des Sicherheitsrates *contra legem* auch in solchen Fällen von den Mitgliedstaaten mitgetragen wird, ist ungleich schwerer zu erbringen. Vgl. dazu *Schilling*, AVR 33 (1995), 67, 92; *Oette*, Wirtschaftssanktionen, 214.

doch, handelt es sich vom Prinzip her um einen unzulässigen und von den Mitgliedstaaten nicht zu beachtenden *ultra vires*-Akt.[589] Die Ratspraxis stellt demzufolge zwar einen wichtigen, aber nicht den allein maßgeblichen Auslegungsfaktor dar.[590]

Inhaltlich ist dieses Ergebnis sowohl in der völkerrechtlichen Praxis wie auch in der Literatur weitgehend anerkannt.[591] Versuche zu seiner normativen Rückkopplung an die Auslegungsvorschriften der WVRK werden jedoch nur ganz vereinzelt unternommen.[592] Ein dogmatisch gangbarer Weg besteht darin, die Ratspraxis als Praxis der Vertragsstaaten im Sinne des Art. 31 Abs. 3 lit b. WVRK aufzufassen.[593] Prinzipiell ist zwar strikt zwischen der Organpraxis und der Praxis der Vertragsstaaten zu unterscheiden.[594] Beide sind nicht zwingend kongruent, sondern können beträchtlich voneinander abweichen. Organe einer internationalen Organisation haben die Tendenz, ihre Befugnisse möglichst weit auslegen. Die Staaten hingegen haben ein Interesse daran, dass sich der mit der Übertragung von Hoheitsrechten einhergehende Souveränitätsverlust in überschaubarem Rahmen hält. Ein Schluss von der Organpraxis auf die Praxis der Vertragsstaaten verbietet sich grundsätzlich dann, wenn das Organ – wie im Falle des Sicherheitsrates – seine Beschlüsse aufgrund von Mehrheitsentscheidungen trifft und/oder nur ein Teil der Vertragsstaaten in dem Organ vertreten sind.[595] Eine Auffassung misst der Organpraxis in derartigen Fällen keinen größeren Wert zu als einer Mehrheitsentscheidung der Staaten außerhalb des Organs. Die Organentscheidung sei nur ein Mechanismus innerhalb einer internationalen Organisation, durch den die Vertragsstaaten ihre Rechtsauffassung artikulierten.[596]

---

589 Vgl. dazu *Stein*, Sicherheitsrat und die Rule of Law, 77.

590 So zu Recht *Stein*, Sicherheitsrat und die Rule of Law, 90 f., sowie ihm folgend *Oette*, Wirtschaftssanktionen, 213.

591 Vgl. dazu *Oette*, Wirtschaftssanktionen, 214; *Dahme*, Terrorismusbekämpfung, 187; *Ress*, in: *Simma* (Hrsg.), Charta der Vereinten Nationen, Auslegung, Rn. 32; *Herbst*, Rechtskontrolle, 306 ff.; *Osteneck*, UN-Wirtschaftssanktionen, 19 f.

592 So z. B. von *Herbst*, Rechtskontrolle, 102 und 306 ff., sowie von *Oette*, Wirtschaftssanktionen, 212 ff.

593 S. dazu auch *Herbst*, Rechtskontrolle, 102 und 306 ff., sowie *Oette*, Wirtschaftssanktionen, 212 ff.

594 *Ress*, in: *Simma* (Hrsg.), Charta der Vereinten Nationen, Auslegung, Rn. 28; *Herbst*, Rechtskontrolle, 102.

595 S. dazu *Ress*, in: *Simma* (Hrsg.), Charta der Vereinten Nationen, Auslegung, Rn. 28; *Oette*, Wirtschaftssanktionen, 213.

596 So explizit Richter Spender in seinem Sondervotum zum Certain Expenses-Gutachten des IGH, *Certain Expenses of the United Nations (Article 17, Paragraph 2, of the Charter)*, Advisory Opinion, 20.07.1962, ICJ Reports 1962, 151, 192: „It is not I think permissible to move the principle of subsequent conduct of parties to a bilateral or multilateral treaty into another field and seek to apply it, not to the parties to the treaty, but to an organ established under the treaty. My present view is that it is not possible to equate „subsequent conduct" with the practice of an organ of the United Nations. Not only is such an organ not a party to the Charter

Diese im Grundsatz zutreffenden dogmatischen Bedenken stehen jedoch einem Brückenschlag von der Praxis des Sicherheitsrates auf die Praxis der Vertragsstaaten nicht kategorisch entgegen.[597] Selbst nach den Vertretern der Auffassung, die einem Schluss von der Organ- auf die Staatenpraxis kritisch gegenüberstehen, ist ein solcher Brückenschlag in den Fällen zulässig, in denen eine uniforme, konsistente und von allen Vertragsstaaten akzeptierte Praxis besteht.[598] Man wird im Falle des Sicherheitsrates noch etwas weiter gehen können und seine Praxis als generellen Auslegungskonsens der Vertragsstaaten ansehen dürfen, wenn sie einen dauernden und konsistenten Charakter aufweist und sich ihr keine vom Gewicht her bedeutende Minderheit der Staaten entgegenstellt.[599] Dieser Grundsatz ist darauf zurückzuführen, dass die Vertragsstaaten dem Sicherheitsrat weitreichende, formell an Mehrheitsentscheidungen anknüpfende Kompetenzen eingeräumt haben.[600]

---

but the inescapable reality is that both the General Assembly and the Security Council are but the mechanisms through which the Members of the United Nations express their views and act. The fact that thev act through such an organ, where a majority rule prevails and so dietermines the practice, cannot, it seems to me, give any greater probative value to the practice established within that organ than it would have as conduct of the Members that comprise the majority if pursued outside of that organ".

597 *Ress*, in: *Simma* (Hrsg.), Charta der Vereinten Nationen, Auslegung, Rn. 32; *Oette*, Wirtschaftssanktionen, 213 f.; *Herbst*, Rechtskontrolle, 102 f.

598 Vgl. dazu das Sondervotum von Richter Spender zum Certain Expenses-Gutachten des IGH, *Certain Expenses of the United Nations (Article 17, Paragraph 2, of the Charter)*, Advisory Opinion, 20.07.1962, ICJ Reports 1962, 151, 195: „Apart from *a practice which is of a peaceful, uniform and undisputed character accepted in fact by all current Members* (Hervorhebung durch den Autor), a consideration of which is not germane to the present examination, I accordingly entertain considerable doubt whether practice of an organ of the United Nations has any probative value either as providing evidence of the intentions of the original Member States or otherwise a criterion of interpretation".

599 Zutreffend *Ress*, in: *Simma* (Hrsg.), Charta der Vereinten Nationen, Auslegung, Rn. 32; *Oette*, Wirtschaftssanktionen, 214.

600 Dass eine mechanische Anwendung der Auslegungsregeln der WVRK auf die Gründungsverträge internationaler Organisationen unangebracht ist, hat insbesondere Karl nachdrücklich betont. Karl weist zu Recht darauf hin, dass bei der objektiven Auslegung ein Auswählen und Abwägen anwendbarer Wertungsgesichtspunkte, die dem Vertrag selbst und der Rechtsordnung zu entnehmen sind, erforderlich ist. S. dazu *Karl*, Vertrag und spätere Praxis, 26. Karl explizit zitierend *Herbst*, Rechtskontrolle, 105. Der von Karl formulierte Gedanke kommt auch in Art. 5 WVRK zum Ausdruck, wonach die Konvention zwar grundsätzlich auf jeden Vertrag, der die Gründungsurkunde einer internationalen Organisation bildet, Anwendung findet, alle einschlägigen Vorschriften der Organisation jedoch davon unbeschadet lässt und damit die Berücksichtigung der spezifischen Eigenheiten des jeweiligen Gründungsvertrags bei der Auslegung ermöglicht. Auch der IGH hat in seinem WHO-Gutachten aus dem Jahre 1996 (*Legality of the Use by a State*

Allerdings wird man ihn nuancieren müssen. Der Aussage von HERBST, wonach an das Vorliegen eines Meinungskonsenses im Rahmen der späteren Praxis keine allzu hohen Anforderungen zu stellen sind[601], kann in ihrer Allgemeinheit jedenfalls nicht zugestimmt werden. Denn je höher man die Wertigkeit der Ratspraxis einordnet bzw. je niedriger man die Anforderungen an eine entsprechende Zustimmung der Vertragsstaaten formuliert, desto weniger Raum bleibt für eine Überprüfung der Ratshandlungen anhand des klassischen Auslegungskanons. HERDEGEN ist deshalb beizupflichten, wenn er die Rechtmäßigkeit einer Norminterpretation des Sicherheitsrates, die sich „vom Wortlaut der Charta oder einem einmal gefundenen, breiten Konsens der Mitgliedstaaten entfernt, nach Umfang und Akzeptanz durch die anderen Hauptorgane und Mitglieder der Vereinten Nationen" bemessen will.[602] Der Grad der Akzeptanz spielt dabei insbesondere in den Fällen eine hervorgehobene Rolle, in denen das neue Begriffsverständnis des Sicherheitsrates den Bereich der inneren Angelegenheiten der Staaten weiter verengt.[603] Aus der Befolgung einer umstrittenen Resolution des Sicherheitsrates in derartigen Konstellationen kann jedenfalls nicht auf eine entsprechende mitgliedstaatliche Akzeptanz der vom Rat vorgenommenen Chartainterpretation geschlossen werden.[604]

Kapitel 2: Fragen der grundsätzlichen Rechtsbindung des Sicherheitsrates

Bei der Frage nach der Rechtsbindung des Sicherheitsrates handelt es sich um eines der meist diskutierten Probleme des Völkerrechts. Die Mitgliedstaaten haben dem Rat in Art. 24 Abs. 1 UN-Charta die Hauptverantwortung für die Wahrung des Weltfriedens und der internationalen Sicherheit übertragen und ihm zur Erfüllung dieser Aufgabe weitreichende Befugnisse eingeräumt. Diese Befugnisse sind so extensiv konzipiert, dass sie kontroverse Ansichten über die grundsätzliche Rechtsbindung des Sicherheitsrates zulassen.

§ 1: Überblick über die Befugnisse des Sicherheitsrates nach Kap. VII der UN-Charta

Ihr Kernstück stellen die Vorschriften des VII. Kapitels der UN-Charta dar. Sie ermächtigen den Rat dazu, zur Wahrung und Sicherung des Weltfriedens

of Nuclear Weapons in Armed Conflict, Advisory Opinion, 08.07.1996, ICJ Reports 1996, 66, 74 f.) einer uneingeschränkten Anwendung der Auslegungsvorschriften der WVRK auf die UN-Charta eine klare Absage erteilt. Hierauf weist *ders.*, Rechtskontrolle, 82, ausdrücklich hin.

601 *Herbst*, Rechtskontrolle, 314.

602 *Herdegen*, in: *Beyerlin* (Hrsg.). Recht zwischen Umbruch und Bewahrung, 113.

603 *Herdegen*, in: *Beyerlin* (Hrsg.). Recht zwischen Umbruch und Bewahrung, 113.

604 *Herdegen*, in: *Beyerlin* (Hrsg.). Recht zwischen Umbruch und Bewahrung, 113.

Zwangsmaßnahmen zu erlassen. Voraussetzung für ein Tätigwerden nach Kap. VII ist die Feststellung einer Eingriffslage nach Art. 39 UN-Charta, d.h. des Vorliegens einer Angriffshandlung, eines Friedensbruchs oder einer Friedensbedrohung. Diese Feststellung ist vom Sicherheitsrat zu treffen. Rechtlich verpflichtet ist er hierzu jedoch nicht, auch dann nicht, wenn eine Eingriffslage tatsächlich besteht. Die Entscheidung über ein Tätigwerden liegt in seinem freien Ermessen.[605] Von den in Art. 39 UN-Charta aufgeführten Tatbeständen wird keiner in der Charta definiert. Ihre normative Dichte ist damit insgesamt gering. Der Begriff der Angriffshandlung weist dabei noch die größte, der der Friedensbedrohung, auf den der Sicherheitsrat fast ausschließlich rekurriert, die geringste Bestimmtheit auf.

Die weitläufige Formulierung der Tatbestände in Art. 39 UN-Charta ist von der Gründungsversammlung der UN bewusst gewählt worden. Vor dem Hintergrund der unbefriedigenden Erfahrungen mit dem Völkerbund sollte der Sicherheitsrat von Anfang an in der Lage sein, seiner Aufgabe zur Wahrung des Weltfriedens in effizienter Weise nachzukommen. Dazu musste zum einen sichergestellt werden, dass er auch auf künftige, bei Verabschiedung der Charta noch nicht vorhersehbare Gefahrensituationen würde angemessen reagieren können. Ein zu enges normatives Korsett hätte diesem Ansinnen entgegengestanden. Zum anderen galt es, dem politischen Charakter des Sicherheitsrates ausreichend Rechnung zu tragen. Den Autoren der Charta war von vornherein bewusst, dass die Effizienz des Systems der kollektiven Sicherheit in höchstem Maße vom Umfang der Kooperation zwischen den zukünftigen ständigen Ratsmitgliedern abhängen würde. Die ideologischen und politischen Differenzen zwischen den betreffenden Staaten – denen der westlichen Hemisphäre einerseits und vor allem der Sowjetunion andererseits – waren jedoch bereits vor der Gründung der UN beträchtlich. Von Beginn an war deshalb klar, dass die Entscheidungsfindung im Rat nicht anhand handfester rechtlicher Kriterien, sondern zuvörderst anhand politischer Erwägungen erfolgen würde. Mit der weiten Fassung der Eingriffsvoraussetzungen in Art. 39 UN-Charta wollte man auch diesem Aspekt ausreichend berücksichtigen. Eine zu enge Formulierung der Vorschrift hätte die ohnehin bestehenden Schwierigkeiten einer konstruktiven Zusammenarbeit zwischen den ständigen Ratsmitgliedern noch weiter verschärft. Denn je detaillierter eine Handlungsnorm gefasst ist, desto schwieriger fällt der Konsens, wenn die Akteure in ihren politischen und ideologischen Ansichten voneinander abweichen.

Da der Sicherheitsrat durch die Vorschrift des Art. 39 UN-Charta ermächtigt wird, fällt auch primär ihm die Aufgabe zu, die dort aufgeführten Tatbeständen inhaltlich zu konkretisieren. Aufgrund der sprachlichen Weite der Tatbestände geht mit dieser Konkretisierungskompetenz eine beträchtliche Machtfülle einher. Zu ihrer dogmatischen Einordnung greifen einige Autoren auf Begrifflichkeiten des deutschen Verwaltungsrechts zurück. Sie qualifizieren die Tatbestände des Art. 39 UN-Charta

605 *Schilling*, AVR 33 (1995), 67, 78. Insbesondere ist der Sicherheitsrat nicht verpflichtet, einen bestimmten Sachverhalt als Friedensbedrohung zu qualifizieren. S. dazu *Gowlland-Debbas*, in: *Byers* (Hrsg.). The role of law, 288.

als unbestimmte Rechtsbegriffe und räumen dem Sicherheitsrat einen Beurteilungsspielraum bei ihrer inhaltlichen Verdichtung ein.[606] Eine solche begriffliche Anleihe ist jedoch nur zulässig, um sich dem Normcharakter des Art. 39 UN-Charta *deskriptiv* zu nähern. In keinem Fall lässt sich die im innerstaatlichen Recht entwickelte Dogmatik des unbestimmten Rechtsbegriffs auf Art. 39 UN-Charta übertragen.[607] Dies folgt bereits aus dem Umstand, dass der unbestimmte Rechtsbegriff weder in anderen nationalen Rechtsordnungen noch in der Rechtsprechung internationaler Gerichte eine terminologische Entsprechung findet.[608] Zudem sind die sachlichen Unterschiede zwischen einer innerstaatlich handelnden Verwaltungsbehörde einerseits und dem Sicherheitsrat als einem interstaatlich tätigen Organ andererseits, dessen Kompetenzen neben Exekutiv- auch quasi-legislative und -judikative Funktionen[609] enthalten, zu groß.[610] Hinzu kommt, dass der unbestimmte Rechtsbegriff im deutschen Verwaltungsrecht untrennbar mit der Frage nach dem Umfang der verwaltungsgerichtlichen Kontrolle über behördliches Handeln verbunden ist.[611] Bei Art. 39 UN-Charta geht es demgegenüber um die Grenzen der Konkretisierungskompetenz des Rates in Bezug auf die dort aufgeführten Tatbestände. Die Frage nach den rechtlichen Grenzen einer Befugnis ist jedoch strikt von der Frage zu trennen, inwieweit eine auf ihrer Grundlage vorgenommene Handlung gerichtlich kontrolliert werden kann.[612] Statt von unbestimmten Rechtsbegriffen sollte man im Rahmen des Art. 39 UN-Charta deshalb besser von einer „offenen" Ermächtigungsnorm sprechen, zu deren Konkretisierung der Sicherheitsrat befugt ist.[613] Diese Konkretisierungskompetenz lässt sich in zwei Komponenten unterteilen, eine *normative* und eine *sachverhaltsbezogene.*

Mit der normativen Konkretisierungskompetenz ist die Befugnis des Sicherheitsrates zur inhaltlichen Bestimmung dessen gemeint, was *rechtlich* unter die Tatbestände des Art. 39 UN-Charta zu fassen ist. Dieser Konkretisierungsspielraum

---

606 So z.B. bei *Bienk-Koolman*, Ad hoc-Strafgerichtshöfe, 108 f.; *Hechtl*, Präventive Selbstverteidigung, 68.

607 So zu Recht *Schöbener*, in: *Dreier/Forkel/Laubenthal* (Hrsg.), Raum und Recht, 451; *Herbst*, Rechtskontrolle, 323.

608 *Schöbener*, in: *Dreier/Forkel/Laubenthal* (Hrsg.), Raum und Recht, 451.

609 Die Grenzen dieser quasi-legislativen und -judikativen Kompetenzen sind umstritten. Als Beispiel einer Maßnahme mit sowohl quasi-judikativen wie -legislativen Elementen sei die Errichtung der internationalen Strafgerichtshöfe für das ehemalige Jugoslawien und Ruanda genannt. Der quasi-legislative Akt besteht in der Konstituierung der Tribunale, der quasi-judikative in der juristischen Aufarbeitung der Gewaltverbrechen in beiden Staaten, die die Gerichtshöfe als Nebenorgane des Sicherheitsrates nach Art. 29 UN-Charta vornehmen. Vgl. hierzu auch *Herdegen*, in: *Beyerlin* (Hrsg.). Recht zwischen Umbruch und Bewahrung, 105.

610 *Schöbener*, in: *Dreier/Forkel/Laubenthal* (Hrsg.), Raum und Recht, 451.

611 S. dazu statt vieler *Maurer*, Allg. VwR, Rn. 30.

612 *Aston*, ZaöRV 62 (2002), 257, 272; *Bothe*, in: *Dupuy* (Hrsg.). Le développement, 69.

613 *Herdegen*, in: *Beyerlin* (Hrsg.). Recht zwischen Umbruch und Bewahrung, 107; *Schöbener*, in: *Dreier/Forkel/Laubenthal* (Hrsg.), Raum und Recht, 455.

ist beim Begriff der Friedensbedrohung, auf den der Rat zur Rechtfertigung eines Tätigwerdens fast ausschließlich rekurriert, am größten, weil er vom Inhalt her die geringsten Konturen aufweist. Insbesondere für die Friedensbedrohung gilt daher, dass ihr Inhalt nicht für alle Zeiten festgeschrieben ist, sondern immer auch von dem ständigen Fluss des tatsächlichen Geschehens abhängt. Sie lässt sich daher nicht auf ein paar wenige begriffskonstitutive Merkmale eingrenzen.[614] Die regelmäßig zu beobachtende Entstehung neuartiger atypischer Gefahrenlagen kann die Entwicklung neuer Kriterien, eine neue inhaltliche Anreicherung des Begriffs der Friedensbedrohung erforderlich machen, die der Rat im Wege der dynamischen Interpretation vornimmt.[615]

Die sachverhaltsbezogene Konkretisierungskompetenz bezieht sich auf die Frage, inwieweit die jeweiligen Umstände *tatsächlich* den Grad einer Friedensbedrohung, eines Friedensbruchs oder einer Angriffshandlung erreichen oder nicht. Ein Bewertungsspielraum ergibt sich aus dem prognostischen Charakter dieser Entscheidung, die regelmäßig – insbesondere im Falle der Friedensbedrohung – aufgrund einer empirisch nicht vollständig gesicherten Tatsachenbasis und/oder einer ungewissen Zukunftsprognose erfolgt.[616]

Neben die Konkretisierungskompetenz auf Tatbestandsebene tritt das weite Ermessen des Rates auf der Rechtsfolgenseite. Er kann grundsätzlich frei entscheiden, welche Mittel er zur Abwehr der jeweiligen Gefahrensituation zur Anwendung bringen will. Die Vorschriften des VII. Kapitels räumen ihm dazu die Möglichkeit des Erlasses vorläufiger Maßnahmen (Art. 40), der Abgabe von Empfehlungen (Art. 39), der Verhängung nichtmilitärischer Zwangsmaßnahmen (Art. 41) sowie des Einsatzes militärischer Gewalt (Art. 42) ein.

Konkretisierungskompetenz und Handlungsermessen in ihrer Summe verschaffen dem Rat bereits eine außergewöhnliche Machtfülle.[617] Diese erfährt durch den Umstand, dass eine Rechtmäßigkeitskontrolle seines Handelns durch ein drittes, unabhängiges Organ[618] in der Charta nicht vorgesehen ist[619], noch eine zusätzliche exponentielle Steigerung. Die einzige institutionelle Begrenzung der Sicherheitsratsbefugnisse findet sich im Abstimmungsverfahren nach Art. 27 UN-Charta. Nach Art. 27 Abs. 3 UN-Charta bedürfen Beschlüsse des Rates zu Maßnahmen nach Kap. VII der Stimmen von mindestens neun der 15 Ratsmitglieder. Dabei darf kein ständiges

---

614 So pointiert *Schöbener*, in: *Dreier/Forkel/Laubenthal* (Hrsg.), Raum und Recht, 456.

615 *Schöbener*, in: *Dreier/Forkel/Laubenthal* (Hrsg.), Raum und Recht, 456.

616 Vgl. dazu *Herdegen*, Befugnisse, 14 f.; *ders.*, in: *Beyerlin* (Hrsg.). Recht zwischen Umbruch und Bewahrung, 118; *Dahme*, Terrorismusbekämpfung, 182.

617 Pointiert Herbst, demzufolge „sich jeder im nationalen Verwaltungsrecht ausgebildete Jurist angesichts der Koppelung von Konkretisierungskompetenz auf Tatbestandsebene und Ermessen auf Rechtsfolgenseite im Rahmen des Art. 39 UN-Charta die Haare raufen“ müsse, *Herbst*, Rechtskontrolle, 365.

618 Wie z.B. dem IGH.

619 Vgl. dazu *Herdegen*, Befugnisse, 6 ff.

Ratsmitglied sein Veto gegen die entsprechende Maßnahme einlegen. Nach der Grundkonzeption der Charta soll sich der Rat also primär selbst kontrollieren.

§ 2: Der Sicherheitsrat als *legibus solutus*?

Insbesondere aufgrund dieser Tatsache sowie seinem Charakter als politischem Organ[620] sind vor allem Stimmen aus der älteren Völkerrechtsliteratur zu dem Schluss gekommen, der Rat unterliege bei einem Tätigwerden nach Kap. VII. der UN-Charta keinerlei Rechtsbindung.[621] Folglich sei er nicht nur zur dynamischen, sondern zur *autoritativen* – d.h. zur letztverbindlichen – Interpretation[622] der Tatbestände des Art. 39 UN-Charta ermächtigt. Losgelöst von jeglichen objektiven Kriterien käme es für ihre begriffliche Konturierung und der Frage ihres Vorliegens ausschließlich auf die Auffassung des Sicherheitsrates an.[623] Die Feststellung nach Art. 39 UN-Charta würde hiernach ausschließlich zu einer *politischen* Entscheidung verkommen.[624]

Um die Stellung des Rates als moderner LEVIATHAN[625] zu rechtfertigen, wird auf die Notwendigkeit einer effizienten Erfüllung der ihm übertragenen Aufgabe zur Wahrung und Wiederherstellung des Weltfriedens verwiesen.[626] Hierin, und nicht

620 Explizit auf die politische Natur des Sicherheitsrates und seiner Entscheidungen abstellend Richter SCHWEBEL in seinem Sondervotum zum NICARAGUA-Urteil des IGH, *Military and Paramilitary Activities in und against Nicaragua (Nicaragua vs. United States of America),* Dissenting Opinion, 27.06.1986, ICJ Reports 1986, 259, 290: „In short, the Security Council is a political organ which acts for political reasons. It may take legal considerations into account but, unlike a court, it is not bound to appĺy them". Vgl. zu diesen Ausführungen auch *Herbst,* Rechtskontrolle, 302.

621 *Kelsen,* The Law of the United Nations, 727; *Combacau,* Le pouvoir, 100; *Freudenschuß,* AJPIL 46 (1993), 1, 37; *Eagleton,* International government, 297.

622 Von einer *autoritativen Interpretationsbefugnis* spricht man, wenn einem von den Parteien eines völkerrechtlichen Vertrages beauftragten Organ die Befugnis zur verbindlichen Auslegung der Vertragsbestimmungen erteilt wird. S. dazu *Fastenrath,* Lücken im Völkerrecht, 195 f.; *Karl,* Vertrag und spätere Praxis, 43; *Neusüß,* Legislative Maßnahmen, 143. Vgl. auch *Osteneck,* UN-Wirtschaftssanktionen, 19, Fn. 65.

623 Vgl. dazu *Schilling,* AVR 33 (1995), 67, 78.

624 Vgl. dazu *Schilling,* AVR 33 (1995), 67, 79; *Freudenschuß,* AJPIL 46 (1993), 1, 37.

625 Zur Stellung des LEVIATHAN hatte HOBBES bereits geschrieben: „Because the End of this Institution is the Peace and Defence of [...] all; and whosoever has the Right to the End, has the Right to the Means, it belongeth of Right [to him] to be Judge both of the Meanes [sic] of Peace and Defence; and also of the hindrances and disturbances of the same; and to do whatsoever he shall think necessary to be done[...]", siehe dazu *Oosthuizen,* Leiden J. Int'l. L. 1999, 549 ff., 549. An anderer Stelle heißt es bei HOBBES „auctoritas non veritas facit legem", vgl. dazu *Doehring,* MPYUNL 1997, 91, 95.

626 Vgl. dazu *Kelsen,* The Law of the United Nations, 294; 727.

in der Verwirklichung von Recht und Gerechtigkeit, erschöpfe sich der Zweck jeglichen Ratshandelns.

§ 3: Die Bejahung einer grundsätzlichen Rechtsbindung des Sicherheitsrates

Die These eines von jeglicher Rechtsbindung befreiten Sicherheitsrates (*legibus solutus*) wird heute nur noch ganz vereinzelnd vertreten.[627] Die ganz h.M. geht zu Recht von einer grundsätzlichen Rechtsbindung des Rates aus.[628]

Eine solche Bindung ergibt sich bereits durch die Errichtung der UN auf Grundlage eines völkerrechtlichen Vertrages. Ihre Kompetenzen sowie die ihrer Organe reichen demnach nur so weit, wie sie in dem Gründungsvertrag – der UN-Charta – festgelegt worden sind. Dies gilt auch für den Sicherheitsrat, mögen seine Befugnisse nach dem VII. Kapitel der Charta auch weit gefasst sein. Unterläge der Rat keiner Rechtsbindung, wäre es ihm unbenommen, sich unter dem Vorwand der Friedenssicherung nach eigenem Ermessen neue Kompetenzen und Tätigkeitsfelder zu schaffen. Eine solche *Kompetenz-Kompetenz* steht ihm jedoch aus mehreren Gründen nicht zu. Zum Ersten spricht dagegen, dass die Charta in Art. 108 UN-Charta ein formelles Vertragsänderungsverfahren normiert hat, das an strenge Voraussetzungen geknüpft ist.[629] Zum Zweiten widerspricht sie der strikten Aufgabenverteilung innerhalb der UN (Generalversammlung, IGH etc.). Die Ausarbeitung entsprechend detaillierter Regelungen wäre ohne tieferen Sinn, wenn der Rat sich unter Berufung auf eine den Weltfrieden gefährdende Lage jederzeit neue Kompetenzen schaffen könnte. Gleiches gilt auch hinsichtlich der Tatbestände des Art. 39 UN-Charta (*Angriffshandlung, Friedensbruch oder Friedensbedrohung*). Wäre die Rechtmäßigkeit einer friedenssichernden Maßnahme ausschließlich von der Beurteilung des Rates abhängig, hätte man dies durch eine entsprechende Formulierung, wie etwa „*Der Erlass von Zwangsmaßnahmen zur Wahrung und Wiederherstellung des Weltfriedens sowie der internationalen Sicherheit ist immer zulässig, wenn der Sicherheitsrat dies für notwendig erachtet*", viel einfacher zum Ausdruck bringen können.

---

627 So z.B. von *Oosthuizen*, Leiden J. Int'l. L. 1999, 549 ff.

628 S. dazu exemplarisch *Oette*, Wirtschaftssanktionen, 220, m. w. N. in Fn. 89; *Dahme*, Terrorismusbekämpfung, 184 ff.; *Herdegen*, Befugnisse, 9; *Aston*, Sekundärgesetzgebung, 81; *Delbrück*, in: *Simma* (Hrsg.), Charta der Vereinten Nationen, Art. 24 UN-Charta, Rn. 11; *Bauer*, Effektivität und Legitimität, 211 ff.; *Tomuschat*, EuGRZ 2007, 1, 6; *Wolf-Zimper*, Zielgerichtete Sanktionen, 118, *Brownlie*, in: *St. Macdonald* (Hrsg.), Essays in honour of Wang Tieya, 95 f.; *Bernhardt*, in: *Makarczyk* (Hrsg.), Theory of international law, 606, sowie *Payandeh*, ZaöRV 66 (2006), 41, 44, m. w. N. in Fn. 16.

629 Aufgrund der sprachlichen und inhaltlichen Weite der Sicherheitsratskompetenzen ist eine Abgrenzung zwischen einer zulässigen Vertragsauslegung/Rechtsfortbildung und einer unzulässigen Vertragsänderung jedoch äußerst schwierig.

Vor allem widerspricht eine rechtliche Bindungslosigkeit des Sicherheitsrates dem Grundsatz der Staatensouveränität. Könnte der Sicherheitsrat letztverbindlich über die Rechtmäßigkeit der von ihm erlassenen Maßnahmen befinden, dann hätten die Staaten im Ergebnis ihre Eigenständigkeit zu seinen Gunsten aufgegeben.[630] Denn dann wäre der Sicherheitsrat im Rahmen des VII. Kapitels auch dazu befugt, die Verschiebung von Staatsgrenzen oder die Auflösung ganzer Staaten anzuordnen. Von einem derart aus dem Rahmen fallenden Willen der Staaten darf man jedoch nur dann ausgehen, wenn eine entsprechende Regelung deutlich und explizit in die Charta aufgenommen worden ist.[631] Hieran fehlt es jedoch. Stattdessen wird in Art. 2 Abs. 1 UN-Charta der Grundsatz der souveränen Gleichheit der Staaten als das tragende Fundament der Organisation bezeichnet. Darüber hinaus findet sich in Art. 2 Abs. 7 S. 1 UN-Charta der Grundsatz der Nichteinmischung in innerstaatliche Angelegenheiten. Von diesem Verbot ist zwar zugunsten des Sicherheitsrates in Art. 2 Abs. 7 S. 2 UN-Charta eine Ausnahme vorgesehen. Diese Ausnahme gilt aber nur für ein Handeln nach Kap. VII der UN-Charta. Daraus ergibt sich im Umkehrschluss, dass der Rat im Übrigen, beispielsweise bei einem Tätigwerden nach Kap. VI der UN-Charta, an das Interventionsverbot gebunden ist. Dieses wohldurchdachte Regel-Ausnahmeverhältnis wäre ohne jeden praktischen Wert, wenn der Sicherheitsrat letztverbindlich über die Rechtmäßigkeit seines Handelns nach Kap. VII zu befinden hätte. Denn dann könnte er alleine durch die Feststellung einer den Frieden gefährdenden Lage die Ausnahmeregelung des Art. 2 Abs. 7 S. 2 UN-Charta zum Grundsatz erheben.[632] Dieser Wertungswiderspruch lässt sich durch die Annahme einer grundlegenden Rechtsbindung des Sicherheitsrates auflösen.

An diesem Befund ändert auch das Fehlen einer institutionalisierten Rechtskontrolle des Ratshandelns nichts. Nach allgemeinen Grundsätzen ist strikt zwischen einer materiellen Rechtsbindung und den verfahrensrechtlichen Möglichkeiten ihrer Durchsetzung zu unterscheiden. Die Inkongruenz beider Elemente ist für das Völkerrecht geradezu prägend. Man denke nur an die begrenzten Möglichkeiten eines Staates, einen sich ihm gegenüber rechtswidrig verhaltenden Staat zur Einhaltung seiner Rechtspflichten zu bewegen.

Auch der Hinweis auf seine politische Natur vermag die Annahme eines von jeder Rechtsbindung befreiten Sicherheitsrates nicht zu rechtfertigen. Diesbezüglich hat der IGH in seinem ADMISSIONS I-Gutachten unmissverständlich festgestellt:

---

630 Pointiert *Bedjaoui*, Nouvel ordre, 18: „Les Etats auraient donc eu, mais surtout continueraient d'avoir aujourd'hui, la perversité ou le masochisme de se doter d'une institution capable de les punir mais en revanche affranchie de tout controle en retour". Den gleichen Gedanken verfolgend *Lorinser*, Bindende Resolutionen, 42.

631 So *Herbst*, Rechtskontrolle, 377, m. w. N.

632 So auch *Dahme*, Terrorismusbekämpfung, 185; *Aston*, ZaöRV 62 (2002), 257, 271.

„The political character of an organ cannot release it from the observance of the treaty provisions established by the Charter when they constitute limitations on its powers or criteria for its judgment."[633]

Die Berufungskammer des UN-Sondertribunals für das ehemalige Jugoslawien ist in ihrer TADIC-Entscheidung noch weiter gegangen und hat explizit ausgeführt, dass es sich beim Rat um keinen *legibus solutus* handelt.[634] Auch das EuG ist in seinem 1. KADI-Urteil von einer grundsätzlichen Rechtsbindung des Sicherheitsrates ausgegangen.[635]

---

633 IGH, *Admission of a State to the United Nations (Charter, Art. 4)*, Advisory Opinion, 28.05.1948, ICJ Reports 1948, 57, 64. In dieselbe Richtung geht das NAMIBIA-Gutachten des IGH aus dem Jahre 1971, *Legal Consequences for States of the Continued Presence of South Africa in Namibia (South West Africa) notwithstanding Security Council Resolution 276 (1970)*, Advisory Opinion, 21.06.1971, ICJ Reports 1971, 16, 52, Rn. 110: „As to the legal basis of the resolution, Article 24 of the Charter vests in the Security Council the necessary authority to take action such as that taken in the present case. The reference in paragraph 2 of this Article to specific powers of the Security Council under certain chapters of the Charter does not exclude the existence of general powers to discharge the responsibilities conferred in paragraph 1. Reference may be made in this respect to the Secretary-General's Statement, presented to the Security Council on 10 January 1947, to the effect that „the powers of the Council under Article 24 are not restricted to the specific grants of authority contained in Chapters VI, VII, VIII and XII.the Members of the United Nations have conferred upon the Security Council powers commensurate with its responsibility for the maintenance of peace and security. The only limitations are the fundamental principles and purposes found in Chapter 1 of the Charter". Nachweise weiterer Rechtsprechung finden sich bei *Herbst*, Rechtskontrolle, 262 ff.

634 IT-94–1-AR72 v. 15.10.1995, Rn. 28, abgedruckt in: 35 I.L.M. 35 (1996).: „It is clear from this text that the Security Council plays a pivotal role and exercises a very wide discretion under this Article. But this does not mean that its powers are unlimited. The Security Council is an organ of an international organization, established by a treaty which serves as a constitutional framework for that organization. The Security Council is thus subjected to certain constitutional limitations, however broad its powers under the constitution may be. Those powers cannot, in any case, go beyond the limits of the jurisdiction of the Organization at large, not to mention other specific limitations or those which may derive from the internal division of power within the Organization. In any case, neither the text nor the spirit of the Charter conceives of the Security Council as legibus solutus (unbound by law)".

635 EuG, Urt. v. 21.09.2005, Rs. T-315/01, Slg. 2005, II-03649, Rn. 230: „Das Völkerrecht erlaubt also die Annahme, dass es eine Grenze für den Grundsatz der Bindungswirkung der Resolutionen des Sicherheitsrates gibt: Sie müssen die zwingenden fundamentalen Bestimmungen des ius cogens beachten. Im gegenteiligen Fall, so unwahrscheinlich er auch sein mag, binden sie die Mitgliedstaaten der UNO nicht und damit auch nicht die Gemeinschaft."

Mit Blick auf Art. 39 UN-Charta bedeutet dies, dass der Rat zwar eine *Konkretisierungskompetenz*, jedoch keine *autoritative Interpretationsbefugnis*[636] hinsichtlich der dort aufgeführten Tatbestände besitzt. Die sachverhaltsbezogene Konkretisierungskompetenz – d.h. der Bewertungsspielraum hinsichtlich der Frage, ob die tatsächlichen Voraussetzungen einer Eingriffslage gegeben sind – findet nach der zutreffenden h.M. ihre Grenzen dort, wo der Sicherheitsrat seiner rechtlichen Bewertung offensichtlich/evident falsche Tatsachen zugrunde legt.[637]

Hinsichtlich der Grenzen der normativen Konkretisierungskompetenz kann weitestgehend auf die Ausführungen zur Bedeutung der Ratspraxis bei der Auslegung der Chartavorschriften verwiesen werden. Aus dogmatischer Sicht handelt es sich bei dieser Kompetenz um das Recht zur dynamischen Interpretation der in Art. 39 UN-Charta enthaltenen Tatbestände. Diese bewegt sich zwischen der klassischen Rechtsauslegung nach Wortlaut, Systematik, Telos[638] einerseits und der Rechtsfortbildung andererseits, eindeutig lässt sie sich keinem dieser Pole zuordnen. Grundsätzlich darf der Sicherheitsrat zwar die durch den klassischen Auslegungskanon vorgezeichneten Grenzen seiner Befugnisse nicht übertreten.[639] Tut er dies doch, folgt daraus nicht unmittelbar die Nichtigkeit der von ihm erlassenen Rechtsakte. Es sind nämlich Ausnahmefälle denkbar, in denen die Mitgliedstaaten als Herren der Verträge diese von der Auslegung eigentlich nicht mehr gedeckte Praxis als rechtmäßig und rechtsverbindlich akzeptieren. Einer solchen Entscheidung der Staaten käme dann rechtsfortbildender Charakter zu. An den Nachweis eines entsprechenden Konsenses zwischen den Staaten sind jedoch hohe Anforderungen zu stellen.[640]

§ 4: Chartaimmanente Beschränkungen der Sicherheitsratsbefugnisse

Rechtliche Beschränkungen der Sicherheitsratsbefugnisse können sich chartaintern oder chartaextern ergeben. Chartaimmanente Beschränkungen finden sich in den Artt. 39 sowie 24 Abs. 1 und 2 UN-Charta.

---

636 S. zum Begriff der autoritativen Interpretationsbefugnis *Fastenrath*, Lücken im Völkerrecht, 195 f.; *Karl*, Vertrag und spätere Praxis, 43; *Neusüß*, Legislative Maßnahmen, 143. Vgl. auch *Osteneck*, UN-Wirtschaftssanktionen, 19, Fn. 65.

637 *Herdegen*, Befugnisse, 15; vgl. auch *Dahme*, Terrorismusbekämpfung, 182; *Herbst*, Rechtskontrolle, 361; *Kadelbach*, JZ 1993, 1134, 1141.

638 Vgl. dazu die Vorschrift des Art. 31 WVRK sowie die Ausführungen unter Teil III Kap. 1 § 2.

639 So *Herdegen*, in: *Beyerlin* (Hrsg.). Recht zwischen Umbruch und Bewahrung, 111. Vgl. dazu auch *Dahme*, Terrorismusbekämpfung, 186 f.

640 S. dazu bereits Teil III Kap. 1 § 2 D I.

A. Die Artt. 39 *ff.* UN-Charta

Die Vorschriften des Art. 39 ff. UN-Charta normieren nicht nur einzelne Befugnisse des Sicherheitsrates, sondern gleichzeitig auch deren erste Grenzen. Der Rat darf ausschließlich dann tätig werden, sofern die – zugegebenermaßen weit gefassten – Tatbestandsvoraussetzungen der genannten Vorschriften erfüllt sind.

B. Art. 24 Abs. 1 UN-Charta

Nach Art. 24 Abs. 1 UN-Charta haben die Mitgliedstaaten dem Sicherheitsrat die Hauptverantwortung für die Wahrung des Weltfriedens und der internationalen Sicherheit übertragen. Im Umkehrschluss folgt daraus, dass der Sicherheitsrat außerhalb dieser ihm übertragenen Aufgabe nicht tätig werden darf.[641]

C. Art. 24 Abs. 2 UN-Charta

I. Inhalt der Regelung

Die wichtigste Chartaregelung zur Beschränkung der Sicherheitsratsbefugnisse findet sich in Art. 24 Abs. 2. Dort heißt es:

> *Bei der Erfüllung dieser Pflichten handelt der Sicherheitsrat im Einklang mit den Zielen und Grundsätzen der Vereinten Nationen. Die ihm hierfür eingeräumten besonderen Befugnisse sind in den Kapiteln VI, VII, VIII und XII aufgeführt.*[642]

Mit dem Terminus der Ziele und Grundsätze der Vereinten Nationen, das ergeben Wortlaut und Systematik der Norm, wird auf die Artt. 1 und 2 UN-Charta verwiesen.[643]

II. Dogmatische Einordnung der Regelung

Die dogmatische Einordnung des Art. 24 Abs. 2 UN-Charta ist nicht frei von Kontroversen. Drei Ansichten werden hierzu vertreten. Nach der ersten Ansicht[644] konstituiert Art. 24 Abs. 2 Satz 1 UN-Charta die einzige Grenze der Sicherheitsratsbefugnisse.

---

641 *Herbst*, Rechtskontrolle, 298.

642 „In discharging these duties [der in Art. 24 Abs. 1 festgehaltene Aufgabe zur Wahrung des Weltfriedens und der internationalen Sicherheit] the Security Council shall act in accordance with the Purposes and Principles of the United Nations. The specific powers granted to the Security Council for the discharge of these duties are laid down in Chapters VI, VII, VIII, and XII".

643 *Martenczuk*, Rechtsbindung, 154 ff.; *Starck*, UNO-Wirtschaftssanktionen, 143 ff.

644 S. dazu das Sondervotum von Richter Weeramatry im Lockerbie-Fall, *Questions of the Interpretation and Application of the 1971 Montreal Convention arising from the Aerial Incident at Lockerbie (Libyan Arab Jamahiriya v. United Kingdom)*, Provisional Measures, Order of 14.04.1992, Dissenting Opinion, ICJ Reports 1992, 50, 61 ff.

Nach der zweiten Ansicht[645] besitzt die Norm lediglich deskriptiven Charakter, weil der Rat ohnehin an alle in der UN-Charta aufgeführten Ziele und Grundsätze gebunden sei. Der dritten, herrschenden Ansicht zufolge werden die Befugnisse des Sicherheitsrates neben den in den einzelnen Kapiteln festgehaltenen speziellen Befugnisnormen zusätzlich durch Art. 24 Abs. 2 Satz 1 UN-Charta beschränkt.[646]

Die Anhänger der ersten Ansicht begründen ihre Auffassung damit, dass lediglich in Art. 24 Abs. 2 Satz 1 UN-Charta von einer Rechtsbindung des Sicherheitsrates die Rede sei. Deshalb komme auch nur diese Norm als Grenze der Sicherheitsbefugnisse in Betracht.[647] Diese Sichtweise überzeugt nicht, weil sie die nachfolgende Vorschrift des Art. 24 Abs. 2 Satz 2 UN-Charta völlig außer Betracht lässt. Nach Art. 24 Abs. 2 UN-Charta sind die Befugnisse, die dem Sicherheitsrat zur Wahrnehmung der ihm in Art. 24 Abs. 1 UN-Charta übertragenen Aufgabe eingeräumt worden sind, in den Kapiteln VI, VII, VIII und XII festgehalten. Auch der IGH hat in seinem ADMISSIONS I-Urteil festgestellt, dass die besonderen Kompetenzvorschriften, auf die Art. 24 Abs. 2 Satz 2 UN-Charta verweist, nicht unter Hinweis auf Art. 24 Abs. 2 Satz 1 UN-Charta umgangen werden können.[648] Die zweite Ansicht, nach der Art. 24 Abs. 2 UN-Charta lediglich deskriptiven Charakter hat, argumentiert dahin gehend, dass der Rat ohnehin an alle in der Charta aufgezählten Ziele und Grundsätze gebunden sei. Dieser Ansicht ist entgegenzuhalten, dass nicht alle Ziele und Grundsätze die Kompetenzen des Rates zu beschränken vermögen, sondern lediglich diejenigen, die mit ihnen eine potentielle Schnittmenge aufweisen.

Deswegen verdient die dritte, herrschende Ansicht Zustimmung, wonach Art. 24 Abs. 2 Satz 1 UN-Charta neben den speziellen Befugnisnormen den Handlungsmöglichkeiten des Sicherheitsrates Grenzen zieht. Genauer gesagt stellt die Norm sicher,

---

645 Vgl. dazu *Kelsen*, The Law of the United Nations, 290 ff.; *Delbrück*, in: *Simma* (Hrsg.), Charta der Vereinten Nationen, Art. 24 UN-Charta, Rn. 11; *Martenczuk*, Rechtsbindung, 158.

646 Vgl. dazu *Starck*, UNO-Wirtschaftssanktionen, 142 f.; *Oette*, Wirtschaftssanktionen, 217; *Herbst*, Rechtskontrolle, 298.

647 Vgl. dazu das Sondervotum von Richter WEERAMATRY im LOCKERBIE-Fall, IGH, *Questions of the Interpretation and Application of the 1971 Montreal Convention arising from the Aerial Incident at Lockerbie (Libyan Arab Jamahiriya v. United Kingdom)*, Provisional Measures, Order of 14.04.1992, Dissenting Opinion, ICJ Reports 1992, 50, 61 ff.

648 IGH, *Conditions ot the Admission of a State to a Membership in the United Nations (Article 4 of the Charter)*, Advisory Opinion, 28.05.1948, ICJ Reports 1948, 57, 64: „It has been sought to base on the political responsibilities assumed by the Security Council, in virtue of Article 24 of the Charter, an argument justifying the necessity for according to the Security Council as well as to the General Assembly complete freedom of appreciation in connexion with the admission of new Members. But Article 24, owing to the very general nature of its terms, cannot, in the absence of any provision, affect the special rules for admission which emerge from Article 4".

dass der Rat seine ihm eingeräumten spezifischen Befugnisse in Orientierung an den Zielen und Grundsätzen der Organisation ausübt.[649]

III. Die als Begrenzung der Sicherheitsratsbefugnisse konkret in Betracht kommenden Ziele und Grundsätze

Von den in Artt. 1 und 2 UN-Charta aufgeführten Zielen und Grundsätzen weisen Folgende potentielle Schnittmengen mit den Handlungsbefugnissen des Sicherheitsrates auf und kommen deshalb als kompetenzbegrenzende Normen in Betracht: Art. 1 Abs. 1 UN-Charta, das Selbstbestimmungsrecht der Völker (Art. 1 Abs. 2 UN-Charta), der Grundsatz der souveränen Gleichheit der Staaten (Art. 2 Abs. 1 UN-Charta), der Grundsatz der Nichteinmischung in die inneren Angelegenheiten eines Staates (Art. 2 Abs. 7 UN-Charta), die Vorschrift des Art. 1 Abs. 3 UN-Charta über die Förderung der Menschenrechte sowie der in Art. 2 Abs. 2 aufgeführte Grundsatz von Treu und Glauben.

§ 5: Die Bindung des Sicherheitsrates an das allgemeine Völkerrecht

Kontrovers diskutiert wird die Frage einer Rechtsbindung des Sicherheitsrates an das allgemeine Völkerrecht.[650] Darunter fallen nach den in Art. 38 Abs. 1 IGH-Statut aufgeführten Rechtsquellen insbesondere die sonstigen völkerrechtlichen Übereinkünfte zwischen den Staaten, das universelle Völkergewohnheitsrecht sowie die von den Kulturvölkern allgemein anerkannten Rechtsgrundsätze.

A. Die Kontroverse um die Auslegung der Artt. 103, 1 Abs. 1 UN-Charta

Bei der Beantwortung dieser Frage sind zunächst wiederum die Chartavorschriften zurate zu ziehen. Als Herren der Verträge können die Staaten grundsätzlich frei festlegen, wie weit die Bindung der von ihnen gegründeten internationalen Organisationen an das allgemeine Völkerrecht reichen soll. Die in diesem Kontext besonders interessierenden Chartabestimmungen finden sich in den Artt. 103, 1 Abs. 1 UN-Charta, deren englischer Wortlaut zum besseren Verständnis an dieser Stelle wiedergeben werden soll:
Art. 1 Abs. 1 UN-Charta:

> *„[The Purposes of the United Nations are: 1.] To maintain international peace and security, and to that end: to take effective collective measures for the prevention and removal of threats to the peace, and for the suppression of acts of aggression or other breaches of the peace, and to bring about by peaceful means, and in conformity with the principles*

649 Vgl. dazu *Starck*, UNO-Wirtschaftssanktionen, 142 f.; *Oette*, Wirtschaftssanktionen, 217; *Herbst*, Rechtskontrolle, 298.

650 Vgl. dazu *Bauer*, Effektivität und Legitimität, 225 ff.; *Oette*, Wirtschaftssanktionen, 220 ff.

of justice and international law, adjustment or settlement of international disputes or situations which might lead to a breach of the peace."[651]

Art. 103 UN-Charta:

„In the event of a conflict between the obligations of the Members of the United Nations under the present Charter and their obligations under any other international agreement, their obligations under the present Charter shall prevail."[652]

Dem Wortlaut des Art. 103 UN-Charta lässt sich dabei nicht unmittelbar entnehmen, ob – neben den chartarechtlichen Bestimmungen selbst – auch Rechtsakte des Sicherheitsrates der Vorrangwirkung unterfallen. IGH[653] wie auch die h.L.[654] bejahen dies. Sie wenden die Norm zu Recht auch in den Fällen an, in denen ein Organ der UN verbindliche Entscheidungen für die Staaten treffen kann. Hinsichtlich der Rechtsakte des Sicherheitsrates wird dabei vor allem auf die Vorschriften der Artt. 25, 48 Abs. 2 UN-Charta verwiesen.[655]

B. *Exemtion des Sicherheitsrates von den Bestimmungen des allgemeinen Völkerrechts?*

Nach einer Ansicht manifestiert sich in Art. 103 der Charakter der Charta als „Weltverfassung", weil er den Vorrang der chartarechtlichen Bestimmungen vor allen sonstigen völkervertragsrechtlichen Verpflichtungen der Mitgliedstaaten statuiert.[656] Dieser Anwendungsvorrang[657] wird in einem Erst-Recht Schluss auf

---

651 „[Die Vereinten Nationen setzen sich folgende Ziele:] den Weltfrieden und die internationale Sicherheit zu wahren und zu diesem Zweck wirksame Kollektivmaßnahmen zu treffen, um Bedrohungen des Friedens zu verhüten und zu beseitigen, Angriffshandlungen und andere Friedensbrüche zu unterdrücken und internationale Streitigkeiten oder Situationen, die zu einem Friedensbruch führen könnten, durch friedliche Mittel nach den Grundsätzen der Gerechtigkeit und des Völkerrechts zu bereinigen oder beizulegen."

652 „Widersprechen sich die Verpflichtungen von Mitgliedern der Vereinten Nationen aus dieser Charta und ihre Verpflichtungen aus anderen internationalen Übereinkünften, so haben die Verpflichtungen aus dieser Charta Vorrang."

653 Für Rechtsakte des Sicherheitsrates hat der IGH dies in seinem LOCKERBIE-Beschluss angenommen, *Questions of the Interpretation and Application of the 1971 Montreal Convention arising from the Aerial Incident at Lockerbie (Libyan Arab Jamahiriya v. United Kingdom)*, Provisional Measures, Order of 14.04.1992, ICJ Reports 1992, 3, 16, Rn. 39–41.

654 *Bernhardt*, in: *Simma* (Hrsg.), Charta der Vereinten Nationen, Art. 103 UN-Charta, Rn. 10; vgl. auch *Starck*, UNO-Wirtschaftssanktionen, 183.

655 Vgl. dazu auch *Starck*, UNO-Wirtschaftssanktionen, 183.

656 Vgl. dazu *Fassbender*, EJIL 11 (2000), 227; *Schulte*, Der Schutz individueller Rechte gegen Terrorlisten, 250; *Simma/Verdross*, Universelles Völkerrecht, 221, § 374.

657 Besteht ein Konflikt zwischen zwei oder mehreren verschiedenen Rechtsnormen, ist bzgl. ihres Verhältnisses zwischen einem Anwendungs- und einem Geltungsvorrang

das allgemeine Völkergewohnheitsrecht erweitert. Zur Begründung wird darauf verwiesen, dass die Genese von Völkervertragsrecht häufig diffiziler und zeitaufwändiger vonstattengehe als beim Völkergewohnheitsrecht. Es sei mit dem Sinn von Art. 103 UN-Charta nicht zu vereinbaren, wenn sich der Anwendungsvorrang der Vorschrift nur auf das Völkervertragsrecht erstrecke, auf gleichlautendes Völkergewohnheitsrecht aber nicht.[658] Diese Lesart der Vorschrift werde durch die Systematik des Art. 1 Abs. 1 UN-Charta bestätigt, wonach der Sicherheitsrat lediglich bei einem Tätigwerden in Rahmen des VI., nicht aber des VII. Kapitels an das allgemeine Völkerrecht gebunden sei.[659]

C. Lockerung der Bindung des Sicherheitsrates an die Bestimmungen des allgemeinen Völkerrechts?

Der Annahme einer fehlenden allgemeinvölkerrechtlichen Rechtsbindung des Sicherheitsrates bei einem Tätigwerden nach Kap. VII UN-Charta widersetzt sich die Gegenauffassung. Sie betrachtet Art. 103 UN-Charta als eine Kollisionsnorm. Seine Rechtsfolge – der Vorrang der Chartaverpflichtungen vor den übrigen völkerrechtlichen Pflichten der Mitgliedstaaten – trete nur unter der Voraussetzung der formellen und materiellen Rechtmäßigkeit der jeweiligen Chartaakte ein.[660] Über die konkreten Rechtmäßigkeitsanforderungen sei der Norm nichts zu entnehmen. Deshalb könne der Beweis, dass Rechtsakte der UN *stets* jeglichen sonstigen Bestimmungen des Völkerrechts vorgingen, über Art. 103 UN-Charta nicht geführt werden. Vielmehr gebe es völkerrechtliche Normen – egal ob nun völkervertragsrechtlicher oder völkergewohnheitsrechtlicher Natur –, die auch die UN und ihre Organe[661] binden würden. Zu diesen Normen zählten insbesondere die Bestimmungen des ius

---

zu unterscheiden. Bei einem Anwendungsvorrang findet die nachrangige Norm keine Anwendung, bei einem Geltungsvorrang ist sie nichtig. Vgl. dazu *Schöbener*, JA 2011, 885, 888; *Frenz*, Handbuch Europarecht, Kap. 2 Rn. 101, 127. Zu Art. 103 UN-Charta als eine einen Anwendungsvorrang enthaltende Norm *Bernhardt*, in: *Simma* (Hrsg.), Charta der Vereinten Nationen, Art. 103 UN-Charta, Rn. 6, *Lock*, Verhältnis, 61.

658 Vgl. dazu *Watson*, Harv. Int'l L.J. 34 (1994), 1, 38; *Starck*, UNO-Wirtschaftssanktionen, 186.

659 Vgl. dazu *Lorinser*, Bindende Resolutionen 52; *Kelsen*, The Law of the United Nations; Richter WEERANANTRY in seinem Sondervotum zum LOCKERBIE-Fall, *Questions of the Interpretation and Application of the 1971 Montreal Convention arising from the Aerial Incident at Lockerbie (Libyan Arab Jamahiriya v. United Kingdom)*, Provisional Measures, Order of 14.04.1992, Dissenting Opinion, ICJ Reports 1992, 50, 66. Ausführlich zu diesem Argument sogleich Teil 3 Kap. 2 § 5 D.

660 *Kadelbach*, Zwingendes Völkerrecht, 28; *Bernhardt*, in: *Simma* (Hrsg.), Charta der Vereinten Nationen, Art. 103 UN-Charta, Rn. 6; *Starck*, UNO-Wirtschaftssanktionen, 183.

661 Und damit auch den Sicherheitsrat.

cogens[662], d. h. die Normen des zwingenden Rechts, die weder durch Völkervertrags- noch durch Völkergewohnheitsrecht abbedungen werden können.[663] Rechtsakte der UN, die gegen ius cogens-Normen verstießen, seien von vornherein nichtig. Ohnehin stelle die Annahme einer vollständigen Lösung des Sicherheitsrates von den Normen des allgemeinen Völkerrechts eine derartige Anomalie dar, dass sie einer expliziten Festlegung bedürfe. Aus dem Fehlen einer förmlichen Anordnung der Rechtsbindung alleine dürfe niemals ein argumentum e contrario hergeleitet werden.[664] Die einschränkende Auslegung des Art. 1 Abs. 1 UN-Charta sei ebenso wie bei Art. 103 UN-Charta alleine schon wegen der Bindung des Sicherheitsrates an das ius cogens geboten.[665]

Manche Stimmen gehen sogar noch einen Schritt weiter und leiten aus Art. 103 UN-Charta eine unmittelbare Bindung des Rates an das allgemeine Völkergewohnheitsrecht her, weil die chartarechtlichen Verpflichtungen der Mitgliedstaaten dem Wortlaut der Vorschrift zufolge ausschließlich ihren sonstigen *völkervertragsrechtlichen* Verpflichtungen vorgehen würden.[666]

D. Stellungnahme

Beide Auffassungen vermögen nicht vollständig zu überzeugen. Die erste Auffassung geht zu weit, wenn sie jegliche Bindung des Rates an das allgemeine Völkerrecht verneint. Mindestens an die Normen des ius cogens bleibt der Sicherheitsrat in jedem Fall gebunden.[667] Andernfalls dürfte der Sicherheitsrat die Staaten z. B. zur Vornahme genozidartiger Handlungen anhalten. Auf diese rechtlich unhaltbare Konsequenz hat bereits Richter LAUTERPACHT in seinem Sondervotum zum Genozid-Fall hingewiesen und die Bindung des Rates an das ius cogens explizit betont.[668] Aber auch die zweite Auffassung, die von einer grundsätzlichen Bindung des Rates an das allgemeine Völkerrecht, insbesondere an das Völkergewohnheitsrecht ausgeht, trifft in ihrer Allgemeinheit nicht zu. Zumindest ist sie aus terminologischer Sicht etwas unglücklich formuliert.

---

662 Vgl. dazu *Herbst*, Rechtskontrolle, 373 f. So auch ausdrücklich Richter ad hoc LAUTERPACHT in seinem Sondervotum zum GENOZIDFALL, IGH, *Application of the Convention on the Prevention and Punishment of the Crime of Genocide*, Provisional Measures, Order of 13.09.1993, Separate Opinion, ICJ Reports 1993, 407, 440, Rn. 100.

663 Ausführlich zum ius cogens s. Teil III Kap. 4 § 4 A III 2.

664 So *Herbst*, Rechtskontrolle, 377.

665 *Herbst*, Rechtskontrolle, 377.

666 S. dazu statt vieler *Herbst*, Rechtskontrolle, 373, m. w. N.; *Gasser*, ZaöRV 56 (1996), 871, 881.

667 So auch *Orakhelashvili*, EJIL 16 (2005), 59, 69. Die Ermittlung entsprechender Bestimmungen gestaltet sich jedoch ausgesprochen schwierig, mehr dazu in Teil III Kap. 4 § 4 A III 2 c.

668 IGH, *Application of the Convention on the Prevention and Punishment of the Crime of Genocide*, Provisional Measures, Order of 13.09.1993, Separate Opinion, ICJ Reports 1993, 407, 440 ff.

Denn Art. 1 Abs. 1 UN-Charta ordnet seinem Wortlaut nach eine grundsätzliche Befreiung des Sicherheitsrates von den Bestimmungen des allgemeinen Völkerrechts an, wenn er auf Grundlage des VII. Kapitels tätig wird. Der Passus

„in conformity with the principles of justice and international law"

in der englischen Textversion bezieht sich nämlich ausschließlich auf die friedliche Streitbeilegung nach Kap. VI UN-Charta (*„by peaceful means"*). Die in der Vorschrift zu konstatierende Differenzierung zwischen Maßnahmen nach Kap. VI und Kap. VII wird in der englischen Originalfassung anders als im Deutschen durch die Verwendung des Wortes *„and"* kenntlich gemacht (*„and by peaceful means*[...]").[669] Noch deutlicher tritt sie in der (authentischen) spanischen Textversion zu Tage, in der beide Satzteile durch ein Semikolon getrennt werden.[670] Wenn zudem Art. 103 UN-Charta ein Primat der Chartaverpflichtungen vor den sonstigen völkervertragsrechtlichen Verpflichtungen der Mitgliedstaaten statuiert, ist dieses Primat in einem Erst-Recht-Schluss prinzipiell auch auf das allgemeine Völkergewohnheitsrecht zu erstrecken, weil Völkervertragsrecht häufig zuvor entstandenes Völkergewohnheitsrecht kodifiziert.[671] Der von Art. 103 UN-Charta intendierte Anwendungsvorrang der Chartaverpflichtungen könnte andernfalls leicht umgegangen werden, wenn die Staaten zu ihrer Nichtbefolgung statt auf ihre sonstigen völkervertragsrechtlichen Verpflichtungen auf entsprechend gleichlautendes Völkergewohnheitsrecht verweisen könnten. Sachlicher Grund dieser grundsätzlichen Befreiung des Sicherheitsrates von den Regeln des allgemeinen Völkerrechts ist das Bemühen, die Effektivität der von ihm erlassenen friedenssichernden Maßnahmen nicht durch eine vorgeschaltete Diskussion um ihre Rechtmäßigkeit zu gefährden.[672] Dieses Ziel würde bei einer Beschränkung des Anwendungsvorrangs auf sonstige völkervertragsrechtliche Verpflichtungen konterkariert. Die hier vertretene Sichtweise wird auch durch die ergänzend heranzuziehende historische Auslegung gerechtfertigt.[673] Grundsätzlich ist der Sicherheitsrat bei einem Tätigwerden

---

669 So zu Recht *Herbst*, Rechtskontrolle, 375 f.

670 „Mantener la paz y la seguridad internacionales, y con tal fin: tomar medidas colectivas eficaces para prevenir y eliminar amenazas a la paz, y para suprimir actos de agresiòn u otros quebrantamientos de la paz; [*Hervorhebung durch den Autor*] y lograr por medios pacíficos, y de conformidad con los principios de la justicia y del derecho internacional, el ajuste o arreglo de controversias o situaciones internacionales susceptibles de conducir a quebrantamientos de la paz. So bereits *Herbst*, Rechtskontrolle, 376.

671 Vgl. dazu *Watson*, Harv. Int'l L.J. 34 (1994), 1, 38; *Starck*, UNO-Wirtschaftssanktionen, 186.

672 Vgl. dazu *Oosthuizen*, Leiden J. Int'l. L. 1999, 549 ff., 552 f.; *Gill*, NYIL 26 (1995), 33, 65 ff.; *Martenczuk*, Rechtsbindung, 120 ff.

673 Siehe dazu *Starck*, UNO-Wirtschaftssanktionen, 184 f.

nach Kap. VII der UN-Charta lediglich im Bereich des ius cogens an das allgemeine Völkerrecht gebunden.[674]

Darüber hinaus kann jedoch von allgemein-völkerrechtlichen Vorschriften dort eine Bindungswirkung ausgehen, wo die Charta ihnen entsprechende Einfallstore bereithält.[675] Zu diesen Einfallstoren zählen insbesondere die in Art. 1 und Art. 2 UN-Charta aufgeführten Ziele und Grundsätze der UN, die durch das allgemeine Völkerrecht eine Konkretisierung erfahren.[676] Hierunter fällt u. a. die Achtung der souveränen Gleichheit der Staaten[677], das Selbstbestimmungsrecht der Völker[678], aber auch die internationalen Menschenrechte[679]. Dogmatisch lässt sich die auf diese Weise vorzunehmende Einbeziehung allgemein-völkerrechtlicher Normen bei der Auslegung der UN-Charta mit Art. 31 Abs. 3 lit. b) WVRK begründen, wonach die spätere Praxis der Vertragsstaaten bei der Auslegung eines völkerrechtlichen Vertrages als eigenständiger Auslegungsfaktor zu berücksichtigen ist.

Kapitel 3: Die Vereinbarkeit des 1267er-Sanktionsregimes mit dem Kap. VII der UN-Charta

§ 1: Die Terroraktivitäten Al Qaidas als Gefahrenlage i. S. d. Art. 39 UN-Charta

Die Rechtmäßigkeit des vom Sicherheitsrat erlassenen 1267er-Sanktionsregimes setzt als Erstes voraus, dass die von den Taliban und Al Qaida ausgehende terroristische Gefahr von Art. 39 UN-Charta erfasst wird, also den Tatbestand der Angriffshandlung, der Friedensbedrohung oder des Friedensbruchs erfüllt. Hierzu ist zunächst der Begriff des Terrorismus im Völkerrecht zu klären.

A. Der Terrorismusbegriff des Völkerrechts

I. Die bestehenden Definitionsschwierigkeiten und ihre Ursachen

Seit Beginn des 20. Jahrhunderts wurden unzählige Versuche zur Verständigung auf einen einheitlichen völkerrechtlichen Terrorismusbegriff unternommen. Zu einer

674 Nichts anderes sagt dem Ergebnis nach auch Herbst, wenn er eine Bindung des Rates an das allgemeine Völkerrecht ausschließlich mit solchen Beispielen aus der IGH-Rechtsprechung begründet, in denen es inhaltlich um anerkannte ius cogens-Normen geht, vgl. dazu Herbst, Rechtskontrolle, 378 ff. Ius cogens-Normen stellen jedoch nur einen kleinen Teil des allgemeinen Völkerrechts dar.

675 Vgl. dazu *Oette*, Wirtschaftssanktionen, 224, 230; *Bauer*, Effektivität und Legitimität, 231.

676 Vgl. dazu *Herbst*, Rechtskontrolle, 376 ff.

677 Art. 2 Abs. 1 UN-Charta.

678 Art. 1 Abs. 2 UN-Charta.

679 Art. 1 Abs. 3 UN-Charta. Zur Bindung des Sicherheitsrates an die genannte Bestimmung s. ausführlich Teil III Kap. 3 § 2.

solchen Verständigung ist es allerdings bis heute noch nicht gekommen, obwohl über die Notwendigkeit der Bekämpfung des internationalen Terrorismus Einigkeit besteht.[680]

Grund hierfür ist, dass Terroristen mit ihren Gewalttaten immer auch ein politisches Motiv – im weitesten Sinne – verfolgen.[681] Dies unterscheidet sie vom einfachen Kriminellen, der aus eigennützigen Interessen tätig wird. In der Bewertung dieser politischen Motive liegen die Staaten häufig sehr weit auseinander. Mit der Redewendung, wonach des einen Mannes Terrorist des anderen Mannes Freiheitskämpfer ist, wird diese Ambivalenz anschaulich auf den Punkt gebracht.[682]

So stellen einzelne palästinensische Organisationen ihre Gewalttaten gegen Israel nicht als Terrorakte, sondern als Teil ihres Befreiungskampfes dar. Im Gegenzug qualifizieren autoritäre Regime ihnen unliebsame inländische Freiheitsbewegungen häufig als kriminelle und terroristische Vereinigungen, um ihre Unterdrückung und Verfolgung vor der Weltöffentlichkeit zu rechtfertigen.[683]

Ihre ideologischen und politischen Differenzen bei der Terrorismusbekämpfung versuchten die Staaten auf pragmatische Weise zu lösen, indem sie in verschiedenen Antiterrorkonventionen – unter weitestgehender Ausklammerung der politischen Motive – spezifische, als besonders gefährlich und verachtenswert angesehene terroristische Handlungsmuster statuierten.[684] Zu diesen Handlungsmustern zählen z.B. Anschläge auf bestimmte Einrichtungen, Transportmittel oder Personen wie auch der Einsatz bestimmter gemeingefährlicher Substanzen zu terroristischen Zwecken. Exemplarisch sei hier die Konvention zur Bekämpfung internationaler terroristischer Bombenanschläge aus dem Jahre 1997 genannt[685], in der sich die Staaten dazu verpflichten, terroristische Bombenanschläge zu verhindern und strafrechtlich zu verfolgen. Als inkriminierte Handlungen nennt Art. 2 Abs. 1 der Konvention u.a. folgende Handlungen:

---

680 Instruktiv hierzu *Frowein*, ZaöRV 62 (2002), 879, 880 ff.; *Wüstenhagen*, in: *v. Schorlemer* (Hrsg.), Praxishandbuch UNO, 125 ff.

681 *Frowein*, ZaöRV 62 (2002), 879, 882; *Sorel*, EJIL 14 (2003), 365, 367; vgl. dazu auch *Wolf*, Die UNO, 61 f.

682 Vgl. dazu *Frowein*, ZaöRV 62 (2002), 879, 881.

683 Vgl. dazu auch *Wolf*, Die UNO, 61.

684 Hierzu zählt z.B. die 1963 verabschiedete Konvention über strafbare und bestimmte andere an Bord von Luftfahrzeugen begangene Handlungen (BGBl. 1969 II, 123), die Konvention über die Verhütung, Verfolgung und Bestrafung von Straftaten gegen völkerrechtlich geschützte Personen einschließlich Diplomaten aus dem Jahr 1973 (BGBl. 1976 II, 1746) oder die Konvention zur Bekämpfung widerrechtlicher Handlungen gegen die Sicherheit der Schifffahrt (BGBl. 1990 II, 508) aus dem Jahr 1988. Einen guten Überblick über die verschiedenen Abkommen verschafft *Wüstenhagen*, in: *v. Schorlemer* (Hrsg.), Praxishandbuch UNO, 125 ff.

685 *International Convention for the Suppression of Terrorist Bombings*, BGBl. 2002 II, 2506.

1. Eine Straftat im Sinne dieses Übereinkommens begeht, wer widerrechtlich und vorsätzlich einen Sprengsatz oder eine andere tödliche Vorrichtung zu einem öffentlichen Ort, einer staatlichen oder öffentlichen Einrichtung, einem öffentlichen Verkehrssystem oder einer Versorgungseinrichtung befördert oder dort beziehungsweise gegen einen solchen Ort, eine solche Einrichtung oder ein solches System in Anschlag bringt, auslöst oder zur Explosion bringt in der Absicht,

a) den Tod oder schwere Körperverletzungen zu verursachen, oder

b) eine weitgehende Zerstörung des Ortes, der Einrichtung oder des Systems zu

verursachen, sofern diese Zerstörung zu erheblichem wirtschaftlichem Schaden führt oder führen kann.

Trotz ihres unterschiedlichen Inhalts geht es bei all diesen Konventionen im Kern um die Strafverfolgung terrorverdächtiger Individuen. Hierbei gilt ausnahmslos das *aut dedere aut iudicare*-Prinzip, also die Verpflichtung der Vertragsstaaten, Personen, die der Begehung der in den Konventionen festgehaltenen Straftatbestände verdächtig sind, entweder selbst strafrechtlich zu verfolgen oder an einen entsprechend ermittlungswilligen Drittstaat auszuliefern. Hinzu tritt die Verpflichtung zur Rechtshilfe bei der Strafverfolgung.

II. Der gegenwärtige Grundkonsens

Ist eine umfassende Terrorismusdefinition aufgrund der Ambivalenz bei der Bewertung politisch motivierter Gewalttaten auch in Zukunft nicht zu erwarten, so besteht spätestens seit den Anschlägen vom 11.09.2001 zumindest über Einzelaspekte Einigkeit. Verschiedenen internationalen Rechtsdokumenten zufolge unterfällt dem Begriff des Terrorismus jedenfalls der politisch motivierte Einsatz von Gewalt gegen Zivilisten oder sonstigen an dem jeweiligen Konflikt unbeteiligten Personen, der das Ziel verfolgt, die Öffentlichkeit in Angst und Schrecken zu versetzen und auf diese Art und Weise die jeweilige Staatsführung oder eine internationale Organisation zu einem Tun, Dulden oder Unterlassen zu bewegen.[686]

Eine derartige Definition findet sich z.B. in Art. 2 Abs. 1 lit. b des internationalen Übereinkommens zur Bekämpfung der Finanzierung des Terrorismus.[687] Der Sicherheitsrat hat diese Definition mit Erlass der SR-Res. 1566/2004[688] weitestgehend übernommen.

So findet sich in Rn. 3 der Resolution folgender Passus:

„[Der Sicherheitsrat] erinnert daran, dass Straftaten, namentlich auch gegen Zivilpersonen, die mit der Absicht begangen werden, den Tod oder schwere Körperverletzungen zu verursachen, oder Geiselnahmen, die mit dem Ziel begangen werden, die ganze

---

686 *Frowein*, ZaöRV 62 (2002), 879, 881; *Dahme*, Terrorismusbekämpfung, 46, 48.
687 BGBl. 2003 II Nr. 37, 1924 ff.
688 SR-Res. 1566/2004 v. 08.10.2004.

Bevölkerung, eine Gruppe von Personen oder einzelne Personen in Angst und Schrecken zu versetzen, eine Bevölkerung einzuschüchtern oder eine Regierung oder eine internationale Organisation zu einem Tun oder Unterlassen zu nötigen, welche Straftaten im Sinne und entsprechend der Begriffsbestimmungen der internationalen Übereinkommen und Protokolle betreffend den Terrorismus darstellen, unter keinen Umständen gerechtfertigt werden können, indem politische, philosophische, weltanschauliche, rassische, ethnische, religiöse oder sonstige Erwägungen ähnlicher Art angeführt werden, und fordert alle Staaten auf, solche Straftaten zu verhindern und, wenn sie nicht verhindert werden können, sicherzustellen, dass für solche Straftaten Strafen verhängt werden, die der Schwere der Tat entsprechen."

Auch der ehemalige UN-Generalsekretär ANNAN hat den Terrorismus mit wenigen Worten als den Einsatz tödlicher Gewalt gegen Zivilpersonen aus politischen Gründen definiert.[689]

Noch detaillierter wird der Begriff der terroristischen Handlung in Art. 1 Abs. 3 des Gemeinsamen Standpunktes 2001/931/GASP sowie in der dazugehörigen VO 2580/2001 zur Umsetzung der SR-Res. 1373/2001 festgelegt.
Demnach bezeichnet sie

[...] eine der nachstehend aufgeführten vorsätzlichen Handlungen, die durch ihre Art oder durch ihren Kontext ein Land oder eine internationale Organisation ernsthaft schädigen kann und im innerstaatlichen Recht als Straftat definiert ist, wenn sie mit dem Ziel begangen wird,

i) die Bevölkerung auf schwerwiegende Weise einzuschüchtern oder

ii) eine Regierung oder eine internationale Organisation unberechtigterweise zu einem Tun oder Unterlassen zu zwingen oder

iii) die politischen, verfassungsrechtlichen, wirtschaftlichen oder sozialen Grundstrukturen eines Landes oder einer internationalen Organisation ernsthaft zu destabilisieren oder zu zerstören:

a) Anschläge auf das Leben einer Person, die zum Tode führen können;

b) Anschläge auf die körperliche Unversehrtheit einer Person;

c) Entführung oder Geiselnahme;

d) weit reichende Zerstörungen an einer Regierungseinrichtung oder einer öffentlichen Einrichtung, einem Verkehrssystem, einer Infrastruktur, einschließlich eines Informatiksystems, einer festen Plattform, die sich auf dem Festlandsockel befindet, einem allgemein zugänglichen Ort oder einem Privateigentum, die Menschenleben gefährden oder zu erheblichen wirtschaftlichen Verlusten führen können;

689 Nachweis bei *Wolf*, Die UNO, 61 f.

e) Kapern von Luft- und Wasserfahrzeugen oder von anderen öffentlichen Verkehrsmitteln oder Güterverkehrsmitteln;

f) Herstellung, Besitz, Erwerb, Beförderung oder Bereitstellung oder Verwendung von Schusswaffen, Sprengstoffen, Kernwaffen, biologischen und chemischen Waffen sowie die Forschung und Entwicklung in Bezug auf biologische und chemische Waffen;

g) Freisetzung gefährlicher Stoffe oder Herbeiführen eines Brandes, einer Explosion oder einer Überschwemmung, wenn dadurch das Leben von Menschen in Gefahr gebracht wird;

h) Manipulation oder Störung der Versorgung mit Wasser, Strom oder anderen lebenswichtigen natürlichen Ressourcen, wenn dadurch das Leben von Menschen in Gefahr gebracht wird;

i) Drohung mit der Begehung einer der unter den Buchstaben a) bis h) genannten Straftaten;

j) Anführen einer terroristischen Vereinigung;

k) Beteiligung an den Aktivitäten einer terroristischen Vereinigung einschließlich durch Bereitstellung von Informationen oder materiellen Mitteln oder durch jegliche Art der Finanzierung ihrer Aktivitäten in dem Wissen, dass diese Beteiligung zu den kriminellen Aktivitäten der Gruppe beiträgt.

Die Unzulässigkeit, aus politischen Motiven bewusst Gewalt gegen Zivilisten oder sonstigen an dem jeweiligen Konflikt nicht unmittelbar beteiligten Personen einzusetzen, lässt sich insbesondere mit Blick auf das IV. Genfer Abkommen zum Schutz von Zivilisten in Kriegszeiten rechtfertigen. Nach dessen Art. 3 ist im Falle bewaffneter Konflikte, die keinen internationalen Charakter haben, den am Konflikt beteiligten Parteien ausnahmslos untersagt, Angriffe auf das Leben der Personen, die nicht unmittelbar an den Feindseligkeiten teilnehmen, vorzunehmen.[690]

---

690 Art. 3 Abs. 1 der IV. Genfer Konvention lautet: „Im Falle eines bewaffneten Konflikts, der keinen internationalen Charakter aufweist und der auf dem Gebiet einer der Hohen Vertragsparteien entsteht, ist jede der am Konflikt beteiligten Parteien gehalten, wenigstens die folgenden Bestimmungen anzuwenden:
1. Personen, die nicht direkt an den Feindseligkeiten teilnehmen, einschließlich der Mitglieder der bewaffneten Streitkräfte, welche die Waffen gestreckt haben, und der Personen, die infolge Krankheit, Verwundung, Gefangennahme oder irgendeiner anderen Ursache außer Kampf gesetzt wurden, sollen unter allen Umständen mit Menschlichkeit behandelt werden, ohne jede Benachteiligung aus Gründen der Rasse, der Farbe, der Religion oder des Glaubens, des Geschlechts, der Geburt oder des Vermögens oder aus irgendeinem ähnlichen Grunde.
Zu diesem Zwecke sind und bleiben in Bezug auf die oben erwähnten Personen jederzeit und jedenorts verboten:
a. Angriffe auf Leib und Leben, namentlich Mord jeglicher Art, Verstümmelung, grausame Behandlung und Folterung;
b. die Gefangennahme von Geiseln;

B. Die Praxis des Sicherheitsrates

Nach der Erarbeitung einer Grunddefinition des internationalen Terrorismus bleibt zu klären, ob Terrorhandlungen nichtstaatlicher Akteure unter eine der Tatbestandsvarianten des Art. 39 UN-Charta – der Angriffshandlung (*act of aggression*), des Friedensbruchs oder der Friedensbedrohung – fallen. Da die inhaltliche Konturierung dieser unbestimmten Rechtsbegriffe in erster Linie dem Sicherheitsrat obliegt, ist bei der Beantwortung dieser Frage zunächst seine Praxis heranzuziehen.

I. Terrorhandlungen nichtstaatlicher Akteure als Friedensbedrohung

Der Sicherheitsrat betrachtet die von Al Qaida und den Taliban ausgehende terroristische Gefahr in den 1267er-Sanktionsresolutionen als eine „*Bedrohung des Friedens und der internationalen Sicherheit*".[691] Im Rahmen des 1373er-Sanktionsregimes hat er weitergehend den internationalen Terrorismus insgesamt als eine solche Bedrohung qualifiziert.[692]

Diese Feststellungen erlauben es, sich bei der Rechtmäßigkeitsprüfung des 1267er-Sanktionsregimes innerhalb des Art. 39 UN-Charta auf das Vorliegen einer Friedensbedrohung zu beschränken. Die kontrovers diskutierte Frage, inwieweit Terroranschläge nichtstaatlicher Akteure Angriffshandlungen im Sinne des Art. 39 UN-Charta darstellen und betroffenen Staaten den Rückgriff auf das in Art. 51 UN-Charta normierte Notwehrrecht eröffnen, braucht an dieser Stelle nicht weiter nachgegangen zu werden.[693]

II. Die Einordnung in die bisherige Praxis

Die Qualifikation von Terrorhandlungen nichtstaatlicher Akteure als Friedensbedrohung stellt eine bemerkenswerte Zäsur in der bisherigen Praxis des Sicherheitsrates dar.[694] Ursprünglich sah er die friedensbedrohende Handlung nicht im Terrorakt

---

c. Beeinträchtigung der persönlichen Würde, namentlich erniedrigende und entwürdigende Behandlung;
d. Verurteilungen und Hinrichtungen ohne vorhergehendes Urteil eines ordnungsmäßig bestellten Gerichtes, das die von den zivilisierten Völkern als unerlässlich anerkannten Rechtsgarantien bietet."

691 So z.B. in der Präambel der SR-Res. 1390/2002 v. 16.02.2002.

692 Die genaue Passage in der Präambel der Resolution lautet: „Reaffirming further that such acts, like any act of international terrorism, constitute a threat to international peace and security,[...]."

693 Vgl. hierzu *Krajewski*, AVR 40 (2002), 183, 195 ff.; *Bruha*, AVR 40 (2002), 383, 393 ff.; *Eckert*, Nichtstaatliche Akteure, 202 ff.; *Finke*, in: *Bäumler/Daase/Schliemann u.a.* (Hrsg.), Akteure in Krieg und Frieden, 63 ff.

694 Das gilt auch hinsichtlich seiner Entscheidung, Akte des internationalen Terrorismus generell als Friedensbedrohung anzusehen. Zuvor hat der Sicherheitsrat Maßnahmen nach Kap. VII immer nur als Reaktion auf einzelne Terroranschläge erlassen.

an sich, sondern in der Weigerung einzelner Staaten, tatverdächtige Personen an ermittlungswillige Drittstaaten auszuliefern. Dementsprechend richteten sich die Sanktionsmaßnahmen auch klassisch völkerrechtlich gegen die sich verweigernden Staaten und nicht gegen die Tatverdächtigen selbst.

1. Der Lockerbie-Fall

Zum ersten Mal ist der Sicherheitsrat auf diese Weise im Lockerbie-Fall verfahren.[695] Im konkreten Fall reagierte er auf die Weigerung Libyens, die mutmaßlichen Attentäter eines Bombenanschlags auf eine US-amerikanische Passagiermaschine an die USA oder Großbritannien auszuliefern, mit dem Erlass von Wirtschaftssanktionen gegen das Land.[696]

2. Die Bestätigung der Lockerbie-Praxis im Falle des Sudans und der Taliban

Seine Praxis im Lockerbie-Fall hat der Rat mit dem Erlass von Sanktionen gegen den Sudan und gegen die Taliban bestätigt. Die Sanktionierung des Sudans erfolgte, weil das Land sich weigerte, die mutmaßlichen Täter eines Attentatsversuchs auf den damaligen ägyptischen Präsidenten Mubarak im äthiopischen Addis Abeba auszuliefern. Die Errichtung des den Gegenstand dieser Untersuchung bildenden 1267er-Sanktionsregime lag die Weigerung des seinerzeit in Afghanistan herrschenden Taliban-Regimes zugrunde, den als Drahtzieher der Attentate auf die US-amerikanischen Botschaften in Nairobi/Kenia und in Dar e Salaam/Tansania gesuchten Osama Bin Laden an die USA oder einen mit ihr verbündeten Drittstaat zu überstellen.[697]

3. Die rechtliche Bewertung der bisherigen Praxis durch die Staatengemeinschaft und die Völkerrechtswissenschaft

Die Qualifikation des von Staaten unmittelbar oder mittelbar geförderten internationalen Terrorismus als Bedrohung des Weltfriedens ist sowohl bei der weit überwiegenden Mehrheit der Staaten als auch in der Literatur zu Recht auf Zustimmung

---

695 So ausdrücklich die Präambel der SR-Res. 731/1992 v. 21.01.1992: „The Security Council, deeply disturbed by the world-wide persistence of *acts of international terrorism in all its forms, including those in which States are directly or indirectly involved*, which endanger or take innocent lives, have a deleterious effect on international relations and jeopardize the security of States, deeply concerned by all activities directed against international civil aviation and affirming the right of all States, in accordance with the Charter of the United Nations and relevant principles of international law, to protect their nationals from *acts of international terrorism that constitute threats to international peace and security.*"

696 Zum Lockerbie-Fall s. statt vieler *Starck*, UNO-Wirtschaftssanktionen, 53 ff.; *Schmahl*, RuP 2001, 219 ff.

697 S. dazu bereits Teil II Kap. 1 § 1 B I.

gestoßen.[698] Bereits die Generalversammlung hatte in ihrer *Friendly Relations*-Erklärung[699] aus dem Jahre 1970 die allgemeine Pflicht der Staaten formuliert, die Förderung, Duldung oder Unterstützung von gegen andere Staaten gerichteten terroristischen Handlungen zu unterlassen.[700] In Art. 3 lit g) der von der Generalversammlung verabschiedeten Resolution zur Definition der Aggression[701] wird zudem „das Entsenden bewaffneter Banden, Gruppen, Freischärler oder Söldner durch einen Staat oder in seinem Namen, wenn diese mit Waffengewalt Handlungen gegen einen anderen Staat" ausführen, als Angriffshandlung i. S. d. Art. 39 UN-Charta qualifiziert, sofern die entsprechenden Handlungen „von der Schwere her" den anderen in der Vorschrift als Aggressionsakte aufgezählten Handlungen entsprechen.[702] In der Tat könnten die Staaten, würde man ein entsprechendes Verhalten aus dem Begriff der Friedensbedrohung ausklammern, das allgemeine Gewaltverbot des Art. 2 Abs. 4 UN-Charta leicht dadurch umgehen, dass sie statt konventioneller Streitkräfte entweder selbst terroristische Gruppierungen gegen andere Staaten einsetzen oder diese zumindest unterstützen, um eigene politische, militärische, wirtschaftliche oder religiöse Ziele zu erreichen. Dass entsprechende Situationen leicht in militärischen Auseinandersetzungen und damit in einem Bruch des Friedens gipfeln – klassischerweise in der Form, dass ein von einem Terrorakt betroffener Staat einen anderen Staat als Drahtzieher des Anschlags verdächtigt und seinerseits zu entsprechenden Vergeltungsmaßnahmen greift –, liegt auf der Hand.[703]

---

698 Vgl. dazu *Schmahl*, RuP 2001, 219, 222; *Frowein*, ZaöRV 62 (2002), 879, 883 ff.; *Krajewski*, KJ 2001, 363, 369.

699 GV-Res. 2625 (XXV) v. 24.10.1970.

700 Die entsprechende Passage findet sich bei den Ausführungen zum allgemeinen Gewaltverbot und lautet wie folgt: „Jeder Staat hat die Pflicht, die Organisierung, Anstiftung oder Unterstützung von Bürgerkriegs- oder Terrorhandlungen in einem anderen Staat und die Teilnahme daran oder die Duldung organisierter Aktivitäten in seinem Hoheitsgebiet, die auf die Begehung solcher Handlungen gerichtet sind, zu unterlassen, wenn die in diesem Absatz genannten Handlungen die Androhung oder Anwendung von Gewalt einschließen." Grundsätzlich sind Resolutionen der Generalversammlung für die Staaten zwar rechtlich unverbindlich. Sie können jedoch zu Völkergewohnheitsrecht erstarken. Für die *Friendly Relations*-Deklaration lässt sich dies nicht pauschal bejahen. Der IGH jedenfalls hat in seinem NICARAGUA-Urteil festgehalten, dass zur inhaltlichen Konkretisierung des allgemeinen Gewaltverbots auf die in der Resolution aufgeführten Beispiele zurückgegriffen werden kann, IGH, *Military and Paramilitary Activities in und against Nicaragua, (Nicaragua v. United States of America), Merits,* Judgment, 27.06.1986, ICJ Reports 1986, 14, 91, § 191. Weiterführend zu der Thematik *Bocek*, Die völkerrechtlichen Wirkungen, 129 ff.

701 GV-Res. 3314 (XXIX) v. 14.12.1974.

702 Der Inhalt der Resolution ist allerdings für den Sicherheitsrat nicht verbindlich.

703 Dieser Sachverhalt war beispielsweise im Verhältnis der USA zu den TALIBAN nach den Anschlägen vom 11.09. 2001 zu beobachten. Die Gefahr eines zwischenstaatlichen

III. Die Grenzen des Interpretations- und Beurteilungsspielraums des Sicherheitsrates

Prinzipiell ist der Sicherheitsrat nicht daran gehindert, entgegen seiner bisherigen Praxis im Wege des ihm zustehenden Interpretations- und Beurteilungsspielraums nunmehr auch Terrorakte nichtstaatlicher Akteure als Friedensbedrohung anzusehen, bei denen es an einem staatlichen Anknüpfungspunkt fehlt. Dieser Interpretations- und Beurteilungsspielraum endet jedoch grundsätzlich dort, wo er den von den Auslegungsregeln des Art. 31 ff. WVRK vorgezeichneten Rahmen verlässt.[704] Die Qualifikation terroristischer Handlungen nichtsstaatlicher Akteure als Friedensbedrohung muss demnach von Wortlaut, Systematik und Telos des Art. 39 UN-Charta gedeckt sein.

C. Die Vereinbarkeit der Sicherheitsratspraxis mit den Auslegungskriterien der WVRK

I. Die Auslegung nach dem Wortlaut

Der Begriff der Friedensbedrohung wird in der Charta nicht definiert. Im klassischen Völkerrecht herrschte lange Zeit der negative Friedensbegriff vor, wonach unter Frieden das Ausbleiben kriegerischer/gewalttätiger Auseinandersetzungen zwischen den Staaten zu verstehen ist.[705] Für diesen negativen Friedensbegriff streitet insbesondere die das allgemeine Gewaltverbot enthaltende Vorschrift des Art. 2 Abs. 4 UN-Charta. Demnach haben

> *„alle Mitglieder in ihren internationalen Beziehungen jede gegen die territoriale Unversehrtheit oder die politische Unabhängigkeit eines Staates gerichtete oder sonst mit den Zielen der Vereinten Nationen unvereinbare Androhung oder Anwendung von Gewalt"*

zu unterlassen. Bei Zugrundelegung eines solch engen Friedensbegriffs in Art. 39 UN-Charta kann aus normativ-terminologischer Sicht von nichtstaatlichen Akteuren allein kein friedensbedrohendes Verhalten ausgehen. Als Friedensbedrohung ließen sich ihre Terroraktivitäten nur dann qualifizieren, wenn sie einem Staat direkt oder indirekt zugerechnet werden könnten. Einem solch engen Verständnis des Friedensbegriffs ist allerdings aus mehreren Gründen zu widersprechen:

Zunächst einmal lässt sich dem Wortlaut des Art. 39 UN-Charta keine Beschränkung dahin gehend entnehmen, dass das friedensbedrohende Verhalten zwingend

---

Konflikts bestand aber z. B. auch zwischen Indien und Pakistan nach den Anschlägen von Mumbai im Jahre 2008. Vgl. dazu *Schmahl*, RuP 2001, 219, 222; *Eckert*, Nichtstaatliche Akteure, 220; *Kotzur*, AVR 2002, 454 ff., 461.

704 *Leiss*, Interventionen, 31; *Dahme*, Terrorismusbekämpfung, 186. Siehe dazu die Ausführungen unter Teil III Kap. 1 § 2 D II.

705 *Frowein*, in: *Simma* (Hrsg.), Charta der Vereinten Nationen, Art. 39 UN-Charta, Rn. 6 ff.; *Herdegen*, Befugnisse, 6; *Bothe*, in: *Graf Vitzthum/Proelß* (Hrsg.), Völkerrecht, 8. Abschnitt, Rn. 43.

staatlicher Natur sein muss. Es wird lediglich eine den Frieden bedrohende Situation gefordert.[706] Dann aber können auch nichtstaatliche Akteure eine friedensbedrohende Situation hervorrufen.[707] Hinzu kommt, dass der enge, negative Friedensbegriff mehr und mehr einem weiten, sog. *positiven Friedensbegriff* Platz gemacht hat. Hiernach umfasst der Friedensbegriff nicht nur das Ausbleiben militärischer Gewalt zwischen den Staaten, sondern berücksichtigt zusätzlich die politischen, wirtschaftlichen, sozialen und kulturellen Faktoren, die für ihr Ausbleiben erforderlich sind.[708]

Allerdings weist der positive Friedensbegriff keine dogmatisch klaren Strukturen auf. Von seiner Funktion her kann man sich ihm am besten mit Schöbener nähern. Schöbener qualifiziert den Begriff der Friedensbedrohung als sog. *Typusbegriff*.[709] Hierunter versteht er unter Rückgriff auf Leenen

> *„ein Gefüge, ein sinnvoll strukturiertes Ganzes, in dem jedes Moment auf ein Sinnzentrum, einen geistigen Kern bezogen und dadurch in seiner Funktion, seiner Bedeutung vom Ganzen her bestimmt ist.“*[710]

Der Typusbegriff „Friedensbedrohung“ findet nach Schöbener – wie der Friedensbruch und die Angriffshandlung – sein „Sinnzentrum“ in der Aufgabe des Sicherheitsrates, den Weltfrieden und die internationale Sicherheit zu wahren, und zeichnet sich durch

> *„seine Offenheit für neue Entwicklungen aus, die im Hinblick auf die Funktion des Sicherheitsrates zur Wahrung des Weltfriedens immer wieder die Herausbildung neuer Kriterien erforderlich macht.“*[711]

Die inhaltliche Konkretisierung des Typusbegriffes „Friedensbedrohung“ erfolgt durch den Sicherheitsrat. Dieser ist Mitte der 1990er Jahre dazu übergegangen, primär innerstaatliche Konflikte, in denen Menschenrechtsverletzungen von genozidartigem Ausmaß zu beklagen waren – wie z. B. in Ruanda, in Sierra Leone oder in Angola – als Bedrohung des Weltfriedens zu qualifizieren und hierauf mit Zwangsmaßnahmen nach Kapitel VII der UN-Charta zu reagieren.[712] Dementsprechend wird

---

706 *Hartmann*, Staatliche Beteiligung an terroristischen Gewaltaktionen, 187; *Schilling*, AVR 33 (1995), 67, 88; *Dahme*, Terrorismusbekämpfung, 189.

707 So auch *Dahme*, Terrorismusbekämpfung, 189.

708 S. dazu *Bothe*, in: *Graf Vitzthum/Proelß* (Hrsg.), Völkerrecht, 8. Abschnitt, Rn. 44; *Krajewski*, KJ 2001, 363, 367; *Starck*, UNO-Wirtschaftssanktionen, 161 f.; kritisch *Frowein*, in: *Simma* (Hrsg.), Charta der Vereinten Nationen, Art. 39 UN-Charta, Rn. 6 ff; *Schilling*, AVR 33 (1995), 67, 90 f.

709 *Schöbener*, in: *Dreier/Forkel/Laubenthal* (Hrsg.), Raum und Recht, 456. Instruktiv zum Typusbegriff allgemein auch *Schenke*, Rechtsfindung, 160, und *Füller*, Eigenständiges Sachenrecht, 392 f.

710 *Schöbener*, in: *Dreier/Forkel/Laubenthal* (Hrsg.), Raum und Recht, 456.

711 *Schöbener*, in: *Dreier/Forkel/Laubenthal* (Hrsg.), Raum und Recht, 456.

712 Allerdings hat der Rat auch in den besagten Fällen einen internationalen Bezug der Bedrohung herzustellen versucht. Er verwies zu diesem Zweck auf die

der positive Friedensbegriff vorrangig zusammen mit dem Schutz der Menschenrechte und des humanitären Völkerrechts sowie des Selbstbestimmungsrechts der Völker genannt.[713]

Unbeschadet der weitgehend noch bestehenden Unklarheiten hinsichtlich seines Inhalts und seiner Grenzen[714] liefert die Existenz des positiven Friedensbegriffs ein weiteres wichtiges Argument dafür, dass Art. 39 UN-Charta nach seinem Wortlaut der Qualifikation terroristischer Handlungen nichtstaatlicher Akteuren als Friedensbedrohung nicht entgegensteht.

II. Die systematische Auslegung

Das Gleiche gilt im Ergebnis auch für die systematische Auslegung.

1. Der Abgleich mit den Artt. 40 ff. UN-Charta

Zwar ließe sich argumentieren, die Artt. 40, 41 und 42 UN-Charta richteten sich ausschließlich an Staaten, weswegen auch Friedensbedrohungen i. S. d. Art. 39 UN-Charta nur von Staaten ausgehen könnten. So ist in Art. 40 UN-Charta die Rede davon, dass der Sicherheitsrat vor der Abgabe von Empfehlungen nach Art. 39 UN-Charta oder dem Beschluss von Maßnahmen *die beteiligten Parteien* dazu auffordern kann, den von ihm für notwendig oder erwünscht erachteten vorläufigen Maßnahmen Folge zu leisten. Im anschließenden Satz heißt es, dass diese vorläufigen Maßnahmen die Rechte, Ansprüche und die Stellung der Parteien unberührt lassen. Dass mit dem Begriff der Parteien Staaten gemeint sind, lässt sich insbesondere aus Art. 36 Abs. 3 UN-Charta schließen. Er besagt, dass der Sicherheitsrat bei Empfehlungen auf Grundlage dieses Artikels berücksichtigen soll, dass Rechtsstreitigkeiten im Allgemeinen von den Parteien dem IGH im Einklang mit dessen Statut zu unterbreiten sind. Nach Art. 34 Abs. 1 IGH-Statut sind jedoch nur Staaten vor dem IGH parteifähig.

Art. 41 UN-Charta benennt als mögliche vom Rat zu ergreifende nichtmilitärische Maßnahmen u. a. die vollständige oder teilweise Unterbrechung der Wirtschaftsbeziehungen, des Eisenbahns-, See- und Luftverkehrs, der Post-, Telegraphen- und Funkverbindungen sowie sonstiger Verkehrsmöglichkeiten, ebenso wie der Abbruch der diplomatischen Beziehungen. Hierbei handelt es sich durchweg um Maßnahmen, deren Verhängung nur gegenüber Staaten möglich ist. Auch der in Art. 42 UN-Charta

---

destabilisierende Wirkung, die die Flüchtlingsströme auf die politischen Verhältnisse der Nachbarstaaten haben könnten. Vgl. hierzu *Herbst*, Rechtskontrolle, 347 f. In jüngster Vergangenheit jedoch – und zwar bei den Sanktionen gegen die Elfenbeinküste und Libyen – verzichtete der Rat auf einen derartigen Hinweis. Stattdessen begründete er sein Vorgehen einzig mit der drohenden Gefahr massiver Menschenrechtsverletzungen in den genannten Ländern.

713 *Bothe*, in: *Graf Vitzthum/Proelß* (Hrsg.), Völkerrecht, 8. Abschnitt, Rn. 44; *Krajewski*, KJ 2001, 363, 367.

714 So auch *Dahme*, Terrorismusbekämpfung, 199.

erwähnte potentielle Einsatz von Luft-, See- und Landstreitkräften richtet sich genuin gegen Staaten.

Aus den soeben vorgestellten Argumenten ist ein zwingender Schluss, dass eine Friedensbedrohung auf staatliches Verhalten zurückzuführen sein muss, nicht möglich. Insbesondere sind die in Art. 41 UN-Charta aufgezählten Maßnahmen nicht abschließender Natur.[715] Vorläufige Maßnahmen nach Art. 40 UN-Charta können zudem auch gegenüber stabilisierten de facto-Regimen ergehen. Deshalb überzeugt es methodologisch nicht, von dem dem Rat auf Rechtsfolgenseite eröffneten Maßnahmenspektrum verbindliche Schlüsse für die Auslegung der Tatbestände des Art. 39 UN-Charta zu ziehen. Grund hierfür ist, dass der Verursacher einer Friedensbedrohung regelmäßig nicht identisch mit dem Adressatenkreis sein wird, an den sich der Sicherheitsrat zur Beseitigung der Friedensbedrohung richtet. Dies ist beim Erlass von Individualsanktionen nicht anders als bei kollektiven Wirtschaftssanktionen. Dort verpflichtet der Sicherheitsrat die übrigen Staaten, ihre wirtschaftlichen Beziehungen zu dem sanktionierten Staat auszusetzen.

2. Der Begriff der internationalen Sicherheit in Art. 39 UN-Charta

Aus dem Begriff der internationalen Sicherheit lassen sich ebenfalls Argumente für die Zulässigkeit der Qualifikation von Terrorhandlungen nichtstaatlicher Akteure als Friedensbedrohung gewinnen. Die Charta verwendet diesen Begriff nahezu durchgehend zusammen mit dem der „Wahrung und Wiederherstellung des Weltfriedens".[716] Auch in Art. 39 UN-Charta findet er Verwendung, allerdings nicht als Tatbestand, sondern lediglich bei der Zielvorgabe der vom Sicherheitsrat zu ergreifenden Maßnahmen. Dieser Umstand spricht zunächst dagegen, ihn bei der hier interessierenden Problematik von Terrorhandlungen Privater als Friedensbedrohung zu berücksichtigen. Entscheidend ist jedoch, wie sich die Asynchronität zwischen Voraussetzung und Zielrichtung in Art. 39 UN-Charta erklären lässt. Es liegt nahe, dem Begriff der internationalen Sicherheit keinen eigenen Aussagegehalt beizumessen, sondern ihn lediglich als ein – inhaltlich unbedeutendes – Appendix zum Begriff des (Welt-)Friedens anzusehen.

Gegen eine solche Sichtweise spricht jedoch die zahlreiche Verwendung des Begriffs in der UN-Charta. Zudem ist bei jeder Auslegung davon auszugehen, dass jedem verwendeten Wort grundsätzlich eine eigene Bedeutung zukommt.[717] Dem Begriff der internationalen Sicherheit lässt sich ein eigenständiger Gehalt demnach

---

715 S. dazu statt vieler *Bothe*, in: *Graf Vitzthum/Proelß* (Hrsg.), Völkerrecht, 8. Abschnitt, Rn. 48; *Herdegen*, Befugnisse, 25; *Frowein*, in: *Simma* (Hrsg.), Charta der Vereinten Nationen, Art. 41 UN-Charta, Rn. 9.

716 S. z.B. Artt. 24 Abs. 1, 39, 42, 43, 47, 48, 51 UN-Charta.

717 Vgl. dazu Art. 31 Abs. 1 WVRK: „Ein Vertrag ist nach Treu und Glauben in Übereinstimmung mit der gewöhnlichen, *seinen Bestimmungen in ihrem Zusammenhang zukommenden Bedeutung* [Hervorhebung durch den Autor] und im Lichte seines Zieles und Zweckes auszulegen."

erst dann absprechen, wenn man zuvor jegliche andere Deutungsmöglichkeit ausgeschlossen hat.

Solche anderen Deutungsmöglichkeiten sind jedoch vorhanden: Zum einen kann man aus systematischen Erwägungen den Begriff der internationalen Sicherheit mit in den Tatbestand des Art. 39 UN-Charta hineinlesen („Der Sicherheitsrat stellt fest, ob eine Bedrohung oder eine Verletzung des Friedens *oder der internationalen Sicherheit* oder eine Angriffshandlung vorliegt [...]"). Für ein derartiges Vorgehen spricht der Vergleich zu Art. 33 UN-Charta, der von Streitigkeiten spricht, die geeignet sind, die Wahrung des Weltfriedens und der *internationalen Sicherheit* zu gefährden. Zum anderen kann man den Friedensbegriff des Art. 39 UN-Charta in einer die internationale Sicherheit umfassenden Weise auslegen. Dies ist möglich, wenn man wie in dieser Arbeit einen weiteren als den negativen Friedensbegriff zugrunde legt, der seinerseits durch den Begriff der internationalen Sicherheit an Kontur gewönne.

Gerade bei der Frage „Terrorhandlungen Privater als Friedensbedrohung" hilft der Begriff der internationalen Sicherheit über ein grundlegendes Problem hinweg, das in den bisherigen Ausführungen noch nicht explizit zur Sprache gekommen ist: Genau genommen hat die bisherige Auslegung nur ergeben, dass einer Friedensbedrohung nicht zwingend ein staatliches Verhalten zugrunde liegen muss (Wortlautargument). Daran, dass der Friedensbegriff in Orientierung an Art. 2 Abs. 4 UN-Charta prinzipiell als das Ausbleiben militärischer Gewalt zwischen den Staaten definiert wird, ändert dies aber zunächst einmal nichts. Dementsprechend halten einige Autoren an der Voraussetzung fest, dass zur Annahme einer Friedensbedrohung immer ein militärischer Konflikt zwischen mindestens zwei Staaten drohen muss.[718]

Tatsächlich ist es aufgrund von Terroranschlägen zuweilen zu militärischen Auseinandersetzungen zwischen einzelnen Staaten gekommen. Aus der jüngeren Geschichte seien die Reaktionen der USA auf den mutmaßlich von Libyen initiierten La Belle-Anschlag in Berlin oder auf die Anschläge vom 11.09.2001 genannt, die den Afghanistankrieg auslösten. Auch die Anschläge von Mumbai im Jahre 2008 hatten zwischenzeitlich die Sicherheitslage zwischen Indien und Pakistan in beunruhigender Weise verschärft.[719]

Jedoch wird man nicht sagen können, dass jede von nichtstaatlichen Akteuren ausgehende terroristische Gefahr geeignet ist, einen militärischen Konflikt zwischen den Staaten hervorzurufen. Das gilt – unter Ausklammerung des Afghanistankonflikts – auch für das 1267er-Sanktionsregime. Nähme der Sicherheitsrat alleine auf dieser Grundlage eine Friedensbedrohung an, könnte man sich fragen, ob nicht ein

---

718 Explizit *Schilling*, AVR 33 (1995), 67, 89 ff.

719 Ein weiteres prägnantes Beispiel für einen kriegsauslösenden Terroranschlag stellt das Attentat bosnisch-serbischer Nationalisten auf den österreichischen Thronfolger Erzherzog Franz Ferdinand im Juni 1914 dar, das zum Ausbruch des Ersten Weltkriegs führte.

Fall einer evidenten Fehleinschätzung der tatsächlichen Umstände vorliegt. Bejahendenfalls wären die jeweiligen Sanktionsresolutionen als *ultra vires*-Akte nichtig.

Ein derartiges Verständnis des Begriffs der Friedensbedrohung würde jedoch der Gefahr nicht gerecht werden, die von Terrorakten nichtstaatlicher Akteure ausgeht. Es würde auf der unzutreffenden Annahme beruhen, die Sicherheit der Staaten könne international nur von anderen Staaten gefährdet werden.[720] Die Anschläge vom 11.09.2001 haben jedoch das Gegenteil bewiesen.[721] Nichtstaatliche Akteure sind mittlerweile in gleichem Maße wie Staaten in der Lage, vitale Sicherheitsinteressen der Staatengemeinschaft zu gefährden. Dies gilt umso mehr im Zeitalter von Massenvernichtungswaffen.

Dieser diffusen Gefährdungslage können die Staaten nur durch gegenseitige Kooperation Herr werden.[722] Zur normativ-terminologischen Abbildung dieser tatsächlichen Notwendigkeiten eignet sich der Begriff der internationalen Sicherheit allein vom Sprachgefühl besser als der der Friedensbedrohung. Dass ihm im Zusammenhang mit der Bekämpfung von Terrorhandlungen Privater eine eigene Bedeutung zukommt, lässt sich im Übrigen daran ersehen, dass der Sicherheitsrat in sämtlichen seit den Anschlägen vom 11.09.2001 erlassenen Sanktionsresolutionen des 1267er- und 1373er Sanktionsregimes wortwörtlich von einer Gefährdung des Friedens *und der internationalen Sicherheit* spricht.

Der Tatbestand der Friedensbedrohung ist demnach – sofern man die internationale Sicherheit nicht als eigenen Tatbestand ansieht – funktional zu bestimmen. Er setzt weder voraus, dass das friedensbedrohende Verhalten staatlichen Ursprungs ist, noch dass eine Gefahr militärischer Auseinandersetzungen zwischen den Staaten besteht.

III. Die teleologische Auslegung

Diese Sichtweise ist auch aus teleologischen Gründen geboten. Bei einer Ausklammerung von Terrorhandlungen Privater aus dem Begriff der Friedensbedrohung hätte der Sicherheitsrat keine Möglichkeit, auf diese neuartige Form der Gefahr zu reagieren. Er könnte die ihm übertragene Aufgabe zur Wahrung des Weltfriedens nicht mehr effektiv nachkommen. Dies ist mit dem Grundsatz des *effet utile* nicht zu vereinbaren.[723]

---

720 Vgl. dazu *Schilling*, AVR 33 (1995), 67, 89 ff.; *Kotzur*, AVR 40 (2002), 454, 471; *Fremuth*, DÖV 2012, 81 f.

721 *Krajewski*, KJ 2001, 363, 370 f.; *Bruha*, AVR 40 (2002), 383; 383 ff.; *Dahme*, Terrorismusbekämpfung, 194 f.; vgl. auch *Hartmann*, Staatliche Beteiligung an terroristischen Gewaltaktionen, 188.

722 Hierzu ausführlich *Behr*, ZIB 2004, 27.

723 So auch *Bruha*, AVR 40 (2002), 383, 390; *Dahme*, Terrorismusbekämpfung, 199; *Finke*, in: *Bäumler/Daase/Schliemann u. a.* (Hrsg.), Akteure in Krieg und Frieden, 66.

IV. Ergebnis

Terroristische Handlungen nichtstaatlicher Akteure lassen sich grundsätzlich auch dann als Friedensbedrohung i. S. d. Art. 39 UN-Charta qualifizieren, wenn sie weder einem Staat zugerechnet werden können noch die Gefahr eines zwischenstaatlichen militärischen Konflikts erhöhen. Dieses Ergebnis wird auch durch die Praxis der Mitgliedstaaten bestätigt, die das 1267er-Sanktonsregime in diesem Punkt von Beginn an mitgetragen haben.

D. Die konstitutiven Elemente friedensbedrohender Terrorhandlungen Privater

Die rechtlichen Konditionen, unter denen die Annahme einer Friedensbedrohung durch Terroraktivitäten Privater zulässig ist, bedürfen jedoch der weiteren Konkretisierung. Eine Abgrenzung ist insbesondere zu Terrorgruppierungen erforderlich, deren Aktivitäten die Qualität einer staatenübergreifenden Friedensbedrohung fehlt. Die (strafrechtliche) Verfolgung solcher Gruppierungen – wie z.B. der IRA oder der ETA früherer Tage – fällt als nationale Angelegenheit in die genuine Zuständigkeit der Staaten.

I. Allgemeine Überlegungen

Terroristische Handlungen Privater stellen jedenfalls dann eine Friedensbedrohung dar, wenn sie die Gefahr eines militärischen Konflikts zwischen zwei oder mehreren Staaten heraufbeschwören.[724] Schwierigkeiten bereiten die Fälle, in denen es an einer solch konkreten Gefahr fehlt.

Herdegen zufolge ist in solchen Fällen allgemein eine physische Bedrohung völkerrechtlich geschützter Rechtsgüter von hohem Rang notwendig, um eine Friedensbedrohung zu bejahen.[725] Ausschlaggebend soll das Produkt aus dem Stellenwert des bedrohten Rechtsguts aus Sicht der Staatengemeinschaft, der Intensität seiner Gefährdung oder Verletzung sowie den möglichen grenzüberschreitenden Auswirkungen sein.[726] Die genannten Kriterien lassen sich für friedensgefährdende Terrorakte Privater weiter konkretisieren.[727] Hierbei liegt eine Orientierung an den Friedenspflichten der Staaten nahe, da Friedensbedrohungen im Regelfall staatlicher

---

724 S. dazu bereits die Ausführungen unter Teil III, Kap. 3 § 1 C I 2.

725 *Herdegen*, Befugnisse, 15.

726 *Herdegen*, Befugnisse, 16.

727 Die Praxis des Sicherheitsrates ist aus systematischer Sicht wenig ergiebig. So hat der Rat u. a. die Anschläge von Bali vom 12.10.2002 (Res. 1438/2002, Rn. 1), in Kenia (am 28.11.2002, SR-Res. 1450/2002, Rn. 1), Bogotá (am 07.02.2003, SR-Res. 1465/2003, Rn. 1), Istanbul (v. 15. und 20.11.2003, SR-Res. 1516/2003, Rn. 1), Madrid (v. 11.03.2004, SR-Res. 1530/2004, Rn. 1) und London (v. 07.07.2005, SR-Res. 1611, Rn. 1) sowie die Geiselnahme in Moskau (v. 23.10.2002, SR-Res. 1440/2002, Rn. 1) jeweils als Bedrohung des Weltfriedens und der internationalen Sicherheit

Natur sind.[728] Den normativen Ausgangspunkt bildet das allgemeine Gewaltverbot in Art. 2 Abs. 4 UN-Charta. Es verbietet den Staaten jegliche Anwendung von Gewalt, die sich gegen die politische Unabhängigkeit oder territoriale Unversehrtheit eines anderen Staates richtet. Diese Friedenspflicht hat durch die Erklärungen der Generalversammlung über freundliche Beziehungen zwischen den Staaten (der sog. *Friendly-Relations*-Deklaration[729]) und zur Definition der Aggression[730] eine weitere Präzisierung erfahren. Sie sind zwar als Anhang zu Resolutionen der Generalversammlung weder für die Organe der UN noch für deren Mitglieder rechtlich verbindlich[731], stellen aber wichtige Interpretationshilfen bei der inhaltlichen Konturierung des Gewaltverbots dar.[732] Aufschlussreich ist in dem hier interessierenden Kontext vor allem Art. 3 lit. g) der Resolution zur Definition der Aggression. Demnach stellt

> *„das Entsenden bewaffneter Banden, Gruppen, Freischärler oder Söldner durch einen Staat oder in seinem Namen"*

eine Angriffshandlung dar,

> *„wenn diese mit Waffengewalt Handlungen gegen einen anderen Staat ausführen, die auf Grund ihrer Schwere den oben [d.h. in Art. 3] aufgeführten Handlungen gleichkommen[...]"*,

Unter den besagten Handlungen fällt nach Art. 3 lit. b) auch

> *„die Beschießung oder Bombardierung des Hoheitsgebietes eines Staates durch die Streitkräfte eines anderen Staates oder der Einsatz von Waffen jeder Art durch einen Staat gegen das Hoheitsgebiet eines anderen Staates."*

Auf Grundlage dieser Bestimmungen lassen sich drei Kriterien herausarbeiten, die zur Bejahung der friedensbedrohenden Qualität terroristischer Handlungen privater Akteure grundsätzlich erfüllt sein müssen:

---

qualifiziert, vgl. dazu *Meerpohl*, Individualsanktionen, 99 (Fn. 61); *Dederer*, JZ 2004, 421, 422.

728 Vgl. dazu auch *Krajewski*, AVR 40 (2002), 183, 200.

729 Anhang der GV-Res. 2625 (XXV) v. 24.10.1970, abgedr. im Sart. II Nr. 4.

730 Anhang der GV-Res. 3314 (XXIX) v. 14.12.1974, abgedr. im Sart. II Nr. 5.

731 Anders wäre es, wenn die entsprechenden Resolutionen mittlerweile den Status von Völkergewohnheitsrecht erlangt hätten. Dass lässt sich allgemein nicht bejahen. Vgl. weiterführend zu der Thematik *Bocek*, Die völkerrechtlichen Wirkungen, 129 ff., die an der zitierten Stelle jedoch ausschließlich der Frage der völkergewohnheitsrechtlichen Geltung der *Friendly Relations*-Deklaration nachgeht.

732 *Dederer*, JZ 2004, 421, 424. Vgl. dazu auch die Ausführungen des IGH im NICARAGUA-Urteil, IGH, *Military and Paramilitary Activities in und against Nicaragua, (Nicaragua v. United States of America), Merits*, Judgment, 27.06.1986, ICJ Reports 1986, 14, 91, § 191.

1. Das Vorliegen eines gegen einen oder mehrere Staaten gerichteten Gewaltaktes (II.).
2. Ein grenzüberschreitender Bezug des Gewaltaktes (III.).
3. Ein von dem Gewaltakt ausgehender oder drohender Schaden von einiger Erheblichkeit (IV.).

II. Der gegen einen oder mehrere Staaten gerichtete Gewaltakt

Die inhaltliche Bestimmung eines Gewaltaktes gegen einen Staat erfolgt in Orientierung an den ihn völkerrechtlich konstituierenden Elementen Staatsvolk, Staatsgebiet und Staatsgewalt.

Ein gegen die Staatsgewalt gerichteter Gewaltakt lässt sich grundsätzlich bei Terroranschlägen auf sie besonders repräsentierende Personen – wie z.B. Regierungs- oder Parlamentsmitglieder – und/oder Gebäude – Parlament, Ministerien o.ä. – bejahen.[733]

Von einem Anschlag auf das Staatsvolk ist auszugehen, wenn der Terrorakt sich vornehmlich gegen die Zivilbevölkerung bzw. von ihr alltäglich genutzte Sachgegenstände richtet. Hierzu zählen beispielsweise private Geschäfts- und Arbeitsgebäude, öffentliche Verkehrsmittel oder sonstige öffentliche Einrichtungen.[734] Tatsächlich wurden in den letzten Jahren vermehrt Anschläge auf solche sog. *weiche Ziele*[735] verübt. Sie sind für die Attentäter bedeutend einfacher zu realisieren, stehen von ihrer Schreckenswirkung Terrorakten gegen die Staatsgewalt zumeist jedoch in nichts nach.

Die beschriebenen Anschläge auf Staatsgewalt und Staatsvolk werden sich regelmäßig auf dem Staatsgebiet des betroffenen Staates ereignen. In einem solchen Fall sind gleich mehrere der den Staat konstituierenden Elemente durch die Terrorhandlung betroffen. Um einen Gewaltakt gegen einen Staat zu bejahen, reicht jedoch häufig die Beeinträchtigung einer der genannten Elemente aus. Weitgehend unproblematisch ist dies bei Anschlägen auf Regierungsmitglieder während Auslandsbesuchen.[736] Aber auch Terroranschläge auf sich im Ausland befindliche Staatsangehörige können im Einzelfall einen Gewaltakt gegen den Herkunftsstaat darstellen, wenn die jeweiligen Opfer *pars pro toto* für das Staatsvolk getötet werden.[737]

III. Der grenzüberschreitende Bezug des Gewaltaktes

Darüber hinaus müssen die jeweiligen Terrorhandlungen zur Qualifikation als Friedensbedrohung einen grenzüberschreitenden Charakter aufweisen. Dies ist zur Abgrenzung von Terroranschlägen notwendig, die von ausschließlich auf nationaler

---

733 Vgl. dazu *Dederer*, JZ 2004, 421, 425 f.
734 Vgl. dazu *Dederer*, JZ 2004, 421, 425.
735 Vgl. zu diesem Begriff auch *Schulte*, Terrorismus- und Anti-Terrorismus-Gesetzgebung, 88.
736 S. hierzu auch *Dederer*, JZ 2004, 421, 426.
737 *Dederer*, JZ 2004, 421, 425.

Ebene operierenden und nationale Motive verfolgenden Terrororganisationen verübt werden. Ihre Verfolgung fällt grundsätzlich in die *domaine réservé* der jeweilig betroffenen Staaten. Zur Annahme einer Friedensbedrohung ist demnach ein transnationaler Konflikt zwischen einem oder mehreren Staaten auf der einen und mindestens einer privaten Terrorgruppe auf der anderen Seite zu fordern.[738]

Dazu wird man von der Gruppe in einem ersten Schritt einen bestimmten Grad an organisatorischer und institutioneller Verfestigung erwarten müssen.[739] Wichtiger aber ist, dass sie von ihrer Ideologie und ihrem tatsächlichen Aktionsradius einen staatliche Territorialgrenzen überschreitenden Charakter aufweist.[740] Die von ihr ausgehende Gefahr muss eine solche sein, der der einzelne Staat mit den Mitteln seines nationalen Präventiv- und Strafverfolgungsrechts alleine nicht beizukommen vermag.

Bei Berücksichtigung der zuvor gemachten Ausführungen zur Bestimmung des gegen einen Staat gerichteten Gewaltaktes ist der Tatbestand der Friedensbedrohung nicht erfüllt, wenn Opfer und Täter eigene Staatsangehörige sind, die Tat sich auf dem Hoheitsgebiet des Herkunftsstaates ereignet hat und sich die Täter dort noch befinden.[741] Die zuweilen zu beobachtende gegenläufige Praxis des Sicherheitsrates – beispielsweise im Moskauer Geiselfall aus dem Jahr 2002, bei dem Besucher eines Moskauer Theaters von kaukasischen Rebellen als Geiseln genommen wurden und nach einem missglückten Befreiungsversuch der russischen Sicherheitsbehörden in großer Zahl ums Leben kamen[742] – ist deshalb aus rechtlicher Sicht höchst bedenklich.[743]

IV. Die Erheblichkeit des vom Gewaltakt verursachten oder drohenden Schadens

Zuletzt muss für eine Qualifikation von Terroraktivitäten Privater als Friedensbedrohung der von ihnen potentiell drohende oder tatsächlich verursachte Schaden vom Ausmaß her grundsätzlich dem eines staatlichen Gewaltaktes entsprechen. Dies ist bei einer nicht unbeträchtlichen Anzahl an Toten und Verletzten sowie eines erheblichen Sachschadens der Fall.[744] Der Einsatz militärischen Equipments ist hingegen nicht notwendig.[745] Vielmehr hat der 11.09.2001 gezeigt, dass sich mit

---

738 So auch *Bruha*, AVR 40 (2002), 383, 390.

739 S. dazu auch *Krajewski*, AVR 40 (2002), 183, 200.

740 *Dahme*, Terrorismusbekämpfung, 202; *Schulte*, Der Schutz individueller Rechte gegen Terrorlisten, 230 f.

741 *Dederer*, JZ 2004, 421, 423.

742 Vgl. die SR-Res. 1440/2002, Rn. 1.

743 Hierauf weist *Dederer*, JZ 2004, 421, 423, zu Recht hin. Als weiteres Beispiel, in dem die Annahme einer Friedensbedrohung mangels grenzüberschreitendem Bezug zweifelhaft gewesen ist, führt er den Bombenanschlag der kolumbianischen Rebellenorganisation FARC in Bogota v. 07.02.2003 an, auf den der Sicherheitsrat mit dem Erlass der SR-Res. 1465/2003 (v. 13.02.2003) reagierte.

744 Bzw. der Gefahr eines solchen Schadens.

745 So auch *Dederer*, JZ 2004, 421, 423.

einer zweckentfremdeten Nutzung ziviler Gegenstände ebenfalls beträchtlicher Sach- und Personenschaden hervorrufen lässt.[746]

In den letzten Jahren jedoch haben die Terroranschläge nichtstaatlicher Akteure ein derartiges Schadensausmaß so gut wie nicht mehr erreicht. Dafür konzentrierten sich die Terroristen immer mehr darauf, ihre Anschläge möglichst medienwirksam zu inszenieren. Ein besonders übles Beispiel ist die brutale Exekution von Angehörigen feindlich angesehener Staaten, die gefilmt und über das Internet verbreitet werden. Auch solche Terrorakte können im Einzelfall eine Friedensbedrohung darstellen, selbst wenn sie objektiv das Schadensausmaß eines staatlichen Gewaltaktes nicht erreichen.[747]

Weitgehend unproblematisch ist dies in Fällen, in denen eine Gruppierung Anschläge mit großem Schadensausmaß verübt hat, hierzu aber gegenwärtig aufgrund der Verfolgung durch die internationale Staatengemeinschaft nicht mehr in der Lage ist. Die Aufrechterhaltung der Sanktionen rechtfertigt sich durch den Umstand, dass sich die von der Gruppierung ausgehende Gefahr bereits realisiert hat und mit weiteren größeren Anschlägen bei einer Lockerung oder Aufhebung der Sanktionsmaßnahmen zu rechnen ist.

Schwieriger stellt sich die Lage dar, wenn sich eine Terrororganisation von Anfang an darauf beschränkt, einzelne Angehörige feindlich angesehener Staaten zu töten. Für die Annahme einer Friedensbedrohung müssten die Tötungen zunächst regel- und planmäßig erfolgen. Darüber hinaus kommt es auf das dahinterstehende Motiv an. Gelten die Tötungshandlungen *pars pro toto* dem Staatsvolk und zielen sie neben der Verbreitung von Angst und Schrecken vor allem auf die Rekrutierung weiterer Terroraktivisten ab, lässt sich eine Friedensbedrohung ernsthaft in Erwägung ziehen.

V. Abgleich der Tatbestandsvoraussetzungen mit dem 1267er-Sanktionsregime

Die von Al Qaida ausgehende terroristische Gefahr erfüllt die in den vorherigen Abschnitten aufgestellten Voraussetzungen[748], derer es zur Qualifikation von Terrorhandlungen nichtstaatlicher Akteure als Friedensbedrohung bedarf. Die von Al Qaida initiierten Anschläge richteten sich gegen die gesamte zivilisierte Welt und führten zum Tod von Tausenden von Menschen. Das erklärte Ziel der Organisation besteht in der weltweiten Eliminierung jeglicher als islamfeindlich angesehener Personen. Spätestens mit den Anschlägen vom 11.09.2001 ist das Bedrohungspotenzial für den Weltfrieden offen zutage getreten. Dem gesamten Ausmaß dieser Bedrohung wird man sich freilich erst dann gewahr, wenn man sich die durchaus

---

746 Vgl. *Krajewski*, AVR 40 (2002), 183, 200 f.; *Dederer*, JZ 2004, 421, 424 f.

747 Ebenso *Dederer*, JZ 2004, 421, 425.

748 Hierbei handelt es sich um einen tatsächlich realisierten oder potentiell drohenden Akt von Gewalt gegen einen Staat (1) mit grenzüberschreitendem Bezug (2) und einiger Schadenserheblichkeit (3).

bestehende Möglichkeit eines Erwerbs von Massenvernichtungswaffen durch Al Qaida ins Bewusstsein ruft.[749]

Zwar hat die Organisation nach dem 11.09.2001 und dem Beginn des Afghanistankriegs kontinuierlich an Schlagkraft verloren, sie ist zu einer amorphen, kaum fassbaren Bewegung mutiert, in der die einzelnen Zellen größtenteils nur die gemeinsame Ideologie vereint.[750] Auf dieser Grundlage lässt sich durchaus die Frage stellen, ob das tatsächliche Gefährdungspotenzial der Gruppierung gegenwärtig immer noch friedensbedrohende Dimensionen erreicht. In Anbetracht des potentiell drohenden Schadens – auf die Problematik des möglichen Erwerbs von Massenvernichtungswaffen durch die Gruppe wurde bereits hingewiesen – wird man jedoch nicht davon sprechen können, dass der Sicherheitsrat sein ihm diesbezüglich eingeräumten Beurteilungsspielraum in evidentem Maße überschritten hat.[751]

§ 2: Die Vereinbarkeit des 1267er-Sanktionsregimes mit Art. 41 UN-Charta

Die Feststellung, dass die Terroraktivitäten Al Qaidas als Friedensbedrohung i. S. d. Art. 39 UN-Charta qualifiziert werden durften, eröffnet dem Sicherheitsrat die Möglichkeit, mit dem Erlass nichtmilitärischer Zwangsmaßnahmen nach Art. 41 UN-Charta auf diese Bedrohungslage zu regieren. Der Errichtung des 1267er-Individualsanktionsregimes auf Grundlage dieser Norm wird jedoch als nicht unproblematisch angesehen.[752]

A. Art. 41 UN-Charta und das Individuum als Völkerrechtssubjekt

Problematisiert wird zum einen der Umstand, dass Individuen über lange Zeit hinweg die Eigenschaft als Völkerrechtssubjekt abgesprochen worden ist.[753] Das werfe die Frage auf, ob sie im Rahmen des Art. 41 UN-Charta zum Ziel völkerrechtlicher Sanktionsmaßnahmen gemacht werden können.[754] Diese Frage ist zu bejahen, weil die These einer bloßen Objekteigenschaft des Individuums im Völkerrecht heute zu Recht mehrheitlich nicht mehr vertreten wird.[755] In den letzten Jahrzehnten haben immer

---

749 S. hierzu auch die SR-Res. 1540/2004 v. 28.04.2004. Vgl. zu dieser Problematik auch *Schiffbauer*, Vorbeugende Selbstverteidigung, 188; 396; 399.

750 S. dazu noch ausführlich Teil III Kap. 5 § 4 B I.

751 So auch *Dahme*, Terrorismusbekämpfung, 203; *Dederer*, JZ 2004, 421, 423.

752 S. dazu *Dahme*, Terrorismusbekämpfung, 211 ff., insb. 216; *Macke*, UN-Sicherheitsrat und Strafrecht, 236 ff.

753 S. zu dieser Thematik bereits Teil I Kap. 2 § 4 A.

754 Vgl. dazu *Dahme*, Terrorismusbekämpfung, 212 ff., insb. 216; *Macke*, UN-Sicherheitsrat und Strafrecht, 237 ff.

755 S. dazu *Krajewski*, Wirtschaftsvölkerrecht, Rn. 58; *Schwartmann*, Private im Wirtschaftsvölkerrecht, 13 f.; *Kau*, in: *Graf Vitzthum/Proelß* (Hrsg.), Völkerrecht, 3. Abschnitt, Rn. 14 ff.; zurückhaltend *Epping*, in: *Ipsen* (Hrsg.), Völkerrecht, § 7 Rn. 4.

mehr und mehr Individualrechte Eingang in die moderne Völkerrechtsordnung gefunden. Insbesondere das Netz menschenrechtlicher Verbürgungen ist dichter geworden.[756] Auf der anderen Seite unterliegt das Individuum auch völkerrechtlichen Pflichten. Diese bestehen vor allem im Völkerstrafrecht. In diesem Kontext sind zuvörderst die UN-Sondertribunale für das ehemalige Jugoslawien und Ruanda zu erwähnen, vor denen sich Individuen wegen der Begehung von Kriegsverbrechen verantworten müssen. Mittlerweile existiert mit dem Internationalen Strafgerichtshof in Den Haag sogar eine dauerhafte internationale Institution zur Verfolgung derartiger Straftaten. Deshalb wird man dem Individuum zumindest eine partielle Völkerrechtssubjektivität zuzusprechen haben.[757] Das Argument der fehlenden Völkerrechtssubjektivität greift demnach nicht, um den Erlass von Individualsanktionen auf Grundlage des Art. 41 UN-Charta als widerrechtlich zu qualifizieren.

B. Individualsanktionen und das Interventionsverbot des Art. 2 Abs. 7 UN-Charta

Dahme sieht ein weiteres Problem darin, dass der Sicherheitsrat über den von ihm eingesetzten Sanktionsausschuss die Adressaten der Sanktionsmaßnahmen individuell benennt. Damit nehme der Rat partiell die Funktion eines Exekutivorgans ein und belasse den Mitgliedstaaten keinen eigenen Spielraum bei der Individualisierung der Sanktionsadressaten.[758] Das führe dazu, dass sie die Voraussetzungen für die Anwendung der Sanktionsmaßnahmen nicht ihrem jeweiligen Grundrechtsstandard anpassen könnten.[759] Darüber hinaus sei es aufgrund der Vorgabe durch den Sanktionsausschuss nicht möglich, die jeweils gegen eine sanktionierte Person erhobenen Vorwürfe eigenständig auf ihre Begründetheit hin zu überprüfen. Das habe Grundrechts- und vor allem Rechtsschutzprobleme hinsichtlich der unmittelbaren nationalen Umsetzungsakte zu den Sanktionsresolutionen zur Folge.[760]

---

756 *Macke*, UN-Sicherheitsrat und Strafrecht, 238 m. w. N.

757 *Krajewski*, Wirtschaftsvölkerrecht, Rn. 58; *Schwartmann*, Private im Wirtschaftsvölkerrecht, 13 f.

758 *Dahme*, Terrorismusbekämpfung, 216.

759 *Dahme*, Terrorismusbekämpfung, 216.

760 *Dahme*, Terrorismusbekämpfung, 216. *Macke*, UN-Sicherheitsrat und Strafrecht, 240 f., 243, sieht den Erlass des 1267er-Sanktionsregimes auf Grundlage des Art. 41 UN-Charta sogar als unrechtmäßig an, weil die Charta ihrer Grundstruktur nach einen direkten Durchgriff auf Individuen nicht vorsehe und es deshalb an einem adäquaten Rechtsschutzsystem auf UN-Ebene fehle. Gehe eine internationale Organisation gegen Individuen vor, ohne in ein unabhängiges Rechtsschutzsystem eingebunden zu sein, verliere das Individuum einerseits seinen nationalen „Ansprechpartner" als Bürgen für seine Freiheitsrechte und bliebe andererseits als Adressat von Völkerrecht ohne Rechtsschutz. Mackes Argument gegen die *generelle Zulässigkeit* von Individualsanktionen überzeugt nicht. Der Sicherheitsrat selbst kann entsprechende Rechtsschutzmöglichkeiten bei der Errichtung der Sanktionsregime schaffen. Im Falle des 1267er-Sanktionsregimes ist sanktionierten Personen

Die Schwelle zur Rechtswidrigkeit sei jedoch trotz dieser Umstände noch nicht übertreten worden.[761]

DAHMES Bedenken vermögen nicht zu überzeugen. Unklar bleibt vor allem, welches konkrete Recht der Staaten durch den Umstand, dass sie selbst keine Individualisierung der Sanktionsadressaten vornehmen können, beeinträchtigt worden sein soll, und nach welchem Maßstab sich ergibt, dass dieses Recht durch den Erlass von Individualsanktionen keine Verletzung erfahren hat.

Dogmatisch sind DAHMES Einwände der Frage zuzuordnen, ob der Sicherheitsrat mit dem Erlass von Individualsanktionen gegen das Interventionsverbot in Art. 2 Abs. 7 S. 1 UN-Charta verstoßen hat. DAHME geht im Übrigen an späterer Stelle selbst auf die Frage ein, ohne die von ihr oben skizzierten Bedenken in diesem Kontext zu behandeln.[762] Das Interventionsverbot in Art. 2 Abs. 7 S. 1 UN-Charta verbietet der UN, in Angelegenheiten einzugreifen, die ihrem Wesen der inneren Zuständigkeit eines Staates zuzurechnen sind. Die inneren Angelegenheiten eines Staates stehen in einem unmittelbaren Zusammenhang mit seiner Gebiets-, Organisations- und Personalhoheit.[763] Die Gebietshoheit beschreibt das ausschließliche Recht jedes Staates zum Erlass von Hoheitsakten auf dem von ihm beherrschten Territorium.[764] Ihr unterfallen alle Menschen, die sich auf diesem Territorium befinden.[765] Hierzu zählt auch das Recht zur individuellen Strafverfolgung bzw. zum Erlass entsprechender Gefahrenabwehrmaßnahmen.[766] Von dem Grundsatz des Interventionsverbotes macht Abs. 2 jedoch eine Ausnahme für Zwangsmaßnahmen des Sicherheitsrates nach Kap. VII der UN-Charta. Es existiert jedoch ein Kernbereich der staatlichen Souveränität, in den auch der Sicherheitsrat nicht eingreifen darf.[767] Eine exakte Definition dieses Bereichs ist nicht möglich, weil der Souveränitätsbegriff durch die fortlaufenden Entwicklungen im Völkerrecht einem ständigen Wandel

---

mit dem Delisting-Verfahren vor der Ombudsperson mittlerweile eine Rechtsschutzmöglichkeit eröffnet worden. Zudem kann man MACKE den Vorwurf der unzulässigen Vermengung von Ob und Wie des Erlasses von Individualsanktionen machen. Im Rahmen des Art. 41 UN-Charta geht es lediglich die erste Frage. Die Frage nach der Notwendigkeit effektiver Rechtsschutzmöglichkeiten für gelistete Personen betrifft hingegen die inhaltliche Ausgestaltung des Sanktionsregimes. Bei ihrer Beantwortung kommt es vor allem darauf an, inwieweit entsprechende Individualgewährleistungen im Völkerrecht existieren und in welchem Umfang der Sicherheitsrat hieran gebunden ist. Auf diese Frage geht MACKE an der entsprechenden Stelle ihrer Arbeit jedoch gar nicht ein.

761 *Dahme*, Terrorismusbekämpfung, 216.

762 *Dahme*, Terrorismusbekämpfung, 221 ff.

763 Vgl. dazu *v. Arnauld*, Völkerrecht, Rn. 363.

764 *Epping/Gloria*, in: *Ipsen* (Hrsg.), Völkerrecht, § 23 Rn. 66; *Hobe*, Völkerrecht, 96.

765 *Epping/Gloria*, in: *Ipsen* (Hrsg.), Völkerrecht, § 23 Rn. 67.

766 Vgl. dazu *Ipsen*, VN 40 (1992), 41, 45, sowie *Macke*, UN-Sicherheitsrat und Strafrecht, 220.

767 *Stein*, Sicherheitsrat und die Rule of Law, 136 f; *Dahme*, Terrorismusbekämpfung, 222. Vgl. dazu auch *Schilling*, AVR 33 (1995), 67, 77.

unterliegt.[768] Formelhaft fasst man hierunter grundlegende Fragen der Verfassungs- und Wirtschaftsordnung, des politisch-sozialen und des kulturellen Lebens.[769] In diesen Kontext kann man die von DAHME geäußerten Bedenken einordnen und über einen Eingriff in den Kernbereich der Souveränität westlich-demokratischer Staaten denken, falls das vom Sicherheitsrat erlassene Sanktionsregime unter rechtsstaatlichen und menschenrechtlichen Gesichtspunkten in erheblichem Maße hinter den Anforderungen der nationalen Rechtsordnungen zurückbliebe. Denn der Schutz der Menschenrechte und die Achtung rechtsstaatlicher Grundprinzipien zählen zum Fundament des freiheitlich-demokratischen Verfassungsstaates westlicher Prägung.

Für die Annahme eines solchen Eingriffs müsste jedoch die Verfolgung terrorverdächtiger Personen dem ausschließlichen Bereich der innerstaatlichen Angelegenheiten unterfallen. Das ist ausgeschlossen, wenn sie mittlerweile auch zum Gegenstand völkerrechtlicher Regelungen erwachsen ist. Genau dies ist aber der Fall.[770] Ursprünglich waren die Staaten lediglich verpflichtet, den von ihnen gesteuerten Einsatz von terroristischen Gruppierungen gegen andere Staaten sowie allgemein die Duldung und Unterstützung solcher Gruppen zu unterlassen. Im LOCKERBIE-Fall hat der Sicherheitsrat dann konkret einen Staat dazu verpflichtet, auf seinem Territorium befindliche terrorverdächtige Personen an einen Drittstaat bzw. an die internationale Gemeinschaft auszuliefern. Diese Praxis, die er beim Erlass von Zwangsmaßnahmen gegen den Sudan und die TALIBAN bestätigt hat[771], ist von der überwiegenden Mehrheit der Staaten mitgetragen und damit rechtlich akzeptiert worden. Die Staaten haben sich zudem in verschiedenen Antiterrorkonventionen dazu verpflichtet, bestimmte Terroraktivitäten entweder selbst strafrechtlich zu verfolgen oder aber die terrorverdächtigen Subjekte an einen ermittlungswilligen Drittstaat auszuliefern.[772] Seit dem Erlass der SR-Res. 1373/2001 sind sie hierzu allgemein angehalten. Auch diese Praxis wurde von den Staaten mehrheitlich mitgetragen.[773]

Die (straf- und gefahrenabwehrrechtliche) Bekämpfung terroristischer Handlungen ist demnach mittlerweile auch zu einem völkerrechtlichen Aufgabengebiet erwachsen. Sachlich erklärt sich dies vor dem Hintergrund, dass terroristische Gruppierungen häufig grenzüberschreitend operieren. Der Erlass von Individualsanktionen durch den Sicherheitsrat unter konkreter Benennung der Zielpersonen stellt lediglich die Spitze dieser Entwicklung dar.

Eine Verletzung des Interventionsverbots durch den Erlass des 1267er-Sanktionsregimes scheidet demnach aus. Dementsprechend ist es nicht möglich, eine Anwendung des Art. 41 UN-Charta auf dieser Grundlage für unrechtmäßig zu erklären.

768 *Bruha/Krajewski*, VN 46 (1998), 13, 15.
769 *Dahme*, Terrorismusbekämpfung, 222, m. w. N.
770 S. hierzu bereits Teil III Kap. 3 § 1 B.
771 S. dazu Teil III Kap. 3 § 1 B II 2.
772 S. dazu Teil III Kap. 3 § 1 A II.
773 S. dazu Teil III Kap. 3 § 1 B II 3.

C. Der innere Zusammenhang zwischen den Artt. 39, 41 UN-Charta

Wortlaut und Systematik des Art. 41 UN-Charta lassen sich – wie gesehen – keine Beschränkung auf Zwangsmaßnahmen gegen Staaten entnehmen.[774] Neben diesem Umstand spricht auch die teleologische Auslegung für die generelle Zulässigkeit des Erlasses von Individualsanktionen auf Grundlage der Norm. Insoweit stehen die Artt. 39, 41 UN-Charta in einem spiegelbildlichen Verhältnis zueinander.[775] Der Friedensbegriff des Art. 39 UN-Charta zeichnet sich durch seine Offenheit für neue Entwicklungen und Gefährdungssituationen aus.[776] Dies soll dem Sicherheitsrat eine effektive Erfüllung der ihm übertragenen Aufgabe zur Wahrung und Wiederherstellung des Weltfriedens und der internationalen Sicherheit ermöglichen. Hierfür reicht jedoch eine gewisse Flexibilität auf Tatbestandsseite – der Friedensbedrohung – nicht aus. Neuartige Gefährdungslagen bedürfen einer entsprechenden Berücksichtigung auch auf der Rechtsfolgenseite.[777] Der Sicherheitsrat muss in der Lage sein, hierauf mit dem ihm zur Verfügung stehenden Handlungsinstrumentarium zu reagieren. Andernfalls lässt sich mit dem offenen Friedensbegriff verfolgte Ziel, dem Sicherheitsrat eine effektive Erfüllung seiner Aufgaben zu ermöglichen, nicht erreichen.

Wenn die Qualifikation terroristischer Aktivitäten nichtstaatlicher Akteure als Friedensbedrohung also gerade unter *effet utile*-Gesichtspunkten geboten ist, dann muss man konsequenterweise auch nichtmilitärische Zwangsmaßnahmen nach Art. 41 UN-Charta gegen sie zulassen. Der Sicherheitsrat konnte damit das 1267er-Sanktionsregime auf Grundlage des Art. 41 UN-Charta erlassen.[778]

§ 3: Die Zulässigkeit des Erlasses abstrakt-genereller Maßnahmen zur Terrorismusbekämpfung

Obwohl die Rechtmäßigkeit des 1373er-Sanktionsregimes nicht den (Haupt-)Untersuchungsgegenstand der vorliegenden Untersuchung bildet, soll auf diese Frage der Vollständigkeit halber in aller Kürze eingegangen werden.[779] Über die Befugnis des

---

774 S. dazu statt vieler *Bothe*, in: *Graf Vitzthum/Proelß* (Hrsg.), Völkerrecht, 8. Abschnitt, Rn. 48; *Herdegen*, Befugnisse, 25; *Frowein*, in: *Simma* (Hrsg.), Charta der Vereinten Nationen, Art. 41 UN-Charta, Rn. 9.

775 Ähnlich bereits *Herdegen*, in: *Beyerlin* (Hrsg.). Recht zwischen Umbruch und Bewahrung, 107; *Dahme*, Terrorismusbekämpfung, 214.

776 Vgl. hierzu *Schöbener*, in: *Dreier/Forkel/Laubenthal* (Hrsg.), Raum und Recht, 456.

777 Vgl. hierzu *Dahme*, Terrorismusbekämpfung, 214.

778 So u. a. auch *Dörr*, JZ 2005, 905, 915; *Nettesheim*, JZ 2002, 569, 573; *Meerpohl*, Individualsanktionen, 102.

779 Abgesehen davon, dass die Frage nach der Zulässigkeit des Erlasses quasi-legislativer Maßnahmen durch den Sicherheitsrat in naher Zukunft auch in anderen Bereichen – z. B. bei der Eindämmung der Finanzkrise oder der Bedrohung des Weltfriedens durch den Klimawandel – relevant werden kann. Vgl dazu *Aston*, ZaöRV 62 (2002), 257, 287.

Rates, abstrakt-generelle sowie zeitlich unbefristete Maßnahmen zur Bekämpfung des internationalen Terrorismus zu treffen, wird kontrovers diskutiert. Die Stimmen, die den Erlass der Resolution für rechtswidrig halten, berufen sich im Wesentlichen auf die Argumente, die bereits gegen eine (allzu großzügige) Erweiterung des negativen zu einem positiven Friedensbegriff angebracht wurden. So wird in dem Erlass abstrakt-genereller Antiterrormaßnahmen eine unzulässige Erweiterung der Sicherheitsratskompetenzen gesehen.[780] Von Art. 39 ff. UN-Charta seien lediglich solche Maßnahmen gedeckt, die der Bekämpfung einer konkreten Gefahrensituation – beispielsweise einer zwischenstaatlichen Auseinandersetzung – dienten.[781] Der Erlass abstrakt-genereller Maßnahmen durch den Sicherheitsrat stünde zudem im Widerspruch zu dem das Völkerrecht beherrschende Konsensprinzip, dem zufolge für die Konstituierung völkerrechtlicher Rechte und Pflichten grundsätzlich ein Konsens zwischen den betroffenen Staaten erforderlich ist.[782]

Die h.M. nimmt hingegen zu Recht an, dass der Erlass abstrakt-genereller Antiterrormaßnahmen von den Vorschriften des VII. Kapitels gedeckt ist.[783] Der Verweis der Gegenansicht, diese ermöglichten nur Maßnahmen zur Entschärfung konkreter Gefahrenlagen, verfängt nicht, weil gerade der in Art. 41 normierte Maßnahmenkatalog nicht abschließender Art ist.[784]

Auch ein Verstoß gegen das völkerrechtliche Konsensprinzip liegt nicht vor. Dem Konsensprinzip kommt nach der Konzeption der UN-Charta kein absoluter Rang zu. Das ist schon daran ersichtlich, dass der Sicherheitsrat die Staaten einseitig zu bestimmten Maßnahmen verpflichten kann, sofern dies zur Beendigung eines Friedensbruchs oder der Abwehr einer Friedensbedrohung notwendig ist. Darüber hinaus konkretisiert die SR-Res. 1373/2001 die ohnehin allgemein anerkannte staatliche Pflicht, Aktivitäten Privater auf eigenem Staatsgebiet zu unterbinden, die die Sicherheit anderer Staaten gefährden.[785] Mit der Resolution werden demnach keine Pflichten geschaffen, die sich zumindest dem Grundsatz nach nicht auf einen Konsens zwischen den Staaten zurückführen ließen. Dass eine grundsätzliche Einigkeit der Staaten über die Befolgung der in der SR-Res. 1373/2001 statuierten Pflichten besteht, ist auch daran ersichtlich, dass die weit überwiegende Mehrheit von ihnen diesen Pflichten ohne Protest nachkommt. Angesichts dieser gefestigten Staatenpraxis liegt die Annahme eines Verstoßes gegen das Konsensprinzip fern.

---

780 Vgl. *Fremuth/Griebel*, NJIL 76 (2007), 339, 350 f.; *Voeffray*, in: *Kohen* (Hrsg.), Promoting justice, 1201 ff. S. dazu auch die Nachweise bei *Duijzentkust*, Utrecht Law Review 2008, 188, 199, Fn. 77.

781 *Fremuth/Griebel*, NJIL 76 (2007), 339, 350.

782 *Fremuth/Griebel*, NJIL 76 (2007), 339, 354.

783 *Aston*, ZaöRV 62 (2002), 257, 284; *Dahme*, Terrorismusbekämpfung, 218 f.; *Wagner*, ZaöRV 63 (2003), 879, 909; *Schulte*, Der Schutz individueller Rechte gegen Terrorlisten, 230 f.; *Meerpohl*, Individualsanktionen, 78; *Talmon*, AJIL 99 (2005), 175, 192.

784 S. dazu schon oben Teil III Kap. 3 § 1 B II 3.

785 Teil III Kap. 3 § 1 B II 3.

Unrichtig ist auch der Vorwurf, wonach der Rat die 1373er-Resolution ohne Anknüpfung an eine konkrete Bedrohungslage erlassen hat. Der Erlass der Resolution erfolgte unmittelbar im Anschluss an die Anschläge vom 11.09.2001, die das Gefährdungspotenzial terroristischer Aktivitäten Privater deutlich offengelegt hatten.[786]

Zudem ist auch bei der Frage nach der Zulässigkeit abstrakt-genereller Antiterrormaßnahmen der *effet utile*-Grundsatz ausreichend zu berücksichtigen. Charakteristisch für die Gefahr, die von terroristischen Aktivitäten nichtstaatlicher Akteure ausgeht, ist ihre Amorphität. Dieser besonderen Gefahrenlage kann der Sicherheitsrat nur dann gerecht werden, wenn er bereits im Vorfeld entsprechende allgemeine Gegenmaßnahmen zu treffen imstande ist. Andernfalls könnte er immer nur auf begangene Anschläge bzw. Anschlagsversuche reagieren. Dies liefe dem Ziel einer effektiven Friedenssicherung diametral entgegen, was insbesondere in Anbetracht des potenziell drohenden Schadens nicht zu überzeugen vermag. Folglich muss es dem Rat gestattet sein, auch abstrakt-generelle, unbefristete Antiterrormaßnahmen zu erlassen.[787]

Kapitel 4: Die prinzipielle Menschenrechtsbindung des Sicherheitsrates im Kontext des 1267er-Sanktionsregimes

Kontrovers diskutiert wird die Vereinbarkeit des 1267er-Sanktionsregimes mit den internationalen Menschenrechten. Einer solchen Diskussion bedarf es indes nur, wenn der Sicherheitsrat überhaupt an die internationalen Menschenrechte gebunden ist. Als Rechtsquellen einer solchen Bindung kommen die Art. 1 Abs. 1 UN-Charta und Art. 1 Abs. 3 UN-Charta in Betracht.

§ 1: Ansätze zur Herleitung einer Menschenrechtsbindung des Sicherheitsrates über Art. 1 Abs. 1 UN-Charta

Zur Herleitung einer Menschenrechtsbindung auf Grundlage des Art. 1 Abs. 1 UN-Charta werden zwei unterschiedliche, voneinander zu trennende Ansätze verfolgt. Beim ersten Ansatz wird auf den Wortlaut der Bestimmung verwiesen, beim zweiten der in der Vorschrift verwendete Begriffs des Friedens in einer den Menschenrechtsschutz unmittelbar erfassenden Weise ausgelegt.

A. Das Wortlautargument

Zum besseren Verständnis des Wortlautarguments sei an dieser Stelle zunächst die englische Originalfassung der Vorschrift wiedergegeben:

---

786 S. dazu auch *Dahme*, Terrorismusbekämpfung, 206 f.

787 So auch *Aston*, ZaöRV 62 (2002), 257, 277 ff.; *Dahme*, Terrorismusbekämpfung, 203 ff.; differenzierend *Bruha*, AVR 40 (2002), 383, 392.

[The Purposes of the United Nations are:]

To maintain international peace and security, and to that end: to take effective collective measures for the prevention and removal of threats to the peace, and for the suppression of acts of aggression or other breaches of the peace, and to bring about by peaceful means, ***and in conformity with the principles of justice and international law***[788], *adjustment or settlement of international disputes or situations which might lead to a breach of the peace;*

Einige Autoren sind der Auffassung, dass sich der Zusatz „*in conformity with the principles of justice and international law*" auch auf den Erlass von Zwangsmaßnahmen zur Friedenssicherung bezieht.[789] Da eine immer größer werdende Zahl von Stimmen in der Literatur den in der AEMR und im IPBPR verbürgten Menschenrechten den Charakter von Völkergewohnheitsrecht zuspricht[790], ließe sich auf diese Weise eine Bindung des Rates an die Menschenrechte über Art. 1 Abs. 1 UN-Charta begründen.

Gegen diese Ansicht sprechen systematische Bedenken. Der Passus „*and in conformity with the principles of justice and international law*" bezieht sich eindeutig auf die friedliche Streitbeilegung („*by peaceful means*") nach Kap. VI und gerade nicht auf den Erlass von Zwangsmaßnahmen nach Kap. VII der UN-Charta.[791] Die Herleitung einer Menschenrechtsbindung des Sicherheitsrates über den in Art. 1 Abs. 1 UN-Charta verwendeten Terminus des (allgemeinen) Völkerrechts ist damit nicht möglich.[792]

B. Die Menschenrechte als Teil des Friedensbegriffs in Art. 1 Abs. 1 UN-Charta?

Fraglich ist, ob der Friedensbegriff der Charta mittlerweile den Schutz der Menschenrechte unmittelbar erfasst und sich auf diese Weise eine Menschenrechtsbindung des Rates begründet. Diese Frage wird kontrovers diskutiert.

788 Hervorhebung durch den Autor.

789 Vgl. dazu *Watson*, Harv. Int'l L.J. 34 (1994), 1, 4 f.; *Bossuyt*, The adverse consequences of economic sanctions on the enjoyment of human rights, UN-Doc. E/CN.4/Sub.2/2000/33 v. 21.06.2000, Rn. 24.

790 Zu der Frage der gewohnheitsrechtlichen Erstarkung von IPBPR und AEMR sogleich ausführlich Teil III Kap. 4 § 3.

791 *Oosthuizen*, Leiden J. Int'l. L. 1999, 549 ff., 552; *Starck*, UNO-Wirtschaftssanktionen, 162; *Herbst*, Rechtskontrolle, 375. S. dazu bereits Teil III Kap. 2 § 5 D.

792 *Starck*, UNO-Wirtschaftssanktionen, 162 f; vgl. auch *Frowein*, in: *Simma* (Hrsg.), Charta der Vereinten Nationen, Art. 39 UN-Charta, Rn. 6.

I. Überblick über das Meinungsspektrum

Der Friedensbegriff ist über lange Zeit sehr eng auslegt worden.[793] In Anlehnung an Art. 2 Abs. 4 UN-Charta verstand man unter Frieden das Ausbleiben militärischer Auseinandersetzungen zwischen den Staaten. Mitte der 1990er Jahre wurde diesem *engen* oder auch *negativen* Friedensbegriff mehr und mehr ein sog. *weiter* oder *positiver* Friedensbegriff entgegengesetzt.[794] Dieser positive Friedensbegriff sollte nunmehr über das Gewaltverbot hinaus auch den Schutz der internationalen Menschenrechte und des humanitären Völkerrechts[795], die Protektion ethnischer Minderheiten, die Bewältigung menschlicher Tragödien beim Zusammenbruch von Staaten sowie die Hilfe beim Wiederaufbau der staatlichen Ordnung erfassen.[796]

Angestoßen wurde die Diskussion um den positiven Friedensbegriff durch die seit den 1990er Jahren zu beobachtende Praxis des Sicherheitsrates, auch innerstaatliche Konflikte, in denen es zu schweren, genozidartigen Menschenrechtsverletzungen kam, als Bedrohung des Weltfriedens zu qualifizieren und hierauf mit dem Erlass von Zwangsmaßnahmen nach dem VII. Kapitel zu antworten. Zu solchen sog. *humanitären Interventionen* ist es u. a. in Somalia, Ruanda oder Haiti gekommen.[797] Vor Beginn dieser Praxis herrschte mehr oder minder Einmütigkeit darüber, dass die Menschenrechtsverhältnisse innerhalb der Staaten ihrer *domaine réservé* zuzuordnen und damit einer Intervention durch die Staatengemeinschaft enthoben sind.

Zusätzlichen Aufwind erfuhr die Diskussion durch ein Statement des Sicherheitsrates anlässlich seines ersten Treffens auf Ebene der Staats- und Regierungschefs, in dem es u. a. heißt:

> *„The non-military sources of instability in the economic, social, humanitarian and ecological fields have become threats to the peace."*[798]

Ein positiver, den Schutz der Menschenrechte umfassender Friedensbegriff hätte zwei weitreichende Folgen: Erstens könnte der Sicherheitsrat künftig jedwede Menschenrechtsverletzung als Friedensbedrohung oder Friedensbruch qualifizieren und hierauf mit dem Erlass von Zwangsmaßnahmen antworten, zweitens wäre er selbst über den Friedensbegriff unmittelbar an die internationalen Menschenrechte gebunden. Das folgt daraus, dass seine Hauptaufgabe in der Wahrung und Sicherung ebendieses Friedens besteht. Die von ihm erlassenen Zwangsmaßnahmen – und damit

---

793 S. dazu Teil III Kap. 3 § 1 C I.

794 Vgl. dazu bereits die Ausführungen unter Teil III Kap. 3 § 1 C I.

795 Vor allem die Vorbeugung und Bekämpfung genozidartiger Vorgänge.

796 S. hierzu *Gareis/Varwick*, Die Vereinten Nationen, 75 ff.; *Bothe*, in: *Graf Vitzthum/Proelß* (Hrsg.), Völkerrecht, 8. Abschnitt, Rn. 44; *Martenczuk*, Rechtsbindung, 224 ff.; *Krajewski*, AVR 40 (2002), 183, 198.

797 *Aston*, Sekundärgesetzgebung, 87.

798 Statement of the President of the Security Council in connection with the item „The responsibility of the Security Council in the maintenance of international peace and security", UN-Doc. S/23500 v. 31.01.1992, deutsche Fassung abgedruckt in VN 40 (1992), 66 ff.

auch das den Gegenstand dieser Untersuchung bildende Individualsanktionsregime der SR-Res. 1267/1999 – müssten dann von vornherein mit den Menschenrechten vereinbar sein.

II. Stellungnahme

Dass der völkerrechtliche Menschenrechtsschutz unter der Ägide der UN in den letzten Dekaden eine ungeheure Aufwertung erfahren hat, steht außer Zweifel.[799] Es stellt sich jedoch die Frage, ob man den Friedensbegriff mit der Erweiterung um den Menschenrechtsschutz nicht in ein Prokrustesbett zwingt.

Einer solchen Erweiterung stehen zunächst einmal systematische Bedenken entgegen. So beginnt der erste Satz in der Präambel der Charta mit dem Bekenntnis, „künftige Geschlechter vor der Geißel des Krieges" zu bewahren. Dies legt den Schluss nahe, dass sich der Begriff des Friedens durch das Ausbleiben militärischer Konflikte zwischen den Staaten definiert.[800] Diese These wird durch die Reihenfolge der Charta-Artikel gestützt, in denen das Ziel der Wahrung des Weltfriedens ebenfalls an erster Stelle, nämlich in Art. 1 Abs. 1 UN-Charta, das der Förderung der Menschenrechte aber erst in Art. 1 Abs. 3 UN-Charta Erwähnung findet. Hinzu kommt, dass Art. 1 Abs. 3 UN-Charta bei Zugrundelegung eines weiten Friedensbegriffs in Art. 1 Abs. 1 UN-Charta überflüssig wäre. Die formale Trennung zwischen beiden Zielen spricht jedoch für eine enge Auslegung des Friedensbegriffs, der sich dem Grundsatze nach auf das Ausbleiben militärischer Konflikte zwischen den Staaten beschränkt.[801]

Diese systematischen Erwägungen können jedoch vernachlässigt werden, wenn der Sicherheitsrat mit seiner Praxis eine zulässige, von den Mitgliedstaaten akzeptierte Erweitung des Friedensbegriffs um den (umfassenden) Schutz der Menschenrechte vorgenommen hat.[802] Tatsächlich lässt sich die Ratspraxis – entgegen den Befürwortern eines weiten Friedensbegriffs – nicht in diesem Sinne interpretieren. Bei allen seit den 1990er-Jahren autorisierten humanitären Interventionen hat der Sicherheitsrat immer auch einen internationalen Bezug der Friedensbedrohung herzustellen versucht.[803] Insbesondere wies er auf die mögliche destabilisierende Wirkung des jeweiligen Konflikts auf die Nachbarstaaten hin[804] und hob die besonderen

799 Mehr dazu sogleich unter Teil III Kap. 4 § 2 C.

800 Erweitert, wie unter Teil III Kap. 3 § 1 C nachgewiesen worden ist, um mit staatlichen Handlungen vergleichbaren friedensbedrohenden Aktivitäten nichtstaatlicher Akteure.

801 Zur Zulässigkeit, vom Ausmaß der drohenden Schäden vergleichbare Handlungen nichtstaatlicher Akteure als Friedensbedrohung zu qualifizieren, s. Teil III Kap. 3 § 1 D.

802 Zu den Rechtmäßigkeitsvoraussetzungen einer solcher dynamischen Interpretation sowie ihrer dogmatischen Einordnung bereits ausführlich Teil III Kap. 2 § 3.

803 S. hierzu *Herbst*, Rechtskontrolle, 347 f.

804 S. hierzu *Herbst*, Rechtskontrolle, 347 f.

Umstände des Einzelfalls hervor, was dafür spricht, dass er grundsätzlich von einem engen Friedensbegriff ausgeht.[805] Erst beim Erlass der gegen das GADDAFI-Regime gerichteten Zwangsmaßnahmen im Jahre 2011 berief sich der Rat ausschließlich auf die vom damaligen libyschen Machthaber zu verantwortenden systematischen Angriffe auf die eigene Bevölkerung.[806] Aber selbst auf dieser Grundlage lässt sich allenfalls das Unterbinden *massiver*, keinesfalls aber *jeglicher* Menschenrechtsverletzungen unter den positiven Friedensbegriff fassen.

Auch der bereits oben zitierte Beschluss des Sicherheitsrates bei seinem ersten Treffen auf Ebene der Staats- und Regierungschefs ändert an diesem Befund nichts. In dem entsprechenden Beschluss hatte der Sicherheitsrat nämlich auch erklärt, dass es Aufgabe der zuständigen UN-Organe sei, sich um die Verwirklichung der von ihm benannten Elemente des positiven Friedensbegriffs[807] zu kümmern.[808] Dies wiederum stützt die hier vertretene Sichtweise, der zufolge sich der Rat bei seiner Tätigkeit grundsätzlich auf den Bereich der Friedenssicherung im engeren Sinn beschränken will.[809]

III. Ergebnis

Eine Menschenrechtsbindung des Rates lässt sich nicht über den Friedensbegriff des Art. 1 Abs. 1 UN-Charta herleiten.[810]

§ 2: Die Menschenrechtsbindung des Sicherheitsrates über Art. 1 Abs. 3 UN-Charta

Jedoch könnte der Sicherheitsrat unmittelbar nach Art. 1 Abs. 3 UN-Charta an die Menschenrechte gebunden sein. Gemäß dieser Vorschrift setzen sich die Vereinten Nationen u.a. zum Ziel,

---

805 *Starck*, UNO-Wirtschaftssanktionen, 167; vgl. dazu auch *Schulte*, Der Schutz individueller Rechte gegen Terrorlisten, 257.

806 Präambel der SR-Res. 1973/2011 v. 17.11.2011.

807 D.h. den wirtschaftlichen, sozialen, humanitären und ökologischen Voraussetzungen friedlichen Zusammenlebens.

808 Die entsprechende Passage lautet vollständig wie folgt: „The absence of war and military conflicts among States does not in itself ensure international peace and security. The non-military sources of instability in the economic, social, humanitarian and ecological fields have become threats to international peace and security. The United Nations membership as a whole, working through appropriate bodies, needs to give the highest priority to the solution of these matters.", *Statement of the President of the Security Council in connection with the item „The responsibility of the Security Council in the maintenance of international peace and security"*, UN-Doc. S/23500 v. 31.01.1992, deutsche Fassung abgedruckt in VN 40 (1992), 66 ff.

809 So auch *Martenczuk*, Rechtsbindung, 224; *Starck*, UNO-Wirtschaftssanktionen, 168.

810 So auch *Starck*, UNO-Wirtschaftssanktionen, 168.

„[...]die Achtung vor den Menschenrechten und Grundfreiheiten für alle ohne Unterschied der Rasse, des Geschlechts, der Sprache oder der Religion zu fördern und zu festigen."[811]

Von einer ausdrücklichen Menschenrechtsbindung der UN – und des Sicherheitsrates als eines ihrer Organe – ist in der Vorschrift nicht die Rede. Unklar ist auch, auf welche Menschenrechte konkret Bezug genommen wird. In der UN-Charta selbst ist jedenfalls kein Menschenrechtskatalog aufgeführt. Einige Stimmen in der Literatur qualifizieren die Vorschrift deswegen lediglich als einen rechtlich unverbindlichen Programmsatz.[812] Andere Stimmen gehen hingegen von einer Bindungswirkung der Vorschrift aus.[813] Welcher der genannten Auffassungen zuzustimmen ist, ist durch Auslegung zu ermitteln.

A. Wortlaut

Der Wortlaut der Norm scheint auf den ersten Blick gegen eine unmittelbare Menschenrechtsbindung der UN – und damit auch ihrer Organe – zu sprechen. Es ist eben nur von einer Förderung und Festigung der Menschenrechte als Ziel und Aufgabe der Vereinten Nationen die Rede, nicht aber von einer Menschenrechtsbindung der Organisation selbst.

Auf der anderen Seite kann man auch aus dem Begriff der „Förderung" eine unmittelbare Menschenrechtsbindung von UN und Rat herauslesen. Es lässt sich durchaus der Auffassung das Wort reden, dass jede von der UN ausgehende Förderung und Festigung der Menschenrechte zwangsläufig mit einer eigenen Menschenrechtsverpflichtung der Organisation einhergeht.

B. Systematik

Führt die grammatikalische Auslegung zu keinem eindeutigen Ergebnis, muss auf die weiteren in Art. 31 WVRK aufgeführten Auslegungsmethoden zurückgegriffen werden.[814] Bei der systematischen Auslegung zeigt sich dabei ein gleichsam ambivalentes Bild. Die Gegner einer von Art. 1 Abs. 3 UN-Charta ausgehenden

811 „To achieve international co-operation [...] in promoting and encouraging respect for human rights and for fundamental freedoms for all without distinction as to race, sex, language, or religion[...]."

812 *Aust/Naske*, ZÖR 2006, 587, 609; an der Rechtsverbindlichkeit der Norm ebenfalls zweifelnd *Schulte*, Der Schutz individueller Rechte gegen Terrorlisten, 240.

813 *Starck*, UNO-Wirtschaftssanktionen, 162; *Gasser*, ZaöRV 56 (1996), 871, 880; *Oette*, Wirtschaftssanktionen, 239; *Herbst*, Rechtskontrolle, 380 f.; *Bauer*, Effektivität und Legitimität, 223; *Gill*, NYIL 26 (1995), 33, 77.

814 Vgl. zu diesem allgemeinen Rechtsgrundsatz auch die Ausführungen des IGH im Admissions II-Gutachten, IGH, *Competence of the General Assembly regarding admission to the United Nations*, Advisory Opinion, 03.03.1950, ICJ Reports 1950, 4, 8. S. dazu auch *Ress*, in: *Simma* (Hrsg.), Charta der Vereinten Nationen, Auslegung, Rn. 23.

Menschenrechtsbindung stützen ihre Ansicht im Wesentlichen auf das Fehlen eines Menschenrechtskatalogs in der Charta. Wenn nicht ersichtlich sei, auf welche Menschenrechte Art. 1 Abs. 3 UN-Charta Bezug nehme, könne aus der Norm auch keine konkrete Menschenrechtsverpflichtung erwachsen.[815] Gegen diese Auffassung führen die Befürworter einer Bindungswirkung zu Recht die Vorschriften der Artt. 55, 76 sowie die Präambel der Charta ins Feld.

Im englischen Originaltext des Art. 55 UN-Charta lit. c. ist die Rede davon, dass die Vereinten Nationen die *universelle*[816] Achtung der Menschenrechte fördern.[817] Wird aber der universelle Charakter der Menschenrechte in der Charta ausdrücklich betont, kann dies nur zur Folge haben, dass sie gegenüber jedermann und damit auch gegenüber der UN und ihrer Organe gelten.[818] Dieser Befund wird durch Art. 76 UN-Charta bestätigt, der die Ziele der UN bei der Verwaltung von Treuhandgebieten festlegt. Zu diesen Zielen zählt nach lit. c. ebenfalls die Förderung der Achtung vor den Menschenrechten und den Grundfreiheiten.[819] Bei einer Gebietsverwaltung unter Verantwortung der UN kann dieses Ziel a priori nur dann erreicht werden, wenn die Organisation die Menschenrechte selbst achtet.

Auch aus der Präambel lässt sich ein durchgreifendes Argument für eine Bindungswirkung des Art. 1 Abs. 3 UN-Charta gewinnen. Unmittelbar an zweiter Stelle, direkt nach dem Bekenntnis zur Vermeidung künftiger Kriege, wird nämlich *„der Glauben an die Grundrechte des Menschen und an die Würde und den Wert der menschlichen Persönlichkeit“* bekräftigt.[820] Einen solchen Glauben vermag jedoch, ohne sich gleichzeitig selbst zu diskreditieren, nur derjenige zu bekräftigen, der die Menschenrechte selbst achtet. Insgesamt spricht die systematische Auslegung des Art. 1 Abs. 3 UN-Charta damit für eine unmittelbare Bindungswirkung der Vorschrift.

---

815 Vgl. dazu *Schulte*, Der Schutz individueller Rechte gegen Terrorlisten, 240.

816 Hervorhebung durch den Autor.

817 „[...]the United Nations shall promote[...] universal respect for, and observance of, human rights and fundamental freedoms for all without distinction as to race, sex, language, or religion.“

818 Weiterführend zur Frage, ob und inwieweit der Universalitätsgedanke der Menschenrechte zur Bestimmung der dem Rat bei einem Handeln nach Kapitel VII auferlegten menschenrechtlichen Grenzen fruchtbar gemacht werden kann, Teil III Kap. 4 § 3 A 5 d bb.

819 „The basic objectives of the trusteeship system, in accordance with the Purposes of the United Nations laid down in Article 1 of the present Charter, shall be [...] to encourage respect for human rights and for fundamental freedoms for all without distinction as to race, sex, language, or religion, and to encourage recognition of the interdependence of the peoples of the world.“

820 „We the peoples of the United Nations determined[...] to reaffirm faith in fundamental human rights, in the dignity and worth of the human person, in the equal rights of men and women and of nations large and small.“

C. Telos

Dieser Befund wird durch die teleologische Auslegung weiter bestätigt. Eine die Bindungswirkung des Art. 1 Abs. 3 UN-Charta verneinende Auslegung lässt sich insbesondere mit dem Grundsatz des *effet utile* nicht vereinbaren. Denn eine internationale Organisation, die in ihrem konstituierenden Vertrag gegenüber ihren Mitgliedstaaten die Wichtigkeit der Achtung der Menschenrechte an mehreren Stellen besonders hervorhebt und einfordert, sich selbst aber an dieses Ziel nicht gebunden sieht, verhält sich in höchstem Maße widersprüchlich und verletzt damit das Verbot des *venire contra factum proprium*. Dabei handelt es sich um eine Ausprägung des Grundsatzes von Treu und Glauben, der zu den allgemein von den Kulturvölkern anerkannten Rechtsgrundsätzen i. S. d. Art. 38 Abs. 1 lit.c IGH-Statut zählt und daher auch im Völkerrecht Verbindlichkeit genießt.[821] Die Bindung von UN und Sicherheitsrat an den Grundsatz von Treu und Glauben lässt sich auch unmittelbar aus der Charta herleiten: So heißt es in Art. 2 Abs. 2 UN-Charta, dass

> *„alle Mitglieder, um ihnen allen die aus der Mitgliedschaft erwachsenden Rechte und Vorteile zu sichern, nach Treu und Glauben die Verpflichtungen erfüllen, die sie mit dieser Charta übernehmen."*

Die Verpflichtung zum Handeln nach dem Grundsatz von Treu und Glauben bezieht sich zwar dem Wortlaut nach nur auf die Mitglieder. Von ihrer Zielrichtung her – nämlich dass die Vertragsziele der Organisation nicht durch bewusste gegenläufige Maßnahmen konterkariert werden sollen – lässt sie sich aber auch auf den Sicherheitsrat – wie auch auf jedes andere Organ der UN – übertragen.[822] In diesem Sinne verstanden normiert die Vorschrift letztlich nichts anderes als eine Selbstverständlichkeit.[823] Die Verpflichtung der Vereinten Nationen zur Achtung ihrer eigenen Ziele und Grundsätze hat Stavrinides einprägsam auf den Punkt gebracht:

---

821 So auch *Fassbender*, IOLR 3 (2006), 437, 468 f. Im Völkerrecht ist das *Venire*-Verbot besser unter dem Begriff des *Estoppel* bekannt, s. dazu *Heintschel von Heinegg*, in: *Ipsen* (Hrsg.), Völkerrecht, § 18 Rn. 5 ff; *Meerpohl*, Individualsanktionen, 121, m. w. N.

822 S. dazu auch die allgemeine Auslegungsregel des Art. 31 Abs. 1 WVRK, derzufolge ein Vertrag *nach Treu und Glauben* (Hervorhebung des Autors) in Übereinstimmung mit der gewöhnlichen, seinen Bestimmungen in ihrem Zusammenhang zukommenden Bedeutung und im Lichte seines Zieles und Zweckes auszulegen ist.

823 Ob sich aus dem Grundsatz von Treu und Glauben darüber hinaus konkrete Grenzen für das Handeln des Sicherheitsrates ergeben, wird von der h.M. angesichts der Ausfüllbedürftigkeit des Begriffs zu Recht angezweifelt. Insbesondere die dem Rat eingeräumte Kompetenz zur Auslegung seiner eigenen Befugnisse sowie das Fehlen einer unabhängigen Kontrolle seines Handelns stehen dieser Erwägung grundsätzlich entgegen. Ein entsprechender Verstoß lässt sich nur dort annehmen, wo das Verhalten des Rates evident rechtsmissbräuchlich ist. So wie hier auch *Starck*, UNO-Wirtschaftssanktionen, 181 f.

> *„It is self-evident that the Organization is obliged to pursue and try to realize its own purpose."*[824]

Neben dem Verbot widersprüchlichen Verhaltens ist unter *effet utile*-Gesichtspunkten zusätzlich bedeutsam, dass die Charta in Art. 55 einen Konnex zwischen der Achtung der Menschenrechte und der Wahrung des Weltfriedens herstellt:

> *„Um jenen Zustand der Stabilität und Wohlfahrt herbeizuführen, der erforderlich ist, damit zwischen den Nationen **friedliche** und freundschaftliche, auf der Achtung vor dem Grundsatz der Gleichberechtigung und Selbstbestimmung der Völker beruhende Beziehungen herrschen, **fördern** die Vereinten Nationen [...] **die allgemeine Achtung und Verwirklichung der Menschenrechte und Grundfreiheiten**[825] für alle ohne Unterschied der Rasse, des Geschlechts, der Sprache oder der Religion."*[826]

Die Achtung der Menschenrechte ist demnach, das lässt sich aus der zitierten Norm unmittelbar entnehmen, nicht nur zum Erreichen der in Art. 1 Abs. 3 UN-Charta genannten Ziele notwendig, sondern stellt darüber hinaus eine unabdingbare Voraussetzung zur Verwirklichung des in Art. 1 Abs. 1 UN-Charta festgehaltenen Hauptziels der Friedenssicherung dar.[827] Die Mutualität zwischen der Wahrung des Weltfriedens und der Achtung der Menschenrechte ist mittlerweile auch empirisch nachgewiesen.[828]

---

824 *Stavrinides*, IJHR 3 (1999), 38, ihm zustimmend *Fassbender*, IOLR 3 (2006), 437, 469. In dieselbe Richtung gehend auch *Mégret/Hoffmann*, HRQ 25 (2003), 314, 317, sowie *Griller*, EuR 2012, Beiheft 2, 103, 109.

825 Hervorhebung durch den Autor.

826 „With a view to the creation of conditions of stability and well-being which are necessary for peaceful and friendly relations among nations based on respect for the principle of equal rights and self-determination of peoples, the United Nations shall promote:[...]universal respect for, and observance of, human rights and fundamental freedoms for all without distinction as to race, sex, language, or religion."

827 Dies hat auch der ehemalige UN-Generalsekretär Annan speziell mit Blick auf den Kampf gegen den internationalen Terrorismus betont: „Inherent to the rule of law is the defence of human rights – a core value of the United Nations and a fundamental pillar of our work. Effective counter-terrorism measures and the protection of human rights are not conflicting goals, but complementary and mutually reinforcing ones. Accordingly, the defence of human rights is essential to the fulfilment of all aspects of a counter-terrorism strategy. The central role of human rights is therefore highlighted in every substantive section of this report, in addition to a section on human rights per se", *Report by the Secretary-General*, Uniting against terrorism: recommendations for a global counter-terrorism strategy, UN-Doc. A/60/825 v. 27.04.2006, Rn. 5.

828 Vgl. hierzu *Wolf*, Die UNO, 76 f.; *Gareis/Varwick*, Die Vereinten Nationen, 169 ff; *Stavrinides*, IJHR 3 (1999), 38, 41. Den Menschenrechtsschutz als unerlässliches Element einer erfolgreichen Antiterrorpolitik betonend*Flynn*, HRLR 7 (2007), 371, 374, *Foot*, HRQ 29 (2007), 489, 506 sowie*v. Schorlemer*, EJIL 14 (2003), 265, 266, jeweils

Das *Venire*-Argument lässt sich noch weiterentwickeln. Eine Auslegung der Norm dahin gehend, dass die UN inklusive Sicherheitsrat die Menschenrechte zwar fördern sollen, selbst aber nicht hieran gebunden sind, beschwört die große Gefahr herauf, dass sich die Staaten ihrerseits unter Berufung auf das „*Tu quoque*“ von ihrer Menschenrechtsbindung lossagen. Eine internationale Organisation, die von ihren Mitgliedern die Beachtung bestimmter Grundsätze erwartet, sich selbst aber nicht daran hält, desavouiert sich demnach nicht nur selbst, sondern auch die von ihr gesteckten Ziele, letztlich also den Grund ihrer Existenz. Dieser Zusammenhang ist nicht nur rechtspolitisch, sondern über den *effet utile*-Grundsatz auch rechtsdogmatisch von höchster Relevanz.[829]

Neben der unzureichenden Berücksichtigung des *effet utile*-Grundsatzes müssen sich die Gegner einer unmittelbar auf Art. 1 Abs. 3 UN-Charta beruhenden Menschenrechtsbindung von UN und Sicherheitsrat den Vorwurf einer historisch-statischen – und damit chartainadäquaten[830] – Vertragsauslegung gefallen lassen. Wie alle Bestimmungen der Charta gehört auch Art. 1 Abs. 3 zum Gründungstext aus dem Jahre 1945. Zu jenem Zeitpunkt wurde jedoch so gut wie kein Gedanke an eine von der UN[831] ausgehende Verletzung der Menschenrechte in der Gestalt, wie sie jetzt durch den Erlass von Individualsanktionen zur Diskussion steht, verloren, stellen sich doch menschenrechtliche Fragen hauptsächlich dort, wo sich ein Individuum hoheitlichem Handeln ausgesetzt sieht. Solches Handeln ging bei Gründung der UN – und noch Jahrzehnte später – ausschließlich von Staaten aus. Menschenrechtsverletzungen kamen deshalb ursprünglich auch nur durch Staaten in Betracht. Erst viel später, mit der Heranbildung supranationaler Organisationen – hier ist vor allem an die EU zu denken[832] – hat sich dieses traditionelle völkerrechtliche Bild gewandelt. Dies liefert eine plausible Erklärung dafür, warum in Art. 1 Abs. 3 UN-Charta lediglich von der Förderung der Menschenrechte die Rede ist.[833] Hinzu kommt der bereits apostrophierte Umstand, dass die Menschenrechtsverpflichtungen der Staaten lange Zeit, vor allem auf Betreiben des ehemaligen Ostblocks, als ausschließlich innerstaatliche Angelegenheit qualifiziert worden sind. Wäre in Art. 1 Abs. 3 UN-Charta eine konkrete Menschenrechtsverpflichtung statuiert worden, hätten sich die kommunistischen Staaten in Menschenrechtsfragen nicht auf ihre *domaine réservé* berufen können.

Die weite Formulierung in Art. 1 Abs. 3 UN-Charta war nach all dem also zuvörderst den politischen und rechtlichen Verhältnissen der damaligen Zeit geschuldet. Der internationale Menschenrechtsschutz hat jedoch seitdem unter der Ägide der UN eine nicht für möglich gehaltene Entwicklung genommen, die neben der

---

mit Verweisen auf entsprechende Aussagen der ehemaligen UN-Hochkommissarin für Menschenrechte Louise Arbor.

829 Vgl. dazu auch *Starck*, UNO-Wirtschaftssanktionen, 155.

830 S. dazu bereits Teil III Kap. 1 § 2 C.

831 Resp. vom Sicherheitsrat.

832 Resp. ihren Vorgängerorganisationen.

833 Vgl. dazu *Gareis/Varwick*, Die Vereinten Nationen, 169 ff.; *Oette*, Wirtschaftssanktionen, 238.

Verabschiedung spezifischer Menschenrechtsverträge u. a. zum Abschluss der heute quasi-universell geltenden UN-Menschenrechtspakte[834] geführt hat. Dieser „Quantensprung" in der Entwicklung der Menschenrechte wird von keiner Seite ernsthaft infrage gestellt. Er hat mittlerweile auch das Handeln der UN selbst erfasst. Über die grundsätzliche Menschenrechtsbindung der Organisation bei der Territorialverwaltung und dem Einsatz von Blauhelmsoldaten besteht heute weitestgehend Einigkeit.[835] Eine historisch-statische Auslegung, die sich in ihrer Argumentation primär auf das Fehlen eines verbindlichen Menschenrechtskatalogs im Text der Charta stützt, klammert diese Entwicklung vollständig aus. Dem Charakter der Charta als „lebendiges" Vertragsinstrument[836] läuft sie diametral entgegen.

Die Annahme einer auf Art. 1 Abs. 3 UN-Charta beruhenden unmittelbaren Menschenrechtsbindung des Sicherheitsrates wird auch von der Rechtsprechung des IGH getragen. Bereits in seinem Namibia-Gutachten[837] hatte der IGH eine solche Menschenrechtsbindung des Rates zumindest implizit angenommen. Er stellte zwar nicht ausdrücklich auf Art. 1 Abs. 3 UN-Charta ab, nahm aber eine menschenrechtskonforme Auslegung der angegriffenen Sicherheitsresolution 276/1970 vor. Er kam dabei zu dem Ergebnis, dass die den Mitgliedstaaten vom Sicherheitsrat auferlegte Verpflichtung, keine völkerrechtlichen Bindungen mit Südafrika einzugehen, nicht für multilaterale Abkommen humanitärer Art gelte, deren Nichtabschluss die Bevölkerung Namibias nachteilig treffen könnte.[838] Daraus wurde der allgemeine Schluss gezogen, dass der Sicherheitsrat beim Erlass von Resolutionen grundsätzlich an die Menschenrechte gebunden ist.[839] Später, im Jahre 1993, hat Richter Lauterpacht in seinem Sondervotum zum Genozidfall die Menschenrechtsbindung des Rates explizit auf Art. 1 Abs. 3 UN-Charta gestützt.[840]

---

834 IPBPR und IPWSKR.

835 Vgl. dazu auch *Thallinger*, ZaöRV 67 (2007), 1015, 1024 ff., sowie *Fassbender*, IOLR 3 (2006), 437, 469, der darauf verweist, dass die Autoren der AEMR bei der Konzeption der Erklärung bereits eine Menschenrechtsbindung internationaler Organisationen im Auge hatten.

836 Vgl. dazu *Fassbender*, The United Nations Charter, 130 ff.; *Herdegen*, ZaöRV 64 (2004), 571, 576.

837 IGH, *Legal Consequences for States of the Continued Presence of South Africa in Namibia (South West Africa) notwithstanding Security Council Resolution 276 (1970)*, Advisory Opinion, 21.06.1971, ICJ Reports 1971, 16 ff.

838 S. dazu auch *Oette*, Wirtschaftssanktionen, 239.

839 So z. B. explizit *Oette*, Wirtschaftssanktionen, 239 f.; *Herbst*, Rechtskontrolle, 381.

840 IGH, *Application of the Convention on the Prevention and Punishment of the Crime of Genocide*, Provisional Measures, Order of 13.09.1993, Separate Opinion, ICJ Reports 1993, 407, 440, Rn. 101. S. dazu auch *Oette*, Wirtschaftssanktionen, 240; *Herbst*, Rechtskontrolle, 277.

D. Analyse der Sicherheitsratspraxis

Fraglich ist, ob das bisherige Auslegungsergebnis – die Bejahung einer unmittelbaren Menschenrechtsbindung des Sicherheitsrates über Art. 1 Abs. 3 UN-Charta – auch in dessen Praxis ein entsprechendes Äquivalent gefunden hat. Immerhin kommt der Praxis des Sicherheitsrates bei der Auslegung der Chartabestimmungen ein erhebliches Gewicht zu.[841] Ein entsprechendes Bekenntnis würde nicht nur das bisherige Auslegungsergebnis bestätigen. Es könnte über den Grundsatz von Treu und Glauben für sich allein als Grundlage einer unmittelbaren Menschenrechtsbindung des Sicherheitsrates herangezogen werden, beruhend auf der Erwägung, dass der Rat hierdurch bei den Mitgliedstaaten ein rechtlich schützenswertes Vertrauen auf ein identisches Auftreten in Zukunft geweckt hat.[842]

I. Allgemeiner Überblick

Über ein Bekenntnis des Sicherheitsrates zu seiner Menschenrechtsbindung wird kontrovers diskutiert. Der überwiegende Teil der Literaturstimmen geht von einem entsprechenden Bekenntnis durch konkludentes Verhalten aus.[843] Betont wird dabei vor allem der Umstand, dass der Rat beim Erlass von Wirtschaftssanktionen regelmäßig Ausnahmeklauseln für bestimmte lebenswichtige Güter[844] und Personengruppen aufgenommen hat. Dies spreche für eine zumindest implizite Anerkennung grundlegender humanitärer Vorschriften.[845] Auch auf mehrere Erklärungen des Rates und seiner Mitglieder, nach denen die Bevölkerung bei der Verhängung von Sanktionen nicht übermäßig in Mitleidenschaft gezogen werden solle, wird hingewiesen.[846] Die Gestaltung des Gerichtsverfahrens vor den UN-Sondertribunalen für das ehemalige Jugoslawien und Ruanda wird ebenfalls als Beleg eines zumindest impliziten Selbstbekenntnisses des Rates zu seiner Menschenrechtsbindung angesehen. So habe der Rat den Beklagten grundlegende Verfahrensrechte von Strafgefangenen, wie sie beispielsweise in Art. 14 IPBPR aufgeführt sind, zugestanden.[847] Einzelne Autoren verweisen darüber hinaus auf den bereits apostrophierten

---

841 S. dazu bereits Teil III Kap. 1 § 2 D II.

842 Im Sinne des Verbots des *venire contra factum proprium* bzw. des *Estoppel*-Prinzips. Kritisch hierzu *Schilling*, AVR 33 (1995), 67, 78; *Schulte*, Der Schutz individueller Rechte gegen Terrorlisten, 257.

843 Vgl. dazu *Oette*, Wirtschaftssanktionen, 320; *Akande*, ICLQ 46 (1997), 309, 324; *Bauer*, Effektivität und Legitimität, 224.

844 Vor allem für notwendige Lebensmittel und Medikamente.

845 Vgl. dazu *Oette*, Wirtschaftssanktionen, 258, sowie *Bauer*, Effektivität und Legitimität, 224. Bei diesem Hinweis ist jedoch zu bedenken, dass es sich beim Recht der internationalen Menschenrechte einerseits und dem humanitären Völkerrecht andererseits – trotz vielfacher Schnittmengen – um zwei verschiedene Rechtsbereiche handelt. S. hierzu auch Teil III Kap. 4 § 3 D.

846 Vgl. dazu *Oette*, Wirtschaftssanktionen, 256.

847 *Dahme*, Terrorismusbekämpfung, 233; *Fassbender*, IOLR 3 (2006), 437, 472.

Umstand, dass der Rat seit den 1990er Jahren sein Friedenskonzept erweitert hat und unter dem Stichwort der humanitären Intervention auch in primär innerstaatlichen Konflikten tätig geworden ist, in denen der Friedensgefährdung vor allem massive Menschenrechtsverletzungen zugrunde gelegen haben.[848] Hervorgehoben wurde auch das ausdrückliche Bekenntnis der UN zur Bindung der Blauhelmtruppen an das humanitäre Völkerrecht.[849]

Die Gegenansicht ihrerseits sieht den Beweis eines impliziten Selbstbekenntnisses des Sicherheitsrates zu seiner Menschenrechtsbindung als (noch) nicht erbracht an. Die Aufnahme humanitärer Ausnahmeklauseln in die verschiedenen Sanktionsregime ist ihrer Meinung nach nicht aus rechtlichen, sondern vor allem aus politischen bzw. ethischen Gründen erfolgt.[850] Von der Praxis allein könne ohne entsprechende opinio iuris nicht auf eine Selbstbindung des Sicherheitsrates geschlossen werden.[851] Z.T. wird auch darauf verwiesen, dass die Annahme einer solchen Selbstbindung in Widerspruch zu den dem Rat eingeräumten Kompetenzen stehe. So sei der Rat beispielsweise nicht verpflichtet, eine friedensgefährdende Situation tatsächlich auch als Friedensbedrohung zu behandeln. Die Entscheidung hierüber liege allein in seinem Ermessen. Könne sich der Rat aber bei jeder seiner Entscheidungen auf die Besonderheiten des Einzelfalls berufen, scheide eine Selbstbindung

---

848 So explizit *Starck*, UNO-Wirtschaftssanktionen, 165; *Krajewski*, KJ 2001, 363, 367. Diese Entwicklung hat mit dem Erlass der Libyen-Resolution (SR-Res. 1973/2011 v. 17.03.2011) eine neue Qualität erreicht, weil der Sicherheitsrat zum ersten Mal in seiner Praxis den Erlass von Zwangsmaßnahmen ausschließlich mit der Schutzbedürftigkeit der Bevölkerung vor Vergeltungsmaßnahmen der eigenen Staatsführung begründet hat. Zuvor hat er zumindest pro forma einen staatsübergreifenden und damit internationalen Charakter des jeweiligen Konflikts durch einen Hinweis auf dessen mögliche destabilisierende Wirkung auf die Nachbarstaaten herzustellen versucht, vgl. dazu insbesondere *Herbst*, Rechtskontrolle, 347, sowie *Bothe*, in: *Graf Vitzthum/Proelß* (Hrsg.), Völkerrecht, 8. Abschnitt, Rn. 44.

849 OBSERVANCE BY UNITED NATIONS FORCES OF INTERNATIONAL HUMANITARIAN LAW, UN-Dok. ST/SGB/1999/13 vom 6 August 1999, Section 1.1 („The fundamental principles and rules of international humanitarian law set out in the present bulletin are applicable to United Nations forces when in situations of armed conflict they are actively engaged therein as combatants, to the extent and for the duration of their engagement. They are accordingly applicable in enforcement actions, or in peacekeeping operations when the use of force is permitted in self-defence."). Vgl. dazu *Schulte*, Der Schutz individueller Rechte gegen Terrorlisten, 254; *O'Connell*, EJIL 13 (2002), 63, 71 f. sowie *Ohler*, EuR 2006, 848, 857, *Meerpohl*, Individualsanktionen, 127 ff. und *Thallinger*, ZaöRV 67 (2007), 1015, 1024 ff.

850 Vgl. *Payandeh*, ZaöRV 66 (2006), 41, 45; *Oette*, Wirtschaftssanktionen, 257 ff.; *Bianchi*, EJIL 13 (2002), 263, 268.

851 Vgl. dazu *Payandeh*, ZaöRV 66 (2006), 41, 45.

auf Grundlage der bisherigen Ratspraxis aus.[852] Dies gelte dem Grundsatz nach auch für eine Bindung an die internationalen Menschenrechte.[853]

II. Stellungnahme und Auswertung der Sanktionsresolutionen zu den Individualsanktionsregimen

Die soeben nachgezeichneten Einschätzungen zu einem möglichen Selbstbekenntnis des Rates, an die Menschenrechte gebunden zu sein, stammen überwiegend aus völkerrechtlichen Arbeiten, die sich mit der Rechtmäßigkeit von durch den Sicherheitsrat erlassenen kollektiven Wirtschaftssanktionen befasst haben.[854] Diese Einschätzungen wurden fast gleichlautend in die Diskussion um eine Menschenrechtsbindung des Rates beim Erlass von Individualsanktionen übernommen. Die Entscheidung, ob ein solches Selbstbekenntnis tatsächlich vorliegt, erfordert jedoch zusätzlich einer eingehenden Untersuchung der die 1267er bzw. 1373er-Sanktionsregime konstituierenden Resolutionen.

Ursprünglich war die Praxis des Sicherheitsrates – das zeigt die Ausgestaltung und Entwicklungsgeschichte beider Sanktionsregime – auch hier von erheblichen Widersprüchen geprägt. Beim 1373er Sanktionsregime wurde die Identifizierung und Sanktionierung der Zielpersonen von Beginne an den Mitgliedstaaten selbst überlassen.[855] Der Sicherheitsrat hat die Staaten hierbei explizit auf ihre umfassende Menschenrechtsbindung hingewiesen.[856] So heißt es in der Ziffer 3 lit. f. der SR-Res. 1373/2001 bei der Entscheidung der Staaten über die Anerkennung potentiell terrorverdächtiger Personen als Flüchtlinge ausdrücklich, dass sie,

> *„bevor sie [die Staaten] einer Person Flüchtlingsstatus gewähren, im Einklang mit den entsprechenden Bestimmungen des innerstaatlichen Rechts und des Völkerrechts,* ***einschließlich der internationalen Menschenrechtsnormen***[857]*, geeignete Maßnahmen [zu] ergreifen, um sich zu vergewissern, dass der Asylsuchende keine terroristischen Handlungen geplant oder erleichtert oder sich daran beteiligt hat."*

Noch deutlicher ist die Folgeresolution 1456/2003[858]. Dort heißt es in der Ziffer 6:

> *„die Staaten müssen sicherstellen, dass jede Maßnahme, die sie zur Bekämpfung des Terrorismus ergreifen, mit allen ihren Verpflichtungen nach dem Völkerrecht im Einklang*

852 *Schilling*, AVR 33 (1995), 67, 78; *Schulte*, Der Schutz individueller Rechte gegen Terrorlisten, 257.

853 Vgl. dazu *Schulte*, Der Schutz individueller Rechte gegen Terrorlisten, 257.

854 So z.B. *Oette*, Wirtschaftssanktionen, 257 ff. Vgl. hierzu auch *Akande*, ICLQ 46 (1997), 309, 324.

855 Dazu ausführlich Teil II Kap. 1 § 1 C.

856 Vgl. dazu auch *Isanga*, DJILP 37 (2009), 233, 252.

857 Hervorhebung durch den Autor.

858 V. 20.01.2003.

steht, insbesondere ***im Bereich der internationalen Menschenrechte, des Flüchtlingsvölkerrechts und des humanitären Völkerrechts.***"[859]

Beim 1267er-Sanktionsregime hingegen, bei dem der Sicherheitsrat die zu sanktionierenden Personen und Gruppierungen selbst bestimmt, blieb das zu erwartendes Selbstbekenntnis des Rates lange Zeit aus. Der den Sanktionsadressaten gewährte Menschenrechtsschutz war im Gegenteil gerade zu Anfang sehr spärlich konzipiert. So sahen die ersten Sanktionsresolutionen eine Möglichkeit der Freigabe finanzieller Mittel zum Erwerb von Lebensmitteln oder der Bezahlung ärztlicher Leistungen nicht vor.[860] Solche Ausnahmeklauseln wurden erst später auf Druck mehrerer Mitgliedstaaten eingeführt. Diesem Druck ist es auch zu verdanken, dass sich die Transparenz des Listungsverfahrens und die Rechtsschutzmöglichkeiten für Individuen – zunächst mit der Errichtung eines individuellen Delisting-Verfahrens, zuletzt mit der Berufung einer Ombudsperson – sukzessive verbessert haben.[861]

Über Jahre hinweg war demnach aus menschenrechtlicher Sicht eine erhebliche Diskrepanz zwischen dem 1267er- und dem 1373er-Sanktionsregime festzustellen, obwohl beide Sanktionsregime mit der Bekämpfung terroristischer Handlungen nichtstaatlicher Akteure dem Grunde nach dasselbe Ziel verfolgen und sich lediglich darin unterscheiden, dass den inkriminierten Handlungen des 1373er-Sanktionsregimes der ideologische Bezug zu Al Qaida fehlt. Bemerkenswert ist in diesem Zusammenhang, dass der Sicherheitsrat die Bestimmungen des 1373er-Sanktionsregimes in Bezug auf das 1267er-Sanktionsregime für entsprechend anwendbar erklärt hat, wodurch er – bewusst oder unbewusst – gleichzeitig auch die strikten menschenrechtlichen Verpflichtungen der Staaten bei dessen Umsetzung hervorgehoben hat.

Diese Ambivalenz in der Praxis des Sicherheitsrates ist mit dem Erlass der SR-Res. 1822/2008[862] zumindest in textlicher Hinsicht etwas entschärft worden. In der Präambel der Resolution erklärt der Rat nun ausdrücklich, dass der Kampf gegen den Terrorismus auch im Rahmen des 1267er-Sanktionsregimes in Einklang mit den internationalen Menschenrechten und dem humanitären Völkerrecht geführt werden müsse:

„*[Der Sicherheitsrat], in Bekräftigung der Notwendigkeit, Bedrohungen des Weltfriedens und der internationalen Sicherheit durch terroristische Handlungen mit allen Mitteln, im Einklang mit der Charta der Vereinten Nationen und dem Völkerrecht,* ***einschließlich der anwendbaren internationalen Menschenrechtsnormen, des Flüchtlingsvölkerrechts und des humanitären Völkerrechts***[863]*, zu bekämpfen, und in diesem*

859 Hervorhebung durch den Autor.
860 S. dazu Teil II Kap. 1 B IV.
861 Zu den Einzelheiten vgl. die Ausführungen in Teil II Kap. 1 B IV 2 c.
862 V. 30.06.2008.
863 Hervorhebung durch den Autor.

Zusammenhang die wichtige Rolle hervorhebend, die den Vereinten Nationen bei der Führung und Koordinierung dieser Anstrengungen zukommt[...].“[864]

Da das 1267er-Sanktionsregime vom Sicherheitsrat über den von ihm eingesetzten Sanktionsausschuss selbst verwaltet wird, liegt die Interpretation der Erklärung als unmittelbares Bekenntnis des Rates zu seiner Menschenrechtsbindung nahe. In den Präambeln der SR-Res. 1904/2009[865] sowie 1989/2011[866] ist dieselbe Erklärung noch einmal wiederholt worden. In der zuletzt genannten Resolution wurde zudem das Delisting-Verfahren nochmals zugunsten der gelisteten Personen modifiziert. Demnach wird eine gelistete Person nach 60 Tagen automatisch von der Sanktionsliste gestrichen, sofern die Ombudsperson eine entsprechende Delistung beantragt und die Mitglieder des Sanktionsausschusses innerhalb dieser 60-Tage-Frist nicht einvernehmlich einer Delistung widersprechen oder ein Mitglied des Sanktionsausschusses die Frage der Delistung dem Sicherheitsrat zur Entscheidung vorlegt.[867]

III. Ergebnis

Mit der SR-Res. 1822/2008[868] liegt zum ersten Mal ein ausdrückliches Bekenntnis des Sicherheitsrates zu seiner Menschenrechtsbindung vor, welche mit dem Erlass der SR-Res. 1904/2009 sowie der SR-Res. 1989/2011 noch einmal bestätigt worden ist.

Zusammen mit der kürzlich erfolgten Modifikation des Delisting-Verfahrens sowie der oben skizzierten Praxis des Sicherheitsrates bei der inhaltlichen Ausgestaltung kollektiver Wirtschaftssanktionen, der Einrichtung verfahrensrechtlicher Garantien vor den UN-Sondertribunalen und der Verpflichtung der Blauhelmtruppen zur Achtung des humanitären Völkerrechtes ist nunmehr davon auszugehen, dass sich der Rat grundsätzlich an die internationalen Menschenrechte gebunden sieht. Das bestätigt das bisherige Auslegungsergebnis, wonach Art. 1 Abs. 3 UN-Charta den Sicherheitsrat unmittelbar an die internationalen Menschenrechte bindet. Freilich lässt die 1822er-Resolution – wie auch die Folgeresolutionen – keine konkrete Aussage über Inhalt und Umfang dieser Bindung entnehmen. Beides ist im Folgenden ebenso zu klären wie das Verhältnis von Friedenswahrung und Menschenrechtsschutz.

---

864 *„Reaffirming the need to combat by all means, in accordance with the Charter of the United Nations and international law, including applicable international human rights, refugee, and humanitarian law, threats to international peace and security caused by terrorist acts, stressing in this regard the important role the United Nations plays in leading and coordinating this effort[...].“*

865 V. 17.12.2009.

866 V. 17.06.2011.

867 Rn. 23 der SR-Res. 1989/2011 v. 17.06.2011.

868 V. 30.06.2008.

E. *Zusammenfassung*

Art. 1 Abs. 3 UN-Charta bindet die UN und den Sicherheitsrat unmittelbar an die internationalen Menschenrechte.[869]

§ 3: Die inhaltliche Konturierung der von Art. 1 Abs. 3 UN-Charta ausgehenden Menschenrechtsbindung

Zur inhaltlichen Konkretisierung der Menschenrechtsverpflichtung aus Art. 1 Abs. 3 UN-Charta wird allgemein auf die sog. *„Bill of Rights des Völkerrechts"* verwiesen.[870] Unter diesen Begriff werden die AEMR sowie die zwei UN-Menschenrechtspakte IPBPR und IPWSKR gefasst.[871] Der IPWSKR kann bei der vorliegenden Untersuchung weitestgehend ausgeklammert werden, weil er hauptsächlich Menschenrechte der „sog. zweiten Dimension" enthält.[872] Hiermit bezeichnet man solche Rechte, die sich nicht klassisch als Abwehrrechte gegen hoheitliche Eingriffe richten, sondern dem Individuum einen materiellen Mindeststandard in wirtschaftlicher, sozialer und kultureller Hinsicht garantieren sollen.[873] Zu diesen Rechten zählt beispielsweise das Recht auf Bildung oder das Recht auf angemessenen Lebensstandard. Sie zeichnen sich dadurch aus, dass sie keinen unmittelbar vollzugsfähigen Inhalt haben, sondern als Programmsätze einer inhaltlichen Konkretisierung bedürfen. Individualsanktionen jedoch greifen unmittelbar in die Freiheit des Einzelnen ein. Deswegen sind in diesem Zusammenhang zuvörderst solche Menschenrechte von Interesse, die als klassische Abwehrrechte gegen entsprechende Eingriffe wirken. Sie finden sich hauptsächlich im IPBPR sowie zum großen Teil in der AEMR. Als einziges Recht des IPWSKR, welches möglicherweise über einen bloßen Programmsatz hinausgeht und im Zusammenhang mit dem Erlass von Individualsanktionen Bedeutung erlangen könnte, kommt das Recht auf Arbeit nach Art. 6 IPWSKR infrage.

A. *Die Bindung des Sicherheitsrats an die Bestimmungen des IPBPR*

Als Erstes soll eine Bindung des Sicherheitsrates an den IPBPR untersucht werden. Hierfür bestehen zwei Gründe. Zum einen handelt es sich beim IPBPR um einen

---

869 Vgl. dazu auch *Bleckmann*, in: *Klein* (Hrsg.), Menschenrechtsschutz durch Gewohnheitsrecht, 30; *Dahme*, Terrorismusbekämpfung, 230 ff.; *Starck*, UNO-Wirtschaftssanktionen, 155: *Oette*, Wirtschaftssanktionen, 237 ff.; a.A. *Meerpohl*, Individualsanktionen, 115 und wohl auch *Schulte*, Der Schutz individueller Rechte gegen Terrorlisten, 239.

870 *Oette*, Wirtschaftssanktionen, 238; *Condé*, International human rights, 279; *Woyke*, Handwörterbuch internationale Politik, 327.

871 *Oette*, Wirtschaftssanktionen, 238; *Condé*, International human rights, 279; *Woyke*, Handwörterbuch internationale Politik, 327; *Baderin/Ssenyonjo*, in: *dies.* (Hrsg.), International human rights law, 7.

872 So *Ipsen*, in: *ders.* (Hrsg.), Völkerrecht, § 48 Rn. 38.

873 Vgl. dazu *Ipsen*, in: *ders.* (Hrsg.), Völkerrecht, § 48 Rn. 38; *Hobe*, Völkerrecht, 422.

verbindlichen Menschenrechtsvertrag mit quasi-universeller Staatenbeteiligung – 167 Staaten haben den Pakt bereits ratifiziert[874], einige andere (darunter China und Kuba) zumindest schon unterzeichnet –, zum anderen enthält er fast ausschließlich klassische Abwehrrechte.[875] Zur Herleitung einer IPBPR-Bindung des Sicherheitsrates ist in erster Linie auf die in Art. 38 Abs. 1 IGH-Statut aufgeführten prinzipiellen Rechtsquellen des Völkervertragsrechts, des Völkergewohnheitsrechts und der allgemeinen Rechtsgrundsätze zurückzugreifen.

I. Völkervertragsrechtliche Bindung des Sicherheitsrates an den IPBPR

Eine völkervertragliche Bindung des Sicherheitsrates an die IPBPR-Bestimmungen setzt voraus, dass die UN als Organisation dem Pakt beigetreten sind. Dies ist jedoch nicht der Fall.[876] Eine völkervertragsrechtliche Bindung des Sicherheitsrates an den IPBPR besteht demnach nicht.

II. Gewohnheitsrechtliche Bindung des Sicherheitsrates an den IPBPR

Aus der fehlenden Vertragszugehörigkeit der UN zum IPBPR wird häufig verfrüht der allgemeine Schluss gezogen, weder die Organisation noch der Sicherheitsrat seien an die Paktbestimmungen gebunden. Die Möglichkeit einer gewohnheitsrechtlichen Bindung wird in den seltensten Fällen in Betracht gezogen. Gewohnheitsrecht kann UN und Rat dort binden, wo es Bestimmungen der UN-Charta konkretisiert.[877] Eine Konkretisierung des Art. 1 Abs. 3 UN-Charta ist demnach über gewohnheitsrechtliche Menschenrechtsnormen möglich. Sollten die Bestimmungen des IPBPR also mittlerweile zu Gewohnheitsrecht erstarkt sein, wären UN und Sicherheitsrat über Art. 1 Abs. 3 UN-Charta unmittelbar hieran gebunden.[878]

1. Allgemeine Grundsätze zur Entwicklung von Völkergewohnheitsrecht aus Völkervertragsrecht

Es ist anerkannt, dass sich Gewohnheitsrecht aus Völkervertragsrecht entwickeln kann.[879] Schwierigkeiten bei einer solchen Gewohnheitsrechtsbildung bereitet der

---

874 Stand 14.05.2012. Der aktuelle Vertragsstatus kann unter http://treaties.un.org/Pages/ViewDetails.aspx?src=TREATY&mtdsg_no=IV-4&chapter=4&lang=en abgerufen werden.

875 Die AEMR hingegen ist in Form einer unverbindlichen Resolution der Generalversammlung erlassen worden. Dementsprechend schwerer fällt es, aus der Erklärung rechtlich verbindliche Pflichten für Staaten und internationale Organisationen herzuleiten. Dazu sogleich ausführlich in Teil III Kap. 4 § 3 C.

876 Aus Art. 48 Abs. 1 IPBPR ergibt sich, dass nur Staaten dem IPBPR beitreten können.

877 S. dazu *Schotten*, Wirtschaftssanktionen, 269, sowie die Ausführungen in Teil III Kap. 2 § 5 D.

878 So auch *Schotten*, Wirtschaftssanktionen, 269.

879 *Heintschel von Heinegg*, in: *Ipsen* (Hrsg.), Völkerrecht, § 16 Rn. 22; *Volger*, Grundlagen und Strukturen der Vereinten Nationen, 26.

Grundsatz des *„pacta tertiis nec prosunt nec nocent"*.[880] Hiernach begründet Völkervertragsrecht nur für die Vertragsparteien Rechte und Pflichten, nicht aber für Drittstaaten.[881] Dieser Grundsatz steht jedoch einer Erstarkung von Völkervertragsrecht zu universellem Völkergewohnheitsrecht und damit einer Bindung von Nichtvertragsstaaten nicht unüberwindlich entgegen.[882] Die Entstehungsvoraussetzungen sind zunächst die gleichen wie bei der Entstehung von Völkergewohnheitsrecht allgemein. Erforderlich ist eine Staatenpraxis (*consuetudo*), die von einer entsprechenden Rechtsauffassung (*opinio iuris*) getragen wird. In der älteren völkerrechtlichen Literatur wurde immer der Nachweis der Praxis über einen längeren Zeitraum gefordert. Diese Anforderung wird von der heutigen herrschenden Meinung nicht mehr geteilt. Eine Übung über kurze Zeit kann für die Entstehung von Völkergewohnheitsrecht ausreichen.[883]

Bei der Genese von Gewohnheitsrecht aus Vertragsrecht lassen sich zwei Fallkonstellationen unterscheiden. In der ersten, „klassischen" Fallkonstellation verhalten sich die Nichtvertragsstaaten gemäß der vertragsrechtlichen Verpflichtungen, und zwar in der Auffassung, hierzu rechtlich verpflichtet zu sein. Sofern es den Interessen der Vertragsstaaten nicht entgegenläuft[884], entsteht auf diese Weise die Nichtvertragsstaaten bindendes Völkergewohnheitsrecht. In der zweiten Variante entsteht Völkergewohnheitsrecht ohne den Willen der Nichtvertragsstaaten. Dies ist allerdings nur unter engen Konditionen möglich. Über die Bedingungen, die im Einzelnen hierfür erfüllt sein müssen, herrscht Uneinigkeit.

2. Die Entstehungsvoraussetzungen nach der Rechtsprechung des IGH im Nordsee-Festlandsockel-Fall

Zu diesen Bedingungen hat der IGH im Nordsee-Festlandsockel-Fall[885] Stellung bezogen. Von ihrer systematischen Zuordnung zu den Tatbestandselementen des Völkergewohnheitsrechts hat er jedoch abgesehen. Unklarheit besteht deshalb vor allem darüber, was in diesem Kontext als relevante Staatenpraxis anzusehen ist, insbesondere, ob der Abschluss bzw. der Beitritt zu einem Vertrag bereits ausreichende Staatenpraxis darstellt.[886] Bestimmte Passagen des Urteils lassen hier eine ambivalente Interpretation zu. Im Urteil hat der Gerichtshof allerdings auch zwei Grundbedingungen herausgearbeitet, deren Vorliegen für die Entstehung von

---

880 S. dazu auch *Hingst*, Globalisierung, 176; *Volger*, Grundlagen und Strukturen der Vereinten Nationen, 26.

881 So auch Art. 34 WVRK.

882 Zu den einzelnen Voraussetzungen sogleich unter Teil III Kap. 4 § 3 II 2.

883 So *Heintschel von Heinegg*, in: *Ipsen* (Hrsg.), Völkerrecht, § 16 Rn. 8, mit Zitat der Rechtsprechung des IGH im Nordsee-Festlandsockel-Fall.

884 Ausführlicher sogleich unter Teil III Kap. 4 § 3 II 2 a.

885 IGH, *North Sea Continental Shelf*, Judgment, 20.02.1969, ICJ Reports 1969, 3 ff.

886 Zu der daraus folgenden Kontroverse s. sogleich unter Teil III Kap. 4 § 3 A II 4.

Gewohnheitsrecht aus Vertragsrecht unerlässlich ist.[887] Zum einen müssen die vertragsrechtlichen Bestimmungen einen grundlegenden normbildenden Charakter aufweisen („*be of a fundamentally norm-creating character such as could be regarded as forming the basis of a general rule of law*“[888]). Zum anderen ist eine umfangreiche und repräsentative Staatenbeteiligung an dem jeweiligen Vertrag erforderlich.[889] Beide Grundbedingungen sind heute allgemein anerkannt. Sie bedürfen zu ihrem Verständnis jedoch der weiteren Erläuterung.

a) Ein grundlegender Normbildungscharakter der vertraglichen Bestimmungen

Ein grundlegender Normbildungscharakter der betreffenden vertragsrechtlichen Vereinbarung ist notwendig, um innerhalb des Völkervertragsrechts diejenigen Übereinkünfte[890] bestimmen zu können, aus denen sich potentiell universelles Völkergewohnheitsrecht entwickeln kann. Ein Automatismus, wonach aus jedem Völkerrechtsvertrag nach einer gewissen Zeit Völkergewohnheitsrecht entsteht, das auch Drittstaaten bindet, existiert nämlich nicht. Für die Genese solchen Gewohnheitsrechts ist ein entsprechendes Interesse der Vertragsstaaten unerlässlich.[891] Dieses Interesse stellt keinesfalls den Regelfall dar, sondern muss immer gesondert nachgewiesen werden. Nicht selten wollen die Vertragsparteien einer völkerrechtlichen Übereinkunft die sich hieraus ergebenden Rechte und Pflichten als *leges speciales* zum allgemeinen Völkerrecht verstanden wissen, beabsichtigen also gerade nicht deren Erstarkung zu universellem (Völkergewohnheits-)Recht.[892] Als Beispiel sei die Garantie einer Inländergleichbehandlung oder die Aufnahme einer Meistbegünstigungsklausel in Handelsverträgen genannt.[893] Nach dem Willen der Vertragsparteien sollen derartige Rechte als Privilegien ausschließlich für die Vertragspartner und daher nicht für Drittstaaten gelten.[894] Wann ein Interesse der Vertragsstaaten an einer universellen Geltung der Vertragsbestimmungen vorliegt, lässt sich nicht pauschal beantworten. Es ist immer auf die Besonderheiten des jeweiligen Vertrages bzw. seines Gegenstandes abzustellen.[895]

---

887 Vgl. dazu *Heintschel von Heinegg*, in: *Ipsen* (Hrsg.), Völkerrecht, § 16 Rn. 37; *Sinclair*, The Vienna convention, 22.

888 IGH, *North Sea Continental Shelf*, Judgment, 20.02.1969, ICJ Reports 1969, 3, 41 f., Rn. 72.

889 IGH, *North Sea Continental Shelf*, Judgment, 20.02.1969, ICJ Reports 1969, 3, 42, Rn. 73.

890 Resp. Vertragsbestimmungen.

891 S. dazu *Doehring*, in: *Klein* (Hrsg.), Menschenrechtsschutz durch Gewohnheitsrecht, 71 f.

892 *Doehring*, in: *Klein* (Hrsg.), Menschenrechtsschutz durch Gewohnheitsrecht, 71.

893 *Doehring*, in: *Klein* (Hrsg.), Menschenrechtsschutz durch Gewohnheitsrecht, 71.

894 *Doehring*, in: *Klein* (Hrsg.), Menschenrechtsschutz durch Gewohnheitsrecht, 71.

895 S. dazu *Doehring*, in: *Klein* (Hrsg.), Menschenrechtsschutz durch Gewohnheitsrecht, 72.

b) Das Erfordernis einer umfangreichen und repräsentativen Staatenbeteiligung an dem Vertragswerk

Neben dem grundlegenden Normbildungscharakter einer vertraglichen Bestimmung bedarf es nach der FESTLANDSOCKEL-Rechtsprechung des IGH einer umfangreichen und repräsentativen Staatenbeteiligung („*a very widespread and representative participation*") an dem zugrunde liegenden Vertragswerk, damit gleichlautendes Völkergewohnheitsrecht auch ohne die Beteiligung der Nichtvertragsstaaten entstehen kann.[896] Diese Bedingung erklärt sich vor der allgemein anerkannten Tatsache, dass an der Entstehung von universellem Völkergewohnheitsrecht nicht zwingend alle Staaten beteiligt sein müssen.[897] Lässt sich eine entsprechende Praxis für die Mehrheit der Staaten nachweisen, reicht dies für die Genese von universellem Völkergewohnheitsrecht aus.[898] Die an der Praxis nicht partizipierenden Staaten können demnach mit ihrem Widerspruch das Erwachsen von völkervertragsrechtlichen Bestimmungen in Völkergewohnheitsrecht nicht verhindern.[899] Ist ihr Widerspruch jedoch dauerhaft und beharrlich („*persistent objection*"), sind sie von der Bindung an die neu entstandenen gewohnheitsrechtlichen Bestimmungen grundsätzlich ausgenommen.[900] Bleibt ein solcher Widerspruch jedoch aus, obwohl er erwartet werden kann, werden auch sie gewohnheitsrechtlich gebunden.[901] In einem solchen Fall spricht man von *acquiescence*.[902]

3. Die Anwendung der vom IGH entwickelten Kriterien auf den IPBPR

Ein Abgleich des IPBPR mit den vom IGH aufgestellten Bedingungen hinsichtlich der Genese von Völkergewohnheitsrecht aus Völkervertragsrecht führt zu einem positiven Ergebnis.

a) Der grundlegende Normbildungscharakter des IPBPR

Der IPBPR kodifiziert Menschenrechte der sog. „*ersten Dimension*", also Abwehrrechte, die das Individuum vor übermäßigen hoheitlichen Eingriffen in seine Freiheit

---

896 Zur Bedeutung des Majoritätselements vgl. auch *Moos*, in: *Bäumler/Daase/Schliemann u. a.* (Hrsg.), Akteure in Krieg und Frieden, 130.

897 *Herdegen*, Völkerrecht, § 16 Rn. 13; *Graf Vitzthum*, in: *Graf Vitzthum/Proelß* (Hrsg.), Völkerrecht, 1. Abschnitt, Rn. 133.

898 *Herdegen*, Völkerrecht, § 16 Rn. 13; *Heintschel von Heinegg*, in: *Ipsen* (Hrsg.), Völkerrecht, § 16 Rn. 26.

899 *Heintschel von Heinegg*, in: *Ipsen* (Hrsg.), Völkerrecht, § 16 Rn. 26.

900 *Heintschel von Heinegg*, in: *Ipsen* (Hrsg.), Völkerrecht, § 16 Rn. 26; *Herdegen*, Völkerrecht, § 16 Rn. 13. Etwas anderes gilt für die Normen des zwingenden Rechts.

901 *Heintschel von Heinegg*, in: *Ipsen* (Hrsg.), Völkerrecht, § 16 Rn. 27.

902 S. dazu *Graf Vitzthum*, in: *Graf Vitzthum/Proelß* (Hrsg.), Völkerrecht, 1. Abschnitt, Rn. 133. Vgl. auch *Heintschel von Heinegg*, in: *Ipsen* (Hrsg.), Völkerrecht, § 16 Rn. 21; *Marques Antunes*, in: *Wolfrum* (Hrsg.), MPEPIL, Acquiescence Rn. 1.

schützen.[903] In der Präambel des Paktes wird betont, dass sich die im Pakt enthaltenen Rechte unmittelbar aus der Würde des Menschen ableiten. Diese Würde sei unveräußerlich und bilde die Grundlage von Freiheit, Gerechtigkeit und Frieden in der Welt, was bereits in der UN-Charta festgehalten worden sei. Besteht der Geltungsgrund der IPBPR-Rechte im Schutz der Menschenwürde, folgt daraus, dass dieser Schutz unabhängig von Ort, Zeit, Rasse und Geschlecht Geltung beansprucht.[904] Dann aber besteht ein ureigenes Interesse der Vertragsstaaten an der Einhaltung der im Pakt enthaltenen Menschenrechtsbestimmungen auch durch Drittstaaten. Ein grundlegender Normbildungscharakter des IPBPR ist demnach zu bejahen.

b) Die umfangreiche und repräsentative Staatenbeteiligung am IPBPR

Das Gleiche gilt für eine verbreitete und repräsentative Staatenbeteiligung am IPBPR. Dieser ist bis zum jetzigen Zeitpunkt von 167 Staaten ratifiziert worden.[905] Das macht 87% der Mitgliedstaaten der UN aus.[906] Hierunter befinden sich mit Frankreich, dem Vereinigten Königreich, den USA und Russland auch vier der fünf ständigen Ratsmitglieder. China hat den IPBPR – wie einige andere Staaten auch – zwar noch nicht ratifiziert, aber bereits unterzeichnet. Bei den Staaten, die den Pakt noch nicht beigetreten sind, handelt es sich in der Mehrzahl um kleinere Staaten. Der Grund für ihr Fernbleiben beruht in den meisten Fällen nicht auf einer Ablehnung der Paktinhalte.[907] Vielmehr scheuen sie den administrativen Aufwand, der mit einem Paktbeitritt verbunden ist.[908] Eine weitverbreitete und repräsentative Staatenbeteiligung am IPBPR liegt mithin vor.

4. Einordnung der vom IGH entwickelten Kriterien in die das Völkergewohnheitsrecht konstituierenden Elemente

Erfüllt der IPBPR demnach die vom IGH aufgestellten Bedingungen, derer es für die Entstehung von Völkergewohnheitsrecht aus Völkervertragsrecht zwingend bedarf, stellt sich als Nächstes die Frage, ob dies allein für die Annahme einer gewohnheitsrechtlichen Geltung der Paktbestimmungen ausreicht. Auf Grundlage des

---

903 *Herdegen*, Völkerrecht, § 48 Rn. 3; *Hobe*, Völkerrecht, 421 f., 428.

904 Zum Universalitätsanspruch der Menschenrechte und dessen Auswirkungen auf die Entstehungsvoraussetzungen gewohnheitsrechtlicher Menschenrechtsnormen s. Teil III Kap. 4 § 3 II 5 d bb.

905 So die Information auf der offiziellen Seite der UN, http://treaties.un.org/Pages/ViewDetails.aspx?src=TREATY&mtdsg_no=IV-4&chapter=4&lang=en, letzter Aufruf am 29.05.12.

906 Gegenwärtig zählt die UN 193 Mitgliedstaaten.

907 S. dazu *Tomuschat*, in: *von Hoffmann* (Hrsg.), Universalität der Menschenrechte, 18.

908 S. dazu *Tomuschat*, in: *von Hoffmann* (Hrsg.), Universalität der Menschenrechte, 18. Zu diesem Aufwand zählt vor allem die periodische Pflicht zur Anfertigung von Staatenberichten, s. dazu Art. 40 IPBPR.

Festlandsockel-Falls kann man diese Frage nicht beantworten, weil der IGH wie erwähnt die von ihm genannten Bedingungen nicht explizit den Tatbestandsmerkmalen der *consuetudo* und der *opinio iuris* zugeordnet hat. Ob und inwiefern diese Tatbestandsmerkmale beim Vorliegen der vom Gerichtshof genannten Bedingungen erfüllt sind, soll deshalb im Folgenden untersucht werden.

Das Vorliegen einer opinio iuris lässt sich im Bezug auf die IPBPR-Rechte relativ problemlos bejahen. Tritt ein Staat einem Völkerrechtsvertrag bei, wird er an die dort enthaltenden Bestimmungen gebunden.[909] In dieser Bindung ist als Minus die opinio iuris mitenthalten. Aufgrund der quasi-universellen Beteiligung der Staaten am IPBPR lässt sich eine repräsentative opinio iuris in Bezug auf die IPBPR-Bestimmungen bejahen.

Probleme bereitet hingegen der Tatbestand der Praxis. Bei unbefangener Betrachtung könnte man dem Eindruck erliegen, dieser Tatbestand sei durch den Beitritt fast aller Staaten zum Pakt erfüllt. Eine derartige Sichtweise kann für sich in Anspruch nehmen, in dem Nordsee-Festlandsockel-Urteil des IGH eine gewisse textliche Verankerung zu finden. Dort heißt es an einer Stelle wie folgt:

> *„With respect to the other elements usually regarded as necessary before a conventional rule can be considered to have become a general rule of international law, it might be that, even without the passage of any considerable period of time, a very widespread and representative participation in the convention might suffice of itself, provided it included that of States whose interests were specially affected.“*[910]

An einer späteren Stelle im Urteil prüft der Gerichtshof jedoch auch, inwiefern die Staaten die infrage stehende Bestimmung *tatsächlich* angewendet haben.[911]

Ob die quasi-universelle Geltung eines völkerrechtlichen Vertrages für sich allein bzw. ggf. zusammen mit einer entsprechenden Verbalpraxis der Staaten tatsächlich die für die Entstehung von gleichlautendem Völkergewohnheitsrecht notwendige Praxis zu begründen vermag, ist aufgrund der ambivalenten Aussagen des IGH heftig umstritten.[912] Der Streit bedarf keiner Entscheidung, wenn die Staaten ihren vertraglichen Verpflichtungen auch tatsächlich nachkommen. In solch einem Fall kann man diese Vertragspraxis als tatsächliche Praxis i. S. d. Völkergewohnheitsrecht betrachten. Bedeutung gewinnt der Streit hingegen dann, wenn das tatsächliche Verhalten der Staaten in wesentlichem Maße hinter ihren vertraglichen Verpflichtungen zurückbleibt. Dies ist beim IPBPR der Fall. Dem Jahresbericht von Amnesty International zufolge kam es 2012 in über 100 Staaten zur systematischen

---

909 Vgl. dazu auch *Herdegen*, Völkerrecht, § 16 Rn. 11.

910 IGH, *North Sea Continental Shelf*, Judgment, 20.02.1969, ICJ Reports 1969, 3, 42, Rn. 73.

911 Vgl. dazu IGH, *North Sea Continental Shelf*, Judgment, 20.02.1969, ICJ Reports 1969, 3, 42, Rn. 73.

912 Einen guten Streitüberblick verschafft *Schutter*, International human rights law, 50 ff.

Folterung von Gefangenen.[913] Darüber hinaus zählten in den meisten Staaten Menschenrechtsverletzungen zur Tagesordnung.[914]

a) Die restriktive Auffassung – das tatsächliche Staatenverhalten als entscheidendes Kriterium

Eine Ansicht in der Völkerrechtswissenschaft ist der Auffassung, dass die hohe Zahl an Ratifikationen für sich alleine die Annahme einer gewohnheitsrechtlichen Geltung der Paktrechte nicht zu stützen vermag.[915] Auch das zusätzliche Heranziehen entsprechender Staatenäußerungen – z.B. in Form von Resolutionen der Generalversammlung – als sog. *Verbalpraxis* genüge den Voraussetzungen für die Entstehung von Völkergewohnheitsrecht nicht.[916] Die Staaten müssten ihren aus dem Pakt erwachsenden Pflichten vielmehr auch tatsächlich nachkommen. Folgt man dieser Ansicht, ist der gewohnheitsrechtliche Charakter der Paktrechte zu verneinen.

Zu ihrer Begründung wird angeführt, dass bei Außerachtlassung der tatsächlichen Praxis die dogmatischen Konturen des Völkergewohnheitsrechts aufgelöst werden würden. Die Ratifizierung von Menschenrechtsverträgen sowie entsprechende Äußerungen in der Generalversammlung gingen ohne entsprechende tatsächliche Praxis über bloße Lippenbekenntnisse nicht hinaus.[917] Teilweise ist auch von einer „*paper practice*" die Rede, die alleine niemals Gewohnheitsrecht erzeugen könne, welches per definitionem auf dem tatsächlichen Verhalten der Staaten beruhe. Pointiert in dieser Hinsicht ist das Statement von Karol Wolfke:

> *„Repeated verbal acts are also acts of conduct in their broad meaning and give rise to international custom, but only custom of making such declarations etc., and not to the custom of the conduct described in the content of the verbal acts."*[918]

Eine Nichtberücksichtigung der tatsächlichen Praxis würde die große Gefahr heraufbeschwören, einzelnen Menschenrechten vorschnell der Rang von Völkergewohnheitsrecht einzuräumen, obwohl diese in den meisten innerstaatlichen Rechtsordnungen keine realistische Chance auf Verwirklichung hätten. Damit

---

913 S. dazu die Pressemitteilung von Amnesty International Deutschland v. 23.05.2013, abrufbar unter http://www.amnesty.de/presse/2013/5/23/zivilgesellschaft-global-staerken (letzter Aufruf 08.12.13).

914 Vgl. dazu den Jahresreport von Amnesty International aus dem Jahre 2013, abrufbar unter http://files.amnesty.org/air13/AmnestyInternational_AnnualReport2013_complete_en.pdf (letzter Aufruf 08.12.2013).

915 Vgl. dazu *Weisburd*, GJICL 25 (1995/96), 99, 141.

916 Vgl. dazu *D'Amato*, AJIL 81 (1987), 101, 102 f.; *Simma/Alston*, AYIL 12 (1992), 82, 96 f.; *Kotzur*, in: *Klein* (Hrsg.), Menschenrechtsschutz durch Gewohnheitsrecht, 58.

917 Vgl. dazu *Moos*, in: *Bäumler/Daase/Schliemann u.a.* (Hrsg.), Akteure in Krieg und Frieden, 135.

918 *Wolfke*, Custom, 42.

würde letztlich die Situation *de lege lata* mit der Situation *de lege ferenda* verwechselt.[919] Abstriche beim Praxiselement seien der Autorität des Gewohnheitsrechts abträglich. Es bestünde das Risiko, Gewohnheitsrecht immer dort anzunehmen, wo dies politisch/moralisch für erstrebenswert gehalten werde. Eine derartige ideologisch vorgeprägte Dezision müsse in jedem Falle vermieden werden.[920]

b) Die „progressive" Auffassung – die Vernachlässigung des tatsächlichen Staatenverhaltens

Dieser restriktiven Ansicht in Bezug auf die Entstehung gewohnheitsrechtlicher Menschenrechtsnormen widersetzt sich eine stetig wachsende Anzahl von Völkerrechtlern. Sie ist der Auffassung, dass der tatsächlichen Staatenpraxis in Menschenrechtsfragen weniger Bedeutung zukommt als ihren entsprechenden Vertragsverpflichtungen oder Äußerungen.[921] Z.T. wird sogar die Ansicht vertreten, zur Entstehung gewohnheitsrechtlicher Menschenrechtsnormen reiche eine bloße Verbalpraxis aus. Auf diese Weise wird u. a. eine Erstarkung der AEMR zu universellem Gewohnheitsrecht begründet.[922]

Zur Illustration dieser menschenrechtsfreundlichen Ansicht sei an dieser Stelle ein entsprechendes Statement des American Law Institutes aus dem Jahre 1987 wiedergegeben, das folgenden Inhalt hat:[923]

> *„Practice accepted as building customary human rights law includes: virtually universal adherence to the United Nations Charter and its human rights provisions, and virtually universal and frequently reiterated acceptance of the Universal Declaration of Human Rights even if only in principle; virtually universal participation of states in the preparation and adoption of international agreements recognizing human rights principles generally, or particular rights; the adoption of human rights principles by states in regional organizations in Europe, Latin America, and Africa...; general support by states for United Nations declaring, recognizing, invoking, and applying international human rights principles as international law; action by states to conform their national law or practice to standards or principles declared by international bodies, and the incorporation of human*

919 S. dazu *Roberts*, AJIL 95 (2001), 757, 789.

920 Vgl. dazu *Kotzur*, in: *Klein* (Hrsg.), Menschenrechtsschutz durch Gewohnheitsrecht, 58; *Simma/Alston*, AYIL 12 (1992), 82, 94 f., *Moos*, in: *Bäumler/Daase/Schliemann u. a.* (Hrsg.), Akteure in Krieg und Frieden, 137.

921 Vgl. dazu statt vieler *Bleckmann*, in: *Klein* (Hrsg.), Menschenrechtsschutz durch Gewohnheitsrecht, 32 f.; *Schutter*, International human rights law, 50 ff. Die Diskussion um die Entstehungsvoraussetzungen von Völkergewohnheitsrecht beschränkt sich im Übrigen nicht nur auf den Bereich der Menschenrechte. Instruktiv hierzu *Hobe*, Völkerrecht, 192 ff.

922 Vgl. dazu die Nachweise bei *Nettesheim*, in: *Merten/Papier* (Hrsg.). HdbGR VI/2, VI/2, § 173 Rn. 44.

923 *The American Law Institute*, Restatement (Third) of the Foreign Relations Law of the United Staates (St. Paul, Minn.: American Law Institute Publishers), § 701 n. 2.

rights provisions, directly or by reference, in national constitutions and law; invocation of human rights principles in national policy, in diplomatic practice, in international organization activities and action; and other diplomatic communications or action by states reflecting the view that certain practices violate international human rights law, including condemnation and other adverse state reactions to violations by other states."

Begründet wird diese Auffassung insbesondere damit, dass die Staaten auf zwischenstaatlicher Ebene durch wiederholte Äußerungen die Existenz entsprechender Menschenrechtsverpflichtungen anerkannt hätten.[924] Dann aber gebe es keinen Grund, aufgrund einer entgegenstehenden innerstaatlichen Praxis die Geltung dieser Rechtssätze infrage zu stellen.[925] Zur Untermauerung der These wird u.a. auch auf das NICARAGUA-Urteil[926] des IGH verwiesen.[927] In diesem Urteil hatte der IGH die Voraussetzungen für die Entstehung von Völkergewohnheitsrecht zumindest implizit abgeschwächt. Zwar betont er in § 184 des Urteils, dass bloße Rechtsäußerungen von Staaten allein nicht ausreichen würden, um die für die Entstehung von Gewohnheitsrecht notwendige Praxis zu begründen. Im weiteren Verlauf des Urteils stellt er für deren Nachweis jedoch hauptsächlich auf Äußerungen der Staaten ab, die diese z.B. in Form von Resolutionen der Generalversammlung getätigt haben. So leitet er den gewohnheitsrechtlichen Charakter des allgemeinen Gewaltverbots u.a. mit einem Hinweis auf die *Friendly-Relations*-Erklärung der Generalversammlung her.[928]

5. Stellungnahme

Eine bloße Verbalpraxis alleine reicht für die Genese von Völkergewohnheitsrecht nicht aus. Anders stellt sich die Lage dar, wenn darüber hinaus eine quasi-universelle Staatenbeteiligung an einem gleichlautenden völkerrechtlichen Vertrag besteht.

a) Äußerungen und Erklärungen als untaugliches Substitut einer tatsächlichen Praxis

Eine bloße Verbalpraxis vermag für sich allein universelles Völkergewohnheitsrecht nicht zu begründen, weil sich unmittelbar die Frage stellt, warum die Staaten nicht

---

924 Vgl. dazu *Bleckmann*, in: *Klein* (Hrsg.), Menschenrechtsschutz durch Gewohnheitsrecht, 32 f.; *Schutter*, International human rights law, 50 ff.

925 Vgl. dazu *Bleckmann*, in: *Klein* (Hrsg.), Menschenrechtsschutz durch Gewohnheitsrecht, 32 f.; *Schutter*, International human rights law, 50 ff.

926 IGH, *Military and Paramilitary Activities in und against Nicaragua (Nicaragua v. United States of America)*, Merits, Judgment, 27.06.1986, ICJ Reports 1986, 14 ff.

927 Vgl. dazu *Hannum*, GJICL 25 (1995–1996), 287 ff., 321.

928 IGH, *Military and Paramilitary Activities in und against Nicaragua (Nicaragua v. United States of America), Merits*, Judgment, 27.06.1986, ICJ Reports 1986, 14, 99 ff. Kritisch hierzu *Simma/Alston*, AYIL 12 (1992), 82, 96 f.; *D'Amato*, AJIL 81 (1987), 101, 102 f.

direkt alle Unklarheiten beseitigen und die entsprechenden Rechte und Pflichten in vertraglicher Form festhalten. Dass sie auf eine solche Rechtssicherheit verzichten, spricht entscheidend gegen ihren Rechtsbindungswillen. Zudem fehlt es bei einem Auseinanderfallen von verbaler und tatsächlicher Praxis an einer einheitlichen, konsistenten Übung. Eine solche Übung ist jedoch notwendig, um auf einen entsprechenden Rechtsbindungswillen der Staaten schließen zu dürfen. Aufgrund dieses Umstandes ist auch die Behauptung abzulehnen, wonach die AEMR allein durch nachfolgende, sie bestätigende Resolutionen der Generalversammlung den Status von Völkergewohnheitsrecht erlangt habe.[929] Lässt man eine Verbalpraxis für die Entstehung von Völkergewohnheitsrecht genügen, dann besteht tatsächlich die von der restriktiven Ansicht monierte Gefahr einer politischen Dezision bei der Herleitung gewohnheitsrechtlicher Normen.

b) Die quasi-universelle Partizipation der Staaten an einem Völkerrechtsvertrag als taugliches Substitut einer tatsächlichen Praxis

Vermögen bloße Äußerungen für sich allein eine tatsächliche Staatenpraxis nicht zu ersetzen, so ist dies anders, wenn zu ihnen eine quasi-universelle Partizipation der Staaten an einem gleichlautenden Völkerrechtsvertrag tritt. Beide Elemente zusammen können als Substitut zu einer tatsächlichen Staatenpraxis herangezogen werden. Die Richtigkeit dieser Feststellung erschließt sich bei nochmaliger Vergegenwärtigung der Funktionen von Staatenpraxis und opinio iuris. In ihrem Zusammenspiel führen sie zur *Genese* einer oder mehrerer völkerrechtlicher Normen. Bei einer quasi-universellen Partizipation der Staaten an einem Völkerrechtsvertrag steht die *rechtliche Existenz* der jeweiligen Norm(en) jedoch unzweifelhaft fest. Dann aber trifft das Hauptargument, das die restriktive Meinung gegen eine Vernachlässigung der tatsächlichen Praxis bei der Frage der Entstehung von Völkergewohnheitsrecht vorbringt, nicht zu. Die Gefahr, dass das Völkergewohnheitsrecht dazu missbraucht wird, *rechtspolitischen Vorstellungen* eine *rechtliche Verbindlichkeit* zuzusprechen, die sie de lege lata nicht haben, besteht in derartigen Konstellationen gerade nicht.

Dass die tatsächliche Praxis der Staaten im Wesentlichen den sich aus dem IPBPR ergebenden Verpflichtungen nicht entspricht, steht der Genese von universellem Völkergewohnheitsrecht nicht entgegen. Grund hierfür ist, dass die weit überwiegende Zahl der Staaten ohnehin *vertraglich* an die Paktbestimmungen gebunden ist. Geht ein Staat eine vertragliche Verpflichtung ein, kommt der Grundsatz des *„pacta sunt servanda"* zum Tragen. Eine dieser Verpflichtung entgegenlaufende Praxis des einzelnen Staates hat dann grundsätzlich auf den Fortbestand der vertraglichen Verpflichtung keinen Einfluss, sondern stellt einen Vertragsverstoß dar, der entweder nach den im Vertrag festgehaltenen Bestimmungen oder im Falle ihres Fehlens nach

---

929 Vgl. dazu die Nachweise bei *Nettesheim*, in: *Merten/Papier* (Hrsg.). HdbGR VI/2, § 173 Rn. 44.

den allgemeinen Regeln[930] von den anderen Vertragsstaaten sanktioniert werden kann. Insofern zeigt sich, dass einer quasi-universellen Vertragsbeteiligung der Staaten ein Plus an Bestandskraft zukommt als einer tatsächlichen Staatenpraxis, die vom Prinzip her durch eine auf sie folgende gegenläufige Praxis verdrängt werden kann. Deswegen ist einem Völkerrechtsvertrag mit quasi weltweiter Beteiligung auch insgesamt als Plus gegenüber einer gewöhnlichen Staatenpraxis anzusehen. Der Umstand, dass ein Völkerrechtsvertrag trotz gegenläufiger Praxis seine Rechtsverbindlichkeit grundsätzlich nicht einbüßt, ist von enormer Bedeutung, spiegelt sich hierin doch ein wesentliches Prinzip des Völkerrechts wieder, das die restrikte Auffassung zur Entstehung von Völkergewohnheitsrecht übersieht. Nach diesem Prinzip ist strikt zwischen der *Existenz einer Rechtsnorm* und der *Möglichkeit ihrer Durchsetzung zu* unterscheiden.[931] Die Inkongruenz beider Elemente ist für das Völkerrecht geradezu prägend. Sein Rechtscharakter wird deshalb aber an keiner Stelle ernsthaft infrage gestellt. Mit Blick auf die auf Vertragsrecht beruhende und damit von der tatsächlichen Praxis unabhängige rechtliche Verfestigung der Paktrechte ist es deshalb gerechtfertigt, das tatsächliche Staatenverhalten bei der Entstehung von gleichlautendem Völkergewohnheitsrecht zu vernachlässigen und eine bloße Verbalpraxis ausreichen zu lassen.

Dieser Argumentation kann auch nicht entgegengehalten werden, dass Völkervertragsrecht im Einzelfall durch nachfolgendes Völkergewohnheitsrecht (und damit durch eine gegenläufige Praxis) derogiert werden kann.[932] Wegen des *pacta sunt servanda*-Grundsatzes sind an die Genese entsprechenden Gewohnheitsrechts hohe Anforderungen zu stellen. Das gilt insbesondere für den Nachweis einer entsprechenden opinio iuris.[933] Jedenfalls für den IPBPR fehlt es an einer derartigen Rechtsauffassung. Kein Vertragsstaat bestreitet vom Grundsatz her seine ihm aus dem Pakt erwachsenden Pflichten. Verstöße, auch solche systematischer Art, werden vielmehr zu kaschieren oder als Einzelfälle zu verharmlosen versucht.[934] Zudem lässt sich eine entsprechende konsistente Verbalpraxis, insbesondere in den Resolutionen der Generalversammlung nachweisen, die die Verbindlichkeit der (im Pakt enthaltenen) Menschenrechte betont.[935] Ohnehin wären an die Entstehung von

930 Vgl. dazu insbesondere Art. 60 WVRK.

931 Vgl. dazu statt vieler *Doehring*, Völkerrecht, Rn. 32 ff.

932 Zu dieser Möglichkeit s. *Heintschel von Heinegg*, in: *Ipsen* (Hrsg.), Völkerrecht, § 15 Rn. 111. Vgl. dazu auch *ders.*, in: *Ipsen* (Hrsg.), Völkerrecht, § 16 Rn. 48; *Ziegler*, Kosovo-Krieg, 147.

933 Vgl. dazu *Heintschel von Heinegg*, in: *Ipsen* (Hrsg.), Völkerrecht, § 16 Rn. 48.

934 Vgl. dazu *Bleckmann*, in: *Klein* (Hrsg.), Menschenrechtsschutz durch Gewohnheitsrecht, 41 f.; *Tomuschat*, Human rights, 34; *Moos*, in: *Bäumler/Daase/Schliemann u.a.* (Hrsg.), Akteure in Krieg und Frieden, 134.

935 Exemplarisch sei hier die Wiener Erklärung der Generalversammlung zur Weltkonferenz über Menschenrechte aus dem Jahre 1993 genannt, World Conference on Human Rights, Vienna Declaration and Programme of Action, Doc. A/CONF.157/23 v. 12.07.1993. Dort heißt es unter Punkt 1: „The World Conference

vom IPBPR derogierendem Völkergewohnheitsrecht besonders hohe Anforderungen zu stellen, weil der Pakt nach der Intention seiner Autoren *ad infinitum* gelten soll. Dies ergibt sich daraus, dass eine Kündigungsmöglichkeit im Pakt selbst nicht vorgesehen ist und auch eine Kündigung auf Grundlage der allgemeinen Vorschrift des Art. 56 WVRK ausscheidet.[936]

Das zusätzliche Abstellen auf eine gleichlautende Verbalpraxis ist jedoch erforderlich, um die *pacta tertiis*-Regel zu überwinden und den Brückenschlag von quasi-universellem Völkervertragsrecht zu gleichlautendem universellen Völkergewohnheitsrecht herzustellen.[937] Die Verbalpraxis stellt das Verbindungsstück zwischen den Vertrags- und den Nichtvertragsstaaten dar. Sie rechtfertigt es, die quasi-universelle Staatenbeteiligung am IPBPR als für das Gewohnheitsrecht relevante, besondere Staatenpraxis anzusehen.[938] Vertragsabschluss- und Verbalpraxis schaffen für die Nichtvertragsstaaten des Paktes auf diese Weise eine Situation, die der der Existenz einer repräsentativen, tatsächlichen Staatenpraxis gleicht.[939] Die überwiegende Mehrheit der Staaten hat sich nämlich über die bloße Äußerung einer Rechtsauffassung hinaus bereits *rechtlich* zur Einhaltung bestimmter Menschenrechtsgewährleistungen verpflichtet, und durch die Betonung der Verbindlichkeit in gemeinsamen Erklärungen, z.B. in Äußerungen in Resolutionen der Generalversammlung, wird eine allgemeine Erwartung geschaffen, dass sich nunmehr *jeder Staat* an diese Verpflichtungen hält. Ein Staat, der sich einer solchen Bindung entziehen will, muss dies ausdrücklich und beharrlich artikulieren, andernfalls ist sein Verhalten als *acquiescence* aufzufassen. Zum einen aber stellt kein Staat den Universalitätsgedanken der Menschenrechte ernsthaft infrage. Zum anderen ist in Ansehung der Artt. 1 Abs. 3, 55 lit.c UN-Charta ohnehin zweifelhaft, ob ein solcher Widerspruch rechtlich überhaupt von Relevanz wäre.[940]

---

on Human Rights reaffirms the solemn commitment of all States to fulfil their obligations to promote universal respect for, and observance and protection of, all human rights and fundamental freedoms for all in accordance with the Charter of the United Nations, other instruments relating to human rights, and international law. The universal nature of these rights and freedoms is beyond question."

936 S. dazu auch *Czarnecki/Lenski*, Fallrepetitorium Völkerrecht, Fall 8, S. 186 f.

937 Vgl. dazu auch *Bleckmann*, in: *Klein* (Hrsg.), Menschenrechtsschutz durch Gewohnheitsrecht, 44 ff.

938 Diese besondere Staatenpraxis weist zudem eine gewisse Konsistenz dadurch auf, dass es nach Verabschiedung des IPBPR zum Abschluss regionaler Menschenrechtsabkommen wie der Banjul-Charta oder der Amerikanischen Menschenrechtskonvention kam, in denen sich vom Grundsatz her die gleichen Gewährleistungen finden wie im IPBPR. Auf diesen Umstand stellen insbesondere *Meron*, Human rights, 93 f. sowie *Bleckmann*, in: *Klein* (Hrsg.), Menschenrechtsschutz durch Gewohnheitsrecht, 32 bei der Ermittlung gewohnheitsrechtlicher Menschenrechtsbestimmungen ab.

939 Vgl. hierzu auch *Moos*, in: *Bäumler/Daase/Schliemann u. a.* (Hrsg.), Akteure in Krieg und Frieden, 136.

940 Dazu sogleich Teil III Kap. 4 § 3 A II 5. d) aa).

Die Rechtsprechung des IGH im FESTLANDSOCKEL-Fall ist demnach so zu interpretieren, dass ein normbildender Charakter eines Vertrages zusammen mit einer quasi-universellen Beteiligung der Staaten prinzipiell für die Genese gleichlautenden Völkergewohnheitsrechts ausreicht. Dazu muss nach der hier vertretenen Auffassung allerdings eine entsprechende Verbalpraxis der Staaten hinzukommen. Im Hinblick auf den IPBPR sind diese Voraussetzungen erfüllt, sodass seine Bestimmungen mittlerweile zu Völkergewohnheitsrecht erstarkt sind.

c) Die Bestätigung durch die Rechtsprechung des IGH zu den allgemeinen Grundsätzen des Völkerrechts

Das hier ermittelte Ergebnis findet in der Rechtsprechung des IGH zu den allgemeinen Grundsätzen des Völkerrechts eine weitere Bestätigung. So hat der IGH insbesondere in seiner frühen Rechtsprechung bestimmten Normen den Status von universell geltendem Völkerrecht zuerkannt, ohne dass eine entsprechende völkervertragsrechtliche Bindung der Staaten oder eine tatsächliche Staatenpraxis existierte. Die *bloße Anerkennung* als fundamentale Prinzipien der Staatengemeinschaft reichte ihm hierfür aus. Den Anfang zu dieser Rechtsprechung markiert der KORFU-KANAL-Fall aus dem Jahre 1949. Hierin spricht der IGH zum ersten Mal von generellen und allgemein-angesehenen Prinzipien, die von jedem Staat zu beachten seien. Zu diesen Prinzipien zählte er auch grundlegende Regeln der Menschlichkeit:

> „*Such obligations are based [...] on certain general and well-recognized principles, namely: elementary considerations of humanity, even more exacting in peace than in war[...].*“[941]

In seinem Gutachten zur KONVENTION DER GENERALVERSAMMLUNG GEGEN VÖLKERMORD aus dem Jahre 1951 stellt der IGH dann fest, dass diese allgemeine, für alle Staaten verbindliche Prinzipien enthalte, unabhängig davon, ob sie der Konvention beigetreten sind oder nicht:

> „*[...] the principles underlying the Convention are principles which are recognized by civilized nations as binding on States, even without any conventional obligation.*“[942]

Diese Rechtsprechung hat der IGH in weiteren Fällen bestätigt. Von besonderer Bedeutung für die hier interessierende Problematik ist ein Statement des Gerichtshofs aus seinem 1996 verfassten KERNWAFFENGUTACHTEN.[943] In diesem Gutachten legt der IGH dar, warum der weit überwiegende Teil der Normen des humanitären Völkerrechts zu allgemeinen Grundsätzen des Völkerrechts erstarkt ist.[944] Hierzu

---

941 IGH, *Corfu Channel Case (Merits)*, Judgment, 09.04.1949, ICJ Reports 1949, 4, 22.

942 IGH, *Reservations to the Convention on Genocide*, Advisory Opinion, 28.05.1951, ICJ Reports 1951, 15, 19.

943 IGH, *Legality of the Threat or Use of Nuclear Weapons*, Advisory Opinion, 08.07.1996, ICJ Reports 1996, 226 ff.

944 S. dazu auch die Aussagen des Gerichtshofs im Nicaragua- sowie im Osttimorfall, IGH, *Military and Paramilitary Activities in und against Nicaragua (Nicaragua*

bezieht er sich zum einen explizit auf den Korfu-Kanal-Fall, betont aber darüber hinaus den Umstand, dass sowohl die Haager als auch die Genfer Konventionen mittlerweile *eine große Zahl an Ratifikationen*(!) aufweisen:

> *„It is undoubtedly because a great many rules of humanitarian law applicable in armed conflict are so fundamental to the respect of the human person and "elementary considerations of humanity" as the Court put it in its Judgment of 9 April 1949 in the Corfu Channel case, that* ***the Hague and Geneva Conventions have enjoyed a broad accession.***[945] *Further these fundamental rules are to be observed by all States whether or not they have ratified the conventions that contain them, because they constitute intransgressible* ***principles of international customary law***[946]*.“*[947]

Damit hat er genau den Ansatz verfolgt, der in dieser Arbeit vorgestellt und entwickelt worden ist. Die soeben skizzierte Rechtsprechung des IGH ist deshalb von besonderer Bedeutung, weil bei der Frage nach der universellen Geltung humanitärer Völkerrechtsnormen das gleiche Problem besteht wie bei der Frage der universellen (völkergewohnheitsrechtlichen) Geltung menschenrechtlicher Bestimmungen. Die völkervertragsrechtlichen Vorschriften des humanitären Völkerrechts, insbesondere die der Genfer Konventionen, haben mittlerweile quasi-universellen, aber eben noch nicht universellen Status erreicht. In gemeinsamen Äußerungen der Staaten, insbesondere in Resolutionen der Generalversammlung, wird zwar die rechtliche Verbindlichkeit humanitärer Vorschriften ständig betont, die tatsächliche Praxis der Staaten entspricht diesem Bekenntnis jedoch nicht. Im Gegenteil, in bewaffneten Konflikten stellt die systematische Verletzung humanitären Völkerrechts bedauerlicherweise den Regelfall dar. Wenn der IGH dessen Regeln dennoch als universelles Völkergewohnheitsrecht anerkennt, kann es auf die tatsächliche Praxis nicht entscheidend ankommen.

Auffallend ist, dass der IGH im Kernwaffen-Fall wie schon im Festlandsockel-Fall jeden Versuch unterlässt, das Vorliegen von Staatenpraxis und opinio iuris systematisch nachzuweisen. Stattdessen stellt er apodiktisch den zwingenden (!) gewohnheitsrechtlichen Charakter der infrage stehenden Normen fest. In den anderen oben erwähnten Fällen rekurriert er noch nicht einmal explizit auf das Völkergewohnheitsrecht, sondern spricht kryptisch von allgemeinen Prinzipien des Völkerrechts. Die Rechtsquelle dieser Prinzipien lässt er damit völlig offen.

Erstaunlicherweise wird das vom IGH gefundene Ergebnis hinsichtlich einer universellen Geltung humanitärer Vorschriften auch nicht von der Auffassung infrage gestellt, die einen restriktiven Ansatz in Bezug auf die Entstehung von

v. United States of America), Merits, Judgment, 27.06.1986, ICJ Reports 1986, 14, 113 f., Rn. 218, *East Timor (Portugal v. Australia)*, Judgment, 30.06.1995, ICJ Reports 1995, 90, 102, Rn. 29.

945 Hervorhebung durch den Autor.

946 Hervorhebung durch den Autor.

947 IGH, *Legality of the Threat or Use of Nuclear Weapons*, Advisory Opinion, 08.07.1995, ICJ Reports 1996, 226, 257, Rn. 79.

Völkergewohnheitsrecht verfolgt (obwohl die Ausgangssituation die gleiche ist wie bei der Entstehung gewohnheitsrechtlicher Menschenrechtsbestimmungen). Umstritten ist lediglich die dogmatische Einordnung dieses Ergebnisses. Eine Auffassung fasst die vom IGH so benannten allgemeinen Grundsätze des Völkerrechts als eine besondere Unterart des Völkergewohnheitsrechts auf. Trotz der Bezeichnung als Grundsätze handele es sich nicht um allgemeine Rechtsgrundsätze nach Art. 38 Abs. 1 lit. c. IGH-Statut. Grund hierfür sei, dass diese Regeln ihren Ursprung unmittelbar in den internationalen Beziehungen selbst hätten. Ihre Besonderheit liege darin, dass sie in der Völkergemeinschaft eine derartige Verfestigung erfahren hätten, dass ein gesonderter Nachweis ihrer Geltung durch eine tatsächliche Staatenpraxis nicht notwendig sei.[948]

Eine andere Auffassung lehnt die Qualifikation allgemeiner Grundsätze des Völkerrechts als Völkergewohnheitsrecht ab. Zu den prominenten Vertretern dieser Auffassung zählen u.a SIMMA und ALSTON.[949] Zur Begründung führen sie im Wesentlichen die Argumente an, mit denen die restriktive Ansicht die Entstehung gewohnheitsrechtlicher Menschenrechtsnormen aus Vertragsrecht und einer entsprechenden Verbalpraxis der Staaten ablehnt.[950] Insbesondere fürchten sie, dass das Gewohnheitsrecht seine dogmatischen Konturen verlieren und zu einem bloßen Instrument für die Durchsetzung rechtspolitischer Ziele verkommen könnte. Sie ordnen die vom IGH so titulierten allgemeinen Grundsätze des Völkerrechts deshalb den allgemeinen Rechtsgrundsätzen i. S. d. Art. 38 Abs. 1 lit c. IGH-Statut zu. Dafür streite bereits der Umstand, dass der IGH größtenteils nur von allgemeinen Prinzipien des Völkerrechts spreche und den Begriff des Gewohnheitsrechts in diesem Zusammenhang überhaupt nicht verwende.[951] Der Weg über Art. 38 Abs. 1 lit c. IGH-Statut erscheint ihnen auch als der dogmatische Richtige, weil für die Entstehung von allgemeinen Rechtsgrundsätzen eine gegenläufige Staatenpraxis unschädlich sei, solange eine umfassende Akzeptanz der Staatengemeinschaft objektiv bestehe.[952] SIMMA und ALSTON geben dabei zu, dass die h.M. unter den Begriff der allgemeinen Rechtsgrundsätze ausschließlich solche Regeln fasst, die ihren Ursprung im innerstaatlichen Recht der Staaten – im sog. *foro domestico* – haben.[953] Sie verweisen aber darauf, dass eine zunehmende Zahl von Autoren auch Regeln, die den internationalen Beziehungen entsprungen sind, als allgemeine Rechtsgrundsätze anerkennen.[954] Die ursprüngliche Beschränkung auf das *foro domestico* rührt nach

---

948 *Heintschel von Heinegg*, in: *Ipsen* (Hrsg.), Völkerrecht, § 16 Rn. 43. Vgl. dazu auch *Lillich*, GJICL 25 (1995–1996), 1, 16 f.

949 *Simma/Alston*, AYIL 12 (1992), 82 ff.

950 S. dazu oben Teil III Kap. 4 § 3 A II 4 a.

951 *Simma/Alston*, AYIL 12 (1992), 82, 102.

952 *Simma/Alston*, AYIL 12 (1992), 82, 102. Vgl. zu dem Themenkomplex auch *Mosler*, ZaöRV 36 (1976), 6, 44.

953 *Simma/Alston*, AYIL 12 (1992), 82, 102. Vgl. hierzu auch *Moos*, in: *Bäumler/Daase/ Schliemann u. a.* (Hrsg.), Akteure in Krieg und Frieden, 139.

954 *Simma/Alston*, AYIL 12 (1992), 82, 102.

Ansicht der Autoren in dem Bestreben der Völkerrechtswissenschaft, der Herleitung allgemeiner Rechtsgrundsätze auf Grundlage bloßer Behauptungen und Spekulationen von vornherein einen Riegel vorzuschieben und stattdessen einen objektiven Nachweis der Staatenakzeptanz zu verlangen.[955] Ein solcher Nachweis könne seine Wurzeln aber auch in den interstaatlichen Beziehungen haben.[956]

Aus der Darstellung des Meinungsstreits lässt sich – losgelöst davon, welcher der beiden Auffassungen zur systematischen Einordnung der allgemeinen Grundsätze des Völkerrechts man nun folgen will – zunächst einmal die Erkenntnis gewinnen, dass die Grenzen zwischen Völkergewohnheitsrecht und den allgemeinen Rechtsgrundsätzen immer mehr verschwimmen. Das gilt vor allem für den Bereich der Menschenrechte. Diese zutreffende Feststellung hat MERON bereits im Jahre 1989 getroffen.[957] Von entscheidender Bedeutung ist aber letztlich, dass nach der Rechtsprechung des IGH universelles Völkerrecht auch dann entstehen kann, wenn es an universell geltendem Völkerrechtsvertragsrecht oder einer entsprechenden tatsächlichen Übung der Staaten fehlt und sich die entsprechenden Bestimmungen auch nicht als allgemeine Rechtsgrundsätze aus den nationalen Rechtsordnungen herleiten lassen.[958] Die Kardinalfrage, die sich in diesem Zusammenhang stellt, besteht darin, wie sich solche allgemein anerkannten Prinzipien ermitteln lassen. Im KORFU-KANAL-Fall hat der IGH allein auf die allgemeine Anerkennung durch die Staaten abgestellt. Dies aber birgt die große Gefahr einer politischen Dezision in sich.[959] Neben den Äußerungen der Staaten ist deswegen die Elaboration weiterer Kriterien unerlässlich. Dabei muss es sich um solche Kriterien handeln, auf deren Grundlage legitimerweise auf die Rechtsverbindlichkeit der infrage stehenden Bestimmungen geschlossen werden darf. Diese Voraussetzung ist nur dann erfüllt, wenn der Charakter des Völkerrechts als Konsensordnung ausreichend Berücksichtigung findet. Beim Kriterium der quasi-universellen Staatenbeteiligung an einem Völkerrechtsvertrag ist diese Voraussetzung erfüllt. Aus dogmatischer Sicht sind hier wiederum zwei Dinge entscheidend: Zum Ersten, dass die rechtliche Existenz der jeweiligen Verhaltenspflichten durch ihre völkervertragliche Verfestigung außer Zweifel steht. Zum Zweiten, dass die entsprechenden Normen ohnehin bereits quasi-universell gelten. Wenn nun also nach der frühen Rechtsprechung des IGH bereits bloße Äußerungen der Staaten die Genese universellen Völkerrechts zu begründen vermögen, dann muss dies erst recht dann gelten, wenn diese Äußerungen in quasi-universell geltendem Völkervertragsrecht ihre Bestätigung gefunden haben. Geht man dagegen wie die restriktive Auffassung davon aus, dass zur Entstehung von Gewohnheitsrecht immer auch dann eine tatsächliche Staatenpraxis

955 *Simma/Alston*, AYIL 12 (1992), 82, 102.
956 *Simma/Alston*, AYIL 12 (1992), 82, 102, 104.
957 S. dazu *Meron*, Human rights, 89.
958 Vgl. dazu *Gaja*, in: *Wolfrum* (Hrsg.). MPEPIL, Online Edition, General principles of law, Rn. 17 ff.
959 S. dazu bereits Teil III Kap. 4 § 3 A II 5 a.

vonnöten ist, wenn gleichlautendes quasi-universelles Völkervertragsrecht existiert, fällt eine dogmatisch verlässliche Bestimmung der allgemeinen Grundsätze des Völkerrechts schwer. Ihre Entstehung gleicht dann mehr einem Paradoxon. Denn wie hat ein Satz des Gewohnheitsrechts eine derartige Anerkennung innerhalb der Staatengemeinschaft erfahren können, die den Nachweis einer entsprechenden Staatenpraxis nunmehr überflüssig macht, wenn eine tatsächliche Praxis – wie z. B. im Falle des humanitären Völkerrechts – zu keinem Zeitpunkt bestanden hat?

Ähnlichen Problemen begegnet man im Übrigen auch bei der Bestimmung von ius cogens-Normen.[960] Gerade hier zeigt sich, dass die restriktive Auffassung zur Entstehung von Völkergewohnheitsrecht ihren Ansatz nicht vollständig durchhalten kann. Bei der Bestimmung von ius cogens-Normen greift sie stattdessen selbst auf quasi-universell geltende Völkerrechtsverträge und entsprechende Verbaläußerungen der Staaten zurück. Exemplarisch lässt sich dies am Folterverbot zeigen. Der ius cogens-Charakter des Folterverbots ist heute unstreitig.[961] Er wird insbesondere damit begründet, dass das Folterverbot zu den *notstandfesten Rechten des IPBPR* zählt, also zu solchen Rechten, von denen die Staaten auch in Situationen öffentlichen Notstands nicht abweichen dürfen. Daneben erfolgt ein Hinweis auf die Antifolterkonvention der UN, der bislang 146 Staaten beigetreten sind. Tatsächlich aber gehört in über 100 Ländern die systematische Folter zur Tagesordnung.[962] Mangels eines universell geltenden, alle Staaten erfassenden Völkerrechtsvertrags kann der ius cogens-Charakter des Folterverbots primär nur aus universell geltendem Völkergewohnheitsrecht herrühren.[963] Angesichts der gegenläufigen tatsächlichen Praxis müssten die Vertreter der restriktiven Auffassung jedoch die Existenz eines gewohnheitsrechtlich anerkannten Folterverbots und damit auch seinen ius cogens-Charakter ablehnen. Selbst der Verweis auf die Antifolterkonvention, den IPBPR sowie das Folterverbot anerkennende Äußerungen der Staaten[964] wäre ihnen bei Anwendung ihrer eigenen Grundsätze („*actions speaks louder than words*") verwehrt. Diese Konsequenz wird jedoch an keiner Stelle gezogen. Karl spricht stattdessen davon, dass es fast obszön sei,

> *„wenn etwa im Falle des Folterverbots der Nachweis verlangt werde, dass dieses durch Staatenpraxis [...] völkerrechtlich abgesichert"*

960 S. dazu auch Teil III Kap. 4 § 4 A III 2 c.

961 *Stein/v. Buttlar*, Völkerrecht, Rn. 1000; *Herdegen*, Völkerrecht, § 16 Rn. 14; *Henke*, in: *Starck* (Hrsg.), Kann es heute noch „gerechte Kriege" geben?, 134; *Bruha/Steiger*, Folterverbot, 44.

962 Vgl. dazu die Pressemitteilung von Amnesty International Deutschland, herausgegeben am 23.05.2013, abrufbar unter http://www.amnesty.de/presse/2013/5/23/zivilgesellschaft-global-staerken (letzter Aufruf am 08.12.2013).

963 Legt man die h.M. zugrunde, wonach allgemeine Rechtsgrundsätze nur aus dem Vergleich innerstaatlicher Rechtsnormen gewonnen werden können.

964 Vgl. dazu *Bocek*, Die völkerrechtlichen Wirkungen, 123.

sein müsse.[965] In manchen Fällen müsse *„die Evidenz“*[966] der Geltung einer Norm ausreichen. Wenn die Vertreter der restriktiven Auffassung ihre eigenen Grundsätze jedoch nicht durchhalten, dann stellt das die Schlüssigkeit ihres Ansatzes an sich infrage.[967] Sie müssen sich dann den gleichen Vorwurf gefallen lassen, den sie der „progressiven Ansicht“ zur Entstehung gewohnheitsrechtlicher Menschenrechtsnormen fälschlicherweise machen, nämlich, dass ihr Ansatz eine gewisse Beliebigkeit aufweist und der Gefahr einer politischen Dezision Tür und Tor öffnet. Das Kriterium der Evidenz bildet ein anschauliches Beispiel hierfür. Evidenz bedeutet dem Grunde nach nichts anderes als „Dass muss so sein/das kann gar nicht anders sein“. Hierbei handelt es sich aber primär nicht um ein rechtsdogmatisches, sondern um ein rechtspolitisches, wertbehaftetes Argument. Mit der hier entwickelten Dogmatik zur Entstehung von Völkergewohnheitsrecht – dem Schluss von quasiuniversell geltendem Völkervertragsrecht und einer gleichlautenden Verbalpraxis der Staaten – lassen sich hingegen sowohl allgemeine Regeln des Völkerrechts als auch Menschenrechte mit ius cogens-Charakter auf systematische Weise bestimmen. Dies unterstreicht nochmals die Stringenz des gewählten Ansatzes und die Richtigkeit der These, der zufolge der IPBPR mittlerweile zu universellem Gewohnheitsrecht erstarkt ist.

d) Weitere Argumente in Hinblick auf eine gewohnheitsrechtliche Geltung des IPBPR

aa) Die Vorschriften der Artt. 1 Abs. 3, 55 lit. c UN-Charta

Das Ergebnis einer gewohnheitsrechtlichen Geltung der IPBPR-Bestimmungen findet neben der Rechtsprechung des IGH zu den allgemeinen Grundsätzen des Völkerrechts eine weitere argumentative Stütze in den Artt. 1 Abs. 3, 55 lit. c UN-Charta selbst. Die Bestimmungen des IPBPR lassen sich nämlich als Konkretisierung des in diesen Vorschriften noch allgemein formulierten Ziels der Förderung der Menschenrechte auffassen, die mit dem Erlass der AEMR ihre ersten, unverbindlichen[968] Anfang genommen hatte.[969] Bereits aus den Artt. 1 Abs. 3, 55 lit. c UN-Charta selbst wird man auf eine gewisse Einschränkung der Staatensouveränität in Menschenrechtsfragen schließen dürfen.[970] Denn mit der Statuierung der Förderung der Menschenrechte als einem Ziel der UN werden die Menschenrechte dem

965 *Karl*, in: *Klein* (Hrsg.), Menschenrechtsschutz durch Gewohnheitsrecht, 115 f.

966 *Karl*, in: *Klein* (Hrsg.), Menschenrechtsschutz durch Gewohnheitsrecht, 115.

967 In dieselbe Richtung gehend *Bleckmann*, in: *Klein* (Hrsg.), Menschenrechtsschutz durch Gewohnheitsrecht, 32.

968 H.M., s. dazu statt vieler *Hannum*, GJICL 25 (1995–1996), 287 ff., 317 f.; *Kälin/Künzli*, Universeller Menschenrechtsschutz, Rn. 33; *Nettesheim*, in: *Merten/Papier* (Hrsg.). HdbGR VI/2, § 173 Rn. 11 ff.

969 Vgl. dazu *Ipsen*, in: *Ipsen* (Hrsg.), Völkerrecht, § 48 Rn. 37; *Weisburd*, GJICL 25 (1995/96), 99, 112; *Hannum*, GJICL 25 (1995–1996), 287 ff., 318.

970 Vgl. dazu auch *Baderin/Ssenyonjo*, in: *dies.* (Hrsg.), International human rights law, 7.

ausschließlichen Bereich der inneren Angelegenheiten der Staaten entzogen.[971] Die entsprechende Kompetenz der UN in diesem Bereich trägt den Keim zur Entwicklung konkreter, die Staaten treffender Menschenrechtsverpflichtungen in sich. Mit ihrem Beitritt zur Charta haben die Staaten ihr prinzipielles Einverständnis zur Genese entsprechend konkreter Menschenrechtsverpflichtungen bekundet.[972] Die von GIEGERICH entwickelte These, wonach die Mitgliedstaaten über den Grundsatz von Treu und Glauben nach Art. 2 Abs. 2 UN-Charta dazu verpflichtet sind, die als universelle Mindeststandards im Rahmen der UN erarbeiten Menschenrechtskonventionen auch vollständig zu ratifizieren sowie sich den dort vorgesehenen Kontrollverfahren zu unterwerfen, fügt sich nahtlos in diese Überlegung ein.[973] Einen solch impliziten *pactum de contrahendo* kann man im Übrigen auch direkt aus Art. 56 UN-Charta herauslesen, der die Pflicht aller Mitgliedstaaten statuiert, *gemeinsam und jeder für sich mit der Organisation zusammenzuarbeiten, um die in Artikel 55 UN-Charta dargelegten Ziele zu erreichen.*

Es ist anzunehmen, dass diese chartagenuine Beitrittspflicht in eine unmittelbare Bindung an die jeweiligen Konventionsbestimmungen umschlägt, wenn dem Grunde nach alle übrigen Mitgliedstaaten der entsprechenden Konvention beigetreten sind. Die Zulässigkeit eines solchen Schlusses hat Richter ALVAREZ bereits 1951 in seinem Sondervotum zur KONVENTION DER GENERALVERSAMMLUNG GEGEN VÖLKERMORD bejaht. Ausschlaggebend ist der Umstand, dass ein einzelnes Mitglied innerhalb einer internationalen Organisation nicht völlig frei in seinem Handeln ist. Seine Handlungsmöglichkeiten werden in bestimmten Umfang durch das Verhalten der übrigen Mitglieder eingeschränkt. Diesem Verhalten kann sich das einzelne Mitglied prinzipiell nicht mehr entziehen, wenn es quasi die gesamten Mitglieder der Organisation repräsentiert und in Realisierung eines der Hauptziele der Organisation erfolgt. Richter ALVAREZ hat dies prägend in folgenden Sätzen dargelegt:

> *„Secondly, these conventions signed by a great majority of States ought to be binding upon the others, even though they have not expressly accepted them: such conventions establish a kind of binding custom, or rather principles which must be observed by all States by reason of their interdependence and of the existence of an international organization.“*

Dogmatisch lässt sich dieses Ergebnis damit begründen, dass die quasi-universelle Staatenbeteiligung am IPBPR nach Art. 31 Abs. 3 lit b. WVRK für die Auslegung der Artt. 1 Abs. 3, 55 lit. c UN-Charta relevante Staatenpraxis darstellt.[974]

Die Annahme einer unmittelbar von den Artt. 1 Abs. 3, 55 lit. c. UN-Charta ausgehenden Bindung der UN-Mitgliedstaaten an den IPBPR wird auch durch die

971 Vgl. dazu auch *Bleckmann*, in: *Klein* (Hrsg.), Menschenrechtsschutz durch Gewohnheitsrecht, 47 f.; *Hannum*, GJICL 25 (1995–1996), 287 ff., 323.

972 Vgl. dazu auch *Baderin/Ssenyonjo*, in: *dies.* (Hrsg.), International human rights law, 7, sowie *Herdegen*, Völkerrecht, 745.

973 *Giegerich*, ZaöRV 55 (1995), 713, 746 f.

974 Vgl. dazu *Starck*, UNO-Wirtschaftssanktionen, 155; *Oette*, Wirtschaftssanktionen, 238 sowie *Normand*, in: *Genugten/Groot* (Hrsg.), United Nations sanctions, 25.

Praxis der ehemaligen UN-Menschenrechtskommission sowie des an ihre Stelle getretenen UN-Menschenrechtsrates gestützt. Die Menschenrechtskommission war maßgeblich an der Ausarbeitung der beiden UN-Pakte beteiligt. Sie hat bei der Untersuchung möglicher Menschenrechtsverletzungen auch dann auf den IPBPR als Prüfungsmaßstab zurückgegriffen, wenn die betroffenen Staaten dem Pakt nicht beigetreten waren.[975] Ein solches Vorgehen lässt sich rechtlich nur damit erklären, dass die Kommission die Paktbestimmungen auch für Nichtvertragsstaaten als verbindlich angesehen hat.[976] Aus chartarechtlicher Sicht ist die Herleitung einer solchen Verbindlichkeit jedoch einzig über die Artt. 1 Abs. 3, 55 lit. c, 56 UN-Charta möglich. Der UN-Menschenrechtsrat zieht als Prüfungsmaßstab alle Menschenrechtsverträge heran, denen der jeweils betreffende Staat beigetreten ist.[977] Darüber hinaus greift er auch auf die AEMR zurück[978], die indes praktisch alle IPBPR-Rechte enthält. Folglich lässt sich aus den Artt. 1 Abs. 3, 55 lit. c UN-Charta ein weiteres Argument hinsichtlich der Erstarkung der Paktbestimmungen zu universellem Völkergewohnheitsrecht gewinnen.

bb) Die Eigenschaft der Menschenrechte als atypisches Völkerrecht

Ein solches Argument ergibt sich auch aus der Eigenschaft der Menschenrechte als sog. *atypisches/asymmetrisches Völkerrecht.* Bei der Auslegung von Gründungsverträgen internationaler Organisationen herrscht über die Inadäquanz eines allzu mechanischen Vorgehens mittlerweile Einigkeit.[979] Mit Karl ist vielmehr *„ein Auswählen und Abwägen anwendbarer Wertungsgesichtspunkte erforderlich, die dem Vertrag bzw. der Rechtsordnung selbst zu entnehmen sind.“*[980] Die gleiche Überlegung lässt sich auch in der Rechtsquellenlehre für die Herausbildung völkergewohnheitsrechtlicher Normen fruchtbar machen.[981] Dies gilt besonders für den Bereich der Menschenrechte. Der Begriff des atypischen/asymmetrischen Völkerrechts besagt in diesem Zusammenhang nichts anderes, als dass das Völkerrecht ansonsten prägende Konsensprinzip im Bereich der Menschenrechte nur bedingt zur Anwendung kommt. Der Schutz der staatlichen Souveränität unterliegt folglich immer dann, wenn es um Menschenrechtsfragen geht, per se einer gewissen Einschränkung. Diese Einschränkung hängt unmittelbar mit dem Geltungsgrund der Menschenrechte zusammen. Zu dessen besserem Verständnis bedarf es einer Auseinandersetzung mit den historischen und philosophischen Wurzeln der Menschenrechte. Eine umfassende Darstellung kann

---

975 Vgl. dazu *Kälin*, BDGV 33 (1994), 9, 17; *Bleckmann*, in: *Klein* (Hrsg.), Menschenrechtsschutz durch Gewohnheitsrecht, 42.

976 So auch *Bleckmann*, in: *Klein* (Hrsg.), Menschenrechtsschutz durch Gewohnheitsrecht, 42.

977 HRC-Res. 5/1 v. 18.06.2007, Annex I, A, 1 lit. c.

978 HRC-Res. 5/1 v. 18.06.2007, Annex I, A, 1 lit. b.

979 *Karl*, Vertrag und spätere Praxis, 26. S. dazu auch *Herbst*, Rechtskontrolle, 105.

980 *Karl*, Vertrag und spätere Praxis, 26.

981 Vgl. zu diesem Ansatz auch *Meron*, Human rights, 99 ff.

an dieser Stelle nicht geleistet werden, weil sie den Rahmen der vorliegenden Arbeit sprengen würde. Die folgenden Ausführungen beschränken sich deshalb darauf, die wesentlichen Entwicklungslinien grob nachzuzeichnen.

aaa) Ursprung und Entwicklung der Menschenrechtsidee

Die geistesgeschichtlichen Wurzeln der Menschenrechte liegen in Europa.[982] Sie beruhen zum einen auf der jüdisch-christlichen Vorstellung einer allen Menschen gemeinsamen Würde, zum anderen auf dem in der griechisch-römischen Antike entwickelten Gedanken, wonach allen Menschen aufgrund ihrer gemeinsamen Natur gleiche Rechte zu eigen sind.[983]

Dieses antike Gedankengut wurde, nachdem es jahrhundertelang in Vergessenheit geraten war, während der Renaissance und der Aufklärung zur Klärung der Machtverhältnisse zwischen Staat und Bürger wieder aufgegriffen und fortentwickelt. Demnach kann die staatliche Gewalt gegenüber dem Einzelnen nicht grenzenlos agieren, sondern findet ihre Grenzen in den dem Menschen von Natur aus eigenen Rechten (sog. *naturrechtliche Theorien*).[984] Zu den bedeutenden Vertretern dieser naturrechtlichen Theorien zählen u. a. der spanische Scholastiker Francisco Suarez, der Niederländer Hugo Grotius sowie der Engländer John Locke.[985] Letzterer sah die primäre Aufgabe des Staates darin, die naturgegebenen Rechte der Menschen zu sichern und zu erhalten. Diese Rechte sind dem Staat demzufolge vorgelagert. Eine Missachtung dieses Geltungsvorrangs raube jedem staatlichen Handeln seine Legitimität.

Seine erste rechtliche Positivierung erlangte das Gedankengut Lockes in der Bill of Rights des Staates Virginia aus dem Jahre 1776, die als Vorlage für die kurze Zeit später verabschiedete amerikanische Unabhängigkeitserklärung diente.[986] Art. 1 des Dokuments hat folgenden Wortlaut:

> *„Alle Menschen sind von Natur aus in gleicher Weise frei und unabhängig und besitzen bestimmte angeborene Rechte, welche sie ihrer Nachkommenschaft durch keinen Vertrag rauben oder entziehen können, wenn sie eine staatliche Verbindung eingehen, und zwar den Genuß des Lebens und der Freiheit, die Mittel zum Erwerb und Besitz von Eigentum und das Erstreben und Erlangen von Glück und Sicherheit.“*[987]

---

982 *Schilling*, Internationaler Menschenrechtsschutz, Rn. 1.

983 *Schilling*, Internationaler Menschenrechtsschutz, Rn. 1.

984 Instruktiv dazu *Schöbener/Knauff*, Allgemeine Staatslehre, § 5 Rn. 114 ff.

985 S. dazu *Schöbener*, in: *Sachs/Siekmann* (Hrsg.), Der grundrechtsgeprägte Verfassungsstaat, 908.

986 Vgl. dazu *Schilling*, Internationaler Menschenrechtsschutz, Rn. 2; *Pieroth/Schlink/Kingreen/Poscher*, Grundrechte, Rn. 20 f; *Schöbener/Knauff*, Allgemeine Staatslehre, § 5 Rn. 118 ff.

987 „That all men are by nature equally free and independent, and have certain inherent rights, of which, when they enter into a state of society, they cannot, by any compact, deprive or divest their posterity; namely, the enjoyment of life and

Die Bindung der staatlichen Gewalt an die Grundrechte war dabei umfassend und bezog auch die Legislative mit ein.[988]

Auch in der kurze Zeit darauf folgenden französischen Revolution kommt der naturrechtliche Gedanke der Menschenrechte deutlich zum Ausdruck. In der Déclaration des droits de l'homme der Französischen Revolution aus dem Jahre 1789 heißt es in Art. 1:

> „*Die Menschen werden frei und gleich an Rechten geboren und bleiben es [...].*"[989]

In Art. 2 findet sich folgende Aussage:

> „*Der Zweck jeder politischen Vereinigung ist die Erhaltung der natürlichen und unantastbaren Menschenrechte.*"[990]

In Art. 4 dann findet sich die grundsätzliche Aussage zum Verhältnis der Freiheit des Einzelnen und der Beschränkung dieser Freiheit durch die Gemeinschaft:

> „*Die Freiheit besteht darin, alles tun zu dürfen, was einem anderen nicht schadet: Die Ausübung der natürlichen Rechte eines jeden Menschen hat also nur die Grenzen, die den anderen Mitgliedern der Gesellschaft den Genuss eben dieser Rechte sichern. Diese Grenzen können nur durch das Gesetz bestimmt werden.*"[991]

Dieser soeben skizzierte Vorstaatlichkeitsgedanke der Menschenrechte hat im Laufe der Jahrhunderte seinen Weg in die Verfassungen demokratischer Staaten westlicher Prägung gefunden, ebenso wie in die von ihnen begründeten regionalen Menschenrechtspakte, wie z.B. der EMRK.[992] Er gilt heute als ein konstitutives Element des modernen – westlichen – Verfassungsstaates.[993]

---

liberty, with the means of acquiring and possessing property, and pursuing and obtaining happiness and safety."

988 Die Bindung des Parlaments an die amerikanische Verfassung wurde durch ein dem Supreme Court eingeräumtes Prüfungsrecht der Verfassungsmäßigkeit von Legislativakten verfahrensrechtlich abgesichert. Von diesem Recht machte das Gericht zum ersten Mal in seiner berühmten „*Marbury vs. Madison*"-Entscheidung aus dem Jahre 1803 Gebrauch. Vgl. hierzu *Brugger*, JuS 2003, 320 ff.

989 „Les hommes naissent et demeurent libres et égaux en droits."

990 „Le but de toute association politique est la conservation des droits naturels et imprescriptibles de l'homme."

991 „La liberté consiste à pouvoir faire tout ce qui ne nuit pas à autrui: ainsi l'exercice des droits naturels de chaque homme n'a de bornes que celles qui assurent aux autres Membres de la Société, la jouissance de ces mêmes droits. Ces bornes ne peuvent être déterminées que par la Loi."

992 Dort vor allem in der Präambel.

993 *Schöbener/Knauff*, Allgemeine Staatslehre, § 5 Rn. 110; *Häberle*, in: *Badura/Merten/Papier* (Hrsg.), Entwicklung und Grundlagen, § 7 Rn. 31.

bbb) Die Rezeption des Vorstaatlichkeitsgedankens im Völkerrecht

Fraglich ist, ob der Universalitätsgedanke der Menschenrechte auch dem Völkerrecht zugrunde gelegt werden kann. Diese Frage wird zuweilen unter dem Stichpunkt Menschenrechte als sog. „*objektive Wertordnung*" diskutiert.[994] Hiergegen wird häufig auf die westliche Herkunft der Menschenrechtsidee verwiesen. So bestechend diese Argumentation auf den ersten Blick auch erscheinen mag, so schließt dies doch den universalen Charakter einer Rechtsidee nicht a priori aus.[995]

Aufschlussreich in dieser Hinsicht ist ein Statement des ehemaligen UN-Generalsekretärs ANNAN:

> „*It was never the people who complained of the universality of human rights, nor did the people consider human rights as a Western or Northern imposition. It was often their leaders who did so.*"[996]

Entscheidend ist vielmehr, ob der Universalitätsgedanke der Menschenrechte eine völkerrechtliche Ausprägung erfahren hat, wobei die spezifische Eigenheit des Völkerrechts – seine ausgesprochen positivistische Prägung – in ausreichendem Maße zu berücksichtigen ist. Grundsätzlich müssen sich demnach alle völkerrechtlichen Rechtssätze auf einen Konsens zwischen den hiervon betroffenen Staaten zurückführen lassen. In diesem ehernen Grundsatz manifestieren sich die immer noch bestehenden massiven politischen, wirtschaftlichen und kulturellen Unterschiede zwischen den einzelnen Staaten. Naturrechtliche Erwägungen können demgemäß nur dort eine Rolle spielen, wo ihnen das positive Recht entsprechende Einfallstore bietet.[997] Ob und inwieweit dies der Fall ist, bedarf einer Exegese der Texte, denen im Recht der internationalen Menschenrechte herausragende Bedeutung zukommt. Zu diesen Texten zählen die UN-Charta, die AEMR sowie die beiden von der UN initiierten Menschenrechtspakte.

Sucht man zunächst in der UN-Charta nach entsprechenden naturrechtlichen Öffnungsklauseln, findet man sie in ihrer Präambel, in der vom „Glauben an die

---

994 S. dazu statt vieler *Seiler*, Der souveräne Verfassungsstaat, 172 f.; *Moos*, in: *Bäumler/Daase/Schliemann u. a.* (Hrsg.), Akteure in Krieg und Frieden, 124 ff.; *Kälin*, BDGV 33 (1994), 9, 9 ff. Vgl. dazu *Herdegen*, Völkerrecht, § 5 Rn. 1 ff.

995 So auch *Schilling*, Internationaler Menschenrechtsschutz, Rn. 31; *Emmerich-Fritsche*, MRM 13 (2008), 28, 29 ff.

996 Nachweis bei *Alvarez*, HRQ 22 (2000), 478, 498.

997 Sie dienen dann nicht als unmittelbar geltender Handlungs- und Kontrollmaßstab i. S. v. Legalitätsnormen, können aber als Legitimitätsnormen bei der Frage der Entstehung, Auslegung und Anwendung von Legalitätsnormen (d. h. Normen des positiven Rechts) herangezogen werden, um die notwendige ethische und rationale Rechtfertigung zu vermitteln. So pointiert *Schöbener*, in: *Sachs/Siekmann* (Hrsg.), Der grundrechtsgeprägte Verfassungsstaat, 906 f.

Grundrechte des Menschen, an Würde und Wert der menschlichen Persönlichkeit“ die Rede ist.[998]

Noch offener tritt der Rekurs auf naturrechtliche Vorstellungen in der AEMR zutage. Dort findet sich in der Präambel folgende Textpassage:

> *„Da die Anerkennung der* ***angeborenen Würde*** *und der* ***gleichen und unveräußerlichen Rechte***[999] *aller Mitglieder der Gemeinschaft der Menschen die Grundlage von Freiheit, Gerechtigkeit und Frieden in der Welt bildet [...]“*

sowie die Proklamation der Erklärung durch die Generalversammlung

> *„als das* ***von allen Völkern und Nationen zu erreichende gemeinsame Ideal***[1000]*, damit jeder einzelne und alle Organe der Gesellschaft sich diese Erklärung stets gegenwärtig halten und sich bemühen, durch Unterricht und Erziehung die Achtung vor diesen Rechten und Freiheiten zu fördern und* ***durch fortschreitende nationale und internationale Maßnahmen ihre allgemeine und tatsächliche Anerkennung und Einhaltung***[1001] *durch die Bevölkerung der Mitgliedstaaten selbst wie auch durch die Bevölkerung der ihrer Hoheitsgewalt unterstehenden Gebiete zu gewährleisten.“*[1002]

Bei der AEMR handelt es sich zwar – weil sie in Form einer rechtlich unverbindlichen Resolution der Generalversammlung erlassen worden ist – formal um ein rechtlich nicht verbindliches Dokument. Allerdings geht die überwiegende Meinung mittlerweile davon aus, dass die Erklärung zumindest in Teilen zu universellem Gewohnheitsrecht erstarkt ist.[1003]

Selbst Zweifel an der Rechtsverbindlichkeit der AEMR – wie auch der Präambel der UN-Charta – sind für die Annahme der völkerrechtlichen Geltung des Vorstaatlichkeitsgedankens unschädlich, weil sich entsprechende naturrechtliche Bezüge auch in den beiden von der UN initiierten Menschenrechtspakten finden, deren quasi-universeller Charakter heutzutage außer Frage steht. In der Präambel des IPBPR heißt es hierzu konkret:

> *[...] in der Erwägung, dass nach* ***den in der Charta der Vereinten Nationen verkündeten Grundsätzen*** *die Anerkennung der allen Mitgliedern der menschlichen Gesellschaft* ***innewohnenden Würde*** *und der Gleichheit und* ***Unveräusserlichkeit ihrer Rechte*** *die Grundlage von Freiheit, Gerechtigkeit und Frieden in der Welt bildet, [...]*

---

998 „We the peoples of the United Nations determined[...]to reaffirm faith in fundamental human rights, in the dignity and worth of the human person, in the equal rights of men and women and of nations large and small[...].

999 Hervorhebung durch den Autor.

1000 Hervorhebung durch den Autor.

1001 Hervorhebung durch den Autor.

1002 Ebenfalls auf diese sowie weitere Textpassagen der AEMR rekurrierend *Fassbender*, IOLR 3 (2006), 437, 470.

1003 Zur gewohnheitsrechtlichen Geltung der AEMR sogleich ausführlich in Teil III Kap. 4 § 3 C.

in der Erkenntnis, dass sich diese Rechte aus der ***dem Menschen innewohnenden Würde*** *herleiten [...]*

Als weiteres Indiz für die Verankerung des Vorstaatlichkeitsgedankens im IPBPR ist der bereits apostrophierte Umstand anzusehen, dass der Pakt keine Kündigungsmöglichkeit vorsieht und folglich nach der Intention seiner Autoren *ad infinitum* gelten soll.[1004] Auch der UN-Menschenrechtsausschuss (MRA) – das Organ, das primär für die Auslegung der Paktbestimmungen zuständig ist – geht eindeutig von der Verankerung des Vorstaatlichkeitsgedankens im IPBPR aus. Er hat festgestellt, dass auch die die Menschenrechte beschränkenden Gesetze ihrerseits mit den Menschenrechten vereinbar sein müssen.[1005] Die Bindung der gesamten Staatsgewalt an die Menschenrechte ist aber konstitutives Merkmal ihrer Vorstaatlichkeit. In allen aus menschenrechtlicher Sicht bedeutsamen Völkerrechtsdokumenten lässt sich damit der Vorstaatlichkeitsgedanke der Menschenrechte nachweisen.[1006] Er gilt somit auch im Völkerrecht und hat in jede rechtliche Bewertung mit einzufließen.[1007]

ccc) Konsequenzen für die Entstehungsvoraussetzungen gewohnheitsrechtlicher Menschenrechtsnormen

Zu klären bleibt, welche Folgen dies konkret für die Entstehungsvoraussetzungen gewohnheitsrechtlicher Menschenrechtsnormen nach sich zieht. Letztlich leiten sich alle Menschenrechte aus der unveräußerlichen Würde des Menschen ab. Diese Würde ist jedem Menschen inhärent, deshalb verlangt sie universellen Schutz. Dieser universelle Schutzanspruch lässt die Menschenrechte zu einem Interesse der Staatengemeinschaft erwachsen. Konsequenterweise ist der sich aus der Staatensouveränität ergebende Grundsatz, wonach völkerrechtliche Bestimmungen nur denjenigen binden, der dieser Bindung (im weiteren Sinne) zugestimmt hat, im Bereich der Menschenrechte von vornherein eingeschränkt. Auch das das Völkerrecht ansonsten prägende „*do ut des*“-Prinzip gilt in diesem Bereich nur bedingt.[1008] Am Beispiel von Menschenrechtsverträgen lässt sich dies anschaulich beobachten. Menschenrechtsverträge werden zwar zwischen den Staaten abgeschlossen, Rechtsträger ist aber das

---

1004 S. dazu bereits Teil III Kap. 4 § 3 A II 5 b.

1005 Zur Bindung der Legislative an den IPBPR s. die Entscheidung des MRA in der Sache *Gauthier vs. Canada*, Communication Nr. 633/1995, Beschluss vom 05.05.1999, § 13.5.

1006 Vgl. dazu auch *Stavrinides*, IJHR 3 (1999), 38, 48.

1007 Vgl. dazu auch *Ress*, ZaöRV 64 (2004), 621, 622, mit Verweis auf eine ähnliche Einschätzung des Institut de Droit International in Fn. 8; *Fassbender*, IOLR 3 (2006), 437, 471 f.; *Tomuschat*, Human rights, 95 f.; *Moos*, in: *Bäumler/Daase/Schliemann u. a.* (Hrsg.), Akteure in Krieg und Frieden, 125 ff.;*Seiler*, Der souveräne Verfassungsstaat, 172 f.

1008 Vgl. dazu *Giegerich*, ZaöRV 55 (1995), 713, 753 ff.; *Moos*, in: *Bäumler/Daase/Schliemann u. a.* (Hrsg.), Akteure in Krieg und Frieden, 125; *Schöbener*, in: *Sachs/Siekmann* (Hrsg.), Der grundrechtsgeprägte Verfassungsstaat, 919 f.

Individuum. Deshalb kann ein Vertragsstaat die Nichtbefolgung seiner sich aus dem Pakt ergebenden Pflichten auch nicht mit dem Fehlverhalten eines anderen Staates rechtfertigen. Für die Genese gewohnheitsrechtlicher Menschenrechtsnormen folgt aus dem Universalitätsgedanken der Menschenrechte, dass die Ansprüche an ihre Entstehung eher niedrig anzusetzen sind, weil die staatliche Souveränität in diesem Bereich nicht den gleichen Schutz genießt wie sonst im Völkerrecht. In jedem Falle reicht es wie hier vorgeschlagen aus, wenn die überwiegende Mehrzahl der Staaten sich völkervertragsrechtlich zur Achtung bestimmter Menschenrechte verpflichtet hat und die Staatengemeinschaft insgesamt den Geltungsanspruch dieser Rechte durch eine entsprechende Verbalpraxis weiter bestätigt. Für die Bestimmungen des IPBPR sind diese Bestimmungen wie gesehen erfüllt.

6. Ergebnis

Die Bestimmungen des IPBPR sind zu universellem Völkergewohnheitsrecht erstarkt. An diese Bestimmungen ist der Sicherheitsrat über Art. 1 Abs. 3 UN-Charta grundsätzlich gebunden.

B. Die Bindung des Sicherheitsrates an Art. 6 IPWSKR

Im Kontext des 1267er-Sanktionsregimes ist hinsichtlich des IPWSKR lediglich zu klären, ob eine Bindung des Sicherheitsrates an dessen Art. 6 Abs. 1 (Recht auf Arbeit) besteht.[1009] Nach dieser Vorschrift erkennen die Vertragsstaaten

> *„das Recht auf Arbeit an, welches das Recht jedes Einzelnen auf die Möglichkeit, seinen Lebensunterhalt durch frei gewählte oder angenommene Arbeit zu verdienen, umfasst, und unternehmen geeignete Schritte zum Schutz dieses Rechts.“*[1010]

Für eine Bindung des Sicherheitsrates müsste die Regelung nach dem hier vorgestellten Lösungsansatz zu universellem Völkergewohnheitsrecht bzw. zu einem allgemeinen Grundsatz des Völkerrechts erstarkt sein. Hierfür spricht zunächst der Umstand, dass auch der IPWSKR mit gegenwärtig 160 Mitgliedstaaten mittlerweile (quasi-)universelle Geltung erreicht hat. Von zentraler Bedeutung ist, ob es sich bei Art. 6 Abs. 1 IPWSKR um ein Menschenrecht mit konkret fassbarem Inhalt oder lediglich um Programmsatz handelt. Diese Frage ist umstritten.[1011]

Schneider zufolge wird im Völkerrecht ein universelles Recht auf Arbeit im Sinne einer Freiheit der Berufsausübung nicht anerkannt.[1012] Allenfalls dem Recht

---

1009 S. Teil III Kap. 4 § 3.

1010 *„The States Parties to the present Covenant recognize the right to work, which includes the right of everyone to the opportunity to gain his living by work which he freely chooses or accepts, and will take appropriate steps to safeguard this right.“*

1011 Einen guten Überblick über den Streit verschafft *Macke*, UN-Sicherheitsrat und Strafrecht, 273 f.

1012 *Schneider*, Wirtschaftssanktionen, 100.

auf freie Berufswahl könne völkerrechtliche Verbindlichkeit zukommen.[1013] Eine Begründung seiner These bleibt SCHNEIDER freilich schuldig. Auch DAHME sieht in Art. 6 Abs. 2 IPWSKR lediglich eine Norm mit Programmcharakter. Diesen Programmcharakter leitet sie aus einer systematischen Betrachtung mit Art. 6 Abs. 2 IPWSKR her. Nach der Formulierung des Art. 6 Abs. 2 IPWSKR umfassen

> *„die von einem Vertragsstaat zur vollen Verwirklichung [des Rechts auf Arbeit] zu unternehmenden Schritte fachliche und berufliche Beratung und Ausbildungsprogramme sowie die Festlegung von Grundsätzen und Verfahren zur Erzielung einer stetigen wirtschaftlichen, sozialen und kulturellen Entwicklung und einer produktiven Vollbeschäftigung unter Bedingungen, welche die politischen und wirtschaftlichen Grundfreiheiten des Einzelnen schützen."*

Aufgrund der Formulierungen in Art. 6 Abs. 2 IPWSKR stelle sich das Recht auf Arbeit in Art. 6 Abs. 1 IPWSKR als reiner Programmsatz dar.[1014] Es könne allenfalls vor Massenarbeitslosigkeit schützen.[1015] In keinem Falle ließe sich aus der Norm ein Recht auf freie Berufswahl oder freie Berufsausübung ableiten.[1016]

DAHMES Argumentation vermag ebenfalls nicht zu überzeugen. Ihr steht bereits der Wortlaut der Norm entgegen. Zunächst ist in Art. 6 Abs. 1 IPWSKR ausdrücklich die Rede davon, dass die Vertragsstaaten das Recht auf Arbeit *anerkennen*. Das Anerkenntnis impliziert jedoch die Existenz des Rechts. Die Vorschrift lässt sich darüber hinaus konkret zu dessen Inhalt aus, indem sie dem Einzelnen das Recht zuspricht, seinen Lebensunterhalt durch *frei gewählte* oder angenommene *Arbeit* zu verdienen. Der Wortlaut der Norm umfasst somit in jedem Fall die Freiheit der Berufswahl. Diese Freiheit bleibt für den Einzelnen jedoch wertlos, wenn ihm nicht gleichzeitig das Recht zur Ausübung des von ihm gewählten Berufs zuerkannt wird.

Der Umstand, dass in manchen Ländern die politischen, wirtschaftlichen, kulturellen und sozialen Voraussetzungen für eine umfassende Verwirklichung der Berufsfreiheit fehlen – was unmittelbar aus Art. 6 Abs. 2 IPWSKR geschlossen werden kann –, steht der hier verstandenen Auslegung des Art. 6 Abs. 1 IPWSKR nicht entgegen. Es leuchtet nicht ein, warum die Berufsfreiheit in den Ländern, in denen besagte Voraussetzungen gegeben sind, nicht zu schützen wäre. Eine solche Auslegung stünde in offenem Widerspruch zum Grundsatz des *effet utile*.

Art. 6 Abs. 1 IPWSKR umfasst demnach sowohl das Recht der freien Berufsauswahl wie auch der ungestörten Berufsausübung.[1017] Dies entspricht auch der

---

1013 *Schneider*, Wirtschaftssanktionen, 100.

1014 *Dahme*, Terrorismusbekämpfung, 243. So bereits *Ipsen*, in: *ders.* (Hrsg.), Völkerrecht, § 48 Rn. 45.

1015 *Dahme*, Terrorismusbekämpfung, 243.

1016 *Dahme*, Terrorismusbekämpfung, 243.

1017 Genauso *Sarkin/Koenig*, HRQ 33 (2011), 1, 13, und wohl auch *Oette*, Wirtschaftssanktionen, 337 und *Macke*, UN-Sicherheitsrat und Strafrecht, 274.

Auffassung des Ausschusses für wirtschaftliche, soziale und kulturelle Rechte, der in Rn. 4 des General Comment 18[1018] folgende Feststellung getroffen hat:

> *„The right to work, as guaranteed in the ICESCR, affirms the obligation of States parties to* ***assure individuals their right to freely chosen or accepted work, including the right not to be deprived of work unfairly.***[1019] *This definition underlines the fact that respect for the individual and his dignity is expressed through the freedom of the individual regarding the choice to work, while emphasizing the importance of work for personal development as well as for social and economic inclusion."*

Dieser Einschätzung des Ausschusses ist bei der Auslegung der Norm besondere Bedeutung beizumessen, weil es sich hierbei um das Vertragsorgan handelt, das über die Einhaltung des Paktes zu wachen hat.[1020] Sie erfährt eine weitere Bestätigung in verschiedenen regionalen Menschenrechtsabkommen. So ist auch in Art. 6 Abs. 1 des 1. ZP der AMRK das Recht auf Arbeit in dem hier verstandenen Sinne explizit anerkannt. Dort heißt es:

> *„Everyone has the right to work, which includes the opportunity to secure the means for living a dignified and decent existence by* ***performing a freely elected or accepted lawful activity.***"[1021]

In der EMRK fehlt es zwar an einer ausdrücklichen Verbürgung der Berufsfreiheit. Der EGMR ist jedoch seit Langem bemüht, deren konventionsrechtlichen Schutz auf anderem Wege herzustellen. So hat der Gerichtshof aus Art. 8 Abs. 1 EMRK ein Recht auf berufliche Tätigkeit hergeleitet.[1022] Zur Begründung führte er an, dass das Recht auf Achtung des Privatlebens in gewissem Umfang auch das Recht umfasse, Beziehungen zu anderen Personen zu entwickeln und aufrechtzuerhalten.[1023] Für die Mehrheit der Menschen ergäben sich die meisten Gelegenheiten hierzu im Berufsleben.[1024] Darüber hinaus ist zu berücksichtigen, dass das Recht auf freie Berufswahl und ungestörte Berufsausübung ausdrücklich in Art. 15 Abs. 1 der Charta der Grundrechte der EU gewährleistet wird. Auch in Art. 34 der Arabischen Menschenrechtscharta, in

---

1018 Committee on Economic, Social and Cultural Rights, General Comment 18, Article 6: the equal right of men and women to the enjoyment of all economic, social and cultural rights (Thirty-fifth session, 2006), UN-Doc. E/C.12/GC/18 (2006) v. 24.11.2005.

1019 Hervorhebung durch den Autor.

1020 Nach Art. 16 Abs. 1 IPWSKR fällt die Überwachung der Einhaltung der Paktbestimmungen in den Aufgabenbereich des Wirtschafts- und Sozialrates der UNO (ECOSOC). Dieser übertrug das Berichtsprüfungsverfahren im Jahre 1987 an den neu gegründeten Ausschuss für wirtschaftliche, soziale und kulturelle Rechte.

1021 Hervorhebung durch den Autor.

1022 EGMR, *Niemietz*, Appl. No. 13710/88, Urteil v. 16.12.1992, Ser. A no. 251-B, Rn. 29.

1023 EGMR, *Niemietz*, Appl. No. 13710/88, Urteil v. 16.12.1992, Ser. A no. 251-B, Rn. 29.

1024 EGMR, *Niemietz*, Appl. No. 13710/88, Urteil v. 16.12.1992, Ser. A no. 251-B, Rn. 29.

Art. 15 der Banjul-Charta wie auch in der ASEAN-Deklaration der Menschenrechte aus dem Jahre 2012 findet das Recht auf Arbeit Anerkennung.

Mithin besitzt Art. 6 Abs. 1 IPWSKR einen konkreten, individualschützenden Inhalt dahin gehend, dass er die Freiheit der Berufswahl und Berufsausübung schützt. Aufgrund seiner quasi-universellen Anerkennung ist auch er mittlerweile den Normen des Völkergewohnheitsrechts zuzurechnen, an die der Sicherheitsrat über Art. 1 Abs. 3 UN-Charta gebunden ist.

C. Die Bindung des Sicherheitsrates an die AEMR

I. Problemaufriss

Manche Stimmen sehen die UN und ihrer Organe – größtenteils ohne weitere Begründung – über die Artt. 1 Abs. 3, 55 lit c. UN-Charta nicht nur an den IPBPR und den IPWSKR, sondern auch an die AEMR als gebunden an.[1025] Der AEMR eine solche Konkretisierungswirkung in Hinblick auf die Artt. 1 Abs. 3, 55 lit. c UN-Charta zuzusprechen, ist jedoch insofern problematisch, als sie selbst in Form einer *unverbindlichen* Resolution der Generalversammlung erlassen worden ist. Dieses Problem bedarf indes keiner weiteren Beachtung, wenn die Erklärung zwischenzeitlich universelle Geltung erlangt haben sollte. Eine universelle Geltung aufgrund von Völkervertragsrecht scheidet aus. Die Bestimmungen der AEMR müssten demnach entweder zu universellem Völkergewohnheitsrecht oder zu allgemein anerkannten Rechtsgrundsätzen erstarkt sein.[1026] Das hierzu bestehende Meinungsspektrum ist äußerst ambivalent. Es reicht von der Annahme einer völkerrechtlichen Geltung der Erklärung als Ganzes bis hin zur völligen Negierung ihrer rechtlichen Relevanz.[1027] Beide Ansätze vermögen nicht zu überzeugen. Der Ansicht, die von einer universellen Verbindlichkeit der gesamten Erklärung ausgeht, ist entgegenzuhalten, dass die AEMR auch Bestimmungen enthält, die mangels konkretem Inhalt keine vollzugsfähigen Rechte, sondern bloße Programmsätze darstellen. Hierzu zählen beispielsweise das Recht auf angemessenen Lebensstandard (Art. 25), auf Bildung (Art. 26) oder auf Teilnahme am kulturellen Geschehen (Art. 27).[1028] Die extreme Gegenauffassung wiederum ist angesichts der Entwicklung, die die Menschenrechte in den letzten

1025 Vgl. z.B. *Oette*, Wirtschaftssanktionen, demzufolge die von Art. 1 Abs. 3 UN-Charta ausgehende Menschenrechtsverpflichtung durch die sog. *„Bill of Rights"* konkretisiert wird. Hierzu zählen neben den beiden UN-Menschenrechtspakten auch die AEMR. So auch *Tomuschat*, EuGRZ 2007, 1, 6, sowie *Bongiorno*, CHRLR 33, 623, 635, *de Wet/Nollkaemper*, GYIL 45 (2002), 166, 173 und *Thallinger*, ZaöRV 67 (2007), 1015, 1024.

1026 Zu den anderen Begründungsansätzen instruktiv *Nettesheim*, in: *Merten/Papier* (Hrsg.). HdbGR VI/2, Rn. 43 ff.

1027 S. hierzu *Nettesheim*, in: *Merten/Papier* (Hrsg.). HdbGR VI/2, § 173, Rn. 38 ff.; *Kau*, in: *Graf Vitzthum/Proelß* (Hrsg.), Völkerrecht, 3. Abschnitt, Rn. 223, m. w. N.

1028 Zum Programmcharakter des Rechts auf Bildung s.a. *Doehring*, in: *Klein* (Hrsg.), Menschenrechtsschutz durch Gewohnheitsrecht, 79 f.

Jahrzehnten auch auf universeller Ebene erfahren haben – zu denken ist hier in erster Linie wiederum an den Abschluss der beiden UN-Menschenrechtspakte –, nicht mehr aufrechtzuerhalten.[1029] Dies gilt umsomehr, als dass sich diese Entwicklung, wie sogleich näher auszuführen sein wird, in weiten Teilen als „*Erfüllung des in der AEMR gegebenen Versprechens*"[1030] präsentiert.[1031]

II. Die Beschränkung der Prüfung auf eine Bindung des Rates an IPBPR-fremde Rechte

Das zutreffende Ergebnis ist folglich zwischen diesen beiden Extrempositionen zu verorten. Zuzustimmen ist dabei der Ansicht, nach der für jedes in der AEMR enthaltende Recht gesondert der Nachweis seiner völkerrechtlichen Verbindlichkeit erbracht werden muss.[1032] Für eine Vielzahl der Freiheitsrechte der AEMR lässt sich dieser Nachweis führen. Nach der hier vertretenen Auffassung haben zumindest die Rechte, die in den IPBPR übernommen worden sind, den Status von Völkergewohnheitsrecht erlangt.[1033] Schwieriger gestaltet sich ein entsprechender Nachweis für die nicht in den Pakt übernommenen Rechte. Die folgenden Ausführungen können nicht zum Ziel haben, die völkerrechtliche Geltung jedes dieser Rechte im Einzelnen zu eruieren. Sie beschränken sich vielmehr mit der Eigentumsfreiheit nach Art. 17 AEMR auf das Recht, das im Zusammenhang mit dem Erlass von Individualsanktionen von besonderer Bedeutung ist.

III. Insbesondere die Bindung des Sicherheitsrates an die Eigentumsfreiheit nach Art. 17 AEMR

Art. 17 AEMR hat folgenden Wortlaut:

(1) *„Jeder hat das Recht, sowohl allein als auch in Gemeinschaft mit anderen Eigentum innezuhaben."*

(2) *„Niemand darf willkürlich seines Eigentums beraubt werden."*[1034]

Voraussetzung für eine universelle Geltung der Bestimmung ist zunächst die Existenz einer völkerrechtlich anerkannten Definition des Eigentums.

1029 Ausführlich zu dieser Entwicklung bereits Teil III Kap. 4 § 2 C.

1030 So prägnant *Schöbener*, in: *Sachs/Siekmann* (Hrsg.), Der grundrechtsgeprägte Verfassungsstaat, 912 f.

1031 Vgl. dazu *Stern*, in: *Merten/Papier* (Hrsg.). HdbGR VI/2, VI/2, 258, § 62.

1032 *Nettesheim*, in: *Merten/Papier* (Hrsg.). HdbGR VI/2, § 173 Rn. 53. Vgl. dazu *Schöbener*, in: *Sachs/Siekmann* (Hrsg.), Der grundrechtsgeprägte Verfassungsstaat, 912 f.

1033 So auch *Hobe*, Völkerrecht, 425.

1034 „1. Everyone has the right to own property alone as well as in association with others. 2. No one shall be arbitrarily deprived of his property."

1. Die völkerrechtliche Definition des Eigentums

Die Existenz einer solchen Definition ist über lange Zeit verneint worden. Unter Rückgriff auf die nationalen Rechtsordnungen konnte im Wege des wertenden Rechtsvergleichs[1035] aber mittlerweile ein Kernbereich des völkerrechtlichen Eigentumsbegriffs bestimmt worden.[1036] Dieser umfasst jedenfalls jede Rechtsposition, die einen wirtschaftlichen Wert hat und veräußerungsfähig ist. Diese Definition gilt – es sei denn, es ist explizit etwas anderes festgelegt – sowohl für das Völkervertragsrecht als auch für das Völkergewohnheitsrecht.[1037] Der völkerrechtliche Eigentumsbegriff umfasst allerdings nur Rechtspositionen des Privatrechts, nicht solche des öffentlichen Rechts.[1038] Grund für Letzteres ist, dass die Unterschiede in den jeweiligen nationalen Rechtsordnungen in diesem Bereich (gegenwärtig) noch zu groß sind und sich deswegen nicht auf einen kleinsten gemeinsamen Nenner reduzieren lassen.[1039]

2. Die gewohnheitsrechtliche Geltung der Eigentumsfreiheit

Die gewohnheitsrechtliche Geltung des Art. 17 AEMR wird uneinheitlich beurteilt.[1040] Über die Behauptung einer völkergewohnheitsrechtlichen Geltung der AEMR als Ganzes kann der Nachweis wie gesehen jedenfalls nicht geführt werden.[1041]

a) Der fremdenrechtliche Eigentumsschutz als Ausgangspunkt

Unstreitig anerkannt ist der gewohnheitsrechtliche Eigentumsschutz jedenfalls im Bereich des völkerrechtlichen Fremdenrechts.[1042] Das Fremdenrecht beschäftigt sich allgemein mit den Rechtsbeziehungen eines Staates zu den sich auf seinem

---

1035 D. h. als allgemeiner Rechtsgrundsatz i. S. d. Art. 38 Abs. 1 lit. c IGH-Statut.

1036 *Dolzer*, Eigentum, 149 ff., 171; *Schöbener/Herbst/Perkams*, Internationales Wirtschaftsrecht, Kap. 4 § 15 Rn. 41 ff.

1037 *Dolzer*, Eigentum, 170; *Schöbener/Herbst/Perkams*, Internationales Wirtschaftsrecht, Kap. 4 § 15 Rn. 42.

1038 *Schöbener*, in: *Sachs/Siekmann* (Hrsg.), Der grundrechtsgeprägte Verfassungsstaat, 906.

1039 Vgl. dazu auch *Schöbener*, in: *Sachs/Siekmann* (Hrsg.), Der grundrechtsgeprägte Verfassungsstaat, 906.

1040 Die h.M. tendiert dazu, einen gewohnheitsrechtlichen Charakter der Norm zu verneinen. S. dazu *Ohler*, JZ 2006, 875, 879; *Schöbener/Herbst/Perkams*, Internationales Wirtschaftsrecht, Kap. 4 § 21 Rn. 443. Offener hingegen *Doehring*, in: *Klein* (Hrsg.), Menschenrechtsschutz durch Gewohnheitsrecht, 73 ff.; *v. Lewinski*, Öffentlichrechtliche Insolvenz, 341, Fn. 488.

1041 S. dazu schon oben Teil III Kap. 4 § 3 C II.

1042 Vgl. dazu *Dolzer*, in: *Graf Vitzthum/Proelß* (Hrsg.), Völkerrecht, 6. Abschnitt, Rn. 42 ff.; *Schöbener*, in: *Sachs/Siekmann* (Hrsg.), Der grundrechtsgeprägte Verfassungsstaat, 914. Zum völkergewohnheitsrechtlichen Fremdenrecht allgemein s. statt vieler *Schöbener*, in: *ders.* (Hrsg.), Völkerrecht, 101 ff.; *Doehring*, Völkerrecht, Rn. 851 ff.; *Ipsen*, in: *ders.*, Völkerrecht, § 50 Rn. 2 ff.; *Herdegen*, Völkerrecht, § 27.

Hoheitsgebiet befindlichen Personen, die nicht seine Staatsangehörigkeit besitzen.[1043] Entstanden ist das Fremdenrecht zur Lösung des Konflikts zwischen der Gebietshoheit des Aufenthaltsstaates und der Personalhoheit des Herkunftsstaates.[1044] Es verpflichtet den Aufenthaltsstaat, bei der Behandlung fremder Staatsangehöriger einen gewissen Mindeststandard zu beachten.[1045] Konkret in Bezug auf das Eigentum Fremder gilt dabei, dass der Aufenthaltsstaat dieses Eigentum zwar grundsätzlich enteignen darf. Eine solche Enteignung ist jedoch nur dann zulässig, wenn sie

- aus öffentlichem Interesse erfolgt,
- nicht diskriminierend ist und
- eine angemessene Entschädigung geleistet wird.[1046]

b) Ansätze zur Herleitung eines universellen Gewohnheitsrechts auf Eigentum

Zur Herleitung eines universellen, über das Fremdenrecht hinaus auch die eigenen Staatsangehörigen erfassenden Eigentumsrechts bieten sich drei Ansätze an. Zum Ersten besteht die Möglichkeit, dass aus den bestehenden völkervertragsrechtlichen Gewährleistungen der Eigentumsfreiheit mittlerweile ein entsprechendes universelles Gewohnheitsrecht entstanden ist (a).[1047] Beim zweiten Ansatz wird unmittelbar vom bestehenden fremdenrechtlichen auf einen universellen Eigentumsschutz geschlossen (b). Der dritte Ansatz nimmt die Verankerung der Eigentumsfreiheit in den nationalen Verfassungen als Ausgangspunkt (c).

aa) Die Herleitung eines gewohnheitsrechtlichen Eigentumsschutzes aus internationalen Menschenrechtsverträgen

Ein Schluss von den bestehenden völkervertragsrechtlichen Gewährleistungen der Eigentumsfreiheit auf die Existenz eines entsprechenden universellen Gewohnheitsrechts gestaltet sich schwierig, weil in den universellen Menschenrechtsverträgen – insbesondere in den UN-Menschenrechtspakten – die Eigentumsfreiheit nicht verbürgt ist. Anders stellt sich die Lage jedoch bei den regionalen Menschenrechtsabkommen dar. Sowohl in der EMRK (Art. 1 des 1. ZP) als auch in der AMRK

1043 *Schöbener/Herbst/Perkams*, Internationales Wirtschaftsrecht, Kap. 1 § 5 Rn. 203; *Herdegen*, Völkerrecht, § 27 Rn. 1.

1044 *Schöbener/Herbst/Perkams*, Internationales Wirtschaftsrecht, Kap. 4 § 15 Rn. 24.

1045 *Schöbener/Herbst/Perkams*, Internationales Wirtschaftsrecht, Kap. 4 § 5 Rn. 24; *Ipsen*, in: *Ipsen* (Hrsg.), Völkerrecht, § 50 Rn. 6.

1046 *Dolzer*, in: *Graf Vitzthum/Proelß* (Hrsg.), Völkerrecht, 6. Abschnitt, Rn. 44; *Schöbener/Herbst/Perkams*, Internationales Wirtschaftsrecht, Kap. 4 § 15 Rn. 59; *Gloria*, in: *Ipsen* (Hrsg.), Völkerrecht, § 47 Rn. 17.

1047 Dieser Ansatz wurde im Hinblick auf den IPBPR bereits ausführlich vorgestellt, s. dazu Teil III Kap. 4 § 3 A II 2.

(Art. 21), in der Banjul-Charta (Art. 14) sowie in der arabischen Menschenrechtscharta (Art. 31) finden sich Regelungen zum Schutze des Eigentums.

aaa) Die verneinende Auffassung der restriktiven Ansicht

Der restriktiven Auffassung zufolge lässt das gegenwärtige Völkervertragsrecht die Annahme einer Erstarkung der Eigentumsfreiheit zu universellem Gewohnheitsrecht nicht zu. Vielmehr sei das Gegenteil der Fall. Eine gewohnheitsrechtliche Geltung des Art. 17 AEMR sei bereits deshalb ausgeschlossen, weil er weder im IPBPR noch IPWSR eine vertragliche Entsprechung gefunden habe. Das Zögern der internationalen Staatengemeinschaft, eine entsprechende vertragliche Bindung einzugehen, stehe der universellen Geltung der Vorschrift entgegen.[1048]

bbb) Stellungnahme

Diese Sichtweise vermag nicht zu überzeugen. Die Nichtaufnahme der Eigentumsfreiheit in die UN-Menschenrechtspakte steht ihrer Erstarkung zu universellem Völkergewohnheitsrecht nicht per se entgegen. Hiergegen spricht bereits Art. 5 Abs. 2 IPBPR. Dieser Vorschrift zufolge ist die Genese von gewohnheitsrechtlichen Menschenrechten nicht dadurch ausgeschlossen, dass diese Rechte in den Pakt gar nicht oder nur in geringerem Maße aufgenommen worden sind.[1049] Die Aufnahme der Eigentumsfreiheit in eine der beiden UN-Menschenrechtspakte ist im Übrigen auch nicht am Streit über ihre Existenz gescheitert, sondern allein daran, dass keine Einigung über die Entschädigung bei Enteignungen erzielt werden konnte.[1050] Darüber hinaus hat der MRA über das Diskriminierungsverbot des Art. 26 IPBPR zumindest mittelbar einen Eigentumsschutz aus dem IPBPR hergeleitet. Anders als beispielsweise Art. 14 EMRK handelt es sich bei Art. 26 IPBPR nicht um ein akzessorisches Gleichheitsrecht.[1051] Das bedeutet, dass die Vorschrift auch dann Anwendung findet, wenn es um eine Diskriminierung von Rechten geht, die – wie

---

1048 *BVerfGE* 112, 1 (34 f.). Gegen die Herleitung eines universellen Eigentumsschutzes auf Grundlage von Gewohnheitsrecht auch *Herdegen*, Internationales Wirtschaftsrecht, § 6 Rn. 16; *Ohler*, JZ 2006, 875, 879.

1049 Die gleiche Bestimmung findet sich auch in Art. 5 Abs. 2 IPWSKR.

1050 *Matiss*, Terrorismusbekämpfung, 301. Bereits beim Abfassen der AEMR war die Existenz eines Individualrechts auf Eigentum unter den Staaten allgemein anerkannt. Die kommunistischen Staaten wollten lediglich erreichen, dass der Umfang des Eigentumsschutzes von der jeweiligen nationalen Rechtsordnung abhängig gemacht wurde. So sollte das Eigentum jeweils „in Übereinstimmung mit den Gesetzen des Landes, in dem sich das Eigentum befindet", zu bestimmen sein. Dieser Vorschlag stieß bei den übrigen Staaten jedoch auf Ablehnung. Instruktiv hierzu *Schöbener*, in: *Sachs/Siekmann* (Hrsg.), Der grundrechtsgeprägte Verfassungsstaat, 913 f.

1051 MRA, General Comment 18, § 12; *Schilling*, Internationaler Menschenrechtsschutz, Rn. 628.

die Eigentumsfreiheit – nicht im Pakt selbst aufgeführt sind.[1052] Dem MRA zufolge stellt die Enteignung privaten Eigentums durch einen Signatarstaat eine Verletzung des Art. 26 IPBPR dar, falls sie auf einer nach der Norm unzulässigen Diskriminierung beruht. Unter den gleichen Voraussetzungen ist auch eine Enteignung ohne Zahlung einer Entschädigung unzulässig.[1053] Denklogisch ist eine Diskriminierung in Eigentumsfragen von vornherein nur dann möglich, wenn es sich bei Eigentum um ein schutzwürdiges Individualrecht handelt.[1054]

Nicht zuletzt überzeugt der Verweis auf die fehlende vertragliche Fixierung der Eigentumsfreiheit im IPBPR auch deswegen nicht, weil sie wie gesehen Eingang in verschiedene regionale Menschenrechtspakte gefunden hat.[1055] Das wirft automatisch die Frage auf, ob nicht bereits aus der Existenz mehrerer, vom Grundsatz her gleichlautender Eigentumsgewährleistungen entsprechendes Völkergewohnheitsrecht abgeleitet werden kann. An anderer Stelle wurde bereits die Entstehung von Völkergewohnheitsrecht aus einem einzigen Menschenrechtsvertrag mit quasiuniverseller Staatenbeteiligung nachgewiesen.[1056] Nach der dabei entwickelten Dogmatik ist ein solcher Schluss auch von mehreren regionalen Menschenrechtspakten möglich.[1057] Entscheidend ist in diesem Kontext allein, ob der jeweilige Rechtssatz – d.h. die jeweilige menschenrechtliche Bestimmung – für die weit überwiegende Mehrheit der Staaten aufgrund einer völkervertragsrechtlichen Verpflichtung rechtlich verbindlich geworden ist. Dass diese Verbindlichkeit ihren Ursprung nicht in einem universellen, sondern in verschiedenen regionalen Völkerrechtsverträgen hat, ist für den speziellen Bereich der Menschenrechte hingegen unschädlich.

Dies hängt mit dem Universalitätsanspruch der Menschenrechtsidee zusammen, der auch im Völkerrecht eine *positivrechtliche Verankerung* gefunden hat[1058] und

---

1052 MRA, General Comment 18, § 12; *Schilling*, Internationaler Menschenrechtsschutz, Rn. 628.

1053 In den vom MRA entschiedenen Fällen ging es um Nationalisierungsmaßnahmen in der ehemaligen Tschechoslowakei und um Enteignungen im Rahmen der Beneš-Dekrete. S. dazu die Entscheidung in der Sache *Simunek*. 31.05.1995, Communication Nr. 516/1992, HRLJ 1996, 13, § 11.3, die Entscheidung in der Sache *Adam* 25.07.1996, Communication Nr. 586/1994, § 12.2, sowie die Entscheidung in der Sache *Brok* v. 15.01.2002, Communication Nr. 774/1997, § 7.3. Weiterführend zu alldem *Matiss*, Terrorismusbekämpfung, 304.

1054 *Doehring*, in: *Klein* (Hrsg.), Menschenrechtsschutz durch Gewohnheitsrecht, 74.

1055 Diesen Umstand betonend *Doehring*, in: *Klein* (Hrsg.), Menschenrechtsschutz durch Gewohnheitsrecht, 74.

1056 Dies betraf die völkergewohnheitsrechtliche Geltung des IPBPR. S. hierzu Teil III Kap. 4 § 3 A II.

1057 Vgl. dazu auch *Meron*, Human rights, 93 f., *Bleckmann*, in: *Klein* (Hrsg.), Menschenrechtsschutz durch Gewohnheitsrecht, 32 sowie *Doehring*, in: *Klein* (Hrsg.), Menschenrechtsschutz durch Gewohnheitsrecht 71. Argumentiert wird damit, dass der konsekutive Abschluss verschiedener regionaler Menschenrechtspakte als Bestätigung der Staatenpraxis insgesamt angesehen werden kann.

1058 S. dazu bereits die Ausführungen in Teil III Kap. 4 § 3 A 5 a bb.

deswegen bei der Frage der Existenz, des Inhalts und der Auslegung menschenrechtlicher Normen mit zu berücksichtigen ist.[1059] Dieser Universalitätsanspruch führt zu einer Einschränkung des das Völkerrecht ansonsten beherrschenden *„do ut des*"-Prinzips.[1060] Menschenrechtsverträge werden zwar zwischen den Staaten geschlossen, im Mittelpunkt steht als Begünstiger aber das Individuum.[1061] Dies lässt den Schluss zu, dass sich die menschenrechtlichen Verpflichtungen der Vertragsstaaten nicht im Verhältnis der Staaten zueinander erschöpfen, sondern gegenüber dem Menschen an sich eingegangen worden sind. Dann aber besteht diese Verpflichtungen gegenüber jedem Menschen. Ob sich diese Verpflichtungen dann aus einem universellen oder regionalen Menschenrechtsvertrag ergeben, spielt nur noch eine zweitrangige Rolle.[1062]

Liegt eine quasi-universelle Vertragsbindung der Staaten an eine menschenrechtliche Norm vor, reicht dies wie gesehen zusammen mit einer entsprechenden Verbalpraxis der Staaten (insbesondere in Form von Resolutionen der Generalversammlung) für die Entstehung gleichlautender gewohnheitsrechtlicher Menschenrechtsnormen aus.[1063] Fraglich ist nun, ob diese Voraussetzungen bei der Eigentumsfreiheit erfüllt sind. Der Nachweis der Verbalpraxis bereitet keine größeren Probleme. Zum einen kann hier auf spezielle Erklärungen der Staaten zur Eigentumsfreiheit verwiesen werden, zum anderen aber auch auf die Resolutionen der Generalversammlung, in denen allgemein die Verbindlichkeit der AEMR betont wird.[1064]

Schwieriger gestaltet sich hingegen der Nachweis, dass quasi alle Staaten einer vertragsrechtlichen Verpflichtung zur Achtung des Eigentums unterliegen. Zwar haben sich wie bereits ausgeführt zahlreiche Staaten in regionalen Menschenrechtspakten zum Schutz des Eigentums bekannt. So zählt die EMRK 41, die Banjul-Charta 54[1065], die AMRK 24 und die arabische Menschenrechtcharta immerhin noch 10 Vertragsstaaten. Um von einer quasi alle Staaten umfassenden Vertragsverpflichtung zu sprechen, reichen diese Zahlen in ihrer Summe jedoch nicht aus. Insbesondere die meisten asiatischen Staaten sind eine entsprechende Vertragsverpflichtung bislang noch nicht eingegangen. Auch von den ständigen Mitgliedern des Sicherheitsrates haben sich völkervertragsrechtlich lediglich drei (Frankreich, Großbritannien

---

1059 *Schöbener*, in: *Sachs/Siekmann* (Hrsg.), Der grundrechtsgeprägte Verfassungsstaat, 906, m. w. N.

1060 S. dazu *Moos*, in: *Bäumler/Daase/Schliemann u. a.* (Hrsg.), Akteure in Krieg und Frieden, 125 f.

1061 *Moos*, in: *Bäumler/Daase/Schliemann u. a.* (Hrsg.), Akteure in Krieg und Frieden, 125. S. dazu bereits die Ausführungen unter Teil III Kap. 4 § 3 A II 5 b.

1062 Vgl. dazu *Moos*, in: *Bäumler/Daase/Schliemann u. a.* (Hrsg.), Akteure in Krieg und Frieden, 126.

1063 S. dazu ausführlich Teil III Kap. 4 § 3 A II 5 b.

1064 Instruktiv hierzu *Doehring*, in: *Klein* (Hrsg.), Menschenrechtsschutz durch Gewohnheitsrecht, 74 f.

1065 Alle anerkannten Staaten Afrikas haben die Banjul-Charta ratifiziert.

und Russland) zur Achtung der Eigentumsfreiheit verpflichtet.[1066] Aus dem Grunde kann aus der Verankerung der Eigentumsfreiheit in den verschiedenen regionalen Menschenrechtspakten alleine (noch) nicht auf ihre Erstarkung zu universellem Gewohnheitsrecht geschlossen werden. Dies schließt jedoch nicht aus, diese vertragliche Fixierung der Eigentumsfreiheit bei Vorlage weiterer positiver Indikatoren als *ein* Argument für ihr Erwachsen in universelles Gewohnheitsrecht heranzuziehen.

bb) Schluss aus dem gewohnheitsrechtlich anerkannten Fremdenrecht

Ein solcher Indikator lässt sich möglicherweise im fremdenrechtlichen Eigentumsschutz selbst erblicken. Bei unbefangener Betrachtung liegt ein Schluss vom fremdenrechtlichen auf die Existenz eines universell geltenden Eigentumsschutzes nahe. Denn warum sollte ein Staat das Eigentum eines Fremden schützen müssen, wenn dieser in seinem eigenen Heimatstaat einen solchen Schutz nicht genießt? Die Zulässigkeit eines derartigen Schlusses ist indes umstritten.

aaa) Die verneinende Auffassung der restriktiven Ansicht

Die restriktive herrschende Auffassung verneint sie.[1067] Zur Begründung führt sie aus, dass der fremdenrechtliche Eigentumsschutz auf einer anderen dogmatischen Grundlage geleistet werde als der menschenrechtliche. Bei Letzterem stehe das Individuum im Mittelpunkt. Der fremdenrechtliche Eigentumsschutz hingegen sei als Lösung des Konflikts zwischen der Gebietshoheit des Staates, in dem ein fremder Staatsangehöriger Eigentum besitze, und der Personalhoheit seines Herkunftsstaats zu verstehen. Aus völkerrechtlicher Sicht werde das Eigentum des fremden Staatsangehörigen als Eigentum seines Herkunftsstaats betrachtet, dessen diesbezügliche Souveränität der Aufenthaltsstaat zu beachten habe.[1068] Dies sei auch der Grund, warum lediglich der Herkunftsstaat, nicht aber der betroffene Staatsangehörige, beim Aufenthaltsstaat eine Entschädigung für den Eigentumsentzug verlangen könne.

bbb) Stellungnahme

Die oben skizzierten Ausführungen treffen zwar in ihrer Allgemeinheit zu. Sie stehen jedoch nicht per se dem Schluss vom fremdenrechtlichen auf einen universellen Eigentumsschutz entgegen. Die restriktive Auffassung übersieht bei ihren Überlegungen die gemeinsamen, im Naturrecht liegenden Wurzeln, die das Fremdenrecht und die Menschenrechte miteinander teilen. Die Rechte, die dem Fremden eingeräumt werden, sollen letztendlich nur sicherstellen, dass seine Menschenwürde

---

1066 Alle drei Staaten sind der EMRK beigetreten.

1067 *Kempen*, WiVerw 2009, 19 f.; *Tomuschat*, in: *Merten/Papier* (Hrsg.). HdbGR VI/2, § 178 Rn. 20.

1068 S. dazu statt vieler *Schöbener*, in: *Sachs/Siekmann* (Hrsg.), Der grundrechtsgeprägte Verfassungsstaat, 915 m. w. N.

auch im Ausland gewahrt bleibt.[1069] Dass diese Rechte nicht von vornherein auch auf die eigenen Staatsangehörigen erstreckt worden sind, hat historische Gründe. Als das Fremdenrecht im 19. Jahrhundert entwickelt wurde, herrschte Einvernehmen darüber, dass das Völkerrecht die Rechtsbeziehungen zwischen einem Staat und seinen Staatsangehörigen nicht regeln kann.[1070] Diese Beziehungen wurden als Kernelement staatlicher Souveränität angesehen und folglich den innerstaatlichen Angelegenheiten eines Staates zugerechnet. Und dass das Fremdenrecht, obwohl individualbezogen, nur Staaten berechtigt und verpflichtet, erklärt sich vor dem Hintergrund, dass das Völkerrecht über lange Zeit hinweg nur Staaten als Völkerrechtssubjekte anerkannte. Deshalb bedurfte der Individualschutz einer Mediatisierung über den Staat. Diese Mediatisierung mutet mitunter merkwürdig an, wie sich für die Eigentumsfreiheit anschaulich an Art. 46 Abs. 2 HLKO beobachten lässt. Nach dieser Vorschrift ist einer Besatzungsmacht die Einziehung von Privateigentum untersagt. Als verbindliche Regel des humanitären Völkerrechts zielt sie jedoch unmittelbar auf den Schutz des Individuums ab. Auch beim Sklaverei- und Folterverbot oder dem Schutz vor willkürlicher Verhaftung – ebenfalls klassisches Fremdenrecht – handelt es sich um Rechte, die geradezu beispielhaft individualschützenden Charakter aufweisen.

Die völkerrechtliche Bewertung der Rechtsbeziehungen eines Staates zu seinen Staatsangehörigen hat jedoch mittlerweile einen tief greifenden Wandel erfahren. Der Souveränitätspanzer im Bereich der Menschenrechte ist im Laufe der Zeit mehr und mehr aufgebrochen worden. Als Konsequenz hat das allgemeine Fremdenrecht im Vergleich zu den internationalen Menschenrechten kontinuierlich an Bedeutung verloren.[1071] Die ursprüngliche verbreitete Feststellung, dass das Fremdenrecht Ausländern mehr Rechte gewährt als die eigenen Staatsangehörigen innehaben, kann aufgrund der Aufwertung der Menschenrechte in den letzten Jahrzehnten nicht mehr aufrechterhalten werden.[1072] Mit der völkerrechtlichen Verankerung des Universalitätsgedankens hat sich der Menschenrechtsschutz weg von einer rein innerstaatlichen Angelegenheit hin zu einem gemeinsamen Interesse der Staatengemeinschaft entwickelt. Für das Fremdenrecht hat dies konkret zur Folge, dass die gemeinsamen, im Naturrecht liegenden Wurzeln mit den Menschenrechten wieder hervorgehoben werden können. Dies gilt umso mehr, als der Kern des Fremdenrechts – der sog. *fremdenrechtliche Mindeststandard* – inhaltlich mit den Menschenrechten identisch ist, die dem ius cogens zugerechnet werden.[1073]

1069 *Bleckmann*, in: *Klein* (Hrsg.), Menschenrechtsschutz durch Gewohnheitsrecht, 50 f.

1070 S. dazu *Bleckmann*, in: *Klein* (Hrsg.), Menschenrechtsschutz durch Gewohnheitsrecht, 50; *Schöbener*, in: *Sachs/Siekmann* (Hrsg.), Der grundrechtsgeprägte Verfassungsstaat, 918.

1071 *Bertele*, Souveränität und Verfahrensrecht, 200.

1072 *Bleckmann*, in: *Klein* (Hrsg.), Menschenrechtsschutz durch Gewohnheitsrecht, 51.

1073 Hierbei handelt es sich u.a. um das Recht auf Rechtsfähigkeit (Rechtssubjektivität, Art. 6 AEMR), das Sklaverei- und Folterverbot (Artt 4, 5 AEMR) sowie den Schutz vor willkürlicher Verhaftung (Art. 9 AEMR). S. dazu *Schöbener/Herbst/Perkams*,

Besteht der ureigene Zweck des Fremdenrechts demnach im Schutz der Menschenwürde und sind alle Menschen unabhängig von Rasse, Religion oder Herkunft Träger dieser Würde, dann müssen die Gewährleistungen des Fremdenrechts insgesamt als gewohnheitsrechtlich geltender menschenrechtlicher Mindeststandard angesehen werden. Hiervon wäre dann auch die Eigentumsfreiheit mitumfasst. Der fremdenrechtliche Eigentumsschutz ist jedoch das einzige Fremdenrecht, dem die h.M. die Akzeptanz als universell geltendes Menschenrecht verweigert. Die Privilegierung fremder Staatsangehöriger in Bereich des Eigentums rechtfertigt sie damit, dass der Fremde an der Willensbildung im enteignenden Staat ausgeschlossen sei und auch nicht der staatlichen Schicksalsgemeinschaft angehöre, der die Vorteile einer wirtschaftlichen Neuordnung mit Enteignungen ebenso zuzurechnen seien wie die damit verbundenen Risiken.[1074]

Dass dieses Argument nicht zutrifft, hat Schöbener auf überzeugende Weise dargelegt.[1075] Er verweist zum einen darauf, dass dem Einzelnen die Teilnahme am Willensbildungsprozeß eines Staates nur in demokratischen Regierungssystemen möglich ist. Das demokratische Regierungssystem stellt aber global betrachtet nicht das Standardregierungssystem dar, sondern eher das Gegenteil. Deshalb kann aus der fehlenden Teilnahme des Fremden am innerstaatlichen Willensbildungsprozeß auch kein Argument für einen privilegierten Eigentumsschutz gewonnen werden.[1076] Zum anderen weist Schöbener darauf hin, dass auch in Bezug auf andere Individualrechte, wie z. B. der Religionsfreiheit, niemand auf die Idee kommt, den Schutz vorab nur auf Fremde zu beschränken, weil die eigenen Staatsangehörigen eine Schicksalsgemeinschaft bilden.[1077]

Gerade im letzten von Schöbener gebildeten Beispiel wird deutlich, dass sich widerspruchsfreie Ergebnisse im Verhältnis von Fremdenrecht und Menschenrechtsschutz nur dann erzielen lassen, wenn man den gemeinsamen Zweck, die Achtung der Menschenwürde, in den Vordergrund stellt. Dann aber muss man konsequenterweise das Fremdenrecht insgesamt – und damit auch den fremdenrechtlichen Eigentumsschutz – als universell geltenden Menschenrechtsstandard ansehen. Speziell für die Eigentumsfreiheit legitimiert sich ein solcher Schluss zusätzlich durch den bereits apostrophierten Umstand, dass der Eigentumsschutz in verschiedenen regionalen Menschenrechtspakten bereits eine positiv-rechtliche, die Mehrzahl der Staaten erfassende Verankerung erfahren hat. Völkervertraglicher und

---

Internationales Wirtschaftsrecht, Kap. 4 § 15 Rn. 25; *Ipsen*, in: *Ipsen* (Hrsg.), Völkerrecht, § 50 Rn. 6.

1074 *Herdegen*, Internationales Wirtschaftsrecht, § 19 Rn. 3. Vgl. dazu auch *Kempen*, WiVerw 2009, 19 ff., 19.

1075 S. dazu *Schöbener*, in: *Sachs/Siekmann* (Hrsg.), Der grundrechtsgeprägte Verfassungsstaat, 917 f.

1076 *Schöbener*, in: *Sachs/Siekmann* (Hrsg.), Der grundrechtsgeprägte Verfassungsstaat, 917 f.

1077 So explizit *Schöbener*, in: *Sachs/Siekmann* (Hrsg.), Der grundrechtsgeprägte Verfassungsstaat, 918.

fremdenrechtlicher Eigentumsschutz verstärken sich mutuell und sprechen in ihrer Gesamtheit für eine Erstarkung der Eigentumsfreiheit zu universellem Völkergewohnheitsrecht. Eine weitere argumentative Stütze erfährt dieser Schluss durch die mittlerweile zu beobachtende Verankerung der Eigentumsfreiheit in nahezu allen nationalen Verfassungen.

cc) Die Verankerung der Eigentumsfreiheit in den nationalen Verfassungen als weiterer Beleg ihrer universellen Akzeptanz

Diese Feststellung gilt insbesondere auch für die ehemaligen sozialistischen Staaten, die zuvor dem Privateigentum so gut wie keinen Schutz zukommen ließen. Selbst in der chinesischen Verfassung wird das Eigentum in Art. 13 geschützt.[1078] Wenn sich aber die weit überwiegende Mehrheit der Staaten bereits verfassungsrechtlich zum Schutz des Eigentums bekennt, dann spricht vieles dafür, sie diesbezüglich beim Wort zu nehmen und nach dem Grundsatz des *volenti non fit iniuria*[1079] von einer völkerrechtlichen Geltung des Eigentumsschutzes auszugehen.[1080] Auf die Frage, inwieweit dieser Schutz auch tatsächlich gewährt wird, kommt es dann nicht an. Der Schluss von bestehenden inner- auf zwischenstaatliche Menschenrechtsgewährleistungen stellt dabei keinen ungewöhnlichen Vorgang dar. So hat der EuGH zur Ermittlung der Gemeinschaftsgrundrechte auch auf die Verfassungsüberlieferungen der Mitgliedstaaten abgestellt. Diese Methode der Rechtsfortbildung wurde im Art. 6 Abs. 2 EUV a.F.V[1081] ausdrücklich von den Staaten gebilligt. Kontroversen bestehen wie im Falle des IPPBR lediglich über die dogmatische Einordnung dieses Ergebnisses. Eine Ansicht zufolge stellt die Verankerung der Eigentumsfreiheit in die nationalen Verfassungen Staatenpraxis dar.[1082] Das stützt die hier vertretene Auffassung, wonach das Eigentumsrecht mittlerweile zu universellem Völkergewohnheitsrecht

1078 Art. 13 der chinesischen Verfassung hat folgenden Wortlaut „Das gesetzmäßige private Eigentum der Bürger ist unverletzlich. Der Staat schützt, in Übereinstimmung mit dem Gesetz, die Rechte der Bürger auf privates Eigentum und Erbschaft. Der Staat kann, wenn es das öffentliche Interesse in Übereinstimmung mit den gesetzlichen Vorschriften erfordert, privates Eigentum für seine Erfordernisse enteignen oder beschlagnahmen und soll für diese Enteignung oder Beschlagnahme Entschädigungen erteilen."

1079 „Dem Einwilligenden geschieht kein Unrecht."

1080 So der zutreffende Hinweis von *Doehring*, in: *Klein* (Hrsg.), Menschenrechtsschutz durch Gewohnheitsrecht, 74.

1081 Seit dem Vertrag von Lissabon Art. 6 Abs. 3 EUV.

1082 *Bleckmann*, in: *Klein* (Hrsg.), Menschenrechtsschutz durch Gewohnheitsrecht, 43, sowie *The American Law Institute*, Restatement (Third) of the Foreign Relations Law of the United Staates (St. Paul, Minn.: American Law Institute Publishers), § 701 n. 2. Vgl. dazu auch das Statement des UN-Sonderberichterstatters Luis Valencia Rodriguez, *The Right of Everyone to Own Property Alone as well as in Association with Others*, UN-Dok. E/CN.4/1993/15, Rn. 179 ff.

erstarkt ist.[1083] Eine andere Ansicht verneint, dass es sich um gewohnheitsrechtlich relevante Staatenpraxis handelt. Die Implementierung der Eigentumsfreiheit in die nationalen Rechtsordnungen interpretiert sie stattdessen dahin gehend, dass das Recht auf Eigentum mittlerweile den Status eines allgemeinen Rechtsgrundsatzes erlangt hat.[1084]

Für eine derartige Interpretation spricht die Tatsache, dass die nationalen Vorschriften zur Definition des völkerrechtlichen Eigentumsbegriffs herangezogen worden sind.[1085] Einer Qualifikation als – gewohnheitsrechtlich relevante – Staatenpraxis scheint hingegen die Tatsache entgegenzustehen, dass die Verankerung der Eigentumsfreiheit in den nationalen Verfassungen zunächst einmal einen innerstaatlichen Akt darstellt, der Begriff der Staatenpraxis aber mutmaßlich eine Interaktion zwischen den Staaten erfordert. Diese Sichtweise ist jedoch nicht zwingend. Entscheidend ist vielmehr, dass der Schutz der Menschenrechte mittlerweile eine Mutation von einer ursprünglich rein innerstaatlichen Angelegenheit zu einem Interesse der Staatengemeinschaft erfahren hat.[1086] Wenn eine Materie (auch) in die Zuständigkeit der Völkerrechtsgemeinschaft fällt, dann ist es angebracht, jedes hierfür relevante rechtliche Verhalten als Staatenpraxis zu berücksichtigen, egal ob es sich nun im inter- oder im innerstaatlichen Bereich abspielt.[1087] Speziell für den Bereich der Menschenrechte lässt sich dies mit ihrem universellen Geltungsanspruch begründen. Auf den Umstand, dass gerade im Bereich der Menschenrechte die Grenzen zwischen Völkergewohnheitsrecht und den allgemeinen Rechtsgrundsätzen mehr und mehr verschwimmen, hat Meron bereits 1989 zutreffend hingewiesen.[1088]

1083 In diese Richtung gehend auch *Doehring*, in: *Klein* (Hrsg.), Menschenrechtsschutz durch Gewohnheitsrecht, 73 ff. Bejahend *v. Lewinski*, Öffentlichrechtliche Insolvenz, 341.

1084 S. zu diesem Ansatz allgemein *Meron*, Human rights, 88 f. sowie *Hannum*, GJICL 25 (1995–1996), 287 ff., 351. Beide Autoren stimmen darin überein, dass den allgemeinen Rechtsgrundsätzen bei der Frage der Rechtsverbindlichkeit der in der AEMR aufgeführten Gewährleistungen zu wenig Beachtung geschenkt wird. In die gleiche Richtung gehend *Schöbener*, in: *Sachs/Siekmann* (Hrsg.), Der grundrechtsgeprägte Verfassungsstaat, 921. Vgl. hierzu auch *Kotzur*, in: *Klein* (Hrsg.), Menschenrechtsschutz durch Gewohnheitsrecht, 59 f.

1085 Teil III Kap. 4 § 3 C III 1.

1086 Auf die Tatsache, dass die Spezifika der jeweiligen Rechtsmaterie bei der Frage der Entstehung von Völkergewohnheitsrecht in angemessener Weise zu berücksichtigen sind, wurde bereits unter Teil III Kap. 4 § 3 A 5 d bb hingewiesen.

1087 So zutreffend *Bleckmann*, in: *Klein* (Hrsg.), Menschenrechtsschutz durch Gewohnheitsrecht, 43.

1088 S. dazu *Meron*, Human rights, 89.

c) Ergebnis

Art. 17 AEMR ist mittlerweile zu universellem Völkergewohnheitsrecht erstarkt.[1089] Demnach ist auch der Sicherheitsrat über Art. 1 Abs. 3 UN-Charta zur Achtung der Eigentumsfreiheit verpflichtet.

D. Einschluss des humanitären Völkerrechts in Art. 1 Abs. 3 UN-Charta?

Zu klären bleibt, ob der Begriff der Menschenrechte in Art. 1 Abs. 3 UN-Charta neben den Bestimmungen des IPBPR und – in eingeschränktem Maße – denen des IPWSKR und der AEMR auch das humanitäre Völkerrecht – d. h. die Vorschriften zum Schutze von Personen in militärischen Konflikten[1090] – umfasst. Im Zusammenhang mit der Prüfung des 1267er-Sanktionsregimes ist diese Frage von besonderem Interesse, wenn einzelne Bestimmungen des humanitären Völkerrechts den Individualsanktionen vergleichbare Eingriffe verbieten. Denn die Vermutung liegt nahe, dass in Kriegszeiten geltende Verbote arg. a maiore ad minus in Friedenszeiten erst recht Geltung beanspruchen.[1091]

Eine Ansicht lehnt eine auf Art. 1 Abs. 3 UN-Charta beruhende Bindung des Sicherheitsrates an das humanitäre Völkerrecht ab. Dieses müsse strikt vom Recht der Menschenrechte unterschieden werden.[1092] Es handele sich um unterschiedliche Regelungssysteme mit unterschiedlichen Kontrollmechanismen und unterschiedlichem geschichtlichen Hintergrund. Ausdrückliche Verweise auf das humanitäre Völkerrecht würden in der UN-Charta bewusst fehlen, weil diese eine Friedensordnung konstituiere, zu deren fundamentalen Prinzipien gerade die Ächtung bewaffneter Konflikte gehöre. Dem Vertrauen in die Nachhaltigkeit dieses Prinzips liefe es zuwider, wenn die Organisation an der Fortentwicklung des humanitären Rechts mitwirken würde.[1093]

Dem wird von der Gegenansicht zu Recht entgegengehalten, dass es im Laufe der vergangenen Dekaden zu einer weitreichenden inhaltlichen Überschneidung beider Rechtskreise, auch in der Praxis der UN, gekommen ist. So diskutiert die Organisation seit 1968 den Schutz humanitärer Bestimmungen unter dem Schlagwort „Schutz der Menschenrechte in bewaffneten Konflikten".[1094] Menschenrechte

---

1089 In dieselbe Richtung gehend *Doehring*, in: *Klein* (Hrsg.), Menschenrechtsschutz durch Gewohnheitsrecht, 76.

1090 Zum Begriff s. weiterführend statt vieler *Bothe*, in: *Graf Vitzthum/Proelß* (Hrsg.), Völkerrecht, 8. Abschnitt, Rn. 60; *Ipsen*, in: *ders.* (Hrsg.), Völkerrecht, § 48 V Rn. 55.

1091 So auch *Bleckmann*, in: *Klein* (Hrsg.), Menschenrechtsschutz durch Gewohnheitsrecht, 53. In concreto geht es dabei vor allem um die Frage, welcher Mindeststandard an Rechtsschutzmöglichkeiten einem Individuum einzuräumen ist.

1092 Vgl. hierzu *Doswald-Beck*, RICR 75 (1993), 99, 100 ff.

1093 Vgl. dazu *Starck*, UNO-Wirtschaftssanktionen, 156; *Drohla*, in: *Bäumler/Daase/Schliemann u. a.* (Hrsg.), Akteure in Krieg und Frieden, 94 f.

1094 Instruktiv hierzu *Starck*, UNO-Wirtschaftssanktionen, 158 ff.; *Oette*, Wirtschaftssanktionen, 282 ff.

ihrerseits gelten grundsätzlich nicht nur in Friedenszeiten, sondern auch in bewaffneten Konflikten.[1095] Im Gegenzug findet das humanitäre Völkerrecht unter bestimmten Voraussetzungen auch in innerstaatlichen Konflikten[1096] und damit in Situationen Anwendung, in denen typischerweise Menschenrechte zur Geltung kommen.[1097]

UN und Sicherheitsrat sind damit über Art. 1 Abs. 3 UN-Charta unmittelbar an das humanitäre Völkerrecht gebunden. Zur inhaltlichen Konkretisierung dieser Bindung kann insbesondere auf die Genfer Konventionen zurückgegriffen werden.[1098] Hierbei handelt es sich zwar um Völkervertragsrecht, das für die UN (und damit auch für den Sicherheitsrat) nicht unmittelbar gilt, weil die Weltgemeinschaft den Konventionen nicht beigetreten ist.[1099] Ihren Regelungen wird heute jedoch allgemein universelle Geltung zugesprochen.[1100] Sie binden deshalb auch den Sicherheitsrat unmittelbar.[1101] Im Zusammenhang mit dem Erlass von Individualsanktionen sind insbesondere die Vorschriften der III. und IV. Genfer Konvention über den Schutz von Kriegsgefangenen und Zivilisten in Kriegszeiten von besonderer Bedeutung.[1102]

§ 4: Die Reichweite der Menschenrechtsbindung des Sicherheitsrates beim Tätigwerden nach Kap. VII UN-Charta

A. Das Meinungsspektrum

Die sich aus Art. 1 Abs. 3 UN-Charta ergebende grundsätzliche Bindung des Sicherheitsrates an die internationalen Menschenrechte führt zu der Frage, in welchem Verhältnis diese Bindung zu dem in Art. 1 Abs. 1 UN-Charta statuierten (Haupt-)Ziel

---

1095 Konstituieren diese Konflikte allerdings eine Notstandslage, dürfen die Staaten den Schutz bestimmter Menschenrechte temporär aussetzen. Das ist in den sog. Notstandsklauseln vorgesehen, die in quasi jeder internationalen Menschenrechtskonvention enthalten ist, so z.B. in Art. 4 Abs. 2 IPBPR oder in Art. 15 Abs. 1 EMRK. Vgl. dazu statt vieler *Schilling*, Internationaler Menschenrechtsschutz, Rn. 102 ff.

1096 S. insb. Art. 75 des 1. ZP sowie die Art. 4–6 des 2. ZP zu den Genfer Abkommen vom 12.08.1949 über den Schutz der Opfer internationaler sowie nichtinternationaler bewaffneter Konflikte, abgedruckt im Sart. II, Nr. 54a und 54 b.

1097 *Starck*, UNO-Wirtschaftssanktionen, 157.

1098 *Oette*, Wirtschaftssanktionen, 283; *Bossuyt*, The adverse consequences of economic sanctions on the enjoyment of human rights, UN-Doc. E/CN.4/Sub.2/2000/33 v. 21.06.2000, Rn. 32 ff.; *Gasser*, ZaöRV 56 (1996), 871, 880; *Starck*, UNO-Wirtschaftssanktionen, 160.

1099 Vgl. zu diesem Aspekt die Ausführungen von *Oette*, Wirtschaftssanktionen, 283.

1100 *Gasser*, ZaöRV 56 (1996), 871, 882; *Heintschel von Heinegg*, in: *Ipsen* (Hrsg.), Völkerrecht, § 15 Rn. 59.

1101 *Gasser*, ZaöRV 56 (1996), 871, 882; *Oette*, Wirtschaftssanktionen, 282.

1102 Teil III Kap. 4 § 4 B II 2.

der Friedenssicherung steht. Diese Frage hat bereits eine breite Diskussion erfahren, und zwar beim Erlass von kollektiven, gegen Staaten gerichteten Wirtschaftssanktionen.[1103] Dem Grundsatze nach lassen sich drei verschiedene Auffassungen unterscheiden. Sie werden auch beim Erlass von Individualsanktionen, jeweils in unterschiedlichem Ausmaße, vertreten.

I. Der absolute Vorrang der Friedenssicherung

Die erste Auffassung geht von einem absoluten Vorrang der Friedenssicherung vor dem Schutz der Menschenrechte aus. Dies ergebe sich bereits aus systematischen Gründen. Der Friedensschutz werde sowohl an der Spitze der Präambel wie auch Chartaartikel aufgeführt[1104], der Schutz der Menschenrechte hingegen erst in Art. 1 Abs. 3 UN-Charta – und dann auch nur inter alia – als Ziel der Organisation benannt.

Neben diesen systematischen Aspekten wird darauf hingewiesen, dass das Hauptanliegen beim Erlass der UN-Charta in der Schaffung eines effektiven Systems kollektiver Sicherheit bestand, welche durch die Festschreibung des allgemeinen Gewaltverbots in Art. 2 Abs. 4 UN-Charta sowie der Übertragung weitreichender Kompetenzen an den Sicherheitsrat bei der Friedenssicherung ihre Manifestation erfahren habe.[1105] Entsprechend konkrete Regelungen und Mechanismen im Bereich des Menschenrechtsschutzes gebe es hingegen nicht. Dies sei darauf zurückzuführen, dass die Mitgliedstaaten diesen Bereich eher ihrer *domaine réservé* zugeordnet hätten und einen Zugriff der UN weitestgehend beschränken wollten.[1106] Dann aber könne der Menschenrechtsschutz kein der Friedenswahrung gleichrangiges Ziel darstellen.[1107]

Verwiesen wird weiterhin darauf, dass Menschenrechte[1108] ihre Wirkung ausschließlich zu Friedenszeiten entfalten könnten. Krieg hingegen komme der Negation von Menschenrechten gleich. Dies wiederum mache das Primat der Friedenssicherung vor dem Menschenrechtsschutz deutlich.[1109] Sie sei aber zuweilen nur unter Einschränkung, wenn nicht gar unter Dispens von Menschenrechten zu erreichen. Um eine effektive Wahrung des Weltfriedens zu gewährleisten, müsse es dem Sicherheitsrat deshalb gestattet sein, beim Tätigwerden nach Kapitel VII der Charta Menschenrechtsbestimmungen außer Acht zu lassen.[1110] Folgt man dieser

---

1103 S. dazu statt vieler *Starck*, UNO-Wirtschaftssanktionen, 161 ff.

1104 *Vradenburgh*, LoyLAICLJ 14 (1991), 175, 184.

1105 Vgl. dazu *Starck*, UNO-Wirtschaftssanktionen, 170.

1106 Vgl. dazu *Starck*, UNO-Wirtschaftssanktionen, 170.

1107 Vgl. *Vradenburgh*, LoyLAICLJ 14 (1991), 175, 183 f.; *Starck*, UNO-Wirtschaftssanktionen, 170.

1108 Ebenso wie das Selbstbestimmungsrecht der Völker.

1109 Vgl. dazu *Vradenburgh*, LoyLAICLJ 14 (1991), 175, 204, und *Starck*, UNO-Wirtschaftssanktionen, 170 f., jeweils m. w. N.

1110 So *Vradenburgh*, LoyLAICLJ 14 (1991), 175, 198 ff. Vgl. hierzu auch *Oosthuizen*, Leiden J. Int'l. L. 1999, 549, 552 ff. sowie auch die weiteren Nachweise bei *Oette*, Wirtschaftssanktionen, 242.

Auffassung, dann ist der Sicherheitsrat beim Erlass von Individualsanktionen nicht an die internationalen Menschenrechte gebunden.

II. Die Gleichrangigkeit zwischen Friedenssicherung und Menschenrechtsschutz

Nach der zweiten Auffassung besteht zwischen der Friedenssicherung und dem Menschenrechtsschutz ein Gleichrangigkeitsverhältnis.[1111] Zur Begründung wird zum einen auf die Aufwertung des Menschenrechtsschutzes verwiesen, die dieser in den vergangenen Jahrzehnten unter der Ägide der UN erfahren hat.[1112] Er werde nicht mehr als ausschließlich innerstaatliche Angelegenheit angesehen, sondern zähle neben der Friedenssicherung zu einem der Haupttätigkeitsfelder der Weltgemeinschaft. Aufgabe des Sicherheitsrates sei es, die Menschenrechte zu schützen, nicht sie zu verletzen.[1113]

Zum anderen sei mittlerweile empirisch nachgewiesen, dass nicht nur der Friede Voraussetzung für die Entfaltung der Menschenrechte sei, sondern umgekehrt auch die Achtung der Menschenrechte ihrerseits Voraussetzung für ein friedliches Zusammenleben der Völker.[1114] Eine Analyse der Sicherheitsratspraxis führe zu dem Ergebnis, dass es immer dort zu Friedensbedrohungen gekommen sei, wo der Menschenrechtsschutz defizitär gewesen ist. Der Menschenrechtsschutz trage entscheidend dazu bei, dass es im Inneren der Staaten nicht zur missbräuchlichen Konzentration von Macht in den Händen Einzelner komme, die bereits allein für sich die Gefahr eines friedensgefährdenden Verhaltens nach außen erhöhe.[1115] Der Gedanke der Mutualität zwischen Friedenswahrung und Menschenrechtsschutz komme auch in Art. 55 UN-Charta zum Ausdruck, in dem es heißt, dass die UN u. a. die Achtung der Menschenrechte fördert,

> *„um jenen Zustand der Stabilität und Wohlfahrt herbeizuführen, der erforderlich ist, damit zwischen den Nationen friedliche und freundschaftliche, auf der Achtung vor dem Grundsatz der Gleichberechtigung und Selbstbestimmung der Völker beruhende Beziehungen herrschen."*

1111 *Bossuyt*, The adverse consequences of economic sanctions on the enjoyment of human rights, UN-Doc. E/CN.4/Sub.2/2000/33 v. 21.06.2000, Rn. 30 ff.; *Piotrowicz/Zanetti*, MRM 2004, 274, 275 f.; *Davidsson*, IJHR 7, 1, 20 f.

1112 Vgl. dazu *Gareis/Varwick*, Die Vereinten Nationen, 170 ff.

1113 *Bossuyt*, The adverse consequences of economic sanctions on the enjoyment of human rights, UN-Doc. E/CN.4/Sub.2/2000/33 v. 21.06.2000, Rn. 26; *Piotrowicz/Zanetti*, MRM 2004, 274, 275 f. So explizit auch der ehemalige UN-Generalsekretär ANNAN (*Annan*, We the Peoples: The role of the United Nations in the twenty-first century, Report of the Secretary-General, UN-Doc. A/54/2000 v. 27.03.2000, Rn. 232 f., abrufbar unter https://www.un.org/en/events/pastevents/pdfs/We_The_Peoples.pdf, letzter Aufruf 31.12.2013).

1114 Vgl. dazu die Nachweise bei *Starck*, UNO-Wirtschaftssanktionen, 172, Fn. 125 und 126.

1115 Vgl. dazu *Gareis/Varwick*, Die Vereinten Nationen, 169 f.

Der Sicherheitsrat selbst habe diese Mutualität bei seinem ersten Treffen auf Ebene der Staats- und Regierungschefs explizit zur Sprache gebracht.[1116] Er sei deshalb dazu verpflichtet, beim Erlass friedenssichernder Maßnahmen nach Kap. VII der UN-Charta, einen größtmöglichen Ausgleich zwischen der Effektivität der friedenssichernden Maßnahme einerseits und der Achtung der Menschenrechte andererseits herzustellen.[1117] Eine Beeinträchtigung der Menschenrechte sei folglich nur dann rechtmäßig, wenn sie ein legitimes Ziel verfolge, zum Erreichen dieses Ziels erforderlich sei und die Intensität der Wertigkeit des verfolgten Ziels einerseits und des beeinträchtigten Rechts andererseits in einem angemessenen Verhältnis stünden (sog. *enger Verhältnismäßigkeitsmaßstab*[1118]).[1119] Nach dieser Auffassung unterliegt der Rat beim Erlass von Individualsanktionen folglich einer strengen Menschenrechtsbindung.[1120]

III. Die vermittelnde Ansicht

Die dritte Ansicht nimmt zwischen den Extrempositionen der ersten und zweiten Ansicht einen vermittelnden Standpunkt ein. Auch sie sieht in dem System der kollektiven Sicherheit das Herzstück der UN-Charta. Zur Verwirklichung dieses Ziels seien Einschränkungen der anderen in Art. 1 und 2 genannten Chartaziele hinzunehmen, allerdings nicht, wie von der ersten Auffassung behauptet, bis zu deren völliger Negierung.[1121]

1. Die prinzipiell gelockerte Menschenrechtsbindung beim Tätigwerden nach Kap. VII UN-Charta

Die Charta selbst mache deutlich, dass es nicht um Friedenssicherung um jeden Preis gehe, sondern um Friedenssicherung in Orientierung an den Werten von

---

1116 Dazu *Herdegen*, Befugnisse, 14.

1117 Vgl. dazu *Gasser*, ZaöRV 56 (1996), 871, 882; *Gowlland-Debbas*, ICLQ 43 (1994), 55, 91 f.; *Paust*, S. Ill. U.L.J 19 (1994), 131, 140 ff.; *Gading*, Grundlegende Menschenrechte, 223, sowie den Bericht des UN-Sonderbeauftragen *Bossuyt*, The adverse consequences of economic sanctions on the enjoyment of human rights, UN-Doc. E/CN.4/Sub.2/2000/33 v. 21.06.2000, Rn. 36, konkret in Bezug auf den Erlass von Individualsanktionen *Fassbender*, IOLR 3 (2006), 437, 475 f.

1118 Vgl. dazu *Oette*, Wirtschaftssanktionen, 260.

1119 *Oette*, Wirtschaftssanktionen, 260. Vgl. dazu auch *Bauer*, Effektivität und Legitimität, 229 f.; *Gading*, Grundlegende Menschenrechte, 222 f.; *Dahme*, Terrorismusbekämpfung, 224.

1120 So vor allem *Fassbender*, IOLR 3 (2006), 437, 474. Vgl. dazu auch *Brownlie*, in: *St. Macdonald* (Hrsg.), Essays in honour of Wang Tieya, 102, sowie *de Wet/Nollkaemper*, GYIL 45 (2002), 166, 175 ff.

1121 So *Dahme*, Terrorismusbekämpfung, 239; *Starck*, UNO-Wirtschaftssanktionen, 173 f. Vgl. dazu auch *Oette*, Wirtschaftssanktionen, 248.

Gerechtigkeit und der Achtung der Menschenrechte.[1122] Eine die Menschenrechte vollständig missachtende Praxis des Sicherheitsrates würde die Legitimität seines Handelns und damit gleichzeitig auch die der UN infrage stellen. Sie liefe im Ergebnis dem von der Charta primär verfolgten Ziel des friedlichen Miteinanders der Völker diametral entgegen.[1123] Grundsätzlich sei der Rat deshalb auch bei einem Tätigwerden nach Kap. VII der Charta zur Achtung der Menschenrechte verpflichtet. Im Gegensatz zur Auffassung der zweiten Ansicht bestehe eine strikte Bindung an den Verhältnismäßigkeitsgrundsatz jedoch nicht.[1124]

Zur Begründung wird auf den weiten und nach der Konstruktion der Charta grundsätzlich nicht kontrollierbaren Ermessens- und Beurteilungsspielraum verwiesen, über den der Rat bei einem Tätigwerden nach dem VII. Kapitel verfüge.[1125] Die Charta habe dem Sicherheitsrat bewusst die Hauptverantwortung bei der Friedenssicherung übertragen. Es obliege daher in allererster Linie dem Rat selbst, auf welche Weise er dieser Verantwortung gerecht werde und welche Einschränkungen der übrigen Chartaziele er dabei für notwendig erachte.[1126] Dass bei der entsprechenden Abwägung zuvörderst politische Erwägungen den Ausschlag geben und Aspekte des Rechts und der Gerechtigkeit hintanstehen würden, sei dem Recht des Sicherheitsrates inhärent bzw. von den Autoren der Charta bewusst in Kauf genommen worden.[1127] Eine enge Bindung an den Verhältnismäßigkeitsmaßstab sei zudem schon aus faktischen Gründen kaum durchführbar, weil der Rat seine Entscheidungen in der Regel auf Grundlage nachrichtendienstlicher, der Geheimhaltung unterliegender Informationen treffe. Erschwerend komme dabei hinzu, dass die entsprechenden Informationen ihrerseits in vielen Fällen auf unsicherer Tatsachenbasis beruhten.[1128] Darüber hinaus bedürften die Menschenrechte zu ihrer Entfaltung des Friedens, dieser zu seiner Existenz aber nicht des Menschenrechtsschutzes. In vielen Staaten käme es zu massiven Menschenrechtsverletzungen, ohne dass sich dies in friedensgefährdendem Verhalten niederschlage.[1129] Auch hieran zeige sich die höhere Wertigkeit der Friedenssicherung gegenüber dem Menschenrechtsschutz.[1130]

1122 *Starck*, UNO-Wirtschaftssanktionen, 173.

1123 Vgl. zu diesem Aspekt *Fassbender*, IOLR 3 (2006), 437, 474; *Reinisch*, AJIL 95 (2001), 851, 857; *de Wet/Nollkaemper*, GYIL 45 (2002), 166, 173 ff.

1124 *Dahme*, Terrorismusbekämpfung, 239; *Starck*, UNO-Wirtschaftssanktionen, 17 f; *Oette*, Wirtschaftssanktionen, 269.

1125 *Dahme*, Terrorismusbekämpfung, 239; *Starck*, UNO-Wirtschaftssanktionen, 17 f.

1126 Vgl. dazu *Dahme*, Terrorismusbekämpfung, 239; *Starck*, UNO-Wirtschaftssanktionen, 17 f.

1127 Vgl. zum Primat politischer Erwägungen bei der Frage der Achtung und Einschränkung von Menschenrechten *Oette*, Wirtschaftssanktionen, 258 f.

1128 Vgl. allgemein zur Einschätzungsprärogative des Sicherheitsrates bei der Einschränkung von Menschenrechten *Herbst*, Rechtskontrolle, 384.

1129 S. auch *Starck*, UNO-Wirtschaftssanktionen, 173.

1130 S. dazu *Starck*, UNO-Wirtschaftssanktionen, 173.

2. Die strikte Bindung an die Menschenrechtsnormen des ius cogens

Das Recht des Rates zur Vernachlässigung von Menschenrechtsbestimmungen bei einem Tätigwerden nach Kap. VII UN-Charta soll der vermittelnden Ansicht zufolge jedoch nicht grenzenlos sein. Das unterscheidet sie von der engen, als Erstes vorgestellten Ansicht. Dieses Recht finde seine Grenze vielmehr dort, wo Menschenrechtsbestimmungen dem ius cogens zuzuordnen seien.[1131] Von den Regeln des ius cogens dürften die Staaten nämlich unter keinen Umständen, auch nicht im Falle eines öffentlichen Notstandes, abweichen. Da der Sicherheitsrat nach Art. 24 Abs. 2 UN-Charta die Aufgabe zur Wahrung des Weltfriedens für die Mitgliedstaaten übernommen habe, gelte die ius cogens-Grenze auch für ihn.[1132]

Diese vermittelnde Ansicht kann hinsichtlich des Erlasses von Individualsanktionen gegenwärtig als die herrschende angesehen werden.[1133] Gleiches gilt im Übrigen auch für kollektive, d.h. gegen staatliche Akteure gerichtete Wirtschaftssanktionen des Sicherheitsrates. Allerdings bestehen innerhalb dieser Ansicht große Kontroversen darüber, welche Menschenrechte ius cogens-Gehalt aufweisen. Das hängt mit den Schwierigkeiten bei der dogmatischen Einordnung des ius cogens zusammen. Eine eindeutige inhaltliche Positionierung darüber, wieweit die Menschenrechtsbindung des Sicherheitsrates beim Erlass von Individualsanktionen konkret reicht, ist an dieser Stelle deshalb noch nicht möglich. Sie bedarf zunächst einer vertieften Auseinandersetzung mit dem Thema ius cogens und Menschenrechte.

a) Definition des ius cogens

Eine Legaldefinition des ius cogens findet sich in Art. 53 WVRK. Ius cogens-Normen sind demnach zwingende Normen des allgemeinen Völkerrechts. Nach Art. 53 WVRK besitzt eine Norm zwingenden Charakter, wenn sie *„von der internationalen Staatengemeinschaft in ihrer Gesamtheit angenommen und anerkannt wird als eine Norm, von der nicht abgewichen werden darf und die nur durch eine spätere Norm des allgemeinen Völkerrechts derselben Rechtsnatur geändert werden kann.“*[1134] Zwingende

---

1131 *Oette*, Wirtschaftssanktionen, 243; *Dahme*, Terrorismusbekämpfung, 234 ff.

1132 Zuweilen wird anstelle einer ius cogens-Bindung des Rates von seiner Bindung an den sogenannten weiten Verhältnismäßigkeitsgrundsatz gesprochen, wonach eine friedenssichernde Maßnahme nur dann rechtswidrig sein soll, wenn der hiermit vom Rat verfolgte Zweck außer jedem Verhältnis zu seiner Eingriffsintensität stehe. Vgl. dazu *Oette*, Wirtschaftssanktionen, 268 ff.

1133 Vgl. dazu *Dahme*, Terrorismusbekämpfung, 238 f., *Meerpohl*, Individualsanktionen, 133 f. sowie *Schulte*, Der Schutz individueller Rechte gegen Terrorlisten, 258. Letztere zweifeln gar an einer von Art. 1 Abs. 3 UN-Charta ausgehenden Menschenrechtbindung des Sicherheitsrates, s. dazu *Meerpohl*, Individualsanktionen, 115; *Schulte*, Der Schutz individueller Rechte gegen Terrorlisten, 239.

1134 Der englische Wortlaut lautet wie folgt: „A treaty is void if, at the time of its conclusion, it conflicts with a peremptory norm of general international law. For the purposes of the present Convention, a peremptory norm of general international law is a norm accepted and recognized by the international community of States

Völkerrechtsnormen – auch *ius necessarium* genannt – sind abzugrenzen von Normen dispositiver Art, dem sog. *ius dispositivum.*[1135] Völkerrechtsnormen, die gegen das ius cogens verstoßen, sind nichtig. Für das Völkervertragsrecht ist dieser Grundsatz in den Artt. 53, 64 WVRK festgehalten.

b) Die dogmatischen Grundlagen des ius cogens

Die dogmatische Grundlage des ius cogens ist umstritten. Es sind zwei Grundströmungen zu unterscheiden, die naturrechtliche Theorie auf der einen und die voluntative/positivistische Theorie auf der anderen Seite.[1136]

Nach den Anhängern der naturrechtlichen ius cogens-Theorie unterfallen dem ius cogens die Normen mit ethischem/moralischem/sittlichem Rang, die für das Bestehen einer Rechtsgemeinschaft unerlässlich sind.[1137] Dem ius cogens wird auf diese Weise ein wertgebundener Inhalt gegeben.

Nach der voluntativen ius cogens-Theorie gehören zum ius cogens alle völkerrechtlichen Bestimmungen, denen die Staaten einvernehmlich zwingenden Charakter zuweisen. Dementsprechend wird dem ius cogens ein verfestigter Bestand nur insoweit eingeräumt, als seine Änderung einer Zustimmung der gesamten Staatengemeinschaft bedarf.[1138]

Begründet wird dieser rechtspositivistische Ansatz damit, dass es einen gemeinsamen, festumrissenen und handhabbaren Wertekanon von Sitte, Moral und Gerechtigkeit im Völkerrecht nicht gebe. Daher müsse auf den artikulierten Willen der Staatengemeinschaft abgestellt werden. Der konsensuale Charakter des ius cogens komme auch in Art. 53 WVRK durch die Wendung *„von der Staatengemeinschaft in ihrer Gesamtheit* ***angenommen und anerkannt*** [Hervorhebung durch den Autor]" deutlich zum Ausdruck.[1139]

c) Der Umfang des ius cogens

aa) Die Probleme bei der Bestimmung von ius cogens-Normen und ihre Gründe

Der Umfang der ius cogens-Normen hängt entscheidend davon ab, welcher ius cogens-Theorie man folgt. Die Anhänger der naturrechtlichen Theorie fassen den Umfang des ius cogens sehr weit, während die herrschende positivistische Lehre

---

as a whole as a norm from which no derogation is permitted and which can be modified only by a subsequent norm of general international law having the same character."

1135 S. zur Terminologie *Heintschel von Heinegg*, in: *Ipsen* (Hrsg.), Völkerrecht, § 15 Rn. 36.

1136 S. dazu *Heintschel von Heinegg*, in: *Ipsen* (Hrsg.), Völkerrecht, § 15 Rn. 37 ff.

1137 S. *Heintschel von Heinegg*, in: *Ipsen* (Hrsg.), Völkerrecht, § 15 Rn. 36.

1138 *Heintschel von Heinegg*, in: *Ipsen* (Hrsg.), Völkerrecht, § 15 Rn. 42.

1139 *Heintschel von Heinegg*, in: *Ipsen* (Hrsg.), Völkerrecht, § 15 Rn. 42.

zu einem engen ius cogens-Begriff neigt. Die Bandbreite der zwischen diesen Polen vertretenen Meinungen ist beträchtlich und führt dazu, dass das ius cogens insgesamt kaum feste Konturen aufweist und von Teilen der Literatur bereits als mehr oder weniger inoperable Größe angesehen wird.[1140]

Die Diskrepanz zwischen beiden Polen ist auf den Umstand zurückzuführen, dass universelle Rechtsäußerungen der Staatengemeinschaft im Allgemeinen und zu ius cogens-Normen im Besonderen äußerst selten sind. Gerade die Feststellung universellen Völkergewohnheitsrechts – also eine von einer opinio iuris getragenen Praxis der gesamten Staatengemeinschaft – bereitet große Schwierigkeiten. Häufig bedarf es hierfür entsprechender Äußerungen universell akzeptierter, mit autoritativer Feststellungs- und Interpretationsbefugnis ausgestatteter Organe der Staatengemeinschaft. Für das ius cogens ist diese Konkretisierungsfunktion primär dem IGH zugedacht worden. Das ergibt sich aus Art. 66 lit. a WVRK, wonach die Vertragsstaaten jede Streitigkeit über die Anwendung und Auslegung der Artt. 53, 64 WVRK dem IGH vorlegen können.

Tatsächlich geht der unbestrittene Inhalt des ius cogens – das Aggressionsverbot, das Verbot des Sklavenhandels und des Völkermordes sowie die Achtung elementarer Menschenrechte – auf das Barcelona Traction-Urteil des IGH aus dem Jahre 1970 zurück.[1141] Interessanterweise verwendet der Gerichtshof in dem besagten Urteil den Begriff des ius cogens überhaupt nicht. Stattdessen spricht er von sog. Pflichten *erga omnes*. Hierunter fasst er solche Pflichten, die derart bedeutsam sind, dass alle Staaten ein Interesse an ihrer Einhaltung haben.[1142] Eine trennscharfe Unterscheidung zwischen ius cogens-Normen und *erga omnes*-Pflichten ist zwar noch nicht gelungen[1143], Einigkeit besteht jedoch darin, dass der IGH den von ihm genannten *erga omnes*-Pflichten zwingenden Charakter hat zumessen wollen.[1144] Überhaupt fand der Begriff des ius cogens in der Judikatur des Gerichtshofs lange Zeit keine Verwendung, er fand sich lediglich in einzelnen Sondervoten wieder.[1145]

1140 *Oosthuizen*, Leiden J. Int'l. L. 1999, 549 ff., 559; *Aust/Naske*, ZÖR 2006, 587, 259. Vgl. dazu auch *Hörmann*, AVR 44 (2006), 267, 286.

1141 IGH, *Barcelona Traction, Light and Power Company, Limited*, Judgment, 05.02.1970, ICJ Reports 1970, 3 ff. S. dazu auch *Heintschel von Heinegg*, in: *Ipsen* (Hrsg.), Völkerrecht, § 15 Rn. 55.

1142 S. dazu *Heintschel von Heinegg*, in: *Ipsen* (Hrsg.), Völkerrecht, § 15 Rn. 55.

1143 Vgl. dazu *Gasser*, ZaöRV 56 (1996), 871, 881.

1144 *Heintschel von Heinegg*, in: *Ipsen* (Hrsg.), Völkerrecht, § 15 Rn. 57, m. w. N.

1145 Vgl. z.B. die Äußerungen von Richter Ammoun im Barcelona Traction-Fall, IGH, *Barcelona Traction, Light and Power Company, Limited*, Separate Opinion, 05.02.1970, ICJ Reports 1970, 286, 304, sowie im Namibia-Gutachten, *Legal Consequences for States of the Continued Presence of South Africa in Namibia (South West Africa) notwithstanding Security Council Resolution 276 (1970)*, Separate Opinion, 21.06.1971, ICJ Reports 1971, 55, 72 ff., außerdem von Richter ad hoc E. Lauterpacht zur Anordnung vorsorglicher Maßnahmen betreffend die Anwendung der Genozid-Konvention, IGH, *Application of the Convention on the Prevention and*

Erst im Jahre 2006, in einem Urteil zur Frage der Rechtmäßigkeit eines von Ruanda angeführten Vorbehalts zur Genozid-Konvention, ordnete er das Genozidverbot explizit dem ius cogens zu.[1146]

bb) Die Menschenrechtsnormen des ius cogens

In Anknüpfung an das Barcelona Traction-Urteil des IGH konzentriert sich die Kontroverse um den menschenrechtlichen Gehalt des ius cogens hauptsächlich auf die Frage, was unter *„elementaren Menschenrechten"* zu verstehen ist.

aaa) Die enge Auffassung

Die enge Auffassung orientiert sich bei deren Bestimmung zuvörderst an den nach Art. 4 notstandsfesten Menschenrechten des IPBPR.[1147] Hierzu zählen das Recht auf Leben (Art. 6), das Verbot der Folter (Art. 7) und der Sklaverei (Art. 8), der Inhaftierung wegen fehlender Erfüllung vertraglicher Pflichten (Art. 11), der Grundsatz keine Strafe ohne Norm (Art. 15), die Anerkennung der Rechtsfähigkeit (Art. 16) sowie das Recht der Religionsfreiheit.[1148] Daneben werden die Regelungen des humanitären Völkerrechts – insbesondere die der Genfer Konventionen – dem ius cogens zugerechnet.[1149] Missachte der Sicherheitsrat bei einem Tätigwerden nach dem VII. Kapitel diese ius cogens-Grenze, führe dies unmittelbar zur Rechtswidrigkeit und Nichtigkeit der von ihm erlassenen Maßnahme.[1150]

Bei der inhaltlichen Ausgestaltung des 1267er-Sanktionsregimes habe der Rat diese Grenze nicht überschritten. Grund hierfür sei, dass die vom Sanktionsregime als beeinträchtigt anzusehenden Menschenrechtsbestimmungen – das Recht

---

Punishment of the Crime of Genocide, Provisional Measures, Order of 13.09.1993, Separate Opinion, ICJ Reports 1993, 407, 440 ff. Weitere Nachweise finden sich bei *Heintschel von Heinegg*, in: *Ipsen* (Hrsg.), Völkerrecht, § 15 Rn. 54, Fn. 182.

1146 IGH, *Armed Activities on the Territory of the Congo (New Application:2002), (Democratic Republic of the Congo v. Rwanda), Jurisdiction and Admissibility*, Judgment, 03.02.2006, ICJ Reports 2006, 6, 29, Rn. 64. Vgl. dazu auch *Shelton*, AJIL 100 (2006), 291, 305, sowie *Schulte*, Der Schutz individueller Rechte gegen Terrorlisten, 246 m. w. N.

1147 *Bartelt/Zeitler*, EuZW 2003, 712, 716; *Dahme*, Terrorismusbekämpfung, 237; *Starck*, UNO-Wirtschaftssanktionen, 174.

1148 Ergänzend wird z.T. auch auf die notstandsfesten Rechte in regionalen Menschenrechtsabkommen – wie z. B. der EMRK oder der AMRK – zurückgegriffen.

1149 *Bauer*, Effektivität und Legitimität, 226 f.; *Heintschel von Heinegg*, in: *Ipsen* (Hrsg.), Völkerrecht, § 15 Rn. 59.

1150 Eine leichte Modifizierung erfährt dieser Ansatz bei Oette, wonach ein *ultra vires*-Handeln des Rates nicht nur bei einer Verletzung von ius cogens-Normen vorliege, sondern allgemein immer dann, wenn ein krasses Missverhältnis zwischen dem Grad der Friedensbedrohung und der Wirksamkeit der vom Rat zu ihrer Abwehr erlassenen Maßnahme auf der einen und der Intensität des Eingriffs auf der anderen Seite bestehe, s. dazu *Oette*, Wirtschaftssanktionen, 269.

auf Leben, das Recht auf Achtung der Menschenwürde (konkretisiert durch das Folterverbot und das Verbot der menschenunwürdigen Behandlung), das Eigentumsrecht, die Achtung der Familie und des Privatlebens, die Religionsfreiheit, die Berufsfreiheit sowie die Verfahrensrechte – teils von vornherein nicht dem ius cogens unterfielen[1151], teils, sofern sie ius cogens-Charakter aufwiesen, durch das Sanktionsregime nicht verletzt worden seien.[1152] Damit folgt die herrschende Literatur dem Ansatz des EuG in seinem 1. KADI-Urteil.

bbb) Die weite Auffassung

Die weite Auffassung lehnt es ab, Menschenrechte mit ius cogens-Charakter alleine am Kriterium ihrer Notstandsfestigkeit zu bestimmen, weil aus der fehlenden

1151 Dies wird insbesondere für das Eigentumsrecht und die Verfahrenrechte angenommen. Der fehlende ius cogens-Charakter der Eigentumsfreiheit wird damit begründet, dass sie im IPBPR noch nicht einmal als eigenständiges Menschenrecht aufgeführt ist, sondern nach der „Rechtsprechung“ des MRA nur mittelbar über den allgemeinen Gleichheitssatz geschützt werde. Auch eine gewohnheitsrechtliche, auf Art. 17 AEMR zurückzuführende Geltung der Eigentumsfreiheit wird größtenteils, u. a. mit dem Hinweis auf die entsprechende Rechtsprechung des BVerfG, verneint. Wenn überhaupt, dann könne man nur dem Schutz vor willkürlicher Enteignung ius cogens-Charakter zusprechen. Eine Enteignung allerdings liege im Hinblick auf das Individualsanktionsregime nicht vor. Die Substanz des Eigentums bleibe unbelastet, nur seine Nutzung werde auf unbestimmte Zeit aufgehoben. Die Rechtmäßigkeit der Sanktionierung werde zudem regelmäßig überprüft, die gelisteten Personen selbst verfügten über ausreichende Rechtsschutzmöglichkeiten. S. hierzu statt vieler *Dahme*, Terrorismusbekämpfung, 241 ff., und *Schulte*, Der Schutz individueller Rechte gegen Terrorlisten, 268 ff.
Auch den in Art. 2 Abs. 4 und Art. 14 IPBPR festgehaltenen Verfahrensrechten wird unabhängig von der Frage, ob Individualsanktionen überhaupt unter Art. 14 IPBPR zu subsumieren sind – einzelne Stimmen legen die dem Art. 14 IPBPR ähnliche Vorschrift des Art. 6 Abs. 1 EMRK extensiv aus und fassen unter den Begriff der Zivilstreitigkeiten auch solche administrativer Art –, der ius cogens Charakter mit Hinweis auf ihre fehlende Notstandsfestigkeit abgesprochen, s. dazu statt vieler *Dahme*, Terrorismusbekämpfung, 241 ff., und *Schulte*, Der Schutz individueller Rechte gegen Terrorlisten, 271 ff, der zusätzlich auf die im Ergebnis gleichlautende KADI I-Rspr. des EuG.
Auch bei Unschuldsvermutung nach Art. 14 Abs. 2 IPBPR handele es sich aufgrund ihrer Derogierbarkeit nicht um ein ius cogens-Recht. DAHME zufolge sei schon fraglich, ob es durch die Sanktionen überhaupt zu einer Beeinträchtigung der Unschuldsvermutung komme, s. dazu *Dahme*, Terrorismusbekämpfung, 247.

1152 Eine mögliche Verletzung des Rechts auf Leben, die in Anbetracht der vollständigen wirtschaftlichen Isolierung der sanktionierten Person allenfalls in Form eines drohenden Hungertods infrage komme, wird mit Verweis auf die in den Sanktionsresolutionen aufgenommenen humanitären Ausnahmeklauseln verneint, vgl. dazu *Schulte*, Der Schutz individueller Rechte gegen Terrorlisten, 264 f., 271, sowie *Dahme*, Terrorismusbekämpfung, 244 f.

Notstandsfestigkeit eines Menschenrechts nicht automatisch die Befugnis des Rates folge, sich über den Kernbereich dieses Rechts hinwegzusetzen.[1153] Einzelne Stimmen gehen dabei sogar soweit, sämtliche Rechte des IPBPR und der AEMR dem ius cogens zuzurechnen.[1154] Der weite ius cogens-Ansatz wird im Zusammenhang mit dem Erlass von Individualsanktionen insbesondere von Wolf-Zimper verfolgt, die sich in ihrer Dissertation ausschließlich auf die Frage effektiven Rechtsschutzes gegen Individualsanktionen konzentriert. Auf Grundlage dieses weiten Ansatzes kommt sie zu dem Ergebnis, dass das Recht auf effektiven Rechtsschutz mittlerweile zu ius cogens erstarkt ist.[1155] Zur Begründung verweist sie zum einen auf entsprechende Äußerungen des MRA, der in seinem Kommentar Nr. 29 dieses Recht als notstandsfestes Recht qualifiziert hat[1156], zum anderen auf die Tadic-Entscheidung der Berufungskammer des Jugoslawien-Tribunals, welche in diesem Zusammenhang ebenfalls von einer *„peremptory norm of international law“* spricht.[1157] Zusätzlich zitiert sie weitere Stimmen aus der Literatur, die das Recht auf effektiven Rechtsschutz ebenfalls dem ius cogens zurechnen.[1158] Eine dogmatische Begründung ihrer These liefert sie jedoch nicht. Ihre Prüfung endet mit dem Ergebnis, dass das Recht

1153 *Orakhelashvili*, EJIL 16 (2005), 59, 64 ff.; *Wolf-Zimper*, Zielgerichtete Sanktionen, 134 f. sowie*Oette*, Wirtschaftssanktionen, 300 m. w. N.

1154 Vgl. *Orakhelashvili*, EJIL 16 (2005), 59, 66.

1155 *Wolf-Zimper*, Zielgerichtete Sanktionen, 131 ff., ins. 135. Das EuG hat sich in seinem ersten Kadi-Urteil ambivalent zur Frage des ius cogens-Charakters von Verfahrensrechten geäußert. Es nahm eine Abwägung zwischen dem mit dem Unionsakt verfolgten Ziel der Wahrung des Weltfriedens einerseits und der Beeinträchtigung der Verfahrensrechte der gelisteten Personen andererseits vor. Nach dieser Abwägung sei eine Verletzung der Verfahrensrechte unter ius cogens-Gesichtpunkten deshalb auszuschließen, weil den Individuen – wenn auch nur im eingeschränkten Maße – die Möglichkeit eingeräumt worden sei, sich rechtlich gegen ihre Sanktionierung zur Wehr zu setzen, s. dazu EuG, Urt. v. 21.09.2005, Rs. T-315/01, Slg. 2005, II-03649, Rn. 286 ff.

1156 S. General Comment No. 29 on States of Emergency (article 4) vom 24. Juli 2001, UN-Doc. HRI/GEN/1/Rev. 6, Ziff. 16. Vgl. dazu *Schmahl*, EuR 2006, 566, 573. Weitgehend unbestritten ist die Aussage des MRA, wonach die in Art. 4 Abs. 2 IPBPR aufgeführten nicht-derogierbaren Rechte durch effektive Rechtsbehelfe abgesichert sein müssen. Andernfalls könne der von Art. 4 Abs. 2 IPBPR intendierte Schutz leicht ausgehebelt werden. Vgl. dazu *Schulte*, Terrorismus- und Anti-Terrorismus-Gesetzgebung, 273.

1157 ICTY, Appeals Chamber, The Prosecutor v. Tadić, IT-94-1, Urteil vom 2. Oktober 1995, Rn. 42 ff., abgedruckt in: ILM 25 (1996), 32, 46 f.

1158 z. B. *Fassbender*, IOLR 3 (2006), 437, 463 ff., der zwar noch vorsichtig ist, Verfahrensrechte dem ius cogens zuzurechnen, den Weg dorthin jedoch schon weit beschritten sieht. Nach *de Wet/Nollkaemper*, GYIL 45 (2002), 166, 179 und *Orakhelashvili*, Peremptory norms, 456, sind zumindest Kernelemente verfahrensrechtlicher Garantien dem ius cogens zuzurechnen. Vgl. zu der Thematik auch *v. Schorlemer*, EJIL 14 (2003), 265, 278 f.

auf effektiven Rechtsschutz durch das 1267er-Individualsanktionsregimeverletzt worden sei, weil die Rechtsschutzmöglichkeiten den Anforderungen an ein faires, unparteiisches und effektives Verfahren nicht genügten.[1159]

B. Stellungnahme

I. Erste Einordnung der verschiedenen Meinungen

Von den drei verschiedenen Auffassungen zum Rangverhältnis von Friedenssicherung und Menschenrechtsschutz kann die erste, die einem absoluten Vorrang der Friedenssicherung das Wort redet, vernachlässigt werden, weil sie zu unhaltbaren Ergebnissen führt. Träfe sie zu, dann könnte der Sicherheitsrat rechtmäßigerweise auch solche friedenssichernde Maßnahmen verhängen, die genozidartige Zustände nach sich ziehen.

Die Lösung ist demnach zwischen der zweiten Auffassung, die ein Gleichrangigkeitsverhältnis zwischen Friedenssicherung und Menschenrechtsverpflichtung annimmt, und der dritten Auffassung, der zufolge der Sicherheitsrat bei der Friedenssicherung nur an die Menschenrechte mit ius cogens-Charakter gebunden ist, zu verorten. Nach der zweiten Auffassung wäre die Menschenrechtsbindung des Sicherheitsrates beim Erlass von Individualsanktionen dabei am engsten, bei der Variante der dritten Auffassung, die nur die nach Art. 4 IPBPR notstandsfesten Menschenrechten dem ius cogens zurechnet, am losesten. Zum fast identischen Ergebnis wie die zweite Meinung – nur mit anderer dogmatischer Begründung – kommt diejenige Ansicht, die den Rat zwar ebenfalls nur an Menschenrechte mit ius cogens-Charakter gebunden sieht, den Kreis der hierunter fallenden Menschenrechte dabei aber sehr weit fasst.

II. Die grundsätzliche Kritik an einem engen ius cogens-Verständnis der Menschenrechte

Die enge Auffassung, die nur notstandsfeste Menschenrechte dem ius cogens zurechnet und den Sicherheitsrat folglich nur an diese Rechte gebunden sieht, ist dabei unter mehreren Gesichtspunkten kritikwürdig.

1. Die historisch-statische Auslegung des ius cogens-Begriffs

Zum Ersten ist ihr der Vorwurf zu machen, sich bei der Bestimmung der Menschenrechte mit ius cogens-Charakter ausschließlich an dem bereits 1970 erlassenen Barcelona-Traction-Urteil des IGH sowie an den notstandsfesten Rechten des aus dem Jahre 1966 stammenden IPBPR zu orientieren.[1160] Diese historisch-statische

1159 Diese Einschätzung Wolf-Zimpers wurde jedoch in einem Zeitpunkt getroffen, in dem das gegenwärtige Delisting-Verfahren mit der Beteiligung einer Ombudsperson noch nicht eingerichtet worden war.

1160 Der IPBPR wurde sogar noch früher, im Jahre 1966, verabschiedet.

Vorgehensweise steht im offenen Widerspruch zur gebotenen objektiv-dynamischen Auslegung der UN-Charta. Das gilt insbesondere für den internationalen Menschenrechtsschutz, der in den vergangenen drei bis vier Dekaden eine enorme Entwicklung erfahren hat.[1161] Dass der Inhalt des ius cogens nicht für alle Zeit festgeschrieben, sondern durchaus erweiterungsfähig ist, stellen auch die Artt. 53, 64 WVRK explizit klar.[1162]

2. Die Inkonsistenz des engen ius cogens-Ansatzes

Hinzu kommt, dass die Anhänger eines engen Verständnisses von Menschenrechten mit ius cogens-Charakter ihren Ansatz nicht konsequent verfolgen. Täten sie dies, dann müsste der Kreis der Menschenrechte mit ius cogens-Charakter über die notstandsfähigen Rechte des IPBPR hinausgehen. Jedenfalls das Recht auf effektiven Rechtsschutz wäre auch nach der engen Auffassung dem ius cogens zuzurechnen. Das ergibt sich aus den Vorschriften der Genfer Konventionen. Diese weisen auch nach der engen Auffassung ius cogens-Charakter auf. Sie erlauben vom Grundsatz her die zeitlich unbeschränkte und rein präventive Freiheitsentziehung von Kriegsgefangenen und von als Sicherheitsrisiko eingestuften Zivilpersonen. Diese haben aber ein Anrecht darauf, die Zulässigkeit der Internierung in einem gerichtlichen bzw. quasi-gerichtlichen Verfahren überprüfen zu lassen.[1163] Art. 43 des IV. Genfer Abkommens beispielsweise stellt diesbezüglich fest:

> *„Jede geschützte Person, die interniert oder der ein Zwangsaufenthalt zugewiesen worden ist, hat ein Anrecht darauf, dass* ***ein Gerichtshof oder ein zuständiger, zu diesem Zwecke vom Gewahrsamsstaat geschaffener Verwaltungsausschuss***[1164] *innerhalb kürzester Frist die betreffende Entscheidung überprüft."*[1165]

Diese zunächst für zwischenstaatliche Konflikte geschaffene Vorschrift gilt aufgrund der Art. 3 des III. und IV. Genfer Abkommens[1166] auch für innerstaatliche Konflikte. Die Artt. 3 sind unbestritte-nermaßen dem ius cogens zuzurechnen und stellen ihrerseits nochmals explizit klar, dass

1161 S. hierzu bereits die Ausführungen unter Teil III Kap. 4 § 2 C.

1162 Dies lässt sich vor allem aus Art. 64 WVRK ableiten, wonach im Falle der Entstehung einer neuen zwingenden Norm des allgemeinen Völkerrechts jeder zu dieser Norm im Widerspruch stehende Vertrag nichtig ist und erlischt.

1163 S. hierzu *Oeter*, in: *Breitenmoser/Wildhaber* (Hrsg.). Human rights, 511, m. w. N.

1164 Hervorhebung durch den Autor.

1165 Vgl. auch Art. 78 Abs. 2 des IV. Genfer Abkommens. Instruktiv zum Ganzen *Oeter*, in: *Breitenmoser/Wildhaber* (Hrsg.). Human rights, 510 f.

1166 III. Genfer Abkommen über die Behandlung von Kriegsgefangenen vom 12.08.1949, abgedr. im BGBl. 1954 II, 838, IV: Genfer Abkommen zum Schutze von Zivilpersonen in Kriegszeiten vom gleichen Datum, abgedr. im BGBl. 1954 II, 917 (ber. im BGBl. 1956 II, 1586).

> *„**Verurteilungen** und Hinrichtungen ohne vorhergehendes Urteil eines **ordnungsmässig bestellten Gerichtes**, das **die von den zivilisierten Völkern als unerlässlich anerkannten Rechtsgarantien bietet**“*[1167],

in jedem Falle unzulässig sind. Wenn bereits in militärischen Konflikten von diesen Vorschriften unter keinen Umständen abgewichen werden darf, dann muss dies erst recht in Friedenszeiten gelten (arg. a fortiori).[1168] Das aber signifiziert nichts anderes, als dass dem Recht auf effektiven gerichtlichen Rechtsschutz insgesamt[1169], unabhängig davon, ob die infrage stehende Maßnahme repressiver oder präventiver Natur ist, ius cogens-Charakter zukommt.[1170] Bei einer Listung nach dem 1267er-Sanktionsregime handelt es sich zwar weder um eine Freiheitsberaubung noch um eine Verurteilung im eigentlichen Sinn.[1171] Die gelistete Person wird aber letzten Endes jeglicher Handlungs- und Selbstbestimmungsmöglichkeit beraubt. Die Folgen einer Listung sind so einschneidend, dass sich die Frage einer entsprechenden Anwendung der soeben zitierten Vorschriften quasi zwangsweise ergibt.[1172] Der MRA hat zudem eindeutig bestimmt, dass dem Recht auf effektiven Rechtsschutz allgemein zwingender Charakter zukommt.[1173] Auch bei Zugrundelegung eines engen menschenrechtlichen ius cogens-Maßstabes müsste man konsequenterweise zur Unzulässigkeit des vom Rat erlassenen Sanktionsregimes gelangen.[1174] In jedem Fall aber wäre eine ausführliche Diskussion dieser Problematik zu erwarten gewesen. Die allermeisten Schriften blenden sie jedoch schlichtweg aus.

3. Das Außerachtlassen gegenläufiger Staatenpraxis

Die Annahme, dass der Sicherheitsrat beim Erlass von Individualsanktionen nur an die notstandsfesten Menschenrechte gebunden ist – denen allein die enge Auffassung ius cogens-Charakter einräumt –, lässt zudem die bestehende gegenläufige

---

1167 Hervorhebung durch den Autor.

1168 So auch *Oeter*, in: *Breitenmoser/Wildhaber* (Hrsg.). Human rights, 511.

1169 Z.T. wird vertreten, dass dem Recht auf effektiven Rechtsschutz nur in Strafverfahren ius cogens-Charakter zukommt. Diese Auffassung kann angesichts des Wortlauts der Art. 3 der III. und IV. Genfer Konventionen nicht überzeugen. Sie steht auch im Widerspruch zur Spruchpraxis des MRA.

1170 So auch *Oeter*, in: *Breitenmoser/Wildhaber* (Hrsg.). Human rights, 511.

1171 S. hierzu noch Teil III Kap. 5 § 3 B I 1 a.

1172 In diesem Zusammenhang sei nochmals an das bereits erwähnte Statement des Sonderberichterstatters des Europarats MARTY erinnert, dem zufolge eine Listung nach dem 1267er-Sanktionsregime einem *„mort civile“* gleichkomme. S. dazu den Bericht vom 16.11.2007 vor der Parlamentarischen Versammlung des Europarates (PACE) anlässlich einer Sitzung des PACE-Ausschusses für Recht und Menschenrechte, http://assembly.coe.int/Documents/WorkingDocs/Doc07/EDOC11454.pdf (letzter Aufruf: 03.07.2012).

1173 S. dazu bereits oben Teil III Kap. 4 § 4 A III 2 c bb bbb.

1174 Dazu, dass der vom Sicherheitsrat eingeräumte Rechtsschutz kein effektiver ist, ausführlich Teil III Kap. 5 § 3 B.

Staatenpraxis außer Betracht.[1175] Von besonderer Bedeutung ist in diesem Zusammenhang das 1. KADI-Urteil des EuGH. Zum ersten Mal lässt sich eine mitgliedstaatliche Praxis feststellen, die im Ergebnis die Umsetzung einer vom Rat zur Friedenssicherung erlassenen Zwangsmaßnahme wegen ihrer Unvereinbarkeit mit den internationalen Menschenrechten[1176] verweigert hat. Zu diesen Menschenrechten zählte der EuGH auch solche, die den Vertretern der engen Auffassung zufolge keinen ius cogens-Charakter aufweisen. Eine besondere Note gewinnt diese Praxis dadurch, dass mit Frankreich und dem Vereinigten Königreich – über ihre Bindung an das EuGH-Urteil – auch zwei ständige Mitglieder des Sicherheitsrates an ihr beteiligt sind. Sie darf bei der Auslegung der Chartabestimmungen nicht ausgeklammert werden, zumal sie mittlerweile sowohl vom EuG als auch vom EuGH mehrfach bestätigt worden ist und einen bedeutenden Teil der Staatengemeinschaft repräsentiert.[1177] Sie lässt erhebliche Zweifel an der These aufkommen, wonach der Sicherheitsrat bei einem Tätigwerden nach Kap. VII lediglich an Menschenrechte mit ius cogens-Charakter gebunden ist und nur notstandsfeste Menschenrechte ius cogens-Charakter aufweisen.

4. Die Vernachlässigung menschenrechtsdogmatischer Aspekte

Das Hauptproblem des engen ius cogens-Ansatzes bei der Klärung des Verhältnisses von Friedenssicherung und Menschenrechtsschutz ist jedoch ein methodisches. Es besteht darin, dass bei der Bestimmung der menschenrechtlichen Grenzen, denen der Sicherheitsrat beim Erlass von Individualsanktionen unterliegt, menschenrechtsdogmatische Erwägungen keine Berücksichtigung finden. Es wird der Eindruck vermittelt, die dem Sicherheitsrat übertragene Hauptverantwortung bei der Friedenssicherung – samt der ihm hierzu eingeräumten weiten Handlungsbefugnisse – zögen *per se* eine eingeschränkte Menschenrechtsbindung des Rates nach sich. In der Folge wird das in Bezug auf kollektive Wirtschaftssanktionen gefundene Ergebnis, wonach der Sicherheitsrat lediglich an Menschenrechte mit ius cogens-Charakter gebunden ist[1178], schematisch mitsamt der gleichen Argumentation auf den Bereich der Individualsanktionen übertragen. Es wird weder problematisiert, ob beide Konstellationen aus menschenrechtlicher Sicht vergleichbar und damit gleichzubehandeln sind, noch der Nachweis erbracht, dass die Hauptverantwortung des Rates bei der Friedenssicherung ein aus *menschenrechtsdogmatischer Sicht* taugliches Argument zur Lockerung seiner Menschenrechtsbindung konstituiert.

1175 Zur exponierten Rolle der Staatenpraxis bei der Auslegung der Chartabestimmungen s. bereits Teil III Kap. 1 § 2 D.

1176 Konkret den Vorschriften der EMRK, die die Unionsgerichte zur inhaltlichen Konturierung der Unionsgrundrechte heranziehen.

1177 Zur Bedeutung der Staatenpraxis bei der Auslegung der Chartabestimmungen s. bereits ausführlich Teil III Kap. 1 § 2 D.

1178 Der engen Auffassung zufolge also nur an die notstandsfesten Menschenrechte.

Diese Ausklammerung menschenrechtsdogmatischer Aspekte geht auf Kosten der inhaltlichen Substanz und lässt den engen ius cogens-Ansatz allzu formalistisch erscheinen. Die inhaltliche Schwäche schlägt sich insbesondere in der Schwierigkeit nieder, die Diskrepanz zwischen der Menschenrechtsbindung der Staaten auf der einen und des – für sie im Rahmen der Friedenssicherung handelnden – Sicherheitsrates auf der anderen Seite beim Erlass und der Umsetzung von Individualsanktionen auf dogmatisch plausible Weise zu erklären.[1179]

III. Die strenge Menschenrechtsbindung des Sicherheitsrates beim Erlass von Individualsanktionen

Bei einer angemessenen Berücksichtigung menschenrechtsdogmatischer Überlegungen zeigt sich, dass eine vollumfängliche und nicht nur auf das ius cogens beschränkte Menschenrechtsbindung des Rates beim Erlass von Individualsanktionen besteht. Die Herleitung dieses Ergebnis erfolgt in vier Schritten. Dazu werden zunächst die Unterschiede herausgearbeitet, die aus spezifisch menschenrechtlicher Sicht zwischen dem Erlass von Kollektivsanktionen einerseits und Individualsanktionen andererseits bestehen (I.). Hieran anknüpfend wird die strikte Menschenrechtsbindung der Staaten beim eigenverantwortlichen Erlass von Individualsanktionen illustriert (II.). In einem dritten Schritt werden die dogmatischen Ansätze aufgezeigt, die einen Schluss von der engen Menschenrechtsbindung der Staaten auf eine entsprechende Bindung des Sicherheitsrates nahelegen (III.). Als Viertes wird dargelegt, dass der Hinweis auf die dem Sicherheitsrat übertragene Hauptverantwortung bei der Friedenssicherung – mitsamt der ihm hierzu eingeräumten Befugnisse – aus menschenrechtsspezifischer Sicht ungeeignet ist, um eine generelle Lockerung seiner Menschenrechtsbindung zu rechtfertigen (IV.)

1. Die Unterschiede beim Erlass von Kollektiv- und Individualsanktionen aus spezifisch menschenrechtlicher Sicht

a) Die Menschenrechtssituation beim Erlass von kollektiven Wirtschaftssanktionen

Bei kollektiven Wirtschaftssanktionen ist das friedensbedrohende Verhalten regelmäßig staatlichen Ursprungs. Dementsprechend richten sich die Sanktionen unmittelbar gegen den oder die den Frieden bedrohenden Staaten. Die jeweilige Zivilbevölkerung – und damit auch das Individuum – wird nur mittelbar durch diese Maßnahmen getroffen. Dass deren konkrete Auswirkungen faktisch den gleichen Grad erreichen können wie unmittelbare Grundrechtseingriffe, ändert an dieser rechtlichen Beurteilung zunächst nichts.

1179 Zu den Wertungswidersprüchen zwischen dem 1267er- und dem 1373er-Sanktionsregime vgl. Teil III Kap. 4 § 2 D II.

Der klassisch-völkerrechtliche, staatenorientierte Sanktionsmechanismus hat zur Folge, dass die Menschenrechte bei der Bestimmung der dem Sicherheitsrat auferlegten Handlungsgrenzen nur eine untergeordnete Rolle spielen. Die Annahme einer strikten, umfassenden Menschenrechtsbindung des Rates beim Erlass von Kollektivmaßnahmen würde deren Effektivität ernsthaft infrage stellen und schlimmstenfalls zum Versagen des Systems kollektiver Sicherheit führen. Plakativ stelle man sich eine Situation vor, in der ein Staat einen kriegerischen Angriff auf einen anderen Staat vornimmt und der Sicherheitsrat bei der inhaltlichen Gestaltung der sich gegen diese Bedrohung richtenden Maßnahmen streng auf deren Menschenrechtskonformität achten müsste.[1180]

Die eingeschränkte Menschenrechtsbindung des Sicherheitsrates beim Erlass von Kollektivsanktionen lässt sich am besten an der Abwandlung eines in dieser Arbeit bereits illustrierten Arguments verdeutlichen. Demnach kann sich ein Staat friedensbedrohend verhalten, ohne dass (die Mehrheit) seine(r) Bevölkerung an diesem Verhalten eine Schuld trifft.[1181] Das ändert jedoch nichts daran, dass die Bevölkerung vom Prinzip her die Folgen dieses Fehlverhaltens mittragen muss. Diese Konsequenz stellt letztlich nicht anders dar als die Kehrseite des Rechts jedes Staates und jedes Volkes, sein politisches System frei und ohne Intervention von außen wählen zu dürfen. Menschenrechte sind beim Erlass von Kollektivsanktionen nicht zuletzt auch deshalb zu vernachlässigen, weil zumindest nach den älteren Theorien[1182] eine Beeinträchtigung der Zivilbevölkerung gewollt ist, um durch die so entstehende Unzufriedenheit das friedensgefährdende Regime zu schwächen, im Idealfall sogar zu stürzen und auf diese Weise die Friedensbedrohung zu beseitigen.[1183] Diesem Wirkungsmechanismus aber stünde eine strikte Menschenrechtsbindung des Rates diametral entgegen.

Dass Menschenrechte in zwischenstaatlichen Konflikten eingeschränkt werden können, lässt sich auch an der Verankerung von Notstandsklauseln in den Menschenrechtspakten ersehen, die etwa in den Art. 4 Abs. 1 IPBPR oder auf regionaler Ebene in Art. 15 EMRK zu finden sind. Nach Art. 4 Abs. 1 IPBPR dürfen die Staaten in einer Situation, die das Leben der Nation bedroht und die amtlich verkündet ist, Maßnahmen ergreifen, die ihre Verpflichtungen aus dem Pakt in dem Umfang, den die Lage unbedingt erfordert, außer Kraft setzen. Das klassische Beispiel für eine solche Notstandssituation stellen kriegerische Auseinandersetzungen dar.[1184] Neben

---

1180 S. dazu auch *Martenczuk*, Rechtsbindung, 282; *Starck*, UNO-Wirtschaftssanktionen, 173.

1181 Das ursprüngliche Argument stellt darauf ab, dass es innerhalb eines Staates zu massiven Menschenrechtsverletzungen kommen kann, ohne dass hieraus eine Friedensbedrohung nach außen erwachsen muss. Aus diesem Umstand wurde auf einen Vorrang der Friedenssicherung vor dem Menschenrechtsschutz geschlossen.

1182 Dazu Fn. 92.

1183 Zur Kritik an diesem Modell vgl. Fn. 99.

1184 *Schilling*, Internationaler Menschenrechtsschutz, Rn. 102; *Esser*, in: *Löwe/Rosenberg* (Hrsg.), StPO XI, Art. 4 IPBPR, Rn. 2. In Art. 15 EMRK wird der Krieg als Dispensationsgrund ausdrücklich erwähnt.

den Notstandsklauseln in den Menschenrechtspakten zeugen die Vorschriften des humanitären Völkerrechts davon, dass der Individualschutz in zwischenstaatlichen Konflikten weitreichenden Einschränkungen unterliegt. Diese Vorschriften sind gerade für den Fall kriegerischer Auseinandersetzungen zwischen den Staaten geschaffen worden und garantieren Zivilisten lediglich einen Mindeststandard, der weit hinter dem Menschenrechtsschutz in Friedenszeiten zurückbleibt.

Darf der Sicherheitsrat demnach bei der inhaltlichen Gestaltung kollektiver Zwangsmaßnahmen Menschenrechtsbestimmungen grundsätzlich außer Acht lassen, so existiert doch – wie bereits mehrfach betont worden ist – ein Kanon an Menschenrechten, an die auch er in jedem Falle strikt gebunden bleibt. Zu diesem Kanon zählen, wie die h.M. zu Recht annimmt, mindestens die nach Art. 4 Abs. 2 IPBPR notstandsfesten Rechte sowie die grundlegenden Normen des humanitären Völkerrechts.[1185]

b) Die Menschenrechtssituation beim Erlass von Individualsanktionen

Anders als im Falle kollektiver Wirtschaftssanktionen geht es bei Individualsanktionen nicht um die Sanktionierung staatlichen, sondern individuellen Fehlverhaltens. Dementsprechend richten sich die Sanktionen inhaltlich unmittelbar gegen die Individuen selbst. Dabei nehmen die Staaten im Rahmen des 1267er-Sanktionsregimes bei der Sanktionierung nur eine werkzeugähnliche Rolle ein: Sie müssen die vom Sicherheitsrat angeordneten Sanktionen auf Grundlage des Art. 25 UN-Charta ohne eigenen Ermessens- und Gestaltungsspielraum umsetzen.

Durch das quasi-hoheitliche Tätigwerden des Sicherheitsrates gegenüber Zivilpersonen rücken die Menschenrechte bei der Frage nach der Rechtmäßigkeit der entsprechenden Sanktionsmaßnahmen unweigerlich in den Mittelpunkt, weil ihr genuines Hauptanwendungsfeld im Schutz des Einzelnen vor übermäßigen hoheitlichen – i.d.R. staatlichen – Eingriffen besteht.[1186]

c) Ergebnis

Aus spezifisch menschenrechtlicher Sicht besteht demnach ein bedeutender Unterschied zwischen dem Erlass von Kollektivsanktionen auf der einen und Individualsanktionen auf der anderen Seite. Zu prüfen ist, ob das quasi-hoheitliche Tätigwerden des Rates zwingend eine strenge Menschenrechtsbindung nach sich zieht.

1185 *Starck*, UNO-Wirtschaftssanktionen, 174 f.; *Oette*, Wirtschaftssanktionen, 243, 282, 300.

1186 Vgl. dazu auch *Thallinger*, ZaöRV 67 (2007), 1015, 1018 ff; *Hörmann*, AVR 44 (2006), 267, 310.

2. Die strikte Menschenrechtsbindung der Staaten bei der eigenständigen Umsetzung von Individualsanktionen

In jedem Fall unterliegen mit den Staaten diejenigen Rechtssubjekte, die genuin hoheitlich gegenüber Individuen tätig werden, beim eigenverantwortlichen Erlass von Individualsanktionen einer strikten Menschenrechtsbindung. Von dieser Bindung wären die Staaten ausschließlich dann befreit, wenn sie sich bei der Bekämpfung des internationalen Terrorismus in einem öffentlichen Notstand gemäß Art. 4 Abs. 1 IPBPR befänden. In solch einem Fall bestünde lediglich eine Bindung an die in Art. 4 Abs. 2 IPBPR aufgezählten notstandsfesten Rechte.[1187]

a) Die Voraussetzungen einer Derogation nach Art. 4 Abs. 1 IPBPR

Es ist daher zu klären, ob die terroristische Bedrohung durch Al Qaida aus staatlicher Sicht eine Notstandslage i. S. d. Art. 4 Abs. 1 IPBPR darstellt. Art. 4 Abs. 1 IPBPR verlangt das Vorliegen eines öffentlichen Notstands, der das Leben der Nation bedroht und der amtlich verkündet ist. In einem solchen Fall dürfen die Staaten Maßnahmen ergreifen, die ihre Verpflichtungen aus dem IPBPR in dem Umfang, den die Lage unbedingt erfordert, außer Kraft setzen, jedoch nur, wenn diese Maßnahmen ihren sonstigen völkerrechtlichen Verpflichtungen nicht zuwiderlaufen und keine Diskriminierung allein wegen der Rasse, der Hautfarbe, des Geschlechts, der Sprache, der Religion oder der sozialen Herkunft enthalten.

b) Die terroristische Bedrohung durch Al Qaida als öffentlicher Notstand?

Der öffentliche Notstand ist nicht bei jeder öffentlichen Katastrophe oder Bedrohung der öffentlichen Sicherheit gegeben. Vielmehr muss nach dem Wortlaut des Art. 4 Abs. 1 IPBPR eine Bedrohung der Nation vorliegen. Diese Voraussetzung ist unzweifelhaft bei kriegerischen Auseinandersetzungen gegeben[1188], aber nicht hierauf beschränkt.[1189] Auch interne Situationen, wie soziale Unruhen, subversive Aktivitäten, Guerillakrieg, ethische Konflikte etc., können eine Notstandslage begründen.[1190] Allgemein bedarf es einer erheblichen, akuten Notlage für den Bestand des Staates,

1187 Art. 4 Abs. 2 IPBPR zählt als notstandsfeste Rechte die Artt. 6, 7, 8 Abs. 1 und 2, 11, 15, 16 und 18 auf. Außerdem dürfen die Maßnahmen den sonstigen völkerrechtlichen Verpflichtungen der Staaten nicht zuwiderlaufen und keine Diskriminierung alleine wegen der Rasse, der Hautfarbe, des Geschlechts, der Sprache, der Religion oder der sozialen Herkunft entfalten. Der MRA allerdings ist über die Bestimmungen des Paktes hinausgegangen und hat zusätzlich noch das Recht auf effektiven Rechtsschutz nach Art. 2 Abs. 3 IPBPR zum notstandsfähigen Recht erhoben, s. dazu Teil III Kap. 4 § 4 A III 2 c bb bbb.

1188 *Ashauer*, AVR 45 (2007), 400, 413; *Schmahl*, in: *Fleck/Heinz* (Hrsg.). Rechtsfragen der Terrorismusbekämpfung, 127 Fn. 10.

1189 *Ashauer*, AVR 45 (2007), 400, 413; *Schmahl*, in: *Fleck/Heinz* (Hrsg.). Rechtsfragen der Terrorismusbekämpfung, 127.

1190 Vgl. *Nowak*, CCPR Commentary, Art. 4 IPBPR Rn. 13 ff.

seiner verfassungsmäßigen Grundordnung, seiner obersten Organe oder des Volkes als Ganzes, der mit normalen Mitteln verfassungsmäßiger Tätigkeit nicht mehr beizukommen ist.[1191] Die Bedrohung muss ernstlich sein, d.h. eine Wahrscheinlichkeit vorliegen, dass die Gefahr ohne das Ergreifen von Abwehrmaßnahmen in einen Schaden mündet.[1192]

Ob auch terroristischen Handlungen diese Eigenschaft zugesprochen werden kann, wird uneinheitlich beurteilt. Bejaht wird dies u.a von MEERPOHL[1193] und SCHMAHL.[1194] Letztere verweist zur Begründung ihrer Ansicht auf die Rechtsprechung des EGMR zu Art. 15 EMRK, der vom Wortlaut nahezu identisch mit Art. 4 Abs. 1 IPBPR ist. So habe der Gerichtshof den IRA-Terrorismus in sechs nordirischen Grafschaften in der Rechtssache IRLAND GEGEN GROSSBRITANNIEN ohne Weiteres als Notstandslage i. S. d. Art. 15 EMRK angesehen.[1195]

Hingegen geht u. a. ASHAUER davon aus, dass eine Gefahr für die staatliche Sicherheit durch vereinzelte terroristische Akte durchaus gegeben sein kann, die Schwelle der Bedrohung des Lebens der Nation im Sinne der Notstandsklausel durch solche Handlungen im Regelfall aber nicht überschritten werde.[1196] In jedem Fall spricht er den von AL QAIDA in den USA verübten Terroranschlägen vom 11.09.2001 einen notstandsauslösenden Chartakter ab.[1197] Genauso hatte sich zuvor TOMUSCHAT geäußert.[1198]

Selbst wenn man SCHMAHL darin folgt, dass die Anschläge vom 11.09.2001 aufgrund der zahlreichen Todesopfern eine Notstandslage begründet haben, so wird man einschränkend festzuhalten müssen: Rationae personae kommt die Annahme einer solchen Notstandslage nur für die USA als den von den Anschlägen unmittelbar betroffenen Staat in Betracht, mangels konkreter Bedrohung aber nicht für die übrigen Staaten. Rationae temporis wird man eine Notstandssituation allenfalls für die Zeit unmittelbar nach dem 11.09.2001 annehmen können, nicht aber für die Jahre danach.[1199] Dies folgt aus dem Umstand, dass eine Derogation von Menschenrechtsverpflichtungen die absolute Ausnahme bilden muss und daher

1191 *Ashauer*, AVR 45 (2007), 400, 415. Vgl. auch *Nowak*, CCPR Commentary, Art. 4 IPBPR Rn. 14.

1192 *Ashauer*, AVR 45 (2007), 400, 416.

1193 *MEERPOHL*, Individualsanktionen, 242.

1194 *Schmahl*, in: *Fleck/Heinz* (Hrsg.). Rechtsfragen der Terrorismusbekämpfung, 127. Ebenso *Joseph/Schultz/Castan*, CCPR, Rn. 25.51.

1195 *Schmahl*, in: *Fleck/Heinz* (Hrsg.). Rechtsfragen der Terrorismusbekämpfung, 127., mit Verweis auf die Rechtssache *Irland vs. Großbritannien*, Appl. No. 5310/71, Urteil vom 18.01.1978, Serie A 25, Rn. 205.

1196 *Ashauer*, AVR 45 (2007), 400, 428.

1197 *Ashauer*, AVR 45 (2007), 400, 428.

1198 *Tomuschat*, EuGRZ 2001, 535, 545.

1199 Vgl. hierzu auch *Feinäugle*, Hoheitsgewalt im Völkerrecht, 137. Allgemein zur zeitlichen Begrenzung von Notstandsmaßnahmen im Rahmen des Art. 4 Abs. 1 IPBPR vgl. *Lehmann*, Essex human rights review 2011, 103, 109 ff.

inhaltlich wie zeitlich so eng wie möglich auszulegen ist.[1200] Dieser Grundsatz lässt sich unmittelbar aus Art. 4 Abs. 1 IPBPR herauslesen, nach dem Grundrechtsdispensationen lediglich in dem unbedingten erforderlichen Maße zulässig sind. Aus grundrechtsdogmatischer Sicht rechtfertigen Gefahren für die öffentliche Sicherheit grundsätzlich nur verhältnismäßige Grundrechtseinschränkungen. Daher verlangt Art. 4 Abs. 1 IPBPR für Grundrechtsdispensationen auch eine konkrete, unmittelbare Bedrohung für das Leben der Nation oder ähnlich bedeutende Rechtsgüter. In zeitlicher Hinsicht ist zu beachten, dass im Falle eines Notstandes die Wiederherstellung des Normalzustandes, d. h. die uneingeschränkte Geltung der Menschenrechte, das herausragende Ziel des derogierenden Staates sein muss.[1201] Deshalb kann es sich bei einer Notstandsphase nur um eine zeitlich eng bemessene Phase handeln, die sich eher über Wochen als über Monate definiert.[1202] Die gegenwärtige terroristische Bedrohung durch Al Qaida geht indes über eine diffuse Gefahrenlage nicht hinaus, die weder in zeitlicher Hinsicht noch von ihrem Schadenspotential her die Existenz eines Staates unmittelbar infrage stellt. Hierbei ist zu berücksichtigen, dass seit den Anschlägen vom 11.09.2001 mehr als zehn Jahre vergangen sind. Diesen Zeitraum aus Sicht der Staaten allgemein als Phase des Notstandes zu bewerten, überzeugt allein schon angesichts ihrer Dauer nicht.[1203] Hinzu kommt, dass die Qualität der Bedrohung seit den letzten Jahren sukzessive abgenommen hat. Den Staaten ist es demnach verwehrt, unter Hinweis auf die von Al Qaida ausgehende terorristische Gefahr einen Notstand nach Art. 4 Abs. 1 IPBPR auszurufen. Der Sicherheitsrat selbst hat im Übrigen die strenge menschenrechtliche Bindung der Staaten beim Erlass von Individualsanktionen ausdrücklich hervorgehoben.[1204]

3. Der Ansatz zur Übertragung dieser Bindung auf den Sicherheitsrat

Es gilt nunmehr zu prüfen, ob und ggf. auf welche Weise von der strengen Menschenrechtsbindung der Staaten beim eigenverantwortlichen Erlass von Individualsanktionen auf eine gleichlautende Bindung des Sicherheitsrates geschlossen werden kann. Als entsprechender dogmatischer Anknüpfungspunkt bietet sich der Grundsatz des *Nemo plus iuris transferre potest quam ipse habet* an, wonach niemand mehr Rechte übertragen kann, als er selbst innehat.[1205] In Bezug auf eine Begrenzung der Sicherheitsratsbefugnisse ließe sich dieser Grundsatz an der Formulierung des Art. 24 Abs. 1 UN-Charta festmachen, wonach die Mitglieder der UN

1200 Instruktiv zu diesem tragenden Prinzip menschenrechtlicher Dogmatik *Pieroth/Schlink/Kingreen/Poscher*, Grundrechte, Rn. 43 ff.

1201 *Schmahl*, in: *Fleck/Heinz* (Hrsg.). Rechtsfragen der Terrorismusbekämpfung, 127, mit Verweis auf Rn. 1 des General Comment 29 des MRA.

1202 Wobei es natürlich immer auch auf die Umstände des Einzelfalls ankommt.

1203 Vgl. dazu auch *Feinäugle*, Hoheitsgewalt im Völkerrecht, 137.

1204 Teil III Kap. 4 § 2 D II.

1205 S. dazu auch *Wolf-Zimper*, Zielgerichtete Sanktionen, 128; *Reinisch*, AJIL 95 (2001), 851, 858.

dem Sicherheitsrat die Hauptverantwortung für die Wahrung des Weltfriedens und der internationalen Sicherheit *übertragen*[1206] und anerkennen, dass der Sicherheitsrat bei der Wahrnehmung der sich aus dieser Verantwortung ergebenden Pflichten *in ihrem Namen*[1207] handelt.[1208]

Der Gedanke, dass die Staaten ihren internationalen Menschenrechtsverpflichtungen nicht durch die Übertragung von Hoheitsrechten an von ihnen gegründete internationale Organisationen entgehen können, ist prinzipiell anerkannt. So hat auf regionaler Ebene der EGMR in seiner MATTHEWS-Rechtsprechung festgestellt, dass die Mitgliedstaaten auch in den Bereichen, in denen sie Hoheitsrechte auf die EU übertragen haben, grundsätzlich in vollem Umfang an die EMRK gebunden bleiben.[1209] Entsprechendes gilt auch für den IPBPR.[1210]

4. Prinzipielle Befreiung des Sicherheitsrates bei der Friedenssicherung?

Aus dem grundsätzlichen Fortbestehen der Menschenrechtsbindung der Staaten auch bei einer Übertragung von Hoheitsrechten an eine internationale Organisation lässt sich jedoch allein nicht auf eine gleichlautende Menschenrechtsbindung des Sicherheitsrates schließen. Denn der Grundsatz des *Nemo plus iuris transferre potest quam ipse habet* besitzt keine uneingeschränkte Geltung. Die Staaten können durchaus, wie sich am prominenten Beispiel des in Art. 2 Abs. 4 UN-Charta festgehaltenen Gewaltverbots beobachten lässt, einer Organisation mehr Rechte einräumen als ihnen selbst einzeln zustehen. Während eine umfassende Bindung der Staaten an dieses Verbot besteht, ist der Sicherheitsrat sogar ausdrücklich zur Gewaltanwendung ermächtigt, um einen friedensbedrohenden Zustand zu beseitigen und den Frieden wiederherzustellen.

Entsprechend ließe sich an eine Lockerung oder gar Dispensation der menschenrechtlichen Verpflichtungen des Rates bei der Friedenssicherung denken: Die Staaten blieben demnach streng an die Menschenrechte gebunden, der Sicherheitsrat, soweit er auf Grundlage des VII. Kapitels tätig wird, ausschließlich an die Vorschriften des humanitären Völkerrechts sowie die nach dem IPBPR notstandsfesten Rechte. Aus dogmatischer Sicht würde es sich bei dem Recht des Sicherheitsrates demnach um

---

1206 Hervorhebung durch den Autor.

1207 Hervorhebung durch den Autor.

1208 So der Wortlaut des Art. 24 Abs. 2 UN-Charta. Vgl. dazu auch *Starck*, UNO-Wirtschaftssanktionen, 174.

1209 EGMR, *Matthews v. UK*, Application No. 24833/94 v. 18.02.1999, Rn. 26–35, Rep. 1999-I, 251. Ausführlich hierzu noch Teil V Kap. 2 § 3 A.

1210 Vgl. hierzu *Haratsch*, Themenheft 25 Jahre Internationale Menschenrechtspakte 202, 29, 46 ff.; *Schäfer*, Die Individualbeschwerde nach dem Fakultativprotokoll zum Zivilpakt, 2007, http://www.institut-fuer-menschenrechte.de/uploads/tx_commerce/handbuch_die_individualbeschwerde_nach_dem_fakultativprotokoll_z_zivilpakt.pdf, 80.

eine Art *institutionalisiertes Notstandsrecht* i. S. d. Art. 4 Abs. 1 IPBPR handeln.[1211] Seine Rechtfertigung würde dieses Notstandsrecht – folgt man der h.M. – in der dem Sicherheitsrat übertragenen Hauptverantwortung für die Friedenssicherung finden. Bei der Überprüfung dieser These sind zwei Ebenen zu unterscheiden, die zwar eng miteinander verwoben sind, aber dennoch einer gesonderten Betrachtung bedürfen. Von der ersten Ebene erfasst wird die *materiell-rechtliche Frage*, inwieweit ein Tätigwerden zum Ziele der Friedenssicherung eine Derogation bestimmter Menschenrechte zu rechtfertigen vermag.

Die zweite Ebene hingegen betrifft *verfahrenstechnische Aspekte*. Welche Rolle spielt es, dass die Charta eine institutionalisierte Rechtskontrolle des Sicherheitsrates nicht vorsieht? Ist daraus zu folgern, dass er bei seinem Handeln nur einer gelockerten Menschenrechtsbindung unterliegt? Diese Frage ist zu verneinen. Das Fehlen einer institutionalisierten Rechtskontrolle kann für sich allein eine gelockerte Menschenrechtsbindung des Sicherheitsrates beim Erlass von Individualsanktionen nicht begründen. Denn ein logisch zwingender Schluss von den Kontrollmöglichkeiten eines Handelns auf seine materiellrechtlichen Grenzen – wenn X dann Y – ist schlichtweg nicht möglich. Materielle Rechtsbindung und die Möglichkeit ihrer verfahrensrechtlichen Durchsetzung sind dogmatisch strikt voneinander zu trennen.[1212] Am Beispiel des ius cogens lässt sich dies anschaulich belegen. Die ius cogens-Bindung des Sicherheitsrates wird von keiner Seite ernsthaft infrage gestellt. Hält man das Verfahrensargument für zwingend, müsste sie das aber, weil ein Verfahren zur Überprüfung etwaiger ius cogens-Verstöße des Sicherheitsrates ebenfalls nicht besteht. Der Gefahr, dass Sicherheitsratsmaßnahmen von einzelnen Staaten hinsichtlich ihrer Menschenrechtskonformität angegriffen werden, kann der Rat auf einfache Weise durch die Etablierung eines unabhängigen Organs begegnen, das die Menschenrechtskonformität des von ihm begründeten Individualsanktionsregimes überprüft und sicherstellt. Dass es sich bei dieser Möglichkeit nicht nur um eine rein theoretische handelt, zeigt die vom Rat vorgenommene Berufung einer Ombudsperson.[1213]

Vermag das Fehlen einer institutionalisierten Rechtskontrolle für sich allein eine gelockerte Menschenrechtsbindung des Sicherheitsrates demnach nicht zu begründen, stellt sich die Frage, wie es um das *materielle Argument* der Effektivität der Friedenssicherung bestellt ist. Für eine Lockerung der Menschenrechtsbindung scheint die überragende Bedeutung zu sprechen, die die Charta der Friedenssicherung zumisst. Entscheidend – und in der bisherigen Diskussion meist

1211 Vgl. allgemein zur Idee der Vorschriften des VII. Kapitels der UN-Charta als Notstandsrecht auch *Schott*, JIHR 5 (2007), 24 ff.

1212 S. dazu bereits Teil III Kap. 2 § 3.

1213 Wobei noch zu klären sein wird, inwieweit es sich bei dem Verfahren vor der Ombudsperson um ein objektives, unabhängiges Verfahren handelt. Dazu ausführlich Teil III, Kap. 5, § 3 B.

ausgeblendet – ist jedoch die Frage, ob diese Argumentation auch aus *menschenrechtsdogmatischer Sicht* tragfähig ist.

Bei ihrer Beantwortung ist der Geltungsgrund der Menschenrechte zwingend mitzuberücksichtigen. Die Menschenrechte leiten sich allesamt aus der Unverletzlichkeit der menschlichen Würde ab, deren Schutz sie letztendlich bezwecken.[1214] Die Frage ihrer Geltung kann dann aber nicht vom Urheber – ob nun Staat oder internationale Organisation – des jeweiligen Grundrechtseingriffs abhängig sein.[1215] Deshalb ist es nicht möglich, das Recht des Sicherheitsrates als eine Art institutionalisiertes Notstandsrecht i. S. d. Art. 4 Abs. 1 IPBPR zu qualifizieren.[1216] Für eine Lockerung seiner Menschenrechtsbindung muss aus *materieller Sicht* eine Notstandslage gegeben sein. Unzulässig ist es dagegen, eine solche Notstandslage bereits immer dann anzunehmen, wenn der Sicherheitsrat nach Kap. VII der Charta tätig wird. Eine solche *formelle Privilegierung* des Sicherheitsrates würde der Menschenrechtsdogmatik als Ganzes entgegenlaufen.[1217] Auf diese Weise wäre es den Staaten bzw. Teilen von ihnen möglich, ihnen verbotene Menschenrechtseingriffe durch die Übertragung von Hoheitskompetenzen auf internationale Organisationen doch noch vorzunehmen.[1218] Gerade auf Ebene des Sicherheitsrates ist die Gefahr der Vornahme entsprechender Menschenrechtseingriffe besonders groß, weil der Rat sich in seiner bisherigen Sanktionspraxis primär von den Partikularinteressen seiner ständigen Mitglieder und nur nachrangig von (menschen-)rechtlichen Erwägungen hat leiten lassen.[1219]

1214 S. dazu bereits Teil III Kap. 4 § 3 A 5 d bb.

1215 Vgl. dazu auch *Fassbender*, IOLR 3 (2006), 437, 445 f. sowie 470 f., mit Hinweisen auf die Entstehungsgeschichte der AEMR.

1216 Ebenso Meerpohl, Individualsanktionen, 239 f.

1217 Vgl. allgemein zu dem Prinzip, dass das Spannungsfeld zwischen Sicherheitsinteressen und dem Schutz der Menschenrechte nicht aus dem politischen Blickwinkel betrachtet werden darf, sondern juristisch aufzulösen ist, Ashauer, AVR 45 (2007), 400, 423.

1218 Vgl. dazu *Reinisch*, AJIL 95 (2001), 851, 858; *Thallinger*, ZaöRV 67 (2007), 1015, 1021 u. 1026.

1219 S. zu diesem Aspekt auch *Thallinger*, ZaöRV 67 (2007), 1015, 1035. sowie *Hörmann*, AVR 44 (2006), 267, 324. Dass insbesondere der Kampf gegen den fundamentalistischen Terror Al Qaidas ohne strikte Bindung an die Menschenrechte Gefahr läuft, zu einer Hexenjagd zu verkommen und sich dadurch selbst zu desavouieren, wurde zuletzt durch den offiziellen US-Sonderbericht zur Beurteilung der Rechtmäßigkeit der Detention mutmaßlicher Al Qaida-Kämpfer auf Guantanamo Bay deutlich. Diesem Bericht zufolge wird die weit überwiegende Zahl der Inhaftierten seit Jahren ohne konkrete Anschuldigung ausschließlich auf Verdacht festgehalten. S. dazu die Zeitungsberichte von Christian Wernecke, „Amerikas Absurdistan", in der Süddeutschen Zeitung vom 26.04.2011, sowie von Nicolas Richter, „Macht der Vermutung", in der Süddeutschen Zeitung vom 29.04.2011.

Das Argument des *nemo potest transfere* besitzt demnach im Bezug auf die Menschenrechtsbindung des Sicherheitsrates uneingeschränkte Validität.[1220] Wenn sich schon die Staaten der Vorstaatlichkeit der Menschenrechte nicht entziehen können, muss dies erst recht für die von ihnen gegründeten internationalen Organisationen gelten. Eine generelle Lockerung der Menschenrechtsbindung des Sicherheitsrates beim Erlass von Individualsanktionen ist folglich ausgeschlossen. Nur bei strikter Beachtung des Vorstaatlichkeitsgedankens lassen sich auch die Wertungswidersprüche auflösen, die sich aus der Gegenüberstellung des 1267er-Sanktionsregimes einerseits und dem 1373er-Sanktionsregime, aber auch der Menschenrechtsbindung der UN-Truppen bei humanitären Einsätzen[1221] andererseits ergeben.

Damit greifen die Argumente, die eine eingeschränkte Menschenrechtsbindung des Sicherheitsrates beim Erlass von Kollektivsanktionen zu rechtfertigen vermögen[1222], beim Erlass von Individualsanktionen nicht. Sie vermögen aus dogmatischer Sicht eine eingeschränkte Menschenrechtsbindung des Rates bei einem quasi-hoheitlichen Tätigwerden gegenüber Individuen nicht zu rechtfertigen. Diese Konsequenz hat im Ergebnis auch der EuGH in seinem 1. Kadi-Urteil gezogen, als er es ablehnte, die grundrechtliche Vereinbarkeit den angegriffenen Unionsrechtsakt allein deshalb am eingeschränkten Maßstab des ius cogens zu prüfen, weil dieser der Umsetzung einer friedenssichernden Maßnahme des Sicherheitsrates diente:

> *283. Zudem sind nach ständiger Rechtsprechung die Grundrechte integraler Bestandteil der allgemeinen Rechtsgrundsätze, deren Wahrung der Gerichtshof zu sichern hat. Der Gerichtshof lässt sich dabei von den gemeinsamen Verfassungstraditionen der Mitgliedstaaten sowie von den Hinweisen leiten, die die völkerrechtlichen Verträge über den Schutz der Menschenrechte geben, an deren Abschluss die Mitgliedstaaten beteiligt waren oder denen sie beigetreten sind. Hierbei kommt der EMRK besondere Bedeutung zu (vgl. u. a. Urteil vom 26. Juni 2007, Ordre des barreaux francophones et germanophone u. a., C-305/05, Slg. 2007, I-5305, Randnr. 29 und die dort angeführte Rechtsprechung).*

> *284. Aus der Rechtsprechung des Gerichtshofs ergibt sich auch, dass die Achtung der Menschenrechte eine Voraussetzung für die Rechtmäßigkeit der Handlungen der Gemeinschaft ist (Gutachten 2/94, Randnr. 34) und dass* ***Maßnahmen, die mit der Achtung dieser Rechte unvereinbar sind, in der Gemeinschaft nicht als rechtens anerkannt werden können***[1223] *(Urteil vom 12. Juni 2003, Schmidberger, C-112/00, Slg. 2003, I-5659, Randnr. 73 und die dort angeführte Rechtsprechung).*

1220 Vgl. dazu auch *Moos*, in: *Bäumler/Daase/Schliemann u. a.* (Hrsg.), Akteure in Krieg und Frieden, 127 ff.

1221 Bzw. der Menschenrechtsbindung der UN-Behörden bei der Territorialverwaltung.

1222 D. h. die weitreichenden Kompetenzen, die ihm zur Wahrung des Weltfriedens eingeräumt worden sind, sowie das Fehlen einer institutionalisierten Rechtskontrolle.

1223 Hervorhebung durch den Autor.

285. Aus alledem folgt, ***dass die Verpflichtungen aufgrund einer internationalen Übereinkunft nicht die Verfassungsgrundsätze des EG-Vertrages beeinträchtigen können, zu denen auch der Grundsatz zählt, dass alle Handlungen der Gemeinschaft die Menschenrechte achten müssen***[1224]*, da die Achtung dieser Rechte eine Voraussetzung für ihre Rechtmäßigkeit ist, die der Gerichtshof im Rahmen des umfassenden Systems von Rechtsbehelfen, das dieser Vertrag schafft, überprüfen muss.*

5. Konsequenzen für die Menschenrechtsbindung des Sicherheitsrates beim Erlass von 1267er-Sanktionen

Da die Feststellung einer Eingriffslage nach Art. 39 UN-Charta nicht per se eine Notstandslage i. S. d. Art. 4 Abs. 1 IPBPR begründet, kommt eine Lockerung der Menschenbindung des Sicherheitsrates im Kontext des 1267er-Sanktionsregimes nur in Betracht, wenn die terroristische Bedrohung durch Al Qaida materiellrechtlich eine Notstandslage darstellt. Dies ist jedoch nicht der Fall. Es wurde bereits gezeigt, dass die Staaten sich nicht auf diese Bedrohung berufen können, um einen Notstand nach Art. 4 Abs. 1 IPBPR zu rechtfertigen.[1225] Gleiches gilt entsprechend für den Sicherheitsrat.[1226] Die von ihm erlassenen 1267er-Sanktionsresolutionen müssen demnach vollständig den Vorschriften des IPBPR bzw. den einschlägigen Regelungen des IPWSKR und der AEMR genügen.

C. Ergebnis

Die bisherigen Untersuchungen haben zu dem Ergebnis geführt, dass der Sicherheitsrat beim Erlass von Individualsanktionen ebenso wie die Staaten dem Grundsatz nach vollumfänglich an die im IPBPR – und an einzelne in der AEMR und dem IPWSKR – aufgeführten Menschenrechte gebunden ist. Er unterliegt bei der Einschränkung dieser Rechte einem strengen Verhältnismäßigkeitsmaßstab.[1227] Die dogmatische Grundlage für diese strenge Bindung bildet der Vorstaatlichkeitsgedanke der Menschenrechte. Hieraus folgt, dass der Umfang der menschenrechtlichen Bindung nicht vom Urheber des Grundrechtseingriffs abhängig sein kann. Für eine gelockerte Menschenrechtsbindung des Sicherheitsrates bei der Errichtung des 1267er-Sanktionsregimes hätte die von Al Qaida ausgehende terroristische Gefahr eine Notstandslage nach Art. 4 Abs. 1 IPBPR begründen, d. h. die Existenz der Staaten unmittelbar gefährden müssen. Dies ist jedoch nicht der Fall. Im folgenden Kapitel ist deshalb zu prüfen, welche Menschenrechte konkret durch die Sanktionen betroffen sind und ob die jeweiligen Eingriffe rechtmäßig erfolgen.

1224 Hervorhebung durch den Autor.

1225 S. dazu Teil III Kap. 4 § 4 B III 2 b.

1226 Ebenso *Feinäugle*, Hoheitsgewalt im Völkerrecht, 137.

1227 So im Ergebnis auch *Thallinger*, ZaöRV 67 (2007), 1015, 1031; *Fassbender*, IOLR 3 (2006), 437, 473; *Reinisch*, AJIL 95 (2001), 851, 853; *Brownlie*, in: *St. Macdonald* (Hrsg.), Essays in honour of Wang Tieya, 102.

Kapitel 5: Die Menschenrechtsprüfung im Einzelnen

§ 1: Die betroffenen Menschenrechte

A. Betroffene Menschenrechte natürlicher Personen

Als potentiell durch die Individualsanktionen verletzte Freiheitsrechte kommen das Recht auf Freizügigkeit (Art. 12 IPBPR), das Recht auf Achtung des Privat- und Familienlebens sowie auf Schutz vor rechtswidrigen Beeinträchtigungen der Ehre und des Rufes (Art. 17 IPBPR), die Eigentumsfreiheit (Art. 17 AEMR) sowie die Berufsfreiheit (Art. 6 Abs. 1 IPWSKR) in Betracht.[1228] Daneben ist eine mögliche Verletzung der in Art. 14 und Art. 2 Abs. 3 IPBPR genannten Rechte auf effektiven (gerichtlichen) Rechtsschutz in Erwägung zu ziehen.

I. Das Recht auf Freizügigkeit, Art. 12 IPBPR

1. Schutzbereich

Art. 12 IPBPR garantiert in seinem Abs. 1 jedermann, der sich rechtmäßig im Hoheitsgebiet eines Staates aufhält, das Recht, sich dort frei zu bewegen und seinen Wohnsitz frei zu wählen. Rechtmäßig hält sich auf, wer einen gültigen Einreise- bzw. Aufenthaltstitel des jeweiligen Staates besitzt.[1229] Nach Abs. 2 steht es jedermann frei, jedes Land einschließlich seines eigenen zu verlassen. Hierin enthalten ist das Recht, in jedes Land einreisen zu dürfen, das zur Aufnahme bereit ist.[1230]

1228 Z.T. werden auch Eingriffe in das Recht auf Leben (Art. 6 IPBPR) und in die Religionsfreiheit (Art. 18 IPBPR) diskutiert. Beim Recht auf Leben erfolgt dies vor der Überlegung, dass es einer gelisteten Person bei einer vollständigen finanziellen Isolation unmöglich wird, die zum Überleben notwendigen Lebensmittel zu erwerben. Das Sanktionsregime sieht aber seit der SR-Res. 1452/2002 ausdrücklich eine Freigabe der finanziellen Mittel vor, die zum Bestreiten des Lebensunterhaltes notwendig sind. Ein Eingriff in das Recht auf Leben scheidet somit aus. Was die Religionsfreiheit angeht, so bleibt die Beeinträchtigung – sofern man sie überhaupt bejaht – in ihrer Bedeutung weit hinter den im Haupttext genannten Rechten zurück. Dies liegt daran, dass mit den Sanktionen kein spezifisch-religiöses Verhalten verhindert werden soll. Im noch ausführlich zu behandelnden SAYADI/VINCK-Fall (Teil III Kap. 5 § 5 B) hat der UN-Menschenrechtsausschuss folglich die Zulässigkeit einer Beschwerde gegen die 1267er-Sanktionen, soweit sie sich auf eine Verletzung der Religionsfreiheit bezog, wegen mangelnder Substantiiertheit verneint. Gleichermaßen ist er bei der Vereinigungsfreiheit (Art. 22), dem Recht auf Gleichbehandlung (Art. 26) sowie bei den Minderheitenrechten (Art. 27) vorgegangen. S. dazu MRA, *Sayadi/Vinck*, Communication Nr. 1472/2006 v. 22.10.2008, Rn. 7.5.

1229 Der Aufenthalt im Staat der eigenen Staatsangehörigkeit ist immer rechtmäßig, s. dazu *Schilling*, Internationaler Menschenrechtsschutz, Rn. 232.

1230 *Schilling*, Internationaler Menschenrechtsschutz, Rn. 232.

2. Eingriff

Einen Eingriff stellt jede hoheitliche Verkürzung des Schutzbereichs gegen oder ohne Willen des Betroffenen dar.[1231] Das 1267er-Sanktionsregime legt den Staaten die Verpflichtung auf, gelisteten Personen die Ein- oder Durchreise durch ihr Staatsgebiet zu versagen, es sei denn, es handelt sich um eigene Staatsangehörige.[1232] Von diesem Ein- und Durchreiseverbot sind Ausnahmen nur zur Durchführung eines Prozesses oder in begründeten Einzelfällen möglich. Über Letztere entscheidet allein der Sanktionsausschuss.[1233] In dem Staat, in dem die sanktionierte Person ihren Wohnsitz unterhält, darf sie sich weiterhin frei bewegen.[1234]

Gelisteten Personen ist es vom Prinzip her unmöglich, in andere Staaten als ihren Heimatstaat zu reisen, selbst wenn sie die Voraussetzungen für die Erteilung eines Aufenthaltstitel erfüllen.[1235] Mithin liegt ein Eingriff in Art. 12 Abs. 2 IPBPR vor.

3. Ergebnis

Das 1267er-Sanktionsregime greift in Art. 12 Abs. 2 IPBPR ein.

II. Das Recht auf Achtung des Privat- und Familienlebens sowie auf Schutz der Ehre und des Rufes, Art. 17 IPBPR

Art. 17 Abs. 1 IPBPR enthält mehrere Gewährleistungen. Er schützt das Individuum vor willkürlichen oder rechtswidrigen Eingriffen in sein Privat- und Familienleben, in das Recht auf die Unverletzlichkeit der eigenen Wohnung und des eigenen Schriftverkehrs sowie vor rechtswidrigen Beeinträchtigungen der Ehre und des persönlichen Rufes.

1. Der Schutz des Privatlebens

a) Schutzbereich

Über den Begriff des „Privatlebens" in Art. 17 Abs. 1 IPBPR herrscht Uneinigkeit. Der MRA hat sich hierzu noch nicht abschließend geäußert.[1236] Drei Auffassungen – eine enge, eine weite und eine vermittelnde – sind zu unterscheiden. Die enge Auffassung fasst unter den Schutz der Privatsphäre lediglich den Schutz privater Daten.[1237] Sie ist schon aus semantischen Gründen abzulehnen, weil zum Privatleben mehr gehört als der Datenschutz. Die weite Auffassung setzt den Begriff des

---

1231 Vgl. dazu *Schilling*, Internationaler Menschenrechtsschutz, Rn. 50.
1232 Rn. 1 lit b. der jüngsten SR-Res. 1989/2011 v. 17.06.2011.
1233 S. dazu bereits Teil II Kap. 1 § 1 B IV 1 b.
1234 Vgl.dazu das NADA-Urteil des SCHWEIZER BUNDESGERICHTS, 1A.45/2007/daa v. 14.11.2007, EuGRZ 2008, 66 ff., Rn. 7.4 und 10.2.
1235 Sie bedürfen hierfür einer Erlaubnis durch den Sanktionsausschuss, s. dazu Teil II Kap. 1 § 1 B IV 1 b.
1236 Vgl. dazu *Joseph/Schultz/Castan*, CCPR, Rn. 16.01 f.
1237 S. dazu die Nachweise bei *Joseph/Schultz/Castan*, CCPR, 16.01, Fn. 5.

Privatlebens (*privacy*) in Anlehnung an das US-amerikanische Verfassungsrecht mit dem Recht gleich, zu tun und zu lassen was man will („*the right to be left alone*"). Dies würde im deutschen Verfassungsrecht der allgemeinen Handlungsfreiheit (Art. 2 Abs. 1 GG) entsprechen.[1238] Die weite Auffassung kann schon aus systematischen Gründen nicht überzeugen. Wie sich aus den nachfolgend genannten Schutzgütern der Familie, der Wohnung, des Schriftverkehrs und der persönlichen Ehre ergibt, kann der insoweit als Oberbegriff anzusehende Begriff des Privatlebens gemäß der zutreffenden vermittelnden Ansicht nur den Bereich erfassen, der einen wesentlichen Bezug zur individuellen Selbstbestimmung und zur individuellen Selbstabgrenzung aufweist und von der Gesellschaft entsprechend als autonomer Bereich des Individuums akzeptiert wird.[1239]

b) Eingriff

Die vollständige wirtschaftliche Isolation macht es gelisteten Personen quasi unmöglich, Aktivitäten, die dem ureigenen Bereich der Selbstbestimmung und der Selbstverwirklichung zuzuordnen sind – wie z. B. Hobbys oder die Pflege sozialer Beziehungen – nachzugehen. Mithin liegt ein (massiver) Eingriff in das Recht auf Achtung des Privatlebens vor.

2. Der Schutz der Ehre und des Rufes

a) Schutzbereich

Vom Schutz der Ehre und des Rufes ist der soziale Achtungsanspruch erfasst, den jedermann gegenüber der Gesellschaft verlangen kann.[1240]

b) Eingriff

Mit einer Listung geht eine Qualifikation der genannten Individuen als terrorverdächtige Personen einher, die über die Homepage des Sanktionsausschusses für jedermann ersichtlich ist. Das birgt die große Gefahr, dass sich zumindest Teile der Gesellschaft vorab und endgültig ein negatives Bild über die Person des Betroffenen bilden. Hierdurch wird ihr sozialer Geltungs- und Achtungsanspruch in empfindlicher Weise beeinträchtigt. Für das Vorliegen eines Eingriffs spielt es keine Rolle, ob und inwieweit die erhobenen Beschuldigungen der Wahrheit entsprechen. Dieser Aspekt wird erst bei der Rechtfertigung des Eingriffs relevant. Die Listung stellt

---

1238 So wohl *Schilling*, Internationaler Menschenrechtsschutz, Rn. 243.

1239 Vgl. dazu *Joseph/Schultz/Castan*, CCPR, Rn. 16.01; *Esser*, in: *Löwe/Rosenberg* (Hrsg.), StPO XI, Art. 17 IPBPR Rn. 1; *Nowak*, CCPR Commentary, Art. 17 Rn. 4 f.

1240 *Esser*, in: *Löwe/Rosenberg* (Hrsg.), StPO XI, Art. 17 IPBPR Rn. 167; *Nowak*, CCPR Commentary, versteht unter dem Begriff der Ehre das subjektive Bild des Individuums von sich selbst und unter Ruf die Wertschätzung durch Dritte, Nachweis bei *Joseph/Schultz/Castan*, CCPR Rn. 16.30.

mithin einen Eingriff in den Ruf und die Ehre der gelisteten Person dar.[1241] Zu diesem Ergebnis ist auch der EuGH in seinem 2. KADI-Urteil gekommen.[1242]

Hiergegen spricht auch nicht das SEGI-Urteil des EGMR.[1243] In dem zugrunde liegenden Sachverhalt befanden sich die Kläger auf einer EU-Liste zur Umsetzung der SR-Res. 1373/2001. Auf dieser Liste waren allerdings nicht die Personen und Organisationen verzeichnet, die mit Finanzsanktionen zu belegen waren, sondern ausschließlich diejenigen, bei denen die Staaten verstärkt im Bereich der polizeilichen und judiziellen Zusammenarbeit tätig werden sollten.[1244] Weil von der Aufnahme in diese Liste außer der Listung selbst keine konkreten, unmittelbar negativen Folgen für die Betroffenen ausgingen, wies der Gerichtshof die Klage als unzulässig weil offensichtlich unbegründet ab. Die von der Listung ausgehende Beeinträchtigung sei von ihrem Gewicht her zu schwach, um eine Verletzung der Konventionsrechte als möglich erscheinen zu lassen.[1245] Allerdings wies der Gerichtshof in diesem Zusammenhang darauf hin, dass sich eine Listung nach Art. 4 Abs. 1 des Gemeinsamen

---

1241 S. dazu auch das Gutachten des UN-Menschenrechtsausschusses in der Sache SAYADI/VINCK. MRA, *Sayadi/Vinck*, Communication Nr. 1472/2006 v. 22.10.2008, CCPR/C/94/D/1472/2006, Rn. 10.12. Ausführlich hierzu Teil III Kap. 5 § 5 B. Vgl. dazu auch *Krocker*, EuR 2008, 378, 384, m. w. N.

1242 EuGH, Urt. v. 18.07.2013, Rs. C-584/10 P, C-593/10 P und C-595/10 P, EuGRZ 2013, 389, 400, Rn. 132.

1243 EGMR, *Segi*, Application No. 6422/02, und *Gestoras pro amnistía*, Application No. 9916/02, Entscheidungen v. 23.05.2002 bzw. 16.05.2002, ECHR 2002-V.

1244 Art. 4 Abs. 1 des Gemeinsamen Standpunktes 2001/931/GASP v. 27.12.2001, der folgenden Wortlaut hat: „Die Mitgliedstaaten leisten einander im Wege der polizeilichen und justiziellen Zusammenarbeit in Strafsachen im Rahmen von Titel VI des Vertrags zur Gründung der Europäischen Gemeinschaft möglichst weitgehende Amtshilfe bei der Prävention und Bekämpfung von Terroranschlägen. Zu diesem Zweck nutzen sie in Bezug auf Ermittlungen und Verfahren gegen bestimmte im Anhang aufgeführte Personen, Vereinigungen oder Körperschaften, die von ihren Behörden geführt werden, auf Ersuchen ihre Befugnisse aufgrund von Rechtsakten der Europäischen Union und anderen für die Mitgliedstaaten bindenden internationalen Übereinkünften, Regelungen und Übereinkünften in vollem Umfang."

1245 EGMR, *Segi*, Application No. 6422/02, und *Gestoras pro amnistía*, Application No. 9916/02, Entscheidungen v. 23.05.2002 bzw. 16.05.2002, ECHR 2002-V. „The mere fact that the names of two of the applicants (Segi and Gestoras Pro-Amnistía) appear in the list referred to in that provision as "groups or entities involved in terrorist acts" may be embarrassing, but the link is much too tenuous to justify application of the Convention. The reference in question, which is limited to Article 4 of the common position, does not amount to the indictment of the "groups or entities" listed and still less to establishment of their guilt. In the final analysis, the applicant associations are only concerned by the improved cooperation between member States on the basis of their existing powers and they must accordingly be distinguished from the persons presumed to be actually involved in terrorism who are referred to in Articles 2 and 3 of the common position."

Standpunktes 2001/931/GASP von der nach Art. 2 und 3 unterscheide, bei denen die Personen als Terrorverdächtige qualifiziert und mit Finanzsanktionen belegt werden.[1246] Diese Passage bestätigt mithin die hier vertretene These eines von einer 1267er-Listung ausgehenden Eingriffs in das Privatleben.[1247]

3. Der Schutz des Familienlebens

a) Schutzbereich

Der Begriff der Familie umfasst neben der Kernfamilie aus Eltern und Kindern auch die weitere Familie um Enkel oder Großeltern.[1248] Geschützt wird im Wesentlichen das (harmonische) Zusammenleben der Familienmitglieder vor negativer hoheitlicher Einflussnahme.[1249]

b) Eingriff

Die Individualsanktionen greifen in das Recht auf Achtung des Familienlebens ein. Die wirtschaftliche Isolation eines (engeren) Familienmitglieds hat unmittelbar negative Folgen für die wirtschaftliche Gesamtsituation der Familie. Das Reiseverbot macht darüber hinaus ein gemeinsames Verreisen der Familie quasi unmöglich. Dieser auf der Familie lastende Druck steigert das Konfliktpotential zwischen den einzelnen Familiengliedern in beträchtlicher Weise. Mithin liegt ein Eingriff in das von Art. 17 I IPBPR verbürgte Recht auf Achtung des Familienlebens vor.[1250] Individuell betroffen ist nicht nur die gelistete Person, sondern jedes (engere) Familienmitglied.

4. Ergebnis

Eine Listung nach dem 1267er-Sanktionsregime begründet einen Eingriff in die von Art. 17 Abs. 1 IPBPR geschützten Rechte auf Achtung des Privat- und Familienlebens sowie auf den Schutz der Ehre und des Rufes.

III. Die Achtung der Berufsfreiheit, Art. 6 Abs. 1 IPWSKR

Art. 6 Abs. 1 IPWSKR schützt die freie Berufswahl und Berufsausübung. Ob mit einer Listung ein Eingriff in die Freiheit der Berufsausübung sanktionierter Personen einhergeht, ist umstritten. Das EuG hat in seinem Ayadi-Urteil einen Eingriff

---

1246 So heißt in der Entscheidung explizit: „With more particular regard to Article 8 of the Convention, pleaded by the applicants who are natural persons, the Court notes that their names do not appear in the list annexed to Common Position 2001/931/CFSP."

1247 A. A. *Meyer*, HRRS 11 (2010), 74, 77.

1248 *Schilling*, Internationaler Menschenrechtsschutz, Rn. 262.

1249 Vgl. *Schilling*, Internationaler Menschenrechtsschutz, Rn. 268.

1250 So auch der EuGH in seinem 2. Kadi-Urteil, Urt. v. 18.07.2013, Rs. C-584/10 P, C-593/10 P und C-595/10 P, EuGRZ 2013, 389, 400, Rn. 132.

abgelehnt.[1251] Es verwies darauf, dass eine Listung der Fortführung einer beruflichen Tätigkeit nicht entgegensteht.[1252] Lediglich ein Teil des beruflichen Verdienstes – nämlich der, der über das hinausgeht, was zur Bestreitung des Lebensunterhalts notwendig ist – werde eingefroren.[1253] Für die Annahme eines Eingriffs reiche dies nicht aus.[1254]

Die Sichtweise des EuG vermag nicht zu überzeugen.[1255] Die von einer Listung ausgehende Beeinträchtigung, die eine gelistete Person im Bereich ihrer beruflichen Freiheit trifft, geht weit über das Einfrieren ihres Verdienstes hinaus. Für Angestellte führt eine Listung fast zwangsläufig zum Verlust der Arbeitsstelle, weil dem Arbeitgeber eine Weiterbeschäftigung, die ihn nicht in Konflikt mit dem Einfrierungsge- bzw. dem Bereitstellungsverbot bringt, so gut wie unmöglich sein wird. Auch Selbstständigen wird durch die Finanzsanktionen ihre berufliche Tätigkeit erheblich erschwert.[1256] Mithin geht von einer Listung ein Eingriff in die Freiheit der Berufsausübung nach Art. 6 Abs. 1 IPWSKR aus.[1257]

IV. Das Recht auf Achtung des Privateigentums, Art. 17 AEMR

1. Schutzbereich

Nach Art. 17 Abs. 1 AEMR hat jedermann das Recht, sowohl allein als auch in Gemeinschaft mit anderen Eigentum innezuhaben. Nach Abs. 2 darf niemand willkürlich seines Eigentums beraubt werden. Dem völkerrechtlichen Eigentumsbegriff unterfällt zumindest jede Rechtsposition des Privatrechts, die einen wirtschaftlichen Wert hat und veräußerungsfähig ist.[1258] Geschützt wird das Recht, mit dem Gegenstand des Eigentums nach Belieben zu verfahren, beispielsweise ihn zu nutzen, zu vermieten oder zu verkaufen.[1259]

2. Eingriff

Nach den Vorschriften des Sanktionsregimes sind die Staaten dazu verpflichtet, sämtliche Vermögenswerte gelisteter Personen und Organisationen einzufrieren und sicherzustellen, dass ihnen von dritter Seite keine Vermögenswerte zur Verfügung

---

1251 EuG, Urt. v. 12.07.2006, Rs. T-253/02, Slg. 2006, II-02139, Rn. 129.

1252 S. dazu auch das Dokument 8666/08 des Rats der EU über bewährte Praktiken v. 21.04.2008, Rn. 56.

1253 Vgl. dazu EuG, Urt. v. 12.07.2006, Rs. T-253/02, Slg. 2006, II-02139, Rn. 129.

1254 Vgl. dazu EuG, Urt. v. 12.07.2006, Rs. T-253/02, Slg. 2006, II-02139, Rn. 129.

1255 So auch *Macke*, UN-Sicherheitsrat und Strafrecht, 274.

1256 So auch *Macke*, UN-Sicherheitsrat und Strafrecht, 274.

1257 Dies hat auch der EuGH in seinem 2. KADI-Urteil (Urt. v. 18.07.2013, Rs. C-584/10 P, C-593/10 P und C-595/10 P, EuGRZ 2013, 389, 400, Rn. 132), allerdings bezogen auf die VO 881/2002, festgestellt.

1258 S. dazu bereits Teil III Kap. 4 § 3 C III 1.

1259 Vgl. *Schilling*, Internationaler Menschenrechtsschutz, Rn. 432.

gestellt werden.[1260] Hierdurch wird die selbstbestimmte Nutzung von Vermögenswerten praktisch aufgehoben. Ein Eingriff in die Eigentumsfreiheit ist somit zu bejahen. Zu klären bleibt lediglich, ob er bereits die Qualität einer Enteignung i. S. d. Art. 17 Abs. 2 UN-Charta erreicht. Eine Enteignung setzt den vollständigen und dauerhaften Entzug einer Eigentumsposition voraus.[1261] Durch das Einfrieren wird den sanktionierten Personen zwar der Zugriff auf sämtliche ihrer Vermögenswerte entzogen, allerdings nur für die Zeit ihrer Listung. Mit Aufhebung der Listung fällt die Verfügungsgewalt wieder vollständig auf sie zurück. Dieser Umstand spricht gegen die Annahme einer Enteignung. Zwar unterliegt die Listung keiner zeitlichen Beschränkung, doch ist die einmal getroffene Listungsentscheidung nicht für alle Zeiten festgeschrieben. Nur ein Einfrieren ad infinitum käme vom Ergebnis her einer Enteignung gleich.[1262] Hier hat die gelistete Person aber selbst die Möglichkeit, ihre Streichung von der Sanktionsliste zu erwirken.[1263] Deren Richtigkeit wird zudem periodisch vom Sanktionsausschuss überprüft.[1264] Mithin stellen die Sanktionsvorschriften über das Einfrieren von Vermögenswerten keine Enteignung nach Art. 17 Abs. 2, sondern lediglich einen Eingriff in die Eigentumsfreiheit nach Art. 17 Abs. 1 AEMR dar.

3. Ergebnis

Das gegenwärtige Sanktionsregime greift in die Eigentumsfreiheit gelisteter Personen und Organisationen ein.[1265]

V. Zwischenergebnis

Eine Listung im Rahmen des 1267er-Sanktionsregimes begründet Eingriffe in das Recht natürlicher Personen auf Freizügigkeit, das Recht auf Achtung des Privat- und Familienlebens, des Schutzes der Ehre und des Rufes sowie der Achtung des Privateigentums.

B. Betroffene Menschenrechte von Personenvereinigungen

Wenig Beachtung hat in der bisherigen Diskussion die Frage erfahren, ob die Menschenrechtsbindung des Sicherheitsrates beim Erlass von Individualsanktionen

---

1260 Rn. 1 lit. a der aktuellen SR-Res. 1989/2011 v. 17.06.2011.

1261 Vgl. dazu *Schilling*, Internationaler Menschenrechtsschutz, Rn. 428 ff.

1262 Vgl. hierzu auch die Ausführungen des EuG in Rn. 150 seines 2. Kadi-Urteils, Urt. v. 30.09.2010, Rs. T-85/09, Slg. 2010, II-05177.

1263 Hierauf weist auch der EuGH in seinem 1. Kadi-Urteil hin, Urt. v. 03.09.2008, Verbundene Rs. C-402/05 P und C-415/05 P, Slg. 2008, I-06351, Rn. 365.

1264 S. Rn. 10 lit. d) ff. der Richtlinien zur Arbeitsweise des Sanktionsausschusses v. 15.04.2013.

1265 Vgl. dazu auch EuGH, Urt. v. 03.09.2008, Verbundene Rs. C-402/05 P und C-415/05 P, Slg. 2008, I-06351, Rn. 358.

auch gegenüber Personenvereinigungen besteht. Denn auch sie können in die Sanktionsliste aufgenommen werden. Zugleich besitzen sie mittlerweile ebenso wie Privatpersonen das Recht, im Delisting-Verfahren ihre Streichung von der Sanktionsliste zu beantragen.[1266]

Eine entsprechende Anwendung von Menschenrechtsnormen auf Personenvereinigungen ist jedoch nicht generell möglich, sondern lediglich bei solchen Rechten, die dies ihrem Wesen nach zulassen.[1267] Mit Blick auf die durch die Sanktionen beeinträchtigen Individualrechte[1268] kommt dies nur bei den Artt. 2 Abs. 3, 14 IPBPR[1269], Art. 6 Abs. 1 IPWSKR[1270] und Art. 17 AEMR[1271] in Betracht. Bei Letzterem bereitet die Einbeziehung von Personenvereinigungen in den persönlichen Schutzbereich relativ wenig Probleme. Die universelle völkergewohnheitsrechtliche Geltung des Art. 17 AEMR leitet sich zu großen Teilen aus dem fremdenrechtlichen Eigentumsschutz ab.[1272] Von dessen Schutzbereich sind jedoch nicht nur ausländische natürliche, sondern auch juristische Personen umfasst.[1273] Dies spricht dafür, auch für Art. 17 AEMR eine entsprechende Schutzwirkung für Personenvereinigungen anzunehmen, zumal kein sachlicher Grund ersichtlich ist, warum das Eigentum ausländischer Personenvereinigungen geschützt sein soll, das inländischer aber nicht.

Bei den übrigen Grundrechten fällt die Einbeziehung von Personenvereinigungen in den persönlichen Schutzbereich hingegen deutlich schwerer. Hinsichtlich der IPBPR-Rechte besteht das Problem, dass nach Art. 1 des 1. FP IPBPR anders als z. B. bei Art. 44 AMRK oder Art. 34 EMRK nur Einzelpersonen (*individuals*) vor dem MRA beschwerdefähig sind. Angesichts des klaren Wortlauts der Vorschrift hat der Ausschuss bislang jede von Personenvereinigungen eingereichte Beschwerde als unzulässig abgelehnt. Diese Regel hat er lediglich insoweit gelockert, als er Individualbeschwerden natürlicher Personen, die hinter einer juristischen Person oder einer sonstigen Vereinigung stehen, zulässt, sofern diese durch die mutmaßliche Verletzung selbst betroffen sind.[1274] Hiervon geht der MRA dann aus, wenn die betroffenen Rechte untrennbar mit der natürlichen Person verbunden sind.[1275] Eine konsistente Spruchpraxis, wann eine solche Verbundenheit vorliegen soll, hat der Ausschuss bislang jedoch nicht entwickeln können.[1276] Unabhängig davon, ob eine

---

1266 S. Rn. 7 lit x) der Richtlinien zur Arbeitsweise des Sanktionsausschusses.
1267 Vgl. insoweit die Regelung des Art. 19 Abs. 3 GG.
1268 S. dazu die vorangegangenen Ausführungen unter Teil III Kap. 5 § 1 A.
1269 Recht auf eine effektive Beschwerde bzw. gerichtlichen Rechtsschutz.
1270 Recht auf Achtung der Berufsfreiheit.
1271 Recht auf Privateigentum.
1272 S. dazu Teil III Kap. 4 § 3 C III 2 b bb.
1273 *Doehring*, Völkerrecht, Rn. 882, m. w. N.
1274 S, z. B. *B.d.B. et al. v. the Netherlands*, Communication Nr. 273/1988 v. 30.03.1989, A/44/40 (1989), Annex XI.F (S. 286) = CCPR/C/OP/3 (2002), 37, § 2.1.
1275 So z. B. in *Singer v. Canada*, Communication Nr. 455/1991 v. 22.07.1994, A/49/40 II (1994), Annex IX.Y, § 11.2. Kritisch hierzu *Joseph/Schultz/Castan*, CCPR, Rn. 3.14.
1276 Vgl. dazu auch *Joseph/Schultz/Castan*, CCPR, Rn. 3.14.

natürliche Verbundenheit vorliegt – der MRA hat dies im Falle des Art. 14 IPBPR verneint – bleibt es jedoch dabei, dass eine Personenvereinigung allensfalls mittelbar über das 1. FP IPBPR geschützt wird.

Indes steht die Spruchpraxis des MRA der Annahme einer unmittelbaren Menschenrechtsverpflichtung des Sicherheitsrates gegenüber Personenvereinigungen auch in Bezug auf die Paktrechte nicht unweigerlich entgegen. Sie schließt genau genommen ja nur ein individuelles Beschwerderecht von Personenvereinigungen vor dem MRA, nicht aber ihren Schutz durch den IPBPR selbst aus. Für eine entsprechende Bindung des Sicherheitsrates an die Artt. 2 Abs. 3, 14 IPBPR sowie Art. 6 Abs. 1 IPWSKR spricht entscheidend, dass er den Schutz von Personenvereinigungen von sich aus in die Sanktionsresolutionen aufgenommen hat. Dogmatisch lässt sich auf dieser Grundlage eine Bindung über den Grundsatz von Treu und Glauben herleiten.[1277] Wenn der Sicherheitsrat auch Personenvereinigungen ein Individualbeschwerderecht einräumt, signalisiert er damit, dass sie den gleichen Schutz genießen sollen wie Individuen. Deshalb müssen auch die gleichen Menschenrechtsnormen zur Anwendung kommen.[1278] Auch die UN-Generalversammlung ist wie selbstverständlich davon ausgegangen, dass die Rechte von Personenvereinigungen in gleicher Weise wie die von Individuen beim Erlass von Individualsanktionen zu schützen sind.[1279]

Mithin hat der Sicherheitsrat beim Erlass von Individualsanktionen die Rechte von Personenvereinigungen auf Schutz ihres Eigentums (Art. 17 AEMR), ihrer wirtschaftlichen Bestätigungsfreiheit (Art. 6 Abs. 1 IPWSKR) sowie auf eine effektive (gerichtliche) Beschwerdemöglichkeit (Art. 2 Abs. 3 bzw. Art. 14 IPBPR) zu achten. Ein Eingriff in Art. 17 Abs. 1 AEMR sowie in Art. 6 Abs. 1 IPWSKR ist zu bejahen.[1280] Insoweit kann auf die Ausführungen zur Grundrechtsbetroffenheit natürlicher Personen verwiesen werden.

C. Ergebnis

Mit dem Erlass von Individualsanktionen greift der Sicherheitsrat in die Rechte natürlicher Personen sowie Personenvereinigungen nach Art. 17 Abs. 1 AEMR, Art. 6 Abs. 1 IPBPR ein. Bei natürlichen Personen kommt es zusätzlich zu Eingriffen in das Recht auf Freizügigkeit (Art. 12 IPBPR) sowie auch Achtung des Privatlebens (Art. 17 IPBPR).

1277 S. hierzu bereits Teil III Kap. 4 § 2 C.

1278 Vgl. dazu speziell für das Recht auf effektiven Rechtsschutz *Fassbender*, IOLR 3 (2006), 437, 12.14.

1279 Hierauf weist Fassbender, IOLR 3 (2006), 437, Rn. 12.14, zu Recht hin.

1280 Zu einer möglichen Beeinträchtigung der Artt. 2 Abs. 3 resp. 14 IPBPR s. sogleich unter Teil III Kap. 5 § 3 B.

§ 2: Die Eingriffsrechtfertigung

Es bietet sich an, die Rechtmäßigkeit der einzeln festgestellten Eingriffe nachfolgend zusammen zu prüfen. Dieser an sich ungewöhnliche Vorgang rechtfertigt sich durch den Umstand, dass bei allen betroffenen Rechten ein Eingriff zum Schutz der öffentlichen Ordnung zulässig ist.[1281] Der Begriff der öffentlichen Ordnung ist dabei besonders weit auszulegen. Er umfasst die Abwesenheit jeglicher Unordnung.[1282] Hierunter fallen neben dem Schutz der öffentlichen Sicherheit und der Verhütung von Straftaten der Schutz aller universal akzeptierten, fundamentalen Prinzipien, auf denen eine demokratische Gesellschaft beruht.[1283] Für eine einheitliche Prüfung spricht zudem, dass die Verhältnismäßigkeit bei allen konstatierten Eingriffen von den gleichen Parametern abhängig ist.

Allgemein formuliert ist ein Eingriff rechtmäßig, wenn er auf einer gesetzlichen Bestimmung beruht, der mit ihm verfolgte Zweck mit den Bestimmungen

---

1281 Für die in Art. 12 IPBPR verbürgte Freizügigkeit ergibt sich dies unmittelbar aus deren Absatz 3, für die Eigentumsfreiheit (Art. 17 AEMR) aus Art. 29 Abs. 2 AEMR. Lediglich bei den Art. 17 Abs. 1 IPBPR und Art. 6 Abs. 1 IPWSKR bleibt die öffentliche Ordnung als Schranke unerwähnt. In Art. 17 Abs. 1 IPBPR ist lediglich allgemein davon die Rede, dass rechtswidrige und willkürliche Eingriffe unzulässig sind. Rechtswidrig ist ein Eingriff, der nicht in Einklang mit der nationalen Rechtsordnung steht, Gollwitzer, Menschenrechte im Strafverfahren, Art. 17 IPBPR Rn. 13. Willkür liegt u. a. dann vor, wenn der Eingriff bei einer Gesamtbetrachtung des Paktes nicht einem legitimen Zweck dient, Nowak, CCPR Commentary, Art. 17 Rn. 12; Gollwitzer, Menschenrechte im Strafverfahren, Art. 17 Rn. 15. Wann ein legitimer Zweck besteht, ergibt sich u. a. aus den in den anderen Artikeln genannten Schranken, d. h. z. B. aus den Artt. 12 Abs. 3, 18 Abs. 3, 19 Abs. 3 etc. S. dazu Nowak, CCPR Commentary, Art. 17 Rn. 13; Gollwitzer, Menschenrechte im Strafverfahren, Art. 17 Rn. 15. Die öffentliche Ordnung als Schranke des Art. 12 Abs. 3 ist demnach auch bei Art. 17 Abs. 1 IPBPR anzuwenden.
Auf ähnliche Weise lässt sie sich als Schranke der Berufsfreiheit in Art. 6 Abs. 1 IPWSKR bestimmen. Nach Art. 4 IPWSKR darf ein Staat die Ausübung der von ihm gemäß diesem Pakt gewährleisteten Rechte nur solchen Einschränkungen unterwerfen, die gesetzlich vorgesehen und mit der Natur dieser Rechte vereinbar sind und deren ausschließlicher Zweck es ist, das allgemeine Wohl in einer demokratischen Gesellschaft zu fördern. Auch bei der Konkretisierung dieser allgemein formulierten Schranke wird man sich an den speziellen Eingriffsvoraussetzungen einzelner Paktrechte orientieren können. Als eine solche konkrete Schranke wird in Art. 8 Abs. 1 lit. c IPWSKR wiederum die öffentliche Ordnung genannt.

1282 So *Schilling*, Internationaler Menschenrechtsschutz, Rn. 68; *Nowak*, CCPR Commentary, Art. 12 Rn. 39.

1283 *Nowak*, CCPR Commentary, Art. 12 Rn. 39.

und Zielen von IPBPR, IPWSKR und AEMR[1284] vereinbar ist und die Grenzen der Verhältnismäßigkeit gewahrt bleiben.[1285]

A. *Vorliegen einer gesetzlichen Grundlage*

Auch im Recht der internationalen Menschenrechte gilt der Grundsatz, dass jeder hoheitliche Eingriff einer gesetzlichen Grundlage bedarf.[1286] Zu klären ist deshalb, ob die das 1267er-Sanktionsregime konstituierenden Sicherheitsratsresolutionen eingriffsrechtfertigende Gesetze darstellen. Zwar verkürzen formal nicht die Sanktionsresolutionen des Sicherheitsrates die individuellen Freiheiten, sondern die von den Mitgliedstaaten zu ihrer Umsetzung erlassenen nationalen Rechtsakte.[1287] Der Sicherheitsrat gibt jedoch sowohl die Sanktionen als über den Sanktionsausschuss auch die Namen der zu sanktionierten Personen konkret vor. Die Mitgliedstaaten können und müssen diese Vorgaben nur mechanisch umsetzen; ein Spielraum verbleibt ihnen hierbei nicht. Wertungsmäßig gehen die festgestellten Grundrechtseingriffe daher auf den Sicherheitsrat zurück. Mit Blick auf einen möglichst effektiven Menschenrechtsschutz rechtfertigt dies, die Frage der Gesetzesqualität von Sicherheitsratsresolutionen als Grundlage für die Einschränkung grundrechtlicher Gewährleistungen zu stellen.

Eine erste Diskussion hat diese Frage im Zusammenhang mit der Errichtung des UN-Sondertribunals für das ehemalige Jugoslawien erfahren. Im TADIĆ-Fall hatte der Berufungsführer geltend gemacht, Art. 14 Abs. 1 S. 2 IPBPR setze die Errichtung des Gerichts durch einen gesetzgeberischen, demokratisch kontrollierten Rechtsakt und nicht durch ein Exekutivorgan, wie der Sicherheitsrat eines sei, voraus.[1288]

Das Berufungsgericht ist dieser Argumentation nicht gefolgt. Es wies darauf hin, dass die Organe der UN nicht den Kategorien zugeordnet werden könnten, wie sie aus der Lehre zur Gewaltenteilung innerhalb von Staaten bekannt seien. Deshalb könne die vom Beschwerdeführer vorgebrachte Definition des Gesetzes nur auf Staaten, nicht aber auf den Sicherheitsrat angewendet werden.[1289] Möglich sei eine

1284 Für Art. 17 AEMR resp. mit denen der AEMR.

1285 Vgl. konkret für den IPBPR MRA, General Comment 27, Rn. 14 f.; *Schilling*, Internationaler Menschenrechtsschutz, Rn. 49.

1286 Für die Rechte der AEMR – insbesondere für den hier interessierenden Art. 17 AEMR – ist dies in Art. 29 Abs. 2 AEMR allgemein festgeschrieben.

1287 Im Falle der EU-Mitgliedstaaten resp. auf die Maßnahmen der EU, in deren Zuständigkeit die Umsetzung der Sanktionsresolutionen zum größten Teil fiel. S. dazu Teil II. Einen unmittelbaren Eingriff wird man indes hinsichtlich des Rechts auf Achtung der persönlichen Ehre und Rufes annehmen können, da bereits von der Aufnahme in die Sanktionsliste des Sicherheitsrates eine stigmatisierende Wirkung ausgeht.

1288 S. Rn. 43 des TADIĆ-Urteils der Berufungskammer, IT-94-1-AR72 v. 15.10.1995, abgedruckt in: 35 I.L.M. 35 (1996).

1289 Rn. 43 des TADIĆ-Urteils der Berufungskammer, IT-94-1-AR72 v. 15.10.1995, abgedruckt in: 35 I.L.M. 35 (1996).

Auslegung des Gesetzesbegriffs dahin gehend, dass er nicht zwingenderweise ein Parlament erfordere, sondern lediglich eine mit Entscheidungsgewalt ausgestattete Einrichtung.[1290] Diese Voraussetzung erfülle der Sicherheitsrat.

Diese Ansicht verdient Zustimmung. Nimmt man Sicherheitsratsresolutionen vom Begriff des Gesetzes im IPBPR und anderen internationalen Menschenrechtspakten aus, dann wären dem Sicherheitsrat von vornherein Eingriffe in Individualrechte verwehrt. Die Erfüllung der dem Sicherheitsrat übertragenen Aufgabe zur Wahrung und Sicherung des Weltfriedens wäre dadurch massiv gefährdet, da mittlerweile auch nichtstaatliche Akteure die internationale Sicherheit nachhaltig gefährden können.[1291] Die besondere Rolle des Sicherheitsrates bei der Friedenswahrung bedarf deshalb bei der Auslegung des Gesetzesbegriffs in internationalen Menschenrechtspakten einer besonderen Berücksichtigung. Dies gilt umso mehr, als die dort enthaltenden Regelungen aus einer Zeit stammen, in der fast ausschließlich Staaten hoheitlich gegenüber Individuen tätig wurden. An ein (quasi-)hoheitliches Tätigwerden insbesondere des Sicherheitsrates war damals noch nicht zu denken. Die Einbeziehung von Sicherheitsresolutionen unter den Gesetzesbegriff internationaler Menschenrechtspakte stellt auch keine Auslegung contra legem dar, da sich Begriffe wie *„lawfully“* oder *„established by law“* unter Berücksichtigung der besonderen Stellung des Sicherheitsrates als *„internationally lawfully“* oder *„established in accordance with international law“* lesen lassen.[1292] Die Resolutionen des Sicherheitsrates müssten hiernach nur formell rechtmäßig zustande gekommen sein, um als grundrechtseinschränkende Gesetze angesehen werden zu können. Einer solchen Interpretation wäre allerdings dann zu widersprechen, wenn sie in nicht mehr tolerierbarem Maße zulasten des Individualrechtsschutzes ginge. Klammert man die Aspekte Demokratie- und Gewaltenteilungsprinzip unter Berücksichtigung der besonderen Funktion des Sicherheitsrates aus dem Gesetzesbegriff aus, so bleibt noch das Erfordernis, dass die Voraussetzungen eines Eingriffs vorab abstrakt-generell (und präzise[1293]) festgelegt sein müssen. Dieses Erfordernis wird von den 1267er-Sanktionsresolutionen aber erfüllt. Mithin beruhen die 1267er-Sanktionen auf einer ausreichenden normativen Grundlage.

B. Die Verhältnismäßigkeit des Eingriffs

Im IPBPR – wie auch im IPWSKR und in der AEMR – findet der Grundsatz der Verhältnismäßigkeit keine explizite Erwähnung. Vielmehr ist davon die Rede, dass nur notwendige Eingriffe zulässig sind. Vom Ergebnis her aber vollzieht der MRA – wie

---

1290 Rn. 44 des Tadić-Urteils der Berufungskammer, IT-94-1-AR72 v. 15.10.1995, abgedruckt in: 35 I.L.M. 35 (1996).

1291 Vgl. hierzu bereits Teil III Kap. 3 § 1 D V.

1292 Rn. 45 des Tadić-Urteils der Berufungskammer, IT-94-1-AR72 v. 15.10.1995, abgedruckt in: 35 I.L.M. 35 (1996). S. dazu auch *Trautwein*, ZRP 1995, 87, 88.

1293 Auf die Bestimmtheitsanforderungen, die an die Sanktionsregelungen zu stellen sind, wird noch gesondert einzugehen sein. S. dazu Teil III Kap. 5 § 4.

übrigens auch der EGMR im Rahmen der EMRK – dieselbe Verhältnismäßigkeitsprüfung, wie sie aus dem deutschen Verfassungs- und Verwaltungsrecht bekannt ist. Notwendig ist ein Eingriff immer dann, wenn er einen legitimen Zweck verfolgt und das gewählte Mittel zur Verwirklichung dieses Zwecks geeignet, erforderlich und angemessen ist.[1294]

I. Legitimer Zweck

Eingriffe in die von den Sanktionen betroffenen Individualrechte sind zum Schutz der öffentlichen Ordnung zulässig.[1295] Das 1267er-Sanktionsregime dient der Bekämpfung terroristischer Gefahren, die von Al Qaida und den mit ihr assoziierten Personen und Organisationen für den Weltfrieden ausgehen. Es verfolgt mithin einen legitimen Zweck.

II. Geeignetheit

Geeignet ist jede Maßnahme, die zur Verwirklichung des verfolgten Zwecks zumindest teilweise beiträgt.[1296] An der Wirksamkeit des Sanktionsregimes sind – z.T. erhebliche – Bedenken geäußert worden.[1297] Zu den Problemen, die konkret die Wirksamkeit der Finanzsanktionen infrage stellen, sind u. a. die massiven Schwierigkeiten beim Aufspüren der Gelder, die zu Terrorzwecken eingesetzt werden sollen, zu rechnen. Darüber hinaus existieren verschiedene Möglichkeiten, mit denen die Finanzsanktionen relativ einfach umgegangen werden können. Hierzu zählen insbesondere das informelle *Hawala*-Zahlungssystem[1298],der Einsatz von

---

1294 Vgl. dazu *Schilling*, Internationaler Menschenrechtsschutz, Rn. 49, 71.

1295 S. dazu bereits Teil III Kap. 5 § 2.

1296 Vgl. dazu MRA, General Comment 27, Rn. 14; *Nowak*, CCPR Commentary, Art. 12 Rn. 37.

1297 S. dazu auch *Dahme*, Terrorismusbekämpfung, 521 ff; *Schulte*, Der Schutz individueller Rechte gegen Terrorlisten, 69 ff.; 74 ff.

1298 Das Hawala-System lässt sich am besten anhand eines Beispiels verdeutlichen: Der in Köln lebende Einwanderer E möchte seiner Familie F in pakistanischen Islamabad Geld in Höhe von 3.000 € zukommen lassen. Dazu begibt er sich in Köln zu einem Hawaladar (Finanzhändler) und zahlt dort die Summe zzgl. einer Provision ein. Im Gegenzug erhält er einen – meist lediglich auf einem Zettel festgehalten – Geheimcode, zusammen mit der Adresse des Hawaladars in Pakistan, mit dem sein Händler in Geschäftsbeziehung steht. Code und Adresse gibt E an seine Familie in Islamabad weiter. Diese geht anschließend zum dort ansässigen Hawaladar, der mittlerweile vom Händler in Deutschland sowohl den Code als auch die Information über die auszuzahlende Summe empfangen hat und den entsprechenden Betrag zu einem günstigeren als den offiziellen Wechselkurs an F auszahlt. Der Ausgleich zwischen den Händlern erfolgt dann über die Verrechnung der gegenseitig bestehenden Forderungen. Bei zu groß gewordenem Ungleichgewicht wird die entsprechende Ausgleichssumme entweder von einem Geldboten überbracht oder aber in Form von Waren wie Schmuck o.ä. geliefert.

Geldboten[1299] oder die Geldwäsche über internationale islamische Wohlfahrtsorganisationen.[1300] Hinzu kommt, dass für die Begehung von Terroranschlägen kleineren

Öffentlich zu erkennen sind die Hawaladare nicht. Sie bieten ihre Dienste nicht in einem offiziellen Büro an, sondern gehen im Alltag häufig einer anderen Tätigkeit nach, z.B. als Dönerbudenbesitzer, Obst- und Gemüsehändler oder Importeur/ Exporteur von Gebrauchtwagen. Die Gründe für die verbreitete Nutzung des Hawala-Systems liegen neben religiösen Motiven in der Anonymität der Zahlung, den kaum vorhandenen Dokumentationspflichten, den geringen Kosten und der Schnelligkeit des Geldtransfers, der zuweilen schon innerhalb von 24 Stunden erfolgt. Der Einzahlende spart sich die hohen Bankgebühren und eventuell unangenehme Fragen vom Finanzamt, die Hawaladare verdienen an ihrer Provision und dem Wechselkurs und der Empfänger kommt auf schnelle Weise in den Genuss der Zahlung. Der Betrag, der jährlich weltweit über das Hawala-System umgesetzt wird, wird auf 100–200 Mrd. US-Dollar geschätzt. Ein solches für die Fahnder nicht kontrollierbares Zahlungssystem erschwert die Bemühungen der Staatengemeinschaft zur Trockenlegung der Finanzquellen des islamistischen Terrorismus erheblich. Das ist auch der Grund, warum die Monitoring Group von Beginn an in ihren Berichten eindringlich auf die Notwendigkeit einer besseren Kontrolle des Hawala-Systems hingewiesen hat. Zu den ausgegebenen Zielen zählt eine Erhöhung der Transparenz des Systems, beispielsweise durch Einführung einer gesetzlichen Pflicht, sich als Hawaladar erkennen zu geben. Zudem müssten die Bemühungen intensiviert werden, die Hawalahändler im Kampf gegen den Terrorismus mit in die Pflicht zu nehmen, sie beispielsweise dazu anzuhalten, die Identität ihrer Kunden zu überprüfen und eventuelle Verdachtsmomente zu melden. Die Praktikabilität dieser Vorschläge ist jedoch zweifelhaft. Die Anonymität und die geringen Dokumentationspflichten sind ja gerade ein Grund für den bestehenden Erfolg des Hawala-Systems und prägen es geradezu. Ein Abgleich von Namen lässt sich nur durch die Nutzung kostenintensiver Software bewerkstelligen, wozu die wenigsten Hawaladare imstande noch bereit sein werden. Zudem weigern sich viele asiatische Staaten, eine gesetzliche Anmeldepflicht für Hawaladare zu verabschieden. Solange eine solche Anmeldepflicht jedoch nicht von der Staatengemeinschaft insgesamt getragen wird, kann sie keinen Erfolg bringen. S. dazu auch *Dahme*, Terrorismusbekämpfung, 524 f., *Schulte*, Der Schutz individueller Rechte gegen Terrorlisten, 70 f. Vgl. auch den 12. Bericht der Monitoring Group, *The Analytical Support and Sanctions Monitoring Team*, Twelth report, UN-Doc. S/2012/729 v. 01.10.2012, Rn. 51 f.

1299 11. Bericht der Monitoring Group, *The Analytical Support and Sanctions Monitoring Team*, Eleventh Report, UN-Doc. S/2011/245 v. 13.04.2011, Rn. 51 ff. *dies.*, Fifth report, UN-Doc. S/2006/750 v. 20.09.2006, Rn. 81.

1300 Letzteres geschieht entweder dadurch, dass Terroraktivisten selbst Wohlfahrtsvereinigungen gründen oder aber das für Terrorzwecke bestimmte Geld über bestehende Vereinigungen waschen lassen. Die Kontrolle von Wohlfahrtsorganisationen ist jedoch schwierig, weil sie grundsätzlich von der Religionsfreiheit geschützt sind und keine genaue Rechenschaft darüber ablegen müssen, zu welchen Zwecken sie Spendengelder im Einzelnen einsetzen. Manchen Staaten fehlt es zudem häufig am Willen, entsprechende Organisationen stärker zu überwachen. S. hierzu

und mittleren Ausmaßes bereits geringe Finanzmittel ausreichen. Auch dies stellt die Wirksamkeit der erlassenen Finanzsanktionen infrage.

Auch die Umsetzung und Wirkung der Reiserestriktionen wird vielfach – u.a. auch von der Monitoring Group – als unbefriedigend angesehen.[1301] Die Probleme liegen hier zum einen darin, dass nicht wenige Staaten Reisesanktionen lediglich als politisches Statement verstehen und deshalb eine laxe Umsetzungspraxis an den Tag legen. Zudem können die Grenzkontrolleure vielfach nur die Namen der Reisenden mit den auf der Terrorliste befindlichen Personen abgleichen, über Fotos, die eine Identifizierung erleichtern würden, verfügen sie häufig nicht. Damit kann die Grenzkontrolle bereits bei einer falschen Übersetzung insbesondere von arabischen Namen versagen.[1302] Hinzu kommt, dass die Kontrollen gerade in wirtschaftlich schwächeren Staaten oft nur von Hand ausgeführt werden, wodurch die Sanktionen praktisch wirkungslos werden.[1303]

Die Wirksamkeitsdefizite des Sanktionsregimes stellen indes seine Geeignetheit zur Verwirklichung des von ihm verfolgten Zwecks – die Bekämpfung der Terroraktivitäten Al Qaidas – nicht infrage. Rechtsdogmatisch relevant ist allein, ob dieser Zweck durch die Sanktionsmaßnahmen zumindest teilweise gefördert wird. Dies ist zu bejahen, weil vor allem die Finanzsanktionen dabei helfen, die für Terroraktivitäten nötigen Finanzquellen bis zu einem gewissen Grad auszutrocknen. Auf die – berechtigte – *rechtspolitische Frage*, inwieweit die Errichtung eines Sanktionsregimes mit einem nur begrenzten Wirkungsgrad generell sinnvoll ist, kommt es in diesem Zusammenhang hingegen nicht an.

III. Erforderlichkeit

Erforderlich ist eine Maßnahme, wenn kein milderes, ebenso effizientes Mittel zur Verwirklichung des verfolgten Zwecks existiert.[1304] Die menschliche Zivilisation hat mittlerweile einen Entwicklungsstand erreicht, der es auch einzelnen Personen ermöglicht, erheblichen Schaden an Menschenleben und Sachgütern anzurichten

auch den 12. Bericht der Monitoring Group, *The Analytical Support and Sanctions Monitoring Team*, Twelth report, UN-Doc. S/2012/729 v. 01.10.2012, Rn. 52, sowie deren 11. Bericht, UN-Doc. S/2011/245 v. 13.04.2011, Rn. 51 ff. Vgl. auch *Bittner/Lederer*, WeltTrends 2005, 57, 60 f.

1301 Vgl. hierzu zuletzt den 13. Bericht der Monitoring Group, *The Analytical Support and Sanctions Monitoring Team*, Thirteenth report, UN-Doc. S/2012/968 v. 31.12.2012, Rn. 68 ff.

1302 Die in der Praxis häufig zu verzeichnen ist, vgl. dazu den fünften Bericht der Monitoring Group, *The Analytical Support and Sanctions Monitoring Team*, Fifth report, UN-Doc. S/2006/750 v. 20.09.2006, Rn. 90; vgl. auch den sechsten Bericht, UN-Doc. S/2007/132 v. 08.03.2007, Rn. 70.

1303 Abgesehen davon, dass die Grenzen dieser Staaten sehr durchlässig sind und weite Teilabschnitte kaum bis gar nicht kontrolliert werden. Das gilt vor allem für das afghanisch-pakistanische Grenzgebiet.

1304 Vgl. MRA, General Comment 27, Rn. 14; *Nowak*, CCPR Commentary, Art. 12 Rn. 37.

und so die internationale Sicherheit zu gefährden.[1305] Selbst mit den im Rahmen des 1267er-Sanktionsregimes verhängten Maßnahmen lässt sich dieser Gefahr nicht vollständig begegnen, weil es einzelnen Personen und kleinen Gruppen sehr viel leichter fällt, in der Anonymität der Massen unterzutauchen und sich so dem Zugriff der Sicherheitsbehörden zu entziehen. Ihre Bekämpfung würde sich jedoch noch schwieriger gestalten, bediente man sich der bestehenden Finanz- und Reisesanktionen nicht. Mithin genügen die Maßnahmen des 1267er-Sanktionsregimes auch dem Grundsatz der Erforderlichkeit.

IV. Angemessenheit

Der Begriff der Angemessenheit besagt, dass die Wertigkeit/der Nutzen des ins Auge gefassten Ziels in einem angemessenen Verhältnis zur Intensität des Grundrechtseingriffs stehen muss.[1306] Plakativ formuliert verbietet es sich, mit *„Kanonen auf Spatzen"* zu schießen. Mit einer Listung geht ein besonders weitreichender Eingriff in die Grundrechte der betroffenen Person einher. Jegliche Möglichkeit einer selbstbestimmten Lebensführung wird vom Grundsatz her ausgeschlossen.[1307] Ein derartiger Eingriff kann per se nur dann als angemessen angesehen werden, wenn ihm ein gravierendes Fehlverhalten der gelisteten Person gegenübersteht. Die konkreten materiellen Anforderungen an das Fehlverhalten ergeben sich aus dem Kontext, der dem Sanktionsregime zugrunde liegt. Auslöser für die Errichtung des Sanktionsregimes waren die Terroraktivitäten Al Qaidas, welche der Sicherheitsrat als Friedensbedrohung i. S. d. Art. 39 UN-Charta qualifiziert hat. Nur aufgrund dieser Qualifikation durfte der Rat überhaupt tätig werden. Angemessen können demnach nur Sanktionen sein, die ausschließlich Fehlverhalten ahnden, das sich aus *objektiver Sicht* als (individueller Beitrag zu einer) Bedrohung des Friedens darstellt.[1308] Personen, die aus religiösem Extremismus Andersdenkende vernichten wollen, müssen ihrerseits massive Einschränkungen ihrer Freiheitsrechte hinnehmen.[1309] Sofern das 1267er-Sanktionsregime *objektiv* auf die Neutralisierung solcher Personen abzielt, handelt es sich bei den mit Listung einhergehenden Eingriffen abstrakt betrachtet auch um angemessene Maßnahmen.

1305 Vgl. dazu Teil III Kap. 3 § 1 D V.

1306 Vgl. MRA, General Comment 27, Rn. 14; *Nowak*, CCPR Commentary, Art. 12 Rn. 37.

1307 Erinnert sei in diesem Zusammenhang noch einmal an die Einschätzung des Sonderermittlers des Europarates Dick Marty, dem zufolge eine Listung einem *„mort civile"* gleichkomme.

1308 So zutreffend *Meyer*, HRRS 11 (2010), 74, 76, 83. Zu dem Umstand, dass der Ermessensspielraum, über den der Rat im Rahmen des VII. Kapitels bei der inhaltlichen Ausgestaltung der Sanktionsresolutionen verfügt, bei schwerwiegenden unmittelbaren Eingriffen in Individualrechte nicht oder nur in sehr eingeschränktem Maße besteht, s. bereits Teil III Kap. 4 § 4 B III.

1309 *Meyer*, HRRS 11 (2010), 74, 76, 83.

C. Zwischenergebnis und weiterer Gang der Untersuchung

Die Sanktionsmaßnahmen beruhen auf einer ausreichenden normativen Grundlage und genügen dem Grundsatz der Verhältnismäßigkeit, wenn sie sich auf die Verfolgung solcher Personen und Organisationen beschränken, deren Fehlverhalten sich aus objektiver Sicht – d. h. in Anbetracht des von ihnen verursachten Schadens bzw. des ihnen inhärenten Schadenspotentials – als Bedrohung des Weltfriedens qualifizieren lässt. Diese materiell-rechtliche Vorgabe bedarf einer *verfahrensrechtlichen Absicherung*. Listungsbedingungen und Listungsverfahren müssen aus Gründen der Verhältnismäßigkeit daher so konturiert werden, dass die Sanktionen ausschließlich den genannten Personenkreis treffen. Bei der Implementierung dieser verfahrensrechtlichen Absicherungen ist der Sicherheitsrat aufgrund seiner Menschenrechtsbindung an bestimmte Vorgaben gebunden. Lediglich innerhalb dieser Vorgaben kann er das Sanktionsregime nach eigenem Ermessen ausgestalten.

Zu den entsprechenden Vorgaben zählt insbesondere die Pflicht zur Beachtung des individuellen Rechts auf rechtliches Gehör sowie auf effektiven Rechtsschutz (§ 3). Zudem müssen die Listungskriterien ausreichend bestimmt sein (§ 4). Darüber hinaus sind die Voraussetzungen einer Listung sowie die Dauer ihrer Aufrechterhaltung stärker an die Existenz und das Ergebnis von Strafrechtsverfahren zu koppeln, die gegen die verdächtige/gelistete Person einzuleiten sind bzw. bereits eingeleitet wurden (§ 5). Dies ergibt sich u. a. aus dem Erfordernis, objektive Kriterien für die zeitliche Geltung der Sanktionen aufzustellen.

§ 3: Das Recht auf rechtliches Gehör und effektiven Rechtsschutz

Beim Recht auf rechtliches Gehör sowie auf effektiven Rechtsschutz handelt es sich um zwei unterschiedliche Rechte, die strikt voneinander zu trennen sind. Beim 1267er-Sanktionsregime besteht allerdings die Besonderheit, dass die Wechselbeziehung zwischen diesen beiden Rechten besonders stark ausgeprägt ist. Das ist der Grund, warum die Frage ihrer adäquaten Umsetzung im Sanktionsregime in diesem Abschnitt zusammen geprüft werden soll.[1310]

A. Das Recht auf rechtliches Gehör

Die Frage nach der Bindung des Sicherheitsrates an das Recht auf rechtliches Gehör spielt bei der Diskussion um die Rechtmäßigkeit des 1267er-Sanktionsregimes eine zentrale Rolle.[1311] Im Folgenden sollen zunächst der Inhalt und die dogmatische Herleitung dieses Rechts zur Darstellung gebracht werden (I.), bevor im Anschluss

---

1310 Diesen Weg hat bereits das EuG in seinem 1. MODJAHEDIN-Urteil, (EuG, Urt. v. 12.12.2006, Rs. T-228/02, Slg. 2006, II-04665) beschritten, s. dazu dessen Rn. 89.

1311 S. dazu z. B. *Feinäugle*, Hoheitsgewalt im Völkerrecht, 205 ff.; *Fassbender*, IOLR 3 (2006), 437, Rn. 12 ff.

die Verwirklichung seiner beiden Elemente Recht auf Information (II.) und Recht auf Anhörung (III.) im Sanktionsregime untersucht wird.

I. Inhalt und dogmatische Herleitung

Das Recht auf rechtliches Gehör besagt, dass der Adressat eines hoheitlichen Eingriffs vor dessen Vornahme über die Gründe des Eingriffs zu informieren und anzuhören ist.[1312] Der Begriff der Anhörung beschreibt Recht des Betroffenen, zu den Gründen des Eingriffs Stellung beziehen und seine Sicht der Dinge darzulegen zu können.[1313]

Eine Bindung des Sicherheitsrates an das Recht auf rechtliches Gehör im Zusammenhang mit dem 1267er-Sanktionsregime wird zunehmend bejaht.[1314] Die dogmatische Grundlage dieser Verpflichtung konnte allerdings noch keiner abschließenden Klärung zugeführt werden. Häufig wird in diesem Zusammenhang auf das Recht auf effektiven gerichtlichen Rechtsschutz verwiesen.[1315] Das diesem Verweis zugrunde liegende Argument geht dahin, dass der Betroffene den ihm eingeräumten Rechtsschutz vor einer unabhängigen Beschwerdeinstanz nicht effektiv wahrnehmen kann, wenn er über die ihm zur Last gelegten Tatsachen nicht vollumfänglich in Kenntnis gesetzt wird. Tatsächlich gibt es zwischen dem Recht auf rechtliches Gehör und dem Anspruch auf effektiven Rechtsschutz weitreichende Überschneidungen. Wie noch auszuführen sein wird, umfasst das Recht auf effektiven Rechtsschutz – unabhängig davon, ob das 1267er-Regime Art. 14 Abs. 1 IPBPR (Recht auf wirksamen gerichtlichen Rechtsschutz) oder dem vom Schutzgehalt schwächeren Art. 2 Abs. 3 IPBPR (Recht auf wirksame Beschwerde) unterfällt – auch das Recht auf ein faires Verfahren. Zu diesem Recht wiederum zählt u.a. das Recht auf rechtliches Gehör. Adressat der sich hieraus ergebenden menschenrechtlichen Verpflichtung ist in diesem Kontext jedoch nicht der Urheber des Menschenrechtseingriffs – im vorliegenden Fall der Sanktionsausschuss – sondern die unabhängige Beschwerdeinstanz. Die Pflicht zur informationellen Aufklärung innerhalb des Beschwerdeverfahrens wird zwar zwangsläufig eine gleichlautende Pflicht der den Eingriff zu verantwortenden Instanz bedingen.[1316] Eine Anhörungspflicht dieser Instanz (hier: des Sanktionsausschusses) lässt sich über das Recht auf effektiven Rechtsschutz aber

---

1312 Vgl. dazu Rn. 283 des 1. Kadi-Urteils des EuGH, Urt. v. 03.09.2008, Verbundene Rs. C-402/05 P und C-415/05 P, Slg. 2008, I-06351.

1313 Vgl. dazu *Esser*, in: *Löwe/Rosenberg* (Hrsg.), StPO XI, Art. 14 IPBPR, Rn. 219; *Fassbender*, IOLR 3 (2006), 437, Rn. 12.

1314 Vgl. dazu *Macke*, UN-Sicherheitsrat und Strafrecht, 279 ff.; *Feinäugle*, Hoheitsgewalt im Völkerrecht, 205 ff.; *Fassbender*, IOLR 3 (2006), 437, Rn. 12 ff.

1315 Auf diese Weise ist beispielsweise der EuGH in seinem 1. Kadi-Urteil vorgegangen, ebenso wie Fassbender in seiner vom Office of Legal Affairs der UN in Auftrag gegebenen Studie „Targeted Sanctions and Due Process“, vgl. dazu *Fassbender*, IOLR 3 (2006), 437, 1.16 f.

1316 Auf die fehlende Aufklärung von Gericht und Beschwerdeführer hat auch der EuGH in seinem 1. Kadi-Urteil abgestellt, um gleichermaßen eine Verletzung des

nicht herleiten. Denn für die Effektivität des Rechtsschutzes spielt die Anhörung durch den Urheber des Eingriffs schlicht keine Rolle.

Mithin kann die dem Sanktionsausschuss obliegende Pflicht zur Gewährung rechtlichen Gehörs zumindest nicht vollständig über einen Rückgriff auf das Recht auf eine wirksame (ggf. gerichtliche) Beschwerde hergeleitet werden. Mögen die Grenzen zwischen dem Recht auf rechtliches Gehör vor dem Sanktionsausschuss und dem gleichlautenden Recht vor der unabhängigen Beschwerdeinstanz in puncto Aufklärung über die vorliegenden Beschuldigungen fließend sein, es handelt sich um zwei dogmatisch verschiedene und deshalb zu trennende Rechtsbereiche.[1317]

Dass das Recht auf rechtliches Gehör auch im Verwaltungsverfahren zum Tragen kommt – als das man das Sanktionsverfahren im weitesten Sinne bezeichnen kann –, ist auf internationaler Ebene z.B. im Recht der EU anerkannt. Der EuGH hat dieses Recht in mehreren Urteilen als allgemeinen Rechtsgrundsatz der Union[1318] bezeichnet.[1319] Zur dogmatischen Begründung wird in der Regel auf das allgemeine Rechtsstaatsprinzip (*rule of law*) verwiesen[1320], z.T. jedoch aber auch auf die Würde des Menschen.[1321] Der Nachweis der völkerrechtlichen Geltung des Rechtsstaatsprinzips gestaltet sich schwierig, insbesondere deshalb, weil ein gefestigter Konsens über seinen Inhalt kaum festzustellen ist. Der Weg über die Menschenwürde verspricht größere dogmatische Sicherheit. Verfehlt wäre es allerdings, in jedem Ausbleiben einer Anhörung einen Verstoß gegen die Menschenwürde zu erblicken. Eng verbunden mit der Unverletzlichkeit der Menschenwürde ist jedoch der Vorstaatlichkeitsgedanke der Menschenrechte. Wenn die uneingeschränkte Geltung der Menschenrechte aus rechtsdogmatischer Sicht die Regel und ihre hoheitliche Beschränkung die Ausnahme darstellt, muss der Adressat eines Eingriffs *grundsätzlich vor dessen Vornahme* zu seiner Sicht der Dinge befragt werden. Dieses Verfahren ist notwendig, um der hoheitlich handelnde Gewalt eine möglichst breite Entscheidungsbasis zu verschaffen und die Verkürzung grundrechtlicher Freiheiten auf die Fälle zu beschränken, in denen sie durch die objektiven Umstände zum Zeitpunkt des hoheitlichen Tätigwerdens gerechtfertigt wird. Letztlich handelt es sich bei diesem Ziel dann aber um nichts anderes als die Wahrung der Verhältnismäßigkeit des Eingriffs. Die Notwendigkeit der Gewährung von rechtlichem Gehör lässt sich

---

Rechts auf rechtliches Gehör als auch auf effektiven Rechtsschutz zu bejahen. S. dazu Teil II Kap. 2 § 2 B II.

1317 Zur Unterscheidung vgl. auch *Dörr*, Rechtsschutzauftrag, 47.

1318 Vorher der Gemeinschaft.

1319 Nachweise bei *Dahme*, Terrorismusbekämpfung, 363. Mittlerweile hat das Recht auf Anhörung in Verwaltungsverfahren in Art. 41 der EU-Grundrechtecharta eine explizite Anerkennung erfahren.

1320 Vgl. dazu *Fassbender*, IOLR 3 (2006), 437, Rn. 1.14 ff. Für das deutsche Recht s. OVG Münster, NVwZ 1987, 606 (607); OVG Lüneburg, DVBl 1989, 887 (888).

1321 Vgl. hierzu BeckOK VwVfG/*Herrmann*, § 28 Rn. 1; *Bonk/Kallerhoff*, in: *Stelkens/Bonk/Sachs* (Hrsg.), VwVfG, § 28 Rn. 1.

damit auf den – den Vorstaatlichkeitsgedanken der Menschenrechte konkretisierenden – Grundsatz der Verhältnismäßigkeit zurückführen.

II. Das Recht auf Information über die zur Last gelegten Tatsachen

1. Die gegenwärtigen Regelungen des Sanktionsregimes

Ursprünglich wurde eine gelistete Person über die Gründe ihrer Sanktionierung nicht informiert. Dieser rechtlich höchst bedenkliche Zustand besteht heute nicht mehr. Die jüngeren Sanktionsresolutionen sowie die Richtlinien über die Arbeitsweise des Sanktionsausschusses sehen vor, dass der Sanktionsausschuss nach Vornahme der Listung eine schriftliche Zusammenfassung der Listungsgründe sowie aller in Zusammenhang mit diesem Fall vorhandenen, veröffentlichungsfähigen Informationen auf seine Homepage stellt.[1322] Diese schriftliche Zusammenfassung erfolgt auf Basis des beim Sanktionsausschuss eingereichten Listungsantrags.[1323] Dieser hat nach den jüngsten Sanktiosresolutionen detaillierte Angaben über den Antragsgrund und die Herkunft der belastenden Informationen zu enthalten.[1324] Darüber hinaus ist vorgesehen, dass der Sanktionsausschuss über sein Sekretariat eine schriftliche Zusammenfassung der Listungsgründe an die ständigen Vertretungen des Herkunfts- bzw. Aufenthaltsstaates der gelisteten Person weiterleitet.[1325] Den genannten Staaten obliegt es im Anschluss, die gelistete Person zeitnah über die Listung und ihre Gründe zu informieren.[1326] Hierzu werden sie ihm eine Kopie des schriftlichen Berichts des Sanktionsausschusses weiterleiten, ebenso wie die Informationen, die sich zusätzlich auf der Ausschusswebsite befinden.[1327] Sie haben ihn außerdem über die Folgen der Listung und die bestehenden Rechtsschutzmöglichkeiten, insbesondere das Delisting-Verfahren vor der Ombudsperson, in Kenntnis zu setzen.[1328]

Eine umfassende Aufklärung gelisteter Personen über die Gründe ihrer Listung, deren Folgen sowie die hiergegen bestehenden Rechtsschutzmöglichkeiten ist demnach vom Grundsatz her vorgesehen. Zwei rechtliche Probleme bestehen dennoch. Zum Ersten erfolgt die Benachrichtigung erst *nach* Vornahme der Listung. Zum Zweiten bleiben der gelisteten Person solche Informationen vorenthalten, die ein Staat als geheimhaltungspflichtig gekennzeichnet und deren Veröffentlichung er widersprochen hat. Es ist durchaus denkbar – und entspricht wohl auch dem überwiegenden Teil der Fälle in der Praxis – dass diese Geheimdienstinformationen die eigentliche, entscheidende Grundlage der Listung bilden.

1322 Rn. 6 lit. q der Richtlinien über die Arbeitsweise des Sanktionsausschusses.
1323 Rn. 13 der SR-Res. 1989/2011 v. 17.06.2011.
1324 S. Rn. 13 der SR-Res. 1989/2011 v. 17.06.2011, die auf die Vorgängerresolutionen 1735/2006 und 1822/2008 verweist.
1325 Rn. 6 lit. t und u der Richtlinien über die Arbeitsweise des Sanktionsausschusses.
1326 Rn. 6 lit. v der Richtlinien über die Arbeitsweise des Sanktionsausschusses.
1327 Rn. 6 lit. v der Richtlinien über die Arbeitsweise des Sanktionsausschusses.
1328 Rn. 6 lit. v der Richtlinien über die Arbeitsweise des Sanktionsausschusses.

2. Das Problem der Benachrichtigung nach Vornahme der Listung

Der Grundsatz, dass eine Person vor der Vornahme eines Eingriffs über dessen Gründe zu informieren ist, gilt nicht absolut. Von einer derartigen Aufklärung kann abgesehen werden, wenn sie den Zweck der hoheitlichen Maßnahme gefährden würde.[1329] In einem solchen Fall hat die Aufklärung jedoch unverzüglich nach dem Eingriff zu erfolgen, schon allein deshalb, damit sich der/die Betroffene gegen die Vorwürfe effektiv zur Wehr setzen kann.

Die dem Sicherheitsrat zuzurechnenden Individualsanktionen zielen darauf ab, die von den Mitgliedern Al Qaidas[1330] ausgehende terroristische Gefahr zu bannen, und zwar hauptsächlich durch das Einfrieren ihrer Vermögenswerte. Diesem Ziel liefe eine Aufklärung der Betroffenen vor der Listungsvornahme diametral entgegen, weil sie ihnen die Möglichkeit eröffnen würde, ihr Vermögen vor Inkrafttreten der Einfrierungsmaßnahmen in dunkle, nicht mehr zu verfolgende Kanäle verschwinden zu lassen. Die Effizienz der gemeinschaftlichen Antiterrormaßnahmen wäre hierdurch massiv gefährdet.

Eine Aufklärung über die erhobenen Beschuldigungen vor Erstvornahme der Listung ist dementsprechend nicht erforderlich. Sie hat jedoch zeitnah danach zu erfolgen. Diese Anforderungen erfüllt das gegenwärtige Sanktionsregime. Die einer Erstlistung nachfolgende Aufklärung einer Zielperson über die gegen sie erhobenen Beschuldigungen verstößt demnach nicht gegen das sich aus dem Recht auf rechtliches Gehör abzuleitende Informationsrecht.

3. Das Problem des Zurückhaltens vertraulicher Informationen

a) Die Zulässigkeit einer Einschränkung des Informationsrechts gelisteter Personen

Jeder Staat, der dem Sanktionsausschuss einen Listungsantrag vorlegt, kann die dem Antrag zugrunde liegenden Informationen (oder Teile hiervon) als geheimhaltungspflichtig kennzeichnen. Diese Informationen dürfen dann vom Sanktionsausschuss weder an die Zielperson noch an die Öffentlichkeit weitergegeben werden. Folglich finden sie in der Falldarstellung, die der Sanktionsausschuss auf seiner Webseite zu veröffentlichen hat, auch keine Erwähnung. Der Urheber eines Listungsantrags kann überdies beim Sanktionsausschuss die Geheimhaltung seiner Identität vor Zielperson und Öffentlichkeit einfordern.[1331]

1329 Vgl. dazu das 1. Modjahedin-Urteil des EuG, Urt. v. 12.12.2006, Rs. T-228/02, Slg. 2006, II-04665, Rn. 133 ff.

1330 Bzw. den mit ihr assoziierten Personen und Gruppierungen.

1331 Gleichwohl sich in den Sanktionsresolutionen die Aufforderung an die Staaten findet, der Preisgabe ihrer Urheberschaft bezüglich eines Listungsantrags wenn möglich nicht zu widersprechen. S. dazu z.B. Rn. 14 der SR-Res. 1989/2011 v. 17.06.2011.

Dieses Zurückhalten von Informationen stellt zunächst einmal einen weitreichenden Eingriff in das Informationsrecht der gelisteten Person dar. Wird sie über die Gründe, auf denen die Listung beruht, oder relevante Teile hiervon nicht oder nur unzureichend informiert, ja weiß sie noch nicht einmal, welche(r) Staat(en) die belastenden Informationen zusammengetragen hat, ist dies mit einem massiven Einschnitt in ihre Verteidigungsrechte gleichzusetzen.

Auf der anderen Seite kann es durchaus sachliche Gründe für ein derartiges Zurückhalten von Informationen geben. Geheimhaltungspflichtige Informationen stammen in der Regel aus nachrichtendienstlichen Quellen. Bei einer vollständigen Offenlegung der auf diese Weise gewonnenen Informationen besteht die Gefahr, dass die Terroristen wertvolle Erkenntnisse über Arbeitsweise und Informationsquellen der Nachrichtendienste gewinnen und entsprechende Gegenmaßnahmen ergreifen. Die Effektivität der nachrichtendienstlichen Arbeit und letztlich auch die nationale Sicherheit der betreffenden Staaten wären hierdurch ernsthaft gefährdet.

Aufgrund der vorangegangenen Erwägungen ist es vom Grundsatz her zulässig, einer gelisteten Person Informationen vorzuenthalten, die vom Herkunftsstaat als sicherheitssensibel eingeordnet worden sind. Der EuGH hat hierzu in seinem 1. Kadi-Urteil festgestellt, dass zwingende Gründe der (nationalen) Sicherheit oder der Gestaltung der internationalen Beziehungen der Mitteilung bestimmter Umstände an die Beteiligten und deren Anhörung zu diesen Umständen entgegenstehen können.[1332] Bei dieser Feststellung bezieht sich der Gerichtshof explizit auf ähnlich lautende Ausführungen des EGMR in dem 1995 erlassenen Chahal-Urteil.[1333]

b) Die einzelnen Voraussetzungen

Die im 1. Kadi bzw. Chalal-Urteil aufgestellten Grundsätze sind allerdings recht allgemein gehalten. Konkretisiert wurden sie zum einen im EGMR-Urteil A. and others v. The United Kingdom[1334] aus dem Jahre 2009, zum anderen im 2. Kadi-Urteil des EuGH.[1335] Im Urteil A. and others v. The United Kingdom stellt der EGMR zunächst allgemein fest, dass das Recht auf effektive Verteidigung grundsätzlich einen Anspruch auf vollständigen Zugang zum gesamten Belastungsmaterial enthält. Einschränkungen dieses Zugangsrechts seien aber zulässig, sofern dies ein

1332 S. dazu das 1. Kadi-Urteil des EuGH, Urt. v. 03.09.2008, Verbundene Rs. C-402/05 P und C-415/05 P, Slg. 2008, I-06351, Rn. 342–344, bestätigt im 2. Kadi-Urteil des EuG, Urt. v. 30.09.2010, Rs. T-85/09, Rn. 134.

1333 EGMR, *Chahal*, Urteil vom 15.11.1996, Appl. No. 22414/93, Rn. 131, Reports of Judgments and Decisions 1996-V.

1334 EGMR, *A and others*, Urteil vom 19.02.2009, Appl. No. 3455/05, Rn. 205, ECHR 2009-II.

1335 EuGH, Urt. v. 18.07.2013, Rs. C-584/10 P, C-593/10 P und C-595/10 P, EuGRZ 2013, 389 ff. S. hierzu bereits Teil II Kap. 2 § 2 B III 3.

entgegenstehendes überwiegendes öffentliches Interesse unbedingt erfordere.[1336] Zu einem solchen öffentlichen Interesse zählen u. a. die nationale Sicherheit sowie das Bedürfnis, bestimmte Methoden polizeilicher Ermittlung geheim zu halten.[1337]

Die Möglichkeit zur Beschränkung des Informationsrechts besteht, wie der Gerichtshof zurecht betont, jedoch nicht unbegrenzt. Zum einen ist ein Kerngehalt des Rechts zu wahren (aa). Zum anderen müssen die Schwierigkeiten, die dem Betroffenen durch die Beschränkung seines Informationsrechts hinsichtlich seiner Verteidigung entstehen, im anschließenden Rechtsschutzverfahren ausreichend ausgeglichen werden (bb).[1338] In diesem Zusammenhang ist vor allem die Frage nach dem Umfang des gerichtlichen/beschwerdeinstanzlichen Überprüfungs- und Bewertungsrechts (cc.) von entscheidender Bedeutung.

aa) Wahrung des Kerngehalts des Informationsrechts

Grundsätzlich sind einer gelisteten Person so viele Informationen über die gegen sie gerichteten Vorwürfe und Beweise offenzulegen, wie das ohne die Gefährdung der nationalen Sicherheit oder der Sicherheit Dritter möglich ist. Die Person muss in die Lage versetzt werden, die gegen sie erhobenen Beschuldigungen wirksam zu bestreiten.[1339] Dies erfordert, dass ihr eine möglichst erschöpfende Zusammenfassung der gegen sie erhobenen Vorwürfe übermittelt wird.[1340] Das ihr zugänglich gemachte Material muss des Weiteren so konkret sein, dass sie auf die dort enthaltenen Vorwürfe im Einzelnen eingehen und sie ernsthaft infrage stellen kann.[1341] Unzulässig ist es, wenn sich das zugängliche Beweismaterial in pauschalen Unterstellungen und allgemeinen Tatsachenbehauptungen erschöpft[1342], der Eingriff aber maßgeblich mit dem Betroffenen unzugänglichen Informationen gerechtfertigt wird.[1343]

1336 EGMR, *A and others*, Urteil vom 19.02.2009, Appl. No. 3455/05, Rn. 205, ECHR 2009-II.

1337 EGMR, *A and others*, Urteil vom 19.02.2009, Appl. No. 3455/05, Rn. 205, ECHR 2009-II.

1338 EGMR, *A and others*, Urteil vom 19.02.2009, Appl. No. 3455/05, Rn. 205, ECHR 2009-II.

1339 EGMR, *A and others*, Urteil vom 19.02.2009, Appl. No. 3455/05, Rn. 218, ECHR 2009-II.

1340 EGMR, *A and others*, Urteil vom 19.02.2009, Appl. No. 3455/05, Rn. 210, ECHR 2009-II.

1341 EGMR, *A and others*, Urteil vom 19.02.2009, Appl. No. 3455/05, Rn. 218, ECHR 2009-II.

1342 z. B. in dem Vorwurf, mit Al Qaida assoziierte Gruppen finanziell unterstützt zu haben, ohne das näher erläutert wird, wann genau und auf welche konkrete Weise diese finanzielle Unterstützung stattgefunden haben soll.

1343 EGMR, *A and others*, Urteil vom 19.02.2009, Appl. No. 3455/05, Rn. 220, ECHR 2009-II; diese Rechtsprechung aufgreifend EuG, Urt. v. 30.09.2010, Rs. T-85/09, Rn. 176.

bb) Ausgleich der Informationszurückhaltung im Rechtsschutzverfahren

Neben der Wahrung eines Kerngehalts des Informationsrechts gelisteter Personen bedarf das Zurückhalten von Belastungsmomenten eines Ausgleichs im anschließenden Rechtsschutzverfahren.[1344] Dieser Ausgleich ist dadurch herzustellen, dass das Recht der Staaten auf Geheimhaltung sicherheitsrelevanter Informationen gegenüber dem Gericht/der Instanz, welche über die Begründetheit der gegen die verdächtige Person gerichteten Beschuldigungen zu entscheiden hat, nicht besteht.[1345] Das Gericht muss einen vollständigen Zugang zu den belastenden Informationen erhalten, auf die eine Listung gestützt wird, d.h. zu den sie stützenden Fakten und Beweisen.[1346] Dies bedeutet allerdings nicht, dass ihm jegliche vorhandenen Beweismittel zu eröffnen sind. Dies hat der EuGH in seinem 2. Kadi-Urteil zu Recht betont, nachdem das erstinstanzlich zuständige EuG eben hiervon ausgegangen war.[1347] Wenn die prüfende Instanz zu dem Ergebnis kommt, so stellt der Gerichtshof richtigerweise fest, dass bereits einer der vom Sanktionsausschuss übermittelten Gründe hinreichend präzise und konkret und mit Fakten belegt ist und für sich eine Sanktionierung rechtfertigt, ist es der Rechtmäßigkeit der Listungsentscheidung nicht abträglich, wenn dies für die anderen übermittelten Gründe nicht zutrifft.[1348] Auf der anderen Seite muss gegenüber der prüfenden Instanz zumindest *ein* solcher Listungsgrund zusammen mit den dazugehörigen Fakten dargelegt werden, der auch unter Berücksichtigung eventueller Stellungnahmen der gelisteten Person immer noch als stichhaltig erscheint. Ist diese Voraussetzung nicht erfüllt, kann die betreffende Begründung gegenüber der prüfenden Instanz nicht als Grundlage der Listungsentscheidung angeführt werden.[1349] In diesem Kontext spielt wiederum das Regel-Ausnahmeverhältnis von individueller Freiheit und hoheitlichem Eingriff eine wichtige Rolle. Hiernach hat nicht die gelistete Person den Nachweis der Nichtstichhaltigkeit der Listungsgründe zu erbringen, sondern vielmehr die hoheitlich handelnde Stelle die ihrer Stichhaltigkeit.[1350] Das Risiko, dass die von ihr dem Gericht zur Verfügung gestellten Informationen und Beweise unzureichend sind, trägt demnach sie.

1344 S. dazu bereits die Ausführungen im 1. Kadi-Urteil des EuGH, Urt. v. 03.09.2008, Verbundene Rs. C-402/05 P und C-415/05 P, Slg. 2008, I-06351, Rn. 343.

1345 S. dazu die Ausführungen im 1. Kadi-Urteil des EuGH, Urt. v. 03.09.2008, Verbundene Rs. C-402/05 P und C-415/05 P, Slg. 2008, I-06351, Rn. 343.

1346 Vgl. die Ausführungen im 1. Kadi-Urteil des EuGH, Urt. v. 03.09.2008, Verbundene Rs. C-402/05 P und C-415/05 P, Slg. 2008, I-06351, Rn. 350.

1347 EuGH, Urt. v. 18.07.2013, Rs. C-584/10 P, C-593/10 P und C-595/10 P, EuGRZ 2013, 389, 399, Rn. 122.

1348 EuGH, Urt. v. 18.07.2013, Rs. C-584/10 P, C-593/10 P und C-595/10 P, EuGRZ 2013, 389, 400, Rn. 130.

1349 S. dazu auch EuGH, Urt. v. 18.07.2013, Rs. C-584/10 P, C-593/10 P und C-595/10 P, EuGRZ 2013, 389, 399, Rn. 118 f.

1350 In der Sache ebenso EuGH, Urt. v. 18.07.2013, Rs. C-584/10 P, C-593/10 P und C-595/10 P, EuGRZ 2013, 389, 399, Rn. 121.

Nur bei Beachtung dieser Grundsätze kann eine Einschränkung des Informationsrechts einer gelisteten Person hingenommen werden. Diese muss sich darauf verlassen können, dass die Authentizität und die Schlüssigkeit der Beweise, auf die ihre Sanktionierung letztlich gestützt wird, zumindest einer vollständigen Überprüfung durch eine unabhängige und unparteiische Instanz unterzogen wird. Andernfalls liegt nicht nur eine Verletzung ihres Rechts auf rechtliches Gehör, sondern auch auf effektiven gerichtlichen Rechtsschutz[1351] vor, weil das Gericht bei fehlendem Informationszugang seiner ureigenen Aufgabe – der unabhängigen und unparteiischen Überprüfung der erhobenen Vorwürfe – nicht nachkommen kann. Dies hatte der EuGH bereits in seinem 1. Kadi-Urteil festgestellt.[1352] Den Ausgleich zwischen den Verteidigungsinteressen der gelisteten Person einerseits und dem staatlichen Sicherheits- und Geheimhaltungsinteresse andererseits hat das Gericht durch die Anwendung geeigneter Techniken herzustellen.[1353] Dieser könnte beispielsweise so aussehen, dass der gelisteten Person eine Zusammenfassung des Inhalts der fraglichen Informationen oder Beweise zugeleitet wird.[1354]

cc) Der Umfang des gerichtlichen/beschwerdeinstanzlichen Überprüfungs- und Bewertungsrechts

Ist demnach der (gerichtlichen oder sonstigen) Beschwerdeinstanz ein ungehinderter Zugang zu sämtlichen die gelistete Person belastenden Informationen zu gewähren, bleibt die Frage offen, welcher Kontrollmaßstab bei der Überprüfung und Bewertung dieser Informationen anzulegen ist.

Vom Grundsatz her sind zwei Varianten denkbar. Bei der ersten Variante werden die zugrundeliegenden Beweise, Angaben und Bewertungen einer umfassenden Prüfung unterzogen. Bei der zweiten Variante ist die Kontrolle gleichermaßen auf evident unzutreffende Tatsachenbehauptungen und Ermessensfehler beschränkt.[1355] Für eine solche gelockerte Kontrolle wird vorgebracht, dass der Umgang mit nachrichtendienstlichen Informationen eine gewisse Sensibilität und Expertise erfordere, die nur die Exekutive aufbringe.[1356]

Diese Argumentation vermag indes nicht zu überzeugen, weil sie in offenem Widerspruch zur Dogmatik der Menschenrechte steht. Ein derartig massiver Eingriff,

---

1351 Bzw. auf eine wirksame Beschwerde.

1352 EuGH, Urt. v. 03.09.2008, Verbundene Rs. C-402/05 P und C-415/05 P, Slg. 2008, I-06351, Rn. 349.

1353 EuGH, Urt. v. 03.09.2008, Verbundene Rs. C-402/05 P und C-415/05 P, Slg. 2008, I-06351, Rn. 344.

1354 So EuGH, Urt. v. 18.07.2013, Rs. C-584/10 P, C-593/10 P und C-595/10 P, EuGRZ 2013, 389, 400, Rn. 129.

1355 Vgl. dazu auch die Ausführungen des Rates im 2. Kadi-Urteil des EuG, Urt. v. 30.09.2010, Rs. T-85/09, Slg. 2010, II-05177, Rn. 105.

1356 Vgl. dazu die Argumentation des Rates im 2. Kadi-Urteil des EuG, Urt. v. 30.09.2010, Rs. T-85/09, Slg. 2010, II-05177, Rn. 106.

wie er von einer Listung ausgeht, kann aus menschenrechtlicher Sicht nur dann rechtmäßig sein, wenn hiermit ein *objektiv* friedensbedrohendes Fehlverhalten unterbunden werden soll.[1357] Dann aber bleibt für einen etwaigen Ermessens- und Beurteilungsspielraum des Sanktionsausschusses oder eines sonstigen Organs per se kein Raum.[1358] Dass es bei der Bewertung nachrichtendienstlicher Informationen einer gewissen Expertise bedarf, ändert hieran nichts.[1359] Der Sicherheitsrat ist aufgrund seiner Menschenrechtsbindung verpflichtet, die von ihm unabhängige Kontrollinstanz ausschließlich mit solchen Personen zu besetzen, die im Umgang mit nachrichtendienstlichen Informationen geübt sind. Das Sanktionsregime genügt mithin den Anforderungen an den Verhältnismäßigkeitsgrundsatz nur dann, wenn die Beschwerdeinstanz die Verdachtsmomente, auf die eine Listung gestützt wird, vollständig und vollumfänglich überprüfen kann.[1360] Das Prüfungsrecht muss darüber hinaus auch die Frage erfassen, ob die von der hoheitlichen Instanz angeführten Gründe – d.h. insbesondere der Schutz der nationalen Sicherheit –, die einer Weitergabe bestimmter Informationen an die gelistete Person mutmaßlich entgegenstehen, tatsächlich stichhaltig sind. Denn das Vorenthalten bestimmter Beweismittel kann zu einer massiven Beeinträchtigung der Verteidigungsrechte Letzterer führen. Dieser Nachteil ist auszugleichen, indem gerichtlich überprüft wird, ob die angeführten Geheimhaltungsinteressen tatsächlich bestehen. Dies hat auch der EuGH in seinem 2. KADI-Urteil explizit festgehalten.[1361] Sollte sich bei der gerichtlichen Prüfung herausstellen, dass die Sicherheitsinteressen der zumindest teilweisen Informationsweitergabe nicht entgegenstehen, muss die unabhängige Prüfungsinstanz der hoheitlichen Stelle zunächst die Möglichkeit der nachträglichen Mitteilung an die gelistete Person einräumen.[1362] Wird die Informationsweitergabe verweigert, ist das Gericht verpflichtet, die Rechtmäßigkeit der Listung

1357 S. dazu bereits Teil 3 Kap. 5 § 2 B IV.

1358 Vgl. dazu auch die Aussage des EuGH in seinem 1. KADI-Urteil, Urt. v. 03.09.2008, Verbundene Rs. C-402/05 P und C-415/05 P, Slg. 2008, I-06351, Rn. 343. Vgl. allgemein zu Ermessensspielräumen der Exekutive in (menschenrechtlichen) Notstandslagen auch *Ashauer*, AVR 45 (2007), 400, 420.

1359 Vgl. dazu EuGH, Urt. v. 03.09.2008, Verbundene Rs. C-402/05 P und C-415/05 P, Slg. 2008, I-06351, Rn. 343 f., sowie EuGH, Urt. v. 18.07.2013, Rs. C-584/10 P, C-593/10 P und C-595/10 P, EuGRZ 2013, 389, 399, 120 ff.

1360 So auch *Dahme*, Terrorismusbekämpfung, 510; *Schulte*, Der Schutz individueller Rechte gegen Terrorlisten, 326 ff., insb. 330. Vgl. dazu auch *Macke*, UN-Sicherheitsrat und Strafrecht, 282 ff.

1361 EuGH, Urt. v. 18.07.2013, Rs. C-584/10 P, C-593/10 P und C-595/10 P, EuGRZ 2013, 389–404, Rn.

1362 So auch EuGH, Urt. v. 18.07.2013, Rs. C-584/10 P, C-593/10 P und C-595/10 P, EuGRZ 2013, 389, 400, Rn. 127.

ausschließlich anhand der Umstände zu bemessen, die auch der gelisteten Person mitgeteilt worden sind.[1363]

Bei Informationen, die der gelisteten Personen rechtmäßigerweise vorenthalten werden, und die hauptsächlich auf Aussagen von Belastungszeugen beruhen, kann eine Vernehmung dieser Zeugen zwecks Vergewisserung ihrer Glaubwürdigkeit erforderlich sein. Unzulässig ist es in jedem Fall, eine Listung ausschließlich oder maßgeblich aufgrund von Beweisen vorzunehmen, die auf bloßem Hörensagen beruhen.[1364] Sofern also eine Befragung der Belastungszeugen nicht möglich ist, ist im Zweifel dem Delisting-Antrag einer Person stattzugeben. In jedem Fall muss die gerichtliche Instanz prüfen, ob und inwieweit die Tatsache, dass die vertraulichen Informationen oder Beweise der betroffenen Person gegenüber nicht offengelegt werden und es ihr damit unmöglich ist, zu ihnen Stellung zu nehmen, Auswirkungen auf die Beweiskraft der vertraulichen Beweise hat.[1365] Im Einzelfall kann Berücksichtigung der entsprechenden Informationen bei der Rechtmäßigkeitsprüfung der Listung ausgeschlossen sein. Dies ist vor allem dann denkbar, wenn auch eine Zusammenfassung ihrer Inhalte an die gelistete Person ausscheidet.

c) Abgleich mit dem gegenwärtigen Sanktionsregime

Im gegenwärtigen Sanktionssystem kommt die Aufgabe, Delistungsanträge gelisteter Person unparteiisch und unvoreingenommen auf ihre Schlüssigkeit zu überprüfen, der Ombudsperson zu. Sie muss folglich uneingeschränkten Zugang zu allen Informationen haben, die die Grundlage der Listung bilden, auch zu den als geheimhaltungspflichtig deklarierten. Hiervon geht das Büro der Ombudsperson selbst aus, wie sich seiner Homepage im Abschnitt „*Access to confidential/classified information*“ entnehmen lässt. Auch die Ausführungen im Annex II der SR-Res. 1989/2011[1366] deuten auf einen ungehinderten Zugang zu sämtlichen Verdachtsmomenten hin. So findet sich in lit g. der Rn. 6 des Annexes folgende Passage:

> „*(g) In the course of the information gathering and dialogue phases and in the preparation of the report, the Ombudsperson shall not disclose any* ***information shared by a state on a confidential basis***[1367]*, without the express written consent of that state;*“

In Rn. 7 lit. a des Annexes heißt es:

> *[The Report will] „ (a) Summarize and, as appropriate, specify the sources of, all information available to the Ombudsperson that is relevant to the delisting request. The*

1363 Ebenso EuGH, Urt. v. 18.07.2013, Rs. C-584/10 P, C-593/10 P und C-595/10 P, EuGRZ 2013, 389, 400, Rn. 126 f.

1364 Vgl. dazu EGMR, *A and others*, Urteil vom 19.02.2009, Appl. No. 3455/05, Rn. 207 f., ECHR 2009-II.

1365 So auch der EuGH in seinem 2. KADI-Urteil, EuGH, Urt. v. 18.07.2013, Rs. C-584/10 P, C-593/10 P und C-595/10 P, EuGRZ 2013, 389, 400, Rn. 128 f.

1366 V. 17.06.2011.

1367 Hervorhebung durch den Verfasser.

report ***shall respect***[1368] *confidential elements of Member States' communications with the Ombudsperson[...].*"

Muss die Ombudsperson bestimmte Informationen bei der Abfassung ihres Berichts klassifizieren oder darf sie ohne Einwilligung des Herkunftsstaates nicht weitergeben, ist davon auszugehen, dass sie zuvor einen ungehinderten Zugang zu diesen Informationen hatte.

Nach den Ausführungen auf der Homepage hat das Büro der Ombudsperson mit zahlreichen Staaten bereits Gespräche in dieser Angelegenheit aufgenommen. Als Ergebnis hiervon ist es mit einzelnen Staaten zu formalen Übereinkommen (*agreements*) und Absprachen (*arrangements*) gekommen, die der Ombudsperson den ungehinderten Zugang zu klassifizierten Informationen garantieren. Die USA – auf die mit weitem Abstand die meisten Listungen zurückgehen – haben zumindest informell erklärt, auf ad hoc-Basis über ein freies Zugangsrecht der Ombudsperson befinden zu wollen.

Inwieweit ein ungehindertes Zugangsrecht der Ombudsperson zum gesamten Beweismaterial tatsächlich besteht, ist auch (und zuvörderst) anhand ihrer bisherigen Delistungspraxis zu bemessen. Bislang hat die Ombudsperson in all den Fällen, in denen einem Delisting-Antrag stattgegeben worden ist, ihr positives Votum nicht auf einen ihr verweigerten Zugang zu relevanten Informationen gestützt. Das lässt die Vermutung zu, dass sie auch tatsächlich über ein entsprechendes Zugangsrecht verfügt. Denn aus ihrer auf ihrer Homepage artikulierten. Beharren auf ein solches Zugangsrecht wird man schließen können, dass sie einem Delisting-Antrag in Anlehnung an die beiden Kadi-Urteile des EuGH automatisch zustimmen wird, sobald man ihr wesentliches Beweismaterial vorenthält und das zugängliche Beweismaterial die Aufrechterhaltung einer Listung nicht rechtfertigt.

d) Ergebnis

Die Vorenthaltung sicherheitssensibler Informationen gegenüber gelisteten Personen verstößt nicht gegen ihr Recht auf rechtliches Gehör. Grund hierfür ist, dass die Ombudsperson als diejenige Instanz, die unparteiisch und unvoreingenommen über die Begründetheit eines bei ihr eingereichten IndividualDelisting-Antrags zu entscheiden hat, ungehinderten Zugang zu diesen Informationen besitzt.

III. Das Recht auf Anhörung

Grundsätzlich hat eine Person, in deren Rechte eingegriffen werden soll, das Recht, *vor* Vornahme des Eingriffs zu dessen Motiven angehört zu werden, d.h. hierzu Stellung beziehen zu können.[1369] Die Anhörung soll sicherstellen, dass sich die hoheitliche Stelle mit der Sichtweise des Betroffenen auseinandersetzt und diese bei ihrer

1368 Hervorhebung durch den Verfasser.
1369 Vgl. dazu *Feinäugle*, Hoheitsgewalt im Völkerrecht, 216.

Entscheidungsfindung angemessen berücksichtigt.[1370] Von einer Anhörung kann ausnahmsweise abgesehen werden, wenn dies offensichtlich nicht erforderlich ist oder wenn ihr (zwingende) Gründe des öffentlichen Interesses entgegenstehen.[1371] Das gegenwärtige Sanktionsregime sieht keine Anhörung der Zielpersonen unmittelbar vor dem Sicherheitsrat oder dem Sanktionsausschuss vor. Bei der Prüfung der Rechtmäßigkeit dieser Regelung ist zu unterscheiden zwischen der fehlenden Anhörung vor der Erstlistung einerseits (1.) und der bei der Entscheidung über ihre Aufrechterhaltung andererseits (2.).

1. Die Anhörung vor der erstmaligen Vornahme einer Listung

Der Anhörung einer verdächtigen Person vor ihrer erstmaligen Aufnahme in die Sanktionsliste stehen die gleichen Gründe entgegen, die bereits eine Einschränkung ihres Informationsrechts gerechtfertigt haben. Sie würde die verdächtige Person vorab über die ihr drohenden Sanktionen in Kenntnis setzen und ihr damit die Möglichkeit zur Vornahme entsprechender Vereitelungsmaßnahmen eröffnen. Die Effizienz des Sanktionsregimes würde hierdurch massiven Gefahren ausgesetzt werden.

Ist eine Anhörung vor (Erst-)Vornahme einer Listung demnach aus zwingendem öffentlichen Interesse zu unterlassen, so stellt sich die Frage, ob sie zumindest unmittelbar im Anschluss an die Listung vorgenommen werden muss. Diese Frage wird uneinheitlich beurteilt.

Feinäugle bejaht eine entsprechende Anhörungspflicht.[1372] Er argumentiert damit, dass eine Streichung von der Liste in der Regel schneller erfolgt, wenn der Sanktionsausschuss selbst ein entsprechendes Delisting-Verfahren initiiert.[1373] Es sei daher im vitalen Interesse der Zielperson, ihre Sicht der Dinge unmittelbar vor dem Sanktionsausschuss darlegen zu können. Der Sicherheitsrat habe das Sanktionsverfahren daher so zu modifizieren, dass eine gelistete Person unmittelbar nach Listungsvornahme vom Sanktionsausschuss angehört werde.[1374]

Das EuG hingegen hatte im 1. Modjahedin-Urteil – in der es allerdings um die Rechtmäßigkeit von Rechtsakten der EU zur Umsetzung des 1373er-Sanktionsregimes ging – für Recht befunden, dass es einer gesonderten Anhörung nach der (Erst)Vornahme der Listung nicht bedürfe, weil der gelisteten Person die Möglichkeit einer Klageerhebung vor den Unionsgerichten offenstünde, wo sie ausreichend Stellung zu den der Listung zugrunde liegenden Tatsachen beziehen könne.[1375]

1370 *Feinäugle*, Hoheitsgewalt im Völkerrecht, 216.

1371 *Feinäugle*, Hoheitsgewalt im Völkerrecht, 215. S.a. Rn. 18 der Res. 77/31 des Ministerkomitees des Europarates zum Individualschutz im Verhältnis zu behördlichen Akten v. 28.09.1977.

1372 *Feinäugle*, Hoheitsgewalt im Völkerrecht, 217.

1373 Vgl. *Feinäugle*, Hoheitsgewalt im Völkerrecht, 217 f.

1374 Vgl. dazu *Feinäugle*, Hoheitsgewalt im Völkerrecht, 218.

1375 EuG, Urt. v. 12.12.2006, Rs. T-228/02, Slg. 2006, II-04665, Rn. 130.

Eine Diskussion beider Positionen erübrigt sich, wenn der im Delisting-Verfahren erfolgende Informationsaustausch zwischen der gelisteten Person und dem Sanktionsausschuss als nachträgliche Anhörung angesehen werden kann.[1376] Hiergegen spricht bereits, dass der Sanktionsausschuss die „Anhörung" nicht selbst in die Wege leitet. Zu einem Informationsaustausch kommt es nur, wenn das Individuum selbst aktiv wird und ein Delisting-Verfahren vor der Ombudsperson anstrengt. Die Qualifikation eines solchen Systems als „Anhörung" widerspricht dem Grundsatz, wonach die unbedingte Geltung der Menschenrechte die Regel und der hoheitliche Eingriff die rechtfertigungsbedürftige Ausnahme darstellt. Darüber hinaus muss die Anhörung als eigenständiges Verfahren neben dem eigentlichen Rechtsschutzverfahren erkennbar bleiben. Sie bliebe ansonsten ohne jeden eigenen Wert, wenn die den Eingriff zu verantwortende hoheitliche Stelle das Individuum immerzu auf den nachfolgenden Rechtsschutz verweisen könnte.[1377]

Entscheidend ist, dass eine Anhörung im Falle einer Erstlistung ohnehin erst *nach* der Listungsentscheidung des Sanktionsausschusses erfolgen kann. Hat sich dieser kurz zuvor zur Sanktionierung entschlossen, ist es aus psychologischer Sicht höchst unwahrscheinlich, dass er allein auf Vorbringen der gelisteten Person seine Meinung revidiert. Vor diesem Hintergrund mutet das Beharren auf ein eigenes Anhörungsverfahren nach einer Erstlistung beinahe schon formalistisch an.[1378] In jedem Falle wäre ein solches Verfahren wenig zweckmäßig. Einen individualschützenden Effekt kann eine Anhörung nur bei einer Durchführung *vor* der Entscheidung des Sanktionsausschusses haben. Steht einer solchen Anhörung die Sorge um die Wirksamkeit der Sanktionen entgegen, reicht es völlig aus, wenn die gelistete Person die Sanktionsentscheidung vor einer unabhängigen Instanz angreifen kann und in diesem Verfahren mittelbar auch vom Sanktionsausschuss „angehört" wird.

Der Umstand, dass die Zielpersonen vor ihrer erstmaligen Listung nicht vom Sanktionsausschuss angehört werden, begründet mithin keinen Verstoß gegen ihr Recht auf Anhörung.

1376 Das Delisting-Verfahren vor der Ombudsperson sieht u. a. eine sogenannte Dialogphase vor (s. dazu bereits Teil II Kap. 1 § 3 A III). In dieser Dialogphase hat sich die Ombudsperson grundsätzlich mit dem Antragsteller zu treffen und seinen Delisting-Antrag mit ihm zu diskutieren. Die entsprechenden Stellungnahmen der gelisteten Person leitet die Ombudsperson unmittelbar an die Mitglieder des Sanktionsausschusses weiter, die diese Stellungnahmen zu bewerten haben und falls erforderlich über die Ombudsperson weitere Fragen an den Antragsteller formulieren können.

1377 Vgl. zum deutschen Recht *Bonk/Kallerhoff*, in: *Stelkens/Bonk/Sachs*, VwVfG, § 28 Rn. 66 ff.

1378 An der Sinnhaftigkeit der Regelung im deutschen Verwaltungsrecht, wonach eine unterlassene Anhörung bis zum Abschluss der mündlichen Verhandlung nachgeholt werden kann (§ 45 Abs. 2 Nr. 3 VwVfG), zweifelnd *Sachs*, in: *Stelkens/Bonk/Sachs* (Hrsg.), § 45 VwVfG, Rn. 74.

2. Die Anhörung bei der Entscheidung über die Aufrechterhaltung der Listung

Fraglich ist jedoch, ob das Ausbleiben einer Anhörung auch bei der Entscheidung über die Aufrechterhaltung einer Listung zulässig ist. Diese Frage stellt sich, nachdem in jüngeren Sanktionsresolutionen sowie in den Richtlinien über die Arbeitsweise des Sanktionsausschusses nunmehr eine periodische Überprüfung der Listungseinträge durch den Sanktionsausschuss vorgesehen ist. Diese periodische Überprüfung betrifft solche Listungseinträge, die seit mehr als drei Jahren nicht mehr auf ihre Richtigkeit hin überprüft worden sind.[1379] Der Monitoring Group identifiziert die entsprechenden Listungseinträge und legt sie dem Sanktionsausschuss vor. Dieser konsultiert den Staat, auf dessen Antrag die Listung zurückgeht, ebenso wie den Aufenthalts- und Herkunftsstaat der gelisteten Person und befragt sie, ob sie über neue, aktuelle Verdachtsmomente in Bezug auf die gelistete Person verfügen. Diese Phase der Informationssammlung darf drei Monate nicht überschreiten. Nachdem die Monitoring Group auf Basis der von den genannten Staaten gelieferten Informationen ein Dossier erstellt hat, setzt der Ausschussvorsitzende die jeweiligen Listungseinträge auf die Prüfungsagenda des Ausschusses. Sofern weder der ursprüngliche Antragsstaat, der Herkunftsstaat, der Aufenthaltsstaat oder ein Ausschussmitglied einen Delisting-Antrag stellt, bleibt die Listung bestehen. Die gelistete Person wird in dieser Phase der Revision über die aktualisierten Vorwürfe weder informiert noch hierzu angehört. Erst nach der neuerlichen Listungsentscheidung erfolgt eine Benachrichtigung über die Aufrechterhaltung ihrer Listung und die hierfür maßgeblichen Gründe.

Bejaht man eine Anhörungspflicht des Sanktionsausschusses *während* der Revisionsphase, geht damit automatisch auch eine Pflicht zur Aufklärung der gelisteten Person über die aktuell bestehenden Verdachtsmomente einher, weil diese ansonsten ihr Anhörungsrecht nicht wirksam wahrnehmen kann. Die an anderer Stelle getroffene Feststellung, dass eine nachträgliche Aufklärung des Sanktionsadressaten über die gegen ihn bestehenden Verdachtsmomente gestattet ist, bedarf für diesen Fall demnach einer Einschränkung. Für eine solche Anhörungspflicht spricht entscheidend, dass die Sanktionsmaßnahmen bereits in Kraft sind, die Anhörung den mit ihnen verfolgten Zweck also nicht mehr konterkarieren kann. Hierauf hat das EuG im 1. Modjahedin-Urteil zu Recht hingewiesen.[1380] Da nach dem bisher Gesagten das Delisting-Verfahren vor der Ombudsperson keine Anhörungsmöglichkeit darstellt, bedarf das Ausbleiben der Anhörung zu seiner Rechtfertigung des Nachweises weiterer ihr entgegenstehender öffentlicher Interessen. Derartige Interessen könnten sich allenfalls aus dem Umstand ergeben, dass Listungen

---

1379 S. Rn. 10 lit. d) der Richtlinien über die Arbeitsweise des Sanktionsausschusses v. 15.04.2013.

1380 EuG, Urt. v. 12.12.2006, Rs. T-228/02, Slg. 2006, II-04665, Rn. 131 ff. In diesem Urteil stand allerdings die Rechtmäßigkeit von Sanktionsmaßnahmen zur Umsetzung des 1373er-Sanktionsregimes infrage.

hauptsächlich auf Grundlage sicherheitsdienstlicher, geheimhaltungspflichtiger Informationen erfolgen. Wenn diese Informationen aber dem Individuum nicht offengelegt werden sollen, so ließe sich argumentieren, macht eine Anhörung zu den sich hieraus ergebenden Verdachtsmomenten wenig Sinn. Einer solchen Argumentation wäre allerdings zu widersprechen. Denn es existiert ein unantastbarer Kernbereich des individuellen Informationsrechts, wonach einer gelisteten Person zumindest so viele konkrete Informationen zugänglich zu machen sind, dass ihr eine effektive Verteidigung möglich ist.[1381] Es wäre unzulässig, die Listung alleine auf dem Individuum unbekannte Tatsachen zu stützen. Ohnehin unterliegt der Sanktionsausschuss bereits jetzt der Verpflichtung, eine konkrete Darstellung der Listungsgründe auf seiner Homepage zu veröffentlichen. Dann aber ist es ihm auch möglich und zuzumuten, die gelistete Person während der Revisionsphase zu genau diesen Gründen anzuhören.

3. Ergebnis

Die fehlende Anhörung des Individuums vor oder unmittelbar nach der Erstlistung ist rechtmäßig, die fehlende Anhörung während der Revision der Listungsanträge hingegen ist rechtswidrig. Die gegenwärtigen Sanktionsvorschriften bedürfen deshalb einer Korrektur dahin gehend, dass eine gelistete Person im Revisionsverfahren anzuhören ist.

IV. Zusammenfassung

Das Sanktionsregime verletzt das Informationsrecht gelisteter Person auf Aufklärung über die gegen sie erhobenen Vorwürfe nicht. Für das Recht auf Anhörung gilt dies nur hinsichtlich ihres Unterbleibens vor oder unmittelbar nach der Erstlistung. Im Revisionsverfahren jedoch ist eine gelistete Person zwingend vor der Entscheidung über ihren Verbleib auf der Liste anzuhören. Die Regelungen des Sanktionsregimes bedürfen insofern einer Korrektur.

B. Das Recht auf effektiven Rechtsschutz

Neben dem Recht auf rechtliches Gehör hängt die Rechtmäßigkeit des 1267er-Sanktionsregimes entscheidend von einer ausreichenden Beachtung des Rechts gelisteter Personen auf effektiven Rechtsschutz ab. Prüfungsgegenstand ist dabei das Delisting-Verfahren, das gelistete Personen vor der Ombudsperson anstrengen können.[1382]

1381 EGMR, *A and others*, Urteil vom 19.02.2009, Appl. No. 3455/05, Rn. 218, ECHR 2009-II.

1382 Dazu bereits ausführlich Teil II Kap. 1 § 3 A.

I. *Die Bestimmung des einschlägigen Grundrechts*

Als dogmatische Grundlage für das Recht auf effektiven Rechtsschutz kommt zum einen Art. 2 Abs. 3 IPBPR, zum anderen Art. 14 Abs. 1 IPBPR in Betracht. Art. 2 Abs. 3 IPBPR garantiert dem Einzelnen allgemein das Recht auf eine wirksame Beschwerde gegen (mutmaßliche) Verletzungen seiner im Pakt verbürgten Rechte. Nach Art. 14 Abs. 1 IPBPR hat jedermann Anspruch darauf, dass über eine gegen ihn erhobene strafrechtliche Anklage oder seine zivilrechtlichen Ansprüche und Verpflichtungen durch ein zuständiges, unabhängiges unparteiisches und auf Gesetz beruhendes Gericht in billiger Weise und öffentlich verhandelt wird. Der von Art. 14 Abs. 1 IPBPR gewährleistete Schutz reicht somit weiter als bei Art. 2 Abs. 3 IPBPR. Letzterer verlangt nur einen *wirksamen*, nicht aber zwingend einen *gerichtlichen* Rechtsschutz. Im Gegenzug genießt der Einzelne den weitergehenden Schutz des Art. 14 Abs. 1 IPBPR nur in Strafsachen und bei zivilrechtlichen Streitigkeiten. Für diesen Anwendungsbereich stellt Art. 14 Abs. 1 IPBPR gegenüber Art. 2 Abs. 3 IPBPR das speziellere Grundrecht dar.[1383] Folglich hat die Prüfung mit Art. 14 Abs. 1 IPBPR zu beginnen.

1. Anwendungsvoraussetzungen des Art. 14 Abs. 1 IPBPR

a) Individualsanktionen als Strafmaßnahme?

Es ist heftig umstritten, ob Individualsanktionen Strafmaßnahmen i. S. d. Art. 14 Abs. 1 IPBPR darstellen.[1384] Allgemein wird solchen Sanktionen strafender (d.h. punitiven oder repressiven) Charakter beigemessen, die durch die Zufügung eines Übels begangenes Unrecht ahnden. Die hoheitlich vorgenommene Schädigung des Individuums dient dem Ausgleich des Rechtsverstoßes.[1385] Hiervon abzugrenzen sind präventiv wirkende Sanktionen. Ihr Hauptziel besteht in der Abwendung eines drohenden bzw. der Beendigung eines bestehenden Rechtsverstoßes.[1386] Anders als Strafsanktionen sind sie zukunfts- und gegenwartsorientiert.[1387] Die grundlegende Unterscheidung zwischen beiden Sanktionsformen dient im Rahmen des Art. 14 Abs. 1 IPBPR jedoch nur der ersten Orientierung. Wichtig ist zunächst, dass der Begriff der strafrechtlichen Anklage eine autonome Auslegung erfährt. Auf die vom Urheber getroffene Qualifikation der Maßnahme kommt es deswegen nicht entscheidend an; ihr ist in diesem Zusammenhang lediglich indizielle Wirkung beizumessen.[1388] Für die

---

1383 *Esser*, in: *Löwe/Rosenberg* (Hrsg.), StPO XI, Art. 2 IPBPR, Rn. 14; *Gollwitzer*, Menschenrechte im Strafverfahren, Art. 2 Abs. 3 IPBPR Rn. 6.

1384 Einen guten Überblick hierüber verschafft *Macke*, UN-Sicherheitsrat und Strafrecht, 109 ff. S. dazu auch *van den Broek/Hazelhorst/de Zanger*, Utrecht J Int'l & Eur L 2010, 18, 27, Fn. 62.

1385 *Macke*, UN-Sicherheitsrat und Strafrecht, 117, m. w. N.

1386 *Macke*, UN-Sicherheitsrat und Strafrecht, 117, m. w. N.

1387 *Macke*, UN-Sicherheitsrat und Strafrecht, 117, m. w. N.

1388 Vgl. dazu *Esser*, in: *Löwe/Rosenberg* (Hrsg.), StPO XI, Art. 14 IPBPR, Rn. 70 ff.; *Gollwitzer*, Menschenrechte im Strafverfahren, Art. 14 Rn. 29.

autonome Auslegung gibt es zwei Gründe. Dazu zählen zum einen die beträchtlichen Unterschiede zwischen den Rechtssystemen der Staaten. Zum anderen wird damit verhindert, dass strafrechtliche Maßnahmen durch eine anderslautende Qualifikation im nationalen Recht dem Anwendungsbereich des Art. 14 Abs. 1 IPBPR entzogen werden. Liegt nach nationalem Recht jedoch eine Strafmaßnahme vor, findet Art. 14 Abs. 1 IPBPR unmittelbar Anwendung. Eine weitere Prüfung erübrigt sich dann. Unterfällt die Maßnahme innerstaatlich hingegen nicht dem Strafrecht, ist (kumulativ oder alternativ) auf die Art/Natur der Zuwiderhandlung bzw. die Schwere des Eingriffs abzustellen.[1389]

aa) Die rechtliche Qualifikation der Sanktionen durch den Sicherheitsrat und die Mitgliedstaaten

Der Sicherheitsrat sieht die Listung als Präventivmaßnahme an.[1390] Die Mitgliedstaaten sind ihm, soweit ersichtlich, in dieser rechtlichen Einschätzung gefolgt. Die ersten Indizien sprechen somit gegen eine Qualifikation der Sanktionen als Strafmaßnahmen i. S. d. Art. 14 Abs. 1 IPBPR.

bb) Die Art/Natur des Vergehens

Was die Art des Vergehens angeht, so handelt es sich bei Verstößen gegen das Verbot, Handlungen terroristischer Vereinigungen materiell oder ideell zu unterstützen oder gar selbst an ihnen teilzunehmen, um Verstöße, die auf nationaler Ebene gewöhnlicherweise strafrechtlich verfolgt werden. Die SR-Res. 1373/2001 legt den Staaten sogar eine entsprechende völkerrechtliche Verpflichtung auf.[1391] Weil sich diese Verpflichtung auch die Adressaten der 1267er-Sanktionen erstreckt[1392], liegt es nahe, deren strafrechtlichen Charakter zu bejahen.[1393]

Ein solcher Schluss impliziert, dass die strafrechtliche Verfolgung *durch die Individualsanktionen selbst* erfolgt. Diese Annahme ist aber nicht zwingend. Es ist denkbar, dass die Sanktionen in erster Linie unterstützend und vorsorglich erlassen werden, um die zukünftige (weitere) Begehung terroristischer Straftaten zu verhindern. Dies gilt insbesondere mit Blick auf die Terrorverdächtigen, die von den Staaten noch nicht festgesetzt werden konnten. Von dieser Präventivmaßnahme

---

1389 Diesen Grundsatz hat der EGMR für Art. 6 Abs. 1 EMRK – der Parallelvorschrift zu Art. 14 Abs. 1 IPBPR – in seiner ENGEL-Rechtsprechung aufgestellt, EGMR, *Engel*, Appl. No. 5100/71, Urteil v. 08.06.1976, Series A no. 22. Für Art. 14 Abs. 1 IPBPR gilt Entsprechendes. Vgl. dazu Esser, in: Löwe/Rosenberg (Hrsg.), StPO XI, Art. 14 IPBPR, Rn. 70 ff.

1390 S. dazu nur Rn. 6 lit. d) der Richtlinien des von ihm eingesetzten Sanktionsausschusses vom 15.04.2013.

1391 Rn. 2 lit. e) der SR-Res. 1373/2001 v. 28.09.2001.

1392 S. dazu z.B. die Präambel der SR-Res. 1617/2005 v. 29.07.2005.

1393 Vgl. dazu auch *Macke*, UN-Sicherheitsrat und Strafrecht, 132; *Meyer*, ZEuS 2007, 1, 19.

zu trennen wäre das eigentliche Strafverfahren, mit dem die Betroffenen für bereits begangene Terrorakte zur Rechenschaft gezogen werden. Der Erlass von Individualsanktionen stünde bei einer solchen Sichtweise zwar in engem Zusammenhang mit der strafrechtlichen Ahndung terroristischer Handlungen, wäre selbst aber nicht als repressive Maßnahme zu bewerten.

Für eine solche Sichtweise spricht der Vergleich zum 1373er-Sanktionsregime. Der präventiv-unterstützende Charakter der Sanktionen tritt insbesondere in den entsprechenden Umsetzungsakten der EU hervor. So wird für eine Listung nach Art. 1 Abs. 4 des Gemeinsamen Standpunktes 2001/931/GASP verlangt, dass auf nationaler Ebene ein strafrechtliches Ermittlungsverfahren gegen die betreffende Person wegen des Verdachts der Verwicklung in terroristische Aktivitäten eingeleitet worden sein muss. Stellen sich die Verdachtsmomente als unzureichend (z. B., weil sie von einer unzuständigen Behörde stammen) oder im Laufe des Strafverfahrens als unhaltbar heraus, sind die Sanktionen unmittelbar aufzuheben. Entsprechendes dürfte vom Grundsatz her für die Fälle gelten, in denen die betreffende Person ihre (Haft-)Strafe verbüßt hat. Auch in der deutschen StPO lässt sich der präventiv-unterstützende Charakter finanzieller Einfrierungsmaßnahmen beobachten. Nach § 443 Abs. 1 StPO kann das Vermögen oder einzelne Vermögensgegenstände eines Beschuldigten beschlagnahmt werden, gegen den u. a. wegen einer Straftat nach § 129a[1394], auch in Verbindung mit § 129b Abs. 1 StGB, oder nach den §§ 17 und 18 AWG öffentliche Klage erhoben oder Haftbefehl erlassen worden ist.[1395]

Allerdings ermöglichen die so eben illustrierten Umstände für sich allein die Bejahung des Präventivcharakters der 1267er-Sanktionen nicht. Grund hierfür ist, dass beim 1267er-Sanktionsregime der Sanktionserlass nicht an die vorherige und gleichzeitige Einleitung eines (nationalen) Strafverfahrens geknüpft ist. Dies ist sowohl in den Sanktionsresolutionen als auch in den Richtlinien des Sanktionsausschusses ausdrücklich festgehalten.[1396] Das wirft die Frage auf, ob die Listung letztlich doch nicht selbst an die Stelle des eigentlichen Strafverfahrens tritt und infolgedessen zur Anwendung des Art. 14 Abs. 1 IPBPR führt. Ein solches Vorgehen mag schon allein deshalb erforderlich sein, um die Gefahr missbräuchlicher Listungsanträge zu bannen. Denkbar wäre, dass einzelne Staaten ansonsten in die Versuchung geraten, die Neutralisierung ihnen verdächtiger Personen über – tatsächlich unbegründete – Listungsanträge zu erreichen, wenn die Verdachtsmomente für die Einleitung eines nationalen Strafverfahrens nicht ausreichen. Diese Versuchung verstärkt sich durch den Umstand, dass 1267er-Listungen anders als Strafen keiner zeitlichen Begrenzung unterliegen. Das Ende einer (Haft-)Strafe ist absehbar, das einer Listung nicht.

1394 § 129a StGB stellt die Bildung nationaler terroristischer Vereinigungen unter Strafe.

1395 Die Vorschrift führt weiter aus, dass die Beschlagnahme auch das Vermögen umfasst, das dem Beschuldigten später zufällt. Sie ist spätestens nach Beendigung der Hauptverhandlung des ersten Rechtszuges aufzuheben.

1396 S. z. B. die Präambel der SR-Res. 1822/2008 v. 30.06.2008 sowie Art. 6 lit. d) der Richtlinien über die Arbeitsweise des Sanktionsausschusses v. 15.04.2013.

Aus Sicht einer gelisteten Person stellt dieser Umstand eine Verschlechterung ihrer Lage dar und erhöht ihr Rechtsschutzbedürfnis.

So plausibel beide Bedenken auf den ersten Blick auch erscheinen, sie greifen letztendlich nicht durch. Einen strafrechtlichen Charakter der Sanktionen hätte man zweifellos in den Anfängen des Sanktionsregimes bejahen müssen, als dem Listungsverfahren jegliche Transparenz fehlte und eine objektive Prüfung der Richtigkeit einer Listung nicht vorgesehen war. In dieser Zeit konnte der Sanktionsausschuss zum Zwecke der Gefahrenabwehr terrorverdächtige Personen nach eigenem Ermessen und für unbestimmte Zeit mit Sanktionen belegen, ohne dass gegen seine Entscheidungen in irgendeiner Form rechtlich hätte vorgegangen werden können. Einer solchen strafprozessuale Garantien aushöhlenden Extension gefahrenabwehrrechtlicher Kompetenzen wäre zwingend durch eine Qualifikation der Sanktionen als strafrechtliche Maßnahmen zu begegnen gewesen, damit der von Art. 14 Abs. 1 IPBPR intendierte Schutz auch tatsächlich zur Wirkung kommt.

Mittlerweile jedoch hat das Sanktionsregime rechtlich relevante Änderungen erfahren, die einer solchen Qualifikation nunmehr entgegenstehen. So hat der Sicherheitsrat u. a. die Transparenz des Listungsverfahrens merklich erhöht.[1397] Der Sanktionsausschuss hat zudem in letzter Zeit vermehrt Delistungsanträgen stattgegeben, bei denen die Unbegründetheit der gegen die gelisteten Personen erhobenen Terrorvorwürfe in einem nationalen Strafverfahren festgestellt worden ist. Zumindest faktisch bewegt sich der Ausschuss damit in Richtung einer präventiv-unterstützenden Anwendung der Sanktionen. Entscheidend ist jedoch, dass sanktionierte Personen mittlerweile bei der Ombudsperson, einer objektiven und unparteiischen Prüfungsinstanz[1398], ihre Delistung beantragen können.[1399] Der Umstand, dass die Sanktionen keiner zeitlichen Begrenzung unterliegen, erfährt vor diesem Hintergrund eine starke Relativierung. Hinzu kommt, dass dieses Antragsrecht sich nicht nach einmaliger Nutzung erschöpft, sondern beliebig oft in Anspruch genommen werden kann. Ein solches System lässt sich jedoch nur dadurch erklären, dass es gerade nicht auf die Ahndung von begangenem Unrecht abzielt, sondern auf die Klärung der Frage, ob zu einem bestimmten Zeitpunkt X von der gelisteten Person Y *noch* eine Gefahr für den Weltfrieden ausgeht. Denn ist die (strafrechtliche) Verantwortlichkeit der jeweiligen Person einmal rechtskräftig festgestellt worden, hat sie ihre Strafe auch zu verbüßen. Die Eröffnung einer permanenten Rechtsschutzmöglichkeit wäre mithin wenig sinnvoll. In einem gefahrenabwehrrechtlichen System hingegen ist eine solche Rechtsschutzmöglichkeit zweckmäßig und auch notwendig,

---

1397 Dies lässt sich insbesondere an den Verpflichtungen der einen Listungsantrag stellenden Staaten erkennen, ein standardisiertes Listungsformular zu nutzen, die Listungsgründe in einer Falldarstellung zusammenzufassen sowie die Quellen den Vorwürfen zugrunde liegenden Informationen zu benennen. S. dazu bereits Teil II Kap. 1 § 1 IV 2.

1398 S. dazu sogleich ausführlich unter Teil III Kap. 5 B II 1 b.

1399 S. dazu bereits Teil II Kap. 1 § 3 A.

weil sich die von einer Person mutmaßlich ausgehende Gefahr in jedem Augenblick als nicht (mehr) existent herausstellen kann.

Mithin geht es beim Erlass von 1267er-Sanktionen dem Kern nach nicht um die Ahndung persönlich begangenen Unrechts, sondern um die Unterbindung zukünftiger terroristischer Aktivitäten.[1400] Der strafrechtliche Charakter der Sanktionen lässt sich somit nicht über die Natur des inkriminierten Verhaltens herleiten.

cc) Die Schwere des Eingriffs

Anders ist dies möglicherweise beim Kriterium der Schwere des Eingriffs. Eine Qualifikation als strafrechtliche Maßnahme erfolgt unabhängig von der Natur des Eingriffs insbesondere dann, wenn die hoheitliche Reaktion auf das individuelle Fehlverhalten in einer Freiheits- oder Geldstrafe besteht, stigmatisierend wirkt und/oder potentielle Nachahmer abschrecken soll.[1401]

Bei der Anwendung dieser Grundsätze könnte man den strafrechtlichen Charakter der Sanktionen mit dem Hinweis abtun, es fehle an einer Freiheitsentziehung i.e.S. Eine solches Vorbringen stellt jedoch angesichts der Reichweite des mit der Listung verbundenen Eingriffs[1402] nur ein schwaches, fast schon formalistisches Argument dar. Meyer spricht anschaulich davon, dass sanktionierte Personen quasi *„kalt gestellt"* werden würden.[1403] Nicht zuletzt geht mit der Listung eine weitreichende Stigmatisierung der sanktionierten Personen einher.[1404] In Anbetracht all dieser Umstände verwundert es nicht, dass beachtliche Stimmen in der Literatur – unter zusätzlichem Hinweis auf die prinzipiell unbegrenzte Dauer der

---

1400 In diesem Zusammenhang ist zusätzlich darauf hinzuweisen, dass mittlerweile eine periodische Überprüfung der Listungen durch den Sanktionsausschuss – unabhängig davon, ob ein entsprechender Listungsantrag existiert – vorgesehen ist. S. dazu bereits Teil III Kap. 5 § 3 A III 2. Auch dies zeugt von dem präventiven Charakter der Sanktionsmaßnahmen, die eben nur solange in Kraft bleiben sollen, wie die Listungsvoraussetzungen erfüllt sind.

1401 Für Art. 6 Abs. 1 EMRK – der Parallelvorschrift zu Art. 14 Abs. 1 IPBPR – hat der EGMR diese Grundsätze in Rn. 53 seiner Leitentscheidung Öztürk (EGMR, *Öztürk*, Application No. 8544/79, Urteil v. 21.02.1984, Serie A, No. 73) aufgestellt: „Gleichwohl weist der Gerichtshof darauf hin, dass Zuwiderhandlungen, die ihren Urheber Sanktionen aussetzen, welche abschreckend wirken sollen und die üblicherweise aus Freiheits- oder Geldstrafen bestehen, nach dem üblichen Sprachgebrauch im Allgemeinen dem Strafrecht unterfallen."

1402 Erinnert sei auch an dieser Stelle noch einmal an die Einschätzung des Sonderbeauftragten des Europarates Marty, dem zufolge eine Listung einem *„mort civile"* gleichkommt.

1403 *Meyer*, HRRS 11 (2010), 74 und 79.

1404 S. dazu *de Wet*, in: *Wolfrum/Röben* (Hrsg.), Developments of international law in treaty making, 206; *Hayes*, CILIP 87 (2007), 36, 45 ff.; *Bianchi*, EJIL 17 (2006), 881, 905 sowie *Macke*, UN-Sicherheitsrat und Strafrecht, 132.

Sanktionen – den Strafcharakter von Individualsanktionen und folglich die Einschlägigkeit von Art. 14 Abs. 1 IPBPR bejahen.[1405]

Trotz dieser bedeutenden Argumente wird man jedoch den strafrechtlichen Charakter der Sanktionen auch nicht über die Schwere des Eingriffs herleiten können. Dabei ist zunächst zu berücksichtigen, dass auch von Präventivmaßnahmen weitreichende Beschränkungen individueller Freiheiten ausgehen können.[1406] Entscheidend für die Einordnung der Sanktionen als Präventivmaßnahmen spricht der bereits apostrophierte Umstand, dass sie vom Grundsatz her nur so lange in Kraft bleiben, wie die Listungsvoraussetzungen vorliegen, und dass das gelistete Individuum jederzeit in eigener Person beim Sanktionsausschuss seine Delistung beantragen kann. Dass es bei der Sanktionierung nicht um eine Bestrafung für begangenes Unrecht, sondern um Terrorprävention geht, mag man auch daran ersehen, dass das Sanktionsregime humanitäre Ausnahmeklauseln vorsieht. So wird von den finanziellen Mitteln einer gelisteten Person lediglich der Teil eingefroren, der über das hinausgeht, was der Betreffende notwendigerweise zur Bestreitung seines Lebensunterhalts benötigt.[1407] Auch darf er weiterhin seiner Erwerbstätigkeit nachgehen.[1408] Nicht zuletzt bewegt sich der Sanktionsausschuss, wie bereits ausgeführt worden ist, in Richtung einer präventiv-unterstützenden Interpretation der Sanktionen, indem er Listungen regelmäßig dann aufhebt, wenn sich der Verdacht der Terrorbeteiligung in einem nationalen Strafverfahren als unbegründet herausgestellt hat.[1409] Das eigentliche Problem bei der rechtlichen Einordnung der Sanktionen rührt wie gesehen daher, dass es bislang an einer ausdrücklichen *normativen* Verknüpfung von Strafverfolgung und Prävention in den Sanktionsresolutionen fehlt. Aus diesem Umstand allein auf einen repressiven Charakter der Maßnahmen zu schließen, überzeugt aus den o.g. Gründen nicht. Dass es dieser normativen Klarstellung dennoch bedarf, steht außer Frage. Hierauf wird noch gesondert einzugehen sein.[1410] Trotz der Intensität des von ihnen ausgehenden Eingriffs stellen die vom Sanktionsausschuss verhängten Individualsanktionen daher keine strafrechtlichen Maßnahmen i. S. d. Art. 14 Abs. 1 IPBPR dar.

1405 *Macke*, UN-Sicherheitsrat und Strafrecht; *Frank*, in: *Breitenmoser/Ehrenzeller/Sassòli u. a.* (Hrsg.). Human rights, 244.

1406 Vgl. dazu *Dahme*, Terrorismusbekämpfung, 161 ff.; *Meyer*, ZEuS 2007, 1, 19; *Ohler*, EuR 2006, 848, 851.

1407 Vgl. dazu Rn. 11 der Richtlinien über die Arbeitsweise des Sanktionsausschusses v. 15.04.2013.

1408 Dies gilt zumindest für solche Personen, die als Angestellte tätig sind.

1409 So heißt es in der zuletzt erlassenen SR-Res. 2083/2012 v. 17.12.2012 in Rn. 15 wie folgt: „[Der Sicherheitsrat] legt den Mitgliedstaaten nahe, den Ausschuss über alle einschlägigen Gerichtsentscheidungen und -verfahren zu unterrichten, damit er sie berücksichtigen kann, wenn er einen Eintrag überprüft oder eine Zusammenfassung der Gründe für die Aufnahme in die Listung aktualisiert."

1410 Teil III Kap. 5 § 5.

dd) Ergebnis

Im Ergebnis ist der repressive Charakter der Sanktionen zu verneinen. Demzufolge lässt sich eine Anwendung des Art. 14 Abs. 1 IPBPR nicht auf den Tatbestand der strafrechtlichen Anklage stützen.

b) Individualsanktionen als zivilrechtliche Streitigkeit?

Wie der Begriff der strafrechtlichen Anklage erfahren auch die *„zivilrechtlichen Streitigkeiten"* innerhalb des Art. 14 Abs. 1 IPBPR eine autonome Auslegung. Verfehlt wäre es deshalb, die Einschlägigkeit des genannten Tatbestands damit zu verneinen, es handele sich um keine zivilrechtliche Streitigkeit nach deutschem Recht. Der MRA – wie im Übrigen auch der EGMR – legt den Begriff der zivilrechtlichen Streitigkeiten sehr weit aus.[1411] Eine ausschließliche Beteiligung von Privatpersonen ist nicht zwingend erforderlich. Erfasst werden vielmehr alle Streitigkeiten, deren Ausgang für vermögenswerte Rechte von wesentlicher Bedeutung sind und/oder den Bereich der privaten Lebensführung unmittelbar berühren.[1412] Funktional soll Art. 14 Abs. 1 IPBPR damit in Ergänzung zu den materiellen Freiheitsgarantien den individuellen Rechtsraum der privaten Lebensführung sichern und dem Einzelnen die effektive Durchsetzung der Rechte seines Privatbereichs garantieren.[1413] Deshalb erfasst der Begriff der zivilrechtlichen Streitigkeiten neben solchen privat- und handelsrechtlicher Art auch die meisten Verwaltungsrechtsstreitigkeiten.[1414] Mit dem Erlass von Individualsanktionen gehen weitgehende Eingriffe in die Eigentumsfreiheit, die Berufsfreiheit, das Recht auf Achtung des Privat- und Familienlebens sowie des persönlichen Rufs und der persönlichen Ehre der gelisteten Personen einher.[1415] Alle Eingriffe in diese Rechte berühren den Bereich der privaten Lebensführung unmittelbar. Folglich löst der Erlass von Individualsanktionen zivilrechtliche Streitigkeiten i. S. v. Art. 14 Abs. 1 IPBPR aus.[1416]

1411 Vgl. dazu *Esser*, in: *Löwe/Rosenberg* (Hrsg.), StPO XI, Art. 14 IPBPR Rn. 39; *Nowak*, CCPR Commentary, Art. 14 Rn. 17 ff.; *Schilling*, Internationaler Menschenrechtsschutz, Rn. 502.

1412 *Schilling*, Internationaler Menschenrechtsschutz, Rn. 502.

1413 *Esser*, in: *Löwe/Rosenberg* (Hrsg.), StPO XI, Art. 14 IPBPR Rn. 39.

1414 *Schilling*, Internationaler Menschenrechtsschutz, Rn. 502.

1415 Teil III Kap. 5 § 1 A II 2.

1416 Dabei spielt es keine Rolle, dass Eigentums- und Berufsfreiheit nicht vom IPBPR selbst geschützt werden. Der Begriff der zivilrechtlichen Streitigkeiten ist nicht so auszulegen, dass er nur solche Rechte schützt, die im Pakt selbst gewährleistet werden. Das ergibt sich u. a. aus Art. 5 Abs. 2 IPBPR, wonach die in einem Vertragsstaat durch Gesetze, Übereinkommen, Verordnungen oder durch Gewohnheitsrecht anerkannten oder bestehenden grundlegenden Menschenrechte nicht unter dem Vorwand beschränkt oder außer Kraft gesetzt werden dürfen, dass dieser Pakt derartige Rechte nicht oder nur in einem geringen Ausmaße anerkenne. Im Sinne des *effet utile* ist der Begriff der zivilrechtlichen Streitigkeiten in Art. 14 Abs. 1 IPBPR mithin so auszulegen, dass er auch alle Rechte erfasst, die mittlerweile den

2. Ergebnis

Streitigkeiten, die die Richtigkeit der vom Sanktionsausschuss verhängten Sanktionen betreffen, sind als zivilrechtliche Streitigkeiten i. S. d. Art. 14 Abs. 1 IPBPR zu qualifizieren. Der Sicherheitsrat ist daher verpflichtet, dem Einzelnen einen Rechtsschutz zu garantieren, der den Anforderungen des Art. 14 Abs. 1 IPBPR genügt.[1417] Maßstab für die Rechtmäßigkeitsprüfung des Delistung-Verfahrens vor der Ombudsperson ist demnach Art. 14 Abs. 1 IPBPR.

II. Die einzelnen Rechtsschutzanforderungen des Art. 14 Abs. 1 IPBPR

Zur exakten Bestimmung der sich aus Art. 14 Abs. 1 IPBPR ergebenden Anforderungen sei zunächst einmal der Wortlaut der Bestimmung wiedergegeben. Art. 14 Abs. 1 S. 2 IPBPR besagt, dass

> *„jedermann Anspruch darauf hat, dass über eine gegen ihn erhobene strafrechtliche Anklage oder seine zivilrechtlichen Ansprüche und Verpflichtungen durch ein zuständiges, unabhängiges, unparteiisches und auf Gesetz beruhendes Gericht in billiger Weise und öffentlich verhandelt wird."*

1. Anforderungen an das Gericht

a) Gerichtsbegriff

aa) Autonome Definition

Der Begriff des Gerichts erfährt in Art. 14 Abs. 1 IPBPR keine Definition. Auch er wird vom MRA autonom ausgelegt. Auf die Bezeichnung des Spruchkörpers in der jeweiligen (nationalen) Rechtsordnung kommt es deshalb nicht an. Die Auslegung erfolgt nicht anhand formeller, sondern materieller Kriterien. Es ist nicht erforderlich, dass ein Spruchkörper im Bereich der klassischen ordentlichen Gerichtsbarkeit verankert und in deren Gerichtsorganisation eingebunden ist.[1418] Solange seine Existenz auf Gesetz beruht, kann es neben seiner Spruchtätigkeit auch weitere Aufgaben wahrnehmen, beispielsweise solche administrativer Art.[1419] Allerdings darf die administrative Tätigkeit nicht die gleiche Angelegenheit betreffen, in der der Spruchkörper rechtsprechend tätig wird, weil dies Zweifel an seiner strukturellen Unparteilichkeit hervorrufen würde.[1420] Bei Erfüllung dieser Voraussetzungen

---

Status von universellem Gewohnheitsrecht erlangt haben und einen unmittelbaren Bezug zum Bereich der privaten Lebensführung aufweisen. Dies trifft sowohl für die Berufs- wie auch für die Eigentumsfreiheit zu.

1417 EuG, Urt. v. 30.09.2010, Rs. T-85/09, 10 ff.; *Frank*, in: *Breitenmoser/Ehrenzeller/Sassòli u. a.* (Hrsg.). Human rights, 243 f.

1418 *Schilling*, Internationaler Menschenrechtsschutz, Rn. 531; *Esser*, in: *Löwe/Rosenberg* (Hrsg.), StPO XI, Art. 14 IPBPR Rn. 128.

1419 *Esser*, in: *Löwe/Rosenberg* (Hrsg.), StPO XI, Art. 14 IPBPR Rn. 128.

1420 *Esser*, in: *Löwe/Rosenberg* (Hrsg.), StPO XI, Art. 14 IPBPR Rn. 128.

können daher auch Verwaltungsbehörden die Qualität eines Gerichts aufweisen. Deshalb ist in der englischen Originalfassung des Art. 14 Abs. 1 IPBPR auch von *Gerichten* und *Tribunalen* die Rede.[1421]

bb) Die vollständige Jurisdiktionsgewalt als konstitutives Merkmal eines Gerichts

Die ein Gericht konstituierenden materiellen Kriterien sind neben seiner Unabhängigkeit und Unparteilichkeit das Innehaben der vollständigen Jurisdiktionsgewalt.

aaa) Definition

Zur Annahme dieser Jurisdiktionsgewalt bedarf es zunächst der Existenz eines geregelten Verfahrens, in dem der Spruchkörper alle Beteiligten anhören und deren Argumente kritisch prüfen kann.[1422] Das Gericht muss darüber hinaus den relevanten Sachverhalt vollständig und autonom aufklären und rechtlich unabhängig bewerten können. Die auf dieser Bewertung von ihm getroffene Entscheidung muss für die Einrichtung verbindlich sein, die sich für den hoheitlichen Eingriff verantwortlich zeichnet.[1423] Man spricht auch davon, dass die Entscheidung des Gerichts der Rechtsverletzung unmittelbar abhelfen muss.[1424] Kann die Einrichtung nur eine unverbindliche Empfehlung abgeben, über die eine andere Instanz noch zu befinden hat, erfüllt es die Anforderungen an ein Gericht nicht.[1425]

bbb) Abgleich mit dem gegenwärtigen Sanktionsregime

Die Ombudsperson verfügt über ausreichende, sie als Gericht qualifizierende Entscheidungsbefugnisse i. S. d. Art. 14 Abs. 1 IPBPR, wenn die von ihr getroffenen Entscheidungen für den Sanktionsausschuss Verbindlichkeit besitzen. Für negative Bewertungen von Delistungsanträgen ist dies der Fall. Solchen Bewertungen folgt der Sanktionsausschuss ohne weitere Prüfung.[1426] Spricht sich die Ombudsperson hingegen für eine Delistung aus – das ist der für einen Antragsteller weitaus interessantere Fall –, besitzt ihre Entscheidung eine solche Verbindlichkeit nicht. Sie kann immer noch eine Ablehnung durch den Sanktionsausschuss oder den Sicherheitsrat erfahren. Allerdings sind die Hürden für eine Ablehnung im Sanktionsausschuss sehr hoch. Hierzu müssen sich alle Ausschussmitglieder innerhalb einer

---

1421 Vgl. dazu *Gollwitzer*, Menschenrechte im Strafverfahren, Art. 14 Rn. 49; *Esser*, in: *Löwe/Rosenberg* (Hrsg.), StPO XI, Art. 14 IPBPR Rn. 128.

1422 *Esser*, in: *Löwe/Rosenberg* (Hrsg.), StPO XI, Art. 14 IPBPR Rn. 128.

1423 *Esser*, in: *Löwe/Rosenberg* (Hrsg.), StPO XI, Art. 14 IPBPR Rn. 130 f; *Feinäugle*, Hoheitsgewalt im Völkerrecht, 227.

1424 *Esser*, in: *Löwe/Rosenberg* (Hrsg.), StPO XI, Art. 14 IPBPR Rn. 128.

1425 *Gollwitzer*, Menschenrechte im Strafverfahren, Art. 14 Rn. 50; *Esser*, in: *Löwe/Rosenberg* (Hrsg.), StPO XI, Art. 14 IPBPR Rn. 130 f.

1426 S. Teil II Kap. 1 § 3 A IV.

60-Tage-Frist gegen die Delistung aussprechen, ansonsten gilt der Delisting-Antrag als bewilligt.[1427] Ein solches Verfahren, in dem ein einem Organ unterbreiteter Vorschlag Rechtsverbindlichkeit erlangt, sofern sich die Organmitglieder nicht gesamtheitlich dagegen aussprechen, wird fachsprachlich als sog. *reverse consensus*-Verfahren bezeichnet.[1428] Anwendung findet es z. B. in WTO-Streitverfahren.[1429] Im Delisting-Verfahren erfährt es jedoch eine starke Relativierung durch die jedem Ausschussmitglied eingeräumte Möglichkeit, die Vorlage des Delisting-Antrags vor den Sicherheitsrat zu verlangen. Für die Bewilligung des Antrags ist dann ein positives Votum des Sicherheitsrates erforderlich.[1430] Rechtlich geht mit diesem System eine Privilegierung der ständigen Ratsmitglieder einher, die mit ihrem Vetorecht die Stattgabe eines Delisting-Antrags verhindern können. Von besonderem Interesse ist in diesem Zusammenhang der bereits apostrophierte Umstand, dass ca. 90–95% der Listungen auf Listungsanträge der USA zurückgehen.[1431]

Ob das gegenwärtige Delisting-Verfahren im Lichte dieser Tatsachen den Anforderungen an ein effektives *gerichtliches* Verfahren i. S. d. Art. 14 Abs. 1 IPBPR genügt, wird unterschiedlich beurteilt. Feinäugle jedenfalls bejaht dies. Er erkennt zwar an, dass die Ombudsperson nicht die Entscheidungsgewalt besitzt, wie sie der Begriff des Gerichts in Art. 14 Abs. 1 IPBPR voraussetzt, meint aber, sie komme ihr durch das *reverse consensus*-Verfahren faktisch sehr nahe.[1432] Zudem führt er aus, es sei realitätsfremd anzunehmen, dass der Sicherheitsrat sich oder den von ihm geschaffenen Sanktionsausschuss dem vollständigen Verdikt einer unabhängigen Instanz unterwerfen würde.[1433]

Feinäugles Argumentation kann nicht gefolgt werden. Auf die insbesondere ständigen Sicherheitsratsmitgliedern offenstehende Möglichkeit zur Aushebelung des *reverse consensus*-Verfahrens wurde dabei bereits hingewiesen. Darüber hinaus überzeugt auch nicht, Abstriche beim Rechtsschutz mit der fehlenden Bereitschaft des Rates zu rechtfertigen, seine bzw. die vom Sanktionsausschuss getroffenen Entscheidungen einer unabhängigen Kontrolle zu unterwerfen. Feinäugle bedient sich hier eines *rechtspolitischen* und keines *rechtsdogmatischen* Arguments. Beide Argumentationsarten sind strikt voneinander zu trennen. Das mag beim Recht des Sicherheitsrates, bei dem die Grenzen zwischen Recht und Politik mitunter bis zur Unkenntlichkeit verschwimmen, bisweilen Schwierigkeiten bereiten. Unerlässlich

---

1427 S. Teil II Kap. 1 § 3 A IV.

1428 Vgl. dazu *Schöbener/Herbst/Perkams*, Internationales Wirtschaftsrecht, Kap. 3, § 13 Rn. 301.

1429 S. dazu *Schöbener/Herbst/Perkams*, Internationales Wirtschaftsrecht, Kap. 3, § 13 Rn. 301.

1430 S. Teil II Kap. 1 § 3 A IV.

1431 Vgl. dazu *Rosand*, AJIL 98 (2004), 745, 749 f.

1432 *Feinäugle*, Hoheitsgewalt im Völkerrecht, 243 ff., insb. 250 f.; ebenso *Bothe*, JICJ 6 (2008), 541, 554.

1433 *Feinäugle*, Hoheitsgewalt im Völkerrecht, 241 f.

ist die Trennung dennoch. Der Sicherheitsrat ist kein *princeps legibus solutus.*[1434] Das bloße Abstellen auf Praktikabilitätserwägungen beschwört die große Gefahr herauf, dass das Recht zum bloßen Legitimationsinstrument politischer Entscheidungen verkommt. Letzten Endes stünde damit nicht nur seine Autorität und Glaubwürdigkeit infrage, sondern sein Rechtscharakter an sich. Hinzuweisen ist in diesem Zusammenhang auch auf den Umstand, dass das Zurückbleiben des gegenwärtigen Delisting-Verfahrens hinter Art. 14 Abs. 1 IPBPR allein auf dem *Willen* des Sicherheitsrates und nicht etwa auf der logischen Unvereinbarkeit verschiedener Rechtsnormen und Ziele beruht.[1435]

Zudem lässt sich das Rechtsschutzproblem auch mit dem von Feinäugle vorgeschlagenen Ansatz nicht vollständig lösen. Eine strikt dogmatische Beurteilung der Konformität des gegenwärtigen Delisting-Verfahrens mit Art. 14 Abs. 1 IPBPR ist schon deshalb vonnöten, um sachgemäß Stellung zu möglichen Entwicklungsszenarien des bestehenden Rechtsschutzes vor dem EuGH und dem EGMR beziehen zu können. Durch die zuletzt am Delisting-Verfahren vorgenommenen Veränderungen wird früher oder später die Frage zu beantworten sein, ob beide Gerichte ihre Jurisdiktion im Bereich der 1267er-Sanktionen zurücknehmen könnten.[1436] Konkret würde dies bedeuten, dass EuGH und EGMR entsprechende staatliche bzw. unionsrechtliche Umsetzungsakte nicht mehr am Maßstab des EU-Rechts bzw. der EMRK prüfen, solange auf UN-Ebene wirksamer Rechtsschutz geleistet wird. Das Vorliegen dieser Bedingung lässt sich jedoch ausschließlich am Maßstab rechtlicher Normen bestimmen.

Bei Zugrundelegung eines rechtsdogmatischen Maßstabs sind Abstriche an den an ein Gericht zu stellenden Anforderungen – da Art. 14 Abs. 1 IPBPR diesbezüglich keine Ausnahmeklauseln vorsieht – ausschließlich über Art. 4 Abs. 1 IPBPR möglich. Dazu müsste es sich bei dem Recht des Sicherheitsrates entweder um ein institutionalisiertes Notstandsrecht handeln oder aber die von Al Qaida ausgehende terroristische Gefahr eine *einzelne* Notstandslage konstituieren. Weder das eine noch das andere trifft jedoch zu.[1437]

Das gegenwärtige System erfüllt somit die Anforderungen des Art. 14 Abs. 1 IPBPR schon deshalb nicht, weil der Ombudsperson die Gerichtseigenschaft fehlt.[1438] Dass der oben skizzierte Konflikt zwischen ihr und dem Sanktionsausschuss/Sicherheitsrat im Delisting-Verfahren im Idealfall nicht ausbrechen wird, ändert an diesem rechtlichen Befund nichts.

1434 S. dazu bereits Teil III Kap. 2 § 3.

1435 Auf diesen Umstand weist *Cameron*, The ECHR, 28, zu Recht hin.

1436 Detailliert zu diesem Problemkomplex sogleich Teil V.

1437 S. dazu Teil III Kap. IV § 4 B III 3.

1438 Auch *Willis*, Geo. J. Int'l L. 42 (2010/11), 673, 739 ff., sieht Art. 14 Abs. 1 IPBPR verletzt, wenn die Entscheidung der Ombudsperson über eine Delistung nicht letztverbindlich ist.

cc) Ergebnis und Verbesserungsvorschlag

Das gegenwärtige Delisting-Verfahren genügt den Anforderungen des Art. 14 Abs. 1 IPBPR nicht, weil die Ombudsperson kein Gericht i. S. d. Vorschrift darstellt. Um diesen Mangel zu beheben, müssen die Entscheidungen der Ombudsperson normativ als rechtsverbindlich für den Sanktionsausschuss und den Sicherheitsrat erklärt werden.

b) Die Unparteilichkeit des Gerichts

Art. 14 Abs. 1 IPBPR setzt des Weiteren die Unparteilichkeit des Gerichts voraus.

aa) Definition

Bei der Beurteilung der Unparteilichkeit eines Richters ist sowohl ein subjektiver als auch ein objektiver Maßstab anzulegen. In subjektiver Hinsicht kommt es darauf an, ob das Verhalten des Richters Zweifel an einer gleichermaßen fairen und unvoreingenommenen Behandlung aller Streitparteien aufkommen lässt.[1439] In objektiver Hinsicht müssen die äußeren Umstände unabhängig von der Person des Richters so beschaffen sein, dass keine ernsthaften Zweifel an der Unparteilichkeit des Gerichts aufkommen können. Die richterliche Unparteilichkeit darf also bereits dem äußeren Anschein nach nicht infrage stehen.[1440]

bb) Abgleich mit dem gegenwärtigen Sanktionsregime

Anlass, an der persönlichen Integrität von Frau Prost zu zweifeln, die aktuell den Posten der Ombudsperson bekleidet, bestehen nicht. Frau Prost war zuletzt als Richterin am UN-Tribunal für das ehemalige Jugoslawien tätig. Zuvor hatte sie u. a. die Leitung der Abteilung Strafrecht und Strafverfolgung des Commonwealth inne, die den Mitgliedstaaten z. B. technische und juristische Hilfe bei der Umsetzung der 1373er-Resolution des Sicherheitsrates oder der Geldwäschebekämpfung leistet.[1441]

Die Unparteilichkeit der Ombudsperson könnte daher allenfalls aufgrund äußerer Umstände infrage stehen, insbesondere wegen der fehlenden Verbindlichkeit der von ihr getroffenen Delistungsentscheidung für den Sanktionsausschuss. Dies könnte dazu führen, dass die Ombudsperson tendenziell zum Nachteil des antragstellenden Individuums entscheidet, wenn ein Mitglied des Sanktionsausschusses, das gleichzeitig zu den ständigen Mitgliedern des Sicherheitsrates zählt, dem entsprechenden Delisting-Antrag kritisch gegenübersteht und seine ablehnende Haltung bereits im Prüfungsverfahren deutlich macht. Das Motiv für ein derartiges Verhalten der Ombudsperson läge darin, nicht die Missgunst des jeweiligen Ausschussmitglieds auf sich zuziehen. Diese theoretische Möglichkeit vermag jedoch

1439 Vgl. *Schilling*, Internationaler Menschenrechtsschutz, Rn. 537.

1440 *Esser*, in: *Löwe/Rosenberg* (Hrsg.), StPO XI, Art. 14 Rn. 157.

1441 So die Information auf der Homepage des Büros der Ombudsperson, abrufbar unter http://www.un.org/en/sc/ombudsperson/bio.shtml (letzter Aufruf 31.12.2013).

die strukturelle Unparteilichkeit der Ombudsperson nicht ernsthaft infrage zu stellen, weil die Voraussetzungen für ihre Ernennung sehr streng sind. Es kommen von vornherein nur Personen in Betracht, bei denen aufgrund ihrer Persönlichkeit und ihres beruflichen Werdegangs ausgeschlossen werden kann, dass sie sich bei ihrer Entscheidungsfindung von politischem Druck beeindrucken lassen. Die strukturelle Unabhängigkeit der Ombudsperson ist demnach zu bejahen.

c) Kompetenz der dem Gericht angehörenden Personen

Effektiven Rechtsschutz vermag ein Gericht nur dann zu gewährleisten, wenn seine Mitglieder neben ihrer persönlichen Integrität die notwendige Fachkompetenz aufweisen. Art. 14 Abs. 1 IPBPR setzt eine entsprechende Fachkompetenz daher zwingend voraus. Der Sicherheitsrat hat die diesbezüglichen Anforderungen an die Ombudsperson in der SR-Res. 1904/2009[1442] wie folgt beschrieben:

> „*[...] an eminent individual of high moral character, impartiality and integrity with high qualifications and experience in relevant fields, such as legal, human rights, counter-terrorism and sanctions[...].*“

Dieses Anforderungsprofil stellt in genereller Weise sicher, dass das Amt der Ombudsperson mit einer fachlich qualifizierten Person besetzt wird. Mit der Berufung von Frau Prost hat UN-Generalsekretär Ban-Ki Moon diese Vorgaben auch konkret umgesetzt.

d) Die Unabhängigkeit des Gerichts

Art. 14 Abs. 1 IPBPR verlangt darüber hinaus die Unabhängigkeit des Gerichts.

aa) Definition

Ein Gericht gilt als unabhängig, wenn es seine Entscheidung ohne jegliche Einmischung seitens der Verfahrensbeteiligten, sonstigen Personen oder staatlichen Einrichtungen treffen kann.[1443] Die Unabhängigkeit seiner Mitglieder ist durch ein adäquates Ernennungsverfahren sicherzustellen.[1444] Diese müssen zudem während ihrer Amtszeit unversetzbar und unabsetzbar sein.[1445] Die Amtszeit muss darüber hinaus eine gewisse Dauer aufweisen.[1446] Zweifel an der Unabhängigkeit des Gerichts sind auch dann möglich, wenn seine Mitgliedern für eine weitere Amtszeit

---

1442 S. Rn. 20 der SR-Res. 1904/2009 v. 17.12.2009.

1443 *Gollwitzer*, Menschenrechte im Strafverfahren, Art. 14 IPBPR Rn. 53; *Esser*, in: *Löwe/Rosenberg* (Hrsg.), StPO XI, Art. 14 Rn. 140.

1444 Vgl. dazu *Esser*, in: *Löwe/Rosenberg* (Hrsg.), StPO XI, Art. 14 IPBPR Rn. 146.

1445 *Gollwitzer*, Menschenrechte im Strafverfahren, Art. 14 IPBPR Rn. 53; *Esser*, in: *Löwe/Rosenberg* (Hrsg.), StPO XI, Art. 14 IPBPR Rn. 143.

1446 *Gollwitzer*, Menschenrechte im Strafverfahren, Art. 14 IPBPR Rn. 53; *Nowak*, CCPR Commentary, Rn. 25.

wiedergewählt werden können.[1447] Hier besteht die Gefahr, dass handelnden Personen ihre Entscheidungen aus persönlichen Motiven zugunsten der Einrichtung ausfallen lassen, die über ihre Wiederwahl entscheidet.[1448]

bb) Abgleich mit dem gegenwärtigen Sanktionsregime

Nach Maßgabe der soeben skizzierten Anforderungen könnte die Unabhängigkeit der Ombudsperson unter zwei Gesichtspunkten angezweifelt werden, zum einen wegen der Dauer ihrer Berufung sowie zum anderen wegen der Möglichkeit ihrer Wiederernennung. Das Amt der Ombudsperson wurde mit der SR-Res. 1904/2010[1449] für einen Zeitraum von 18 Monaten errichtet. Mit Erlass der SR-Res. 1989/2011[1450] wurde diese Frist zunächst um weitere 18 Monate und mit der SR-Res. 2083/2012[1451] um weitere 30 Monate verlängert.[1452] Frau Prost, die aktuell das Amt der Ombudsperson bekleidet, wurde vom UN-Generalsekretär Moon mit Schreiben vom 03.06.2010 zunächst für eine Amtszeit bis zum 30.6.2011 berufen.[1453] Diese Amtszeit wurde mit Schreiben vom 30.6.2011 bis zum 31.12.2012[1454] und mit Schreiben vom 27.12.2012 nochmals um 30 Monate verlängert.[1455]

Die Laufzeit des Mandats ist zwar mit jetzt 30 Monaten relativ knapp bemessen. Man darf jedoch den Umstand nicht aus den Augen verlieren, dass der Sicherheitsrat das Amt der Ombudsperson nach einer langen Vorlaufzeit als Reaktion auf den wachsenden Druck der UN-Mitgliedstaaten geschaffen hat, um sich weiterhin deren Kooperationsbereitschaft bei der Umsetzung der Sanktionen zu versichern. Jedes Abrücken des Rates vom bisher erreichten Standard, jeder Versuch, die Unabhängigkeit der Ombudsperson im Nachhinein auszuhöhlen oder ihr Amt wieder abzuschaffen, würde diese Kooperationsbereitschaft nachhaltig gefährden. Die knapp bemessene Amtszeit der Ombudsperson stellt ihre Unabhängigkeit somit nicht infrage.

Gleiches gilt auch mit Blick auf die Möglichkeit ihrer Wiederernennung. Ausschlaggebend ist hier zum einen, dass hohe Anforderungen an die fachliche und persönliche Integrität der Ombudsperson gestellt werden, zum anderen, dass sie nicht vom Sicherheitsrat, sondern vom UN-Generalsekretär berufen wird. Die Ombudsperson kann folglich keinen Vorteil daraus ziehen, einzelne Delistungsanträge bewusst im Sinne des Sanktionsausschusses zu entscheiden.

1447 Vgl. dazu *Esser*, in: *Löwe/Rosenberg* (Hrsg.), StPO XI, Art. 14 IPBPR Rn. 147.
1448 Vgl. dazu *Esser*, in: *Löwe/Rosenberg* (Hrsg.), StPO XI, Art. 14 IPBPR Rn. 147.
1449 S. Rn. 20 der SR-Res. 1904/2009 v. 17.12.2009.
1450 S. Rn. 21 der SR-Res. 1989/2011 v. 17.06.2011.
1451 V. 17.12.2012.
1452 S. Rn. 19 der besagten Resolution.
1453 UN-Doc. S/2010/282 v. 04.06.2010.
1454 UN-Doc. S/2011/404 v. 01.07.2011.
1455 UN-Doc. S/2012/966 v. 31.12.2012.

cc) Ergebnis

Die (persönliche und strukturelle) Unabhängigkeit der Ombudsperson ist zu bejahen.[1456] Den entsprechenden Anforderungen des Art. 14 Abs. 1 IPBPR ist mithin genüge getan.

e) Beruhen auf Gesetz

Der Sicherheitsrat hat in den Sanktionsresolutionen 1904/2009, 1989/2011 und 2083/2013 die Kompetenzen der Ombudsperson, die Modalitäten ihrer Berufung sowie das über sie laufende Delisting-Verfahren explizit festgelegt. Grundsätzlich genügen Sicherheitsresolutionen dem Gesetzesbegriff des Art. 14 Abs. 1 S. 2 IPBPR.[1457] Etwas anderes gilt nur dann, wenn eine derartige Qualifikation von Sicherheitsratresolutionen als gesetzliche Eingriffsermächtigung in nicht mehr tolerierbarem Maße zulasten des Individualrechtsschutzes geht.[1458] Speziell bei Art. 14 Abs. 1 S. 2 IPBPR geht es darum, Zusammensetzung, Zuständigkeit und Verfahren in Bezug auf den Spruchkörper vorab abstrakt-generell festzulegen. Damit soll der Rechtsweg berechenbar gemacht und willkürlichem Handeln entzogen werden. Diese Voraussetzungen werden von Sanktionsresolutionen, die das Verfahren vor der Ombudsperson regeln, jedoch erfüllt. Insoweit entsteht dem Individuum kein Nachteil. Mithin beruht das Amt der Ombudsperson auch auf einem Gesetz i. S. d. Art. 14 Abs. 1 IPBPR.

f) Zusammenfassung

Die Ombudsperson erfüllt die Anforderungen, die Art. 14 Abs. 1 IPBPR an ein Gericht stellt, nicht. Grund hierfür ist, dass ihren Entscheidungen über die Stattgabe von Delistungsanträgen keine Letztverbindlichkeit zukommt. Die entsprechenden Normen bedürfen mithin einer Änderung. Allen anderen Strukturanforderungen, die an ein Gericht i. S. d. Art. 14 Abs. 1 IPBPR zu stellen sind – d. h. seine Unparteilichkeit, seine Unabhängigkeit und sein Beruhen auf Gesetz –, ist hingegen ausreichend Rechnung getragen worden.

2. Das Recht auf ein faires Verfahren

Art. 14 Abs. 1 IPBPR verlangt darüber hinaus, dass dem betroffenen Individuum ein faires Verfahren eingeräumt wird. In der deutschen Übersetzung tritt dieses zentrale Erfordernis nicht offen zutage. Dort heißt es lediglich, dass *in billiger Weise* über die Angelegenheiten des Individuums vor einem Gericht zu verhandeln ist. In der englischen Originalfassung allerdings ist von einem *„fair hearing“* die Rede.

1456 So auch *v. Arnauld*, EuR 2013, 236, 243.
1457 S. hierzu bereits Teil III Kap. 5 § 2 A.
1458 S. hierzu bereits Teil III Kap. 5 § 2 A.

a) Überblick

Das Recht auf ein faires Verfahren kann als Oberbegriff verschiedener verfahrensrechtlicher Garantien und Befugnisse verstanden werden, die sich inhaltlich vielfach überschneiden.[1459] Es umfasst u. a. das Recht auf ein kontradiktorisches Verfahren. Ein kontradiktorisches Verfahren liegt vor, wenn die am Rechtsstreit beteiligten Parteien im Prozess zum jeweiligen Standpunkt des Gegners Stellung beziehen können, bevor das Gericht seine Entscheidung trifft.[1460] Eng mit diesem Prinzip verbunden ist das Prinzip der Waffengleichheit (*equality of arms*).[1461] Es besagt, dass die an einem kontradiktorischen Streitverfahren beteiligten Personen gleichwertige Befugnisse bei der Wahrnehmung ihrer gegenseitigen Interessen haben müssen.[1462] Zu diesen Befugnissen zählt insbesondere das Recht, die eigene Sicht der Dinge vor Gericht vorzutragen sowie Stellungnahmen und Beweise der Gegenseite zur Kenntnis zu nehmen und zu erörtern, um die Entscheidung des Gerichts möglichst zu eigenen Gunsten zu beeinflussen.[1463] Dieses Recht wird auch als Recht auf rechtliches Gehör umschrieben.[1464] Eine Stellungnahme zu den Argumenten und Beweisen der Gegenseite ist dabei nur möglich, wenn der Beteiligte hierüber frühzeitig informiert wird. Das Gericht muss die Vorträge der Verfahrensbeteiligten gleichermaßen und ernsthaft auf ihre Stichhaltigkeit hin überprüfen und entsprechend in seine Entscheidungsfindung einfließen lassen.[1465]

b) Insbesondere das Recht auf Anhörung

Umfasst vom Recht auf rechtliches Gehör ist das Recht auf Anhörung, d. h. das Recht des Individuums, vor dem Gericht Stellung zu den erhobenen Vorwürfen zu beziehen und seine Sicht der Dinge vortragen dürfen.[1466]

aa) Abgleich mit dem gegenwärtigen Sanktionsregime

Nach den gegenwärtig geltenden Richtlinien des Sanktionsausschusses über das Delisting-Verfahren kann eine gelistete Person in ihrem Streichungsantrag vor

---

1459 Diese Überschneidung erschwert bisweilen das Verständnis, weil inhaltlich Gleiches mit verschiedenen Begriffen ausgedrückt wird.

1460 S. dazu *Gollwitzer*, Menschenrechte im Strafverfahren, Art. 14 IPBPR Rn. 59 f.; *Esser*, in: *Löwe/Rosenberg* (Hrsg.), StPO XI, Art. 14 IPBPR, Rn. 178.

1461 *Gollwitzer*, Menschenrechte im Strafverfahren, Art. 14 IPBPR Rn. 59 f.; *Esser*, in: *Löwe/Rosenberg* (Hrsg.), StPO XI, Art. 14 IPBPR, Rn. 202.

1462 *Esser*, in: *Löwe/Rosenberg* (Hrsg.), StPO XI, Art. 14 IPBPR, Rn. 202., Rn. 202; *Nowak*, CCPR Commentary, Art. 14 IPBPR Rn. 29.

1463 *Gollwitzer*, Menschenrechte im Strafverfahren, Art. 14 IPBPR Rn. 59 f.; *Esser*, in: *Löwe/Rosenberg* (Hrsg.), StPO XI, Art. 14 IPBPR, Rn. 202.

1464 *Esser*, in: *Löwe/Rosenberg* (Hrsg.), StPO XI, Art. 14 IPBPR, Rn. 219.

1465 Vgl. dazu *Esser*, in: *Löwe/Rosenberg* (Hrsg.), StPO XI, Art. 14 IPBPR, Rn. 179; *Schilling*, Internationaler Menschenrechtsschutz, Rn. 525 f.

1466 Dazu bereits Teil III Kap. 5 § 3 A I.

der Ombudsperson darlegen, warum die Listung nach ihrer Auffassung fehlerhaft ist. In Rn. 6 lit b. des Annex II der SR-Res. 1989/2011 vorgesehen, dass sich die Ombudsperson mit dem Antragsteller zur Erörterung der gesamten Angelegenheit persönlich treffen soll. Eine solche mündliche Anhörung geht über das hinaus, was Art. 14 Abs. 1 IPBPR verlangt. Auch eine schriftliche Anhörung würde ausreichen.[1467] Zudem wird der Antragsteller sowohl über die Reaktionen des Sanktionsausschusses auf seinen Delisting-Antrag wie auch über eventuell neu entstandene Fragen einzelner Ausschussmitglieder zeitnah durch die Ombudsperson in Kenntnis gesetzt. Zu beiden Punkten kann der Antragsteller wiederum Stellung beziehen und auf diese Weise die Entscheidung über seinen Antrag positiv zu beeinflussen versuchen.

bb) Ergebnis

Dem Recht einer gelisteten Person, zu den gegen sie erhobenen Vorwürfen von der Ombudsperson angehört zu werden, wird im gegenwärtigen Delisting-Verfahren ausreichend Rechnung getragen.

c) Insbesondere das Recht auf Anwesenheit während der Verhandlung

Der Angeklagte hat ein Recht auf Anwesenheit während der gerichtlichen Verhandlung. Dieses Recht kommt allerdings nur zum Tragen, wenn eine mündliche Verhandlung angesetzt ist. Wie gesehen existiert ein Anspruch auf mündliche Verhandlung bei zivilrechtlichen Streitigkeiten jedoch nicht. Ein schriftliches Verfahren reicht aus, sofern es der gelisteten Person eine wirksame Vertretung ihrer Position gewährleistet.[1468] Diese Voraussetzungen werden vom gegenwärtigen Delisting-Verfahren erfüllt. Eine Verletzung des Rechts auf Anwesenheit während der Verhandlung liegt mithin nicht vor.

d) Zusammenfassung

Das Delisting-Verfahren vor der Ombudsperson genügt den Anforderungen an ein faires Verfahren i. S. d. Art. 14 Abs. 1 IPBPR.

3. Die Öffentlichkeit des Verfahrens

Art. 14 Abs. 1 S. 2 IPBPR garantiert dem Individuum ein Recht auf öffentliche Verhandlung seiner Angelegenheit. Nach Art. 14 Abs. 1 S. 3 IPBPR darf die Öffentlichkeit jedoch u. a. aus Gründen der öffentlichen Sicherheit ausgeschlossen werden. Zu diesen Gründen ist auch das Bedürfnis nach Geheimhaltung sicherheitssensibler Informationen zu zählen. Wenn bereits der gelisteten Person entsprechende Informationen zur Schutze staatlicher Sicherheitsinteressen vorenthalten

---

1467 *Fassbender*, IOLR 3 (2006), 437, 12.3.
1468 *Fassbender*, IOLR 3 (2006), 437, 12.3.

werden dürfen[1469], dann muss dies arg. a fortiori für die Öffentlichkeit gelten. Es stellt demnach keinen Verstoß gegen Art. 14 Abs. 1 Satz 2 IPBPR dar, wenn das Delisting-Verfahren in nicht-öffentlicher Form abgehalten wird.

4. Das Recht auf zeitnahe Urteilsverkündung

Art. 14 Abs. 1 S. 2 IPBPR garantiert dem Kläger ein Recht auf zügige Durchführung des Verfahrens. Wann ein Verfahren als zügig anzusehen ist, ist immer eine Frage des Einzelfalls.[1470] Mitunter ist auch eine Verfahrensdauer von sieben Jahren noch als angemessen angesehen worden.[1471] In der Regel dauert es ca. zehn Monate, bis eine Entscheidung über einen von einer sanktionierten Person eingereichten Delisting-Antrag ergeht. Dieser Zeitraum überschreitet die Grenze der Angemessenheit nicht. Folglich ist den Anforderungen an eine zügige Durchführung des Delisting-Verfahrens genüge getan.

III. Zusammenfassung zum effektiven Rechtsschutz

Gelistete Personen oder Organisationen unterfallen dem Schutz des Art. 14 Abs. 1 IPBPR. Der Erlass von Individualsanktionen stellt zwar keine strafrechtliche Maßnahme, jedoch eine zivilrechtliche Streitigkeit i. S. d. Art. 14 Abs. 1 S. 2 IPBPR dar. Das Recht, dass über diese Streitigkeit vor einem Gericht verhandelt wird, erfüllt das Delisting-Verfahren vor der Ombudsperson z.Zt. noch nicht. Grund hierfür ist, dass ihren Entscheidungen über die Stattgabe von Delistungsanträgen keine Letztverbindlichkeit zukommt. Die jetzigen Regelungen bedürfen in dieser Hinsicht einer entsprechenden Modifikation. Den übrigen Tatbestandsvoraussetzungen des Art. 14 Abs. 1 IPBPR hingegen – seien es die sonstigen Strukturanforderungen an das Gericht, sei es die Einhaltung eines fairen Verfahrens u.s.w. – ist bei der Ausgestaltung des Delisting-Verfahrens ausreichend Rechnung getragen worden.

§ 4: Der Bestimmtheitsgrundsatz

Neben den Rechten gelisteter Personen auf rechtliches Gehör und effektiven Rechtsschutz müssen die Vorschriften des 1267er-Sanktionsregimes auch mit dem Bestimmtheitsgrundsatz in Einklang stehen.

1469 S. Teil III Kap. 5 § 3 II 3.
1470 *Schilling*, Internationaler Menschenrechtsschutz, Rn. 543.
1471 S. dazu *Schilling*, Internationaler Menschenrechtsschutz, Rn. 543.

A. Inhalt

Der Bestimmtheitsgrundsatz ist im Recht der internationalen Menschenrechte allgemein anerkannt.[1472] Über Art. 1 Abs. 3 UN-Charta[1473] gilt er auch für den Sicherheitsrat. Er besagt, dass Gesetze, auf deren Grundlage in Menschenrechte eingegriffen wird, inhaltlich ausreichend bestimmt sein müssen.[1474] Auf diese Weise soll die Gefahr willkürlichen hoheitlichen Handelns eingedämmt werden. Denn je unbestimmter ein Gesetz gefasst ist, desto größer ist der Spielraum des Hoheitsträgers bei seiner Auslegung und Konkretisierung.[1475]

Im Allgemeinen genügt ein Eingriffsgesetz dem Bestimmtheitsgrundsatz, wenn es in seinen Anwendungsvoraussetzungen und seinen Wirkungen für den Einzelnen vorhersehbar ist.[1476] Dieser muss vorab in der Lage sein, sein Verhalten auf die jeweiligen gesetzlichen Bestimmungen hin auszurichten.[1477] Die Anforderungen an die Bestimmtheit einer Regelung steigen dabei proportional mit der Intensität des von ihr ausgehenden Grundrechtseingriffs.[1478]

Auf der anderen Seite folgt aus dem Bestimmtheitsgrundsatz nicht, dass Eingriffsgesetze nur starr oder kasuistisch gefasst werden können. Wie alle Gesetze richten sie sich an eine unbestimmte Anzahl von Personen und sind zur Regelung einer nicht vorab festgelegten Anzahl von Sachverhalten gedacht. Deshalb finden sich in Gesetzen häufig sehr allgemein gefasste Tatbestände. Solange diese Tatbestände beweisfähig Feststellbares umschreiben und inhaltlich abgrenzbar sind, ist dem Bestimmtheitserfordernis genüge getan.[1479] Im Grunde zu weit gefasste Gesetze lassen sich mit dem Bestimmtheitsgrundsatz ausnahmsweise dann vereinbaren, wenn sie durch eine gefestigte Rechtsprechung konkretisiert worden sind.[1480]

1472 *Schilling*, Internationaler Menschenrechtsschutz, Rn. 59 ff. Konkret für den IPBPR *Joseph/Schultz/Castan*, CCPR, Rn. 1.67. Vgl. dazu auch *Esser*, in: *Löwe/Rosenberg*, StPO XI, Art. 9 IPBPR Rn. 42. Speziell für das Völkerstrafrecht *Darge*, Kriegsverbrechen, 152.

1473 Zur Menschenrechtsbindung des Rates über Art. 1 Abs. 3 UN-Charta s. Teil III Kap. 4 § 2.

1474 S. dazu auch Rn. 13 des vom MRA zu Art. 12 Abs. 3 IPBPR ergangenen General Comment Nr. 27.

1475 Vgl. dazu die Feststellungen des MRA im Fall *Pinkney*, Communication Nr. 27/1978 v. 29.10.1981, Rn. 34, sowie *Joseph/Schultz/Castan*, CCPR, Rn. 1.67.

1476 *Schilling*, Internationaler Menschenrechtsschutz, Rn. 61.

1477 *Schilling*, Internationaler Menschenrechtsschutz, Rn. 63 ff.

1478 *Schilling*, Internationaler Menschenrechtsschutz, Rn. 61 ff.

1479 Vgl. dazu *Esser*, in: *Löwe/Rosenberg*, StPO XI, Art. 9 IPBPR Rn. 42.

1480 Vgl. dazu *Esser*, in: *Löwe/Rosenberg*, StPO XI, Art. 9 IPBPR Rn. 42.

B. *Prüfung der gegenwärtigen Listungskriterien auf ihre Vereinbarkeit mit dem Bestimmtheitsgrundsatz*

Den Bestimmtheitsanforderungen unterliegen sowohl der Tatbestand als auch die Rechtsfolgen einer Eingriffsregelung. Probleme bereitet vor allem die Tatbestandsseite.[1481] Die Zielgruppe wird unterteilt in Al Qaida-Mitglieder einerseits und den mit ihnen verbundenen Personen und Organisationen andererseits. Bei Al Qaida-Mitgliedern erfüllt bereits ihre Mitgliedschaft den Sanktionstatbestand. Beim Tatbestand des Verbundenseins hingegen müssen die verdächtigen Personen und Organisationen bestimmte inkriminierte Verhaltensweisen an den Tag legen. Auf den ersten Blick nimmt sich die Al Qaida-Mitgliedschaft als der rechtlich leichter zu handhabende Tatbestand aus, während beim Tatbestand des Verbundenseins eher Schwierigkeiten mit dem Bestimmtheitsgrundsatz zu vermuten sind.

Zur vollständigen Erfassung der rechtlichen Probleme, die sich bei der Handhabung beider Tatbestände ergeben, bedarf es einer etwas ausführlicheren Beschäftigung mit der jüngeren Entwicklungsgeschichte Al Qaidas. Die zeitnahe Aufnahme des Verbundenheitstatbestands in das Sanktionsregime war Folge der zunehmenden Schwierigkeiten, Al Qaida-Mitglieder zu identifizieren.

I. Die Entwicklungen in der Organisationsstruktur Al Qaidas

Die Praktikabilität des Mitgliedschaftstatbestandes hängt entscheidend davon ab, ob Al Qaida eine feste Organisations- und Personalstruktur aufweist. Bis zum Sturz des Taliban-Regimes durch die alliierten Streitkräfte im Jahre 2001 war eine solche Struktur gegeben. Mittlerweile aber ist Al Qaida zu einer amorphen Bewegung mutiert. Der Einmarsch der alliierten Truppen in Afghanistan schränkte die

1481 Unsicherheiten auf Rechtsfolgenebene bestanden zeitweilig hinsichtlich des Umfangs der Sanktionen. Problematisch war, dass die Sanktionen extrem weit formuliert waren und ihrem Wortlaut nach *jegliche* Geldmittel oder sonstige Vermögenswerte der Verdachtspersonen erfassten. Bei einer uneingeschränkten Anwendung der Sanktionsvorschriften wären diese folglich nicht überlebensfähig gewesen, sondern hätten verhungern oder verdursten müssen. Da dies offensichtlich nicht gewollt war, stellte sich die Frage nach den tatbestandlichen Grenzen der Sanktionen. Die Monitoring Group bestätigte früh, dass die Sanktionsvorschriften extensiv auszulegen sind. Sie verwies zu deren Konkretisierung vor allem auf die detaillierten Ausführungen in Art. 1 der EU-VO 881/2002 v. 27.05.2002 und verfasste zudem sog. *„Explination of terms“*, die auf der Seite des Sanktionsausschusses abrufbar sind (http://www.un.org/sc/committees/1267/pdf/EoT%20assets%20freeze%20-%20English.pdf, letzter Aufruf 31.12.2013). Dadurch konnten die meisten Rechtsunsicherheiten ausgeräumt werden. Hinsichtlich der notwendigen inhaltlichen Einschränkungen der Sanktionen ist auf die Ausnahmeregelungen zu verweisen, die der Sicherheitsrat sukzessive in das Sanktionsregime eingefügt hat (s. dazu Teil II Kap. 1 § 1 B IV 1). Vgl. zu dem Problemkomplex auch *Schulte*, Der Schutz individueller Rechte gegen Terrorlisten, 69.

Handlungsmöglichkeiten der Organisationsspitze um Bin Laden und Al Zawahiri empfindlich ein. Dies wirkte sich unmittelbar auf die Organisationsstruktur Al Qaidas aus, die mit ihrem bis dahin streng hierarchischen Aufbau fortan nicht mehr überlebensfähig war. Bin Laden und Al Zawahiri sorgten daher dafür, dass ihre Anhänger das operative Geschäft in die eigenen Hände nahmen. So verhinderten sie den Untergang ihrer Organisation. Allerdings reduzierte sich mit der einsetzenden Dezentralisierung der Organisation die Rolle Bin Ladens mehr und mehr auf die eines spiritus rector. Die Dezentralisierung hat mittlerweile ein derartiges Ausmaß erreicht, dass die Konturen der Organisation kaum noch greifbar sind. Deshalb fällt den Fachleuten die organisationsspezifische Beschreibung der Bewegung gegenwärtig auch so schwer. Die verschiedenen Versuche reichen dabei von einer Art Franchise-Unternehmen des Terrors mit Al Qaida als dessen globaler Marke über die sog. *leaderless resistance* („Konzept des führungslosen Widerstands"), bei der zum Schutz des Gesamtvorhabens bewusst auf konkrete Befehle der Führung verzichtet wird, bis hin zur Behauptung, dass von Al Qaida nur noch die Idee des globalen Jihads existiert.[1482]

Wenn in den Medien im Zusammenhang mit islamistischen Terroranschlägen der jüngeren Zeit immer wieder auch der Name Al Qaida Erwähnung findet, dann wird in der Regel diese organisationsspezifische Entwicklung außer Acht gelassen. Spricht man heute von Al Qaida, dann wird man – von der Kern-Al Qaida um den mittlerweile getöteten Anführer Bin Laden und seinem jetzigen Nachfolger Al Zawahiri abgesehen – drei Strömungen voneinander zu unterscheiden haben. Bei diesen drei Strömungen handelt es sich um

1. die ab 2001 in verschiedenen arabischen Ländern gegründeten nationalen Ableger der Organisation,
2. im Grunde unabhängige islamistische Gruppierungen, die sich mit der Organisation aus strategischen Erwägungen assoziiert haben sowie
3. weltweit neu entstandene, weitgehend autark handelnde Terrorzellen, von denen westlichen Sicherheitsbehörden diejenigen die größten Sorgen bereiten, die sich vor der „eigenen Haustür" gebildet haben.[1483]

1. Die nationalen Ableger Al Qaidas

Die meisten nationalen Ableger Al Qaidas wurden von Mitgliedern der mittleren Führungsebene sowie von Rekruten gegründet, die nach dem Sturz des Taliban-Regimes aus Afghanistan zurück in ihre Heimatländer geflohen waren und dort in Eigenverantwortung Anschläge planten und durchführten. Hierbei bemühten sie sich um eine Orientierung an den von Bin Laden und Al Zawahiri in ihren Audio- und Videobotschaften ausgegebenen Leitlinien.[1484] Das wichtigste Beispiel

1482 S. dazu *Musharbash*, Die neue al-Quaida, 69 f.
1483 Dazu *Musharbash*, Die neue al-Quaida, 76; vgl. dazu auch *Steinberg*, IP 2005, 14 f.
1484 *Steinberg*, IP 2005, 14 f.

eines nationalen Ablegers der gerade beschriebenen Art ist Al Qaida auf der arabischen Halbinsel[1485], ein integraler Bestandteil der Kern-Al Qaida.

Gleichzeitig gingen Teile dieser Al Qaida-Kämpfer lose Zusammenkünfte mit anderen islamistischen Organisationen ein, die nach dem Vorbild Al Qaidas in verschiedenen Ländern eigenverantwortlich terroristisch aktiv wurden. Eine solch lose Kooperation lag beispielsweise den Anschlägen auf die Madrider Bahnhöfe im Jahre 2004 zugrunde, die von einer Gruppe in Spanien lebender islamistischer Extremisten aus Marokko, Tunesien und Algerien verübt worden waren und bei denen es zumindest im Vorfeld Kontakte zu ehemaligen Afghanistan-Kämpfern Al Qaidas gegeben hat.[1486] Das erklärt auch, warum sich nach dem Anschlag ein angeblicher Sprecher der „Al Qaida in Europa" zu der Tat bekannte.[1487]

2. Formell Al Qaida beigetretene bzw. mit ihr assoziierte islamistische Organisationen

Bei anderen nationalen Ablegern handelt es sich um ursprünglich vollständig autonome islamistische Organisationen mit eigenen Zielen und Strategien, die sich nur formal Al Qaida angeschlossen haben, um ihre Finanzierungs- und Rekrutierungsmöglichkeiten zu verbessern. Das bekannteste Beispiel von Gruppierungen dieser Kategorie ist Al Qaida im Zweistromland, die zuvor unter anderem Namen von dem mittlerweile getöteten Terroristenführer Abu Musab al Sarkawi gegründet worden war und im Irak den Sturz der gewählten irakischen Regierung und die Errichtung eines islamischen Emirats verfolgte. Darüber hinaus zählen auch kleinere islamistische Organisationen in Ostasien mit vorwiegend regionalen Zielen zu dieser Kategorie.[1488]

3. Neu entstehende Terrorzellen ohne personellen oder organisatorischen Bezug zur Kern-Al Qaida

Zuletzt ist bei der Untersuchung der gegenwärtigen Organisationsstruktur Al Qaidas auf die weltweit neu entstehenden Terrorzellen einzugehen, die sich der globalen Jihad-Idee der Organisation angeschlossen haben. Die Kern-Al Qaida hatte unmittelbar nach dem Sturz der Taliban in Afghanistan das Internet zum

1485 Al Qaida fi Jazirat al-ʿArab.

1486 Vgl. dazu *Musharbash*, Die neue al-Quaida, 74 f.

1487 Vgl. dazu *Musharbash*, Die neue al-Quaida, 75 f.

1488 Dazu *Musharbash*, Die neue al-Quaida, 75 f. Die Assoziation mit Al Qaida diente jedoch nicht nur den Interessen der regionalen islamistischen Gruppen, sondern gleichzeitig auch der Kern-Al Qaida um ihren mittlerweile getöteten Anführer Bin Laden. Durch die Zusammenarbeit konnte Bin Laden zumindest formell das Bild einer funktionierenden Organisation aufrechterhalten, die scheinbar zu jeder Zeit an jedem Ort der Welt in der Lage ist, Terroranschläge zu begehen. Dieses Bild ist wichtig, um den Führungsanspruch und das Überleben der Kern-Al Qaida zu sichern.

wichtigsten Kommunikations- und Informationsmedium der Organisation erhoben. Mittlerweile gibt es ganze Netzwerke, in denen Jihadisten aus aller Welt miteinander kommunizieren und Zusammenschlüsse bilden können. Jeder so Interessierte kann dabei leicht dem Eindruck erliegen, Teil einer großen schlagkräftigen Bewegung zu sein. Dass indes die Interessen der Beteiligten häufig stark divergieren, wird erst bei genauerem Hinsehen deutlich. Der Kern-Al Qaida ging es beim Ausbau ihrer Internetaktivitäten jedoch nicht nur um eine verbesserte Vernetzung ihrer Anhänger. Sie stellte detaillierte Anleitungen zum Bau von Bomben, der Gründung von Terrorzellen, der Rekrutierung von Mitgliedern, der Planung und Durchführung von Anschlägen sowie des Lebens im Untergrund ins Netz.[1489] Jihad-Anhänger auf der ganzen Welt sollten auf diese Weise in die Lage versetzt werden, eigenverantwortlich im Namen von Al Qaida Terroranschläge auszuüben und so das Bild einer funktionierenden Organisation aufrechtzuerhalten, die strukturell in dieser Form nicht mehr besteht. Tatsächlich stellen die Ermittlungsbehörden fest, dass ein Großteil der neu rekrutierten Islamisten entweder gar nicht oder nur für kurze Zeit zur Ausbildung in Afghanistan oder Pakistan gewesen ist. Zu den Mitgliedern der Kern-Al Qaida besteht häufig kein oder nur loser Kontakt. Das erschwert die Identifikation und Verfolgung des Al Qaida-Nachwuchses ungemein. Speziell westlichen Staaten drohen besondere Gefahren durch sog. „*homegrown terrorists*". Unter diesen Begriff fallen radikalisierte Personen der zweiten und dritten Einwanderergeneration sowie radikalisierte Konvertiten, die in westlichen Ländern geboren und aufgewachsen sind und dort in Eigenregie Anschläge planen und ausüben.[1490]

Die spektakulärsten Anschläge islamistischer Terroristen in Europa in den vergangenen Jahren gehen auf das Konto solcher „hausgemachter Terroristen", so z. B. der Anschlag auf die Londoner Metro im Jahre 2005, bei dem 52 Menschen ums Leben kamen.[1491] In Deutschland sorgten vor allem die missglückten bzw. von den Sicherheitskräften verhinderten Anschläge der sog. *Kofferbomber von Köln*[1492]

1489 Dazu instruktiv *Musharbash*, Bin Laden droht mit Hinrichtung von US-Geiseln, 14.06.2010, 83 ff.

1490 Vgl. dazu statt vieler den Verfassungsschutzbericht 2009 des Bundesinnenministeriums, S. 191.

1491 Vgl. dazu *Steinberg*, IP 2005, 14, 17 ff.

1492 Am 31.07.2006 hatten zwei junge, erst seit kurzer Zeit in Deutschland lebende libanesische Staatsangehörige im Kölner Hauptbahnhof in zwei Regionalzügen der Deutschen Bahn zwei selbstgebaute, jeweils in Reisetrolleys versteckte Bomben platziert (deshalb auch der Begriff der *Kofferbomber*). Diese Bomben sollten mittels eines Zeitzünders während der Fahrt zur Explosion gebracht werden. Hierzu kam es alleine wegen eines handwerklichen Fehlers beim Bau der Bomben nicht. Ansonsten wäre höchstwahrscheinlich eine hohe Zahl an Toten und Verletzten zu beklagen gewesen. Die beiden Tatverdächtigen wurden am 19. August in Kiel beziehungsweise am 24. August in Tripoli (Libanon) festgenommen und 2007 in Gerichtsverfahren in Deutschland und im Libanon wegen versuchten Mordes in einer Vielzahl von Fällen sowie wegen des versuchten Herbeiführens von

sowie der *Sauerlandgruppe*[1493] für großes Aufsehen. Die Strukturen und Organisationsformen des *„homegrown terrorism"* reichen dabei von Gruppierungen, die Kontakte zu islamistischen Gruppen im Ausland suchen, über unabhängige Kleingruppen bis hin zu Einzeltätern.

II. Konsequenzen für die Operationalität des Tatbestandsmerkmals „Al Qaida-Mitgliedschaft"

Der seit 2001 zu beobachtende tiefgreifende Wandel in der Organisationsstruktur Al Qaidas hat dazu geführt, dass von den beiden Listungstatbeständen der Mitgliedschaft und des Verbundenseins praktisch nur noch der Zweite von Bedeutung ist. Denn alleine hiermit lässt sich dem Phänomen von neu entstehenden Terrorzellen,

---

Sprengstoffexplosionen zu mehrjährigen Haftstrafen verurteilt. Unmittelbare Kontakte zu Al Qaida oder anderen islamistischen Terrororganisationen gab es nicht, allerdings war zumindest einer der beiden Täter erwiesener Anhänger von Osama Bin Laden und dessen Idee eines globalen Jihads.
Das Motiv für die missglückten Anschläge lag in dem Anfang 2006 in deutschen Medien erfolgten Abdruck von Mohammedkarikaturen, die zuvor in der dänischen „Jyllands-Posten" veröffentlicht worden waren. Der ursprünglich Plan der Täter sah die Begehung von Anschlägen während der Fußballweltmeisterschaft 2006 in Deutschland vor. Dieser Plan wurde aber aufgrund der starken Sicherheitsvorkehrungen zu dieser Zeit wieder verworfen. Vgl. zu den Vorkommnissen den Verfassungsschutzbericht 2008 des BMI, *Bundesministerium des Innern*, Verfassungsschutzbericht 2008S. 209 ff., sowie den Artikel von M. Bickel auf der Online-Seite der FAZ, „Eine zutiefst terroristische Tat", http://www.faz.net/s/RubDDBDABB9457A437BAA85A49C26FB23A0/ Doc~E48ED2E5DC8F847C8AFEA97FBF0576DCD~ATpl~Ecommon~Scontent.html.

1493 Bei der Sauerland-Gruppe handelte es sich um eine deutsche Zelle der mit Al Qaida in Verbindung gebrachten Terrororganisation Islamische Jihad Union (IJU). Die Gruppe bestand aus drei deutschen Konvertiten und einem türkischen Staatsangehörigen, die im Jahre 2007 die Begehung mehrerer Sprengstoffanschläge gegen US-amerikanische Staatsbürger und Einrichtungen auf deutschem Boden plante. Die Anschlagspläne konnten von den deutschen Sicherheitsbehörden aber frühzeitig vereitelt werden. Die drei deutschen Mitglieder wurden im sauerländischen Medebach-Oberschledorn festgenommen, als sie in einer gemieteten Ferienwohnung den für die Anschläge benötigten Sprengstoff herzustellen versuchten (daher der Name der Gruppe). Das vierte Gruppenmitglied wurde kurze Zeit später in der Türkei festgenommen und 2008 nach Deutschland ausgeliefert. Im Prozess vor dem OLG Düsseldorf legten alle vier Mitglieder umfassende Geständnisse ab und wurden u. a. wegen der Mitgliedschaft in einer terroristischen Vereinigung im Ausland, der Vorbereitung eines Sprengstoffverbrechens sowie den Verabredungen zum Mord und zu einem Sprengstoffverbrechen zu langjährigen Haftstrafen verurteilt, vgl. dazu den Bericht auf Spiegel Online vom 04.03.2010, Gericht verhängt hohe Haftstrafen gegen Sauerland-Gruppe, 04.03.2010, http://www.spiegel.de/politik/deutschland/0,1518,681633,00.html.

bei denen es an jeglichem persönlichen Kontakt zu Al Qaida-Mitgliedern fehlt, rechtlich überhaupt beikommen.

Von einer Verwirklichung des Mitgliedschaftstatbestandes kann jedenfalls nur dann ausgegangen werden, wenn es sich nachweislich um ein bekanntes Kern-Al Qaida-Mitglied handelt. Dieser Nachweis wird allerdings nur in den wenigsten Fällen zu führen sein. Sonstige Personen erfüllen den Tatbestand lediglich dann, wenn sie einer von einem Ur-Qaida Mitglied geleiteten Terrorzelle angehören. Bei einer solch engen Auslegung des Mitgliedschaftstatbestandes ist den Anforderungen des Bestimmtheitsgrundsatzes genüge getan.

III. Das Kriterium des Verbundenseins mit Al Qaida

Von großer Bedeutung ist jedoch, ob der in Praxis maßgebliche Tatbestand des Verbundenseins den Anforderungen des Bestimmtheitsgrundsatzes genügt. Dieser Frage soll im Folgenden nachgegangen werden.

1. Die einzelnen Tatbestände

Nach Rn. 2 der aktuellen SR-Res. 2083/2012 deuten

> *„u. a. folgende Handlungen oder Aktivitäten darauf hin, dass eine Person, eine Gruppe, ein Unternehmen oder eine Einrichtung mit der Al-Qaida verbunden ist:*
>
> *a) die Beteiligung an der Finanzierung, Planung, Erleichterung, Vorbereitung oder Begehung von Handlungen oder Aktivitäten durch, zusammen mit, unter dem Namen oder im Namen oder zur Unterstützung der Al-Qaida oder einer ihrer Zellen, Unterorganisationen, Splittergruppen oder Ableger;*
>
> *b) die Lieferung, der Verkauf oder die Weitergabe von Rüstungsgütern und sonstigem Wehrmaterial an diese;*
>
> *c) die Rekrutierung für diese oder die sonstige Unterstützung ihrer Handlungen oder Aktivitäten* [...].

2. Erste Systematisierung der Tatbestände

Versucht man sich an einer ersten Systematisierung der Tatbestände, so wird man lit. a) als eine Art Generalklausel bezeichnen können. In den lit. b) und c) Alt. 1 werden mit der Lieferung, dem Verkauf und der Weitergabe von Rüstungsgütern sowie der Rekrutierung von Mitgliedern für Al Qaida einzelne verbotene Verhaltensweisen benannt. Alt. 2 des lit. c) („*die sonstige Unterstützung ihrer Handlungen und Aktivitäten*") nimmt sich wie ein Auffangtatbestand aus, wobei mögliche Abgrenzungsschwierigkeiten zum Tatbestandsmerkmal der „*Erleichterung von Handlungen und Aktivitäten*" Al Qaidas in lit. a) augenscheinlich sind. Die genannten Kriterien sind zudem nicht erschöpfend. Dies wird an der Formulierung „*unter anderem*" deutlich.

3. Die Bestimmtheitsanforderungen an den Tatbestand des „Verbundenseins" im Einzelnen

Die Konformität des „Verbundensein"-Tatbestands mit dem Bestimmtheitsgrundsatz hängt von zwei Bedingungen ab. Zum Ersten muss aus den Formulierungen der Listungstatbestände deutlich hervorgehen, dass lediglich solche Verhaltensweisen sanktioniert werden, die aus *objektiver Sicht als individueller Beitrag zur Friedensgefährdung* verstanden werden können. Die Verwirklichung dieser materiellen Voraussetzung ist unerlässlich, um den massiven Menschenrechtseingriff zu rechtfertigen, der von einer Listung ausgeht.[1494] Der entscheidende Parameter bei der Bestimmung der zu sanktionierenden Verhaltensweisen ist die Qualität des von ihnen drohenden bzw. verursachten Schadens.

Darüber hinaus bedarf es zum Zweiten einer klaren Festlegung, wann terroristische Handlungen als Al Qaida-spezifisch anzusehen sind, da nicht jeder von Islamisten verübte Terroranschlag zwangsweise in Bezug zu Al Qaida und den von ihr propagierten Zielen stehen muss. Nur auf diese Weise lassen sich die Personen und Organisationen, die dem 1267er-Sanktionsregime unterfallen, von denjenigen unterscheiden, auf die das 1373er-Sanktionsregime Anwendung findet. Eine solche Unterscheidung ist unverzichtbar, weil – wie bereits an anderer Stelle ausgeführt worden ist – erhebliche Divergenzen bei der Umsetzung der Sanktionsregime sowie bei dem jeweils gewährten Rechtsschutz bestehen.[1495] Abgrenzungsprobleme drohen insbesondere dort, wo Anschläge von den Tätern nicht explizit als Al Qaida-spezifisch deklariert werden.

4. Abgleich mit dem gegenwärtigen Sanktionsregime

a) Das Problem der Auffangtatbestände der *„Erleichterung von Handlungen und Aktivitäten"* sowie der *„sonstigen Unterstützung"*

Die in den Sanktionsresolutionen aufgestellten Kriterien des „Verbundenseins" genügen den soeben aufgestellten Anforderungen nicht. Zur Sanktionierung von ausschließlich objektiv friedensbedrohendem Verhalten sind sie zu weit gefasst. Vom Prinzip lässt sich nämlich jedes Verhalten, welches auch nur ansatzweise den Eindruck einer positiven Einstellung gegenüber Al Qaida und ihren Zielen vermittelt, als *„Erleichterung"* bzw. als *„sonstige Unterstützung"* der Bewegung auffassen. Das gilt für die Ehefrau eines Qaida-Anhängers, die den gemeinsamen Haushalt führt und die Kinder aufzieht. Das gilt ebenso für denjenigen, der einem Bekannten, von dem er weiß, dass er radikalislamistische Ansichten vertritt, für einige Tage aus Anstandsgefühl Unterkunft gewährt, mag er auch mit dessen Ansichten nicht einverstanden sein. Das gilt aber auch für bloße Sympathiebekundungen, die in eingängigen Jihadforen geäußert werden. Die Zahl potentieller Sanktionsadressaten geht damit in die (Hunderte von) Millionen, zumal das Sanktionsregime eine

1494 S. dazu Teil III Kap. 5 § 2 IV.

1495 Vgl. dazu bereits Teil III Kap. 4 § 2 D II.

Unterscheidung zwischen vorsätzlichem und fahrlässigem Handeln ebenso wenig trifft wie zwischen Täterschaft und Teilnahme.

Mit der Uferlosigkeit der Sanktionskriterien geht zwangsweise ein kaum beherrschbares Risiko willkürlicher Listung einher. Der KADI-Fall hat gezeigt, dass dieses Risiko nicht bloß theoretischer Natur ist, sondern sich in der Wirklichkeit bereits mehrfach realisiert hat, mit all den negativen Folgen für das Leben der von der Listung Betroffenen. Auch der Monitoring Group ist das Problem der uferlosen Sanktionstatbestände nicht verborgen geblieben. In ihrem 10. Report plädiert sie dafür, die Listungen ausschließlich auf (bekannte) Führungskader von Al Qaida und die unmittelbar mit ihnen in Verbindung stehenden Personen und Gruppierungen zu beschränken.[1496]

b) Die fehlende Unterscheidung von AL QAIDA-spezifischen und sonstigen islamistischen Terroraktivitäten

Neben ihrer zu weiten sprachlichen Fassung enthalten die Tatbestände zudem keine Hinweise, wie Terrorhandlungen mit spezifischem AL QAIDA-Bezug von sonstigen islamistischen Terroranschlägen (mit internationalem Bezug) abzugrenzen sind. Auch insoweit bleiben sie hinter den aufgestellten Bestimmtheitsanforderungen zurück.

c) Ausreichende Konkretisierung durch die Praxis des Sanktionsausschusses?

Die inhaltliche Konturenlosigkeit der Verbundenheitstatbestände ließe sich möglicherweise mit einer ausreichend konsistenten, konkretisierenden Praxis des Sanktionsausschusses überwinden. Weiterer in diese Richtung gehender Erwägungen bedarf es jedoch nicht, weil der bisherigen Ausschusspraxis diese Eigenschaften fehlen. Die Gründe einer Listung werden zwar mittlerweile – z.T. in ausführlicher Form – veröffentlicht. Eine konkrete Definition dessen, was beispielsweise als *„Erleichterung von Handlungen und Aktivitäten"* AL QAIDAS oder deren *„sonstige Unterstützung"* zu verstehen ist, ist der Ausschuss aber schuldig geblieben. Ohnehin ist nach h.M. die Konkretisierung zu weit gefasster Tatbestände nur im Wege gefestigter Rechtsprechung, nicht aber durch Verwaltungspraxis möglich.[1497]

d) Ergebnis

Die vom Sicherheitsrat aufgestellten Kriterien zur Konkretisierung des Verbundenheitstatbestands erfüllen die Anforderungen an den Bestimmtheitsgrundsatz nicht.

1496 10. Bericht der Monitoring Group, *The Analytical Support and Sanctions Monitoring Team*, Tenth report, UN-Doc. S/2009/502 v. 02.10.2009, Rn. 15.

1497 S. dazu *Esser*, in: *Löwe/Rosenberg*, StPO XI, Art. 9 IPBPR Rn. 42. Vgl. zusätzlich aus der EGMR-Rechtsprechung *Hafsteinsdottir*, Application No. 40905/98, Urteil v. 08.06.2004, Rn. 56.

5. Lösungsvorschlag

Nachfolgend wird aufgezeigt, wie eine mit dem Bestimmtheitsgrundsatz konforme Formulierung der inkriminierten Verhaltensweisen (a) sowie ihres AL QAIDA-spezifischen Verhaltensbezugs (b) aussehen könnte.

a) Konkretisierung der inkriminierten Verhaltensweisen

Zur Konkretisierung der inkriminierten Verhaltensweisen empfiehlt sich eine Orientierung an den Listungskriterien, wie sie die EU in Art. 1 Abs. 3 des Gemeinsamen Standpunktes 2001/931/GASP zur Umsetzung des 1373er-Sanktionsregimes[1498] aufgestellt hat. Hiernach fallen unter den Begriff der terroristischen Handlungen die nachstehend aufgeführten, vorsätzlich begangenen Handlungen:

a) Anschläge auf das Leben einer Person, die zum Tode führen können;

b) Anschläge auf die körperliche Unversehrtheit einer Person;

c) Entführung oder Geiselnahme;

d) weitreichende Zerstörungen an einer Regierungseinrichtung oder einer öffentlichen Einrichtung, einem Verkehrssystem, einer Infrastruktur, einschließlich eines Informatiksystems, einer festen Plattform, die sich auf dem Festlandsockel befindet, einem allgemein zugänglichen Ort oder einem Privateigentum, die Menschenleben gefährden oder zu erheblichen wirtschaftlichen Verlusten führen können;

e) Kapern von Luft- und Wasserfahrzeugen oder von anderen öffentlichen Verkehrsmitteln oder Güterverkehrsmitteln;

f) Herstellung, Besitz, Erwerb, Beförderung oder Bereitstellung oder Verwendung von Schusswaffen, Sprengstoffen, Kernwaffen, biologischen und chemischen Waffen sowie die Forschung und Entwicklung in Bezug auf biologische und chemische Waffen;

g) Freisetzung gefährlicher Stoffe oder Herbeiführen eines Brandes, einer Explosion oder einer Überschwemmung, wenn dadurch das Leben von Menschen in Gefahr gebracht wird;

h) Manipulation oder Störung der Versorgung mit Wasser, Strom oder anderen lebenswichtigen natürlichen Ressourcen, wenn dadurch das Leben von Menschen in Gefahr gebracht wird;

i) Drohung mit der Begehung einer der unter den Buchstaben a) bis h) genannten Straftaten;

j) Anführen einer terroristischen Vereinigung[1499]*;*

1498 Gemeinsamer Standpunkt 2001/931/GASP v. 27.12.2001.

1499 Als „terroristische Vereinigung“ wird in Art. 1 Abs. 3 S. 2 des Gemeinsamen Standpunktes 2001/931/GASP ein auf längere Dauer angelegter organisierter

k) *Beteiligung an den Aktivitäten einer terroristischen Vereinigung einschließlich durch Bereitstellung von Informationen oder materiellen Mitteln oder durch jegliche Art der Finanzierung ihrer Aktivitäten in dem Wissen, dass diese Beteiligung zu den kriminellen Aktivitäten der Gruppe beiträgt.*

Terroristische Handlungen stellen die aufgeführten Verhaltensweisen ausschließlich dann dar, wenn sie vorsätzlich begangen werden und durch ihre Art oder durch ihren Kontext ein Land oder eine internationale Organisation ernsthaft schädigen können. Das Tatmotiv muss dahingehen,

„i) *die Bevölkerung auf schwerwiegende Weise einzuschüchtern oder*

ii) *eine Regierung oder eine internationale Organisation unberechtigterweise zu einem Tun oder Unterlassen zu zwingen oder*

iii) *die politischen, verfassungsrechtlichen, wirtschaftlichen oder sozialen Grundsrukturen eines Landes oder einer internationalen Organisation ernsthaft zu destabilisieren oder zu zerstören.*"

Anders als im gegenwärtigen Sanktionsregime, bei dem hinsichtlich der Konkretisierung des Verbundenheitskriteriums nur allgemein von *„Handlungen und Aktivitäten"* im Namen oder zur Unterstützung von Al Qaida die Rede ist[1500], werden in der zitierten EU-Vorschrift die inkriminierten Verhaltensweisen enumerativ benannt. Hierbei handelt es sich um solche Verhaltensweisen, die von Natur aus ein erhöhtes Schadenspotential in sich tragen. Zudem wird klargestellt, dass sie nur dann als terroristische Handlungen aufgefasst werden können, wenn sie allgemein darauf abzielen, einen Staat (mitsamt seiner Bevölkerung) oder eine internationale Organisation *ernsthaft zu schädigen*. Mit einem so formulierten Sanktionstatbestand lässt sich der Vorgabe, nur objektiv-friedensgefährdendes Verhalten zu verfolgen, in adäquater Form nachkommen. Zwar findet sich in lit. k) ebenfalls eine generalklauselartige Formulierung, derzufolge die Beteiligung an den Aktivitäten einer terroristischen Vereinigung zu verfolgen ist. Anders als beim 1267er-Sanktionsregime muss es sich hierbei jedoch um eine (substantielle)[1501] Hilfestellung handeln, die

Zusammenschluss von mehr als zwei Personen verstanden, die in Verabredung handeln, um terroristische Handlungen zu begehen. Der Ausdruck „organisierter Zusammenschluss" bezeichnet einen Zusammenschluss, der nicht zufällig zur unmittelbaren Begehung einer terroristischen Handlung gebildet wird und der nicht notwendigerweise förmlich festgelegte Rollen für seine Mitglieder, eine kontinuierliche Mitgliedschaft oder eine ausgeprägte Struktur hat.

1500 Abgesehen von Rn. 4 lit. b) der SR-Res. 1989/2011, in der mit der Lieferung, dem Verkauf oder der Weitergabe von Rüstungsgütern und sonstigem Wehrmaterial an Al Qaida und den mit ihr assoziierten Personen und Organisationen ein konkretes Verhalten geahndet wird.

1501 Substantiell deshalb, weil sie sich ausweislich des Art. 1 Abs. 3 des Gemeinsamen Standpunktes 2001/931/GASP als Unterstützungshandlung darstellen muss, die bewusst[1502] zur Verwirklichung der in lit. a)-j) aufgeführten Tatbestände erfolgt. Es ist deshalb ratsam, sich bei der notwendigen inhaltlichen Konkretisierung der zu ahndenden Handlungen und Aktivitäten innerhalb des Verbundenheitstatbestands an den Formulierungen des Art. 1 Abs. 3 des Gemeinsamen Standpunktes 2001/931/GASP zu orientieren[1503]

b) Konkretisierung des Al Qaida-spezifischen Verhaltensbezugs

Die Abgrenzung von Al Qaida-spezifischen Taten zu sonstigen islamistischen Terrorakten fällt immer dann besonders schwer, wenn die Täter ihre Handlungen nicht explizit als Erstere deklarieren. In solchen Fällen ist es angebracht, die Motive der Tat zu ergründen und sie mit der Ideologie Al Qaidas abzugleichen. Bei der Entschärfung des Problems, dass viele der von Al Qaida propagierten Ziele und Ansichten auch von Al Qaida-fernen Islamisten geteilt werden, hilft das Bewusstsein, dass der globale Jihad den Kern der Al Qaida-Ideologie ausmacht.[1504] Sofern die Motive der Täter in diese Richtung gehen – sei es aufgrund entsprechender Einlassungen oder sonstiger objektiver Verdachtsmomente –, liegt die Annahme eines Verbundenseins mit Al Qaida nahe. Dass auch die Beschreitung dieses Lösungswegs im Einzelfall mit Schwierigkeiten behaftet sein kann, soll an dieser Stelle jedoch nicht verschwiegen werden.

C. Zusammenfassung

Von den gegenwärtigen Listungskriterien der Al Qaida-Mitgliedschaft und des Verbundenseins wird nur das erste den Anforderungen an den Bestimmtheitsgrundsatz gerecht, und dies auch nur bei enger Auslegung. Der Tatbestand des „Verbundenseins" ist mit dem Bestimmtheitsgrundsatz nicht zu vereinbaren. Zum einen sind die Verhaltensweisen, die eine Listung auslösen können, inhaltlich nicht eng genug formuliert. Nach der hier vertretenen Meinung bietet sich zur Behebung dieses Mangels eine Orientierung an Art. 1 Abs. 3 des Gemeinsamen Standpunktes 2001/931/GASP an. Zum anderen müssen Al Qaida-spezifische Terrorakte von sonstigen Terrorakten internationalen Charakters klar und deutlich abgegrenzt werden. Hierbei empfiehlt es ein Abgleich der den Taten unterliegenden Motive mit der von Al Qaida propagierten Idee des globalen Jihads.

---

durch ihre Art oder ihren Kontext ein Land oder eine internationale Organisation ernsthaft schädigen kann.

1502 D. h. vorsätzlich.

1503 In die gleiche Richtung gehend *Meyer*, HRRS 11 (2010), 74, 79 f.

1504 S. dazu ausführlich *Ronen*, in: *Nitschke* (Hrsg.), Globaler Terrorismus und Europa, 93 f.

§ 5: Die notwendige Verknüpfung von Sanktionierung und strafrechtlicher Verfolgung

A. Problemaufriss

Neben den immer noch bestehenden Unzulänglichkeiten beim Rechtsschutz und der fehlenden Bestimmtheit der Listungskriterien besteht ein weiteres Problem des Sanktionsregimes darin, dass sein Präventivcharakter *normativ* nicht deutlich genug zutage tritt. Dies ist bereits bei der Prüfung des Art. 14 Abs. 1 IPBPR zur Sprache gekommen und spielt auch für die Frage der Verhältnismäßigkeit des Sanktionsregimes eine entscheidende Rolle.[1505] Bei den sanktionierten Verhaltensmustern handelt es sich um solche, die strafrechtlich zu verfolgen sind.[1506] Zur Beseitigung letzter Zweifel am Präventivcharakter der Sanktionen ist es daher notwendig, die Entscheidung über ihren Erlass und ihre Dauer bei natürlichen Personen normativ von der Existenz und dem Ergebnis eines (nationalen) Strafverfahrens abhängig zu machen.

Im gegenwärtigen Sanktionsregime fehlt es bislang an einer solchen normativen Verknüpfung. Die Existenz bzw. das Ergebnis eines gegen eine verdächtige/gelistete Person eingeleiteten Strafverfahrens spielt normativ gesehen weder bei der Antragstellung noch bei der Entscheidung über die Vornahme oder Aufrechterhaltung einer Listung eine Rolle. So darf nach den Sanktionsresolutionen und den Richtlinien des Sanktionsausschusses ein Staat einen Listungsantrag auch ohne vorherige Einleitung eines Strafverfahrens beim Ausschuss einreichen.[1507] Zudem sind Sanktionsausschuss und Ombudsperson rechtlich nicht dazu verpflichtet, die Entscheidung über die Vornahme bzw. Aufrechterhaltung einer Listung (primär) in Orientierung an die Existenz bzw. den Ausgang nationaler Strafverfahren zu treffen. Beide Aspekte können bei der Entscheidungsfindung berücksichtigt werden, müssen es aber nicht. Sanktionsausschuss und Ombudsperson dürfen gegenwärtig eine Verstrickung verdächtiger/gelisteter Personen in terroristische Aktivitäten auch dann noch bejahen, wenn in diese Richtung geführte nationale Strafverfahren einer solchen Einschätzung objektiv entgegenstehen. Solche Konstellationen sind nicht bloß theoretischer Natur. So hat der Sanktionsausschuss die Listungen im Kadi-Fall noch lange Zeit aufrechterhalten, nachdem die Unhaltbarkeit der erhobenen Vorwürfe in nationalen Strafverfahren objektiv festgestellt worden war.[1508]

1505 S. dazu sogleich unter Teil III Kap. 5 § 3 B I 1 a.

1506 Auf den Umstand, dass der Sicherheitsrat die Staaten an anderer Stelle, nämlich in der SR-Res. 1373/2001, allgemein zur strafrechtlichen Verfolgung terroristischer Handlungen angehalten hat, wurde bereits hingewiesen. S. Rn. 2 lit e) der SR-Res. 1373/2001 v. 28.09.2001.

1507 Rn. 6 lit. d) der Richtlinien über die Arbeitsweise des Sanktionsausschusses v. 15.04.2013. S. a. die Präambel der SR-Res. 1822/2008 v. 30.06.2008.

1508 Das Gleiche gilt für die noch zu behandelnden Fälle Nada und Sayadi/Vinck. S. zu ersterem Teil V Kap. 2 § 2, zu letzterem sogleich unter B. Vgl. vorab zum Nada-Fall

Ein völliges Nebeneinander von Individualsanktionen und Strafverfolgung führt bereits denklogisch zu nicht aufzulösenden Wertungswidersprüchen. Eine sinnvolle Erklärung, warum natürliche Personen aufgrund eines friedensgefährdenden Verhaltens – nämlich der Involvierung in terroristische Aktivitäten – mit Finanz- und Reisesanktionen belegt werden, dennoch aber weiterhin in Freiheit leben und sogar ihrer Arbeit nachgehen können sollen, existiert nicht. Entweder die terroristischen Aktivitäten erreichen einen friedensgefährdenden Grad. Dann sind nicht nur die Finanzmittel der betreffenden Personen einzufrieren und ihre Reisefreiheit einzuschränken, dann sind sie auch unmittelbar strafrechtlich zu verfolgen.[1509] Oder eine Friedensbedrohung liegt nicht vor. Dann darf es weder zu Sanktionen noch zu einer Strafverfolgung kommen. Präventiv- und Strafmaßnahme sind damit verschiedene Seiten derselben Medaille.

Bei Umsetzung eines zusammenhängenden Systems aus Strafverfolgung und Sanktionierung entfiele auch das bisher ungelöste Problem der fehlenden zeitlichen Begrenzung der Sanktionsmaßnahmen. Gegenwärtig jedenfalls mangelt es an einem Kriterium, nach dem sich die Dauer einer Listung – die dem Sicherheitsrat zufolge ausschließlich präventiv wirken soll – objektiv bemessen lässt.

Dem letztgenannten Umstand wird in den meisten Abhandlungen zum 1267er-Sanktionsregime nicht genügend Beachtung geschenkt. Das Problem der unbestimmten Geltungsdauer der Sanktionen wird zumeist isoliert behandelt und auf anderem Weg einer Lösung zuzuführen versucht. Beispielsweise plädiert Feinäugle dafür, zu diesem Zweck die bestehenden Regeln über die periodische Überprüfung bestehender Listungsanträge[1510] zu modifizieren. Im Einzelnen schlägt er vor, dass jeder Listungseintrag, der nach dem in den Sanktionsresolutionen festgehaltenen Rhythmus einer Überprüfung unterzogen wird, erlöschen soll, wenn nicht der Vorschlagsstaat oder ein Mitglied des Sanktionsausschusses neue Informationen zum Nachweis des weiteren Vorliegens der Sanktionsvoraussetzungen beibringen.

Die Eignung eines solchen Vorgehens zur Begrenzung der Sanktionsdauer auf den Zeitraum, in dem die Listung einer Person *objektiv* gerechtfertigt ist, muss jedoch ernsthaft bezweifelt werden. Nach den gegenwärtigen Regelungen unterzieht der Sanktionsausschuss ausschließlich solche Listungseinträge einer Revision, bei denen mehr als drei Jahre seit ihrer Vornahme oder letzten Überprüfung verstrichen sind.[1511] Der von einem solchen Verfahren ausgehende Individualschutz ist sehr gering. Für einen adäquaten Individualschutz müsste die Überprüfung in kürzeren

---

den Onlinebericht im Tagesanzeiger v. 12.09.2012, abrufbar unter http://www.tagesanzeiger.ch/schweiz/standard/Nada-gewinnt-Rechtsstreit-mit-der-Schweiz/story/20826294 (letzter Aufruf 31.12.2013).

1509 Die völkerrechtliche Pflicht zur Strafverfolgung ergibt sich aus Rn. der SR-Res. 1373/2001 v. 28.09.2001. Bei den im deutschen Recht besonders interessierenden Staftatbestände handelt es sich um die §§ 129 a, b StGB.

1510 Hierzu bereits Teil III Kap. 5 § 3 III 2.

1511 S. Rn. 10 lit. d) der Richtlinien über die Arbeitsweise des Sanktionsausschusses v. 15.04.2013.

zeitlichen Abständen – etwa innerhalb von sechs Monaten – erfolgen. Angesichts von knapp 500 Listungseinträgen scheitert die Umsetzung eines solchen Modells bereits an den begrenzten Kapazitäten des Ausschusses. Zudem bleibt es bei einem solchen Verfahren dabei, dass mit dem Sanktionsausschuss diejenige Einrichtung über den Fortbestand einer Listung entscheidet, die sie selbst vorgenommen hat. Auch dies lässt den objektiven Nutzen eines solchen Verfahrens für die gelisteten Personen als fragwürdig erscheinen.

Hieran ändert auch die von FEINÄUGLE vorgeschlagene Änderung des Revisionsverfahrens nichts. Die Forderung, dass entweder der Vorschlagsstaat oder ein Mitglied des Sanktionsausschusses neue, die Aufrechterhaltung einer Listung rechtfertigende Tatsachen beibringen muss, garantiert keine gründliche Untersuchung dieser Tatsachenbehauptungen durch den Sanktionsausschuss. Der Sachverhalt wird ausschließlich von der Warte der die Aufrechterhaltung weiter befürwortenden Staaten dargestellt. Aus psychologischer Sicht besteht deshalb beim Ausschuss die Gefahr einer „mechanischen" Bestätigung der Ursprungsentscheidung. Diese Gefahr ist auch deshalb virulent, weil die gelistete Person jederzeit ein Delisting-Verfahren vor der Ombudsperson anstrengen kann. Für den Sanktionsausschuss bietet das einen Anreiz, getroffene Sanktionsentscheidungen getreu dem Motto „Safety First" im Zweifel eher zu bestätigen als aufzuheben, liegt doch die Vermutung nahe, dass eine gelistete Person von sich aus unverzüglich einen Delisting-Antrag stellen wird, sobald sie hierfür aufgrund neuer Umstände Erfolgschancen sieht. Nicht zuletzt lässt der Vorschlag FEINÄUGLES das Grundproblem der fehlenden Abstimmung von strafrechtlicher Verfolgung und Sanktionsverhängung ungelöst, die aus Gründen der Verhältnismäßigkeit nötig ist. Jede Person, die sich der Beteiligung an terroristischen Aktivitäten verdächtig und/oder schuldig gemacht hat, hat das Recht darauf, nach einer festgelegten Zeit eine Chance zur Wiedereingliederung in die Gesellschaft zu erhalten. Diese Zeit ist entweder dann gekommen, wenn sich die Vorwürfe im Strafverfahren als substanzlos erwiesen haben, oder aber die Person die Strafe für ihr Handeln verbüßt hat.[1512]

Anhand dieser beiden Kriterien lassen sich auch die Bedenken von MEYER an einer Verknüpfung von strafrechtlicher Verfolgung und Individualsanktionen ausräumen. Diese richten sich vor allem gegen den retrospektiven Blickwinkel eines derartigen Sanktionsmechanismus.[1513] Wenn Auslöser für den Erlass von Individualsanktionen justizielle Entscheidungen bezüglich begangener oder zumindest schon versuchter Straftaten seien, dürfen diese Taten lediglich als (ein) belastbarer Indikator für künftige Gefährdungshandlungen gewertet werden, damit man die Individualsanktionen legitimerweise als in die Zukunft gerichtet betrachten könne.[1514] Eine eindimensional retrospektive Heranziehung hingegen ließe die

1512 Zutreffend bereits das Schweizer Bundesgericht in seinem NADA-Urteil, Urteil 1A.45/2007/daa v. 14.11.2007, Rn. 9.2., EuGRZ 2008, 66 ff.

1513 *Meyer*, HRRS 11 (2010), 74, 80.

1514 *Meyer*, HRRS 11 (2010), 74, 80.

dringende Frage der künftigen Gefährdung des Friedens offen.[1515] Formuliert man die Listungsbedingungen indes so, dass eine Listung nur dann möglich ist, wenn die Zielperson gegenwärtig eine Strafe wegen der Verwicklung in terroristische Aktivitäten verbüßt oder sich einer strafrechtlichen Klage ausgesetzt sieht, ist der Anknüpfungspunkt Strafverfahren für den Erlass der Individualsanktionen im Sinne Meyers hinreichend konsolidiert.

Gegen das hier gefundene Ergebnis spricht auch nicht, dass in vielen Ländern strafrechtliche Verfahren gegen gesellschaftliche Gruppen, Untergrundorganisationen und Unternehmen positivrechtlich nicht möglich sind.[1516] Vielmehr können solche Gruppierungen und Unternehmen dann als verbunden mit Al Qaida angesehen – und damit sanktioniert – werden, wenn eine oder mehrere terrorverdächtige natürliche Personen entscheidenden Einfluss auf sie ausüben. Ein entscheidender Einfluss ist aus Gründen der Verhältnismäßigkeit zu fordern, damit Personenvereinigungen nicht nur deshalb sanktioniert werden, weil eine terrorverdächtige Person zu ihren Mitgliedern zählt.

B. Der Sayadi/Vinck-Fall des MRA

Die Notwendigkeit einer Verknüpfung von Listung und nationalem Strafverfahren wird durch das Sayadi/Vinck-Gutachten des MRA bestätigt.

I. Die tatsächlichen Hintergründe

In dem zugrunde liegenden Fall hatte sich der MRA mit einer Individualbeschwerde zu beschäftigen, die sich gegen nationale Umsetzungsmaßnahmen zum 1267er-Sanktionsregime richteten. Beschwerdeführer waren Herrn Nabil Sayadi, ein belgischer Staatsangehöriger libanesischer Abstammung, und seiner ebenfalls aus Belgien stammenden Ehefrau Patricia Vinck. Herr Sayadi war Präsident der Fondation Secours Mondial (FSM), dem belgischen Ableger der Global Relief Foundation (GRF), einer privaten islamischen Wohltätigkeitsorganisation mit Sitz in den USA, seine Frau arbeitete dort als Sekretärin.

Am 03.09.2002 leitete die Staatsanwaltschaft Brüssel ein Ermittlungsverfahren gegen das Ehepaar Sayadi wegen des Verdachts der finanziellen Unterstützung des Terrorismus ein. Am 22.10.2002 wurde die GRF auf Antrag der USA in die Sanktionsliste der UN aufgenommen. Belgien unterrichtete den Ausschuss am 19.11.2002 darüber, dass die Eheleute Sayadi in der belgischen Ablegerorganisation der GRF (der FSM) als Präsident und Sekretärin tätig waren. Aufgrund dieser Information wurde das Ehepaar am 23.01.2003 auf die Liste des Sanktionsausschusses, am 27.01.2003 auf die der damaligen europäischen Gemeinschaft[1517] und am 31.01.2003

1515 *Meyer*, HRRS 11 (2010), 74, 80.

1516 S. insoweit die Bedenken von *Meyer*, HRRS 11 (2010), 74, 80.

1517 VO 145/2003 v. 27.01.2003 zur neunten Novellierung der VO 881/2002.

schließlich auf die nationale Sanktionsliste[1518] gesetzt. Ihr Vermögen wurde eingefroren, außerdem wurde ein Reiseverbot gegen sie verhängt. Bis zu diesem Zeitpunkt waren weder Herr SAYADI noch seine Frau straffällig geworden, ihre polizeilichen Führungszeugnisse waren frei von Einträgen. Über die Gründe ihrer Listung wurden die Eheleute SAYADI von keiner Seite informiert.[1519]

2003 stellten sie bei verschiedenen Mitgliedern der belgischen Regierung, inklusive des Ministerpräsidenten, bei der Europäischen Kommission, den Vereinten Nationen sowie den belgischen Zivilbehörden Anträge auf Streichung ihrer Namen von den Sanktionslisten. Die Europäische Kommission erklärte, die Streichung von der Gemeinschaftsliste nicht vornehmen zu können, solange der Eintrag auf der Sanktionsliste des Sanktionsausschusses noch existiere.[1520] Der belgische Ministerpräsident verwarf den Antrag unter Hinweis auf die noch laufenden strafrechtlichen Ermittlungen.[1521] Anklage gegen die Eheleute SAYADI wurde jedoch nie erhoben. Am 11.02.2005 verurteilte ein Brüsseler Zivilgericht den belgischen Staat[1522] auf eine Klage der Eheleute SAYADI dazu, unverzüglich[1523] unter Androhung einer Geldstrafe beim Sanktionsausschuss der Vereinten Nationen die Streichung der Eheleute SAYADI von der Sanktionsliste zu beantragen. Am 19.12.2005 – und damit über drei Jahre nach seiner Einleitung – verfügte ein belgisches Strafgericht[1524] die Einstellung des Strafermittlungsverfahrens aus Mangel an Beweisen. Das Verfahren wurde hauptsächlich aufgrund der Tatsache geführt, dass die Eheleute SAYADI Anfang der 1990er Jahre Pakistan bereist und dabei die Bekanntschaft von späteren Führungsmitgliedern von AL QAIDA sowie einigen afghanischen Warlords[1525] gemacht hatten. Die in

---

1518 Als Anhang des Ministerialerlasses vom 31.01.2003 zur Novellierung des Ministerialerlasses vom 15.06.2000, der der Realisierung des königlichen Dekrets vom 17.02.2000 betreffend die Umsetzung restriktiver Maßnahmen gegen die TALIBAN in Afghanistan diente. Die Inkorporation von völker- und gemeinschaftsrechtlichen Rechtsakten in das nationale belgische Recht erfolgt auf Grundlage der Gesetze vom 11.05.1985 und 03.05.2003, dem königlichen Dekret vom 17.02.2000 sowie verschiedenen Ministerialerlassen, vgl. MRA, *Sayadi/Vinck*, Communication Nr. 1472/2006 v. 22.10.2008, Art. 2.3, CCPR/C/94/D/1472/2006.

1519 MRA, *Sayadi/Vinck*, Communication Nr. 1472/2006 v. 22.10.2008, Art. 2.3, CCPR/C/94/D/1472/2006.

1520 MRA, *Sayadi/Vinck*, Communication Nr. 1472/2006 v. 22.10.2008, Art. 2.5, CCPR/C/94/D/1472/2006.

1521 MRA, *Sayadi/Vinck*, Communication Nr. 1472/2006 v. 22.10.2008, Art. 2.5, CCPR/C/94/D/1472/2006.

1522 Tribunal de Première Instance de Bruxelles.

1523 „Sous le benefice de l'urgence".

1524 Chambre du Conseil du Tribunal de Première Instance de Bruxelles.

1525 U.a. von GULBUDDIN HEKMATYAR, der damals noch mit Unterstützung der USA gegen die sowjetische Besatzung kämpfte, s. dazu den Zeitungsartikel „Inscrite sur la liste antiterroriste de l'ONU, un couple belge, innocenté, est réduit à une mort civile" von JEAN-PIERRE STROOBANTS in der LE MONDE vom 24.12.2008,

Anschluss an die gerichtlichen Urteile gestellten Delistungsanträge der belgischen Regierung vor dem Sanktionsausschuss scheiterten jedoch am Veto der USA.

Am 14. 03.2006 erhob das Ehepaar SAYADI eine Individualbeschwerde vor dem MRA gegen den belgischen Staat. Es rügte darin eine Beeinträchtigung seiner Rechte aus

- Art. 2 Abs. 3 IPBPR (Recht zur wirksamen Beschwerde gegen eine Verletzung der im IPBPR verbürgten Rechte auf nationaler Ebene),
- Art. 12 IPBPR (Freizügigkeit),
- Art. 14 Abs. 1, 2 und 3 IPBPR (Gleichheit vor Gericht, Recht auf gerichtliches Verfahren in Straf- und Zivilsachen, Angeklagtenrechte im Strafprozess),
- Art. 15 IPBPR (nulla poena sine lege),
- Art. 17 IPBPR (Recht auf Achtung der Familie und der Privatssphäre),
- Art. 18 IPBPR (Religions- und Glaubensfreiheit),
- Art. 22 IPBPR (Vereinigungsfreiheit),
- Art. 26 IPBPR (allgemeiner Gleichheitsgrundsatz/Diskriminierungsverbot) und
- Art. 27 IPBPR (besondere Rechte religiöser Minderheiten).[1526]

II. Die rechtliche Bewertung durch den MRA

Der MRA ließ die Beschwerde zu, soweit sie eine mögliche Verletzung der Artt. 2 Abs. 3, 12, 14, 15 und 17 betraf, und wies sie ansonsten als unzulässig da unsubstantiiert ab.[1527] Erfolgreich war die Beschwerde letztlich hinsichtlich einer Verletzung der Artt. 12 (Freizügigkeit) und 17 IPBPR.

---

abrufbar unter http://www.interet-general.info/spip.php?article11843 (letzter Aufruf 31.12.2013).

1526 MRA, *Sayadi/Vinck*, Communication Nr. 1472/2006 v. 22.10.2008, Art. 7.4, CCPR/C/94/D/1472/2006.

1527 MRA, *Sayadi/Vinck*, Communication Nr. 1472/2006 v. 22.10.2008, Art. 7.4, CCPR/C/94/D/1472/2006. Keine Rolle spielte für die Frage der Zulässigkeit der Umstand, dass die Handlungen Belgiens zur Umsetzung verbindlicher Sanktionsresolutionen des Sicherheitsrates erfolgt waren. Der belgische Staat hatte argumentiert, dass die Erhebung einer Individualbeschwerde nach Art. 1 des 1. ZP zum IPBPR nur dann zulässig sei, wenn sich die gerügte Verletzung auf einen Hoheitsakt des mit der Beschwerde angegriffenen Vertragstaates zurückführen lasse. Dies sei im Falle der Beschwerdeführer zu verneinen. Belgien sei mit der Weitergabe der Namen der Beschwerdeführer an den Sanktionsausschuss und der Einleitung des Strafverfahrens lediglich den für ihn nach Artt. 25, 103 UN-Charta verbindlichen Sanktionsresolutionen des Sicherheitsrates nachgekommen (vgl. Art. 6.1 f. des SAYADI/VINCK-Gutachtens). Da der MRA nicht ermächtigt sei, diese auf ihre Vereinbarkeit mit dem IPBPR zu überprüfen, müssten die entsprechenden nationalen Umsetzungsmaßnahmen jedenfalls dann der Beurteilung des Ausschusses entzogen werden, wenn den Staaten bei ihrer inhaltlichen Gestaltung wie im Falle des 1267er-Sanktionsregimes kein Gestaltungsspielraum verbleibe (Art. 7.2). Zu diesem Vorbringen Belgiens stellte der Ausschuss apodiktisch fest, dass er zwar

1. Die Ausführungen zu Art. 12 IPBPR

Im Rahmen seiner Prüfung zu Art. 12 IPBPR stellt der MRA zunächst einen vom Reiseverbot ausgehenden Eingriff in die Freizügigkeit der Eheleute Sayadi fest[1528]; dieser könnte jedoch nach Art. 12 Abs. 3 IPBPR gerechtfertigt sein.[1529] Hierzu müsste der Eingriff auf einer gesetzlichen Grundlage und zum Schutz der nationalen Sicherheit, der öffentlichen Ordnung (ordre public), der Volksgesundheit, der öffentlichen Sittlichkeit oder der Rechte und Freiheiten anderer erfolgt sein und darüber hinaus dem Grundsatz der Verhältnismäßigkeit genügen, also geeignet, erforderlich und angemessen sein.[1530] Im Anschluss an diese grundsätzlichen Überlegungen stellt der Ausschuss fest, dass die Reisesanktionen gegen die Beschwerdeführer zwar vom Sanktionsausschuss verhängt worden seien, ihren Ursprung aber in dem Listungsantrag des belgischen Staates hätten.[1531] Die Antragstellung sei kurze Zeit nach Einleitung des Ermittlungsverfahrens erfolgt, als noch unklar war, ob und in welchem Maße sich der gegen die Beschwerdeführer bestehende Anfangsverdacht erhärte.[1532] Der einzige Verdachtsmoment zu diesem Zeitpunkt habe darin bestanden, dass sich die in den USA befindliche Mutterorganisation der von den Eheleuten Sayadi geführten Vereinigung auf der Sanktionsliste des Sicherheitsrates befunden hätte.[1533] Auch eine Anhörung der Eheleute Sayadi vor Weitergabe ihrer Namen sei unterblieben. Das Vorbringen Belgiens, aufgrund der Vorgaben des Sanktionsausschusses zur unverzüglichen Weitergabe der Namen der Beschwerdeführer verpflichtet gewesen

---

nicht die Rechtmäßigkeit von Handlungen des Sicherheitsrates überprüfen könne, jedoch für jede Beschwerde zuständig sei, in der die Verletzung der im IPBPR verbürgten Rechte durch einzelne Vertragsstaaten gerügt werden würde, und zwar unabhängig davon, auf welcher rechtlichen Verpflichtung die mutmaßlich verletzende Handlung beruhe (Rn. 7.2). Der Ausschuss lehnt damit wie das EuG und der EuGH eine Rücknahme seiner Judikatur allein aufgrund des Umstandes, dass die angegriffenen staatlichen Maßnahmen zur Umsetzung verbindlicher Anordnungen des Sicherheitsrates dienen, ab.

1528 S. MRA, *Sayadi/Vinck*, Communication Nr. 1472/2006 v. 22.10.2008, Art. 10.5, CCPR/C/94/D/1472/2006.

1529 S. MRA, *Sayadi/Vinck*, Communication Nr. 1472/2006 v. 22.10.2008, Art. 10.5, CCPR/C/94/D/1472/2006.

1530 „In its general comment No. 27, the Committee notes that "it is not sufficient that the restrictions serve the permissible purposes; they must also be necessary to protect them" and that "restrictive measures must conform to the principle of proportionality; they must be appropriate to achieve their protective function", MRA, *Sayadi/Vinck*, Communication Nr. 1472/2006 v. 22.10.2008, Art. 10.5, CCPR/C/94/D/1472/2006.

1531 MRA, *Sayadi/Vinck*, Communication Nr. 1472/2006 v. 22.10.2008, Art. 10.7, CCPR/C/94/D/1472/2006.

1532 Vgl. MRA, *Sayadi/Vinck*, Communication Nr. 1472/2006 v. 22.10.2008, Art. 10.7, CCPR/C/94/D/1472/2006.

1533 MRA, *Sayadi/Vinck*, Communication Nr. 1472/2006 v. 22.10.2008, Art. 10.7, CCPR/C/94/D/1472/2006.

zu sein, widerspricht der MRA unter Hinweis darauf, dass eine Vielzahl anderer Staaten die Namen der Führungspersönlichkeiten von nationalen Ablegeorganisationen der gelisteten GRF nicht unmittelbar weitergegeben hätten.[1534]

Auch zeige die Anordnung des belgischen Strafgerichts zur Einstellung des Strafermittlungsverfahrens, dass die Voraussetzungen des Art. 12 Abs. 3 in Bezug auf eine Einschränkung der Freizügigkeit der Beschwerdeführer nicht vorgelegen hätten.[1535] Durch die vorschnelle Weitergabe ihrer Namen an den Sanktionsausschuss sei Belgien für ihre Listung und die gegen sie verhängten Reisesanktionen verantwortlich und habe auf diese Weise ihr Recht auf Freizügigkeit verletzt.[1536]

2. Die Ausführungen zu Art. 17 Abs. 1 IPBPR

Mit der exakt gleichen Begründung bejahte der MRA auch eine Verletzung des in Art. 17 Abs. 1 IPBPR verbürgten Rechts auf Achtung der Familie und des Privatlebens. Diese sei wiederum auf die vorschnelle Weitergabe der Namen der Beschwerdeführer an den Sanktionsausschuss zurückzuführen.[1537] Durch deren Veröffentlichung auf der Sanktionsliste des Ausschusses habe der Ruf der Beschwerdeführer Schaden genommen.[1538] Sie habe zudem zu einer negativen Presseberichterstattung über die Beschwerdeführer geführt, was deren guten Ruf ebenfalls beschädigt habe.[1539] Deshalb sei der belgische Staat für die Verletzung der in Art. 17 verbürgten Rechte der Beschwerdeführer verantwortlich.[1540]

III. Bewertung

In seinem Sayadi-Gutachten hat der MRA das Defizit einer fehlenden normativen Verknüpfung von Strafverfolgung und Sanktionierung terrorverdächtiger Personen innerhalb des 1267er-Sanktionsregimes mittelbar bestätigt. Bemerkenswert ist sein Versuch, dieses unmittelbar im Sanktionsregime angelegte Defizit durch erhöhte Sorgfaltspflichten der Vertragsstaaten beim Einreichen von Listungsanträgen auszugleichen. Nach Auffassung des MRA dürfen die Vertragsstaaten des IPBPR derartige

---

1534 S. MRA, *Sayadi/Vinck*, Communication Nr. 1472/2006 v. 22.10.2008, Art. 10.7, CCPR/C/94/D/1472/2006.

1535 MRA, *Sayadi/Vinck*, Communication Nr. 1472/2006 v. 22.10.2008, Art. 10.8, CCPR/C/94/D/1472/2006.

1536 MRA, *Sayadi/Vinck*, Communication Nr. 1472/2006 v. 22.10.2008, Art. 10.7 f., CCPR/C/94/D/1472/2006.

1537 MRA, *Sayadi/Vinck*, Communication Nr. 1472/2006 v. 22.10.2008, Art. 10.13, CCPR/C/94/D/1472/2006.

1538 MRA, *Sayadi/Vinck*, Communication Nr. 1472/2006 v. 22.10.2008, Art. 10.12, CCPR/C/94/D/1472/2006.

1539 MRA, *Sayadi/Vinck*, Communication Nr. 1472/2006 v. 22.10.2008, Art. 10.12, CCPR/C/94/D/1472/2006.

1540 MRA, *Sayadi/Vinck*, Communication Nr. 1472/2006 v. 22.10.2008, Art. 10.13, CCPR/C/94/D/1472/2006.

Anträge lediglich im Falle ausreichender (strafrechtlicher) Verdachtsmomente beim Sanktionsausschuss stellen. Als unzureichend sieht er in diesem Kontext die bloße Einleitung eines strafrechtlichen Ermittlungsverfahrens an. Dabei dürfen die Staaten nach den Sanktionsresolutionen einen Listungsantrag auch ohne vorherige oder gleichzeitige Einleitung eines strafrechtliches Ermittlungsverfahren einreichen.[1541] Die Monitoring Group beklagt in ihren Berichten sogar, dass die Staaten oft zu lange mit ihren Listungsanträgen warten und dadurch die Wirksamkeit der Sanktionen gefährden würden.[1542] Der Listungsantrag des belgischen Staates war deshalb, selbst wenn die Verdachtsmomente gering waren, zumindest von den Resolutionen des Sanktionsregimes gedeckt.

Dass der MRA seine Entscheidung überhaupt in der gewählten Form treffen konnte, verdankt er einzig dem Umstand, dass in den Sanktionsresolutionen explizite Aussagen über die Qualität der Verdachtsmomente beim Einreichen eines Listungsantrags fehlen.[1543] Kann ein solcher Antrag nach den Sanktionsvorschriften jedoch auch dann gestellt werden, wenn die nationalen Behörden noch kein strafrechtliches Ermittlungsverfahren eingeleitet haben, bedarf es den vom MRA geforderten fundierten Verdachtsmomenten ebenfalls nicht.

So ist das Sayadi/Vinck-Gutachten zwar im Ergebnis zu begrüßen, dogmatisch hingegen kann es nur bedingt überzeugen. In jedem Fall aber stellt es einen weiteren Beleg für die Notwendigkeit dar, eine normative Verknüpfung von Sanktionierung und strafrechtlicher Verfolgung innerhalb des 1267er-Sanktionsregimes herzustellen.[1544] Neben der aus dem EU-Recht bekannten Kopplung der Sanktionierung an die Existenz und das Ergebnis eines nationalen Strafverfahrens (C.) besteht auch die Möglichkeit einer Bündelung beider Elemente auf UN-Ebene (D.).

C. Das System aus nationaler Strafverfolgung und internationaler Sanktionierung

Bei der folgenden Untersuchung der Möglichkeiten zur Implementierung eines Systems aus nationaler Strafverfolgung und internationaler Sanktionierung in das

1541 S. z. B. die Präambel der SR-Res. 1735/2006 v. 22.12.2006 oder Rn. 6 lit. c.) der Richtlinien des Sanktionsausschusses (aktuelle Version v. 22.07.2010).

1542 Vgl. dazu insb. den siebten Bericht der Monitoring Group, *The Analytical Support and Sanctions Monitoring Team*, Seventh report, UN-Doc. S/2007/677 v. 29.11.2007, Rn. 25 f., sowie *dies.*, Eighth report, UN-Doc. S/2008/324, 14.05.2008, Rn. 24 ff.

1543 Die Festlegung eines entsprechenden Verdachtsmoments ist aber auch nicht zwingend notwendig, weil nämlich, wie sogleich noch zu erörtern ist, der Sanktionsausschuss autonom die Entscheidung darüber trifft, ob die vorgelegten Verdachtsmomente für eine Listung ausreichend sind oder nicht.

1544 Das gilt umso mehr, als der Sanktionsausschuss die Delistung der Eheleute Sayadi erst im Jahre 2009 vornahm und damit vier Jahre nach der Feststellung der Unhaltbarkeit der erhobenen Vorwürfe durch ein belgisches Strafgericht. Vgl. hierzu *Scheinin,* YEL 28 (2009), 637, 639.

1267er-Sanktionsregime werden zunächst die potentiellen Schwierigkeiten eines solchen Vorhabens evaluiert (I.), sodann einzelne Fragen hinsichtlich seiner konkreten Umsetzung diskutiert (II., III.).

I. Mögliche Schwierigkeiten der Implementierung

Die fehlende Abhängigkeit einer Listungsentscheidung von der Existenz eines nationalen Strafverfahrens hat die Monitoring Group insbesondere damit begründet, dass es in vielen Staaten an adäquaten Straftatbeständen zur Ahndung terroristischer Aktivitäten fehle.[1545] Dieser Hinweis stammt allerdings aus dem Jahre 2005. Die Verpflichtung der Staaten, Terrorhandlungen jedweder Art strafrechtlich zu verfolgen, besteht bereits seit Erlass der SR-Res. 1373/2001. Die meisten Staaten sind dieser Pflicht zumindest formell nach.[1546] Der von der Monitoring Group vorgebrachte Einwand ist folglich als überholt anzusehen.

1. Das Problem ineffizienter Strafverfolgung

a) Problemaufriss

Ein anderer, nicht explizit vorgetragener Grund könnte in der Befürchtung liegen, das Erfordernis eines Strafverfahrens stelle die Effektivität der Sanktionsmaßnahmen infrage. In der EU lässt sich ein System aus nationaler Strafverfolgung und flankierendem Einsatz von Individualsanktionen auch deshalb umsetzen, weil die Rechtsordnungen und Wertüberzeugungen der einzelnen Staaten weitestgehend homogen sind. Die Staaten können sich im Prinzip darauf verlassen, dass ein jeder von ihnen terroristische Straftaten tatsächlich strafrechtlich verfolgt. Das gilt auch in Konstellationen, in denen ein Staat von einem anderen Staat Hinweise auf Terroraktivitäten in seinem Staatsgebiet erhält. Auf globaler Ebene besteht diese Gewissheit nicht. Die wirtschaftlichen, politischen, sozialen und kulturellen Unterschiede zwischen den einzelnen Kontinenten, Regionen und Staaten sind immer noch beträchtlich. Dieser Umstand wirkt sich auch auf die gemeinsame Terrorismusbekämpfung aus. Der bereits zitierte Ausspruch *„One man's terrorist is another man's freedom fighter"*[1547] bringt dies plakativ zum Ausdruck. Die Divergenzen zwischen den Staaten stellen die Praktikabilität eines Systems aus nationaler Strafverfolgung und dem flankierenden Einsatz von Individualsanktionen durch die Staatengemeinschaft infrage. Ein Staat, der über (geheimdienstliche) Informationen verfügt, nach denen eine auf dem Hoheitsgebiet eines anderen Staates befindliche Person in terroristische Aktivitäten verwickelt ist, muss bei bestimmten Staaten befürchten, dass diese die gelieferten Informationen nicht zum Anlass einer strafrechtlichen

---

1545 Rn. 40 f. des 3. Berichts der Monitoring Group, *The Analytical Support and Sanctions Monitoring Team*, Tenth report, UN-Doc. S/2005/572 v. 09.12.2005. S. hierzu auch *Cameron*, The ECHR, 10.

1546 S. den Bericht des CTC aus dem Jahre 2011, UN-Doc. *S/2011/463* v. 01.09.2011, S. 6.

1547 S. dazu Teil III Kap. 3 § 1 A I.

Verfolgung der betreffenden Person nehmen werden, sondern sie im schlimmsten Fall sogar an die terrorverdächtige Person weiterreichen. Diese Möglichkeit ist nicht bloß theoretischer Natur. So haben Teile des pakistanischen Geheimdienstes ISI die Taliban auch lange nach dem 11.09.2001 militärisch und finanziell unterstützt und unterstützen sie immer noch.[1548]

b) Bewertung

Die oben skizzierten Schwierigkeiten sind indes nicht derart, dass sie einem System, welches die Zulässigkeit von Listungsanträgen von der Existenz eines nationalen Strafverfahrens abhängig macht, unweigerlich entgegenstehen. Der Gefahr, dass einzelne Staaten die strafrechtliche Verfolgung terrorverdächtiger Personen nur halbherzig betreiben und mithin eine Sanktionierung nach dem 1267er-Sanktionsregime verhindern, können die übrigen Staaten durch eine weite, auch Auslandsaktivitäten erfassende Formulierung ihrer eigenen nationalen Straftatbestände entgegentreten. Eine unbegrenzte Ausdehnung der nationalen Strafgewalt ist zwar völkerrechtlich dem Grundsatz nach unzulässig[1549], weil jeder Staat die Alleinzuständigkeit zur Ausübung von Strafgewalt auf eigenem Hoheitsgebiet besitzt.[1550] Die Ausdehnung der eigenen Strafgewalt auf extraterritoriale Sachverhalte kollidiert mit diesem Recht, denn der fremde Staat übt insoweit *eigene* „Verbotsgewalt" auf *fremdem* Territorium aus.[1551] Deshalb bedarf eine extraterritoriale Ausdehnung der eigenen Strafgewalt eines legitimierenden Anknüpfungspunktes.[1552] Zu diesen legitimierenden Anknüpfungspunkten zählen *u. a.* das *Personalitäts-* sowie das *Realprinzip*.[1553]

Das Personalitätsprinzip erlaubt die Erstreckung nationaler Straftatbestände auf Auslandssachverhalte, bei denen Täter oder Opfer der Tat ein eigener Staatsangehöriger ist[1554], im letzten Fall allerdings nur dann, wenn die Tat am Tatort mit Strafe bedroht ist oder der Täter keiner Strafgewalt unterliegt.[1555] Beim sog. Realprinzip

---

1548 S. dazu hierzu den Bericht von *Waldman*, The sun in the sky: The relationship between Pakistan's ISI and Afghan insurgents.

1549 Dies hat der StIGH bereits 1927 in seinem Lotus-Urteil festgestellt, StIGH, *S.S. Lotus (Fr. v. Turk.)*, 1927 P.C.I.J. (ser. A) No. 10 (Sept. 7). S. hierzu *Ambos*, Internationales Strafrecht, § 2 Rn. 2.

1550 Vgl. *Ambos*, Internationales Strafrecht, § 2 Rn. 3.

1551 *Ambos*, Internationales Strafrecht, § 2 Rn. 3.

1552 *Ambos*, Internationales Strafrecht, § 2 Rn. 6.

1553 *Ambos*, Internationales Strafrecht, § 2 Rn. 6.

1554 In der ersten Konstellation spricht man vom aktiven, in der zweiten vom passiven Personalitätsprinzip.

1555 Vgl. zur deutschen Regelung § 7 Abs. 1 und 2 S. 1 StGB. Beim passiven Personalitätsprinzip knüpft man an die Staatsangehörigkeit des Opfers an, um die Ausdehnung der eigenen Strafgewalt zu rechtfertigen. Problematisch hieran ist, dass der legitimierende Anknüpfungspunkt anders als beim aktiven Personalitätsprinzip nicht schon bei Tatbegehung bestanden hat. Der ausländische Täter wird in der Regel nicht wissen, dass sein Opfer Ausländer ist und dass er deswegen (auch)

rechtfertigt sich die Erstreckung der eigenen Strafgewalt vor der Überlegung, dass kein Staat Angriffe auf seine politische und militärische Integrität tatenlos hinnehmen muss, insbesondere dann nicht, wenn der Tatortstaat die Taten entweder mangels Strafbarkeit nicht verfolgen kann oder aus politischen Gründen nicht verfolgen will.[1556] Das bedeutet allerdings nicht, dass jedes verletzte innerstaatliche Rechtsgut als Rechtfertigung für die Ausdehnung der eigenen Strafgewalt angeführt werden kann. Vielmehr muss es sich bei den infrage stehenden Straftaten um solche handeln, die die Sicherheit oder den Bestand des Staates verletzen oder gefährden.[1557]

Für die strafrechtliche Verfolgung von terroristischen Aktivitäten im Ausland hat dies zur Folge, dass die Staaten entsprechende Sachverhalte auch dann ihrer Strafgewalt unterwerfen können, wenn es konkret darum geht, die Durchführung von Terrorakten auf dem eigenen Hoheitsgebiet zu verhindern. Eine entsprechende Regelung findet sich z.B. in Art. 7 Abs. 2 der Konvention zur Bekämpfung der Finanzierung des Terrorismus.[1558] Dort heißt es:

> (2) *„Ein Vertragsstaat kann seine Gerichtsbarkeit über solche Straftaten auch begründen, wenn*
>
> a) *es Ziel oder Ergebnis der Straftat war, im Hoheitsgebiet oder gegen einen Angehörigen dieses Staates eine in Artikel 2 Absatz 1 Buchstabe a oder b genannte Straftat zu begehen;*
>
> b) *es Ziel oder Ergebnis der Straftat war, gegen eine staatliche oder öffentliche Einrichtung dieses Staates im Ausland, einschließlich diplomatischer oder konsularischer Räumlichkeiten, eine in Artikel 2 Absatz 1 Buchstabe a oder b genannte Straftat zu begehen;*
>
> c) *Ziel oder Ergebnis der Straftat eine in Artikel 2 Absatz 1 Buchstabe a oder b genannte Straftat war, die in der Absicht begangen wurde, diesen Staat zu einem Tun oder Unterlassen zu nötigen [...].“*

Gänzlich auf einen legitimierenden Anknüpfungspunkt verzichtet wird beim sog. *Weltrechtsprinzip*. Dem Weltrechtsprinzip unterfällt der Schutz solcher Rechtsgüter,

---

einer ausländischen Strafgewalt unterfällt. Um Friktionen mit dem Schuldgrundsatz (so *Ambos*, Internationales Strafrecht, § 3 Rn. 71) zu vermeiden, erfährt das passive Personalitätsprinzp eine Einschränkung dahin gehend, dass die Tat daher auch am Tatort mit Strafe bedroht sein oder es an einer Strafgewalt fehlen muss. Dass es sich beim Opfer um einen Ausländer handelt, gereicht dem Täter dann nicht mehr zum Nachteil, weil er sich auch dann hätte strafrechtlich verantworten müssen, wenn das Opfer ein Inländer gewesen wäre. Instruktiv zu allem *Ambos*, Internationales Strafrecht, § 3 Rn. 70 ff.

1556 *Böse*, in: *Kindhäuser/Neumann/Paeffgen* (Hrsg.), Strafgesetzbuch, Vor § 3 StGB, Rn. 19; *Eser*, in: *Schönke/Schröder* (Hrsg.), StGB, Vor §§ 3–9 StGB, Rn. 16 f.

1557 S. dazu *Ambos*, Internationales Strafrecht, § 3 Rn. 68 f.

1558 GV-Res. 54/109 v. 09.12.1999.

die für die internationale Gemeinschaft von überragender Bedeutung sind.[1559] Richten sich Handlungen gegen diese Rechtsgüter, kann sich kein Staat darauf berufen, die strafrechtliche Verfolgung falle in den Bereich seiner ausschließlichen Souveränität. Auch die Bekämpfung des internationalen Terrorismus zählt mittlerweile hierzu. Dafür spricht neben der Existenz zahlreicher Antiterrorkonventionen der Umstand, dass der Sicherheitsrat den internationalen Terrorismus in der SR-Res. 1373/2001 allgemein zur Bedrohung des Friedens und der internationalen Sicherheit erklärt hat. Staaten haben daher die Befugnis, zumindest Terrorakte mit objektiv friedensbedrohendem Charakter losgelöst von nationalen Grenzen strafrechtlich zu verfolgen. Jedoch beschwört der Verzicht auf jeglichen Anknüpfungspunkt zum eigenen Staatsgebiet oder Staatsvolk unweigerlich die Gefahr eines uferlosen Straftatbestands herauf, der zwangsweise zu einer Überforderung der eigenen Sicherheitsbehörden führen muss und der Effektivität der Terrorbekämpfung im Ergebnis eher ab- als zuträglich sein wird. Aus diesem Grund verlangt das deutsche Strafrecht bei der Verfolgung ausländischer terroristischer Vereinigungen im Rahmen des § 129b StGB einen Inlandsbezug.[1560]

Dessen ungeachtet bestehen für den einzelnen Staat ausreichende Möglichkeiten, seine Abhängigkeit von den Ermittlungsbemühungen dritter Staaten durch eigene Strafverfahren zu reduzieren, die dann die Grundlage für entsprechende Listungsanträge beim Sanktionsausschuss bilden können. In der Regel wird der einzelne Staat ohnehin nur von solchen Verdachtsmomenten Kenntnis erlangen, bei denen sich ein Bezug zur eigenen Strafgewalt herstellen lässt. Die Gefahr, dass einzelne Staaten die strafrechtliche Verfolgung von terrorverdächtigen Personen auf ihrem Hoheitsgebiet nur unzureichend realisieren und damit die Effektivität des Sanktionsregimes gefährden, rechtfertigt somit keinen Verzicht auf ein nationales Strafverfahren als Listungsbedingung.

2. Das Problem politisch motivierter Strafverfolgung

Bei den meisten UN-Staaten handelt es sich um autokratische Regime, die über keine unabhängige und unparteiische Ermittlungsbehörden verfügen. Die bestehenden Behörden werden deshalb häufig von den Machthabern zur Verfolgung politisch Andersdenkender instrumentalisiert. Deshalb ist bei Listungsanträgen aus solchen Staaten äußerste Vorsicht geboten. Aus menschenrechtlicher Sicht wäre es fatal, würden der Sanktionsausschuss oder eine andere Instanz die in den Listungsanträgen vorgebrachten Beweise und Behauptungen ungeprüft übernehmen.[1561] Es bedarf

1559 S. dazu *Ambos*, Internationales Strafrecht, § 2 Rn. 6.

1560 S. hierzu *Lackner/Kühl*, StGB, § 129b Rn. 3; *Lenckner/Sternberg-Lieben*, in: *Schönke/Schröder* (Hrsg.), StGB, § 129b Rn. 7.

1561 In der EU hingegen stellt sich das Problem manipulierter Beweise – zumindest vordergründig – nicht, weil alle Staaten ein hoher Standard an Rechtsstaats- und Menschenrechtsverständnis eint. S. dazu aber auch die Ausführungen von *Meyer*, HRRS 11 (2010), 74, 82.

somit auf UN-Ebene in jedem Falle einer Instanz, die die in einem Listungsantrag vorgebrachten Vorwürfe vorab und summarisch auf ihre Schlüssigkeit hin prüft, wenn Zweifel an der Objektivität des dem Antrag zugrundeliegenden Strafverfahrens bestehen. Das ist zwingende Konsequenz der Tatsache, dass innerstaatliche Strafverfahren in vielen Ländern rechtsstaatlichen Ansprüchen nicht genügen.

Dieser Umstand stellt jedoch für sich allein keinen Grund dar, auf die Existenz eines Strafverfahrens als Listungsbedingung zu verzichten. Darüber hinaus mag es sich zwar bei den meisten Mitgliedstaaten der UN um autokratische Regime handeln. Die wenigsten Anträge stammen jedoch aus diesen Ländern. Von einer faktischen Ausnahmekonstellation Schlüsse für das Ganze zu ziehen, überzeugt dann aber nicht. Tatsächlich gehen jedenfalls immer noch um die 90% der Listungen auf Listungsanträge der USA zurück. Die Gefahr, dass in einzelnen Staaten nationale Strafverfahren zur Verfolgung politisch Andersdenkender instrumentalisiert werden, steht einer Listung unter der Bedingung der Existenz eines nationalen Strafverfahrens somit ebenfalls nicht entgegen.

3. Die Notwendigkeit einer objektiven und unabhängigen Vorabprüfung der Listungsanträge

a) Herleitung

Die Feststellung, dass auch auf nationalen Strafverfahren beruhende Listungsanträge ggf. von einer UN-Einrichtung auf ihre Schlüssigkeit hin überprüft werden müssen, weist auf ein fundamentales Problem hin, welches in der bisherigen Diskussion um die Rechtmäßigkeit des Sanktionsregimes lediglich am Rande – wenn überhaupt – Aufmerksamkeit erfahren hat. Es stellt sich die Frage, ob es mit dem Verhältnismäßigkeitsgrundsatz vereinbar ist, wenn immer noch der Sanktionsausschuss anstelle einer unabhängigen und unparteiischen Instanz über die Stattgabe von Listungsanträgen befindet. Zweifel sind deswegen angebracht, weil der Ausschuss ausschließlich mit Regierungsvertretern der Mitgliedstaaten besetzt ist. Dies konstituiert eine *strukturell bedingte* Ungewissheit in Bezug auf eine *objektive, unparteiische* Bewertung der Listungsanträge. Über dieses strukturelle Defizit vermögen auch die zuletzt vorgenommenen Verbesserungen am Listungsverfahren[1562] nicht hinweg zu helfen. Erschwerend kommt hinzu, dass eine terrorverdächtige Person vor der Entscheidung des Ausschusses über die gegen sie gerichteten Vorwürfe weder informiert noch hierzu angehört wird.[1563]

1562 Hierbei ist insbesondere an die Verpflichtungen des antragstellenden Staates zur Nutzung des vom Rat vorgegebenen Antragsformulars sowie zur Preisgabe der Herkunft der belastenden Informationen zu denken, ebenso wie an die Aufstockung der jedem Ausschussmitglied eingeräumten Prüfungsfrist eines Listungsantrags auf zehn Arbeitstage. S. dazu Teil II Kap. 1 § 1 B IV 2.

1563 S. dazu Teil III Kap. 5 § 3.

Das Ausklammern des soeben skizzierten Problems in der bisherigen Diskussion um die Rechtmäßigkeit des Sanktionsregimes mag größtenteils darauf zurückzuführen sein, dass in den lange fehlenden Rechtsschutzmöglichkeiten gelisteter Individuen die am dringlichsten zu lösende Aufgabe bestand.[1564] Auch die mehrheitliche Qualifizierung der Sanktionen als Präventivmaßnahmen könnte hierbei eine maßgebliche Rolle gespielt haben. Grundsätzlich besteht kein Anspruch des Individuums darauf, dass die Rechtmäßigkeit eines Eingriffs vor seiner Vornahme von einer unabhängigen und unparteiischen Instanz überprüft wird. Andernfalls wäre die Effektivität staatlichen Handelns nicht mehr zu gewährleisten. Der dem Individuum gewährleistete Rechtsschutz ist in der Regel ein dem Eingriff nachgelagerter. Auf der anderen Seite lässt sich die Entbehrlichkeit einer solchen Vorabprüfung nicht allein mit der Zuordnung einer Materie zum Recht der Gefahrenabwehr begründen.

Die Frage ihrer Notwendigkeit bestimmt sich maßgeblich nach der Wertigkeit der beeinträchtigten Rechte, der Intensität des Eingriffs sowie des mit ihm verfolgten Ziels. Dabei ist dem Grundverhältnis von Menschenrechten und hoheitlichem Eingriff in angemessener Weise Rechnung zu tragen. Die uneingeschränkte Ausübung menschenrechtlicher Freiheiten stellt hiernach den Regelfall dar, jede hoheitliche Verkürzung eine rechtfertigungsbedürftige Ausnahme. Der Erlass von Individualsanktionen geht mit einem Eingriff in verschiedene bedeutende Grundrechte einher, dessen Intensität sich per se am Rande der Verhältnismäßigkeit bewegt.[1565] Dann aber kann ein Sanktionssystem, bei dem die Prüfung der *objektiven Notwendigkeit* des Eingriffs erst nach Ablauf einer beachtlichen Zeitspanne erfolgt, nicht mehr verhältnismäßig sein. Der Verhältnismäßigkeitsgrundsatz steht mithin einem System entgegen, das es erlaubt, Individuen auf bloßen Verdacht und über einen längeren Zeitraum hinweg ihrer Handlungsfreiheit zu berauben, wenn nicht aus *objektiver Sicht* ausreichende Gründe für einen solchen Eingriff sprechen. Alles andere käme einer Pervertierung des Grundverhältnisses von Menschenrechtsschutz und Eingriff gleich. Dementsprechend hat der MRA in seinem SAYADI/VINCK-Gutachten eine vom belgischen Staat ausgehende Verletzung des Rechts auf Privatleben, auf Achtung der Familie sowie auf Schutz der persönlichen Ehre nach Art. 17 Abs. 1 IPBPR sowie des Rechts auf Freizügigkeit nach Art. 12 Abs. 1 IPBPR darin gesehen, dass das Land beim 1267er-Sanktionausschuss eine Listung der Eheleute SAYADI beantragte, ohne abzuwarten, ob sich der gegen sie richtende Verdacht im nationalen

---

1564 *Dahme*, Terrorismusbekämpfung, 510, stellt in ihrer Arbeit immerhin fest, dass eine Listung nicht zu rechtfertigen ist, „wenn es an ernsthaften und schlüssigen Beweisen oder Indizien fehlt, und damit an einer hinreichenden tatsächlichen Grundlage für eine von einem Gelisteten ausgehende Gefahr für die zu schützenden hochrangigen Rechtsgüter", geht aber nicht weiter darauf ein, wie die Erfüllung dieser Listungsvoraussetzungen verfahrensrechtlich abgesichert werden kann.

1565 S. Teil III Kap. 5 § 2 B IV.

Strafverfahren ausreichend erhärtet.[1566] Die Notwendigkeit besonderer verfahrensrechtlicher Absicherungen bei schwerwiegenden Grundrechtseingriffen entspricht auch der gefestigten Rechtsprechung des BVerfG.[1567] Dieses hat in seinem Urteil zur Zulässigkeit von Online-Durchsuchungen – einer präventiven Maßnahme, die vor allem die Terrorismusbekämpfung erleichtern sollte[1568] – ausgeführt:

> *„Bewirkt eine heimliche Ermittlungsmaßnahme einen schwerwiegenden Grundrechtseingriff, so ist eine vorbeugende Kontrolle durch eine unabhängige Instanz verfassungsrechtlich geboten, weil der Betroffene sonst ungeschützt bliebe. Dem Gesetzgeber ist allerdings bei der Gestaltung der Kontrolle im Einzelnen, etwa bei der Entscheidung über die kontrollierende Stelle und das anzuwendende Verfahren, grundsätzlich ein Regelungsspielraum eingeräumt. Bei einem Grundrechtseingriff von besonders hohem Gewicht wie dem heimlichen Zugriff auf ein informationstechnisches System reduziert sich der Spielraum dahin gehend, dass die Maßnahme grundsätzlich unter den Vorbehalt richterlicher Anordnung zu stellen ist. Richter können auf Grund ihrer persönlichen und sachlichen Unabhängigkeit und ihrer ausschließlichen Bindung an das Gesetz die Rechte des Betroffenen im Einzelfall am besten und sichersten wahren (vgl. BVerfGE 103, 142(151)). Vorausgesetzt ist allerdings, dass sie die Rechtmäßigkeit der vorgesehenen Maßnahme eingehend prüfen und die Gründe schriftlich festhalten[...].*
>
> *Der Gesetzgeber darf eine andere Stelle nur dann mit der Kontrolle betrauen, wenn diese gleiche Gewähr für ihre Unabhängigkeit und Neutralität bietet wie ein Richter. Auch von ihr muss eine Begründung zur Rechtmäßigkeit gegeben werden.“*[1569]

Statt des politisch gefärbten Organs Sanktionsausschuss muss daher eine unabhängige, mit juristischem Fachpersonal besetzte Einrichtung prüfen, ob nach den im Listungsantrag dargelegten Informationen und Beweisen von einer Verwicklung der verdächtigen Person in terroristische Aktivitäten i. S. d. Sanktionsresolutionen ausgegangen werden kann.[1570] Diese Frage lässt sich problemlos bejahen, wenn entsprechende Ergebnisse in abhängigen und unparteiischen nationalen Strafrechtsverfahren zutage gefördert worden sind. Bestehen hingegen an der Unabhängigkeit und

1566 Vgl. dazu MRA, *Sayadi/Vinck*, Communication Nr. 1472/2006 v. 22.10.2008, Art. 10.7 f., 10.12 f., CCPR/C/94/D/1472/2006.

1567 S. dazu die Nachweise bei BVerfG, NJW 2007, 2464, 2471.

1568 S. dazu BVerfG, NJW 2008, 822, 828.

1569 BVerfG NJW 2008, 822, 832.

1570 In der deutschen Strafprozessordnung sind diese Vorgaben bereits umgesetzt. Nach § 443 StPO kann das Vermögen von Personen, gegen die wegen Bildung terroristischer Vereinigungen nach den §§ 129a, 129b ermittelt worden ist, ausschließlich auf richterliche Anordnung und nur dann beschlagnahmt werden, wenn *öffentliche Klage* gegen sie erhoben oder *Haftbefehl* erlassen worden ist. Die Erhebung einer öffentlichen Klage erfordert wie soeben ausgeführt das Vorliegen eines hinreichenden Tatverdachts. Für einen Haftbefehl ist regelmäßig sogar ein dringender Tatverdacht erforderlich. Das gilt zumindest für die Untersuchungshaft, s. dazu §§ 112 Abs. 1, 114 Abs. 1 StPO.

Unparteilichkeit des Strafverfahrens Zweifel, das einem Listungsantrag zugrunde liegt, muss die UN-Einrichtung prüfen, ob diese Zweifel ausgeräumt werden können. Ist dies nicht der Fall, ist der entsprechende Listungsantrag aus Gründen der Verhältnismäßigkeit abzulehnen.

b) Umsetzung

Bei der Umsetzung dieser Vorgabe sind zwei Varianten denkbar. In der ersten Variante wird ein neues Organ geschaffen, welche die Schlüssigkeit eines Listungsantrags – bzw. einer Listungsentscheidung des Sanktionsausschusses – einer summarischen Prüfung unterzieht. In der zweiten Variante übernimmt eine bereits bestehende Einrichtung diese Aufgabe. Hierfür böte sich auf den ersten Blick die Ombudsperson an, die sich im Delisting-Verfahren ohnehin in objektiver und unparteiischer Weise zur Rechtmäßigkeit einer Listung zu äußern hat.

Ihre Unparteilichkeit im Delisting-Verfahren könnte allerdings in Zweifel gezogen werden, wenn sie bereits zu einem früheren Zeitpunkt in den Sanktionsvorgang involviert gewesen ist. Grundsätzlich steht der Unparteilichkeit eines Gerichts nicht entgegen, wenn seine Mitglieder in einem früheren Verfahren oder in einem früheren Stadium desselben Verfahrens Entscheidungen über den Verfahrensgegenstand und/oder die hieran beteiligten Personen getroffen haben.[1571] Problematisch ist dieses mehrfache Auftreten erst dann, wenn es objektive Zweifel an der Unparteilichkeit des Spruchkörpers hervorruft.[1572] Hiervon ist auszugehen, wenn in einem früheren Zeitpunkt im Wesentlichen über die gleichen Fragen entschieden worden ist wie zu einem späteren Zeitpunkt.[1573]

Eine vergleichbare Situation wie diejenige, die bei einer Betrauung der Ombudsperson mit der Vorabprüfung von Listungsanträgen entstehen würde, findet sich in der deutschen StPO. Nach § 199 Abs. 1 StPO entscheidet das für die Hauptverhandlung zuständige Gericht vorab auch darüber, ob das (strafrechtliche) Hauptverfahren zu eröffnen oder das Verfahren vorläufig einzustellen ist. Die Entscheidung hängt von der Einschätzung des Gerichts ab, ob ein hinreichender Tatverdacht vorliegt. Die h.M. sieht in dieser Vorschrift keinen Verstoß gegen den Grundsatz der Unparteilichkeit.[1574]

Zur Begründung wird vorgetragen, dass der erkennende Spruchkörper aufgrund seiner fachlichen Ausbildung zwischen der summarischen Prüfung der Verdachtsmomente im Zwischenverfahren und der anschließenden weitergehenden Prüfung

1571 *Esser*, in: *Löwe/Rosenberg*, StPO XI, Art. 14 Rn. 159.
1572 *Esser*, in: *Löwe/Rosenberg*, StPO XI, Art. 14 Rn. 159.
1573 *Esser*, in: *Löwe/Rosenberg*, StPO XI, Art. 14 Rn. 159.
1574 *Eisenberg*, Beweisrecht der StPO, Rn. 751; *Meyer-Goßner*, ZRP 2000, 345, 347; *Volk/Engländer*, StPO, § 16 Rn. 1. Weitere Nachweise bei *Traut/Nickolaus*, StrFo 2012, 51, 52. A.A. *Stuckenberg*, Vor § 198 StPO, Rn. 15.

in der Hauptverhandlung unterscheiden könne.[1575] Die Trennung zwischen Eröffnungs- und Tatsachenrichter führe deshalb zu einer unnötigen Arbeitsverdopplung, die wertvolle Ressourcen verschwende.[1576] Die Gefahr einer oberflächlichen Prüfung der Verdachtsmomente im Zwischenverfahren sei bei einer Trennung zudem höher, da sich der Eröffnungsrichter nach seiner Entscheidung mit der Angelegenheit nicht mehr befassen müsse und daher eher geneigt sei, die Klage zur ausgiebigeren Prüfung im Hauptverfahren zuzulassen.[1577] Die Vorstellung eines strikt neutralen Spruchkörpers sei darüber hinaus ohnehin illusionär, da man sich gewollt oder ungewollt bereits nach der ersten Lektüre des Sachverhalts eine Meinung (vor)bilde.[1578]

Dieser Ansicht stellt sich eine beachtliche Mindermeinung entgegen.[1579] Sie geht davon aus, dass eine Befangenheit zulasten des Angeklagten besteht. Zur Begründung verweist sie insbesondere auf psychologische Erkenntnisse. Nach der sog. *Theorie der kognitiven Dissonanz* besitzt der Mensch die Neigung, künftige Informationen im Sinne der Entscheidung zu interpretieren, die er zuvor getroffen hat, und umgekehrt alle diese Entscheidung nachträglich infrage stellenden Eindrücke abzublocken oder zu verfälschen.[1580] Erschwerend komme hinzu, dass die zu beurteilende Akte aus der Anklägersicht der Staatsanwaltschaft verfasst worden sei, entlastendes Material in den Zusammenfassungen demnach vollständig ausgespart werden würde.[1581]

Der ablehnenden Haltung der zuletzt dargestellten Ansicht ist zuzustimmen. Für sie sprechen nicht zuletzt empirische Erkenntnisse. Demnach endeten 96% der im Jahre 2010 zugelassenen Anklagen in Schuldsprüchen.[1582] Zudem entscheidet der Spruchkörper in beiden Stadien des Verfahrens im Wesentlichen über die gleichen Fragen. Zwischen der Bejahung einer *hinreichenden Wahrscheinlichkeit* einer Verwicklung in terroristische Aktivitäten – also der Überzeugung, dass eine Verurteilung wahrscheinlich ist – und dem entsprechenden endgültigen Verdikt besteht ein (zu) schmaler Grat. Das Schweizerische Bundesgericht sah deshalb zu Recht in der Personalunion von Eröffnungs- und Tatsachenrichter einen Verstoß gegen das in Art. 6 Abs. 1 EMRK verankerte Recht auf einen unbefangenen Richter.[1583]

1575 Vgl. dazu *Ernst*, Das gerichtliche Zwischenverfahren, 105; *Schünemann*, StV 2000, 159.

1576 *Meyer-Goßner*, ZRP 2000, 345, 347.

1577 *Meyer-Goßner*, ZRP 2000, 345, 347; *Eisenberg*, Beweisrecht der StPO, Rn. 751.

1578 *Gössel*, in: *Meyer-Gossner/Eser* (Hrsg.), FS Meyer-Gossner, 187, 193.

1579 *Stuckenberg*, Vor § 198 StPO, Rn. 15; *Roxin/Schünemann/Kern*, Strafverfahrensrecht, § 42 Rn. 3; *Paeffgen*, in: *Wolter* (Hrsg.), SK-StPO Bd. 4, Vor § 198, Rn. 16.

1580 So *Traut/Nickolaus*, StrFo 2012, 51, 54, mit Verweis auf *Schünemann*, StV 2000, 159, 160.

1581 *Schünemann*, StV 2000, 159, 160. Vgl. auch *Weigend*, ZStW 113 (2001), 271 ff., 285.

1582 *Traut/Nickolaus*, StrFo 2012, 51, 52.

1583 Schweizerische BGE 114 Ia S. 50. Dies führte dazu, dass seit der Neufassung der schweizerischen StPO im Jahre 2003 die Personalunion von Eröffnungs- und Tatsachenrichter verboten ist. S. hierzu *Traut/Nickolaus*, StrFo 2012, 51.

Folglich ist eine zusätzliche Betrauung der Ombudsperson mit der Vorabprüfung von Listungsanträgen nicht möglich, da ansonsten ihre Unparteilichkeit im Delisting-Verfahren nicht mehr gesichert wäre. Auch der Monitoring Group kann eine solche Aufgabe nicht übertragen werden. Grund hierfür ist die ihr obliegende Pflicht, der Ombudsperson im Delisting-Verfahren jegliches sich in ihrem Besitz befindliche Informationsmaterial zu übermitteln. Sollte sie bei der Listungsentscheidung einen hinreichenden Tatverdacht bejahen, bestünden wiederum objektive Zweifel daran, ob sie der Ombudsperson die den Antragsteller entlastenden Informationen in gleichem Maße vorlegen würde wie die ihn belastenden. Der Sicherheitsrat kann seiner sich aus den Menschenrechten ergebenden Verpflichtung zur Sicherstellung einer unabhängigen Kontrolle der Listungsanträge somit nur durch die Neuerrichtung einer entsprechenden Kontrollinstanz nachkommen.

c) Ergebnis

Aus dem Grundsatz der Verhältnismäßigkeit ergibt sich, dass Listungen nicht von dem politischen Organ Sanktionsausschuss, sondern ausschließlich von einer unabhängigen und unparteiischen Instanz vorgenommen werden dürfen. Da eine solche Instanz bislang nicht existiert, muss sie vom Sicherheitsrat geschaffen werden. Sie hat zu prüfen, ob Sanktionsbedingungen nach dem jeweiligen Listungsantrag erfüllt sind, insbesondere ob die belastenden Informationen und Beweise auf Ergebnissen beruhen, die in einem unabhängigen und unparteiischen nationalen Strafverfahren gewonnen worden sind. Ist dies nicht der Fall, darf eine Listung nicht vorgenommen werden.

4. Gesamtergebnis

Grundsätzlich besteht die Möglichkeit, ein System aus nationaler Strafverfolgung und einer hieran anknüpfenden Listung in das 1267er-Sanktionsregime zu integrieren.

II. Zulässigkeit der Vornahme von Listungen bei anschließender Strafverfolgung?

Die Notwendigkeit der Errichtung einer unabhängigen und unparteiischen UN-Instanz, die die Schlüssigkeit der Listungsanträge vor ihrer Stattgabe prüft, wirft die Frage auf, ob das Erfordernis eines nationalen Strafverfahrens als Listungsbedingung nicht gelockert werden kann. Eine solche Lockerung kommt insbesondere in Form einer Umkehrung der zeitlichen Abfolge von Strafverfahren und Listung in Betracht. Danach bliebe es beim gegenwärtigen status quo, wonach ein Staat einen Listungsantrag auch ohne die vorherige Eröffnung eines Strafverfahren gegen die verdächtige Person stellen kann. Das Strafverfahren müsste dann unmittelbar im Anschluss an die Listungsvornahme eingeleitet werden.[1584] Sein Ergebnis wäre bei

1584 Diese – sich ohnehin aus der SR-Res. 1373 ergebende – Pflicht der Staaten müsste im 1267er-Sanktionsregime nochmals explizit festgeschrieben werden. Vgl. zu

der Entscheidung über die Aufrechterhaltung der Listung maßgeblich zu berücksichtigen. Das gilt vor allem für das Delisting-Verfahren vor der Ombudsperson. Allerdings bedürfte es auch hier im Einzelfall einer Prüfung, ob das nationale Strafverfahren dem Gebot der Fairness entsprochen hat.

Eine solche Umkehr der Abfolge von Strafverfolgung und Listung würde der Umsetzbarkeit und damit auch der Effizienz der Sanktionen zugutekommen. Zudem stiege der (öffentliche) Druck auf die von der Listung besonders betroffenen Staaten – neben dem die Listung beantragenden Staat wird es sich i.d.R. um den Heimat- und Aufenthaltsstaat der gelisteten Person handeln –, die Ermittlungsverfahren gründlich und zügig durchzuführen. Sie würde aber auch das Risiko einer Voreingenommenheit der nationalen Ermittlungsbehörden gegenüber der gelisteten Person erhöhen. Denn wird auf Ebene der UN die Verstrickung einer gelisteten Person in terroristische Aktivitäten bejaht, ist damit zu rechnen, dass sich die Ermittlungsbehörden bei ihren Untersuchungen von dieser Einschätzung leiten und lenken lassen.[1585] Diese Gefahr erfährt allerdings durch den Umstand, dass der Listungsantrag ohnehin zunächst von einer unabhängigen und unparteiischen Instanz auf UN-Ebene auf seine Schlüssigkeit hin überprüft werden muss, eine erhebliche Relativierung. Vollständig beizukommen ist ihr hiermit aber nicht. Zumindest das Risiko einer zeitlichen Verschleppung des Ermittlungsverfahrens durch die handelnden Behörden bleibt bestehen. Dies gilt insbesondere in den Fällen, in denen die ersten Ermittlungsergebnisse den Strafverdacht nicht erhärten, weil dadurch die Richtigkeit einer von der UN vorgenommenen Listung infrage gestellt wird. Vor einem solchen Schritt wird die nationale Ermittlungsbehörde all ihre Kräfte darauf konzentrieren, die Richtigkeit der Listung zu bestätigen. Leidtragender der hierdurch entstehenden zeitlichen Verzögerung beim Abschluss des Verfahrens wäre wiederum die gelistete Person. Bei einer Beihaltung der Reihenfolge von Strafverfolgung und hieran anknüpfender Listung fiele dieses Risiko vollständig weg. Um es zu verringern, könnte man an die Aufnahme einer Passage in die Sanktionsresolutionen zu denken, wonach eine Listung automatisch erlischt, wenn es nicht innerhalb eines bestimmten Zeitraums nach ihrer Vornahme – z.B. von sechs Monaten – zu einer strafrechtlichen Anklage kommt.[1586]

Ein solches Modell würde seinerseits wiederum ganz neue Probleme aufwerfen, wenn ein Staat zur Bewirkung der Löschung eines Eintrags das Strafverfahren bewusst nicht einleitet oder seine Durchführung verzögert. Zudem birgt eine Anklagefrist auch immer die Gefahr, dass Anklagen nach der politischen Maxime *„in*

---

einem System aus Listung und anschließender Strafverfolgung auch die Ausführungen des Schweizer Bundesgerichts im NADA-Urteil, 1A.45/2007/daa v. 14.11.2007, Rn. 9.2.

1585 Würde man hingegen an einer strafrechtlichen Anklage als Listungsvoraussetzung festhalten, bestünde diese zulasten einer verdächtigen Person gehende Gefahr einer behördlichen Voreingenommenheit nicht.

1586 In begründeten Einzelfällen kann eine Verlängerung dieser Frist um weitere drei Monate angebracht sein.

dubio pro securitate" eher zugelassen werden. Eine Umkehrung der Reihenfolge von Strafverfahren und Listung würde also insgesamt zu einer unnötigen Verkomplizierung des Sanktionsverfahrens führen, die im Zweifel immer zulasten der gelisteten Person gehen würde. Mit dem bereits mehrfach angesprochenen Grundverhältnis von Menschenrechtsschutz und hoheitlichem Eingriff ist dies nicht zu vereinbaren. Eine Umkehr der Abfolge von Strafverfahren und Sanktionierung ist demnach nicht möglich.

III. Anforderungen an den Tatverdacht

Zuletzt bleibt die Frage zu klären, welches Stadium das nationale Strafverfahren erreicht haben muss, damit es aus menschenrechtlicher Sicht als legitime Grundlage einer 1267er-Listung angesehen werden kann. Bei der Umsetzung des 1373er-Sanktionsregimes lässt die EU ein von den zuständigen nationalen Behörden gegen die verdächtige Person eröffnetes Strafverfahren wegen mutmaßlicher Verwicklungen in terroristische Aktivitäten ausreichen. Dem Verhältnismäßigkeitsgrundsatz wird dies jedoch nicht gerecht, weil die Hürden zur Einleitung eines solchen Ermittlungsverfahrens in der Regel nicht sehr hoch sind.[1587] Dementsprechend hat der MRA in seinem SAYADI/VINCK-Gutachten Belgien für eine Verletzung des IPBPR verantwortlich gemacht, weil das Land einen Listungsantrag gestellt hatte, ohne abzuwarten, ob sich der bestehende Anfangsverdacht im weiteren Verlauf des Strafverfahrens erhärtet.[1588] Als Listungsvoraussetzung ist deshalb statt der Aufnahme strafrechtlicher Ermittlungen die Erhebung einer strafrechtlichen Anklage festzuschreiben, für die es in den meisten Ländern eines qualifizierten Tatverdachts bedarf. Die deutsche StPO beispielsweise verlangt hierzu einen sog. *hinreichenden* Tatverdacht. Er ist gegeben, wenn bei *vorläufiger Beurteilung* der Beweissituation eine Verurteilung des Betroffenen *wahrscheinlich* ist.[1589]

Bei Übertragung dieses Maßstabes auf das 1267er-Sanktionsregime kommt eine Listung grundsätzlich nur dann infrage, wenn ein unabhängiges und unparteiisches Gericht oder Tribunal die Verwicklung der verdächtigen Person in terroristische Aktivitäten für wahrscheinlich hält.[1590] Von diesem Grundsatz sind jedoch Ausnahmen zuzulassen. Es sind Fälle denkbar, in denen aus zwingenden Gründen an dem Erfordernis einer strafrechtlichen Anklage nicht festgehalten werden kann. Das gilt z.B. dann, wenn es wegen Verdunkelungsgefahr einer zeitnahen Umsetzung

---

1587 In Deutschland reicht hierfür bereits ein Anfangsverdacht aus, vgl. §§ 160 Abs. 1, 163 Abs. 1 StPO. Ein solcher liegt vor, wenn konkrete Hinweise und nicht nur eine allgemeine und theoretische Möglichkeit des Vorliegens einer Straftat bestehen. S. dazu *Volk/Engländer*, StPO, § 8 Rn. 3 und 5. Vgl. auch *Roxin/Schünemann/Kern*, Strafverfahrensrecht, § 39 Rn. 15.

1588 MRA, *Sayadi/Vinck*, Communication Nr. 1472/2006 v. 22.10.2008, Art. 10.7 f., 10.12 f. CCPR/C/94/D/1472/2006. S. dazu bereits Teil III Kap. 5 § 5 B 1.

1589 *Volk/Engländer*, StPO, § 8 Rn. 3.

1590 An dieser Stelle wird nochmals auf § 443 StPO hingewiesen.

der Sanktionen bedarf. Der Verzicht auf eine strafrechtliche Anklage ist in solchen Fällen wiederum durch höhere Anforderungen an den Tatverdacht auszugleichen. Die Wahrscheinlichkeit des Vorliegens einer Straftat muss dann sehr groß oder augenscheinlich – und damit größer als beim hinreichenden Tatverdacht – sein.[1591]

D. Die Bündelung von strafrechtlicher Verfolgung und Sanktionserlass auf UN-Ebene

Neben der Implementierung eines Systems aus nationaler Strafverfolgung und dem Sanktionserlass durch die UN besteht auch die Möglichkeit, beide Maßnahmen auf UN-Ebene zu bündeln. Eine entsprechende UN-Einrichtung wäre dann sowohl für die strafrechtliche Verfolgung terroristischer Aktivitäten[1592] als auch für den unterstützenden Erlass von Individualsanktionen zuständig. Der hiervon ausgehende Eingriff in die Strafgewalt der Staaten ließe sich mit dem bereits apostrophierten Umstand rechtfertigen, dass die Bekämpfung des internationalen Terrorismus mittlerweile (auch) zu einer Aufgabe der Staatengemeinschaft erwachsen ist.[1593] Aus rechtspolitischer Sicht spricht für eine solche Lösung der Zugewinn an Effizienz, da es weder eines nationalen Strafverfahrens zur Vornahme einer Listung bedürfte noch im Einzelfall geprüft werden müsste, ob das entsprechende Verfahren rechtsstaatlichen Anforderungen genügt hat. Wenn in jedem Fall eine (summarische) Prüfung des Vorliegens der Sanktionsbedingungen durch eine unabhängige UN-Einrichtung unerlässlich ist, dann spricht dies dafür, auch die entsprechenden strafrechtlichen Ermittlungen, als deren Annex sich eine Listung präsentiert, auf UN-Ebene zu verorten.

Hinsichtlich der institutionellen und rechtlichen Ausgestaltung eines solchen Systems liegt eine Orientierung an den Statuten der internationalen Strafgerichtshöfe für das ehemalige Jugoslawien (ICTY[1594]) und Ruanda (ICTR[1595]) nahe, die beide vom Sicherheitsrat auf Grundlage des VII. Kapitels der UN-Charta geschaffen worden sind. Die Einrichtung bedürfte demnach neben einem unabhängigen und unparteiischen Gericht einer ebenfalls autonomen Anklagebehörde, die von Amts wegen oder aufgrund von Informationen Dritter gegen die verdächtigen Personen ermitteln würde.[1596] In einem solchen System könnten die Staaten weiterhin Anträge auf Strafverfolgung bzw. Listung terrorverdächtiger Personen und Organisationen stellen. Sobald hinreichende Verdachtsgründe vorlägen, wäre Anklage zu erheben, andernfalls das Verfahren einzustellen. Über die Zulässigkeit der Klage hätte ein

1591 Ein solcher Tatverdacht wird im deutschen Strafverfahrensrecht als sog. *dringender Tatverdacht* bezeichnet. S. dazu *Volk/Engländer*, StPO, § 8 Rn. 3. Notwendig ist er z.B. für den Erlass eines Haftbefehls. Vgl. dazu §§ 112 Abs. 1, 114 Abs. 1 StPO.

1592 Genauer: friedensbedrohender terroristischer Aktivitäten.

1593 S. dazu Teil III Kap. 3 § 1 B.

1594 International Criminal Tribunal for the former Yugoslavia.

1595 International Criminal Tribunal for Rwanda.

1596 Vgl. dazu auch Art. 18 des ICTY-Statuts.

Eröffnungsrichter zu entscheiden. Ließe er die Klage zu, fände das Hauptverfahren vor der zuständigen Kammer statt. Mit der Zulassung der Klage käme es grundsätzlich auch zum Erlass von Individualsanktionen.

E. Zusammenfassung

Der Sicherheitsrat hat das Listungsverfahren dahin gehend zu modifizieren, dass eine Listung grundsätzlich nur unter der Voraussetzung einer zuvor oder gleichzeitig erhobenen strafrechtlichen Anklage gegen die terrorverdächtige Person erfolgen darf. Diese Notwendigkeit ergibt sich unmittelbar aus dem Grundsatz der Verhältnismäßigkeit. Mit einer solchen Klausel wird sichergestellt, dass lediglich solche Personen und Organisationen eine Sanktionierung erfahren, deren Verhalten objektiv-friedensgefährdenden Charakter aufweist. Gleichzeitig lässt sich auf diese Weise die Dauer einer Listung auf den sie objektiv rechtfertigenden Zeitraum beschränken.[1597] Zuletzt schreibt sie auch den präventiven Charakter der Sanktionen in der erforderlichen normativen Form fest. Bei der Umsetzung dieser rechtlichen Vorgabe stehen dem Sicherheitsrat zwei Varianten zur Auswahl. Er kann sich für ein Mischsystem aus staatlicher Strafverfolgung und dem Sanktionserlass durch die UN entscheiden. Er kann aber auch beide Elemente auf UN-Ebene bündeln.

Die Untersuchungen haben des Weiteren die Notwendigkeit der Errichtung einer unabhängigen und unparteiischen UN-Instanz offengelegt, die anstelle des Sanktionsausschusses die Schlüssigkeit von Listungsanträgen vor deren Vornahme prüft. Diese UN-Instanz muss neu geschaffen werden, da ihre Aufgabe weder von der Ombudsperson noch von der Monitoring Group übernommen werden kann.

§ 6: Zusammenfassung des Kapitels

Die Menschenrechtsprüfung hat zu folgenden Ergebnissen geführt:

- Mit dem Erlass von Individualsanktionen geht ein Eingriff in die Eigentums-[1598] und Berufsfreiheit[1599] natürlicher Personen und Personenvereinigungen einher. Bei natürlichen Personen kommt es darüber hinaus zu Eingriffen in das Recht auf Freizügigkeit[1600] sowie in das Recht auf Achtung des Privatlebens, der Familie und der persönlichen Ehre.[1601]
- Diese Eingriffe lassen sich prinzipiell mit dem von den Sanktionen verfolgten Zweck – der Neutralisierung der vom internationalen Terrorismus ausgehenden Gefahren für den Weltfrieden – rechtfertigen. Der Grundsatz der Verhältnismäßigkeit verlangt jedoch, dass nur diejenigen Personen und Personenvereinigungen

1597 Genau genommen ist auf den Ausgang des Strafverfahrens abzustellen.
1598 Art. 17 Abs. 1 AEMR.
1599 Art. 6 Abs. 1 IPWSKR.
1600 Art. 12 IPBPR.
1601 Art. 17 IPBPR.

sanktioniert werden, deren Verhalten sich *objektiv* als Gefährdung des Weltfriedens darstellt.

- Um diesem Postulat gerecht zu werden, bedarf das Sanktionsregime bestimmter verfahrensrechtlicher Sicherungsmechanismen: Dem gelisteten Individuum ist als Erstes rechtliches Gehör wie auch eine effektive Beschwerdemöglichkeit gegen seine Sanktionierung einzuräumen. Die Listungskriterien müssen als Zweites ausreichend bestimmt sein. Die Entscheidungen über die Vornahme und Aufrechterhaltung einer Listung sind als Drittes stärker von der Existenz und dem Ergebnis strafrechtlicher Ermittlungen gegen die terrorverdächtige Person abhängig zu machen, damit die Dauer einer Listung nach objektiven Maßstäben auf den eine Sanktionierung rechtfertigenden Zeitraum begrenzt werden kann. Zudem darf in Zukunft nicht mehr der Sanktionsausschuss als politisches Organ die Entscheidung über die Stattgabe von Listungsanträgen treffen. Vielmehr muss eine neu zu schaffende, unabhängige und unparteiische UN-Einrichtung mit dieser Aufgabe befasst werden.
- Das Sanktionsregime erfüllt gegenwärtig keine diese Voraussetzungen in vollem Maße. Damit sind die von ihm ausgehenden Grundrechtseingriffe unverhältnismäßig und ziehen eine Verletzung der betroffenen Grundrechte nach sich.
- Hinsichtlich des Rechts gelisteter Personen auf rechtliches Gehör ist festzustellen, dass diese im periodischen Revisionsverfahren vor der Entscheidung des Sanktionsausschusses über die gegen sie gerichteten Vorwürfe zu informieren und anzuhören sind. Die aktuellen Regelungen bedürfen insoweit einer Modifikation. Hingegen ist bei einer Erstlistung der Verzicht auf eine Anhörung ebenso zulässig wie die erst nachträglich erfolgende Information gelisteter Personen über die Listungsgründe.
- Die Anforderungen an den vom Rat zu gewährenden Rechtsschutz bestimmen sich nach Art. 14 Abs. 1 IPBPR. Der Erlass von Sanktionen stellt keine strafrechtliche Maßnahme i. S. d. Vorschrift dar, löst jedoch eine zivilrechtliche Streitigkeit aus.
- Das gegenwärtige Delisting-Verfahren vor der Ombudsperson fehlt die wichtigste Anforderung des Art. 14 Abs. 1 IPBPR an ein Gericht – das Innehaben der vollständigen Jurisdiktionsgewalt –. Die Ombudsperson stellt kein Gericht i. S. d. der Vorschrift dar, weil ihrer Entscheidung über die Stattgabe eines Delisting-Antrags die Letztverbindlichkeit fehlt. Die Sanktionsvorschriften bedürfen auch hier einer Korrektur. Allen übrigen Anforderungen aus Art. 14 Abs. 1 IPBPR genügt das Delisting-Verfahren jedoch.
- Die gegenwärtigen Listungskriterien sind mit dem Bestimmtheitsgrundsatz nicht vereinbar. Dies gilt insbesondere für den Tatbestand des Verbundenseins. Die inkriminierten Verhaltensweisen müssen detaillierter festgelegt werden. Als Orientierungshilfe bieten sich die EU-Vorschriften zur Umsetzung des 1373er-Sanktionsregimes an.
- Die komplementäre Funktion der Sanktionen bei der Terrorismusbekämpfung kommt im 1267er-Sanktionsregime nur unzureichend zum Ausdruck. Die Entscheidungen über die Vornahme einer Listung und ihre Aufrechterhaltung sind

von der Existenz und dem Ergebnis der gegen verdächtige Personen zu führenden Strafverfahren abhängig zu machen.

- Bei der Umsetzung dieser Vorgabe kann der Sicherheitsrat die Strafverfolgung den Staaten überlassen oder zusammen mit dem Sanktionserlass auf UN-Ebene bündeln. Sofern der Rat die Strafverfolgung weiterhin den Staaten überlässt, muss eine unabhängige und unparteiische UN-Einrichtung geschaffen werden, die vor Vornahme einer Listung die Objektivität des einem Listungsantrag zugrunde liegenden Strafverfahrens ebenso wie die Schlüssigkeit des Antrags selbst prüft. Eine solch objektive Prüfung ist durch den Sanktionsausschuss gegenwärtig nicht gewährleistet. Die Ombudsperson kann mit dieser Aufgabe nicht betraut werden, da ansonsten strukturelle Zweifel an seiner Unabhängigkeit und Unvoreingenommenheit im Delisting-Verfahren entstünden. Die beschriebene Einrichtung ist deshalb vom Sicherheitsrat neu zu erschaffen.

Kapitel 6: Die rechtlichen Konsequenzen rechtswidriger Sicherheitsresolutionen

Die Feststellung der Rechtswidrigkeit der 1267er-Sanktionsresolutionen wirft die allgemeine Frage nach den Rechtsfolgen rechtswidriger Sicherheitsratsresolutionen auf. Diese wird uneinheitlich beurteilt. Ihre Diskussion erfolgt gemeinhin bei der Auslegung des Art. 25 UN-Charta.[1602]

§ 1: Die Kontroverse um die Auslegung des Art. 25 UN-Charta

Art. 25 UN-Charta hat folgenden englischen Originalwortlaut:

> *„The Members of the United Nations agree to accept and carry out the decisions of the Security Council in accordance with the present Charter.“*

Sicherheitsratsentscheidungen, die im Rahmen des Kap. VII getroffen worden sind, fallen in den Anwendungsbereich des Art. 25 UN-Charta, sind für die Mitgliedstaaten also grundsätzlich verbindlich.[1603] Unklar jedoch ist, ob sich die Passage

1602 S. hierzu *Delbrück*, in: *Simma* (Hrsg.), The Charter of the United Nations, Art. 25 UN-Charter, Rn. 17 f.; *Schilling*, AVR 33 (1995), 67, 94 ff.

1603 Dies wird in Art. 48 Abs. 2 UN-Charta nochmals explizit bestätigt. Dort heißt es, dass die vom Sicherheitsrat zur Wahrung des Weltfriedens und der internationalen Sicherheit beschlossenen Maßnahmen von den Mitgliedern der Vereinten Nationen unmittelbar sowie durch Maßnahmen in den geeigneten internationalen Einrichtungen, deren Mitglieder sie sind, durchgeführt werden. Streitig ist hingegen, inwieweit Art. 25 UN-Charta auf Sicherheitsratsbeschlüsse außerhalb des VII. Kapitels Anwendung findet. Der IGH hat in seinem NAMIBIA-Gutachten eine entsprechende Anwendung befürwortet, IGH, *Legal Consequences for States of the Continued Presence of South Africa in Namibia (South West Africa) notwithstanding Security Council Resolution 276 (1970)*, Advisory Opinion, 21.06.1971, ICJ

„in accordance with the present charter" ausschließlich auf die Mitgliedstaaten[1604] oder zusätzlich auch auf die Entscheidungen des Sicherheitsrates bezieht.[1605] Die Antwort auf diese Frage ist von weitreichender Bedeutung. In der ersten Variante wären die Mitgliedstaaten an rechtswidrige Sicherheitsratsresolutionen gebunden, unterlägen diesbezüglich einer Umsetzungspflicht. Dem Sicherheitsrat käme bei einer solchen Auslegung letztlich die Stellung eines *princeps legibus solutus* zu. Eine solche Stellung hat er aber nicht inne.[1606] Schon deshalb ist der zweiten Auslegungsvariante der Vorzug zu geben, der zufolge nur im Einklang mit der UN-Charta stehende Sicherheitsratsentscheidungen eine Bindungswirkung entfalten. Diese Interpretation wurde auch vom IGH in seinem NAMIBIA-Gutachten favorisiert.[1607] Entscheidend für sie spricht der systematische Vergleich zu Art. 2 Abs. 5 UN-Charta, der folgenden Wortlaut hat:

> *„All Members shall give the United Nations every assistance in any action it takes in accordance with the present Charter, and shall refrain from giving assistance to any state against which the United Nations is taking preventive or enforcement action."*

Anders als bei Art. 25 UN-Charta steht bei Art. 2 Abs. 5 UN-Charta außer Zweifel, dass eine Beistandspflicht der Mitgliedstaaten nur für chartakonforme Maßnahmen besteht. Zwar konnte das Verhältnis von Art. 2 Abs. 5 zu Art. 25 UN-Charta noch keiner abschließenden Lösung zugeführt werden[1608]; unstreitig ist jedoch, dass der Begriff der Maßnahme (*action*) in Art. 2 Abs. 5 UN-Charta auch Resolutionen des Sicherheitsrates erfasst.[1609] Eine die Mitgliedstaaten auch an rechtswidrige Sicherheitsratsresolutionen bindende Auslegung des Art. 25 UN-Charta würde mithin zu einem logisch nicht aufzulösenden Wertungswiderspruch führen, weil dieser mitgliedstaatlichen Verpflichtung eine entsprechende Befreiung nach Art. 2 Abs. 5 UN-Charta gegenüberstünde.[1610] Dies ist mit dem Grundsatz der *widerspruchsfreien Auslegung*

Reports 1971, 16, 53 f., Rn. 115 f. Kritisch hierzu *Klein/Schmahl*, in: *Graf Vitzthum/Proelß* (Hrsg.), Völkerrecht, 4. Abschnitt, Rn. 194. Dem IGH hingegen zustimmend *Meerpohl*, Individualsanktionen, 137.

1604 So insbesondere *Dahm*, Völkerrecht, 212. S. auch die weiteren Nachweise bei *Martenczuk*, Rechtsbindung, 130, Fn. 46.

1605 S. hierzu *Delbrück*, in: *Simma* (Hrsg.), The Charter of the United Nations, Art. 25 UN-Charter, Rn. 17 f.; *Schilling*, AVR 33 (1995), 67, 94 ff.

1606 S. dazu bereits Teil III Kap. 2 § 3. Gegen eine entsprechende Auslegung des Art. 25 UN-Charta auch *Delbrück*, in: *Simma* (Hrsg.), The Charter of the United Nations, Art. 25 UN-Charter, Rn. 17 f.; *Schilling*, AVR 33 (1995), 67, 94 ff.

1607 IGH, *Legal Consequences for States of the Continued Presence of South Africa in Namibia (South West Africa) notwithstanding Security Council Resolution 276 (1970)*, Advisory Opinion, 21.06.1971, ICJ Reports 1971, 16, 53 f., Rn. 115 f. Hierauf weist auch *Herbst*, Rechtskontrolle, 295, hin.

1608 S. dazu *Herbst*, Rechtskontrolle, 295 f.

1609 *Herbst*, Rechtskontrolle, 296.

1610 *Herbst*, Rechtskontrolle, 296 f.; *Delbrück*, in: *Simma* (Hrsg.), The Charter of the United Nations, Art. 25 UN-Charter, Rn. 18.

nicht zu vereinbaren.[1611] Art. 25 UN-Charta ist mithin so auszulegen, dass die Mitgliedstaaten nur an chartakonforme Sicherheitsratsresolutionen gebunden sind.[1612]

Manche Stimmen in der Literatur vertreten nun die Auffassung, Art. 25 UN-Charta verlange für die Verbindlichkeit von Sicherheitsratsentscheidungen lediglich deren formelle, nicht aber materielle Rechtmäßigkeit.[1613] Auch eine solche Interpretation ist abzulehnen, weil sie im Ergebnis wiederum zu der bereits verworfenen materiell-rechtlichen Bindungslosigkeit des Sicherheitsrates führen würde.[1614] Die vom Rat getroffenen Entscheidungen entfalten ihre Bindungswirkung nach Art. 25 UN-Charta demnach nur dann, wenn sie sowohl in formeller wie in materieller Hinsicht chartakonform sind.

§ 2: Das Verfahren zur Feststellung der Rechtswidrigkeit von Sicherheitsratsresolutionen

Mit dieser Feststellung ist die Problematik rechtswidriger Sicherheitsratsresolutionen jedoch nicht in Gänze gelöst. Offen bleibt die Frage, welche Person oder Einrichtung die Rechtmäßigkeit von Sicherheitsratsentscheidungen überprüfen kann. Die UN-Charta sieht ein institutionalisiertes, unabhängiges Kontrollverfahren nicht vor. Der IGH kann allenfalls im Rahmen eines Gutachtens oder inzident bei der Klärung von Rechtsstreitigkeiten zwischen Staaten die Rechtmäßigkeit von Sicherheitsratsmaßnahmen überprüfen.[1615] Für den an der Rechtmäßigkeit einer Sicherheitsratsmaßnahme zweifelnden Staat kommt von vornherein nur die zweite Variante in Betracht, weil zur Einholung von Rechtsgutachten gemäß Art. 96 Abs. 1 UN-Charta nur der Sicherheitsrat und die Generalversammlung ermächtigt sind.[1616] Aber auch bei einer Inzidentprüfung im Rahmen einer selbst initiierten Klage vor dem IGH handelt es sich um eine kaum praxistaugliche Lösung. Hierzu müsste der von der Sicherheitsratsmaßnahme betroffene Staat dem beklagten Staat eine Rechtsverletzung zum Vorwurf machen, die dieser auf Grundlage einer Sicherheitsratsresolution vorgenommen hat.[1617] Eine solche Inzidentprüfung ist nach Art. 36 Abs. 1

1611 Vgl. allgemein zu diesem Grundsatz *Canaris*, Systemdenken, 13 ff.; *Weiss*, Gesetz, 47.

1612 So auch *Herbst*, Rechtskontrolle, 297; *Schilling*, AVR 33 (1995), 67, 96.

1613 *Delbrück*, in: *Simma* (Hrsg.), The Charter of the United Nations, Art. 25 UN-Charter, Rn. 18.

1614 Ebenso *Schilling*, AVR 33 (1995), 67, 95 f.

1615 S. hierzu *Meerpohl*, Individualsanktionen, 149 ff.; *Wolf-Zimper*, Zielgerichtete Sanktionen, 86 ff.; *Herbst*, Rechtskontrolle, 401 ff.

1616 Unter den engen Voraussetzungen des Art. 96 Abs. 2 UN-Charta sind auch andere UN-Organe und Sonderorganisationen zur Einholung von Rechtsgutachten befugt.

1617 *Klein/Schmahl*, in: *Graf Vitzthum/Proelß* (Hrsg.), Völkerrecht, 4. Abschnitt, Rn. 152. S. auch *Schilling*, AVR 33 (1995), 67, 97. Mit Blick auf das 1267er-Sanktionsregime ist vorstellbar, dass der klagende Staat dem beklagten Staat das rechtswidrige Einfrieren des Vermögens seiner Staatsangehörigen zum Vorwurf macht. Die

IGH-Statut indes nur dann möglich, wenn sich die Streitparteien der Gerichtsbarkeit des Gerichtshofs unterworfen haben.[1618]

Unangebracht wäre es jedoch, rechtswidrigen Sicherheitsratsresolutionen aufgrund des Fehlens einer institutionalisierten Rechtskontrolle doch noch eine Bindungswirkung für die Mitgliedstaaten zuzusprechen. Die Nichtexistenz eines zentralen Kontrollmechanismus auf UN-Ebene ist vielmehr durch eine dezentrale Rechtskontrolle auszugleichen. Das bedeutet, dass jedem Mitgliedstaat ein Prüfungsrecht hinsichtlich der Rechtmäßigkeit von Entscheidungen des Sicherheitsrates zusteht. Dies hat insbesondere Schilling zutreffend betont.[1619] Die Gefahren, die mit dieser Lösung einhergehen, werden dabei nicht übersehen. Insbesondere der Einwand, es könne im Einzelfall innerhalb der Staatengemeinschaft zu weitreichenden Meinungsunterschieden hinsichtlich der Rechtmäßigkeit von Sicherheitsratsmaßnahmen kommen, die nicht nur deren Effektivität, sondern generell auch die des Systems der kollektiven Sicherheit nachhaltig gefährden können, wiegt schwer.[1620] Dem lässt sich entgegensetzen, dass mit der Umsetzung rechtswidriger Sicherheitsratsmaßnahmen Unrecht verwirklicht wird, das den Frieden und die internationale Sicherheit ebenfalls nachhaltig bedrohen kann. Speziell für die 1267er-Sanktionsresolutionen muss man sich die aus einer Umsetzungspflicht folgenden Konsequenzen in aller Deutlichkeit vor Augen führen: Die Mitgliedstaaten der EU hätten sich demnach charta- und damit auch völkerrechtswidrig verhalten, weil sich der EuGH in seinen Kadi-Urteilen der vollständigen Umsetzung der vom Rat erlassenen Sanktionsresolutionen zum Schutz essenzieller Menschenrechte widersetzt hat. Dieses Ergebnis vermag angesichts des Stellenwerts, den die Charta selbst dem Schutz der menschlichen Würde einräumt, nicht zu überzeugen.[1621] Vor allem aber bleibt bei Annahme einer Rechtsbindung des Sicherheitsrates die Anerkennung eines jedem Mitgliedstaat zustehenden Prüfungsrechts ohne Alternative. Das gilt auch für die Auffassung, die den Sicherheitsrat – anders als hier vertreten – nur an das ius cogens gebunden sieht.[1622] Die Mitgliedstaaten haben dem Sicherheitsrat

---

Rechtswidrigkeit dieses Vorgehens ergäbe sich dann – sofern man den 1267er-Sanktionsresolutionen ihre Wirksamkeit abspricht – aus dem Verstoß gegen das Fremdenrecht. S. dazu *Meerpohl*, Individualsanktionen, 152, Fn. 254.

1618 *Klein/Schmahl*, in: *Graf Vitzthum/Proelß* (Hrsg.), Völkerrecht, 4. Abschnitt, Rn. 152; *Schilling*, AVR 33 (1995), 67, 97.

1619 *Schilling*, AVR 33 (1995), 67, 99 ff. In die gleiche Richtung gehend *Bartelt/Zeitler*, EuZW 2003, 712, 716; *Aust/Naske*, ZÖR 2006, 587, 603 f.; *Payandeh*, ZaöRV 66 (2006), 41, 57 ff., 68. S.a. die Nachweise bei *Klein/Schmahl*, in: *Graf Vitzthum/Proelß* (Hrsg.), Völkerrecht, 4. Abschnitt, Rn. 194, Fn. 591. Ablehnend *Fassbender*, AöR 132 (2007), 257, 283 f.

1620 S. hierzu *Meerpohl*, Individualsanktionen, 138 f. m. w. N.

1621 Hierzu bereits Teil III Kap. 4 § 2.

1622 Vor diesem Hintergrund ist die vom EuG in seinem 1. Kadi-Urteil vorgenommene Prüfung der Vereinbarkeit der von der Union erlassenen Umsetzungsmaßnahmen mit dem ius cogens nur konsequent. Nicht überzeugend hingegen *Fassbender*, AöR

mit der Verabschiedung der UN-Charta keine unbegrenzten Befugnisse eingeräumt; vielmehr hat sich das Handeln des Sicherheitsrates in dem – wenn auch weit gezogenen – Rahmen zu halten, der durch die Charta vorgezeichnet ist.[1623] Der nur eingeschränkte Verzicht der Staaten auf ihre Souveränitätsrechte macht automatisch eine Abgrenzung zwischen den Befugnissen der UN – und ihrem Organ Sicherheitsrat – und den bei den Staaten verbleibenden Souveränitätsrechten erforderlich. Dabei ist von einem genuinen Interesse der Staaten an der Einhaltung der den Sicherheitsratsbefugnissen gesetzten Grenzen auszugehen. Andernfalls müsste man annehmen, dass die Staaten zur vollständigen Aufgabe ihre Souveränität zugunsten des Sicherheitsrates bereit sind. Dann käme es zu der bereits verworfenen rechtlichen Bindungslosigkeit des Rates bei einem Handeln nach Kap. VII UN-Charta.[1624] Die Abgrenzung zwischen den bei den Staaten verbleibenden Befugnissen und denen einer internationalen Organisation werden häufig durch eine unabhängige und unparteiische Einrichtung innerhalb der Organisation vorgenommen. Das Fehlen einer solchen Einrichtung ist – wie im Fall des Sicherheitsrates – durch ein entsprechendes Prüfungsrecht der Staaten auszugleichen.[1625] Dies ergibt sich unmittelbar aus dem Grundsatz der Staatensouveränität.

Eine vollständig überzeugende Lösung bei der Realisierung der Rechtsbindung des Sicherheitsrates kann es, wie KLEIN/SCHMAHL zutreffend ausgeführt haben, ohnehin so lange nicht geben, wie es an einer institutionalisierten, unabhängigen Rechtskontrolle seines Handelns fehlt.[1626] Die mit einem mitgliedstaatlichen Prüfungsrecht einhergehenden Risiken sind in jedem Fall geringer als allgemein angenommen wird. Als Erstes ist in diesem Zusammenhang auf die zutreffende Feststellung des IGH zu verweisen, der zufolge für formell rechtmäßig erlassene Sicherheitsratsresolution die Vermutung ihrer (auch) materiellen Chartakonformität spricht.[1627] Ihre Berechtigung findet diese Vermutung darin, dass der jeweilige Akt die hohe Hürde eines möglichen Vetos innerhalb des Sicherheitsrates erfolgreich genommen hat. Jeder Staat, der die Rechtmäßigkeit von Sicherheitsratsentscheidungen in Zweifel ziehen will, sieht sich also von vornherein einem nicht unerheblichen Rechtfertigungsdruck ausgesetzt. Dies gilt umso mehr, als er seit dem LOCKERBIE-Fall Gefahr läuft, aufgrund seiner Weigerungshaltung selbst Adressat

---

132 (2007), 257, 283 f., der selbst den Fall einer offenkundigen und schwerwiegenden Verletzung der UN-Charta bei der Diskussion um ein mitgliedstaatliches Prüfungsrecht unberücksichtigt lassen will.

1623 S. dazu Teil III Kap. 2 § 3.

1624 S. dazu Teil III Kap. 2 § 3.

1625 Unter der bereits erwähnten Prämisse, dass die Staaten ihre Souveränität nicht vollständig zugunsten der internationalen Organisation aufgegeben haben.

1626 Vgl. dazu *Klein/Schmahl*, in: *Graf Vitzthum/Proelß* (Hrsg.), Völkerrecht, 4. Abschnitt, Rn. 194.

1627 IGH, *Legal Consequences for States of the Continued Presence of South Africa in Namibia (South West Africa) notwithstanding Security Council Resolution 276 (1970)*, Advisory Opinion, 21.06.1971, ICJ Reports 1971, 16, 22, Rn. 20.

von Zwangsmaßnahmen des Sicherheitsrates zu werden.[1628] In Anbetracht dieser ihm drohenden Gefahr wird er Zweifel an der Rechtmäßigkeit von Sicherheitsratsmaßnahmen regelmäßig erst dann äußern, wenn er sich des Rückhalts weiterer Staaten gewiss ist.[1629] Entscheidende Bedeutung bei der Bewertung der Rechtmäßigkeit von Sicherheitsratsentscheidungen kommt demnach nicht dem Verhalten des einzelnen Staates, sondern der mitgliedschaftlichen Praxis *insgesamt* zu.[1630] Erst und sofern ein gewichtiger Teil der Mitgliedstaaten ihre Umsetzung verweigert, ist davon auszugehen, dass eine Maßnahme des Sicherheitsrates mit dem Makel der Rechtswidrigkeit behaftet ist.[1631] Zu einer solchen Entwicklung wird es jedoch regelmäßig erst infolge eines längerfristigen Prozesses kommen. Grund hierfür ist das in der UN-Charta u. a. in den Artt. 49, 56 und 103 verankerte Prinzip der Loyalität zwischen der Organisation und den Mitgliedstaaten.[1632] Es verlangt, dass alles unternommen wird, um das Spannungsverhältnis zwischen einem möglichst effektiven Friedensmechanismus einerseits und dem Bedürfnis der Staaten nach Einhaltung der den Sicherheitsratsbefugnissen gesetzten Grenzen andererseits in bestmöglicher Weise auszugleichen.[1633]

Aus Sicht der Mitgliedstaaten bedeutet dies, dass sie zunächst versuchen müssen, die streitigen Sicherheitsratsresolutionen völkerrechtskonform auszulegen.[1634] Misslingt dies, haben sie innerhalb geeigneter Foren – z. B. der Generalversammlung – ihre hiergegen bestehenden rechtlichen Bedenken konkret vorzutragen und auf die Vornahme entsprechender Korrekturen durch den Sicherheitsrat zu drängen.[1635] Häufig wird der Sicherheitsrat in solchen Konstellationen von sich aus die erforderlichen Änderungen an den streitigen Resolutionen vornehmen, um seine Autorität nicht weiter zu gefährden. Andernfalls läuft er reelle Gefahr, dass eine bedeutende Mehrheit an Staaten seinen Vorgaben nicht folgt.

Erst wenn der Sicherheitsrat trotz mehrfacher Aufforderung an den streitigen Resolutionen festhält, können die Staaten deren Umsetzung verweigern. Eine *vollständige Verweigerung* kommt jedoch nur als ultima ratio in Betracht. Aus dem Grundsatz der Effektivität der Friedenssicherung und seiner herausragenden Stellung innerhalb der UN-Charta ist die Pflicht der Mitgliedstaaten abzuleiten, die von

1628 S. hierzu bereits Teil III Kap. 3 § 1 B II 1.
1629 Etwas anderes ist in der Praxis nur bei Staaten zu beobachten, die selbst Ziel von Zwangsmaßnahmen des Sicherheitsrates sind. Sie ziehen die Rechtmäßigkeit dieser Maßnahmen in der Regel beinahe schon reflexartig in Zweifel.
1630 Vgl. hierzu auch *Schilling*, AVR 33 (1995), 67, 106. S. dazu bereits Teil III Kap. 1 § 2 D.
1631 Ebenso *Schilling*, AVR 33 (1995), 67, 106.
1632 S. dazu *Doehring*, MPYUNL 1997, 91, 105 ff.; *Starck*, UNO-Wirtschaftssanktionen, 417.
1633 *Starck*, UNO-Wirtschaftssanktionen, 416 f.
1634 *Starck*, UNO-Wirtschaftssanktionen, 417, mit Hinweis auf *Gasser*, ZaöRV 56 (1996), 871, 883.
1635 Vgl. dazu auch *Doehring*, MPYUNL 1997, 91, 105 ff.

ihnen erlassenen Maßnahmen zur Umsetzung der streitigen Sanktionsresolutionen so weit wie möglich in Kraft zu lassen.[1636]

Eine Beeinträchtigung der – rechtmäßigen – friedenswahrenden Tätigkeit des Sicherheitsrates durch ein derartig konturiertes mitgliedstaatliches Prüfungsrecht besteht bei Einhaltung dieser Voraussetzungen dann aber gerade nicht.[1637]

Kapitel 7: Zusammenfassung des Teils III

Der Sicherheitsrat unterliegt bei einem Tätigwerden nach Kap. VII UN-Charta einer Rechtsbindung. Die Errichtung des 1267er-Sanktionsregimes und der hierauf beruhende Erlass von Individualsanktionen sind mit den Vorschriften des Kap. VII UN-Charta vereinbar. Der Sicherheitsrat ist hierbei vollumfänglich an die gewohnheitsrechtlich geltenden Menschenrechte gebunden, zu deren Konkretisierung insbesondere auf den IPBPR, teilweise auch auf den IPWSKR und die AEMR zurückgegriffen werden kann. Das Sanktionsregime entspricht den sich hieraus ergebenden Anforderungen gegenwärtig nicht in vollem Maße. Rechtswidrige Sicherheitsratsresolutionen binden die UN-Mitgliedstaaten nicht. Da es an einem institutionalisierten Verfahren zur rechtlichen Überprüfung von Resolutionen des Sicherheitsrates fehlt, steht jedem Mitgliedstaat ein entsprechendes Prüfungsrecht zu. Eine Nichtumsetzung von Sanktionsresolutionen kommt jedoch nur ultima ratio in Betracht.

1636 *Starck*, UNO-Wirtschaftssanktionen, 418.

1637 So zutreffend *Schilling*, AVR 33 (1995), 67, 106.

Teil IV: Die Rechtmäßigkeit der EU-Maßnahmen zur Umsetzung des 1267er-Sanktionsregimes

Die Ergebnisse der völkerrechtlichen Prüfung des 1267er-Sanktionsregimes wirken sich auch auf die Rechtmäßigkeit der zu seiner Umsetzung erlassenen EU-Maßnahmen aus. Sie sind insbesondere für die *völkerrechtliche Bewertung* des 1. Kadi-Urteils des EuGH von entscheidender Bedeutung (Kap. 1). Das dort gefundene Ergebnis bietet Anlass, sich grundsätzlich mit dem Verhältnis von UN-Charta und den innerstaatlichen Rechtsordnungen bzw. dem EU-Recht zu beschäftigen (Kap. 2), bevor zuletzt die Grundrechtskonformität der EU-Sanktionsmaßnahmen einer Prüfung unterzogen wird (Kap. 3).[1638]

Kapitel 1: Die Völkerrechtskonformität des 1. Kadi-Urteils des EuGH

Die Völkerrechtskonformität des 1. Kadi-Urteils des EuGH hängt davon ab, ob es sich bei den vom Sicherheitsrat erlassenen Sanktionsresolutionen trotz ihrer fehlenden Vereinbarkeit mit den internationalen Menschenrechten um verbindliche Maßnahmen i. S. d. Art. 25 UN-Charta handelt. Nach den Erkenntnissen aus dem vorherigen Kapitel kommt es dabei entscheidend auf die Praxis (des überwiegenden Teils) der UN-Mitgliedstaaten an. Würden die Sanktionsresolutionen eine wirksame Verpflichtung im Sinne des Art. 25 UN-Charta begründen, wäre diese nach Art. 103 UN-Charta den unionsrechtlichen Verpflichtungen der Mitgliedstaaten vorgegangen. Eine Befolgung des 1. Kadi-Urteils durch die Mitgliedstaaten[1639] hätte in diesem Fall einen Verstoß gegen Art. 103 UN-Charta und damit gegen geltendes Völkerrecht begründet, der vom Sicherheitsrat – wie der Lockerbie-Fall[1640] gezeigt hat – als Bedrohung des Weltfriedens hätte geahndet werden können.

Die entsprechende Praxis lässt jedoch darauf schließen, dass die Staaten die fehlende Konformität des Sanktionsregimes mit den Menschenrechten mehrheitlich als rechtswidrig ansehen und ihm insoweit die Verbindlichkeit absprechen.[1641] Zunächst ist festzustellen, dass die EU-Staaten – darunter mit Frankreich und dem Vereinigten Königreich zwei ständige Sicherheitsratsmitglieder – dem 1. Kadi-Urteil des EuGH gefolgt sind. Die übrigen Mitglieder der Staatengemeinschaft – inklusive

1638 Bereits bejaht wurde die Rechtmäßigkeit der Sanktionsmaßnahmen mit Blick auf die einschlägigen Befugnisnormen, s. dazu Teil II Kap. 2 § 1.

1639 Genauer der EU-Mitgliedstaaten.

1640 S. hierzu Teil III Kap. 3 § 1 B II 1.

1641 Zu den einzelnen Voraussetzungen s. Teil III Kap. 6 § 2.

der ständigen Sicherheitsratsmitglieder USA, Russland und China – haben dieses Verhalten nicht als chartawidrigen Akt qualifiziert. Eine solche Missbilligung wäre bei der Annahme eines Chartaverstoßes aber zu erwarten gewesen. Damit lässt sich beim überwiegenden Teil der Staatengemeinschaft insgesamt ein fehlender Wille zur (globalen) Umsetzung des 1267er-Sanktionsregimes in seiner bisherigen Form konstatieren. Vor dem Hintergrund, dass Resolutionen des Sicherheitsrates nach Kap. VII UN-Charta grundsätzlich verbindlich sind, lässt sich dieses Verhalten nur damit erklären, dass die Staaten mehrheitlich die mittelbar durch das 1. Kadi-Urteil des EuGH geäußerte Kritik an der fehlenden Menschenrechtskonformität des Sanktionsregimes teilen. In diesem Kontext ist auch das Verhalten des Sicherheitsrates *nach Erlass* des 1. Kadi-Urteils von besonderer Bedeutung. Dieser hat auf das 1. Kadi-Urteil nicht mit Kritik, sondern mit Verbesserungen bei der Transparenz des Listungsverfahrens und den Rechtsschutzmöglichkeiten der Sanktionsadressaten geantwortet.[1642] Zudem findet sich in den Präambeln der dem Urteil folgenden Sanktionsresolutionen zum ersten Mal das explizite Bekenntnis des Rates, den Kampf gegen Al Qaida nur in Einklang mit den internationalen Menschenrechten führen zu dürfen.[1643]

Auch aus verfahrensrechtlicher Sicht ist gegen das Vorgehen des EuGH nichts zu erinnern. Die im Urteil mittelbar geäußerte Kritik war dem Sicherheitsrat inhaltlich seit Langem bekannt, wie sich vor allem den Berichten der Monitoring Group entnehmen lässt.[1644] Vor dem Erlass des 1. Kadi-Urteils durch den EuGH hat er es jedoch unterlassen, die geforderten und zugleich notwendigen menschenrechtlichen Verbesserungen am Sanktionsregime vorzunehmen. Der EuGH seinerseits hat die von der EU erlassenen Umsetzungsmaßnahmen nicht vollständig für nichtig erklärt, sondern grundsätzlich fortgelten lassen. Damit ist er auch der – eigentlich die Mitgliedstaaten treffende – Pflicht zum loyalen Verhalten gegenüber dem Sicherheitsrat nachgekommen.[1645]

Aus alledem folgt, dass den EU-Staaten die Befolgung des 1. Kadi-Urteils des EuGH nicht als Vornahme eines völkerrechtswidrigen Aktes vorgeworfen werden kann.

1642 Teil II Kap. 1 § 1 B IV 1 c.

1643 S. dazu Teil III Kap. 4 § 2 D II.

1644 S. statt vieler nur Rn. 38 des fünften Berichts der Monitoring Group, *The Analytical Support and Sanctions Monitoring Team*, Fifth report S/2006/750 v. 20.09.2006, sowie die Rn. 16 und 35 f. des sechsten Berichts, S/2007/132 v. 08.03.2007.

1645 Zum Grundsatz der Loyalität zwischen der UN und ihrer Mitgliedstaaten s. Teil III Kap. 6 § 2.

Kapitel 2: Das Verhältnis zwischen der UN-Charta und den nationalen Rechtsordnungen bzw. dem EU-Recht

Unabhängig von der völkerrechtlichen Beurteilung des 1. KADI-Urteils des EuGH bedarf es einer grundsätzlichen Klärung des Verhältnisses zwischen den chartarechtlichen und den sonstigen völkerrechtlichen – insbesondere aus dem Unionsrecht erwachsenden – Verpflichtungen der Mitgliedstaaten. Gleiches gilt für das Verhältnis von UN-Charta und innerstaatlichem (Verfassungs-) Recht.[1646] Dies wird allein an der intensiv geführten Diskussion um die Wirkung des Art. 103 UN-Charta bei der Rechtmäßigkeitsprüfung des 1267er-Sanktionsregimes deutlich, der in vielen Abhandlungen, aber auch in einigen bedeutenden Urteilen entscheidendes Gewicht beigemessen worden ist. So hat das EuG in seinem 1. KADI-Urteil die Rechtmäßigkeit der EU-Verordnung zur Umsetzung des 1267er-Sanktionsregimes nur deshalb ausschließlich am ius cogens gemessen, weil es sich aufgrund von Art. 103 UN-Charta zu einer chartakonformen Auslegung des Unionsrechts gezwungen sah.[1647] Da sich das Völkerrecht insgesamt immer mehr mit Sachverhalten befasst, die ursprünglich rein innerstaatlich geregelt worden sind, ist die Thematik nicht zuletzt auch mit Blick auf zukünftige Rechtsebenenkonflikte von besonderem Interesse.

Die nachfolgenden Betrachtungen beginnen mit einem Überblick über die gängigen Theorien zum Verhältnis von Völkerrecht und nationalen Recht (§ 1). Anschließend wird die Übertragbarkeit der dort gefundenen Ergebnisse auf das Verhältnis von EU-Recht und UN-Charta eruiert (§ 2).

§ 1: Die gängigen Theorien zum Verhältnis von Völkerrecht und nationalem Recht

A. *Monismus und Dualismus*

Zum Verhältnis von Völkerrecht und nationalem Recht existieren zwei Grundtheorien, der Monismus und der Dualismus.

Der Monismus vertritt die Theorie der Einheit allen Rechts. Völkerrecht und staatliche Rechtsordnungen konstituieren hiernach ein gemeinsames Rechtssystem.[1648] Innerhalb dieser Lehre sieht das Gros der Autoren das Völkerrecht an die

1646 Einer ausführlichen Diskussion dieses Verhältnisses hätte es bedurft, wenn die Sanktionsresolutionen nach Art. 25 UN-Charta bindend gewesen wären, die auf ihrer Grundlage von den Staaten zu erlassenden Maßnahmen aber in Widerspruch zu ihrem nationalen (Verfassungs-)Recht gestanden hätten.

1647 S. dazu Teil II Kap. 2 § 2 B I. In ähnlicher Weise ist das Schweizer Bundesgericht in seinem noch ausführlich zu besprechenden Nada-Urteil verfahren. Hierzu sogleich unter Teil V Kap. 2 § 2 A.

1648 *Geiger*, Grundgesetz und Völkerrecht, § 7 I 1; BeckOK GG/H*eintschel von Heinegg*, Art. 25 GG Rn. 13.

Spitze der Normenhierarchie, die staatlichen Rechtsordnungen ihrerseits werden als untergeordneter Teil einer umfassenden völkerrechtlichen Rechtsordnung qualifiziert.[1649] Begründet wird diese These mit dem Hinweis darauf, dass das Völkerrecht die rechtlichen Voraussetzungen der Entstehung und des Untergangs eines Staates festlege und seine Kompetenzen in räumlicher, persönlicher und sachlicher Hinsicht bestimme.[1650]

Der Dualismus steht für die Theorie der Unabhängigkeit der verschiedenen Rechtsordnungen.[1651] Zu seiner Rechtfertigung wird auf die unterschiedlichen Rechtsquellen verwiesen, auf denen die jeweiligen Rechtsordnungen beruhen. Im nationalen Recht stelle die Verfassung die oberste Rechtsnorm dar. Das Völkerrecht sei seinerseits als eigenständige Rechtsordnung nicht von der Existenz der nationalen Rechtsordnungen abhängig.[1652]

Mittlerweile ist eine weitestgehende Konvergenz zwischen beiden Theorien zu beobachten, wodurch der Theorienstreit in der Praxis spürbar an Bedeutung verloren hat. So gehen die heutigen Vertreter des (gemäßigten) Monismus nicht mehr davon aus, dass völkerrechtliche Normen unmittelbar im innerstaatlichen Recht gelten und automatisch zur Nichtigkeit entgegenstehender nationaler Rechtsvorschriften führen.[1653] Vielmehr sei der jeweilige Staat (völkerrechtlich) verpflichtet, die entsprechenden Völkerrechtsnormen gemäß dem hierfür vorgesehenen innerstaatlichen Verfahren unverzüglich in seine Rechtsordnung zu inkorporieren.[1654] Den gleichen Grundgedanken verfolgen die Vertreter des gemäßigten Dualismus.[1655]

B. Die Lösung von Konflikten zwischen beiden Rechtsebenen

I. Allgemeine Grundsätze

Wenn völkerrechtlichen Regelungen nicht per se ein Geltungsvorrang vor dem innerstaatlichen Recht zukommt, sondern jede nationale Rechtsordnung für sich die Modalitäten der Inkorporation völkerrechtlicher Normen festlegt, folgt daraus, dass für die Hierarchie zwischen beiden Rechtsordnungen aus *innerstaatlicher*

1649 So insbesondere die Vertreter der sog. Wiener Schule um Kelsen, Verdross und Merkl. Vgl. dazu *Geiger*, Grundgesetz und Völkerrecht, § 7 I 1; BeckOK GG/*Heintschel von Heinegg*, Art. 25 GG Rn. 13.

1650 S. dazu *Geiger*, Grundgesetz und Völkerrecht, § 7 I 1.

1651 *Doehring*, Völkerrecht, Rn. 701 ff.; *Herdegen*, Völkerrecht, § 22 Rn. 1.

1652 S. zu alldem *Geiger*, Grundgesetz und Völkerrecht, § 7 I 1. Vgl. dazu auch *Kunig*, in: *Graf Vitzthum/Proelß* (Hrsg.), Völkerrecht, 2. Abschnitt, Rn. 30.

1653 *Geiger*, Grundgesetz und Völkerrecht, § 7 I 2. S. dazu auch BeckOK GG/*Heintschel von Heinegg*, Art. 25 GG Rn. 14.

1654 *Geiger*, Grundgesetz und Völkerrecht, § 7 I 2. S. dazu auch BeckOK GG/*Heintschel von Heinegg*, Art. 25 GG Rn. 14.

1655 *Geiger*, Grundgesetz und Völkerrecht, § 7 I 2. S. dazu auch BeckOK GG/*Heintschel von Heinegg*, Art. 25 GG Rn. 14.

Sicht ausschließlich Letztere maßgeblich ist.[1656] Das nationale Recht kann daher bestimmen, dass einzelnen innerstaatlichen Vorschriften und Prinzipien im Kollisionsfall ein höherer Rang zukommt als der Erfüllung völkerrechtlicher Pflichten. Die Erfüllung dieser Pflichten würde dann an entgegenstehendem innerstaatlichen Recht scheitern.[1657] Wie ein solcher Vorgang völkerrechtlich zu beurteilen ist, ist eine hiervon strikt zu trennende Frage.[1658]

II. Die rechtliche Situation in Deutschland

In Deutschland kommt völkerrechtlichen Regelungen kein Rang über der Verfassung zu. Das ergibt sich aus den für ihre Inkorporation maßgeblichen grundgesetzlichen Vorschriften, Art. 25 GG einerseits und den Artt. 59 Abs. 2, 23, 24 GG andererseits. Art. 25 GG behandelt die Implementierung der allgemeinen Regeln des Völkerrechtes in die deutsche Rechtsordnung. Hierunter fallen das Völkergewohnheitsrecht und die allgemeinen Rechtsgrundsätze i.S.d Art. 38 Abs. 1 lit. c). Diese sind Bestandteil des Bundesrechtes. Sie gehen den Gesetzen vor und erzeugen Rechte und Pflichten unmittelbar für die Bewohner des Bundesgebietes. Sie stehen in ihrem Rang unterhalb der Verfassung, aber über den einfachen Gesetzen.[1659]

Zur Umsetzung von Völkervertragsrecht in die deutsche Rechtsordnung bedarf es zunächst eines Zustimmungsgesetzes nach Art. 59 Abs. 2 GG. Die Vorschrift erfüllt dabei eine Doppelfunktion. Sie ermächtigt zum einen das vertragsschließende Organ, die Vertragserklärung abzugeben; gleichzeitig wird durch das Gesetz dem Inhalt des Vertrags zum Zeitpunkt seines völkerrechtlichen Inkrafttretens innerstaatliche Geltung verschafft.[1660] Der Rang der jeweiligen völkervertragsrechtlichen Regelung leitet sich dabei vom Zustimmungsgesetz nach Art. 59 Abs. 2 GG ab. Ihr kommt damit ebenfalls der Rang eines Bundesgesetzes zu.[1661]

Das Grundgesetz sieht darüber hinaus in 24 Abs. 1 GG die Möglichkeit der Übertragung von Hoheitsrechten an zwischenstaatliche Einrichtungen durch Gesetz vor. Unter den Begriff der zwischenstaatlichen Einrichtungen fallen die von den

---

1656 Vgl. dazu auch *Herdegen*, Völkerrecht, § 22 Rn. 3; *Kunig*, in: *Graf Vitzthum/Proelß* (Hrsg.), Völkerrecht, 2. Abschnitt, Rn. 34 ff.; 46 ff.; Doehring, Völkerrecht, Rn. 701 f.

1657 Vgl. dazu *Herdegen*, Völkerrecht, § 22 Rn. 3; *Geiger*, Grundgesetz und Völkerrecht, § 37 II 2 a.

1658 Die maßgebliche Regelung für das Völkervertragsrecht findet sich in Art. 27 WVRK. Hiernach kann sich ein Staat nicht auf sein innerstaatliches Recht berufen, um die Nichterfüllung eines Vertrags zu rechtfertigen.

1659 Ganz h.M., s. statt vieler BVerfGE 112, 1 (24 ff.); BeckOK GG/*Heintschel von Heinegg*, Art. 25 GG Rn. 27; *Herdegen*, in: *Maunz/Dürig* (Hrsg.), Grundgesetz, Art. 25 GG, Rn. 42; *Geiger*, Grundgesetz und Völkerrecht, § 35 IV 3.

1660 *Geiger*, Grundgesetz und Völkerrecht, § 36 II 1.

1661 *Geiger*, Grundgesetz und Völkerrecht, § 36 II 4; *Schulte*, Der Schutz individueller Rechte gegen Terrorlisten, 301.

Staaten durch Vertrag errichteten internationalen Organisationen.[1662] Die Anwendung des Art. 24 Abs. 1 GG setzt voraus, dass einer internationalen Organisation Hoheitsrechte übertragen worden sind.[1663] Das beinhaltet die Ausübung öffentlicher Gewalt im innerstaatlichen Bereich.[1664] Ob es sich hierbei um Akte der Exekutive, der Legislative oder der Judikative handelt, spielt dabei keine Rolle.[1665] Bei der jeweiligen internationalen Organisation muss es sich daher um eine sog. *supranationale Organisation* handeln.[1666] Mit den klassischen internationalen Organisationen hat sie gemeinsam, dass sie auf einem völkerrechtlichen Vertrag beruht und mit eigenen Organen ausgestattet ist.[1667] Sie verfügt daneben jedoch über zusätzliche staatsähnliche Wesensmerkmale.[1668] Hierzu zählt vor allem,

- dass Entscheidungen der Organisation direkt in Kraft treten und für Einzelpersonen unmittelbar verbindlich sind[1669]
- dass sie über relativ weitreichende materielle Befugnisse verfügt.[1670]

Das wichtigste Beispiel einer supranationalen Organisation stellt die EU dar. Für die Übertragung von Hoheitsrechten an die EU findet sich in Art. 23 GG eine Spezialvorschrift zu Art. 24 Abs. 1 GG.

Bei der UN handelt es sich um keine zwischenstaatliche Einrichtung i. S. d. Art. 24 Abs. 1 GG.[1671] Die von ihr erlassenen Rechtsakte richten sich allein an die Mitgliedstaaten. Für Maßnahmen des Sicherheitsrates ergibt sich dies explizit aus Art. 25 UN-Charta. Diese bedürfen damit zu ihrer Geltung in den nationalen Rechtsordnungen entsprechender staatlicher Umsetzungsakte.[1672]

Die UN stellt jedoch ein System kollektiver Sicherheit i. S. d. Art. 24 Abs. 2 GG dar.[1673] Gemäß dieser Vorschrift darf sich der deutsche Staat zur Wahrung des Friedens einem solchen System einordnen und dabei in die Beschränkungen seiner

---

1662 *Randelzhofer*, in: *Maunz/Dürig (Hrsg.)*, Grundgesetz, Art. 24 Abs. 1 GG, Rn. 44; *Kunig*, in: *Graf Vitzthum/Proelß* (Hrsg.), Völkerrecht, 2. Abschnitt, Rn. 128.

1663 BeckOK GG/*Heintschel von Heinegg*, Art. 24 GG, Rn. 15.

1664 *Schulte*, Der Schutz individueller Rechte gegen Terrorlisten, 303; *Kunig*, in: *Graf Vitzthum/Proelß* (Hrsg.), Völkerrecht, 2. Abschnitt, Rn. 133.

1665 *Schulte*, Der Schutz individueller Rechte gegen Terrorlisten, 303.

1666 BeckOK GG/*Heintschel von Heinegg*, Art. 24 GG, Rn. 15; vgl. auch *Randelzhofer*, in: *Maunz/Dürig (Hrsg.)*, Grundgesetz, Art. 24 Abs. 1 GG, Rn. 48.

1667 *Breitenmoser*, ZaöRV 55 (1995), 951, 980 f.

1668 *Breitenmoser*, ZaöRV 55 (1995), 951, 981. Vgl. dazu auch *Herdegen*, Europarecht, § 5 Rn. 9 f.

1669 *Schöbener/Knauff*, Allgemeine Staatslehre, § 6 Rn. 36; *Breitenmoser*, ZaöRV 55 (1995), 951, 981.

1670 *Breitenmoser*, ZaöRV 55 (1995), 951, 981. Vgl. dazu auch *Herdegen*, Europarecht, § 5 Rn. 10.

1671 *Kunig*, in: *Graf Vitzthum/Proelß* (Hrsg.), Völkerrecht, 2. Abschnitt, Rn. 134.

1672 *Puttler*, in: *Isensee/Kirchhof* (Hrsg.). HdBStR XI, § 234 Rn. 5.

1673 BVerfGE 90, 283 (Rn. 238); *Randelzhofer*, in: *Maunz/Dürig (Hrsg.)*, Grundgesetz, Art. 24 Abs. 2 GG, Rn. 14.

Hoheitsrechte einwilligen, die eine friedliche und dauerhafte Ordnung in Europa und zwischen den Völkern der Welt herbeiführen und sichern. Bei der rechtlichen Einordnung des Art. 24 Abs. 2 GG bestehen Kontroversen. Manche Stimmen gehen davon aus, dass die Vorschrift von den Wirkungen her Art. 59 Abs. 2 GG entspricht. Insoweit hebe die Vorschrift nur hervor, was ohnehin über die Art. 32 Abs. 1 und 59 GG möglich sei.[1674] Andere lehnen eine solche Auffassung zu Recht mit der Begründung ab, dass Art. 24 Abs. 2 GG dann keinen eigenen Gehalt aufweist. Sie positionieren die Vorschrift zwischen Art. 24 Abs. 1 GG und Art. 59 Abs. 2 GG. Hierfür spricht insbesondere der Wortlaut der Norm, in der von einer „Beschränkung von Hoheitsrechten" die Rede ist. Im Gegensatz zu Art. 24 Abs. 1 GG werden keine Hoheitsrechte übertragen, vielmehr verpflichtet sich der deutsche Staat dazu, seine eigene Entscheidungsgewalt zurückzunehmen und die Beschlüsse der internationalen Organisation zu übernehmen. Damit verbleibt die rechtliche Verantwortung der Umsetzung dieser Beschlüsse bei ihm.[1675] Der besondere Gehalt von Art. 24 Abs. 2 GG zu Art. 59 Abs. 2 GG besteht darin, dass die Einordnung Deutschlands in ein System gegenseitiger kollektiver Sicherheit privilegiert wird.[1676] Die Vorschrift stellt klar, dass mit einer solchen Einordnung grundsätzlich eine Pflicht zur Einwilligung in die Beschränkung von Hoheitsrechten einhergeht, die ihrerseits keiner Verfassungsänderung bedarf.[1677]

Eine Zusammenschau der grundgesetzlichen Regelungen ergibt, dass dem Völkerrecht insgesamt kein Überverfassungsrang zukommt. Die umfangreichste Form der Übertragung von Hoheitsrechten ist bislang im Zusammenhang mit der Entwicklung der EU erfolgt. Nach Art. 23 Abs. 1 S. 1 GG ist eine solche Hoheitsrechtsübertragung jedoch nur dann zulässig, wenn sie auf die Verwirklichung einer Europäischen Union abzielt,

> *„die demokratischen, rechtsstaatlichen, sozialen und föderativen Grundsätzen [...] verpflichtet ist und einen diesem Grundgesetz im wesentlichen vergleichbaren Grundrechtsschutz gewährleistet."*

Die Grundrechtsbindung der gesamten Staatsgewalt stellt einen tragenden Grundsatz der Verfassung dar, wie sich auch Art. 79 Abs. 3 GG entnehmen lässt.[1678] Deshalb darf der Grundrechtsteil des Grundgesetzes durch die Übertragung von Hoheitsrechten an zwischenstaatliche Einrichtungen nicht vorbehaltlos relativiert

---

1674 So explizit *Randelzhofer*, in: *Maunz/Dürig (Hrsg.)*, Grundgesetz, Art. 24 Abs. 2 GG, Rn. 28.

1675 *Schulte*, Der Schutz individueller Rechte gegen Terrorlisten, 305.

1676 BeckOK GG/*Heintschel von Heinegg*, Art. 24 GG Rn. 29; *Schulte*, Der Schutz individueller Rechte gegen Terrorlisten, 305.

1677 BeckOK GG/*Heintschel von Heinegg*, Art. 24 GG Rn. 29; *Schulte*, Der Schutz individueller Rechte gegen Terrorlisten, 305, m. w. N.

1678 *Geiger*, Grundgesetz und Völkerrecht, § 37 II 2 a; BeckOK GG/*Heintschel von Heinegg*, Art. 24 GG Rn. 21.

werden.[1679] Das bedeutet nicht, dass der dort gewährleistete Grundrechtsschutz mit dem grundgesetzlichen identisch sein muss. Andernfalls wären die Kooperationsmöglichkeiten Deutschlands auf internationaler Ebene (zu) stark eingeschränkt, weil dieser Anspruch gegenüber den anderen Staaten nicht durchsetzbar ist. Eine außenpolitische Isolation Deutschlands widerspräche jedoch der Verfassungsentscheidung für eine internationale Zusammenarbeit.[1680] Ausreichend, aber auch erforderlich ist deshalb ein dem Grundgesetz im Wesentlichen vergleichbarer Grundrechtsschutz.

Wenn dieser Grundsatz bereits bei der Übertragung von Hoheitsrechten an die EU gilt, dann muss er argumentum a fortiori auch in den Fällen des Art. 24 Abs. 1 und Abs. 2 GG Anwendung finden.[1681] Auch die allgemeinen Grundsätze des Völkerrechts gehen der Verfassung nicht vor. Das ist schon daran ersichtlich, dass die Vorschrift des Art. 25 GG nicht der Ewigkeitsgarantie des Art. 79 Abs. 3 GG unterfällt. Dem verfassungsändernden Gesetzgeber bleibt es daher unbenommen, die Bestimmung abzuschaffen oder wesentlich zu verändern.[1682]

Die soeben dargestellten Grundsätze zum Verhältnis von deutschem Verfassungsrecht und Völkerrecht entsprechen der gefestigten Rechtsprechung des BVerfG. Besonders anschaulich in diesem Zusammenhang ist das aus dem Jahre 2004 stammende GÖRGÜLÜ-Urteil.[1683] Dort führt das Gericht aus:

> *„Das Grundgesetz ist jedoch nicht die weitesten Schritte der Öffnung für völkerrechtliche Bindungen gegangen. Das Völkervertragsrecht ist innerstaatlich nicht unmittelbar, das heißt ohne Zustimmungsgesetz nach Art. Artikel 59 Abs. 2 GG, als geltendes Recht zu behandeln und – wie auch das Völkergewohnheitsrecht (vgl. Art. 25 GG) – nicht mit dem Rang des Verfassungsrechts ausgestattet. Dem Grundgesetz liegt deutlich die klassische Vorstellung zugrunde, dass es sich bei dem Verhältnis des Völkerrechts zum nationalen Recht um ein Verhältnis zweier unterschiedlicher Rechtskreise handelt und dass die Natur dieses Verhältnisses aus der Sicht des nationalen Rechts nur durch das nationale Recht selbst bestimmt werden kann; dies zeigen die Existenz und der Wortlaut von Art. 25 und Art. 59 Abs. 2 GG. Die Völkerrechtsfreundlichkeit entfaltet Wirkung nur im Rahmen des demokratischen und rechtsstaatlichen Systems des Grundgesetzes.*
>
> *Das Grundgesetz erstrebt die Einfügung Deutschlands in die Rechtsgemeinschaft friedlicher und freiheitlicher Staaten, verzichtet aber nicht auf die in dem letzten Wort der deutschen Verfassung liegende Souveränität. Insofern widerspricht es nicht dem Ziel der Völkerrechtsfreundlichkeit, wenn der Gesetzgeber ausnahmsweise Völkervertragsrecht nicht beachtet, sofern nur auf diese Weise ein Verstoß gegen tragende Grundsätze der*

1679 BVerfGE 37, 271, 279 f., 291, 296; BeckOK GG/*Heintschel von Heinegg*, Art. 24 GG, Rn. 21. Vgl. auch *Geiger*, Grundgesetz und Völkerrecht, § 37 II 2 a.

1680 *Geiger*, Grundgesetz und Völkerrecht, § 37 II 2 a.

1681 Vgl. dazu auch BeckOK GG/*Heintschel von Heinegg*, Art. 24 GG, Rn. 20 f.; *Geiger*, Grundgesetz und Völkerrecht, § 37 II 2 a.

1682 BeckOK GG/*Heintschel von Heinegg*, Art. 25 GG, Rn. 27; *Herdegen*, in: *Maunz/Dürig* (Hrsg.), Grundgesetz, Art. 25 GG, Rn. 42.

1683 BVerfGE 111, 307 ff.

Verfassung abzuwenden ist. Das Grundgesetz will eine weitgehende Völkerrechtsfreundlichkeit, grenzüberschreitende Zusammenarbeit und politische Integration in eine sich allmählich entwickelnde internationale Gemeinschaft demokratischer Rechtsstaaten. Es will jedoch keine jeder verfassungsrechtlichen Begrenzung und Kontrolle entzogene Unterwerfung unter nichtdeutsche Hoheitsakte. Selbst die weit reichende supranationale europäische Integration, die sich für den aus der Gemeinschaftsquelle herrührenden innerstaatlich unmittelbar wirkenden Normanwendungsbefehl öffnet, steht unter einem, allerdings weit zurückgenommenen, Souveränitätsvorbehalt (vgl. Art. 23 Abs. 1 GG). Völkervertragsrecht gilt innerstaatlich nur dann, wenn es in die nationale Rechtsordnung formgerecht und in Übereinstimmung mit materiellem Verfassungsrecht inkorporiert worden ist."[1684]

Diese Erwägungen gelten auch hinsichtlich der Umsetzung verbindlicher Sicherheitsratsresolutionen. Eine diesbezügliche Sonderstellung ist dem Grundgesetz nicht zu entnehmen, insbesondere nicht hinsichtlich der an die Umsetzung zu stellenden grundrechtlichen Mindestanforderungen. Grundrechtsdogmatisch lässt sich dies damit erklären, dass die Geltung der Grundrechte nicht von der Frage abhängen kann, wer letztlich die Verantwortung für die Verkürzung individueller Freiheiten trägt.[1685]

§ 2: Die Übertragbarkeit der für das nationale Recht entwickelten Grundsätze auf das Verhältnis von EU-Recht und UN-Charta

A. Der Grundsatz der Autonomie des Unionsrechts

Die vorangehenden Ausführungen werfen die Frage auf, ob und inwieweit sich die soeben illustrierten Grundsätze bzgl. des Verhältnisses von Völkerrecht und nationalem Recht auf das Verhältnis von Unions- und Völkerrecht übertragen lassen. Das gilt insbesondere für die Regel, wonach für den innerstaatlichen Rang völkerrechtlicher Regelungen allein das nationale Recht maßgeblich ist. Für eine

---

1684 Bereits im *Solange II*-Urteil (BVerfGE 73, 339, 375) hatte das BVerfG ausgeführt: „[Das Grundgesetz] ermächtigt nicht dazu, im Wege der Einräumung von Hoheitsrechten für zwischenstaatliche Einrichtungen die Identität der geltenden Verfassungsordnung der Bundesrepublik Deutschland durch Einbruch in ihr Grundgefüge, in die sie konstituierenden Strukturen, aufzugeben. Dies gilt namentlich für Rechtsetzungsakte der zwischenstaatlichen Einrichtung, die, gegebenenfalls zufolge entsprechender Auslegung oder Fortbildung des zugrundeliegenden Vertragsrechts, wesentliche Strukturen des Grundgesetzes aushöhlten. Ein unverzichtbares, zum Grundgefüge der geltenden Verfassung gehörendes Essentiale sind jedenfalls die Rechtsprinzipien, die dem Grundrechtsteil des Grundgesetzes zugrunde liegen." Zur Fortentwicklung und Verfeinerung dieser Rechtsprechung speziell im Verhältnis von deutschem Verfassungsrecht zum EU-Recht s. statt vieler *Schöbener*, JA 2011, 885, 889 ff.; *Voßkuhle*, NVwZ 2010, 1, 6 ff.; *Scholz*, in: *Maunz/Dürig* (Hrsg.), Grundgesetz, Art. 23 GG Rn. 40 f.

1685 S. dazu bereits Teil III Kap. 4 § 4 B III 4.

entsprechende Anwendung dieser Regel spricht entscheidend, dass es sich bei der EU um eine supranationale Organisation und damit um eine internationale Organisation der besonderen Art handelt.[1686] Der Gründungsvertrag einer supranationalen Organisation geht über ein Abkommen zwischen Staaten hinaus und schafft eine neue, autonome Rechtsordnung, die von der Völkerrechtsordnung zu unterscheiden ist.[1687] Dies hat auch der EuGH in der Entscheidung VAN GEND EN LOOS[1688] für das Unionsrecht festgestellt.[1689] Das bedeutet zwar nicht, dass Völkerrechts- und EU-Rechtsordnung losgelöst nebeneinanderstehen. Vielmehr gilt auch im EU-Recht das Gebot der völkerrechtsfreundlichen Auslegung. EU-Vorschriften müssen hiernach so ausgelegt werden, dass sie der EU selbst oder ihren Mitgliedstaaten die Erfüllung ihrer sonstigen völkerrechtlichen Pflichten im größtmöglichen Umfang erlauben.[1690]

Für die Bestimmung der Grenzen, die diesem Gebot zu setzen sind, sind jedoch – in Entsprechung zum nationalen Recht – einzig die EU-Verträge maßgeblich.[1691] So hat der EuGH bereits vor seinem 1. KADI-Urteil in mehreren Fällen Rechtsakte der damaligen Europäischen Gemeinschaft, mit denen ihren völkerrechtlichen Verpflichtungen im Innenverhältnis Rechtswirkung verliehen werden sollte, auf ihre Vereinbarkeit mit den allgemeinen Grundsätzen des Gemeinschaftsrechts überprüft.[1692] Im Falle eines negativen Befundes wurden die entsprechenden Rechtsakte für nichtig erklärt. Auf diese Weise ist der Gerichtshof z.B. in der Rechtssache DEUTSCHLAND/RAT verfahren, in der die Rechtmäßigkeit eines Ratsbeschlusses über den Abschluss von Übereinkünften im Rahmen des WHO-Übereinkommens infrage stand.[1693] In allen Fällen, in denen die Rechtmäßigkeit von EU-Maßnahmen mit völkerrechtlichem Bezug zu prüfen war, hat der Rat entscheidend darauf abgestellt, ob der von den EU-Verträgen geschaffene Verfassungsrahmen gewahrt worden ist.[1694] Eine Positionierung von EU-Maßnahmen zur Umsetzung verbindlicher Sicherheitsratsresolutionen an die Spitze der unionsrechtlichen Normenhierarchie

---

1686 Zur Qualifikation der EU als supranationale Organisation s. *Schöbener/Knauff*, Allgemeine Staatslehre, § 6 Rn. 36 ff.; *Herdegen*, Europarecht, § 5 Rn. 9 ff.; *Nawparwar*, Die Außenbeziehungen der Europäischen Union, 11.

1687 S. hierzu auch *Lavranos*, EFA Rev. 2006, 471, 478 f.; *Herdegen*, Europarecht, § 5 Rn. 11.

1688 URTEIL VOM 05.02.1963, Rs. 26/62, SLG. 1963, 1, S. 25.

1689 Genauer für die damalige Gemeinschaftsrechtsordnung, an deren Stelle das EU-Recht getreten ist.

1690 Vgl. dazu das Urteil *Poulsen und Diva Navigation* v. 24.11.1992, Rs. C-286/90, Slg 1992 I-06019, *Rn. 9 ff.* Für die völkerrechtlichen Verpflichtungen der Mitgliedstaaten aus Übereinkünften, die vor dem 1. Januar 1958 oder, im Falle später beigetretener Staaten, vor dem Zeitpunkt ihres Beitritts datieren, ist dieser Grundsatz in Art. 357 Abs. 1 AEUV ausdrücklich festgehalten.

1691 So auch *Lavranos*, EFA Rev. 2006, 471, 477 ff.

1692 Ein guter Überblick findet sich in den Schlussanträgen des GAs MADURO zum 1. KADI-Urteil des EuGH, Urt. v. 23.01.2008, Verbundene Rs. C-402/05 P und C-415/05 P, Slg. 2008, I-06351, Rn. 23.

1693 Urteil vom 10.03.1998, Rs. C-122/95, Slg. 1998, I-973.

1694 S. das Gutachten 2/94 des EuGH v. 28.03.1996, Slg. 1996, I-1759, Rn. 30, 34 f.

kann folglich nur dann angenommen werden, wenn sie sich unmittelbar aus den EU-Verträgen herleiten lässt.[1695] Entsprechende Herleitungsversuche sind zum einen auf Grundlage des Art. 351 Abs. 1 AEUV (unten B.)[1696], zum anderen unter Verweis auf den mutmaßlich politischen Charakter der betreffenden Umsetzungsmaßnahmen – der sich aus dem mit ihnen verfolgten Ziel der Wahrung des Weltfriedens ergeben sollte – unternommen worden (unten C.). Beiden Versuchen blieb jedoch zu Recht der Erfolg versagt.

B. Keine Sonderstellung von Sicherheitsratsmaßnahmen auf Grundlage des Art. 351 Abs. 1 AEUV

Art. 351 Abs. 1 AEUV besagt seinem Wortlaut nach, dass

> *„die Rechte und Pflichten aus Übereinkünften, die vor dem 1. Januar 1958 oder, im Falle später beigetretener Staaten, vor dem Zeitpunkt ihres Beitritts zwischen einem oder mehreren Mitgliedstaaten einerseits und einem oder mehreren dritten Ländern andererseits geschlossen wurden, durch die (EU-)Verträge nicht berührt“*

werden. Aus dieser Vorschrift hatte das Vereinigte Königreich im 1. Kadi-Verfahren vor dem EuGH zusammen mit dem Grundsatz der loyalen Zusammenarbeit[1697] eine Verpflichtung der Union herausgelesen, den Mitgliedstaaten die Einhaltung von Resolutionen des Sicherheitsrates nicht zu erschweren.[1698] Deshalb müssten die entsprechenden EU-Maßnahmen einer gerichtlichen Kontrolle entzogen werden.

Diese Auslegung vermag nicht zu überzeugen. Der Normzweck des Art. 351 Abs. 1 AEUV besteht darin, den Mitgliedstaaten die Erfüllung von völkervertragsrechtlichen Verpflichtungen zu ermöglichen, die sie vor ihrem EU[1699]-Beitritt eingegangen sind. Damit setzt die Vorschrift unionsrechtlich das um, was völkerrechtlich ohnehin gilt. Die völkerrechtliche Pflicht der EU-Mitgliedstaaten zur Einhaltung der von ihnen eingegangenen Altverträge ergibt sich aus der Maxime des *pacta sunt servanda, die in Art. 26* WVRK völkerrechtlich statuiert ist, sowie der daraus folgenden *Kollisionsregel,* dass jeder Staat an seine übernommenen völkerrechtlichen Verpflichtungen gebunden bleibt, wenn diese Verpflichtungen im Widerspruch zu denen eines neuen, mit anderen Vertragsparteien geschlossenen Vertrages

---

1695 S. dazu auch Rn. 25 in den Schlussanträgen des GAs Maduro zum 1. Kadi-Urteil des EuGH, Urt. v. 23.01.2008, Verbundene Rs. C-402/05 P und C-415/05 P, Slg. 2008, I-06351.

1696 Ex-Art. 307 EG.

1697 Der nun in Art. 4 Abs. 3 EUV, zuvor in Art. 10 EGV verankert gewesen ist.

1698 So Rn. 29 der Schlussanträge des GAs Maduro zum 1. Kadi-Urteil des EuGH, Urt. v. 23.01.2008, Verbundene Rs. C-402/05 P und C-415/05 P, Slg. 2008, I-06351. Die gleiche Argumentation verfolgend *Wahl,* Individualsanktionen, 182 ff.

1699 Resp. EG-Beitritt.

stehen.[1700] Unionsrechtlich bewirkt Art. 351 Abs. 1 AEUV, dass den Mitgliedstaaten die Einhaltung ihrer Vertragspflichten aus den Altabkommen grundsätzlich nicht als Verstoß gegen das Unionsrecht ausgelegt werden kann, selbst wenn sie diesem widersprechen.[1701]

Dieser Grundsatz gilt jedoch nicht in Bezug auf die fundamentalen, in Art. 2 EUV festgehaltenen Prinzipien der Union, zu denen die Achtung der Menschenwürde, der Freiheit, der Demokratie, der Gleichheit, der Rechtsstaatlichkeit und die Wahrung der Menschenrechte einschließlich der Rechte der Personen, die Minderheiten zählen.[1702] Soll Art. 351 Abs. 1 AEUV tatsächlich Abweichungen von diesen Prinzipien ermöglichen, muss dies in seinem Wortlaut unmissverständlich zur Sprache gekommen. Das ist jedoch nicht der Fall. Im Gegenteil bestimmt Art. 351 Abs. 2 AEUV, dass die Mitgliedstaaten bei der Anwendung sonstiger internationaler Übereinkünfte *alle* ihnen zur Verfügung stehenden Mittel zu ergreifen haben, um Unvereinbarkeiten mit den Unionsverträgen zu vermeiden.[1703] Übertragen auf ihre Befugnisse und Aufgaben in völkerrechtlichen Organisationen wie den Vereinten Nationen bedeutet dies, dass sie diese in einer Weise wahrnehmen müssen, die mit dem Primärrecht und den allgemeinen Grundsätzen des EU-Rechts vereinbar sind. Das gilt mit Blick auf den Erlass von Sicherheitsratsresolutionen insbesondere für die EU-Mitgliedstaaten, die gleichzeitig dem Sicherheitsrat angehören.[1704] Vor allem Frankreich und Großbritannien hätten als Vetomächte im Sicherheitsrat die Verabschiedung der Sanktionsresolutionen tatsächlich verhindern können.[1705] Besteht eine Verpflichtung der EU-Mitgliedstaaten, bei der Erfüllung ihrer völkerrechtlichen Pflichten aus Altverträgen Verletzungen des EU-Rechts so gering wie möglich zu halten, liegt es fern, von einem absoluten Vorrang dieser Pflichten vor dem gesamten EU-Recht auszugehen.

Eine derart weite Auslegung des Art. 351 AEUV stünde auch in Widerspruch zu Art. 49 EUV, wonach die Achtung der in Art. 6 Abs. 1 EUV genannten Grundsätze

---

1700 *Schmalenbach*, in: *Calliess/Ruffert* (Hrsg.), EUV/AEUV, Art. 351 AEUV, Rn. 1. Zur angesprochenen Kollisionsregel s.a. Art. 30 Abs. 4 lit. b) WVRK.

1701 S. *Schmalenbach*, in: *Calliess/Ruffert* (Hrsg.), EUV/AEUV, Art. 351 AEUV, Rn. 1.

1702 Die fundamentale Bedeutung dieser Werte ist zudem auch daran erkennbar, dass ihre Beachtung in Art. 49 Abs. 1 S. 1 EU als Aufnahmevoraussetzung für neue Mitglieder festgehalten worden ist.

1703 Hierauf weist auch GA Maduro in Rn. 32 seiner Schlussanträge zum 1. Kadi-Urteil des EuGH, Urt. v. 23.01.2008, Verbundene Rs. C-402/05 P und C-415/05 P, Slg. 2008, I-06351.

1704 Vgl. die Ausführungen des GAs Maduro in Rn. 32 seiner Schlussanträge zum 1. Kadi-Urteil des EuGH, Urt. v. 23.01.2008, Verbundene Rs. C-402/05 P und C-415/05 P, Slg. 2008, I-06351.

1705 Zu einer entsprechenden Verhinderungspflicht aus Sicht der EMRK vgl. *Frank*, in: *Breitenmoser/Ehrenzeller/Sassòli* u. a. (Hrsg.). Human rights, 254; *ders.*, Verantwortlichkeit, 204 ff.

Voraussetzung für einen Beitritt zur Union ist.[1706] Sie lässt sich zudem nicht mit der gefestigten Rechtsprechung des EuGH vereinbaren, der bereits im Urteil Les Verts ausgeführt hatte, dass

> *„die EG eine Rechtsgemeinschaft der Art ist, dass weder die Mitgliedstaaten noch die Gemeinschaftsorgane der Kontrolle darüber entzogen sind, ob ihre Handlungen im Einklang mit der Verfassungsurkunde der Gemeinschaft, dem Vertrag, stehen."*[1707]

Im Urteil Schmidtberger ist der EuGH noch weiter gegangen und hat festgestellt, dass in der Gemeinschaft keine Maßnahmen als rechtens anerkannt werden können, die mit der Beachtung der Menschenrechte unvereinbar sind.[1708] Hinzuweisen ist zuletzt noch auf Art. 7 EUV. Nach seinem Abs. 3 EUV können bestimmte Rechte von Mitgliedstaaten ausgesetzt werden, wenn sie für eine schwerwiegende und anhaltende Verletzung der in Artikel 2 EUV genannten Werte verantwortlich sind. Im Extremfall ermöglicht die Norm sogar die vollständige Aussetzung der mitgliedschaftlichen Rechte.[1709]

Insgesamt lässt sich damit ein höherer Rang von EU-Maßnahmen zur Umsetzung verbindlicher Sicherheitsratsresolutionen gegenüber fundamentalen Rechtsprinzipien der EU nicht über Art. 351 Abs. 1 AEUV herleiten.

C. Keine Sonderstellung von Sicherheitsratsmaßnahmen aufgrund ihres politischen Charakters

Auch der Hinweis auf den politischen Charakter von Sicherheitsratsentscheidungen vermag eine Positionierung der zu ihrer Umsetzung erlassenen EU-Maßnahmen an die Spitze des EU-Rechts nicht zu begründen.

Politisches Handeln prävaliert nicht über die Menschenrechte, die Menschenrechte stecken vielmehr den Rahmen ab, in dem politisches Handeln möglich ist.[1710] Der Umstand, dass die betreffenden EU-Maßnahmen der Umsetzung von Resolutionen des politisch geprägten Organs Sicherheitsrat dienen, vermag daher weder eine weitestgehende Aushebelung des Menschenrechtsschutzes noch das Ausbleiben einer unabhängigen gerichtlichen Kontrolle zu rechtfertigen. In diesem Zusammenhang ist zudem noch auf Art. 34 Abs. 2 EUV hinzuweisen, der im Zusammenhang mit der gemeinsamen Außen- und Sicherheitspolitik ausdrücklich festhält, dass sich

---

1706 Vgl. die Ausführungen des GAs Maduro iin Rn. 32 seiner Schlussanträge zum 1. Kadi-Urteil des EuGH, Urt. v. 23.01.2008, Verbundene Rs. C-402/05 P und C-415/05 P, Slg. 2008, I-06351.

1707 Urteil vom 23.04.1986, Rs. 294/83, Slg. 1986, 1339, Rn. 23.

1708 Urteil vom 12.06. 2003, Rs. C-112/00, Slg. 2003, I-5659, Rn. 73.

1709 *Schorkopf*, in: *Grabitz/Hilf/Nettesheim* (Hrsg.), Das Recht der Europäischen Union, Art. 7 EUV, Rn. 54.

1710 Vgl. dazu auch R. 34 f. der Schlussanträge des GAs Maduro zum 1. Kadi-Urteil des EuGH, Urt. v. 23.01.2008, Verbundene Rs. C-402/05 P und C-415/05 P, Slg. 2008, I-06351.

die Mitgliedstaaten der EU, die auch Mitglieder des Sicherheitsrates der Vereinten Nationen sind, bei der Wahrnehmung ihrer Aufgaben unbeschadet ihrer Verantwortlichkeiten aufgrund der Charta der Vereinten Nationen *für die Standpunkte und Interessen der Union* einsetzen. Zu den Interessen der Union zählt zuvorderst die Achtung der in Art. 2 EUV genannten, sie konstituierenden Prinzipien. Wenn die Pflicht zur größtmöglichen Verwirklichung dieser Prinzipien selbst in der intergouvernemental und politisch geprägten gemeinsamen Außen- und Sicherheitspolitik und konkret beim Agieren innerhalb des Sicherheitsrates besteht, dann ist es nicht möglich, EU-Maßnahmen zur Umsetzung verbindlicher Sicherheitsratsresolutionen unter Hinweis auf ihren (mutmaßlich) politischen Charakter an die Spitze des EU-Rechts zu setzen.

D. Ergebnis

Der Rang, der Unionsmaßnahmen zur Umsetzung verbindlicher Sicherheitsratsresolutionen innerhalb der Normenhierarchie des EU-Rechts zukommt, bestimmt sich ausschließlich nach den EU-Verträgen. Diese weisen ihnen keinen Rang über dem Primärrecht zu, der sie von einer Kontrolle durch die EU-Gerichte weitgehend befreien würde.[1711] Die im 1. Kadi-Urteil des EuGH getroffene Feststellung, wonach sich die Rechtmäßigkeit der entsprechenden Umsetzungsmaßnahmen vollständig am Maßstab des EU-Rechts bemisst, ist demnach zutreffend.

Kapitel 3: Die Grundrechtskonformität der EU-Sanktionsmaßnahmen

Bei der Diskussion der Grundrechtskonformität der EU-Maßnahmen zur Umsetzung des 1267er-Sanktionsregimes sind zwei Aspekte von besonderem Interesse. Als Erstes ist die Rechtmäßigkeit der vom EuGH im 1. Kadi-Urteil getroffenen Entscheidung, die angegriffene Sanktionsverordnung grundsätzlich in Kraft zu belassen, zu überprüfen (§ 1). Als Zweites ist auf das spezielle Problem der ungeprüften Übernahme von Listungsbeschlüssen des Sanktionsausschusses durch die EU einzugehen (§ 2).

§ 1: Die Bewertung der EuGH-Entscheidung zur prinzipiellen Aufrechterhaltung der EU-Sanktionsverordnung

Der EuGH hat im 1. Kadi-Urteil die streitgegenständliche Sanktionsverordnung nicht vollständig, sondern nur partiell – nämlich soweit die Verordnung die Kläger

1711 S. dazu auch die Rn. 25 ff. in den Schlussanträgen des GAs Maduro zum ersten Kadi-Urteil des EuGH, Urt. v. 23.01.2008, Verbundene Rs. C-402/05 P und C-415/05 P, Slg. 2008, I-06351.

betraf – für nichtig erklärt.[1712] Diese Nichtigkeitserklärung sollte zudem ihre Wirksamkeit erst nach Ablauf von drei Monaten erlangen. Gerechtfertigt wurde dieses Vorgehen damit, dass sich die festgestellten Grundrechtsverstöße hauptsächlich in der Missachtung von Verfahrensrechten der Kläger erschöpften.[1713] Es könne jedoch nicht ausgeschlossen werden, dass die gegen die Kläger erhobenen Terrorvorwürfe in der Sache zuträfen.[1714] Wäre dies der Fall, dann würde ihnen eine sofortige Nichtigerklärung die Möglichkeit eröffnen, bis zur Heilung der gerügten Verfahrensfehler Maßnahmen zur Vereitelung der ihnen dann erneut drohenden Sanktionen zu treffen.[1715] Mit der Dreimonatsfrist sollte dem Rat Zeit gegeben werden, die im Urteil festgestellten Grundrechtsverstöße zu beseitigen, ohne die Wirksamkeit des Sanktionsregimes der Gefahr eines irreparablen Schadens auszusetzen.[1716] Auf der anderen Seite sollte die Frist kurz genug bemessen sein, um dem Interesse der Kläger an einer zeitnahen Beendigung des grundrechtswidrigen Zustands ausreichend Rechnung zu tragen.[1717]

Die Verfahrensweise des Gerichtshofs steht im Einklang mit dem EU-Recht. Der EuGH hat zwar nach Art. 264 Abs. 1 AEUV[1718] im Falle einer begründeten Klage die angefochtene Handlung grundsätzlich für nichtig zu erklären. Nach Art. 264 Abs. 2 AEUV kann er allerdings, sofern er dies für notwendig erachtet, einzelne ihrer Wirkungen in Kraft belassen. Dies ist dann zulässig, wenn im konkreten Einzelfall die Nachteile, die aus einer Diskontinuität der Rechtslage resultierten, die Durchsetzung der materiellen Rechtmäßigkeit und des effektiven Rechtsschutzes überwiegen.[1719] Auf den ersten Blick hätte eine Nichtigerklärung der gesamten Sanktionsverordnung nahegelegen, weil es sich bei der festgestellten Grundrechtsverletzung nicht um das Ergebnis eines hoheitlichen Fehlverhaltens im Einzelfall, sondern um einen im Sanktionsregime zu verortenden systematischen Mangel handelt. Von einer solchen Nichtigerklärung hätten neben den Klägern jedoch auch Personen und Organisationen profitiert, deren Listung wegen ihrer Verstrickungen in terroristische Aktivitäten sachlich gerechtfertigt ist. Das hätte die Effizienz der internationalen Terrorismusbekämpfung massiv gefährdet und damit auch die Sicherheitslage in der EU negativ beeinträchtigt. Mithin bestand ein gewichtiges Interesse der EU

1712 S. Teil II Kap. 2 § 2 B II 3.
1713 EuGH, Urt. v. 03.09.2008, Verbundene Rs. C-402/05 P und C-415/05 P, Slg. 2008, I-06351, Rn. 374.
1714 EuGH, Urt. v. 03.09.2008, Verbundene Rs. C-402/05 P und C-415/05 P, Slg. 2008, I-06351, Rn. 374.
1715 EuGH, Urt. v. 03.09.2008, Verbundene Rs. C-402/05 P und C-415/05 P, Slg. 2008, I-06351, Rn. 373.
1716 EuGH, Urt. v. 03.09.2008, Verbundene Rs. C-402/05 P und C-415/05 P, Slg. 2008, I-06351, Rn. 374.
1717 EuGH, Urt. v. 03.09.2008, Verbundene Rs. C-402/05 P und C-415/05 P, Slg. 2008, I-06351, Rn. 375.
1718 Ex-Art. 231 EGV.
1719 *Sarkin/Koenig*, HRQ 33 (2011), 1, Rn. 13.

daran, die Sanktionsverordnung nicht insgesamt, sondern nur partiell für nichtig zu erklären. Die Aufrechterhaltung der Listung der Kläger für den Zeitraum von drei Monaten ist angesichts der Unklarheit, inwieweit die gegen sie erhobenen Vorwürfe den Tatsachen entsprechen, ebenfalls gerechtfertigt. Das klägerische Interesse an der Verwirklichung der materiellen Rechtmäßigkeit wird in Abwägung zu dem mit den Sanktionen verfolgten Ziel der Wahrung und Sicherung des Weltfriedens durch die genannte Frist nicht übermäßig beeinträchtigt. Das 1. Kadi-Urteil des EuGH ist insoweit mit geltendem EU-Recht vereinbar.

§ 2: Das Problem der ungeprüften Übernahme von Listungsbeschlüssen des Sanktionsausschusses durch die EU

A. *Problemaufriss*

Die Frage der Grundrechtskonformität der EU-Maßnahmen zur Umsetzung des 1267er-Sanktionsregimes hat durch die Betonung der Autonomie des EU-Rechts im 1. Kadi-Urteil des EuGH an besonderer Bedeutung gewonnen. Den anzulegenden Prüfungsmaßstab bilden zwar einzig die in der EU-Grundrechtecharta enthaltenen Verbürgungen, zusammen mit den Grundrechten, wie sie in der Europäischen Konvention zum Schutz der Menschenrechte und Grundfreiheiten gewährleistet sind und wie sie sich aus den gemeinsamen Verfassungsüberlieferungen der Mitgliedstaaten ergeben (Art. 6 Abs. 1, 3 EUV). Der hieraus resultierende Grundrechtsschutz übertrifft jedoch vom Grundsatz her das Schutzniveau des auf universeller Ebene geltenden Grundrechtsschutzes, der auch für den Sicherheitsrat maßgeblich ist.[1720] Die EU muss letzteren Maßstab folglich in jedem Fall einhalten; das folgt aus dem argumentum a maiore ad minus. Es ist daher zulässig, insoweit auf die Ergebnisse der völkerrechtlichen Grundrechtsprüfung zurückzugreifen.

Von den vier wesentlichen festgestellten Grundrechtsmängeln des Sanktionsregimes wurden im 1. Kadi-Urteil des EuGH zwei unmittelbar erörtert, die Verletzung der Verteidigungsrechte gelisteter Personen einerseits sowie die Missachtung ihres Rechts auf effektiven gerichtlichen Rechtsschutz andererseits.[1721] Seit dem 1. Kadi-Urteil des EuGH wird gelisteten Personen auf EU-Ebene effektiver gerichtlicher Rechtsschutz gewährt. Der Rat hat überdies die vom EuGH geforderten Verbesserungen bei den Verteidigungsrechten gelisteter Personen vorgenommen. Diese werden nunmehr unmittelbar nach ihrer Aufnahme in die Sanktionsverordnung von der Kommission über deren Gründe eingehend informiert und können hierzu

1720 S. dazu Teil III Kap. 4 § 3.

1721 Allerdings ausschließlich im Hinblick auf die angegriffene Sanktionsverordnung. Zur Rechtmäßigkeit des Sanktionsregimes selbst hat sich der EuGH nicht geäußert.

Stellung beziehen.[1722] Damit ist auch in dieser Hinsicht die Grundrechtskonformität der entsprechenden EU-Maßnahmen gegeben.

Keine Erwähnung fanden im 1. Kadi-Urteil des EuGH jedoch die Probleme der unbestimmten Listungstatbestände sowie der fehlenden objektiven Vorabprüfung der einer Listung zugrunde liegenden Verdachtsmomente. Letzterem Aspekt kommt dabei die größere Bedeutung zu, weil eine entsprechende Prüfungspraxis fast zwangsläufig zu einer größeren Transparenz der Listungskriterien führen wird. Dass die Notwendigkeit einer solchen unabhängigen Vorabprüfung der EU nicht verborgen geblieben ist, lässt sich an den von ihr selbst formulierten Sanktionsbedingungen zur Umsetzung des 1373er-Sanktionsregimes ersehen, wonach Listungen nur auf Grundlage von Ermittlungsergebnissen der nationalen Justizbehörden vorgenommen werden dürfen. Eine solche Listungsvoraussetzung stellt einen Schritt in die richtige Richtung dar, gleichwohl es zur Wahrung der Verhältnismäßigkeit statt der Aufnahme strafrechtlicher Ermittlungen der Erhebung einer strafrechtlichen Anklage bedarf.[1723]

B. Das Prüfungsverfahren vor der EU-Kommission

Der Rat hat indes auch nach Erlass des 1. Kadi-Urteils die Bedingungen zur Übernahme einer vom Sanktionsausschuss angeordneten Listung nicht geändert. So ist die Kommission nach Art. 7a Abs. 1 der aktualisierten VO 881/2002 zur unverzüglichen Umsetzung einer vom Sanktionsausschuss vorgenommenen Listung verpflichtet, sobald dieser ihr deren Gründe kommuniziert hat. Bei einer Betonung der Autonomie der EU bei der Umsetzung des 1267er-Sanktionsregimes ist es jedoch dem Grunde nach unerlässlich, eine unabhängige Vorabprüfung der Verdachtmomente als Sanktionsbedingung zu formulieren. Dem Risiko ungerechtfertigter Sanktionierungen versucht der Rat allerdings auf andere Weise, und zwar durch die Errichtung eines bei der EU-Kommission verorteten verwaltungsähnlichen Überprüfungsverfahrens beizukommen. So ist in Art. 7b Abs. 3 der VO 881/2002 vorgesehen, dass die Kommission ihren Beschluss zu Übernahme einer vom Sanktionsausschuss angeordneten Listung im Lichte der Stellungnahmen, die die gelisteten Personen nunmehr bei ihr abgeben können, einer Prüfung unterziehen kann. Bei dieser Prüfung wird die Kommission nach Art. 7b Abs. 1 VO 881/2002 von einem Ausschuss unterstützt.

Das genaue Prüfungsverfahren bestimmt sich dabei nach den Artt. 5 und 7 des Beschlusses 1999/468/EG, wie Art. 7b Abs. 2 VO 881/2002 festlegt. Nach Art. 5 Abs. 1 des genannten Beschlusses setzt sich der Ausschuss aus den Vertretern der Mitgliedstaaten sowie einem Vertreter der Kommission zusammen, der den Vorsitz führt. Dieser unterbreitet dem Ausschuss nach Art. 5 Abs. 2 einen Entwurf der zu treffenden Maßnahmen, zu dem die einzelnen Mitglieder innerhalb einer bestimmten Frist Stellung beziehen müssen. Die Stellungnahme wird mit der in Art. 238

1722 S. Art. 7a der VO 881/2002 in ihrer aktualisierten Version.
1723 S. hierzu Teil III Kap. 5 § 5 C III.

Abs. 2 AEUV[1724] vorgesehenen Mehrheit abgegeben. Der Vorsitzende nimmt an der Abstimmung nicht teil.

Stimmen die beabsichtigten Maßnahmen mit der Stellungnahme des Ausschusses überein, werden sie von der Kommission erlassen, Art. 5 Abs. 3 VO 468/1999. Im gegenteiligen Fall legt die Kommission dem Rat unverzüglich einen Vorschlag für die zu treffenden Maßnahmen vor und unterrichtet das Europäische Parlament, Art. 5 Abs. 4 VO 468/1999. Der Rat kann innerhalb einer Frist von drei Monaten[1725] mit qualifizierter Mehrheit über den Vorschlag befinden.

Spricht er sich innerhalb dieser Frist mit qualifizierter Mehrheit gegen den Vorschlag aus, so überprüft die Kommission den Vorschlag.[1726] Sie kann dem Rat einen geänderten Vorschlag präsentieren, ihren Vorschlag erneut vorlegen oder einen Vorschlag für einen Rechtsakt auf der Grundlage des Vertrags formulieren. Hat der Rat nach Ablauf dieser Frist weder den vorgeschlagenen Durchführungsrechtsakt erlassen noch sich gegen den Vorschlag für die Durchführungsmaßnahmen ausgesprochen, so wird Ersterer von der Kommission erlassen, Art. 5 Abs. 6 1999/468/EG.

Ob die Errichtung eines zusätzlichen, bei der EU-Kommission verorteten Prüfungsverfahrens ein adäquates Mittel darstellt, um das Problem der fehlenden objektiven Vorabprüfung der Verdachtsmomente zu beheben, erscheint zweifelhaft. Grundsätzlich wird man zwar in jedem zusätzlichen Beschwerdeverfahren eine Verbesserung der Grundrechtsposition sanktionierter Personen sehen können.[1727] Auf der anderen Seite ist zu bedenken, dass es sich bei der EU-Kommission um ein Exekutivorgan und nicht um ein Gericht handelt. Zudem können sowohl die Ausschussmitglieder, die die Kommission im Überprüfungsverfahren unterstützen, wie auch der Rat selbst etwaige Delistungsvorschläge der Kommission blockieren, was die Effektivität des eröffneten Rechtsschutzes erheblich infrage stellt.

Vor allem aber handelt es sich auch bei dem Überprüfungsverfahren vor der Kommission um einen der Listung *nachgelagerten Rechtsschutz*. Die Etablierung einer weiteren derartigen Rechtsschutzmöglichkeit ist per se ungeeignet, um der sich aus dem Verhältnismäßigkeitsgrundsatz ergebenden Notwendigkeit, die einer Listung zugrunde liegenden Verdachtsmomente vor deren Vornahme einer objektiven Prüfung zu unterziehen, gerecht zu werden. Zur Sicherstellung der Grundrechtskonformität sind daher die einschlägigen Bestimmungen in der Sanktionsverordnung der EU dergestalt zu ändern, dass die Kommission nur solche Listungseinträge übernehmen darf, die auf von einer unabhängigen und unparteiischen Instanz bestätigten Verdachtsmomenten beruhen.[1728] Das Erfüllen dieser Voraussetzungen hat die

---

1724 Früher Art. 205 Abs. 2 EGV.

1725 S. dazu auch Art. 7b Abs. 2 der VO 881/2002.

1726 Art. 5 Abs. 6 1999/468/EG.

1727 Der konkrete Vorteil beim Verfahren vor der Kommission dürfte im Vergleich zum Delisting-Verfahren vor der Ombudsperson oder zu einer Klage vor den EU-Gerichten in einer kürzeren Verfahrensdauer liegen.

1728 Den gleichen Grundgedanken verfolgend *Cameron*, in: *Wallensteen/Staibano* (Hrsg.), International sanctions, 198.

Kommission anhand der vom Sanktionsausschuss veröffentlichten Falldarstellungen zu bemessen. In jedem Fall ist eine unbesehene Übernahme der vom Sanktionsausschuss verfassten Listungseinträge unzulässig, da der Sanktionsausschuss selbst keine objektive Prüfungsinstanz darstellt.

Gegen eine solche Vorgehensweise ließe sich vorbringen, sie untergrabe die Autorität des Sicherheitsrates und oktroyiere ihm von außen her bestimmte Sanktionsvorgaben auf. Eine solche Argumentation ginge jedoch fehl. Für die Beschädigung seiner Autorität – sofern man eine solche annehmen kann – ist der Sicherheitsrat in erster Linie selbst verantwortlich. Er hat ein Sanktionsregime errichtet, das den Vorgaben internationaler Menschenrechtsbestimmungen nicht entspricht.[1729] Für eine entsprechende Verschärfung der Listungsbedingungen spricht nicht zuletzt, dass der EuGH nach seinem 1. Kadi-Urteil ihr Vorliegen im Klageverfahren ohnehin vollumfänglich prüft.[1730] Dann aber liegt es umso näher, die Übernahme von Listungsbeschlüssen des Sanktionsausschusses an die Bedingung zu knüpfen, dass die ihnen zugrunde liegenden Verdachtsmomente zuvor von einer unabhängigen und sachkundigen Instanz auf ihre Schlüssigkeit hin überprüft worden sind. Das Fehlen einer solchen Listungsbedingung führt grundsätzlich zur Unverhältnismäßigkeit und damit zur Rechtswidrigkeit der EU-Maßnahmen.

C. Der einstweilige Rechtsschutz vor den Unionsgerichten

Möglicherweise lassen sich die grundrechtlichen Defizite des EU-Listungsverfahrens über den einstweiligen Rechtsschutz vor den Unionsgerichten ausgleichen mit der Folge, dass die Rechtmäßigkeit der EU-Maßnahmen insgesamt gewahrt bleibt. Zwar handelt es sich auch beim einstweiligen Rechtsschutz um einen der Listung nachgelagerten Rechtsschutz. Allerdings ist die Dauer des Verfahrens im Vergleich zum Klageverfahren sehr viel kürzer. Eine entsprechende Praxis der EU-Gerichte vorausgesetzt, könnten Personen, bei denen die Verdachtsmomente nicht zuvor von einer objektiven unabhängigen Instanz überprüft und bestätigt worden sind, über den einstweiligen Rechtsschutz zeitnah ihre Streichung von der Sanktionsverordnung der EU erreichen. Der Umstand, dass das Listungsverfahren des Sanktionsausschusses rechtsstaatlichen Anforderungen nicht genügt und die EU seine Listungsbeschlüsse dennoch ohne eigene Prüfung übernimmt, würde aus grundrechtlicher Sicht dann nicht so stark ins Gewicht fallen.

Einer solchen Sichtweise ist jedoch zu widersprechen. Abgesehen davon, dass es an einer entsprechenden Praxis der EU-Gerichte fehlt, bleibt es bei dem Grundproblem, dass die EU ohne eigene Prüfung Listungsbeschlüsse des Sanktionsausschusses übernimmt, deren Objektivität nicht gesichert ist. Das damit einhergehende Risiko von Falschlistungen tragen alleine die sanktionierten Personen. Sie müssen

---

1729 Vgl. dazu auch *Cramér*, in: *de Wet/Nollkaemper* (Hrsg.), Review of the Security Council by member states, 97 ff.

1730 S. Teil II Kap. 2 § 2 B II 1.

weiterhin beweisen, dass ihre Listung zu Unrecht erfolgt ist. Die kürzere Verfahrensdauer beim einstweiligen Rechtsschutz ändert hieran nichts. Ein gewisses Risiko, dass der Nachweis misslingt, wird es immer geben. Vor dem Hintergrund, dass die Staaten die Weitergabe von sicherheitsrelevanten Informationen an gelistete Personen ausschließen können – die nicht selten die Grundlage der Sanktionierung bilden –, gilt dies umso mehr.[1731] Hinzu kommt, dass im einstweiligen Rechtsschutz die Entscheidung im Hauptsacheverfahren grundsätzlich nicht vorweggenommen werden darf.[1732] Diese Regel darf nur ausnahmsweise durchbrochen werden, wenn eine effektive Sicherung der Rechte des Antragstellers auf anderen Wegen nicht zu erreichen ist. Die Praxis der EU-Gerichte ist in dieser Hinsicht sehr restriktiv.[1733] Zur Aufhebung von Listungseinträgen wird es folglich nur dann kommen, wenn diese offensichtlich jeder tatsächlichen Grundlage entbehren. Damit bietet der einstweilige Rechtsschutz keine adäquate Möglichkeit, um die grundrechtlichen Defizite des EU-Listungsverfahrens auszugleichen.

§ 3: Ergebnis

Die EU-Maßnahmen zur Umsetzung des 1267er-Sanktionsregimes sind auch nach den Modifikationen, die als Reaktion auf das 1. Kadi-Urteil des EuGH vorgenommen worden sind, nicht grundrechtskonform. Grund hierfür ist, dass die EU weiterhin ungeprüft Sanktionsbeschlüsse des Sanktionsausschusses übernimmt. Bei diesen Sanktionsbeschlüssen fehlt es jedoch an einem Verfahrensmechanismus, der eine objektive und unparteiische Prüfung der Verdachtsmomente vor der Vornahme einer Listung garantiert. Die Übernahme derartiger Listungsbeschlüsse durch die EU führt zu einer Verletzung des Verhältnismäßigkeitsgrundsatzes, da der Erlass von Individualsanktionen lediglich in den Fällen gerechtfertigt ist, in denen aus objektiver unparteiischer Sicht alle Anzeichen auf eine Involvierung des verdächtigen Individuums in terroristische Aktivitäten deuten. Dieser Mangel des unionsrechtlichen Listungsverfahrens lässt sich auch nicht über den einstweiligen Rechtsschutz ausgleichen. Hierzu ist in den EU-Vorschriften vielmehr die Bedingung aufzunehmen, dass nur solche Listungsbeschlüsse des Sanktionsausschusses übernommen werden können, die einer objektiven Vorabprüfung unterzogen worden sind.[1734]

1731 S. dazu Teil III Kap. 5 § 3 A II 3 a.

1732 *Wegener*, in: *Calliess/Ruffert* (Hrsg.), EUV/AEUV, Artt. 278, 279 AEUV, Rn. 27.

1733 Wegener, in: Calliess/Ruffert (Hrsg.), EUV/AEUV, Artt. 278, 279 AEUV, Rn. 27.

1734 Grundsätzlich könnte man auch über die Schaffung einer Einrichtung auf EU-Ebene nachdenken, die die Verdachtsmomente vor der Übernahme einer Listung eigenständig und unabhängig auf ihre Schlüssigkeit hin prüft. Abgesehen von der Frage, ob das bestehende EU-Recht dies zulässt, spricht gegen diese Lösung, dass sie das Sanktionsverfahren insgesamt verkomplizieren würde, da neben der Prüfung auf UN-Ebene eine isolierte, eigenständige Prüfung innerhalb der EU träte. Faktisch würde man sich damit in Richtung eines autonomen Sanktionsregimes bewegen, das vom ursprünglichen des Sicherheitsrates weitgehend losgelöst wäre.

Kapitel 4: Zusammenfassung

- Die Befolgung des 1. KADI-Urteils des EuGH kann den Mitgliedstaaten der EU nicht als völkerrechtswidriger Akt zugerechnet werden. Grund hierfür ist, dass das vom Sicherheitsrat errichtete 1267er-Sanktionsregime grundrechtliche Defizite aufweist und insoweit nicht chartakonform ist. Dies wird auch durch die Reaktion (des weit überwiegenden Teils) der Staatengemeinschaft auf das 1. KADI-Urteil bestätigt.
- Für den innerstaatlichen Rang völkerrechtlicher Regeln ist allein das jeweilige nationale (Verfassungs-)Recht maßgeblich. Dieser Grundsatz ist auf das Verhältnis von EU- und Völkerrecht entsprechend anzuwenden. Hierfür spricht insbesondere die Eigenschaft der Union als supranationale Organisation.
- Unionsrechtlichen Maßnahmen zur Umsetzung verbindlicher Sicherheitsratsresolutionen kommt kein Rang über den EU-Verträgen zu. Die insoweit vom EuGH im 1. KADI-Urteil getroffene Feststellung ist zutreffend. Die Völkerrechtsfreundlichkeit des EU-Rechts endet dort, wo sich die Umsetzung völkerrechtlicher Regelungen nicht mehr mit den grundlegenden Prinzipien der EU vereinbaren lässt. Zu diesen grundlegenden Prinzipien zählt nach Art. 2 EUV insbesondere die Achtung der Unionsgrundrechte, die in Art. 6 EUV konkretisiert werden.
- Die im 1. KADI-Urteil vom EuGH getroffene Entscheidung, die Sanktionsverordnung nur insoweit für rechtswidrig zu erklären, wie sie die Kläger betraf, ist rechtlich nicht zu beanstanden. Ebenso war rechtmäßig, die Sanktionierung der Kläger zunächst noch für einen Zeitraum von drei Monaten aufrechtzuerhalten.
- Das gegenwärtige EU-Verfahren zur Übernahme von Listungsbeschlüssen des Sanktionsausschusses genügt den Anforderungen des Verhältnismäßigkeitsgrundsatzes nicht. Grund hierfür ist, dass die EU die Listungsbeschlüsse des Sanktionsausschusses weiterhin ungeprüft übernimmt. Bei diesen Listungsbeschlüssen findet jedoch keine objektive Vorabprüfung der ihnen zugrunde liegenden Verdachtsmomente statt. Durch die ungeprüfte Übernahme der Beschlüsse wirkt sich dieses grundrechtliche Defizit auch auf die Rechtmäßigkeit der EU-Sanktionsmaßnahmen aus. Es lässt sich auch nicht über den einstweiligen Rechtsschutz innerhalb der EU beheben. Vielmehr muss die Union ihre Sanktionsregelungen dahin gehend ändern, dass nur solche Listungsbeschlüsse übernommen werden, bei denen eine ausreichend objektive Vorabprüfung der ihnen zugrunde liegenden Verdachtsmomente stattgefunden hat.

Teil V: Die EU-Sanktionsmaßnahmen als Gegenstand von Gerichtsverfahren vor dem BVerfG und dem EGMR

Die fehlende Grundrechtskonformität der EU-Maßnahmen wirft die grundsätzliche Frage ihrer (mittelbaren) Überprüfbarkeit in Verfahren vor dem BVerfG[1735] und/oder dem EGMR auf.

Kapitel 1: Die EU-Sanktionsmaßnahmen als Gegenstand eines Verfahrens vor dem BVerfG

Eine rechtliche Überprüfung durch das BVerfG ist theoretisch in zwei Konstellationen möglich: In der ersten Konstellation würde eine sanktionierte Person in einem Verfahren vor einem deutschen Fachgericht[1736] die Unvereinbarkeit der Sanktionsverordnung mit den grundgesetzlichen Vorschriften geltend machen. Das Fachgericht würde dann – sofern es die VO selbst für unvereinbar mit dem GG hält – die Angelegenheit dem BVerfG im Rahmen einer konkreten Normenkontrolle nach Art. 100 Abs. 1 GG vorlegen. In der zweiten Konstellation würde die sanktionierte Person Verfassungsbeschwerde nach Art. 93 Abs. 1 Nr. 4a GG, §§ 13 Nr. 8a, 90 ff. BVerfGG mit der Behauptung erheben, durch den mit der Sanktionsverordnung einhergehenden Eingriff in ihren Grundrechten verletzt worden zu sein. In beiden Verfahren würde das BVerfG nicht die Rechtmäßigkeit der Sanktionsverordnung an sich prüfen, sondern lediglich die Frage ihre Anwendbarkeit im innerstaatlichen Recht.[1737]

Die Erfolgsaussichten sind in beiden Konstellationen jedoch als gering einzuschätzen. Das liegt daran, dass das BVerfG nach seiner Solange II-Rechtsprechung[1738]

1735 Instruktiv zu diesem Aspekt *Fassbender*, AöR 132 (2007), 257.

1736 S. dazu VG München, Urteil v. 13.12.2007, Az. M 17 K 07.452.

1737 S. hierzu *Fassbender*, AöR 132 (2007), 257, 276.

1738 So bereits BVerfGE 73, 339 ff., bestätigt u. a. in BVerfGE 89, 155, 175; BVerfGE 102, 147, 161 ff. In seinem Emissionshandelsbeschluss aus dem Jahr 2007 (BVerfGE 118, 79, 95 f.) hat das Bundesverfassungsgericht klargestellt, dass der auflösend bedingte Jurisdiktionsverzicht nicht nur für EU-Verordnungen, sondern auch für EG-Richtlinien und -Entscheidungen gilt. Erfasst sind darüber hinaus auch die innerstaatlichen Rechtsakte, die zur Umsetzung der jeweiligen EU-Maßnahme erlassen werden, sofern diese den Mitgliedstaaten keinen Umsetzungsspielraum belässt. Vgl.zur Thematik statt vieler *Herdegen*, Europarecht, § 10 Rn. 29; *Schöbener*, JA 2011, 885, 889 f.; *Calliess*, JZ 2009, 113, 114 und 117; *Papier*, DVBl. 2009, 473, 480 f.; *Voßkuhle*, NVwZ 2010, 1, 6, *Scholz*, in: *Maunz/Dürig* (Hrsg.), Grundgesetz, Art. 23 GG Rn. 83 ff.

eine Inzidentprüfung von Rechtsakten der EU nur noch dann vornimmt, wenn diese *generell und offenkundig* keinen dem GG vergleichbaren Grundrechtsschutz bietet.[1739] Diese Voraussetzung ist jedoch nicht erfüllt. Die EU ist nach Art. 6 Abs. 1 EUV an die in ihrer Grundrechtecharta verbürgten Individualrechte gebunden. Nach Abs. 3 der gleichen Vorschrift zählen die Grundrechte, wie sie in der EMRK gewährleistet sind und wie sie sich aus den gemeinsamen Verfassungsüberlieferungen der Mitgliedstaaten ergeben, zu den allgemeinen Grundsätzen des Unionsrechts. Eine andere Einschätzung ist allenfalls dann möglich, wenn man mit FASSBENDER[1740] konkret darauf abstellt, dass der von der EU gewährleistete Grundrechtsschutz im Rahmen von Maßnahmen zur Umsetzung des 1267er-Sanktionsregimes *generell* kein dem Grundgesetz adäquater ist. Als entsprechendes Argument ließe sich anführen, dass gemäß § 443 StPO das Einfrieren der Gelder von Terrorverdächtigen nach deutschem Recht nur nach Erhebung öffentlicher Klage oder nach Erlass eines Haftbefehls statthaft ist.

Es ist jedoch zweifelhaft, ob man das Kriterium des generellen Zurückbleibens des von der EU gewährleisteten Grundrechtsschutzes allein auf die unionsrechtlichen Maßnahmen zur Umsetzung des 1267er-Sanktionsregimes wird beziehen können. Mit seiner Solange II-Rechtsprechung hat das BVerfG deutlich gemacht, dass es grundsätzlich nicht mehr gewillt ist, die Vereinbarkeit von EU-Maßnahmen mit dem GG zu prüfen.[1741] Dieses Ziel würde konterkariert werden, wenn man die Adressaten einer EU-Verordnung als maßgebliche Entität für die Prüfung der Verträglichkeit des unionsrechtlichen Grundrechtsschutzes mit den grundgesetzlichen Vorschriften heranziehen würde. Denn dann müsste das Gericht generell Klagen von Personen zulassen, die behaupten, als Adressat einer bestimmten EU-Verordnung generell nur einen hinten den Ansprüchen des Grundgesetzes zurückbleibenden Grundrechtsschutz zu genießen. Es ist daher nicht möglich, die Adressaten der EU-Sanktionsverordnung als maßgebliche Einheit für die Frage anzusehen, ob der unionsrechtliche Grundrechtsschutz grundsätzlich hinter dem grundgesetzlichen zurückbleibt. So hat auch das VG München in dem angesprochenen MZOUDI-Prozess

---

1739 Keine Schwierigkeiten bereitet hingegen der Umstand, dass von einer Inzidentkontrolle der EU-Maßnahmen gleichzeitig auch die entsprechenden Sanktionsresolutionen des Sicherheitsrates betroffen wären. Aufgrund der klaren Fassung der im GÖRGÖLÜ-Urteil aufgestellten Grundsätze zum Verhältnis von innerstaatlichem Recht und Völkerrecht ist davon auszugehen, dass das BVerfG staatliche Maßnahmen zur Umsetzung von Sicherheitsresolutionen am Maßstab des Grundgesetzes prüfen und sie im Falle eines Grundgesetzverstoßes für verfassungswidrig erklären würde. S. dazu bereits Teil IV Kap. 2 § 1 B II. Argumentum a maiore ad minus muss Entsprechendes für die Inzidentprüfung von EU-Maßnahmen gelten, die der Umsetzung von Sicherheitsratsresolutionen dienen.

1740 *Fassbender*, AöR 132 (2007), 257.

1741 Pointiert *Funke*, ZG 2011, 166, 168: „Praktisch gesehen, läuft diese Kontrolle leer." S. dazu auch *Schöbener*, JA 2011, 885, 890, sowie *Voßkuhle*, in: *v. Mangoldt/Klein/Starck*, GG, Art. 93 Rn. 83, m. w. N.

auf den Grundrechtsschutz in der EU generell abgestellt. Folgerichtig lehnte es ein Vorlageverfahren im Rahmen einer konkreten Normenkontrolle an das BVerfG ab.[1742] Mithin liegen die Voraussetzungen für eine Inzidentkontrolle der von der EU zur Umsetzung des 1267er-Sanktionsregimes erlassenen Maßnahmen durch das BVerfG nicht vor.

Kapitel 2: Die EU-Sanktionsmaßnahmen als Gegenstand eines Verfahrens vor dem EGMR

§ 1: Überblick

Wie im Falle des BVerfG kommt auch im Verfahren vor dem EGMR lediglich eine Inzidentkontrolle der unionsrechtlichen Sanktionsmaßnahmen in Betracht. Grund hierfür ist, dass die EU nicht zu den Vertragsstaaten der EMRK zählt. Beschwerdegegner sind deshalb die EU-Mitgliedstaaten, an deren Stelle die Union im Rahmen ihrer Befugnisse bei der Umsetzung der Sanktionsresolutionen tätig geworden ist. Die EMRK räumt Individuen, die unter die Hoheitsgewalt der Vertragsstaaten der Konvention fallen, in Art. 34 die Möglichkeit zur Erhebung einer Individualbeschwerde ein. In seinem Bosphorus-Urteil hat der EGMR klargestellt, dass sich die Vertragsstaaten grundsätzlich für Rechtsakte der EU[1743] vor der EMRK zu verantworten haben, und zwar auch dann, wenn diese Rechtsakte ihrerseits der Umsetzung von Sicherheitsresolutionen dienen.[1744]

Die Rechtskontrolle über solche Rechtsakte übt der EGMR in Anlehnung an die Solange-Rechtsprechung des BVerfG[1745] jedoch nur subsidiär aus. Voraussetzung für ein Tätigwerden des Gerichtshofs ist, dass der unionsrechtliche Grundrechtsschutz generell oder im Einzelfall in erheblichem Maße hinter den Gewährleistungen der EMRK zurückbleibt. Ein generelles Unterschreiten des Schutzniveaus scheidet aus[1746], möglich erscheint allenfalls ein Defizit im Einzelfall. Eine den Weg zur Individualbeschwerde eröffnende Konstellation, in der sich eine von der Sanktionsverordnung der EU betroffene Person erfolglos vor dem EuG und dem EuGH gewehrt hat, ist bislang noch nicht eingetreten.

1742 VG München, Urt. v. 13.12.2007, Az. M 17 K 07.452.

1743 Das Urteil erging zu Rechtsakten der EG, an deren Stelle die EU getreten ist.

1744 Ausführlich zum Bosphorus-Urteil sogleich Teil V Kap. 2 § 3 A. S. hierzu auch *Winkler*, EuGRZ 2007, 641.

1745 BVerfGE 37, 271. Instruktiv hierzu *Cornils*, in: *Menzel/Müller-Terpitz (Hrsg.)*, Verfassungsrechtsprechung, 252 ff.

1746 S. dazu Teil V Kap. 1.

§ 2: Das NADA-Urteil des EGMR

Allerdings gab es bereits den Fall, dass eine gelistete Person Individualbeschwerde gegen ein europäisches Nicht-EU-Land – in concreto gegen die Schweiz – wegen dessen Umsetzungsmaßnahmen zum 1267er-Sanktionsregime erhoben hat. Bei dem Beschwerdeführer handelte es sich um Herrn YOUSSEF NADA, ein italienischer Kaufmann ägyptischer Abstammung, dessen geschäftliches Betätigungszentrum in der Schweiz lag.[1747]

A. Vorgeschichte

Herr NADA wurde wegen Verdachts der finanziellen Unterstützung von AL QAIDA zunächst auf die Sanktionsliste des Sanktionsausschusses und kurz darauf auch auf die entsprechende nationale Sanktionsliste der Schweiz gesetzt. Seine Finanzmittel sowie die der von ihm geführten Unternehmen wurden eingefroren, zudem verhängte die Schweiz ein Einreise- und Transitverbot gegen ihn. Letzteres traf Herrn NADA besonders schwer, weil sich sein Wohnsitz in Campione befand, einer italienischenn Enklave im Schweizer Kanton Tessin. Dadurch kam das ausgesprochene Reiseverbot quasi einem Hausarrest gleich.

Gegen die nationalen Maßnahmen zur Umsetzung der Sanktionsresolutionen klagte Herr NADA vor dem Schweizer Bundesgericht. Ein zwischenzeitlich eingeleitetes Strafverfahren der Schweizer Behörden hatte die gegen ihn erhobenen Vorwürfe nicht erhärten können und wurde eingestellt.[1748] Das Schweizer Bundesgericht lehnte die Klage von Herrn NADA ab. Zur Begründung führte es aus, dass die Schweiz aufgrund der Artt. 25, 103 UN-Charta zur ungeprüften Übernahme von Listungsbeschlüssen des Sanktionsausschusses verpflichtet sei.[1749] Diese Verpflichtung gehe auch etwaigen nationalen und internationalen Grundrechtsverpflichtungen der Schweiz vor.[1750] Da mit der Entscheidung des Gerichts der nationale Rechtsweg erschöpft war, konnte Herr NADA vor dem EGMR Individualbeschwerde gegen die Schweiz erheben. Zwischenzeitlich wurde sein Name sowohl von der UN- wie auch von der schweizerischen Sanktionsliste gestrichen. Seine Beschwerde vor dem EGMR hielt er aber dennoch aufrecht.[1751]

1747 Zum Sachverhalt s. die Ausführungen im Urteil des Schweizer Bundesgerichts, Az. 1A.45/2007 vom 14. November 2007, abgedruckt in: BGE 133 II 450, 451 f.

1748 So die Angaben im Urteil des Schweizer Bundesgerichts, BGE 133 II 450, 452.

1749 Schweizer Bundesgericht, BGE 133 II 450, 463 ff.

1750 Schweizer Bundesgericht, BGE 133 II 450, 463 ff.

1751 So die Information im 10. Bericht der Monitoring Group, *The Analytical Support and Sanctions Monitoring Team*, Tenth report, UN-Doc. S/2009/502 v. 02.10.2010, S. 32, Annex I Rn. 6.

B. Die Erwägungen des Gerichtshofs

Am 12.09. 2012 erließ die Große Kammer des EGMR ihr Urteil.[1752] In seiner Beschwerde hatte Herr Nada eine Verletzung der Artt. 3 (Verbot der Folter), 5 (Recht auf Freiheit und Sicherheit), 8 (Recht auf Achtung des Privat- und Familienlebens sowie der persönlichen Ehre), 9 (Religionsfreiheit) sowie 13 (Recht auf wirksame Beschwerde) gerügt. Der Gerichtshof gab der Beschwerde statt, soweit sie eine Verletzung der Artt. 8 und 13 EMRK betraf, und verwarf sie ansonsten als offensichtlich unzulässig.[1753]

I. Verletzung des Art. 8 EMRK

Der EGMR bejahte zunächst einen von den Sanktionsmaßnahmen ausgehenden Eingriff in das von Art. 8 EMRK geschützte Recht auf Privat- und Familienleben. Dieser bestünde darin, dass Herrn Nada aufgrund der gegen ihn verhängten Reisesanktionen ein Verlassen seines Haus in der italienischen Enklave Campione quasi unmöglich gewesen sei.[1754] Hierdurch habe er Bekannte und Angehörige außerhalb von Campione nicht mehr treffen können. Von Art. 8 EMRK sei jedoch das Recht umfasst, Beziehungen zu diesen Personen zu unterhalten.[1755]

Der festgestellte Eingriff beruhe zwar auf einer ausreichenden gesetzlichen Grundlage[1756], auch verfolge er mit der Bekämpfung des internationalen Terrorismus eines legitimen Zweck.[1757] Jedoch genüge er dem Grundsatz der Verhältnismäßigkeit nicht, weil er von seiner Intensität her über das unbedingt notwendige Maß hinausgehe.[1758] Der einzelne Staat verfüge zwar nur über einen kleinen Ermessensspielraum bei der Umsetzung der 1267er-Sanktionen, weil der Sicherheitsrat den zu sanktionierten Personenkreis (über den Sanktionsausschuss) wie auch den Inhalt der Sanktionsmaßnahmen konkret vorgebe.[1759] Dennoch sei jeder Konventionsstaat dazu verpflichtet, diesen Ermessensspielraum so zu nutzen, dass den Konventionsrechten die größtmögliche Geltung verschafft werde.[1760] Diese Anforderungen habe die Schweiz nicht erfüllt. So habe sie den Sanktionsausschuss erst 2009 darüber in Kenntnis gesetzt, dass ein Ende 2001 eingeleitetes Strafverfahren gegen Herrn Nada

---

1752 EGMR, *Nada*, Application No. 10593/08, Urteil v. 12.09.2012, ECHR 2012.

1753 S. dazu EGMR, *Nada*, Application No. 10593/08, Urteil v. 12.09.2012, Rn. 234 ff., ECHR 2012.

1754 EGMR, *Nada*, Application No. 10593/08, Urteil v. 12.09.2012, Rn. 165, ECHR 2012.

1755 S. EGMR, *Nada*, Application No. 10593/08, Urteil v. 12.09.2012, Rn. 166, ECHR 2012.

1756 EGMR, *Nada*, Application No. 10593/08, Urteil v. 12.09.2012, Rn. 173, ECHR 2012.

1757 EGMR, *Nada*, Application No. 10593/08, Urteil v. 12.09.2012, Rn. 174, ECHR 2012.

1758 Vgl. EGMR, *Nada*, Application No. 10593/08, Urteil v. 12.09.2012, Rn. 196 ff., ECHR 2012.

1759 Vgl. EGMR, *Nada*, Application No. 10593/08, Urteil v. 12.09.2012, Rn. 177 ff., ECHR 2012.

1760 Vgl. EGMR, *Nada*, Application No. 10593/08, Urteil v. 12.09.2012, Rn. 196 ff., ECHR 2012.

wegen offensichtlicher Unbegründetheit Mitte 2005 eingestellt worden war.[1761] Zudem habe sie die Möglichkeit, bei Sanktionsausschuss Ausnahmen vom Reiseverbot für Herrn Nada zu erwirken, nicht adäquat ausgeschöpft.[1762] Hierdurch sei es Herrn Nada unmöglich gewesen, wichtige Arzttermine im Ausland wahrzunehmen.[1763] Dadurch sei der Verhältnismäßigkeitsgrundsatz und damit Art. 8 EMRK insgesamt verletzt worden.

II. Verletzung des Art. 13 EMRK

Neben Art. 8 bejahte der EGMR eine Verletzung der Klägerrechte auf wirksame Beschwerde nach Art. 13 EMRK. Eine effektive Beschwerdemöglichkeit gegen die schweizerischen Sanktionsmaßnahmen habe dem Gerichtshof zufolge nicht bestanden. Zwar sei es Herrn Nada möglich gewesen, hiergegen gerichtlich vorzugehen.[1764] Das – letztinstanzlich zuständige – Schweizer Bundesgericht habe sich jedoch geweigert, die gegen Herrn Nada erhobenen Vorwürfe auf ihre inhaltliche Richtigkeit hin zu überprüfen, weil die Schweiz nach seiner Ansicht die vom Sanktionsausschuss beschlossene Listung aufgrund der Artt. 25, 103 UN-Charta ungeprüft zu übernehmen hatte.[1765] Dieser Einschätzung stimmt der EGMR nicht zu. Er verweist auf die 1. Kadi-Entscheidung des EuGH, wonach nichts in der UN-Rechtsordnung darauf hindeute, dass eine Grundrechtsprüfung der zur Umsetzung des 1267er-Sanktionsregimes erlassenen Unionsmaßnahmen ausgeschlossen sei.[1766] Das Gleiche gelte mutatis mutandis für eine Überprüfung der schweizerischen Sanktionsmaßnahmen am Maßstab der EMRK.[1767] Der Umstand, dass sich die Schweizer Gerichte einer solchen Überprüfung verschlossen hätten, führe zu einer Verletzung des Art. 13 EMRK.[1768]

III. Keine Verletzung der übrigen Grundrechte

Eine Verletzung der übrigen von Herrn Nada gerügten Grundrechte sieht der EGMR als offensichtlich ausgeschlossen an. Weitergehende Ausführungen macht er dabei nur in Bezug auf Art. 5 EMRK.[1769] Er weist zunächst darauf hin, dass der von Vorschrift gewährte Schutz der persönlichen Freiheit von dem der Freizügigkeit nach

---

1761 EGMR, *Nada*, Application No. 10593/08, Urteil v. 12.09.2012, Rn. 188, ECHR 2012.
1762 EGMR, *Nada*, Application No. 10593/08, Urteil v. 12.09.2012, Rn. 191 ff., ECHR 2012.
1763 EGMR, *Nada*, Application No. 10593/08, Urteil v. 12.09.2012, Rn. 192, ECHR 2012.
1764 EGMR, *Nada*, Application No. 10593/08, Urteil v. 12.09.2012, Rn. 210, ECHR 2012.
1765 EGMR, *Nada*, Application No. 10593/08, Urteil v. 12.09.2012, Rn. 210, ECHR 2012.
1766 EGMR, *Nada*, Application No. 10593/08, Urteil v. 12.09.2012, Rn. 212, ECHR 2012.
1767 EGMR, *Nada*, Application No. 10593/08, Urteil v. 12.09.2012, Rn. 212, ECHR 2012.
1768 EGMR, *Nada*, Application No. 10593/08, Urteil v. 12.09.2012, Rn. 213 f., ECHR 2012.
1769 Zur offensichtlichen Unbegründetheit der Beschwerde, soweit sie die Artt. 3 und 9 EMRK betrifft, s. Rn. 235 ff. des Nada-Urteils, EGMR, *Nada*, Application No. 10593/08, Urteil v. 12.09.2012, ECHR 2012.

Art. 2 ZP 4 EMRK unterschieden werden müsse.[1770] Gegen die Annahme einer Freiheitsentziehung sprächen mehrere Gründe. Zum Ersten stehe der Schweiz völkerrechtlich das Recht zu, fremden Staatsangehörigen die Ein- oder Durchreise durch das eigene Staatsgebiet zu versagen.[1771] Zum Zweiten sei es Herrn Nada zu jeder Zeit möglich gewesen, sich auf dem – zugegebenermaßen kleinen – Staatsgebiet von Campione frei zu bewegen.[1772] Er habe dort weder einer Beobachtung durch die Schweizer Behörden unterlegen noch musste er sich in regelmäßigen Zeitabständen bei ihnen melden. Auch Besuch habe er zu jeder Zeit empfangen können. Der Gerichtshof weist zudem darauf hin, dass Herr Nada die Schweizer Behörden jederzeit um die Erteilung von Ausnahmegenehmigungen vom Reiseverbot hätte ersuchen können.[1773] Eine Zusammenschau all dieser Aspekte lasse eine Verletzung des Art. 5 EMRK als offensichtlich fernliegend erscheinen.[1774]

IV. Verurteilung zur Zahlung einer Entschädigung

Zur Wiedergutmachung der von der Schweiz zu verantwortenden Grundrechtsverletzungen sah der Gerichtshof die Zahlung einer finanziellen Entschädigung i. H. v. 30.000€ an Herrn Nada für angemessen an.[1775]

C. Erste Bewertung des Nada-Urteils

Aufgrund des zuvor erlassenen 1.Kadi-Urteils des EuGH lag die Vermutung nahe, dass sich der EGMR in ähnlicher Form zum Verhältnis von EMRK und UN-Charta äußern würde, wie es der EuGH für das EU-Recht getan hatte. Anders als die EU-Verträge bildet die EMRK zwar nicht die rechtliche Grundlage einer supranationalen Organisation. Der EGMR hat allerdings in ständiger Rechtsprechung den Charakter der Konvention als ein *„Verfassungsinstrument des europäischen ordre public"* im Bereich der Menschenrechte betont[1776], was gewisse Parallelen zur Auffassung des EuGH im 1. Kadi-Urteil aufweist. Von der Übernahme der Kadi-Grundsätze hat der EGMR im Nada-Urteil jedoch abgesehen. Er hat lediglich festgestellt, dass nationale Maßnahmen zur Umsetzung des 1267er-Sanktionsregimes *prinzipiell* am Maßstab der EMRK zu prüfen seien, sich aber weitergehender Äußerungen dahin gehend enthalten, in welchem Umfang die Prüfung – ob vollständig oder lediglich eingeschränkt – vorzunehmen ist. Es fehlt damit an einem expliziten Bekenntnis

1770 EGMR, *Nada*, Application No. 10593/08, Urteil v. 12.09.2012, Rn. 225, ECHR 2012.
1771 EGMR, *Nada*, Application No. 10593/08, Urteil v. 12.09.2012, Rn. 229, ECHR 2012.
1772 EGMR, *Nada*, Application No. 10593/08, Urteil v. 12.09.2012, Rn. 229, ECHR 2012.
1773 EGMR, *Nada*, Application No. 10593/08, Urteil v. 12.09.2012, Rn. 232, ECHR 2012.
1774 EGMR, *Nada*, Application No. 10593/08, Urteil v. 12.09.2012, Rn. 233, ECHR 2012.
1775 EGMR, *Nada*, Application No. 10593/08 Urteil v. 12.09.2012, Rn. 245, ECHR 2012.
1776 EGMR, *Bosphorus*, Application No. 45036/98, Urteil v. 30.06.2005, Rn. 154, ECHR 2005-VI, mit Hinweisen auf frühere Urteile des Gerichtshofs. Rechtfertigen lässt sich diese These mit dem Vorstaatlichkeitsgedanken der Menschenrechte. S. dazu bereits Teil III Kap. 4 § 3 B 5 d bb.

des Gerichtshofs, Maßnahmen der Vertragsstaaten *zur Umsetzung von Sicherheitsratsresolutionen* auch dann vollumfänglich am Maßstab der EMRK zu prüfen, wenn ihnen hierbei *kein eigener Gestaltungsspielraum* verbleibt.[1777]

Ein solches Bekenntnis wäre ein starkes Indiz dafür gewesen, dass eine Kontrolle der zur Umsetzung des 1267er-Sanktionsregimes erlassenen EU-Maßnahmen durch den EGMR grundsätzlich in Betracht kommt. Denn wenn der Gerichtshof bereits solche nationale Umsetzungsmaßnahmen vollständig am Maßstab der EMRK prüft, muss dies argumentum a fortori auch für entsprechende den Staaten zurechnende EU-Maßnahmen gelten.

Nachvollziehen lässt sich die fehlende Übernahme der KADI-Grundsätze nur vor dem Hintergrund der bisherigen Rechtsprechung des EGMR zum Verhältnis von EMRK und den völkerrechtlichen Verpflichtungen, die sich für die Vertragsstaaten aus ihren Mitgliedschaften in internationalen Organisationen ergeben. Diese Rechtsprechung soll nachfolgend und mit Blick auf eine mögliche Inzidentkontrolle der EU-Sanktionsmaßnahmen durch den EGMR untersucht werden.

§ 3: Die Rechtsprechung des EGMR zum Verhältnis von EMRK und den staatlichen Verpflichtungen aus Mitgliedschaften in internationalen Organisationen

A. Allgemeine Grundsätze

Bei der Diskussion des Verhältnisses von EMRK und den völkerrechtlichen Verpflichtungen der Vertragsstaaten, die sich aus ihrer Mitgliedschaft in internationalen Organisationen ergeben, geht es normativ gesehen um die Frage, ob staatliches Handeln innerhalb solcher Organisationen bzw. die von den Organisationen erlassenen Rechtsakte eine Ausübung von Hoheitsgewalt i. S. d. Art. 1 EMRK darstellen und damit eine mögliche Verletzungshandlung nach Art. 34 EMRK begründen können.

Nach der bisherigen Rechtsprechung des EGMR sind zwei Konstellationen zu unterscheiden. In der ersten Konstellation verfügt der Konventionsstaat entweder über einen Handlungsspielraum bei der Erfüllung seiner organisationsrechtlichen Pflichten oder aber unterliegt bei seinem Handeln innerhalb der Organisation keinen rechtlichen Bindungen. Letzteres ist z.B. bei Abstimmungen innerhalb eines Organs einer Organisation der Fall. In beiden Konstellationen geht der Gerichtshof zu Recht von einer grundsätzlichen konventionsrechtlichen Bindung der Vertragsstaaten aus.[1778] Durch den den Staaten eingeräumten Handlungsspielraum haben

---

1777 Das ist auch daran ersichtlich, dass der EGMR von einer klaren Positionierung zum Verhältnis von EMRK und UN-Charta absieht.

1778 S. dazu die Nachweise bei *Frank*, in: *Breitenmoser/Ehrenzeller/Sassòli* u. a. (Hrsg.). Human rights, 247 sowie im BOSPHORUS-Urteil des EGMR, EGMR, *Bosphorus*, Application No. 45036/98, Urteil v. 30.06.2005, Rn. 157, ECHR 2005-VI.

es diese selbst in der Hand, ein Spannungsverhältnis zwischen ihren organisationsrechtlichen Verpflichtungen und ihrer Pflicht zur Beachtung der EMRK nicht aufkommen zu lassen. Eine konventionsrechtliche Verantwortlichkeit kann jedoch nur bei einem ausreichend weiten Ermessensspielraum des Vertragsstaats angenommen werden. Das bedeutet, dass der Menschenrechtseingriff nicht unmittelbar in dem Rechtsakt der Organisation selbst angelegt sein darf. Für das Abstimmungsverhalten der Staaten innerhalb internationaler Organisationen lässt sich der gleiche Zurechnungsgedanke fruchtbar machen. Das hat der EGMR in seinem MATTHEWS-Urteil ausdrücklich festgestellt.[1779] Nach den dort aufgestellten Grundsätzen hat bei der Prüfung, ob Hoheitsgewalt i. S. d. Art. 1 EMRK ausgeübt worden ist, eine Differenzierung nach der Art der fraglichen Maßnahme zu unterbleiben.[1780] Vielmehr erfasst die Vorschrift jegliche Art von „Herrschaftsgewalt", worunter grundsätzlich auch das Abstimmungsverhalten der Staaten innerhalb internationaler Organisationen zu zählen ist.[1781] Bedingung für die Annahme einer konventionsrechtlichen Verantwortlichkeit ist in diesem Zusammenhang, dass der Vertragsstaat durch sein Abstimmungsverhalten den Erlass des mit der Konvention unvereinbaren Rechtsakts der internationalen Organisation hätte verhindern können.[1782] Davon ist auszugehen, wenn er bei der Abstimmung über ein Vetorecht verfügt.

Die zweite Konstellation zeichnet sich dadurch aus, dass ein staatlicher Handlungsspielraum bei der Umsetzung von Rechtsakten internationaler Organisationen gerade nicht besteht.[1783] Diese Konstellation lag der BOSPHORUS-Entscheidung des EGMR zugrunde. Hier gibt sich der Gerichtshof bei der Bejahung einer konventionsrechtlichen Verantwortlichkeit der Staaten sehr viel zurückhaltender. Er übt demnach seine Jurisdiktionsgewalt prinzipiell weder über die von den Staaten erlassenen Umsetzungsmaßnahmen noch über die Organisationsakte selbst aus.[1784] Letzteres folgt daraus, dass internationale Organisationen nicht zu den Vertragsparteien der Konvention gehören.[1785] Die fehlende Kontrolle der nationalen Umsetzungsakte wird damit begründet, dass sie einer inzidenten Überprüfung der Organisationsakte

---

1779 EGMR, *Matthews*, Application No. 24833/94, Urteil v. 18.02.1999, Rep. 1999-I, 251.

1780 EGMR, *Matthews*, Application No. 24833/94, Urteil v. 18.02.1999, Rn. 28, Rep. 1999-I, 251.

1781 Vgl. EGMR, *Matthews*, Application No. 24833/94, Urteil v. 18.02.1999, Rn. 33 f., Rep. 1999-I, 251.

1782 Vgl. EGMR, *Matthews*, Application No. 24833/94, Urteil v. 18.02.1999, Rn. 33 f., Rep. 1999-I, 251.

1783 Instruktiv hierzu *Frank*, in: *Breitenmoser/Ehrenzeller/Sassòli u. a.* (Hrsg.). Human rights, 247.

1784 EGMR, *Bosphorus*, Application No. 45036/98, Urteil v. 30.06.2005, Rn. 152 ff., ECHR 2005-VI.

1785 S. dazu auch *Frank*, in: *Breitenmoser/Ehrenzeller/Sassòli u. a.* (Hrsg.). Human rights, 246.

gleichkäme.[1786] Dadurch würden der Organisation von Drittseite her Einschränkungen ihrer Befugnisse auferlegt, die in ihrem Gründungsvertrag nicht vorgesehen seien. Individualbeschwerden gegen entsprechende staatliche Umsetzungsmaßnahmen oder die Organisationsakte selbst werden vom EGMR deshalb als grundsätzlich unzulässig verworfen.[1787]

Dieser Grundsatz unterliegt jedoch wie gesehen einer wichtigen Ausnahme.[1788] Zu einer Rechtskontrolle der staatlichen Umsetzungsmaßnahmen durch den EGMR kommt es nur dann nicht, wenn die betreffende internationale Organisation einen der EMRK gleichwertigen Grundrechtsschutz bietet.[1789] In einem solchen Fall wird vermutet, dass sich ein Vertragsstaat seiner Bindung an die Konvention nicht entzieht, wenn er lediglich rechtlichen Verpflichtungen nachkommt, die sich aus seiner Mitgliedschaft in einer internationalen Organisation ergeben.[1790] Diese Vermutung ist jedoch widerlegbar. Hierzu müssen *im Einzelfall* Anzeichen darauf hindeuten, dass der von der internationalen Organisation gewährleistete Individualschutz *offensichtlich* ein der Konvention vergleichbares Niveau nicht erreicht.[1791] Sollte dies der Fall sein oder sollte der von der Organisation gewährleistete Schutz sogar *generell* das Kriterium der Gleichwertigkeit nicht erfüllen, lebt die Jurisdiktion des Gerichtshofs wieder auf.[1792]

Die Bosphorus-Grundsätze spiegeln das Bemühen des EGMR wider, den Vertragsstaaten alle Möglichkeiten zur internationalen Zusammenarbeit offen zu halten, sie andererseits aber auch nicht von ihren konventionsrechtlichen Verpflichtungen zu entbinden.[1793] Der Gerichtshof erkennt die steigende Bedeutung internationaler Zusammenarbeit sowie die daraus folgende Notwendigkeit, die reibungslose Arbeit internationaler Organisationen sicherzustellen, prinzipiell an.[1794] So gelangt er zu der zutreffenden Feststellung, dass es die Konvention den Vertragsstaaten nicht verbietet, Hoheitsbefugnisse zum Zwecke einer besseren interstaatlichen Kooperation

---

1786 S. hierzu *Frank*, in: *Breitenmoser/Ehrenzeller/Sassòli u. a.* (Hrsg.). Human rights, 247.

1787 S. hierzu *Frank*, in: *Breitenmoser/Ehrenzeller/Sassòli u. a.* (Hrsg.). Human rights, 246, mit entsprechenden Nachweisen der EGMR-Rechtsprechung.

1788 S. Teil V Kap. 2 § 1.

1789 EGMR, *Bosphorus*, Application No. 45036/98, Urteil v. 30.06.2005, Rn. 152 ff., ECHR 2005-VI.

1790 EGMR, *Bosphorus*, Application No. 45036/98, Urteil v. 30.06.2005, Rn. 155 f., ECHR 2005-VI.

1791 EGMR, *Bosphorus*, Application No. 45036/98, Urteil v. 30.06.2005, Rn. 152 ff., ECHR 2005-VI.

1792 EGMR, *Bosphorus*, Application No. 45036/98, Urteil v. 30.06.2005, Rn. 152 ff., ECHR 2005-VI.

1793 EGMR, *Bosphorus*, Application No. 45036/98, Urteil v. 30.06.2005, Rn. 154, ECHR 2005-VI.

1794 EGMR, *Bosphorus*, Application No. 45036/98, Urteil v. 30.06.2005, Rn. 150, ECHR 2005-VI.

auf internationale Organisationen zu übertragen.[1795] Auf der anderen Seite betont der EGMR zu Recht, dass jeder Vertragsstaat nach Art. 1 EMRK für alle Handlungen und Unterlassungen seiner Organe verantwortlich bleibt, unabhängig davon, ob ein solches Handeln oder Unterlassen auf innerstaatliches Recht zurückgeht oder auf die Notwendigkeit, völkerrechtliche Verpflichtungen einzuhalten.[1796] Es müsse ausgeschlossen werden, dass ein Vertragsstaat seinen konventionsrechtlichen Verpflichtungen durch die Übertragung von Hoheitsbefugnissen an internationale Organisationen entgehen und damit deren zwingenden Charakter beseitigen und/oder ihre praktische Bedeutung und Wirksamkeit untergraben könne.[1797]

Mit der Feststellung einer prinzipiell uneingeschränkten konventionsrechtlichen Verantwortlichkeit der Vertragsstaaten sagt der EGMR im Grunde genommen nichts anderes, als dass die Konvention selbst den menschenrechtlichen Rahmen vorzeichnet, in dem eine internationale Zusammenarbeit der Vertragsstaaten zulässig ist.[1798] Ein Verlassen dieses Rahmens begründet eine den Staaten zuzurechnende Konventionsverletzung. Dieser Ansatz stimmt vom Grundgedanken her mit den Feststellungen zum Verhältnis des Völkerrechts zum innerstaatlichen (Verfassungs-)Recht sowie den Ausführungen des EuGH im 1. Kadi-Urteil überein. Rechtfertigen lässt er sich mit der bereits an anderer Stelle zur Darstellung gebrachten Qualifikation der Konvention als einem *„Verfassungsinstrument des europäischen ordre public“* im Bereich der Menschenrechte.[1799]

B. Sonderregime für staatliche Maßnahmen zur Umsetzung von Sicherheitsratsresolutionen? – das Behrami/Saramati-Urteil des EGMR

Die allgemeine Fassung der Bosphorus-Grundsätze – und die Betonung des verfassungsähnlichen Charakters der EMRK – hat deren Anwendbarkeit auch auf staatliche Maßnahmen zur Umsetzung verbindlicher Sicherheitsratsresolutionen nahegelegt. Dies gilt umso mehr, als es sich beim Streitgegenstand der Bosphorus-Entscheidung zwar um staatliche Maßnahmen zur Umsetzung verbindlicher

1795 EGMR, *Bosphorus*, Application No. 45036/98, Urteil v. 30.06.2005, Rn. 152, ECHR 2005-VI.

1796 EGMR, *Bosphorus*, Application No. 45036/98, Urteil v. 30.06.2005, Rn. 153, ECHR 2005-VI.

1797 Vgl. zu diesem Gedanken bereits Teil V Kap. 2 § 1.

1798 Vom Grundgedanken her ist dieser Ansatz mit dem des EuGH vergleichbar, der für das Unionsrecht festgestellt hat, dass relevanter Maßstab für die Rechtmäßigkeitsprüfung der von der EU zur Erfüllung ihrer völkerrechtlichen Verpflichtungen erlassenen Maßnahmen allein das EU-Recht ist. S. hierzu bereits Teil II Kap. 2 § 2 B II.

1799 S. hierzu Teil V Kap. 2 § 2 C.

Rechtsakte der damaligen Europäischen Gemeinschaft handelte, welche jedoch zur Umsetzung zwingender Sicherheitsresolutionen erlassen worden waren.[1800]

Das Behrami/Saramati-Urteil[1801] hat jedoch massive Zweifel an einer entsprechenden Anwendung der Bosphorus-Grundsätze geweckt. Die dem Urteil zugrunde liegenden Geschehnisse ereigneten sich im Kosovo, das sich zum betreffenden Zeitpunkt vollständig unter der von der UN errichteten und geführten Übergangsverwaltung für den Kosovo (UNMIK) befand. Im Fall Behrami und Behrami rügten ein Vater und sein Sohn einen Verstoß gegen Art. 2 EMRK (Recht auf Leben). Beim Spielen in einem verminten, aber nicht entsprechend gekennzeichneten Gebiet in Mitrovica kam es zu einer folgenschweren Explosion, bei der der Sohn schwer verletzt wurde und sein Bruder den Tod fand. Im Fall Saramati monierte der Beschwerdeführer eine Verletzung von Art. 5 EMRK (Recht auf Freiheit und Sicherheit) und Art. 13 EMRK (Recht auf wirksame Beschwerde). Er war auf Anordnung der KFOR – einer multinationalen militärischen Formation unter Schirmherrschaft der Vereinten Nationen mit Beteiligung der NATO – ohne richterliche Verurteilung fast zwei Jahre in einem kosovarischen Gefängnis festgesetzt worden.

Eine Verletzung der EMRK kam deshalb in Betracht, weil es in beiden Fällen Truppenkontingente der Konventionsstaaten waren, welche als KFOR-Truppen mit den streitgegenständlichen Aufgaben (Räumung des Minenfeldes, Vornahme der Verhaftung) betraut gewesen sind. Es bedurfte mithin der Klärung, ob die gerügten Verhaltensweisen diesen Staaten oder aber der UNMIK bzw. der KFOR und damit letztendlich den Vereinten Nationen zuzurechnen waren. Der EGMR entschied sich für Letzteres.[1802] Zur Begründung verwies er darauf, dass der Sicherheitsrat in der SR-Res. 1244/1999[1803] die Übergangsverwaltung im Kosovo errichtet und die UNMIK und die KFOR mit den Aufgaben betraut hatte, deren fehlerhafte Erfüllung die Beschwerdeführer letztlich monierten.[1804] Wegen der fehlenden

1800 Allerdings verfügte die Europäische Gemeinschaft bei der Umsetzung der entsprechenden Sicherheitsratsresolutionen – anders als die EU beim 1267er-Sanktionsregime – über einen eigenen Ermessensspielraum.

1801 EGMR, Verbundene Rechtssache *Behrami/Behrami*, Application No. 71412/01 und *Saramati*, Application No. 78166/01, Entscheidungen v. 02.05.2007. Rn. 151, NVwZ 2008, 645 ff. S. zu dieser Entscheidung auch die kritischen Anmerkungen von *Knoll*, ZaöRV 68 (2008), 431.

1802 EGMR, Verbundene Rechtssache *Behrami/Behrami*, Application No. 71412/01 und *Saramati*, Application No. 78166/01, Entscheidungen v. 02.05.2007, Rn. 141, 143, 151, NVwZ 2008, 645, 649 f.

1803 V. 10.06.1999.

1804 EGMR, Verbundene Rechtssache *Behrami/Behrami*, Application No. 71412/01 und *Saramati*, Application No. 78166/01, Entscheidungen v. 02.05.2007, Rn. 128 ff., 141, 143, NVwZ 2008, 645, 648 ff.

Konventionszugehörigkeit der UN wies der EGMR die Beschwerden als unzulässig, da mit der Konvention ratione personae unvereinbar, ab.[1805]

Einer Anwendung der Bosphorus-Grundsätze, wie sie die Beschwerdeführer gefordert hatten, widersprach der Gerichtshof. Er begründete dies hauptsächlich damit, dass im Bosphorus-Fall der betroffene Rechtsakt von den Behörden des beklagten Staates auf dessen Staatsgebiet aufgrund einer Verfügung des zuständigen Ministers vorgenommen worden war. Daher habe die Zuständigkeit des Gerichtshofs ratione personae gegenüber dem beklagten Staat nicht infrage gestanden.[1806] Hieran ändere auch der Umstand nichts, dass die Verfügung der Durchsetzung einer EG-Verordnung diente. Im Fall Behrami/Saramati hingegen könnten die monierten Handlungen und Unterlassungen den Staaten gerade nicht zugerechnet werden. Zudem hätten sie sich nicht auf deren Staatsgebiet ereignet und seien nicht von deren Behörden angeordnet worden.[1807]

Unbeschadet dieser vom Gerichtshof angeführten Unterschiede lassen andere Aussagen in der Behrami/Saramati-Entscheidung jedoch ernsthafte Zweifel an einer Anwendung der Bosphorus-Grundsätze auf Maßnahmen der Vertragsstaaten zur Umsetzung verbindlicher Sicherheitsratsresolutionen aufkommen, bei der sie wie im Falle des 1267er-Sanktionsregimes über keinen eigenen Handlungsspielraum verfügen.

So betont der EGMR in Rn. 151 des Behrami/Saramati-Urteils, dass im Vergleich zum Bosphorus-Fall

> *„ein grundsätzlicher Unterschied zwischen der Art der internationalen Organisation und internationalen Zusammenarbeit"*

bestehe. Dessen Inhalt konkretisiert er einige Absätze zuvor. Er stellt diesbezüglich fest, dass dem Sicherheitsrat aufgrund der Vorschriften des Kap. VII der UN-Charta eine *einzigartige* Rolle bei der Wahrung des Weltfriedens zukomme.[1808] Die von ihm auf dieser Grundlage erlassenen Maßnahmen seien für das Ziel der Friedenswahrung von entscheidender Bedeutung. Deshalb könne

1805 EGMR, Verbundene Rechtssache *Behrami/Behrami*, Application No. 71412/01 und *Saramati*, Application No. 78166/01, Entscheidungen v. 02.05.2007, Rn. 150 f., NVwZ 2008, 645, 650.

1806 EGMR, Verbundene Rechtssache *Behrami/Behrami*, Application No. 71412/01 und *Saramati*, Application No. 78166/01, Entscheidungen v. 02.05.2007, Rn. 151, NVwZ 2008, 645, 650.

1807 EGMR, Verbundene Rechtssache *Behrami/Behrami*, Application No. 71412/01 und *Saramati*, Application No. 78166/01, Entscheidungen v. 02.05.2007, Rn. 151., NVwZ 2008, 645, 650.

1808 EGMR, Verbundene Rechtssache *Behrami/Behrami*, Application No. 71412/01 und *Saramati*, Application No. 78166/01, Entscheidungen v. 02.05.2007, Rn. 148, NVwZ 2008, 645, 650.

> *„die Konvention nicht so ausgelegt werden, dass der Gerichtshof die Handlungen und Unterlassungen der Vertragsstaaten überprüfen kann, die durch die Entschließungen des Sicherheitsrats abgedeckt sind und zu denen es vor oder während solcher Einsätze gekommen ist. Denn damit würde in die Erfüllung einer Kernaufgabe der UNO eingegriffen und dabei, wie einige Verfahrensbeteiligte betont haben, in die wirksame Durchführung solcher Operationen. Es bedeutete auch, die Umsetzung einer Entschließung des Sicherheitsrates an bestimmte Bedingungen zu knüpfen, die im Text der Entschließung nicht vorgesehen sind."*[1809]

Die Begründung erstreckt der EGMR auch auf freiwillige Aktionen der Vertragsstaaten wie das Votum eines ständigen Mitglieds des Sicherheitsrates zugunsten einer Entschließung nach Kap. VII UN-Charta.[1810] Hiermit schafft er unmittelbar eine Ausnahme von der oben skizzierten MATTHEWS-Rechtsprechung, nach der ein Vertragsstaat allgemein für sein Abstimmungsverhalten innerhalb einer internationalen Organisation konventionsrechtlich verantwortlich ist, sofern er bei einem anderen Abstimmungsverhalten eine auf den Organisationsakt zurückzuführende Verletzung der Konvention mit Sicherheit hätte verhindern können. Diese Voraussetzungen erfüllen aufgrund ihres Vetorechts zumindest die Vertragsstaaten der EMRK, die gleichzeitig zu den ständigen Mitgliedern des Sicherheitsrates zählen.[1811] Wenn der EGMR von einer Anwendung der MATTHEWS-Grundsätze auf das Abstimmungsverhalten der Vertragsstaaten im Sicherheitsrat unter Betonung auf dessen Ausnahmestellung bei der Wahrung des Weltfriedens absieht, spricht vieles dafür, dass er bei den BOSPHORUS-Grundsätzen ebenso verfahren wird.[1812] Ein solcher Ansatz entspräche im Wesentlichen dem des 1. Kadi-Urteils des EuG.[1813]

§ 4: Bewertung des NADA-Urteils im Lichte der bisherigen EGMR-Rechtsprechung

Die BEHRAMI/SARAMATI-Entscheidung des EGMR macht sein Zögern verständlich, die BOSPHORUS-Grundsätze im Nada-Urteil zur Anwendung zu bringen.[1814] Von der

---

1809 EGMR, Verbundene Rechtssache *Behrami/Behrami*, Application No. 71412/01 und *Saramati*, Application No. 78166/01, Entscheidungen v. 02.05.2007, Rn. 149, NVwZ 2008, 645, 650.

1810 EGMR, Verbundene Rechtssache *Behrami/Behrami*, Application No. 71412/01 und *Saramati*, Application No. 78166/01, Entscheidungen v. 02.05.2007, Rn. 149, NVwZ 2008, 645, 650.

1811 So auch *Schilling*, Der Schutz der Menschenrechte, 9; *Frank*, in: *Breitenmoser/Ehrenzeller/Sassòli u. a.* (Hrsg.). Human rights, 254.

1812 So auch die Einschätzung von *Janik*, ZaöRV 70 (2010), 127, 144 ff.

1813 Ebenso *Schulte*, Der Schutz individueller Rechte gegen Terrorlisten, 422.

1814 Zumal er die BEHRAMI/SARAMATI-Rechtsprechung in drei weiteren Fällen, die ebenfalls einen Bezug zur UNMIK aufwiesen, (EGMR, *Kazumaj*, Application No. 6974/05, Entscheidung v. 05.07.2007; *Gajić*, Application No. 31446/02, Entscheidung v. 28.08.2007; *Berić*, Application No. 36357/04, Entscheidung v. 16.10.2007)

Sachverhaltskonstellation her ist der Nada- zwischen dem Bosphorus- und dem Behrami-/Saramati-Fall zu verorten. Die Nähe zum Bosphorus-Fall ergibt sich aus dem Umstand, dass die EMRK-Konformität von *nationalen Maßnahmen* zur Umsetzung einer völkerrechtlichen Verpflichtung infrage steht, die zum Behrami/Saramati-Urteil daraus, dass es sich bei dieser völkerrechtlichen Verpflichtung um eine solche handelt, die den Vertragsstaaten keinen Spielraum bei ihrer Umsetzung belässt. Beschränkt sich das staatliche Handeln inhaltlich auf die mechanische Umsetzung von detailliert vorgegebenen Sanktionsregelungen des Sicherheitsrates, besteht wertungsmäßig kein Unterschied zu einem dem Sicherheitsrat unmittelbar zuzurechnendem Verhalten. Dieser Grundgedanke lag zumindest mittelbar dem 1. Kadi-Urteil des EuG sowie dem Nada-Urteil des Schweizer Bundesgerichts zugrunde.

Anders als in den beiden zuletzt genannten Urteilen hat sich der EGMR jedoch für eine formale Sichtweise entschieden und maßgeblich darauf abgestellt, dass es sich beim Beschwerdegegenstand um *nationale Maßnahmen* zur Umsetzung verbindlicher Sicherheitsresolutionen handelt. Deswegen könne die Behrami/Saramati-Rechtsprechung nicht (unmittelbar) zur Anwendung kommen.[1815] Diese formelle Sichtweise vermag indes nicht zu überzeugen, weil die Argumente, mit denen der EGMR im Behrami/Saramati-Urteil eine Anwendung der Matthews-Rechtsprechung auf das Abstimmungsverhalten der Vertragsstaaten im Sicherheitsrat explizit abgelehnt hatte, – sofern man sie für zutreffend hält – mutatis mutandis auch dann greifen, wenn die Vertragsstaaten Resolutionen des Sicherheitsrates ohne eigenen Handlungsspielraum umsetzen.[1816] Bei einer Anwendung der Behrami/Saramati-Grundsätze jedoch – die der Gerichtshof damit hätte begründen können, dass Art. 103 UN-Charta auch bei der Auslegung der EMRK eine entscheidende Rolle beizumessen ist[1817] – wäre es nicht nur zu einer weitreichenden Einschränkung der Bosphorus-Rechtsprechung gekommen, der Gerichtshof hätte gleichzeitig einem Sanktionsregime mit offensichtlich menschenrechtsverletzendem Charakter sein Plazet gegeben. Das hätte nicht nur seiner Glaubwürdigkeit immensen Schaden zugefügt, auch die von ihm vorgenommene Qualifikation der EMRK als ein *„Verfassungsinstrument des europäischen ordre public"* wäre nicht mehr aufrechtzuerhalten gewesen.

Auf der anderen Seite bringt der EGMR auch die Bosphorus-Grundsätze nicht vollständig zur Anwendung. Er macht vielmehr bei der bekannten und zutreffenden

bestätigte. Gleiches gilt für einen Fall in Zusammenhang mit der United Nations Peacekeeping Forces in Cyprus (UNFCYP) (*Stephens*, Application No. 45267/06, Entscheidung v. 11.12.2008).

1815 EGMR, *Nada*, Application No. 10593/08, Urteil v. 12.09.2012, Rn. 120 f., ECHR 2012.

1816 Auf dieser Erwägung beruhen letztlich das 1. Kadi-Urteil des EuG und das Nada-Urteil des Schweizer Bundesgerichts.

1817 Eine entsprechende Referenz findet sich in Rn. 147 der Behrami-/Saramati-Entscheidung, EGMR, Verbundene Rechtssache *Behrami/Behrami*, Application No. 71412/01 und *Saramati*, Application No. 78166/01, Entscheidungen v. 02.05.2007, Rn. 148., NVwZ 2008, 645, 650.

Feststellung Halt, wonach ein Vertragsstaat nach Art. 1 der Konvention für jegliches Handeln und Unterlassen seiner Organe verantwortlich ist, unabhängig davon, ob dieses Verhalten auf innerstaatliches Recht zurückgeht oder auf die Notwendigkeit, völkerrechtliche Verpflichtungen einzuhalten.[1818] Die hieran anzuschließende Frage, ob der auf UN-Ebene gewährleistete Schutz gegen Individualsanktionen ein dem der EMRK vergleichbarer ist, stellt er dann jedoch nicht mehr. Hätte er dies getan, hätte er sich wegen des unzureichenden Individualschutzes auf UN-Ebene zwingend zur Rangordnung von UN-Charta und EMRK äußern müssen. Stattdessen konstruiert er auf fragwürdige Weise einen – wenn auch eingeschränkten – Handlungsspielraum der Schweiz bei der Umsetzung der Sanktionsresolutionen und bejaht eine vom Land zu verantwortende Konventionsverletzung mit der Begründung, dass es nicht alle ihm zur Verfügung stehenden Möglichkeiten ausgeschöpft habe, um die Beeinträchtigung der Klägerrechte so gering wie möglich zu halten.[1819] Damit ordnet er den Nada-Sachverhalt unzulässigerweise der Kategorie von Fällen zu, in denen sich eine Verantwortlichkeit der Staaten für ihr Tätigwerden im Rahmen oder zugunsten einer internationalen Organisation aus dem ihnen hierbei eröffneten Handlungs- und Ermessensspielraum ergibt.[1820] Auf diesen Umstand weisen auch einige an der Entscheidung beteiligte Richter in ihren Sondervoten hin.[1821]

Das Lavieren des Gerichtshofs mag dem rechtspolitischen Bedürfnis entsprungen sein, die Autorität des Sicherheitsrates nicht durch die Feststellung zu beschädigen, die von den Vertragsstaaten erlassenen Maßnahmen zur Umsetzung des 1267er-Sanktionsregimes seien konventionswidrig. Dies führt jedoch dazu, dass seine Rechtsprechung zum Verhältnis der Konventions- und Chartaverpflichtungen der Vertragsstaaten keine klare dogmatische Linie aufweist. Selbst in der rechtspolitischen Betrachung vermag das Nada-Urteil nicht zu überzeugen. Die Bürde, Resolutionen des Sicherheitsrates partiell die Gefolgschaft zu verweigern, hatte bereits der EuGH mit dem Erlass seines 1. Kadi-Urteils auf sich genommen. Dieser Schritt hat jedoch – entgegen vielfach geäußerten Befürchtungen – die Autorität des Sicherheitsrates nicht ernsthaft beschädigt, sondern vielmehr zu Verbesserungen des Menschenrechtsschutzes innerhalb des Sanktionsregimes geführt. Insofern hätte ein bestätigendes Urteil des EGMR eine Kohärenz zur Kadi-Rechtsprechung des EuGH hergestellt und dem Sicherheitsrat mit aller Nachdrücklichkeit signalisiert, dass auch die von ihm erlassenen friedenssichernden Maßnahmen den von den Menschenrechten vorgezeichneten Rahmen nicht verlassen dürfen. Mit seinem Nada-Urteil bleibt der EGMR in Sachen Individualsanktionen zumindest faktisch

---

1818 EGMR, *Nada*, Application No. 10593/08, Urteil v. 12.09.2012, Rn. 168, ECHR 2012.

1819 Vgl. EGMR, *Nada*, Application No. 10593/08, Urteil v. 12.09.2012, Rn. 196 ff., ECHR 2012.

1820 S. hierzu auch *Frank*, in: *Breitenmoser/Ehrenzeller/Sassòli u. a.* (Hrsg.). Human rights, 247.

1821 S. dazu insbesondere die dem Urteil angefügte abweichende Ansicht (*separate opinion*) von Richter Malinverni, Rn. 2 ff., insb. Rn. 10. Vgl. ebenfalls die gemeinsame abweichende Ansicht der Richter Bratza, Nicolaou und Yudkivska, Rn. 1 ff.

hinter dem vom EuGH gewährleisteten Rechtsschutz zurück. Dies ist insofern paradox, als der EuGH bei der Formulierung seines 1. Kadi-Urteils mit einiger Wahrscheinlichkeit die SOLANGE- bzw. BOSPHORUS-Grundsätze vor Augen gehabt haben wird und vermeiden wollte, dass bei Bestätigung des erstinstanzlichen EuG-Urteils die Sanktionsmaßnahmen der EU von BVerfG und/oder EGMR mittelbar auf ihre Grundrechtskonformität hin überprüft werden.

§ 5: Konsequenzen für eine mögliche Prüfung der EU-Sanktionsmaßnahmen durch den EGMR

Aufgrund der Ausführungen des EGMR im NADA-Fall ist nicht davon auszugehen, dass der Gerichtshof den vom EuGH im 1. KADI-Urteil gewährleisteten Grundrechtsschutz als mit der EMRK unvereinbar ansehen wird. Von entscheidender Bedeutung ist dabei, dass gelisteten Personen innerhalb der EU seit Erlass des 1. KADI-Urteils des EuGH substanzieller Rechtsschutz gewährt wird. Zwar genügen die unionsrechtlichen Umsetzungsmaßnahmen dem Verhältnismäßigkeitsgrundsatz insgesamt nicht.[1822] Anders als der EGMR hat sich der EuGH jedoch eindeutig dahin gehend positioniert, dass er Maßnahmen der EU zur Umsetzung verbindlicher Sicherheitsratsresolutionen auch dann einer vollständigen Grundrechtsprüfung unterzieht, wenn der Union hierbei kein eigener Handlungsspielraum verbleibt. Ein rechtlich bedeutsames Zurückbleiben des EU-Grundrechtsschutzes hinter den Anforderungen der EMRK kommt jedoch nur bei einer Bereitschaft des EGMR in Betracht, entsprechende Umsetzungsmaßnahmen seinerseits vollständig am Maßstab der EMRK zu prüfen. Die ihm hierzu im NADA-Fall eröffnete Möglichkeit hat er jedoch nicht wahrgenommen. Dementsprechend kann eine Prüfung der EU-Maßnahmen zur Umsetzung des 1267er-Sanktionsregimes durch den EGMR ausgeschlossen werden.

Kapitel 3: Zusammenfassung

Trotz ihrer Unvereinbarkeit mit dem Verhältnismäßigkeitsgrundsatz ist gegenwärtig nicht davon auszugehen, dass die EU-Maßnahmen mittelbar zum Gegenstand von Verfahren vor dem BVerfG und dem EGMR werden. Im Falle des BVerfG ist dies darauf zurückzuführen, dass die hierzu in der SOLANGE II-Entscheidung aufgestellten Bedingungen – u. a. ein generelles Zurückbleiben des auf EU-Ebene gewährleisteten Grundrechtsschutzes hinter den grundgesetzlichen Anforderungen – nicht erfüllt sind. Der EGMR seinerseits hat anders als die EU keine Bereitschaft gezeigt, verbindliche Sicherheitsratsresolutionen, bei deren Umsetzung den Staaten kein Handlungsspielraum verbleibt, mittelbar einer vollständigen Grundrechtsprüfung zu unterziehen. Deshalb ist nicht davon auszugehen, dass er den unionsrechtlichen Grundrechtsschutz als hinter den Anforderungen der EMRK zurückbleibend einstufen wird. Dies wäre nach der BOSPHORUS-Rechtsprechung des EGMR jedoch

1822 S. dazu Teil IV Kap. 4.

Voraussetzung für eine inzidente Prüfung der EU-Sanktionsmaßnahmen am Maßstab der EMRK. Für gelistete Personen besteht daher gegenwärtig keine Möglichkeit, mittels Verfahren vor dem BVerfG oder dem EGMR einen adäquaten Grundrechtsschutz bezüglich der gegen sie erlassenen Sanktionsmaßnahmen zu erstreiten.

Insgesamt ist daher zu konstatieren, dass gegenwärtig der – unmittelbar und mittelbar gewährleistete – Grundrechtsschutz gegen die EU-Maßnahmen zur Umsetzung des 1267er-Sanktionsregimes den Schutzanforderungen nicht vollständig entspricht. Dieser Umstand hat allein rechtspolitische Gründe. Sowohl EuGH als vor allem der EGMR sind bemüht, die Autorität des Sicherheitsrates durch die mittelbare rechtliche Infragestellung der von ihm erlassenen Sanktionsmaßnahmen nicht zu beschädigen. Immerhin halten sich seit dem 1. KADI-Urteil des EuGH die diesbezüglichen Zugeständnisse der Unionsgerichte in überschaubaren Grenzen, weil gelisteten Personen mittlerweile substanzieller und effektiver gerichtlicher Rechtsschutz gegen die EU-Maßnahmen zur Umsetzung des 1267er-Sanktionsregimes gewährt wird. Dennoch bleibt festzustellen, dass es weiterhin aus rechtspolitischen Gründen zu rechtsdogmatisch nicht zu rechtfertigenden Abstrichen beim Grundrechtsschutz im Zusammenhang mit dem 1267er-Sanktionsregime kommt. Ein weiteres Mal wird so die Inkongruenz deutlich, die gerade im Kontext von friedenssichernden Maßnahmen des Sicherheitsrates immer wieder zwischen dem Recht und der tatsächlichen Praxis zu beobachten ist.

Teil VI: Synopse der Arbeit und ihrer Ergebnisse

Kapitel 1: Problemaufriss

- Der Sicherheitsrat hat mit der SR-Res. 1267/1999 und ihren Folgeresolutionen ein Sanktionsregime errichtet, das der Bekämpfung der von Al Qaida und den Taliban ausgehenden terroristischen Gefahren dient.
- Bei diesem Sanktionsregime setzt ein dem Sicherheitsrat unterstellter Sanktionsausschuss die Namen der Personen und Organisationen, die Al Qaida und den Taliban als weitestgehend zugehörig anzusehen sind, auf eine Sanktionsliste. Die mit dieser Listung einhergehenden Sanktionen bestehen aus einem Waffenembargo, einem Reiseverbot sowie Finanzsanktionen. Letztere stellen den Kern des Sanktionsregimes dar. Sie führen zu einer wirtschaftlichen Quarantänisierung der Sanktionsadressaten. Ihre Finanzmittel und sonstige Vermögenswerte werden eingefroren. Gleichzeitig ist es Dritten verboten, ihnen solche Mittel und Vermögenswerte zukommen zu lassen.
- Die vom Sanktionsausschuss erlassenen Zwangsmaßnahmen wirken nicht unmittelbar gegenüber den Sanktionsadressaten. Hierzu bedürfen sie der staatlichen Umsetzung. Die Umsetzung der Finanzsanktionen haben die EU-Mitgliedstaaten der EU selbst vorgenommen. Diese erfolgte durch die Union im Rahmen der ihr hierfür eingeräumten Befugnisse.
- Bei der Umsetzung verbleibt den Staaten resp. der EU kein eigener Handlungsspielraum. Die Namen der zu sanktionierenden Personen und Organisationen werden ihnen vom Sanktionsausschuss verbindlich vorgegeben. Dieser hatte ursprünglich auch die alleinige Entscheidungsgewalt über die Aufrechterhaltung von Listungen inne. Die sanktionierten Personen wurden anfangs weder über ihre Sanktionierung noch über deren konkrete Gründe aufgeklärt. Sie besaßen auch keine Möglichkeit, von sich aus einen Streichungsantrag beim Sanktionsausschuss zu stellen.
- Im Kadi I-Verfahren erhoben gelistete Personen vor den Unionsgerichten Klage gegen die zur Umsetzung des Sanktionsregimes erlassene, sie unmittelbar belastende Sanktionsverordnung. Das erstinstanzlich zuständige EuG wies die Klage als unbegründet ab. Es nahm eine gemeinschafts-/unionsrechtliche Bindung an die Sanktionsresolutionen des Sicherheitsrates an. Aufgrund dessen sah es sich außerstande, die angegriffene Sanktionsverordnung vollständig am Maßstab der Unionsgrundrechte zu überprüfen. Die Prüfung müsse sich auf die Einhaltung der zwingenden Normen des Völkerrechts (ius cogens) beschränken, da dieses auch den Sicherheitsrat binde. Von der angegriffenen Sanktionsverordnung gehe jedoch keine ius cogens-Verletzung aus.

Dieser Auffassung ist der EuGH in seinem Berufungsurteil nicht gefolgt. Maßnahmen der EU seien in jedem Fall vollständig auf ihre Vereinbarkeit mit den Unionsgrundrechten zu prüfen, unabhängig davon, ob sie der Umsetzung verbindlicher Sicherheitsratsmaßnahmen dienten oder nicht. Die angegriffene Sanktionsverordnung genüge den grundrechtlichen Anforderungen nicht. Sie begründe einen Verstoß gegen das Recht auf rechtliches Gehör, effektiven gerichtlichen Rechtsschutz sowie auf Achtung des Eigentums. Grund hierfür sei, dass die sanktionierten Personen über die gegen sie erhobenen Informationen weder informiert noch hierzu angehört werden würden, gleichzeitig aber auch die EU-Gerichte keinen vollständigen Zugang zu den belastenden Informationen erhielten. Bei Beachtung dieser Anforderungen sei die Sanktionsverordnung jedoch EU-rechtskonform.

- Auch nach Erlass des ersten Kadi-Urteils des EuGH bleiben zahlreiche rechtliche Fragen offen. U.a. ist zu klären, ob die Auffassung des EuGH zutrifft, wonach das Sanktionssystem bei einer Umsetzung der vom Gerichtshof geforderten Verbesserungen tatsächlich grundrechtskonform wäre. Verneinendenfalls stellt sich die Frage, inwieweit nationale Gerichte – wie z. B. das Bundesverfassungsgericht – sowie internationale Menschenrechtsinstitutionen – wie der Europäische Gerichtshof für Menschenrechte (EGMR) – in der Lage sind, die entsprechenden Grundrechtsdefizite auszugleichen. Das 1267er-Sanktionsregime bietet zudem Anlass, das Rangverhältnis von UN-Charta zum nationalen Recht und zum EU-Recht näher zu beleuchten.
  Aus völkerrechtlicher Sicht stellt sich die Frage, inwieweit der Sicherheitsrat zum Erlass des 1267er-Sanktionsregimes berechtigt gewesen ist und welchen menschenrechtlichen Bindungen er hierbei unterliegt. Zu klären sind zudem die Möglichkeiten einer Rechtskontrolle seines Handelns sowie die Folgen rechtswidrig erlassener Sicherheitsratsresolutionen.

Kapitel 2: Terminologie und Einordnung des Sanktionsregimes in die bisherige Sanktionspraxis des Sicherheitsrates

§ 1: Der Begriff der Wirtschaftssanktion

- Wirtschaftssanktionen werden vom Sicherheitsrat auf Grundlage des Art. 41 UN-Charta erlassen. Sie lassen sich definieren als kollektive Zwangsmaßnahmen mit wirtschaftlichem Bezug unter Einschluss der Unterbrechung der Verkehrs- und Kommunikationsverbindungen, die das Ziel verfolgen, den sich friedensbedrohend verhaltenden Akteur durch die Zufügung von Nachteilen zum Ablassen von seinem Fehlverhalten zu bewegen.

§ 2: Die Einordnung des 1267er-Sanktionsregimes in die bisherige Sanktionspraxis des Sicherheitsrates

- Der Erlass wirtschaftlicher Zwangsmaßnahmen gegen nichtstaatliche Akteure auf globaler Ebene stellt eine wesentliche Neuerung in der Sanktionspraxis des Sicherheitsrates dar.
- Erst mit dem Ende des Kalten Krieges gewannen Wirtschaftssanktionen in der Praxis des Sicherheitsrates an Bedeutung. Sie richteten sich zunächst ausschließlich gegen Staaten und wurden in der Regel in umfassender Form verhängt.
- Mitte der 1990er-Jahre kam es zur Entwicklung sog. *intelligenter* bzw. *zielgerichteter Sanktionen* (*smart* bzw. *targeted sanctions*). Diese können objekt- und/oder personenbezogener Art sein. Als objektbezogene Sanktionen richten sie sich gegen einzelne Wirtschaftsgüter und Dienstleistungen, die im friedensbedrohenden Konflikt eine Schlüsselrolle einnehmen oder allgemein für den Urheber der Friedensbedrohung von besonderer Bedeutung sind. Personenbezogene Sanktionen werden unmittelbar gegen die für den friedensbedrohlichen Zustand verantwortlichen Individuen erlassen. Die wichtigste Form personenbezogener Sanktionen sind Finanzsanktionen. Im Regelfall werden dabei die Finanzmittel der Sanktionsadressaten eingefroren. Daneben spielen insbesondere Reisesanktionen eine hervorgehobene Rolle.
- Für die Entwicklung intelligenter/zielgerichteter Sanktionen gab es im Wesentlichen zwei Gründe. Zum einen hatten sich umfassende Wirtschaftssanktionen als politisch unwirksam und ethisch fragwürdig herausgestellt, weil sie zu massiven Schäden innerhalb der Zivilbevölkerung führten. Zum anderen waren intelligente Sanktionen notwendig, um mit der Friedensbedrohung durch nichtstaatliche Akteure einer neuartigen Gefährdungslage gerecht zu werden. Mit dem Erlass insbesondere von gezielten personenbezogenen Sanktionen konnte der Sicherheitsrat auch auf diese neuartige Form der Friedensbedrohung reagieren.
- Sanktionen nach dem 1267er-Sanktionsregime stellen eine Sonderform gezielter personengerichteter Sanktionen dar. Zum ersten Mal wird auf globaler Ebene ein bestimmtes missbilligtes Individualverhalten zu unterbinden versucht, das sich völkerrechtlich weder einer (quasi-)staatlichen Entität zurechnen lässt noch einen territorialen Anknüpfungspunkt zu einem bestimmten Staatsgebiet aufweist.

Kapitel 3: Darstellung des 1267er-Sanktionsregimes

- Aus Sicht der EU-Mitgliedstaaten sind beim 1267er-Sanktionsregime drei Ebenen zu unterscheiden, die UN-Ebene, die EU-Ebene und die nationale Ebene.

§ 1: Die UN-Ebene

- Auf der UN-Ebene erfolgt der Erlass der Sanktionsresolutionen durch den Sicherheitsrat, die Verwaltung des Sanktionsregimes durch den Sanktionsausschuss.
- Die Grundlage für den Erlass der Sanktionsresolutionen bildet wie bei allen wirtschaftlichen Zwangsmaßnahmen des Sicherheitsrates Art. 41 UN-Charta. Die Sanktionsresolutionen sind für die UN-Mitgliedstaaten nach den Artt. 25, 48 UN-Charta völkerrechtlich verbindlich.
- Ursprünglich richtete sich das Sanktionsregime allein gegen das in Afghanistan herrschende TALIBAN-Regime. Dieses sollte zur Auslieferung von OSAMA BIN LADEN an die USA oder einer der mit ihnen verbündeten Staaten bewegt werden. Nach dem Sturz der TALIBAN im Zuge des Afghanistankriegs im Jahre 2001 nahm das Sanktionsregime einen globalen Charakter an. Sein Ziel bestand fortan in der weltweiten Verfolgung von AL QAIDA- und TALIBAN-Mitgliedern sowie den mit ihnen verbundenen Personen und Organisationen.
- Bei den Folgeresolutionen ging es im Wesentlichen darum, die wachsende Kritik insbesondere westlicher Staaten an der fehlenden Transparenz des Listungsverfahrens, der Eingriffsintensität der Sanktionen und dem Fehlen adäquater Rechtsschutzmöglichkeiten für gelistete Personen durch Änderungen am Sanktionsregime zu entschärfen. Zu diesem Zweck wurden zum einen Ausnahmeregelungen zu den Finanz- und Reisesanktionen vorgenommen, außerdem wurde die Transparenz des Listungsverfahrens verbessert. Darüber hinaus können sanktionierte Personen und Organisationen mittlerweile von sich aus einen Delisting-Antrag bei einer Ombudsperson stellen.
- Mit den SR-Res. 1988 und 1989/2011 wurde die bisher einheitliche Sanktionsliste für AL QAIDA- und TALIBAN-Mitglieder aufgespalten. Für Letztere existiert nun ein eigenes Sanktionsregime mit einer eigenen Sanktionsliste, das jedoch von seiner Gestaltung dem bisher gemeinsamen Sanktionsregime ähnelt.
- Die Verwaltung des Sanktionsregimes erfolgt durch einen vom Sicherheitsrat eingerichteten Sanktionsausschuss. Dieser ist insbesondere für die Entscheidung über die Stattgabe von Listungs-/ bzw. Delistungsanträgen verantwortlich. Er setzt sich aus Vertretern der Mitglieder des Sicherheitsrates zusammen.
- Jeder Staat kann einen Antrag auf Listung terrorverdächtiger Personen/Organisationen stellen. Dem Antrag ist eine konkrete Falldarstellung anzufügen, aus der sich die Notwendigkeit der Listung ergibt. Dazu gehört vor allem der Nachweis der Angehörigkeit/des Verbundenseins der Zielperson/der Zielgruppierung zu AL QAIDA. Der Antrag wird den Ausschussmitgliedern vom Ausschussvorsitzenden im schriftlichen Umlaufverfahren zur Entscheidung vorgelegt. Die Mitglieder haben im Regelfall innerhalb einer Zehn-Tagesfrist über die Schlüssigkeit des Antrags zu befinden. Wird dem Antrag in diesem Zeitraum von keinem Ausschussmitglied ausdrücklich widersprochen, gilt er als angenommen.
- Es existieren gegenwärtig zwei Verfahren zur Streichung von Listungseinträgen, das Individualdelisting-Verfahren vor der Ombudsperson und das von den

Staaten zu initiierende Streichungsverfahren vor dem Sanktionsausschuss. Ersterem kommt dabei größere Bedeutung zu, weil es von den sanktionierten Personen selbst in Gang gebracht werden kann.

- Beim Individualdelisting-Verfahren tritt die Ombudsperson in Dialog mit der gelisteten Person und dem Sanktionsausschuss. Sie trägt alle für die Antragsbeurteilung notwendigen Informationen zusammen und bereitet sie inhaltlich auf. Anschließend formuliert sie eine Beschlussempfehlung. Fällt diese zulasten des Antragstellers aus, bleibt die Listung bestehen. Ist die Beschlussempfehlung hingegen positiv, tritt die Delistung automatisch nach Ablauf einer 60-Tage-Frist in Kraft, es sei denn, die Ausschussmitglieder sprechen sich in der Zwischenzeit einheitlich hiergegen aus oder mindestens ein Ausschussmitglied verlangt die Vorlage der Angelegenheit an den Sicherheitsrat. In letzterem Fall ist ein positives Votum des Sicherheitsrates für die Stattgabe des Antrags erforderlich.
- Von den Staaten eingereichte Delistungsanträge werden den Ausschussmitgliedern vom Ausschussvorsitzenden zur Entscheidung im schriftlichen Umlaufverfahren übermittelt. Die Ausschussmitglieder haben zehn Tage Zeit, um gegen den Antrag zu stimmen. Bleibt ein negatives Votum aus, gilt der Antrag als angenommen. Für Delistungsanträge von Staaten, die die Listung ursprünglich beantragt hatten, existieren Sonderregelungen. Die Voraussetzungen zu ihrer Bewilligung sind niedriger als im ordentlichen Verfahren.

§ 2: Die EU-Ebene

- Die Umsetzung des 1267er-Sanktionsregimes durch die EU erfolgt innerhalb eines zweistufigen Verfahrens. Zunächst fasst der Rat der EU auf Grundlage des Art. 28 Abs. 1 S. 2 EUV einen entsprechenden Umsetzungsbeschluss im Rahmen der GASP. Dieser bildet die Basis für den anschließenden Erlass der sich unmittelbar an alle Rechtsakteure in der EU richtenden Sanktionsverordnung. Die Rechtsgrundlage der Sanktionsverordnung ist umstritten. Nach zutreffender Ansicht ist Art. 215 Abs. 2 AEUV und nicht Art. 75 AEUV einschlägig.
- Gegen den Sanktionsbeschluss auf GASP-Ebene sowie gegen die Sanktionsverordnung können gelistete Personen im Wege der Nichtigkeitsklage nach Art. 263 Abs. 4 AEUV vorgehen. Die entsprechenden Rechtsakte werden von den Unionsgerichten seit Erlass des ersten KADI-Urteils des EuGH vollständig auf ihre Vereinbarkeit mit den Unionsgrundrechten überprüft.

§ 3: Die staatliche Ebene

- Die Rolle der EU-Staaten innerhalb des 1267er-Sanktionsregimes beschränkt sich darauf, Strafvorschriften zur Ahndung von Verstößen gegen die EU-Sanktionsverordnung zu erlassen, Entscheidungen über Anträge auf Erteilung von Ausnahmegenehmigungen zu treffen sowie die Reisesanktionen und das Waffenembargo umzusetzen.

- Für die Bereiche, in denen die Umsetzung der Sanktionsresolutionen durch die EU und nicht durch ihre Mitgliedstaaten erfolgt, sind die Unionsgerichte für Rechtsschutzersuchen gelisteter Personen zuständig. Eine originäre Zuständigkeit deutscher Gerichte besteht jedoch bei der Überprüfung von Entscheidungen der nationalen Behörden über die Freigabe von Finanzmitteln und Ausnahmen vom Bereitstellungsverbot.

Kapitel 4: Die Rechtmäßigkeit des 1267er-Sanktionsregimes

- Der Sicherheitsrat besitzt weitreichende Befugnisse beim Erlass von Zwangsmaßnahmen zur Wahrung und Wiederherstellung des Friedens und der internationalen Sicherheit nach Kap. VII der UN-Charta. Er ist jedoch kein *princeps legibus solutus.* Hinsichtlich der Auslegung der in Art. 39 UN-Charta aufgeführten Tatbestände der Angriffshandlung verfügt er über eine Konkretisierungskompetenz, jedoch nicht über eine autoritative Interpretationsbefugnis. Das bedeutet, dass der Sicherheitsrat die durch den klassischen Auslegungskanon vorgezeichneten Grenzen seiner Befugnisse grundsätzlich nicht übertreten darf. Von einer Nichtigkeit der von ihm erlassenen Akte im Falle einer Kompetenzüberschreitung ist jedoch nur dann auszugehen, wenn die Mitgliedstaaten als Herren der Verträge die von der Auslegung nicht mehr gedeckte Ratspraxis mehrheitlich als unrechtmäßig und unverbindlich ansehen.
- Die rechtlichen Beschränkungen der Sicherheitsratsbefugnisse lassen sich in chartainterne und chartaexterne unterteilen. Die wichtigste chartaimmanente Beschränkung findet sich in 24 Abs. 2 UN-Charta. Hieraus ergibt sich, dass der Sicherheitsrat bei seinem Handeln an die in Artt. 1, 2 UN-Charta aufgeführten Ziele und Grundsätze der UN gebunden ist.
- Die Bindung des Sicherheitsrates an das allgemeine Völkerrecht ist bei einem Tätigwerden nach Kap. VII UN-Charta gelockert, wie sich insbesondere aus Art. 1 Abs. 1 UN-Charta ergibt. Eine Bindung ist jedoch dort möglich, wo das allgemeine Völkerrecht die in Art. 1 und Art. 2 UN-Charta aufgeführten Ziele und Grundsätze der UN konkretisiert. Das betrifft vor allem Regelungen zur souveränen Gleichheit der Staaten, dem Selbstbestimmungsrecht der Völker und den internationalen Menschenrechten. An das ius cogens als Teil des allgemeinen Völkerrechts ist der Sicherheitsrat in jedem Fall gebunden.

§ 1: Terroraktivitäten Al Qaidas als Gefahrenlage i. S. d. Art. 39 UN-Charta

- Der völkerrechtliche Terrorismusbegriff ist noch nicht in allen seinen Einzelheiten geklärt. In jedem Fall jedoch umfasst er den politisch motivierten Einsatz von Gewalt gegen Zivilisten oder sonstigen an dem jeweiligen Konflikt unbeteiligten Personen, der das Ziel verfolgt, die Öffentlichkeit in Angst und Schrecken zu versetzen und auf diese Art und Weise die jeweilige Staatsführung oder eine internationale Organisation zu einem Tun, Dulden oder Unterlassen zu bewegen.

- Die Qualifikation von Terrorhandlungen nichtstaatlicher Akteure als Friedensbedrohung stellt eine bemerkenswerte Zäsur in der bisherigen Praxis des Sicherheitsrates dar. Ursprünglich sah er die friedensbedrohende Handlung nicht im Terrorakt selbst, sondern in der Weigerung der Staaten, tatverdächtige Personen an ermittlungswillige Drittstaaten auszuliefern. Dementsprechend richteten sich die Sanktionsmaßnahmen auch klassisch völkerrechtlich gegen die sich verweigernden Staaten und nicht gegen die Tatverdächtigen selbst.
- Terrorhandlungen nichtstaatlicher Akteure lassen sich prinzipiell als Friedensbedrohung i. S. d. Art. 39 UN-Charta subsumieren. Weder dem Wortlaut noch der Systematik der Charta ist zu entnehmen, dass friedensbedrohendes Verhalten zwingender Weise staatlicher Natur sein muss. Ebenso wenig muss das friedensbedrohende Verhalten die Gefahr eines zwischenstaatlichen militärischen Konflikts erhöhen. Aus teleologischen Gründen ist eine Einbeziehung terroristischer Handlungen nichtstaatlicher Akteure unter den Begriff der Friedensbedrohung geboten, damit der Sicherheitsrat auf diese neuartige Form der Gefahr reagieren und so der ihm übertragenen Aufgabe zur Wahrung und Sicherung des Weltfriedens effektiv nachkommen kann.
- Ein friedensbedrohender Charakter von Terrorhandlungen nichtstaatlicher Akteure kann bejaht werden, wenn sie (potentiell) einem gegen einen oder mehrere Staaten gerichteten Gewaltakt mit grenzüberschreitendem Bezug gleichkommen, der einen erheblichen Schaden verursacht hat oder zu verursachen imstande ist. Die Terroraktivitäten Al Qaidas erfüllen diese Kriterien.
- Von Art. 41 UN-Charta ist auch der Erlass von Individualsanktionen gedeckt. Wie bei Auslegung des Begriffs der Friedensbedrohung im Rahmen des Art. 39 UN-Charta lässt sich weder dem Wortlaut noch der Systematik der Norm eine Begrenzung des Adressatenkreises auf (quasi-)staatliche Akteure entnehmen. Auch bei Art. 41 UN-Charta sprechen vor allem teleologische Erwägungen für die Einbeziehung von Individualsanktionen in den Anwendungsbereich der Norm, damit der Sicherheitsrat der ihm übertragenen Aufgabe der Wahrung und Sicherung des Weltfriedens effektiv nachgehen kann.

§ 2: Die Vereinbarkeit des 1267er-Sanktionsregimes mit den internationalen Menschenrechten

A. Rechtsquellen einer Menschenrechtsbindung des Sicherheitsrates

- Als mögliche Rechtsquellen einer Menschenrechtsbindung des Sicherheitsrates bei einem Tätigwerden nach Kap. VII UN-Charta kommen die Artt. 1 Abs. 1 und Abs. 3 UN-Charta in Betracht.
- Über Art. 1 Abs. 1 UN-Charta lässt sich eine Menschenrechtsbindung des Sicherheitsrates nicht herleiten. Insbesondere ist die Einschätzung abzulehnen, wonach

die Menschenrechte als Teil eines neuen, für den Sicherheitsrat verbindlichen positiven Friedensbegriffs anzusehen sind.
- Eine unmittelbare Menschenrechtsbindung von UN und Sicherheitsrat besteht aber über Art. 1 Abs. 3 UN-Charta. Das ergibt die Anwendung der gängigen Auslegungsregeln unter Berücksichtigung der Praxis des Sicherheitsrates.

B. *Die inhaltliche Konkretisierung*

- Zur inhaltlichen Konkretisierung der sich aus Art. 1 Abs. 3 UN-Charta ergebenden Menschenrechtsverpflichtung kann die sog. *„Bill of Rights des Völkerrechts"* herangezogen werden. Hierunter fallen die AEMR sowie die zwei UN-Menschenrechtspakte IPBPR und IPWSKR. Im Zusammenhang mit dem Erlass von Individualsanktionen sind zuvörderst die Menschenrechte von Interesse, die sich als klassische Abwehrrechte gegen die mit den Sanktionen einhergehende Verkürzung grundrechtlicher Freiheiten richten. Sie sind hauptsächlich im IPBPR sowie zum großen Teil in der AEMR zu finden.
- Die Bestimmungen des IPBPR sind zu universellem Völkergewohnheitsrecht erstarkt. Das ergibt sich unter Berücksichtigung der Grundsätze, die der IGH für die Entwicklung von Völkergewohnheitsrecht aus Völkervertragsrecht aufgestellt hat. Sie konkretisieren die Vorschrift des Art. 1 Abs. 3 UN-Charta und führen so zu einer unmittelbaren Bindung des Sicherheitsrates.
- Hinsichtlich der Rechte des IPWSKR lässt sich zumindest das Recht auf Berufsfreiheit nach Art. 6 Abs. 1 dem universellen Völkergewohnheitsrecht zuordnen. Gleiches gilt für die in Art. 17 AEMR verbürgte Eigentumsfreiheit. Sie sind ebenfalls über Art. 1 Abs. 3 UN-Charta für den Sicherheitsrat verbindlich.
- Darüber hinaus besteht eine auf Art. 1 Abs. 3 UN-Charta beruhende Bindung des Sicherheitsrates an das humanitäre Völkerrecht. Zur inhaltlichen Konkretisierung dieser Bindung ist insbesondere auf die Genfer Konventionen zurückzugreifen, die mittlerweile ebenfalls zum universellen Völkergewohnheitsrecht zu zählen sind.

C. *Der Umfang der Menschenrechtsbindung des Sicherheitsrates bei einem Tätigwerden nach Kap. VII UN-Charta*

- Der Sicherheitsrat ist beim Erlass von Individualsanktionen vollumfänglich an die gewohnheitsrechtlich geltenden Rechte des IPBPR, des IPWSKR und der AEMR gebunden. Er unterliegt bei der Einschränkung dieser Rechte einem strengen Verhältnismäßigkeitsmaßstab. Die dogmatische Grundlage für diese strenge Bindung bildet der Vorstaatlichkeitsgedanke der Menschenrechte.
- Eine Lockerung der Menschenrechtsbindung des Rates beim Erlass von Individualsanktionen kommt nur unter den Voraussetzungen des Art. 4 Abs. 1 IPBPR in Betracht. Hierzu müsste die von Al Qaida und den mit ihr assoziierten Gruppen

und Personen ausgehende terroristische Bedrohung die Existenz der Staaten unmittelbar gefährden. Diese Voraussetzung ist gegenwärtig jedoch nicht erfüllt.

D. Die Grundrechtsprüfung im Einzelnen

- Die mit den 1267er-Sanktionen einhergehenden Grundrechtseingriffe lassen sich prinzipiell durch das mit ihnen verfolgte Ziel der Neutralisierung der vom internationalen Terrorismus ausgehenden Gefahren für den Weltfrieden rechtfertigen. Es bedarf jedoch verfahrensrechtlicher Sicherungsmechanismen, die gewährleisten, dass nur diejenigen Personen und Organisationen sanktioniert werden, bei denen ein objektiver Verdacht auf Verwicklungen in terroristische Aktivitäten besteht.
- Zu diesem Zweck ist dem gelisteten Individuum rechtliches Gehör wie auch eine effektive Beschwerdemöglichkeit gegen seine Sanktionierung einzuräumen. Darüber hinaus bedarf es hinreichend bestimmter Listungskriterien. Die Entscheidungen über die Vornahme und Aufrechterhaltung einer Listung sind zudem von der Existenz und dem Ergebnis strafrechtlicher Ermittlungen gegen die terrorverdächtige Person abhängig zu machen. Listungsentscheidungen dürfen zudem aus Gründen der Verhältnismäßigkeit nicht mehr vom politischen Organ Sanktionsausschuss getroffen werden. Vielmehr bedarf es der Schaffung einer unabhängigen und unparteiischen UN-Einrichtung, die über die Stattgabe von Listungsanträgen entscheidet.
- Das Sanktionsregime genügt gegenwärtig keiner dieser Voraussetzungen in vollem Maße. Insbesondere erfüllt das Individualdelisting-Verfahren vor der Ombudsperson nicht die grundrechtlichen Anforderungen an einen effektiven gerichtlichen Rechtsschutz. Dies führt zur Unverhältnismäßigkeit und damit auch zur Rechtswidrigkeit des von den Sanktionen ausgehenden Eingriffs.

E. Rechtsfolgen chartawidriger Sanktionsresolutionen

- Maßgeblich für die Rechtsfolgen chartawidriger Sanktionsresolutionen ist Art. 25 UN-Charta. Die Vorschrift ist so auszulegen, dass Maßnahmen des Sicherheitsrates ihre Bindungswirkung nur dann entfalten, wenn sie sowohl in formeller wie in materieller Hinsicht chartakonform sind.
- Für die Rechtmäßigkeitsprüfung von Sicherheitsratsresolutionen existiert auf UN-Ebene kein institutionalisiertes Prüfungsverfahren. Insbesondere kann der IGH von den Staaten nicht unmittelbar zur Prüfung von Sicherheitsratsresolutionen angerufen werden. Jedem Mitgliedstaat steht jedoch ein eigenes Recht zur Rechtmäßigkeitsprüfung von Sicherheitsratsentscheidungen zu.
- Mit diesem mitgliedstaatlichen Prüfungsrecht gehen keine bedeutenden Risiken für die Autorität des Sicherheitsrates und der effektiven Erfüllung der ihm übertragenen Aufgabe der Friedenssicherung einher. Zum einen spricht für formell rechtmäßig erlassene Sicherheitsratsresolutionen die Vermutung ihrer (auch)

materiellen Chartakonformität. Zum anderen ist bei der Bewertung der Rechtmäßigkeit von Sicherheitsratsentscheidungen nicht die Rechtsansicht und das Verhalten einzelner Staaten maßgeblich, sondern die mitgliedschaftliche Praxis *insgesamt*. Erst und sofern ein gewichtiger Teil der Mitgliedstaaten die Umsetzung der infrage stehenden Sicherheitsratsmaßnahmen verweigert, ist von deren Rechtswidrigkeit auszugehen.

Kapitel 5: Die Rechtmäßigkeit der EU-Maßnahmen zur Umsetzung des 1267er-Sanktionsregimes

- Die Befolgung des ersten Kadi-Urteils des EuGH kann den EU-Mitgliedstaaten nicht als völkerrechtswidriger Akt vorgeworfen werden. Denn das 1267er-Sanktionsregime weist grundrechtliche Defizite auf und ist insoweit nicht chartakonform. Dies wird auch durch die Reaktion (des weit überwiegenden Teils) der Staatengemeinschaft auf das erste Kadi-Urteil bestätigt.
- Maßgeblich für den Rang, der völkerrechtlichen Regeln in der innerstaatlichen Rechtsordnung zukommt, ist einzig das nationale (Verfassungs-)Recht. Dieser Grundsatz findet auf das Verhältnis von EU- und Völkerrecht entsprechende Anwendung.
- Unionsrechtlichen Maßnahmen zur Umsetzung verbindlicher Sicherheitsratsresolutionen kommt kein höherer Rang gegenüber den EU-Verträgen zu. Die Völkerrechtsfreundlichkeit des EU-Rechts endet dort, wo die Umsetzung völkerrechtlicher Regelungen zu einer Verletzung grundlegender Prinzipien der EU führt. Hierzu zählt nach Art. 2 EUV insbesondere die Achtung der Unionsgrundrechte.
- Die im ersten Kadi-Urteil vom EuGH getroffene Entscheidung, die Sanktionsverordnung nur insoweit für rechtswidrig zu erklären, wie sie die Kläger betraf, ist rechtlich nicht zu beanstanden. Ebenso war rechtmäßig, die Sanktionierung der Kläger zunächst noch für einen Zeitraum von drei Monaten aufrechtzuerhalten.
- Das gegenwärtige EU-Verfahren zur Übernahme von Listungsbeschlüssen des Sanktionsausschusses genügt den Anforderungen des Verhältnismäßigkeitsgrundsatzes nicht, weil die Beschlüsse weiterhin ungeprüft übernommen werden. Auf UN-Ebene ist jedoch eine unabhängige und unparteiische Prüfung der einer Listung zugrunde liegenden Verdachtsmomente gegenwärtig immer noch nicht gewährleistet. Folglich besteht auch auf EU-Ebene keine Sicherheit, dass die Sanktionen nur den Personenkreis treffen, bei dem eine Verwicklung in Terroraktivitäten aus objektiver Sicht hinreichend naheliegt. Dieses grundrechtliche Defizit lässt sich nicht mit einem Hinweis auf die einer Listung nachgelagerten Rechtsschutzmöglichkeiten vor den EU-Gerichten[1823] beheben. Die EU muss stattdessen durch eine Umformulierung der entsprechenden Vorschriften

1823 Unter Einschluss des einstweiligen Rechtsschutzes.

sicherstellen, dass nur solche Listungsbeschlüsse vom Sanktionsausschuss übernommen werden, bei denen eine objektive Vorabprüfung der ihnen zugrunde liegenden Verdachtsmomente stattgefunden hat.

Kapitel 6: Die EU-Sanktionsmaßnahmen als möglicher Gegenstand von Gerichtsverfahren vor dem BVerfG und dem EGMR

- Obwohl die EU-Maßnahmen zur Umsetzung des 1267er-Sanktionsregimes gegen den Verhältnismäßigkeitsgrundsatz verstoßen, ist gegenwärtig nicht davon auszugehen, dass sie mittelbar zum Gegenstand von Verfahren vor dem BVerfG und dem EGMR werden.
- Im Falle des BVerfG liegt das daran, dass die in der Solange II-Entscheidung hierfür aufgestellten Bedingungen – ein generelles Zurückbleiben des auf EU-Ebene gewährleisteten Grundrechtsschutzes hinter den grundgesetzlichen Anforderungen – nicht vorliegen.
- Anders als die EU hat der EGMR keine Bereitschaft gezeigt, verbindliche Sicherheitsratsresolutionen, bei deren Umsetzung kein Spielraum besteht, mittelbar einer vollständigen grundrechtlichen Prüfung zu unterziehen. Aufgrund dessen ist nicht davon auszugehen, dass der Gerichtshof zum Ergebnis kommt, der unionsrechtliche Grundrechtsschutz bleibe in relevantem Maße hinter den Anforderungen der EMRK zurück. Für eine Indizidentprüfung der EU Sanktionsmaßnahmen durch den EGMR müsste diese Forderung jedoch erfüllt sein.

Schlussbemerkung

Die Bedrohung der inneren und äußeren Sicherheit der Staaten durch den internationalen Terrorismus hat zwar in den vergangenen Jahren an Intensität verloren, bleibt aber weiterhin präsent. Die Diskussion um die notwendigen Mittel für eine effiziente Terrorismusbekämpfung einerseits und deren Grenzen andererseits ist immer noch stark geprägt von den Ereignissen des 11.09.2001. Das gilt vor allem für die USA, die durch die Anschläge unmittelbar getroffen wurden. Der psychologische Schock, den die Anschläge in dem Land auslösten, wird allgemein als noch größer beschrieben als der beim japanischen Angriff auf Pearl Harbor im Jahre 1941.[1824] Grund hierfür ist, dass die Vereinigten Staaten zum ersten Mal in ihrer Geschichte auf eigenem Staatsgebiet *(homeland)* attackiert worden sind. Dies hat zu einer nachhaltigen Erschütterung des tief in der amerikanischen Gesellschaft verankerten Gefühls geführt, in diesem Bereich aufgrund der eigenen geographischen Lage und militärischen Überlegenheit unangreifbar und unverletzbar zu sein. Als Konsequenz dieser traumatischen Erfahrung ist die US-amerikanische Sicherheitspolitik geprägt von dem unbedingten Willen, ähnliche Vorkommnisse in Zukunft um jeden Preis zu verhindern. Diese Politik hat zu empfindlichen Einschränkungen und z.T. zu offensichtlichen Verletzungen individueller Freiheiten geführt, zu deren bekanntesten Auswüchsen das Gefangenenlager auf Guantanamo Bay oder die zuletzt publik gewordene NSA-Spionageaffäre zählt.[1825] Sie ist auch auf die internationale Terrorismusbekämpfung nicht ohne Auswirkung geblieben. Als einzig verbliebene militärische Weltmacht verfolgen die USA mit Nachdruck das Ziel, die von ihnen für richtig gehaltene Antiterrorpolitik auch auf internationaler Ebene, vor allem in internationalen Organisationen durchzusetzen. So gehen auch das 1267er-Sanktionsregime und seine rechtliche Ausgestaltung in erheblichem Maße auf die USA zurück.

Die Politik der USA, nach dem 11.09.2001 Freiheitsrechte im Kampf gegen den Terrorismus unter Hinweis auf ein erhöhtes Sicherheitsbedürfnis übermäßig einzuschränken, blieb auch in den europäischen Staaten nicht ohne Folgen und fand einigen Widerhall. So verabschiedete Großbritannien im Jahre 2001 den sog. *Anti-Terrorism, Crime and Security Act*, der die Behörden dazu ermächtigte, Ausländer auf der Grundlage eines Ausweisungsbeschlusses ohne zeitliche Begrenzung festzuhalten.[1826] Auch in Deutschland musste sich das BVerfG zumindest implizit mit den Fragen der grundrechtlichen Grenzen der Terrorismusbekämpfung

1824 Damals wurde eine Militärbasis im Pazifik attackiert.

1825 Instruktiv hierzu die Chronologie auf der Homepage der Süddeutschen Zeitung, www.sz.de/1.1807106 (letzter Aufruf 14.01.2014).

1826 Diese Maßnahme wurde vom höchsten britischen Gericht, dem House of Lords, als unvereinbar mit menschenrechtlichen Grundsätzen erklärt. S. Dazu *House of Lords*, Opinions of the Lords of Appeal for Judgement in the Cause, A and others

beschäftigen, z. B. anlässlich von Verfassungsbeschwerden gegen die präventive Rasterfahndung[1827], die Online-Durchsuchung[1828] oder die anlasslose Vorratsdatenspeicherung[1829]. In jüngster Vergangenheit machte der damalige Bundesinnenminister Hans-Peter Friedrich auf sich aufmerksam, als er in der Diskussion um die NSA-Spionageaffäre den Freiheitsrechten ein *„Supergrundrecht auf Sicherheit"* entgegensetzen wollte.[1830]

Immer wieder sieht man sich im Bereich der Terrorismusbekämpfung mit dem Bild eines extremen Antagonismus zwischen Sicherheit und Freiheit konfrontiert, der in dieser Form nicht existiert. Die Gewährleistung innerer Sicherheit ist kein Selbstzweck. Sie soll nicht nur ein friedliches Zusammenleben aller, sondern auch dem Einzelnen die Ausübung seiner individuellen Freiheit ermöglichen. Dann aber ist es nicht möglich, zum Schutz der Freiheit Freiheitsrechte zu opfern. Freiheit und Sicherheit müssen vielmehr in ein angemessenes Gleichgewicht gebracht werden. Der ehemalige Richter am BVerfG Hoffmann-Riem hat in einem Zeitungsinterview den zutreffenden Satz geäußert, dass

> *„einem Freiheit ohne Sicherheit nichts nützt, und Sicherheit ohne Freiheit das Merkmal eines nicht lebenswerten Staates ist."*[1831]

Und der ehemalige Präsident des BVerfG Papier hat zu den angesprochenen Äußerungen Friedrichs in einem Interview angemerkt:

> *„Die Verfassungsrechtslage ist eine etwas andere. Die Grundrechte sind Freiheitsrechte der Bürger gegen den Staat. Selbstverständlich hat der Staat auch die Pflicht, die innere und äußere Sicherheit seiner Bürger zu gewährleisten. Zur Wahrnehmung seiner Schutzpflicht kann sich der Staat aber nur solcher Mittel bedienen, die mit den Freiheitsrechten vereinbar sind. Es kann ja nicht sein, dass um des Schutzes der Freiheit willen die Freiheitsrechte geopfert werden. Sie können nicht suspendiert werden, um für optimale Sicherheit der Bürger zu sorgen. Deshalb halte ich die Annahme eines Supergrundrechts auf Sicherheit für zumindest missverständlich."*[1832]

---

vs. Secretary of the State for the Home Department, Urteil v. 16.12.2004, abgedr. in EuGRZ 2005, 488. Instruktiv zum Ganzen *Müller*, Präventive Sicherungshaft, 4.

1827 BVerfGE 115, 320 ff. Weiterführend zum Urteil *Schewe*, NVwZ 2007, 174 ff.

1828 BVerfGE120, 274 ff. S. hierzu *Kutscha*, NJW 2008, 1042 ff.; *Sachs/Krings*, JuS 2008, 481 ff.

1829 BVerfGE 125, 260 ff. Weiterführend zum Urteil *Möstl*, ZRP 2011, 225 ff.

1830 S. hierzu nur den Beitrag von M. Bewader und T. Jungholt in der Onlineausgabe von Die Welt, *„Friedrich erklärt Sicherheit zum „Supergrundrecht"*, publiziert am 16.07.2013, abrufbar unter http://www.welt.de/politik/deutschland/article118110002/Friedrich-erklaert-Sicherheit-zum-Supergrundrecht.html, (letzter Aufruf 01.10.2013).

1831 Das Interview erschien in der Ausgabe der Süddeutschen Zeitung vom 12./13.04.2008. Vgl. dazu auch *Hoffmann-Riem*, ZRP 2002, 497, 498 f.

1832 Das Interview erschien in der Ausgabe von Die Welt vom 05.08.2013, abrufbar unter http://www.welt.de/politik/deutschland/article118684465/Die-Freiheitsrechte-duerfen-nicht-geopfert-werden.html (letzter Aufruf 01.10.2013).

Die Notwendigkeit, dezidiert und mit aller Härte gegen den internationalen Terrorismus vorzugehen, wird von keiner Seite ernsthaft infrage gestellt. Es kann jedoch nicht angehen, hierbei elementare rechtsstaatliche Grundsätze außer Acht zu lassen, zu denen neben dem Verhältnismäßigkeitsgrundsatz der Grundsatz zählt, auch denjenigen, die der freiheitlich-demokratischen Grundordnung ablehnend gegenüberstehen, gleichwertigen Grundrechtsschutz zu gewähren. Andernfalls würde sich der freiheitlich-demokratische Rechtsstaat selbst desavouieren und damit letztlich das Geschäft derer betreiben, die ihn mit terroristischen Mitteln zu bekämpfen suchen. Ohnehin wird kein Staat der Erde eine einhundertprozentige Sicherheit vor Terroranschlägen garantieren können, weil sich diese mit verhältnismäßig geringen finanziellen und technischen Mitteln realisieren lassen und deshalb nicht immer rechtzeitig zu verhindern sind. Dies hat zuletzt der Anschlag auf den Boston Marathon am 15.04.2013 deutlich gezeigt.

In den meisten freiheitlich-demokratischen Staaten waren es die Verfassungsgerichte, die dafür gesorgt haben, dass das Gleichgewicht zwischen Freiheit und Sicherheit auch bei der Terrorismusbekämpfung nicht verloren geht. Durch die Führungsrolle, die der Sicherheitsrat bei der Bekämpfung des internationalen Terrorismus übernommen hat, wurde die eigentliche Schwierigkeit, dieses Gleichgewicht im Lichte der terroristischen Bedrohung neu auszutarieren, durch einen Rechtsebenenkonflikt zwischen dem Recht des Sicherheitsrates und den innerstaatlichen Rechtsordnungen überlagert und damit exponentiell verschärft. Nachdenklich stimmt dabei der Umstand, dass das 1267er-Sanktionsregime des Sicherheitsrates auch in der EU und ihren Mitgliedstaaten zu einer für nicht möglich gehaltenen Relativierung des Grundrechtsschutzes geführt hat, der erst mit dem ersten Kadi-Urteil des EuGH Einhalt geboten wurde. Vor allem die Rolle der jeweiligen nationalen Regierungen ist in diesem Kontext kritisch zu beurteilen. Ihnen ist es nicht gelungen, den gemeinsamen Grundwerten des freiheitlich-demokratischen Rechtsstaates im Rahmen der internationalen Terrorismusbekämpfung angemessene Geltung zu verschaffen. Vielmehr haben sie die mit dem Sanktionsregime einhergehende Relativierung der Grundrechte zumindest duldend hingenommen[1833], ihre Proteste gegen die fehlende Grundrechtskonformität des Sanktionsregimes oft nicht mit der letzten Konsequenz vorgetragen.[1834] So fiel auch hier der Judikative die Aufgabe zu, für die Wahrung fundamentaler Grundrechtsprinzipien Sorge zu tragen. Diese Aufgabe hat sich als besonders schwierig erwiesen, weil es nicht mehr nur darum ging, die Freiheitsinteressen des Einzelnen mit den Sicherheitsinteressen der Allgemeinheit in Einklang zu bringen, sondern auch eine Balance zu finden zwischen der Wahrung eigener fundamentaler Verfassungsprinzipien einerseits

---

1833 Die ständigen Sicherheitsratsmitglieder Frankreich und Großbritannien haben durch die Mitwirkung an den Sanktionsresolutionen sogar aktiv hierzu beigetragen.

1834 Ebenso kritisch *Meyer*, HRRS 11 (2010), 74, 84.

und die Ermöglichung einer möglichst effektiven und erfolgreichen internationalen Zusammenarbeit andererseits.

In diesem Kontext bleibt festzuhalten, dass die EU-Mitgliedstaaten – wie allgemein alle freiheitlich-demokratischen Staaten – bei der internationalen Zusammenarbeit anderen Staaten ihr Regierungs- und Verfassungssystem nicht aufdrängen können, ihnen andererseits aber auch verwehrt ist, fundamentale Prinzipien der eigenen Rechtsordnung mit Hinweis auf internationale Regelungen außer Kraft zu setzen. Das gilt selbst dann, wenn es sich bei diesen Regelungen um verbindliche Resolutionen des Sicherheitsrates handelt. Es ist zu hoffen, dass die Staaten das erste KADI-Urteil des EuGH zum Anlass nehmen, mit Blick auf künftige quasi-hoheitliche Maßnahmen des Sicherheitsrates auf das Einhalten grundlegender menschenrechtlicher Prinzipien dezidierter zu beharren. Dies ist unerlässliche Voraussetzung dafür, dass die tatsächliche Verwirklichung der Menschenrechte auch auf globaler Ebene voranschreiten kann.

Literaturverzeichnis

Akande, Dapo, The International Court of Justice and the Security Council – Is there room for judicial control of decisions of the political organs of the United Nations?, ICLQ 46 (1997), S. 309–343.

Allmendinger, Michael/Hofmann, Björn, Die „Schwarze Liste" des Al-Qaida/Taliban Ausschusses nach dem „Kadi-Urteil", Humanitäres Völkerrecht 2009, S. 68–75.

Al-Rikabi, Zahra, Kadi II: the Right to Effective Judicial Review triumphs again, E.H.R.L.R. 2013, S. 631–636.

Alvarez, José A., The Declaration of Human Rights in Postmodernity, HRQ 22 (2000), S. 478–500.

Ambos, Kai, Internationales Strafrecht – Strafanwendungsrecht, Völkerstrafrecht, Europäisches Strafrecht, Rechtshilfe: ein Studienbuch, 3. Auflage, München 2011 (zit. *Ambos,* Internationales Strafrecht).

Ashauer, Christoph, Die Menschenrechte im Notstand – Eine Untersuchung zu den Voraussetzungen der Derogation nach Artikel 15 EMRK unter besonderer Berücksichtigung der Figur des überpositiven Notstandes, AVR 45 (2007), S. 400–431.

Aston, Jurij Daniel, Die Bekämpfung abstrakter Gefahren für den Weltfrieden durch legislative Maßnahmen des Sicherheitsrats – Resolution 1373 (2001) im Kontext, ZaöRV 62 (2002), S. 257–291.

–, Sekundärgesetzgebung internationaler Organisationen zwischen mitgliedstaatlicher Souveränität und Gemeinschaftsdisziplin, Berlin 2005 (zit. *Aston,* Sekundärgesetzgebung).

Aust, Helmut Philipp/Naske, Nina, Rechtsschutz gegen den UN-Sicherheitsrat durch europäische Gerichte? – Die Rechtsprechung des EuG zur Umsetzung „gezielter Sanktionen" aus dem Blickwinkel des Völkerrechts, ZÖR 2006, S. 587–623.

Bader, Johann/Ronellenfitsch, Michael (Hrsg.), Beckscher Onlinekommentar VwVfG, Stand 01.10.2013, Edition 21, (zit. BeckOK VwVfG/*Bearbeiter*).

Baderin, Mashood A./Ssenyonjo, Manisuli, Development of International Human Rights Law before and after the UDHR, in: *Baderin, Mashood A./Ssenyonjo, Manisuli* (Hrsg.), International human rights law – Six decades after the UDHR and beyond, Farnham, Surrey, England, Burlington, VT 2010, S. 3–30 (zit. *Baderin/Ssenyonjo,* in: *dies.* (Hrsg.), International human rights law).

Bainham, Andrew, Is it really for the European Community to implement anti-terrorism UN Security Council resolutions?, CLJ 65 (2006), S. 281–288.

Bartelt, Sandra/Zeitler, Helge Elisabeth, „Intelligente Sanktionen" zur Terrorismusbekämpfung in der EU, EuZW 2003, S. 712–717.

Bauer, Andreas F., Effektivität und Legitimität – Die Entwicklung der Friedenssicherung durch Zwang nach Kapitel VII der Charta der Vereinten Nationen unter besonderer Berücksichtigung der neueren Praxis des Sicherheitsrats, Berlin 1996 (zit. *Bauer*, Effektivität und Legitimität).

Bedjaoui, Mohamed, Nouvel ordre mondial et contrôle de la légalité des actes du Conseil de Sécurité, Bruxelles 1994 (zit. *Bedjaoui*, Nouvel ordre).

Bedjaoui, Mohammed, The new world order and the Security Council – Testing the legalityof its acts, Dordrecht 1994 (zit. *Bedjaoui*, The new world order).

Behr, Hartmut, Terrorismusbekämpfung vor dem Hintergrund transnationaler Herausforderungen – Zur Anti-Terrorismuspolitik der Vereinten Nationen seit der Sicherheitsrats-Resolution 1373, ZIB 2004, S. 27–59.

Bennis, Phyllis, Calling the shots – How Washington dominates today's UN, Gloucestershire 2004 (zit. *Bennis*, Calling the shots).

Berka, Walter, Grundrechtsschutz durch EuGH und EGMR – Konkurrenz oder Kooperation? – Zum „Ja aber-Beschluss" des EGMR in der Rechtssache Bosphorus Airways, ÖJZ 61 (2006), S. 876–886.

Bernhardt, Rudolf, Ultra vires activities of international organizations, in: *Makarczyk, Jerzy* (Hrsg.), Theory of international law at the threshold of the 21st century – Essays in honour of Krzysztof Skubiszewski, The Hague, Boston 1996, S. 599–609 (zit. *Bernhardt*, in: *Makarczyk* (Hrsg.), Theory of international law).

Bertele, Joachim, Souveränität und Verfahrensrecht – Eine Untersuchung der aus dem Völkerrecht ableitbaren Grenzen staatlicher extraterritorialer Jurisdiktion im Verfahrensrecht, Tübingen 1998 (zit. *Bertele*, Souveränität und Verfahrensrecht).

Bianchi, Andrea, Ad-hocism and the rule of law, EJIL 13 (2002), S. 263–272.

—, Assessing the effectiveness of the UN Security Council's anti-terrorism measures – The quest for legitimacy and cohesion, EJIL 17 (2006), S. 881–920.

Bienk-Koolman, Sabine, Die Befugnis des Sicherheitsrates der Vereinten Nationen zur Einsetzung von ad hoc-Strafgerichtshöfen – Zur Rechtmäßigkeit der Einsetzung des Internationalen Strafgerichtshofs für das ehemalige Jugoslawien sowie zum nachfolgenden Wandel in Praxis und Rechtsauffassung, Frankfurt am Main 2009 (zit. *Bienk-Koolman*, Ad hoc-Strafgerichtshöfe).

Biersteker, Thomas J., Targeted Financial Sanctions – A Manual for Design and Implementation 2001 (zit. *Biersteker*, Targeted Financial Sanctions).

Birkhäuser, Noah, Sanktionen des Sicherheitsrats der Vereinten Nationen gegen Individuen, Bern 2007 (zit. *Birkhäuser*, Sanktionen).

Bittner, Jan/Lederer Markus, Finanzmärkte und Sicherheit – Die Bekämpfung der Finanzquellen des Terrorismus, WeltTrends 2005, S. 57–70.

Bleckmann, Albert, Zur originären Entstehung gewohnheitsrechtlicher Menschenrechtsnormen, in: *Klein, Eckart* (Hrsg.), Menschenrechtsschutz durch

Gewohnheitsrecht - Kolloquium 26.–28. September 2002 Potsdam, Berlin 2003, S. 29–56 (zit. *Bleckmann*, in: *Klein* (Hrsg.), Menschenrechtsschutz durch Gewohnheitsrecht).

Bocek, Sonja, Die völkerrechtlichen Wirkungen einseitiger Erklärungen der UN-Generalversammlung, Frankfurt am Main 2011 (zit. *Bocek*, Die völkerrechtlichen Wirkungen).

Bogoeva, Julija/Fetscher, Caroline, Srebrenica - Ein Prozeß; Dokumente aus dem Verfahren gegen General Radislav Krstíc vor dem Internationalen Strafgerichtshof für das ehemalige Jugoslawien in Den Haag, Frankfurt am Main 2002 (zit. *Bogoeva/Fetscher*, Srebrenica).

Bongiorno, Carla, A culture of impunity - Applying international human rights law to the United Nations in East Timor, CHRLR 33, S. 623–692.

Bothe, Michael, Les limites des pouvoirs du Conseil de Sécurité, in: *Dupuy, René Jean* (Hrsg.), Le développement du rôle du conseil de sécurité - Peace-Keaping and Peace-Building - The Development of the Role of the Security Council - Colloque, La Haye, 21–23 juillet 1992, Dordrecht, Boston, Norwell MA 1993, S. 67 ff. (zit. *Bothe*, in: *Dupuy* (Hrsg.), Le développement).

–, Security Council's targeted sanctions against presumed terrorists - The need to comply with human rights standards, JICJ 6 (2008), S. 541–556.

–, Friedenssicherung und Kriegsrecht, in: *Graf Vitzthum, Wolfgang/Proelß, Alexander* (Hrsg.), Völkerrecht, 6. Aufl., Berlin 2013, 8. Abschnitt, S. 578–662 (zit. *Bothe*, in: *Graf Vitzthum/Proelß* (Hrsg.), Völkerrecht, 8. Abschnitt).

Brandl, Ulrike, Die Umsetzung der Sanktionsresolutionen des Sicherheitsrates in der EU, Archiv des Völkerrechts: AVR 38 (2000), S. 376–396.

Breitenmoser, Stephan, Die Europäische Union zwischen Völkerrecht und Staatsrecht, ZaöRV 55 (1995), S. 951–991.

Breyer, Silvia, Die gezielten Sanktionen des UN-Sicherheitsrates und ihre Implementierung in die Europäische Union 2010 (zit. *Breyer*, Die gezielten Sanktionen des UN-Sicherheitsrates).

Brodier, Hélène, Kadi II ou comment le Tribunal de l'Union se conforme, en toute liberté, à l'arrêt Kadi I de la Cour de Justice, L'Europe des libertés 2011, S. 14–17.

Brownlie, Ian, The decisions of political organs of the United Nations and the rule of law, in: *St. Macdonald, Ronald John* (Hrsg.), Essays in honour of Wang Tieya, Dordrecht 1994, S. 91–102 (zit. *Brownlie*, in: *St. Macdonald* (Hrsg.), Essays in honour of Wang Tieya).

Brugger, Winfried, 200 Jahre Marbury vs. Madison - Kampf um die Verfassungsgerichtsbarkeit., JuS 2003, S. 320 ff.

Bruha, Thomas, Gewaltverbot und humanitäres Völkerrecht nach dem 11. September 2001, AVR 40 (2002), S. 383–421.

Bruha, Thomas/Krajewski, Markus, Funktionswandel des Sicherheitsrats als Verfassungsproblem – Zur rechtlichen Sicht der neueren Praxis, VN 46 (1998), S. 13–18.

Bruha, Thomas/Steiger, Dominik, Das Folterverbot im Völkerrecht, Stuttgart 2006 (zit. *Bruha/Steiger*, Folterverbot).

Brzoska, Michael, Der Schatten Saddams – Die Vereinten Nationen auf der Suche nach zielgerichteten Sanktionen, VN 49 (2001), S. 56–60.

Calliess, Christian, Europäische Gesetzgebung und nationale Grundrechte – Divergenzen in der aktuellen Rechtsprechung von EuGH und BVerfG?, JZ 2009, S. 113–121.

Calliess, Christian/Ruffert, Matthias (Hrsg.), EUV/AEUV – Das Verfassungsrecht der Europäischen Union mit Europäischer Grundrechtecharta; Kommentar, 4. Auflage, München, 2011 (zit. *Bearbeiter*, in: *Calliess/Ruffert* (Hrsg.), EUV/AEUV).

Cameron, Iain, Protecting Legal Rights – On the insecurity of targeted sanctions, in: *Wallensteen, Peter/Staibano, Carina* (Hrsg.), International sanctions – Between words and wars in the global system, London 2005, S. 181–206 (zit. *Cameron*, in: *Wallensteen/Staibano* (Hrsg.), International sanctions).

–, The ECHR, Due Process and UN Security Council Counter-Terrorism Sanctions, Report commissioned by the Council of Europe. Veröffentlicht am 06.02.2006, abrufbar unter http://www.coe.int/t/dlapil/cahdi/Source/Docs%202006/CAHDI%20_2006_%2022%20E%20Cameron%20report.pdf (letzter Aufruf 31.12.2013), (zit. *Cameron*, The ECHR).

Canaris, Claus-Wilhelm, Systemdenken und Systembegriff in der Jurisprudenz – Entwickelt am Beisp. d. dt. Privatrechts, 2. Auflage, Berlin 1983 (zit. *Canaris*, Systemdenken).

Combacau, Jean, Le pouvoir de sanction de l'O.N.U. – Étude théorique de la coercition non militaire, Paris 1974 (zit. *Combacau*, Le pouvoir).

–, Sanctions, in: *Bernhard, Rudolf* (Hrsg.), Encyclopedia of Public International Law, IV, Amsterdam 2000, S. 311 ff. (zit. *Combacau*, in: *Bernhard* (Hrsg.), Encyclopedia of Public International Law, IV).

Condé, H. Victor, A handbook of international human rights terminology, 2. Auflage, Lincoln 2004 (zit. *Condé*, International human rights).

Cornils, Matthias, BVerfGE 37,271 – Solange I – Von den Grenzen des Anwendungsvorranges des Europarechts: Der unabdingbare Grundrechtsstandard des Grundgesetzes, in: *Menzel, Jörg/Müller-Terpitz, Ralf* (Hrsg.), Verfassungsrechtsprechung – Ausgewählte Entscheidungen des Bundesverfassungsgerichts in Retrospektive. 2. Aufl., Tübingen 2011, S. 252–261 (zit. *Cornils*, in: *Menzel/Müller-Terpitz* (Hrsg.), Verfassungsrechtsprechung).

Cortright, David/Lopez, George A., Economic Sanctions and Human Rights: Part of the Problem or Part of the Solution?, IJHR 1997, S. 1–25.

–, Smart sanctions – Targeting economic statecraft, Lanham, Md. 2002 (zit. *Cortright/Lopez,* Smart sanctions).

–, The sanctions decade – Assessing UN strategies in the 1990s, Boulder 2000 (zit. *Cortright/Lopez,* The sanctions decade).

Cortright, David/Lopez, George A/Gerber, Linda, Sanctions and the search for security – Challenges to UN action, Boulder, Colo. 2002 (zit. *Cortright/Lopez et al.,* Sanctions and the search for security).

Cramér, Per, Recent Swedish Experiences with Targeted Sanctions: The Erosion of Trust in the Security Council, in: *de Wet, Erika de/Nollkaemper, André* (Hrsg.), Review of the Security Council by member states, Antwerp 2003 (zit. *Cramér,* in: *de Wet/Nollkaemper* (Hrsg.), Review of the Security Council by member states).

Czarnecki, Ralph/Lenski, Edgar, Fallrepetitorium Völkerrecht, 2. Auflage, Berlin u. a. 2007 (zit. *Czarnecki/Lenski,* Fallrepetitorium Völkerrecht).

Dahm, Georg, Völkerrecht – Band II, [Stuttgart] 1961 (zit. *Dahm,* Völkerrecht).

Dahm, Georg/Delbrück, Jost/Wolfrum, Rüdiger, Völkerrecht – Die Formen des völkerrechtlichen Handelns; die inhaltliche Ordnung der internationalen Gemeinschaft, 2. Auflage 2002 (zit. *Dahm/Delbrück et al.,* VR, Bd. I/3).

Dahme, Gudrun, Terrorismusbekämpfung durch Wirtschaftssanktionen, Witten 2007 (zit. *Dahme,* Terrorismusbekämpfung).

D'Amato, Anthony, Trashing Customary International Law, AJIL 81 (1987), S. 101 ff.

Damrosch, Lori Fisler, Sanctions against perpetrators of terrorism, Hous. J. Int'l L. 22 (1999), S. 63–76.

Darge, Tobias, Kriegsverbrechen im nationalen und internationalen Recht – Unter besonderer Berücksichtigung des Bestimmtheitsgrundsatzes, Berlin [u.a.] 2010 (zit. *Darge,* Kriegsverbrechen).

Davidsson, Elias, Legal boundaries to UN sanctions, IJHR 7, S. 1–50.

de Jonge Oudraat, Chantal, The Role of the Security Council, in: *Boulden, Jane/ Weiss, Thomas G.* (Hrsg.), Terrorism and the UN – Before and After September 11, Bloomington 2004, S. 151–172 (zit. *de Jonge Oudraat,* in: *Boulden/Weiss* (Hrsg.), Terrorism and the UN).

de Wet, Erika, The Security Council as a Law Maker – The Adoption of (Quasi)-judicial Decisions, in: *Wolfrum, Rüdiger/Röben, Volker* (Hrsg.), Developments of international law in treaty making, Berlin,, New York 2005, S. 183–225 (zit. *de Wet,* in: *Wolfrum/Röben* (Hrsg.), Developments of international law in treaty making).

de Wet, Erika /Nollkaemper, André, Review of Security Council decisions by national courts, GYIL 45 (2002), S. 166–202.

Dederer, Hans-Georg, Krieg gegen Terror, JZ 2004, S. 421–430.

Delbrück, Jost, International Economic Sanctions and Third States, AVR 30 (1992), S. 86–100.

Doehring, Karl, Unlawful resolutions of the Security Council and their legal consequences, MPYUNL 1997, S. 91–109.

–, Gewohnheitsrechtsbildung aus Menschenrechtsverträgen, in: *Klein, Eckart* (Hrsg.), Menschenrechtsschutz durch Gewohnheitsrecht – Kolloquium 26.-28. September 2002 Potsdam, Berlin 2003, S. 67–83 (zit. *Doehring*, in: *Klein* (Hrsg.), Menschenrechtsschutz durch Gewohnheitsrecht).

–, Völkerrecht – Ein Lehrbuch, 2. Auflage, Heidelberg 2004 (zit. *Doehring*, Völkerrecht).

Dolzer, Rudolf, Eigentum, Enteignung und Entschädigung im geltenden Völkerrecht, Berlin u.a. 1985 (zit. *Dolzer*, Eigentum).

–, Wirtschaft und Kultur, in: *Graf Vitzthum, Wolfgang/Proelß, Alexander* (Hrsg.), Völkerrecht, 6. Aufl., Berlin 2013, 6. Abschnitt, S. 445–526 (zit. *Dolzer*, in: *Graf Vitzthum/Proelß* (Hrsg.), Völkerrecht, 6. Abschnitt).

Dörr, Oliver, Der europäisierte Rechtsschutzauftrag deutscher Gerichte – Artikel 19 Absatz 4 GG unter dem Einfluß des europäischen Unionsrechts, Tübingen 2003 (zit. *Dörr*, Rechtsschutzauftrag).

–, Art. 31 WVRK, in: *Dörr, Oliver/Schmalenbach, Kirsten* (Hrsg.), Vienna Convention on the Law of Treaties – A commentary, Berlin u.a 2012 (zit. *Dörr*, in: *Dörr/Schmalenbach* (Hrsg.), Vienna Convention on the Law of Treaties).

–, „Privatisierung" des Völkerrechts, JZ 2005, S. 905–916.

Doswald-Beck, Louise/ Vité Sylvain, Le droit international humanitaire et le droit des droits de l'homme, RICR 75 (1993), S. 99 ff.

Doxey, Margaret Pamela, International sanctions in contemporary perspective, 2. Auflage, Basingstoke, Hampshire 1996 (zit. *Doxey*, International sanctions).

Drohla, Jeannine, Die Bindung der Vereinten Nationen an das humanitäre Völkerrecht, in: *Bäumler, Jelena/Daase, Cindy u.a.* (Hrsg.), Akteure in Krieg und Frieden – [... aus dem Workshop des Arbeitskreises junger Völkerrechtler mit dem Thema „Akteure in Krieg und Frieden" hervorgegangen der vom 30. Oktober bis 1. November 2009 in Berlin stattfand], Tübingen 2010, S. 93–114 (zit. *Drohla*, in: *Bäumler/Daase/Schliemann u.a.* (Hrsg.), Akteure in Krieg und Frieden).

Duijzentkust, Bart Smit, Interpretation of legislative Security Council resolutions, Utrecht Law Review 2008, S. 188–290.

Eagleton, Clyde, International government, 3. Auflage, New York 1957 (zit. *Eagleton*, International government).

Eckert, Eva, Die Rolle nichtstaatlicher Akteure in der Auslegung des Begriffs der Friedensbedrohung nach Kapitel VII der UN-Charta durch den Sicherheitsrat der Vereinten Nationen, Berlin 2006 (zit. *Eckert*, Nichtstaatliche Akteure).

Eisenberg, Ulrich, Beweisrecht der StPO – Spezialkommentar, 8. Auflage, München, 2012 (zit. *Eisenberg,* Beweisrecht der StPO).

Elliot, Kimberly Ann, Trend in economic sanctions policy: challenges to conventional wisdom, in: *Wallensteen, Peter/Staibano, Carina* (Hrsg.), International sanctions – Between words and wars in the global system, London 2005, S. 3–15 (zit. *Elliot,* in: *Wallensteen/Staibano* (Hrsg.), International sanctions).

Emmerich-Fritsche, Angelika, Kulturtranszendenz und kulturkritische Elemente der Menschenwürde, MRM 13 (2008), S. 28–39.

Epping, Volker, Völkerrechtssubjekte, in: *Ipsen, Knut* (Hrsg.), Völkerrecht, 5. Aufl., München 2004, S. 55–111 (zit. *Epping,* in: *Ipsen* (Hrsg.), Völkerrecht).

Epping, Volker/Gloria, Christian, Der Staat im Völkerrecht, in: *Ipsen, Knut* (Hrsg.), Völkerrecht, 5. Aufl., München 2004, S. 257–337 (zit. *Epping/Gloria,* in: *Ipsen* (Hrsg.), Völkerrecht).

Epping, Volker/Hillgruber, Christian (Hrsg.), Beck'scher Online-Kommentar GG, Stand 01.11.2013, Edition 19, (zit. BeckOK GG/*Bearbeiter*).

Ernst, Christoph, Das gerichtliche Zwischenverfahren nach Anklageerhebung, Frankfurt am Main u.a 1986 (zit. *Ernst,* Das gerichtliche Zwischenverfahren).

Fassbender, Bardo, „Quis judicabit"? – The Security Council, its powers and its legal control, EJIL 11 (2000).

–, Targeted Sanctions imposed by the Security Council and due process rights – A Study commissioned by the UN-Office of legal affairs and follow-up action by the United Nations, IOLR 3 (2006), S. 437–485.

–, Art. 19 Abs. 4 GG als Garantie innerstaatlichen Rechtsschutzes gegen Individualsanktionen des UN-Sicherheitsrates, AöR 132 (2007), S. 257–286.

–, The United Nations Charter as the constitution of the international community, Leiden, Boston 2009 (zit. *Fassbender,* The United Nations Charter).

–, Triepel in Luxemburg – Die dualistische Sicht des Verhältnisses zwischen Europa- und Völkerrecht in der „Kadi-Rechtsprechung" des EuGH als Problem des Selbstverständnisses der Europäischen Union, DÖV 2010, S. 333–341.

Fastenrath, Ulrich, Lücken im Völkerrecht – Zu Rechtscharakter, Quellen, Systemzusammenhang, Methodenlehre und Funktionen des Völkerrechts, Berlin 1991 (zit. *Fastenrath,* Lücken im Völkerrecht).

Feinäugle, Clemens A., Hoheitsgewalt im Völkerrecht – Das 1267-Sanktionsregim der UN und seine rechtliche Fassung, Heidelberg 2011 (zit. *Feinäugle,* Hoheitsgewalt im Völkerrecht).

Finke, Jonas, Kohärenz in der völkerrechtlichen Behandlung nichtstaatlicher Gewaltakteure, in: *Bäumler, Jelena/Daase, Cindy u. a.* (Hrsg.), Akteure in Krieg und Frieden – [... aus dem Workshop des Arbeitskreises junger Völkerrechtler mit dem Thema „Akteure in Krieg und Frieden" hervorgegangen der vom 30. Oktober bis 1. November 2009 in Berlin stattfand], Tübingen 2010, S. 47–68 (zit. *Finke*, in: *Bäumler/Daase/Schliemann u. a.* (Hrsg.), Akteure in Krieg und Frieden).

Flynn, E. J., The Security Council's Counter-Terrorism Committee and Human Rights, HRLR 7 (2007), S. 371–384.

Foot, Rosemary, The United Nations, counter terrorism, and human rights – Institutional adaptation and embedded ideas, HRQ 29 (2007), S. 489–514.

Frank, Daniel, UNO-Sanktionen gegen Terrorismus und Europäische Menschenrechtskonvention (EMRK), in: *Breitenmoser, Stephan/Ehrenzeller, Bernhard u. a.* (Hrsg.), Human rights, democracy and the rule of law: liber amicorum Luzius Wildhaber [zum 70. Geburtstag], Zürich [u.a.] 2007, S. 237–260 (zit. *Frank*, in: *Breitenmoser/Ehrenzeller/Sassòli u. a.* (Hrsg.), Human rights).

–, Verantwortlichkeit für die Verletzung der Europäischen Menschenrechtskonvention durch internationale Organisationen Univ, 1999 (zit. *Frank*, Verantwortlichkeit).

Fremuth, Michael Lysander, Ein Prozess...: Zum Ausgleich zwischen der effektiven Bekämpfung des Terrorismus und der Beachtung der Menschenrechte in der Sanktionspraxis des Sicherheitsrates, DÖV 2012, S. 81–89.

Fremuth, Michael/Griebel, Jörn, On the Security Council as a Legislator:, NJIL 76 (2007), S. 339–361.

Frenz, Walter, Handbuch Europarecht, Band 5 – Wirkungen und Rechtsschutz, 2010 (zit. *Frenz*, Handbuch Europarecht).

Freudenschuß, Helmut, Article 39 of the UN Charter revisted, threats to the peace and the recent practice of the UN Security Council, AJPIL 46 (1993), S. 1–39.

Frowein, Jochen Abr., Der Terrorismus als Herausforderung für das Völkerrecht, ZaöRV 62 (2002), S. 879–905.

–, The UN Anti-Terrorism Administration and the Rule of Law, in: *Dupuy, Pierre M./Fassbender, Bardo u. a.* (Hrsg.), Völkerrecht als Wertordnung/ Festschrift für Christian Tomuschat, Kehl 2006, S. 785–797 (zit. *Frowein*, in: *Dupuy/Fassbender/Shaw u. a.* (Hrsg.), FS Tomuschat).

Füller, Jens Thomas, Eigenständiges Sachenrecht?, Tübingen 2006 (zit. *Füller*, Eigenständiges Sachenrecht).

Funke, Andreas, Virtuelle verfassungsgerichtliche Kontrolle von EU-Rechtsakten – der Schlussstein?, ZG 26 (2011), S. 166–187.

Gading, Heike, Der Schutz grundlegender Menschenrechte durch militärische Massnahmen des Sicherheitsrates – das Ende staatlicher Souveränität?, Berlin 1996 (zit. *Gading*, Grundlegende Menschenrechte).

Gaja, Giorgio, General principles of law, in: *Wolfrum, Rüdiger* (Hrsg.), Max Planck Encyclopedia of Public International Law, Online Edition 2008- (zit. *Gaja*, in: *Wolfrum* (Hrsg.), MPEPIL, Online Edition, General principle of law).

Gareis, Sven Bernhard/Varwick, Johannes, Die Vereinten Nationen – Aufgaben, Instrumente und Reformen, 4. Auflage, Lizenzausgabe für die Bundeszentrale für politische Bildung, Bonn 2007, (zit. *Gareis/Varwick*, Die Vereinten Nationen).

Gasser, Hans-Peter, Collective economic sanctions and international humanitarian law – An enforcement measure under the United Nations Charter and the right of civilians to immunity; an unavoidable clash of policy goals?, ZaöRV 56 (1996), S. 871–904.

Geiger, Rudolf, Grundgesetz und Völkerrecht – Mit Europarecht; die Bezüge des Staatsrechts zum Völkerrecht und Europarecht; ein Studienbuch, 6. Auflage, München 2013 (zit. *Geiger*, Grundgesetz und Völkerrecht).

Geiger, Rudolf/Khan, Daniel-Erasmus/Kotzur, Markus (Hrsg.), EUV/AEUV – Vertrag über die Europäische Union und Vertrag über die Arbeitsweise der Europäischen Union; Kommentar, 5. Auflage, München, 2010. (zit. *Bearbeiter*, in: *Geiger/Khan/Kotzur*, EUV/AEUV).

Gibbons, Elizabeth D, Sanctions in Haiti – Human rights and democracy under assault, Westport, Conn. 1999 (zit. *Gibbons*, Sanctions in Haiti).

Giegerich, Thomas, Vorbehalte zu Menschenrechtsabkommen – Zulässigkeit, Gültigkeit und Prüfungskompetenzen von Vertragsgremien; Ein konstitutioneller Ansatz, ZaöRV 55 (1995), S. 713–782.

Gill, T. D., Legal and some political limitations on the power of the UN Security Council to exercise its enforcement powers under Chapter VII of the Charter, NYIL 26 (1995), S. 33–138.

Gloria, Christian, Internationales Wirtschaftsrecht, in: *Ipsen, Knut*(Hrsg.), Völkerrecht, 5. Aufl., München 2004, S. 674–770 (zit. *Gloria*, in: *Ipsen* (Hrsg.), Völkerrecht).

Gollwitzer, Walter, Menschenrechte im Strafverfahren – MRK und IPBPR; Kommentar, 25. Auflage, Berlin 2005 (zit. *Gollwitzer*, Menschenrechte im Strafverfahren).

Gössel, in: *Meyer-Gossner, Lutz/Eser, Albin* (Hrsg.), Strafverfahrensrecht in Theorie und Praxis – Festschrift für Lutz Meyer-Gossner zum 65. Geburtstag, München 2001 (zit. Gössel, in: *Meyer-Gossner/Eser* (Hrsg.), FS Meyer-Gossner).

Gowlland-Debbas, Vera, Collective responses to illegal acts in international law – United Nations action in the question of Southern Rhodesia, Dordrecht 1990 (zit. *Gowlland-Debbas*, Collective responses).

–, Security Council Enforcement Action and Issues of State Responsibility, ICLQ 43 (1994), S. 55–98.

–, The Functions of the United Nations Security Council in the International Legal System, in: *Byers, Michael* (Hrsg.), The role of law in international politics – Essays in international relations and international law, Oxford 2001, S. 277 ff. (zit. *Gowlland-Debbas*, in: *Byers* (Hrsg.), The role of law).

–, United Nations sanctions and international law, The Hague 2001 (zit. *Gowlland-Debbas*, United Nations sanctions).

Grabitz, Eberhard/Hilf, Meinhard/Nettesheim, Martin (Hrsg.), Das Recht der Europäischen Union – [Kommentar], 51. Auflage, München, 2013 (zit. *Bearbeiter*, in: *Grabitz/Hilf/Nettesheim* (Hrsg.), Das Recht der Europäischen Union).

Graf Vitzthum, Wolfgang, Begriff, Geschichte und Rechtsquellen des Völkerrechts, in: *Graf Vitzthum, Wolfgang/Proelß, Alexander* (Hrsg.), Völkerrecht, 6. Aufl., Berlin 2013, 1. Abschnitt, S. 5–65 (zit. *Graf Vitzthum*, in: *Graf Vitzthum/Proelß* (Hrsg.), Völkerrecht, 1. Abschnitt).

Griller, Stefan, Die Bindung der Europäischer Union an das Recht der Vereinten Nationen unter besonderer Berücksichtigung der Rechtswirkungen von Beschlüssen des Sicherheitsrates im Unionsrecht, EuR 2012, S. Beiheft 2, 103–125.

Grünfeld, Fred, The Effectiveness of United Nations Economic Sanctions, in: *Genugten, Willem J. M. van/Groot, Gerard A. de* (Hrsg.), United Nations sanctions – Effectiveness and effects, especially in the field of human rights; a multi-disciplinary approach, Antwerpen 1999, S. 113–134 (zit. *Grünfeld*, in: *Genugten/Groot* (Hrsg.), United Nations sanctions).

Häberle, Peter, Wechselwirkungen zwischen deutschen und ausländischen Verfassungen, in: *Badura, Peter/Merten, Detlef/Papier, Hans-Jürgen* (Hrsg.), Handbuch der Grundrechte in Deutschland und Europa, Bd. I, Heidelberg 2004, S. 313–348 (zit. *Häberle*, in: *Badura/Merten/Papier* (Hrsg.), HdbGR I).

Hannum, Hurst, The Status of the Universal Declaration of Human Rights in National and International Law, GJICL 25 (1995–1996), S. 287 ff.

Haratsch, Andreas, Die Bedeutung des UN-Menschenrechtspakte für die Europäische Union, Themenheft 25 Jahre Internationale Menschenrechtspakte 202, S. 29–54.

Harings, Lothar, Die EG als Rechtsgemeinschaft (?) – EuGH versagt Individualrechtsschutz, EuZW 2005, S. 705.

Hartmann, Corinna Margit, Staatliche Beteiligung an terroristischen Gewaltaktionen – Neue Herausforderungen für das Friedenssicherungssystem der Vereinten Nationen, Frankfurt a.M., Bern etc 2006 (zit. *Hartmann*, Staatliche Beteiligung an terroristischen Gewaltaktionen).

Hayes, Ben, Reformierte Terrorlisten. Instrumente der Willkür, CILIP 87 (2007), S. 36–49.

Hechtl, Manfred, Die offensive Defensive: das Recht der präventiven Selbstverteidigung? – Lösungsansätze für (scheinbare) Bedrohungen durch einzelne Staaten und internationale Terrornetzwerke, Frankfurt/Main 2011 (zit. *Hechtl*, Präventive Selbstverteidigung).

Heintschel von Heinegg, Wolff, Die völkerrechtlichen Verträge als Hauptrechtsquelle des Völkerrechts, in: *Ipsen, Knut* (Hrsg.), Völkerrecht, 5. Aufl., München 2004, S. 112–209 (zit. *Heintschel von Heinegg*, in: *Ipsen* (Hrsg.), Völkerrecht).

–, Die weiteren Quellen des Völkerrechts, in: *Ipsen, Knut*(Hrsg.), Völkerrecht, 5. Aufl., München 2004, S. 210–256 (zit. *Heintschel von Heinegg*, in: *Ipsen* (Hrsg.), Völkerrecht).

Henke, Christoph, Ein Beitrag zur neueren Lehre vom gerechten Krieg, in: *Starck, Christian* (Hrsg.), Kann es heute noch „gerechte Kriege“ geben?, Göttingen 2008, S. 109–157 (zit. *Henke*, in: *Starck* (Hrsg.), Kann es heute noch „gerechte Kriege“ geben?).

Herbst, Jochen, Rechtskontrolle des UN-Sicherheitsrates, Frankfurt am Main, New York 1999 (zit. *Herbst*, Rechtskontrolle).

Herdegen, Matthias, Der Sicherheitsrat und die autoritative Konkretisierung des VII. Kapitels der UN-Charta, in: *Beyerlin, Ulrich* (Hrsg.), Recht zwischen Umbruch und Bewahrung: Völkerrecht, Europarecht, Staatsrecht; Festschrift für Rudolf Bernhardt, Berlin, Heidelberg, New York 1995, S. 103–119 (zit. *Herdegen*, in: *Beyerlin* (Hrsg.), Recht zwischen Umbruch und Bewahrung).

–, Die Befugnisse des UN-Sicherheitsrates – Aufgeklärter Absolutismus im Völkerrecht?, Heidelberg 1998 (zit. *Herdegen*, Befugnisse).

–, Asymmetrien in der Staatenwelt und die herausforderungen des „konstruktiven Völkerrechts“, ZaöRV 64 (2004), S. 571–582.

–, Internationales Wirtschaftsrecht – Ein Studienbuch, 9. Auflage, München 2011 (zit. *Herdegen*, Internationales Wirtschaftsrecht).

–, Völkerrecht, 12. Auflage, München 2013 (zit. *Herdegen*, Völkerrecht).

–, Europarecht, 15. Auflage, München 2013 (zit. *Herdegen*, Europarecht).

Heun-Rehn, Stefan Lars-Thoren, Kadi und Al Barakaat – Der EuGH, die Gemeinschaft und das Völkerrecht (Yassin Abdullah Kadi und Al Barakaat International Foundation v Rat und Kommission, EuGH (Grosse Kammer) vom 3. September 2008, C-402/05 P und C-415/05 P), European Law Reporter 2008, S. 322–338.

Hilpold, Peter, Im Spannungsverhältnis zwischen UN-Recht und EU-Recht, die unendliche Kadi-Saga, EWS 2011, S. 45–47.

Hingst, Ulla, Auswirkungen der Globalisierung auf das Recht der völkerrechtlichen Verträge, Berlin 2001 (zit. *Hingst*, Globalisierung).

Hippler, Jochen, Hoffnungsträger UNO? Die Vereinten Nationen zwischen Friedenseuphorie und realpolitischer Ernüchterung, in: *Matthies, Volker* (Hrsg.), Frieden durch Einmischung? – Der Schrecken des Krieges und die (Ohn)Macht der internationalen Gemeinschaft, Bonn 1993, S. 155–170 (zit. *Hippler*, in: *Matthies* (Hrsg.), Frieden durch Einmischung?).

Hobe, Stephan, Einführung in das Völkerrecht, 9. Auflage, Tübingen 2008 (zit. *Hobe*, Völkerrecht).

Hoffmann-Riem, Wolfgang, Freiheit und Sicherheit im Angesicht terroristischer Anschläge, ZRP 2002, S. 497–501.

Hörmann, Saskia, Völkerrecht bricht Rechtsgemeinschaft? – Zu den rechtlichen Folgen einer Umsetzung von Resolutionen des UN-Sicherheitsrates durch die EG, AVR 44 (2006), S. 267–327.

–, Die Befugnis der EG zur Umsetzung von Resolutionen des UN-Sicherheitsrates zur Bekämpfung des internationalen Terrorismus, EuR 2007, S. 120–133.

Hoskins, Eric, The Humanitarian Impact of Economic Sanctions and War in Iraq, in: *Weiss, Thomas G/Cortright, David u. a.* (Hrsg.), Political gain and civilian pain – Humanitarian impacts of economic sanctions, Lanham, Md. 1997, S. 91–147 (zit. *Hoskins*, in: *Weiss/Cortright/Lopez u. a.* (Hrsg.), Political gain and civilian pain).

Ipsen, Knut, Auf dem Weg zur Relativierung der inneren Souveränität bei Friedensbedrohung – Zu den Libyen-Resolutionen des Sicherheitsrats, VN 40 (1992), S. 41–45.

–, Der Individualschutz im Völkerrecht, in: *ders.* (Hrsg.), Völkerrecht, 5. Aufl., München 2004, S. 771–815 (zit. *Ipsen*, in: *ders.* (Hrsg.), Völkerrecht).

–, Zum völkergewohnheitsrechtlichen Mindeststandard des Individualschutzes, in: *ders.* (Hrsg.), Völkerrecht, 5. Aufl., München 2004, S. 809–815 (zit. *Ipsen*, in: *ders.* (Hrsg.), Völkerrecht).

Isanga, Joseph, Counter-terrorism and human rights – The emergence of a rule of customary int'l law from U.N. resolutions, DJILP 37 (2009), S. 233–256.

Janik, Cornelia, Die EMRK und internationale Organisation – Ausdehnung und Restriktion der equivalent protection-Formel in der neuen Rechtsprechung des EGMR, ZaöRV 70 (2010), S. 127–179.

Johnston, Angus, Frozen in time? The ECJ finally rules on the Kadi appeal, CLJ 68 (2009), S. 1–4.

Joseph, Sarah/Schultz, Jenny/Castan, Melissa (Hrsg.), The International Covenant on Civil and Political Rights – Cases, materials, and commentary, 2. Auflage, Oxford, New York, 2005 (zit. *Joseph/Schultz/Castan*, CCPR).

Kadelbach, Stefan, Zwingendes Völkerrecht, Berlin 1992 (zit. *Kadelbach*, Zwingendes Völkerrecht).

–, Staatshaftung für Embargoschäden, JZ 1993, S. 1134–1142.

Kälin, Walter, Menschenrechtsverträge als Gewährleistung einer objektiven Ordnung, BDGV 33 (1994), S. 9–48.

Kälin, Walter/Künzli, Jörg, Universeller Menschenrechtsschutz, 3. Auflage, Basel 2013 (zit. *Kälin/Künzli*, Universeller Menschenrechtsschutz).

Kämmerer, Jörn Axel, Das Urteil des Europäischen Gerichtshofs im Fall „Kadi“: Ein Triumph der Rechtstaatlichkeit?, EuR 2009, S. 114–130.

Karayigit, Mustafa T., The Yusuf and Kadi Judgments – The Scope of the EC Competences in Respect of Restrictive Measures, Legal Issues of Economic Integration 33 (2006), S. 379–404.

Karl, Wolfram, Vertragsauslegung – Vertragsänderung, in: *Schreuer, Christoph* (Hrsg.), Autorität und internationale Ordnung – Aufsätze zum Völkerrecht, Berlin 1979, S. 9 ff. (zit. *Karl*, in: *Schreuer* (Hrsg.), Autorität und internationale Ordnung).

—, Vertrag und spaetere Praxis im Voelkerrecht – Zum Einfluß der Praxis auf Inhalt und Bestand völkerrechtlicher Verträge, Berlin 1983 (zit. *Karl*, Vertrag und spätere Praxis).

—, Menschenrechtliches ius cogens; eine Analyse von „Barcelona Traction" und nachfolgender Entwicklungen, in: *Klein, Eckart* (Hrsg.), Menschenrechtsschutz durch Gewohnheitsrecht – Kolloquium 26.-28. September 2002 Potsdam, Berlin 2003, S. 102–140 (zit. *Karl*, in: *Klein* (Hrsg.), Menschenrechtsschutz durch Gewohnheitsrecht).

Kau, Marcel, Der Staat und der Einzelne als Völkerrechtssubjekte, in: *Graf Vitzthum, Wolfgang/Proelß, Alexander* (Hrsg.), Völkerrecht, 6. Aufl., Berlin 2013, 3. Abschnitt, S. 139–243 (zit. *Kau*, in: *Graf Vitzthum/Proelß* (Hrsg.), Völkerrecht, 3. Abschnitt).

Kelsen, Hans, The Law of the United Nations 2011 (zit. *Kelsen*, The Law of the United Nations).

Kempen, Bernhard, Eigentum: Ein universelles Menschenrecht?, WiVerw 2009, S. 19 ff.

Kindhäuser, Urs/Neumann, Ulfrid/Paeffgen, Hans-Ulrich (Hrsg.), Strafgesetzbuch, 4. Auflage, Baden-Baden, 2013 (zit. *Bearbeiter*, in *Kindhäuser/Neumann/Paeffgen* (Hrsg.), Strafgesetzbuch).

Kingsbury, Benedict/Krisch, Nico, Introduction: Global Governance and Global Administrative Law in the International Legal Order, EJIL 17 (2006), S. 1–13.

Kingsbury, Benedict/Krisch, Nico/Stewart, Richard B., The Emergence of Global Administrative Law, LCP 68 (2005), S. 15–61.

Klein, Eckart/Schmahl, Stefanie, Die Internationalen und Supranationalen Organisationen, in: *Graf Vitzthum, Wolfgang/Proelß, Alexander* (Hrsg.), Völkerrecht, 6. Aufl., Berlin 2013, 4. Abschnitt, S. 244–358 (zit. *Klein/Schmahl*, in: *Graf Vitzthum/Proelß* (Hrsg.), Völkerrecht, 4. Abschnitt).

Knoll, Bernhard, Rights without remedies – The European Court's failure to close the human rights gap in Kosovo, Zeitschrift für ausländisches öffentliches Recht und Völkerrecht: ZaöRV 68 (2008), S. 431–542.

Kondoch, Boris, The limits of economic sanctions under international law – The case of Iraq, International Peace Keeping 7 (2001), S. 267–294.

Kotzur, Markus, „Krieg gegen den Terrorismus" – politische Rhetorik oder neue Konturen des „Kriegsbegriffs" im Völkerrecht?, AVR 40 (2002), S. 454 ff.

—, Zur originären Entstehung gewohnheitsrechtlicher Menschenrechtsnormen – Kommentar, in: *Klein, Eckart* (Hrsg.), Menschenrechtsschutz durch Gewohnheitsrecht – Kolloquium 26.-28. September 2002 Potsdam, Berlin 2003, S. 57–66 (zit. *Kotzur*, in: *Klein* (Hrsg.), Menschenrechtsschutz durch Gewohnheitsrecht).

–, Kooperativer Grundrechtsschutz in der Völkergemeinschaft, EuGRZ 2008, S. 673–680.

–, Eine Bewährungsprobe für die Europäische Grundrechtsgemeinschaft – Zur Entscheidung des EuG in der Rs. Yusuf u. a. gegen Rat, EuGRZ 2006, S. 19–25.

Krajewski, Markus, Terroranschläge in den USA und Krieg gegen Afghanistan – Welche Antworten gibt das Völkerrecht?, KJ 2001, S. 363–383.

–, Selbstverteidigung gegen bewaffnete Angriffe nicht-staatlicher Organisationen – Der 11. September 2001 und seine Folgen, AVR 40 (2002), S. 183–214.

–, Wirtschaftsvölkerrecht, 3. Auflage, Heidelberg, Neckar 2012 (zit. *Krajewski*, Wirtschaftsvölkerrecht).

Krocker, Patrick, Die Überprüfbarkeit gemeinsamer Standpunkte im Rahmen der PJZS – effektiver Rechtsschutz in der dritten Säule der EU?, EuR 2008, S. 378–387.

Kulessa, Manfred/Starck, Dorothee, Frieden durch Sanktionen? Empfehlungen für die deutsche UN-Politik, Policy Paper Nr. 7, Bonn 1997 (zit. *Kulessa/Starck*, Frieden durch Sanktionen).

Kunig, Philip, Völkerrecht und staatliches Recht, in: *Graf Vitzthum, Wolfgang/Proelß, Alexander* (Hrsg.), Völkerrecht, 6. Aufl., Berlin 2013, Zweiter Abschnitt, S. 66–138 (zit. *Kunig*, in: *Graf Vitzthum/Proelß* (Hrsg.), Völkerrecht, Zweiter Abschnitt).

Kutscha, Martin, Mehr Schutz von Computerdaten durch ein neues Grundrecht?, NJW 2008, S. 1042 ff.

Lackner, Karl/Kühl, Kristian, Strafgesetzbuch, 27. Auflage, 2011 (zit. *Lackner/Kühl*, StGB).

Lavranos, Nikolaos, Judicial Review of UN Sanctions by the Court of First Instance, EFA Rev. 2006, S. 471–490.

–, Judicial review of UN sanctions by the European Court of Justice, NJIL 78 (2009), S. 343–360.

Leben, Charles, Les Contre-Mesure Inter-Étatiques et les Réactions à I'Illicite dans la Société Internationale, AFDI 28 (1982), S. 9–77.

Lehmann, Julian M., Limits to Counter-Terrorism: Comparing Derogation from the International Covenant on Civil and Political Rights and the European Convention on Human, Essex human rights review 2011, S. 103–122.

Leiss, Elisabeth, Interventionen des Sicherheitsrates bei innerstaatlich begangenen Menschenrechtsverletzungen nach Kapitel VII der Charta der Vereinten Nationen – Versuch einer Standardisierung, Frankfurt am Main 2000 (zit. *Leiss*, Interventionen).

Lentner, Gabriel M., Kadi II before the ECJ – UN Targeted Sanctions and European Legal Order, ELR 2013, S. 202–205.

Lillich, Richard, The growing importance of customary international human rights law, GJICL 25 (1995–1996), S. 1–30.

Lock, Tobias, Das Verhältnis zwischen dem EuGH und internationalen Gerichten, Tübingen 2010 (zit. *Lock*, Verhältnis).

Lorinser, Barbara, Bindende Resolutionen des Sicherheitsrates, Baden-Baden 1996 (zit. *Lorinser*, Bindende Resolutionen).

Löwe, Ewald/Rosenberg, Werner (Hrsg.), Die Strafprozessordnung und das Gerichtsverfassungsgesetz, 26. Auflage, XI, Berlin, 2012 (zit. *Bearbeiter*, in: *Löwe/Rosenberg* (Hrsg.), StPO XI).

Macke, Julia, UN-Sicherheitsrat und Strafrecht – Legitimation und Grenzen einer internationalen Strafgesetzgebung, Berlin 2010 (zit. *Macke*, UN-Sicherheitsrat und Strafrecht).

Marques Antunes, Nuno Sérgio, Acquiescence, in: *Wolfrum, Rüdiger* (Hrsg.), Max Planck Encyclopedia of Public International Law 2008, Online Edition 2008 (zit. *Marques Antunes*, in: *Wolfrum* (Hrsg.), MPEPIL, Acquiescence).

Martenczuk, Bernd, Rechtsbindung und Rechtskontrolle des Weltsicherheitsrats – Die Überprüfung nichtmilitärischer Zwangsmaßnahmen durch den Internationalen Gerichtshof, Berlin 1996 (zit. *Martenczuk*, Rechtsbindung).

Matiss, Claudia, Terrorismusbekämpfung und menschenrechtlicher Eigentumsschutz 2009 (zit. *Matiss*, Terrorismusbekämpfung).

Maunz, Theodor/Dürig, Günter (Hrsg.), Grundgesetz – Kommentar, 69. Auflage, München, 2013 (zit. *Bearbeiter*, in *Maunz/Dürig* (Hrsg.), Grundgesetz).

Maurer, Hartmut, Allgemeines Verwaltungsrecht, 18. Auflage, München 2011 (zit. *Maurer*, Allg. VwR).

McDougal, Myres S./Reisman, W. Michael, Rhodesia and the United Nations: The Lawfulness of International Concern, AJIL 62 (1968), S. 1–19.

Meerpohl, Thomas, Individualsanktionen des Sicherheitsrates der Vereinten Nationen – Das Sanktionsregime gegen die Taliban und Al-Qaida vor dem Hintergrund des Rechts der VN und der Menschrechte, München 2008 (zit. *Meerpohl*, Individualsanktionen).

Mégret, Frédéric/Hoffmann, Florian, The UN as a human rights violator? – Some reflections on the United Nations changing human rights responsibilities, HRQ 25 (2003), S. 314–342.

Meng, Werner, Die Kompetenz der EWG zur Verhängung von Wirtschaftssanktionen gegen Drittländer, ZaöRV 42 (1982), S. 780–803.

Menz, Simon/Scholz, Tobias B., The Kadi-case or the Legal Protection of Persons Included in the European Union „Anti-terror List", Eur.J.Crime.Cr.J. 2009, S. 61–68.

Meron, Theodor, Human rights and humanitarian norms as customary law, Oxford, New York 1989 (zit. *Meron*, Human rights).

Meyer, Frank, Lost in Complexity – Gedanken zum Rechtsschutz gegen Smart Sanctions in der EU, ZEuS 2007, S. 1–69.

–, Rechtsstaat und Terrorlisten – Kaltstellung ohne Rechtsschutz?, HRRS 11 (2010), S. 74–85.

Meyer, Frank/Macke, Julia, Rechtliche Auswirkungen der Terrorlisten im deutschen Recht, HRRS 2007, S. 445–465.

Meyer-Goßner, Lutz, Theorie ohne Praxis und Praxis ohne Theorie im Strafverfahren, ZRP 2000, S. 345 ff.

Möllers, Christoph, Das EuG konstitutionalisiert die Vereinten Nationen – Anmerkungen zu den Urteilen des EuG vom 21.09.2005, Rs. T-315/01 und T-306/01, EuR 2006, S. 426–431.

Moos, Lisa, Menschenrechtliche Verpflichtungen internationaler Organisation aus dem Völkergewohnheitsrecht – Ein Beitrag zur Rechtsbindung von Übergansverwaltungen am Beispiel der United Nations Interim Administration Mission in Kosovo, in: *Bäumler, Jelena/Daase, Cindy u.a.* (Hrsg.), Akteure in Krieg und Frieden – [... aus dem Workshop des Arbeitskreises junger Völkerrechtler mit dem Thema „Akteure in Krieg und Frieden" hervorgegangen der vom 30. Oktober bis 1. November 2009 in Berlin stattfand], Tübingen 2010, S. 115–141 (zit. *Moos*, in: *Bäumler/Daase/Schliemann u.a.* (Hrsg.), Akteure in Krieg und Frieden).

Mosler, Hermann, Völkerrecht als Rechtsordnung, ZaöRV 36 (1976), S. 6–49.

Möstl, Markus, Vorratsdatenspeicherung – Wie geht es weiter? Ein Zwischenbericht zum Stand der Dinge, ZRP 2011, S. 225 ff.

Müller, Sebastian, Präventive Sicherungshaft? – Zu den rechtsstaatlichen Grenzen der Terrorismusabwehr, Berlin 2006 (zit. *Müller*, Präventive Sicherungshaft).

Murphy, Sean D., Contemporary Practice of the United States relating to International Law, AJIL 94 (2000), S. 348–381.

Musharbash, Yassin, Die neue al-Quaida – Innenansichten eines lernenden Terrornetzwerks, Bonn 2006 (zit. *Musharbash*, Die neue al-Quaida).

Nawparwar, Manazha, Die Außenbeziehungen der Europäischen Union zu internationalen Organisationen nach dem Vertrag von Lissabon, Halle (Saale) 2009 (zit. *Nawparwar*, Die Außenbeziehungen der Europäischen Union).

Nettesheim, Martin, Das kommunitäre Völkerrecht, JZ 2002, S. 569–577.

–, Die allgemeine Erklärung der Menschenrechte und ihre Rechtsnatur, in: *Merten, Detlef/Papier, Hans-Jürgen* (Hrsg.), Handbuch der Grundrechte in Deutschland und Europa, Bd. VI/2, Heidelberg 2009 (zit. *Nettesheim*, in: *Merten/Papier* (Hrsg.), HdbGR VI/2).

–, U.N. sanctions against individuals – A challenge to the architecture of European Union governance, CML Rev. 44 (2007), S. 567–600.

Neusüß, Peter, Legislative Maßnahmen des UN-Sicherheitsrates im Kampf gegen den internationalen Terrorismus – Eine Untersuchung des Inhalts und der Rechtmäßigkeit von Resolution 1373 unter besonderer Berücksichtigung der Reaktionen der Staaten, 2008 (zit. *Neusüß*, Legislative Maßnahmen).

Nic Shuibhne, Niamh, Being bound, E.L. Rev. 2013, S. 435–436.

Normand, Roger, A human rights assessment of sanctions – The case of Iraq, 1990–1997, in: *Genugten, Willem J. M. van/Groot, Gerard A. de* (Hrsg.), United Nations sanctions – Effectiveness and effects, especially in the field of human rights; a multi-disciplinary approach, Antwerpen 1999, S. 19–33 (zit. *Normand*, in: *Genugten/Groot* (Hrsg.), United Nations sanctions).

Nowak, Manfred, CCPR Commentary – U.N. Covenant on Civil and Political Rights, 2. Auflage 2005 (zit. *Nowak*, CCPR Commentary).

O'Brian, James, The International Tribunal for Violations of International Humanitarian Law in Former Yugoslavia, AJIL 87 (1993), S. 639–659.

O'Connell, Mary Ellen, Debating the Law of Sanctions, EJIL 13 (2002), S. 63–79.

Oellers-Frahm, Karin, Das Statut des Internationalen Strafgerichtshofs zur Verfolgung von Kriegsverbrechen im ehemaligen Jugoslawien, ZaöRV 54 (1994), S. 416–445.

Oeter, Stefan, Terrorismus und Menschenrechte, AVR 40 (2002), S. 422–453.

–, Ius cogens und der Schutz der Menschenrechte, in: *Breitenmoser, Stephan/Wildhaber, Luzius* (Hrsg.), Human rights, democracy and the rule of law; Demokratie und Rechtsstaat; Droits de l'homme, démocratie et état de droit – Liber amicorum Luzius Wildhaber, Zürich, St. Gallen, Baden-Baden /// Zürich 2007 (zit. *Oeter*, in: *Breitenmoser/Wildhaber* (Hrsg.), Human rights).

Oette, Lutz, Die Vereinbarkeit der vom Sicherheitsrat nach Kapitel VII der UN-Charta verhängten Wirtschaftssanktionen mit den Menschenrechten und dem humanitären Völkerrecht, Frankfurt am Main 2003 (zit. *Oette*, Wirtschaftssanktionen).

Ohler, Christoph, Die Verhängung von „smart sanctions" durch den UN-Sicherheitsrat – eine Herausforderung für das Gemeinschaftsrecht, EuR 2006, S. 848 ff.

–, Der Schutz privaten Eigentums als Grundlage der internationalen Wirtschaftsordnung, JZ 2006, S. 875–883.

–, Gemeinschaftsrechtlicher Rechtsschutz gegen personengerichtete Sanktionen des UN-Sicherheitsrats, EuZW 2008, S. 630 ff.

Oosthuizen, Gabriel H., Playing the Devil's Advocate: The United Nations Security Council in unbound by law, Leiden J. Int'l. L. 1999, S. 549 ff.

Orakhelashvili, Alexander, The impact of peremptory norms on the interpretation and application of United Nations Security Council Resolutions, EJIL 16 (2005), S. 59–88.

–, Peremptory norms in international law, Oxford 2006 (zit. *Orakhelashvili*, Peremptory norms).

Osteneck, Kathrin, Die Umsetzung von UN-Wirtschaftssanktionen durch die Europäische Gemeinschaft – Völker- und europarechtliche Rahmenbedingungen für ein Tätigwerden der Europäischen Gemeinschaft im Bereich von UN-Wirtschaftssanktionsregimen unter besonderer Berücksichtigung der Umsetzungspraxis der EG-Organe, Berlin 2004 (zit. *Osteneck*, UN-Wirtschaftssanktionen).

Ott, Andrea, Case C-130/10, European Parliament v. Council of the European Union, Judgment of 19 July 2012, MJECL 19 (2012), S. 589–594.

Pape, Robert A., Why Economic Sanctions Do Not Work, International Security 22 (1997), S. 90–136.

Papier, Hans-Jürgen, Verhältnis des Bundesverfassungsgerichts zu den Fachgerichtsbarkeiten, DVBl. 2009, S. 473–481.

Partsch, Karl Joseph, Der Sicherheitsrat als Gerichtsgründer. Zur Entstehung des besonderen internationalen Strafgerichts für Jugoslawien, VN 42 (1994), S. 11–18.

Paust, Jordan J., Peace-making and Security Council Powers: Bosnia-Herzogovina raises international and constitutional questions, S. Ill. U.L.J 19 (1994), S. 131–152.

Payandeh, Mehrdad, Rechtskontrolle des UN-Sicherheitsrates durch staatliche und überstaatliche Gerichte, ZaöRV 66 (2006), S. 41–72.

Pech, Susanne, Außenpolitisch motivierte Sanktionen der EU, Frankfurt am Main 2013 (zit. *Pech*, EU-Sanktionen).

Pechstein, Matthias, Die Intergouvernementalität der GASP nach Lissabon, JZ 2010, S. 425–432.

Pellet, Alain, Le tribunal criminel international pour l'ex-Yougoslavie, RGDIP 98 (1994), S. 25–32.

Pieroth, Bodo/Schlink, Bernhard/Kingreen, Thorsten/Poscher, Ralf, Grundrechte, 29. Auflage, Heidelberg 2013 (zit. *Pieroth/Schlink/Kingreen/Poscher*, Grundrechte).

Piotrowicz, Marike/Zanetti, Corina, Sanktionen und Menschenrechte – eine Auswertung des Bossuyt-Berichts, MRM 2004, S. 274–284.

Puttler, Adelheid, § 234 – Globalisierung als Topos, in: *Isensee, Josef/Kirchhof, Paul* (Hrsg.), Handbuch des Staatsrechts der Bundesrepublik Deutschland – Internationale Bezüge. 3. Aufl., Heidelberg, München, Landsberg, Frechen, Hamburg 2013 (zit. *Puttler*, in: *Isensee/Kirchhof* (Hrsg.), HdBStR XI).

Reinisch, August, Developing Human Rights and Humanitarian Law Accountability of the Security Council for the Imposition of Economic Sanctions, AJIL 95 (2001), S. 851–872.

Reisman, W. Michael, Assessing the Lawfulness of Nonmilitary Enforcement: The Case of Economic Sanctions, Am. Soc'y Int'l L. Proc. 89 (1995), S. 350–360.

Reisman, W. Michael/Stevick, Douglas L., The Applicability of International Law Standards to United Nations Economic Sanctions Programmes, EJIL 9 (1998), S. 86–141.

Ress, Georg, Supranationaler Menschenrechtsschutz und der Wandel der Staatlichkeit, ZaöRV 64 (2004), S. 621–639.

Rittberger, Volker, Die Vereinten Nationen zwischen weltstaatlicher Autorität und hegemonialer Machtpolitik, in: *Meyer, Berthold* (Hrsg.), Eine Welt oder Chaos?,

Frankfurt am Main 1996, S. 301–336 (zit. *Rittberger*, in: *Meyer* (Hrsg.), Eine Welt oder Chaos?).

Roberts, Anthea Elizabeth, Traditional and modern approaches to customary international law; A reconciliation, AJIL 95 (2001), S. 757–791.

Rohde, David, Die letzten Tage von Srebrenica – Was geschah und wie es möglich wurde, Reinbek bei Hamburg 1997 (zit. *Rohde*, Srebrenica).

Ronen, Yehudit, Der Nexus zwischen Terrorismus und islamischer Immigration: Europas radikale Importe, in: *Nitschke, Peter* (Hrsg.), Globaler Terrorismus und Europa – Stellungnahmen zur Internationalisierung des Terrors. 1. Aufl., Wiesbaden 2008, S. 79–98 (zit. *Ronen*, in: *Nitschke* (Hrsg.), Globaler Terrorismus und Europa).

Rosand, Eric, The Security Council's Efforts to Monitor the Implementation of Al Qaeda/Taliban Sanctions, AJIL 98 (2004), S. 745–763.

Roxin, Claus/Schünemann, Bernd/Kern, Eduard, Strafverfahrensrecht – Ein Studienbuch, 27. Auflage 2012 (zit. *Roxin/Schünemann et al.*, Strafverfahrensrecht).

Rudolf, Peter, Macht ohne Moral? Zur ethischen Problematik internationaler Wirtschaftssanktionen, Die Friedens-Warte 72 (1997), S. 313 ff.

Sachs, Michael/Krings, Thomas, Das neue Grundrecht auf Gewährleistung der Vertraulichkeit und Integrität informationstechnischer Systeme, JuS 2008, S. 481 ff.

Sarkin, Jeremy/Koenig, Mark, Developing the right to work – Intersecting and dialoguing human rights and economic policy, HRQ 33 (2011), S. 1–42.

Sauer, Heiko, Rechtsschutz gegen völkerrechtsdeterminiertes Gemeinschaftsrecht?, NJW 2008, S. 3685–3688.

Schäfer, Bernhard, Die Individualbeschwerde nach dem Fakultativprotokoll zum Zivilpakt – Ein Handbuch für die Praxis, 2007, http://www.institut-fuer-menschenrechte.de/uploads/tx_commerce/handbuch_die_individualbeschwerde_nach_dem_fakultativprotokoll_z_zivilpakt.pdf.

Scheinin, Martin, Is the ECJ Ruling in Kadi Incompatible with International Law?, YEL 28 (2009), S. 637–653.

Schenke, Ralf Peter, Die Rechtsfindung im Steuerrecht – Konstitutionalisierung, Europäisierung, Methodengesetzgebung, Tübingen 2007 (zit. *Schenke*, Rechtsfindung).

Schewe, Christoph S., Das Ende der präventiven Rasterfahndung zur Terrorismusbekämpfung?, NVwZ 2007, S. 174 ff.

Schiffbauer, Björn, Vorbeugende Selbstverteidigung im Völkerrecht – Eine systematische Ermittlung des gegenwärtigen friedenssicherungsrechtlichen Besitzstandes aus völkerrechtsdogmatischer und praxisanalytischer Sicht, Berlin 2012 (zit. *Schiffbauer*, Vorbeugende Selbstverteidigung).

Schilling, Theodor, Die „neue Weltordnung" und die Souveränität der Mitglieder der Vereinten Nationen, AVR 33 (1995), S. 67–106.

–, Der Schutz der Menschenrechte gegen den Sicherheitsrat und seine Mitglieder – Möglichkeiten und Grenzen; Antrittsvorlesung; 6. Mai 2003, Berlin 2003 (zit. *Schilling*, Der Schutz der Menschenrechte).

–, Internationaler Menschenrechtsschutz – Universelles und europäisches Recht /// Das Recht der EMRK und des IPbpR, 2. Auflage, Tübingen 2010 (zit. *Schilling*, Internationaler Menschenrechtsschutz).

Schmahl, Stefanie, Die „Rule of Law" in den Vereinten Nationen – Überlegungen anhand der Lockerbie-Affäre, RuP 2001, S. 219–235.

–, Derogation von Menschenrechtsverpflichtungen in Notstandslagen, in: *Fleck, Dieter/Heinz, Wolfgang S.* (Hrsg.), Rechtsfragen der Terrorismusbekämpfung durch Streitkräfte – Legal issues of military counter-terrorist operations: with English executive summary. 1. Aufl., Baden-Baden 2004, S. 127–146 (zit. *Schmahl*, in: *Fleck/Heinz* (Hrsg.), Rechtsfragen der Terrorismusbekämpfung).

–, Effektiver Rechtsschutz gegen „targeted sanctions" des UN-Sicherheitsrats?, EuR 2006, S. 566 ff.

Schmalenbach, Kirsten, Normentheorie vs. Terrorismus – Der Vorrang des UN-Rechts vor EU-Recht, JZ 2006, S. 349–353.

–, Bedingt kooperationsbereit – Der Kontrollanspruch des EuGH bei gezielten Sanktionen der Vereinten Nationen, JZ 2009, S. 35–43.

Schneider, Henning C, Wirtschaftssanktionen – Die VN, EG und Bundesrepublik Deutschland als konkurrierende Normgeber beim Erlaß paralleler Wirtschaftssanktionen, Berlin 1999 (zit. *Schneider*, Wirtschaftssanktionen).

Schneider, Patricia/Pfeiffer, Kathrin, Die Terrorlistenpraxis verliert vor Gericht – Das EuGH-Urteil und seine Folgen für die gezielten Sanktionen der VN, Humanitäres Völkerrecht 2009, S. 4–14.

Schöbener, Burkhard, Verfassungsstaatliche Verantwortung für eine internationale Friedensordnung, in: *Dreier, Horst/Forkel, Hans/Laubenthal, Klaus* (Hrsg.), Raum und Recht – Festschrift 600 Jahre Würzburger Juristenfakultät. 2002, S. 407–459 (zit. *Schöbener*, in: *Dreier/Forkel/Laubenthal* (Hrsg.), Raum und Recht).

–, Fremdenrecht, völkergewohnheitsrechtliches, in: *ders.* (Hrsg.), Völkerrecht – Lexikon zentraler Begriffe und Themen, Heidelberg, Neckar 2013, S. 101–104 (zit. *Schöbener*, in: *ders.* (Hrsg.), Völkerrecht).

–, Das Verhältnis des EU-Rechts zum nationalen Recht der Bundesrepublik Deutschland, JA 2011, S. 885–894.

–, Der menschenrechtliche Schutz des privaten Eigentums im universellen Völkerrecht – eine Zwischenbemerkung, in: *Sachs, Michael/Siekmann, Helmut* (Hrsg.), Der grundrechtsgeprägte Verfassungsstaat – Festschrift für Klaus Stern zum 80. Geburtstag, Berlin 2012, S. 901–921 (zit. *Schöbener*, in: *Sachs/Siekmann* (Hrsg.), Der grundrechtsgeprägte Verfassungsstaat).

Schöbener, Burkhard/Herbst, Jochen/Perkams, Markus, Internationales Wirtschaftsrecht, Heidelberg u. a. 2010 (zit. *Schöbener/Herbst et al.*, Internationales Wirtschaftsrecht).

Schöbener, Burkhard/Knauff, Matthias, Allgemeine Staatslehre, 2. Auflage, München 2013 (zit. *Schöbener/Knauff*, Allgemeine Staatslehre).

Schönke, Adolf/Schröder, Horst (Hrsg.), Strafgesetzbuch – Kommentar, 28. Auflage, München, 2010 (zit. *Bearbeiter*, in: *Schönke/Schröder* (Hrsg.), StGB).

Schott, Jared, Chapter VII as Exception: Security Council Action and the Regulative Idea of Emergency, JIHR 5 (2007), S. 24–80.

Schotten, Gregor, Wirtschaftssanktionen der Vereinten Nationen im Umfeld bewaffneter Konflikte – Zur Bindung des Sicherheitsrates an individualschützende Normen, Berlin 2007 (zit. *Schotten*, Wirtschaftssanktionen).

Schröder, Meinhard, Verantwortlichkeit, Völkerstrafrecht, Streitbeilegung und Sanktionen, in: *Graf Vitzthum, Wolfgang/Proelß, Alexander* (Hrsg.), Völkerrecht, 6. Aufl., Berlin 2013, 7. Abschnitt, S. 527–577 (zit. *Schröder*, in: *Graf Vitzthum/Proelß* (Hrsg.), Völkerrecht, 7. Abschnitt).

Schulte, Dominik, Der Schutz individueller Rechte gegen Terrorlisten – Internationale, europäische und nationale Menschenrechtsstandards im Spannungsverhältnis zwischen effektiver Terrorismusbekämpfung und notwendigem Individualrechtsschutz, Baden-Baden 2010 (zit. *Schulte*, Der Schutz individueller Rechte gegen Terrorlisten).

Schulte, Philipp H, Terrorismus- und Anti-Terrorismus-Gesetzgebung – Eine rechtssoziologische Analyse, Münster 2008 (zit. *Schulte*, Terrorismus- und Anti-Terrorismus-Gesetzgebung).

Schutter, Olivier de, International human rights law – Cases, materials, commentary, Cambridge, New York 2010 (zit. *Schutter*, International human rights law).

Schwartmann, Rolf, Private im Wirtschaftsvölkerrecht, Tübingen 2005 (zit. *Schwartmann*, Private im Wirtschaftsvölkerrecht).

Schwarze, Jürgen (Hrsg.), EU-Kommentar, 3. Auflage, Baden-Baden, Basel, Wien, 2012 (zit. *Bearbeiter*, in: *Schwarze* (Hrsg.), EU-Kommentar).

Schweigman, David, The authority of the Security Council under chapter VII of the UN Charter – Legal limits and the role of the International Court of Justice, The Hague 2001 (zit. *Schweigman*, Security Council).

Seiler, Christian, Der souveräne Verfassungsstaat zwischen demokratischer Rückbindung und überstaatlicher Einbindung, Tübingen 2005 (zit. *Seiler*, Der souveräne Verfassungsstaat).

Shelton, Dinah, Normative hierarchy in international law, AJIL 100 (2006), S. 291–323.

Simma, Bruno (Hrsg.), Charta der Vereinten Nationen – Kommentar, München, 1991 (zit. *Bearbeiter*, in: *Simma*, Charta der Vereinten Nationen).

– (Hrsg.), The Charter of the United Nations – A commentary, 2. Auflage, Oxford, 2002. (zit. *Bearbeiter*, in: *Simma*, The Charter of the United Nations).

Simma, Bruno/Alston, Philip, The sources of human rights law; Custom, jus cogens and general principles, AYIL 12 (1992), S. 82–108.

Simma, Bruno/Verdross, Alfred, Universelles Völkerrecht – Theorie und Praxis, 3. Auflage, Berlin 2010 (zit. *Simma/Verdross*, Universelles Völkerrecht).

Simon, Annette, UN-Schutzzonen – ein Schutzinstrument für verfolgte Personen? – Eine Analyse anhand der internationalen Schutzzonen im Irak, in Ruanda und Bosnien-Herzegowina mit besonderem Blick auf die schweren Menschenrechtsverletzungen in der „safe area" Srebrenica = UN-safety zones – a means of protection for persucted persons?: (english summary), Berlin 2005 (zit. *Simon*, UN-Schutzzonen).

Simon, Denys, Sanctions antiterroristes, Europe 2010, S. 12–14.

–, Mesures antiterroristes. Un arrêt trés attendu sur l'intensité du contrôle des mesures antiterroriste: la Cour confirme la solution du Tribunal dans l'affaire Kadi II, Europe 2013, S. 14–16.

Sinclair, Ian, The Vienna convention on the law of treaties, 2. Auflage, Manchester 1984 (zit. *Sinclair*, The Vienna convention).

Sorel, Jean-Marc, Some Questions About the Definition of Terrorism and the Fight Against Its Financing, EJIL 14 (2003), S. 365–378.

Starck, Karen Dorothee, Die Rechtmäßigkeit von UNO-Wirtschaftssanktionen in Anbetracht ihrer Auswirkungen auf die Zivilbevölkerung – Grenzen der Kompetenzen des Sicherheitsrates am Beispiel der Maßnahmen gegen den Irak und die Bundesrepublik Jugoslawien, Berlin 2000 (zit. *Starck*, UNO-Wirtschaftssanktionen).

Stavrinides, Zenon, Human Rights Obligations under the United Nations Charter, IJHR 3 (1999), S. 38–48.

Stein, Andreas, Der Sicherheitsrat der Vereinten Nationen und die Rule of Law – Auslegung und Rechtsfortbildung des Begriffs der Friedensbedrohung bei humanitären Interventionen auf der Grundlage des Kapitels VII der Charta der Vereinten Nationen, Baden-Baden 1999 (zit. *Stein*, Sicherheitsrat und die Rule of Law).

Steinbarth, Sebastian, Individualrechtsschutz gegen Maßnahmen der EG zur Bekämpfung des internationalen Terrorismus – Die Entscheidungen des EuGH in den Rs. „Yusuf u.a." sowie „Kadi", ZEuS 2006, S. 269–286.

Steinberg, Guido, Terror- Europas internes Problem, IP 2005, S. 14–21.

Stelkens, Paul/Bonk, Heinz Joachim/Sachs, Michael (Hrsg.), Verwaltungsverfahrensgesetz – Kommentar, 7. Auflage, München, 2008 (zit. *Bearbeiter*, in: *Stelkens/Bonk/Sachs* (Hrsg.), VwVfG).

Stern, Klaus, Menschenrechte als universales Leitprinzip, in: *Merten, Detlef/Papier, Hans-Jürgen* (Hrsg.), Handbuch der Grundrechte in Deutschland und Europa, VI/2, Heidelberg 2009 (zit. *Stern*, in: *Merten/Papier* (Hrsg.), HdbGR VI/2).

Talmon, Stefan, The Security Council as world legislative, AJIL 99 (2005), S. 175–193.

Thallinger, Gerhard, Sense and sensibility of the human rights obligations of the United Nations Security Council, ZaöRV 67 (2007), S. 1015–1040.

Tietje, Christian/Hamelmann, Sandy, Gezielte Finanzsanktionen der Vereinten Nationen im Spannungsverhältnis zum Gemeinschaftsrecht und zu Menschenrechten – EuG, BeckRS 2005, 70 726, JuS 2006, S. 299–302.

Tomuschat, Christian, Der 11. September 2001 und seine rechtlichen Konsequenzen, EuGRZ 2001, S. 535–545.

–, Die Europäische Union und ihre völkerrechtliche Bindung, EuGRZ 2007, S. 1–12.

–, Human rights – Between idealism and realism, 2. Auflage, Oxford 2008 (zit. *Tomuschat*, Human rights).

–, Der fremdenrechtliche Mindeststandard im Völkerrecht, in: *Merten, Detlef/Papier, Hans-Jürgen* (Hrsg.), Handbuch der Grundrechte in Deutschland und Europa, VI/2, Heidelberg 2009 (zit. *Tomuschat*, in: *Merten/Papier* (Hrsg.), HdbGR VI/2).

–, Menschenrechte in der Praxis der Vereinten Nationen, in: *von Hoffmann, Bernd* (Hrsg.), Universalität der Menschenrechte – Kulturelle Pluralität, Frankfurt am Main 2009, S. 13–36 (zit. *Tomuschat*, in: *von Hoffmann* (Hrsg.), Universalität der Menschenrechte).

–, Case T-306/01, „Ahmed Ali Yusuf and Al Barakaat International Foundation v. Council and Commission", judgment of the Court of First Instance of 21 September 2005; Case T-315/01, „Yassin Abdullah Kadi v. Council and Commission", judgment of the Court of First Instance of 21 September 2005, nyr, CML Rev. 43 (2006), S. 537–551.

Tostensen, Arne/Bull, Beate, Are Smart Sanctions Feasible?, World Politics 54 (2002), S. 373–403.

Traut, Marcus/Nickolaus, Christoph, Ist es (wieder) Zeit für eine Trennung zwischen Eröffnungs- und Tatsachenrichter?, StrFo 2012, S. 51–58.

Trautwein, Thomas, Das Internationale Jugoslawien-Tribunal und das Völkerrecht, ZRP 1995, S. 87–88.

Volger, Helmut, Grundlagen und Strukturen der Vereinten Nationen, München 2007 (zit. *Volger*, Grundlagen und Strukturen der Vereinten Nationen).

Volk, Klaus/Engländer, Armin, Grundkurs StPO, 8. Auflage, München 2013 (zit. *Volk/Engländer*, StPO).

v. Arnauld, Andreas, Völkerrecht, Heidelberg 2012 (zit. *v. Arnauld*, Völkerrecht).

–, Der Weg zu einem „Solange I 1/2" – Die Umsetzung der gezielten UN-Sanktionen durch die EU nach Einrichtung der UN-Ombudsstelle – europäische oder globale rule of law?, EuR 2013, S. 236–246.

–, UN-Sanktionen und gemeinschaftsrechtlicher Grundrechtsschutz – Die „Soweit-Rechtsprechung" des Europäischen Gerichts Erster Instanz, AVR 44 (2006), S. 201–216.

v. Lewinski, Kai, Öffentlichrechtliche Insolvenz und Staatsbankrott – Rechtliche Bewältigung finanzieller Krisen der öffentlichen Hand, Tübingen 2011 (zit. *v. Lewinski*, Öffentlichrechtliche Insolvenz).

v. Mangoldt, Hermann/Klein, Friedrich/Starck, Christian (Hrsg.), Kommentar zum Grundgesetz, Bd. III, 6. Auflage 2010, München. (zit.: *Bearbeiter*, in: *v. Mangoldt/Klein/Starck*, GG).

v. Schorlemer, Sabine, Human rights; substantive and institutional implications of the war against terrorism, EJIL 14 (2003), S. 265–282.

van den Broek, Melissa/Hazelhorst, Monique/de Zanger, Wouter, Asset Freezing – Smart Sanction or Criminal Charge?, Utrecht J Int'l & Eur L 2010, S. 18–27.

Voeffray, François, Le Conseil de sécurité de l'ONU – Gouvernement mondial, législateur ou juge?, in: *Kohen, Marcelo G.* (Hrsg.), Promoting justice, human rights and conflict resolution through international law: liber amicorum Lucius Caflisch, Leiden 2007, S. 1195–1209 (zit. *Voeffray*, in: *Kohen* (Hrsg.), Promoting justice).

Villiger, Mark Eugen, Commentary on the 1969 Vienna Convention on the Law of Treaties, Leiden u. a. 2009 (zit.: *Villiger*, Commentary on the 1969 Vienna Convention).

Voßkuhle, Andreas, Der europäische Verfassungsgerichtsverbund, NVwZ 2010, S. 1–8.

Vradenburgh, Anna M., The Chapter VII Powers of the United Nations Charter: Do they „trump" human rights law?, LoyLAICLJ 14 (1991), S. 175–205.

Wagner, Markus, Die wirtschaftlichen Maßnahmen des Sicherheitsrates nach dem 11. September 2001 im völkerrechtlichen Kontext – Von Wirtschaftssanktionen zur Wirtschaftsgesetzgebung?, ZaöRV 63 (2003), S. 879–920.

Wahl, Katja, Rechtsschutz gegen Individualsanktionen der UN am Beispiel der Finanzsanktionen des Taliban-Sanktionsregimes, Münster 2009 (zit. *Wahl*, Individualsanktionen).

Waldman, Matt, The sun in the sky: The relationship between Pakistan's ISI and Afghan insurgents, Crisis States working papers series no. 2, no. 18. 06/2010, Crisis States Research Centre, London School of Economics and Political Science, London, UK (zit. *Waldman*, The sun).

Wallensteen, Peter/Staibano, Carina/Eriksson, Mikael, Making targeted sanctions effective – Guidelines for the implementation of UN policy options, Uppsala 2003 (zit. *Wallensteen/Staibano et al.*, Targeted sanctions).

Watson, Geoffrey R., Constitutionalism, judicial review and the world court, Harv. Int'l L.J. 34 (1994), S. 1–45.

Weigend, Thomas, Unverzichtbares im Strafverfahrensrecht, ZStW 113 (2001), S. 271 ff.

Weisburd, Arthur M., The Effect of treaties and other formal international acts on the customary law of human rights, GJICL 25 (1995/96), S. 99–146.

Weiss, Regina, Das Gesetz im Sinne der europäischen Menschenrechtskonvention, Berlin 1996 (zit. *Weiss*, Gesetz).

Werthes, Sascha, Probleme und Perspektiven von Sanktionen als politisches Instrument der Vereinten Nationen, Münster 2003 (zit. *Werthes*, Sanktionen).

Wessel, Ramses A., The UN, the EU and jus cogens, IOLR 2006, S. 1 ff.

Willis, Grant L., Security Council targeted sanctions due process and the 1267 ombudsperson, Geo. J. Int'l L. 42 (2010/11), S. 673–745.

Wilß, Cornelia, Saubere Diamanten? – Der Kampf gegen schmutzige Geschäfte mit Blutdiamanten am Beispiel Sierra Leones, Frankfurt/M. 2003 (zit. *Wilß*, Saubere Diamanten).

Winkler, Sebastian, Die Vermutung des äquivalenten Grundrechtsschutzes im Gemeinschaftsrecht nach dem Bosphorus-Urteil des EGMR – Die konventionsrechtliche Verantwortung der EG/EU-Mitgliedstaaten für den Vollzug einer EG-Verordnung, EuGRZ 2007, S. 641–654.

Witte, Andreas, Viel Lärm um nichts? – Wirkung und Normenhierarchie des Völkerrechts im Unionsrecht vor und nach Kadi, ÖstZöffR 67 (2012), S. 679–702.

Wolf, Klaus Dieter, Die UNO – Geschichte, Aufgaben, Perspektiven, 2. Auflage, München 2010 (zit. *Wolf*, Die UNO).

Wolfke, Karol, Custom in present international law, 2. Auflage, Norwell, MA, U.S.A 1993 (zit. *Wolfke*, Custom).

Wolf-Zimper, Gesine, Zielgerichtete Sanktionen des Sicherheitsrates der Vereinten Nationen und effektiver Rechtsschutz, Frankfurt am Main 2009 (zit. *Wolf-Zimper*, Zielgerichtete Sanktionen).

Wolter, Jürgen (Hrsg.), SK-StPO – Systematischer Kommentar zur Strafprozessordnung mit GVG und EMRK, 4. Auflage, Bd. 4, Köln, 2010 (zit. *Bearbeiter*, in: *Wolter* (Hrsg.), SK-StPO Bd. 4).

Woyke, Wichard, Handwörterbuch internationale Politik, 12. Auflage, Opladen 2011 (zit. *Woyke*, Handwörterbuch internationale Politik).

Wüstenhagen, Axel, Die Vereinten Nationen und der internationale Terrorismus – Versuch einer Chronologie, in: *v. Schorlemer, Sabine von* (Hrsg.), Praxishandbuch UNO – Die Vereinten Nationen im Lichte globaler Herausforderungen, Berlin, Heidelberg 2003, S. 101–144 (zit. *Wüstenhagen*, in: *v. Schorlemer* (Hrsg.), Praxishandbuch UNO).

Zeleny, Klaus, Zur Verhängung von Wirtschaftssanktionen durch die EU, ZÖR 1997, S. 197–232.

Ziegler, Clemens E., Kosovo-Krieg der Nato 1999 und Irak-Krieg 2003 – Völkerrechtliche Untersuchung zum universellen Gewaltverbot und seinen Ausnahmen, Frankfurt am Main 2009 (zit. *Ziegler*, Kosovo-Krieg).

Zoller, Elisabeth, Peacetime unilateral remedies – An analysis of countermeasures, Dobbs Ferry, NY 1984 (zit. *Zoller*, Peacetime unilateral remedies).

Beiträge zum nationalen und internationalen öffentlichen Recht

Herausgegeben von Burkhard Schöbener

Band 1 Solveig Haß: Die Urteile des Europäischen Gerichtshofs für Menschenrechte. Charakter, Bindungswirkung und Durchsetzung. 2006.

Band 2 Angela Werner: Die Grundrechtsbindung der Bundeswehr bei Auslandseinsätzen. 2006.

Band 3 Florian Stork: Das Anti-Diskriminierungsrecht der Europäischen Union und seine Umsetzung in das deutsche Zivilrecht. 2006.

Band 4 Regine Gerards: Die Europäische Menschenrechtskonvention im Konstitutionalisierungsprozess einer gemeineuropäischen Grundrechtsordnung. 2007.

Band 5 Christian Baudewin: Der Schutz der öffentlichen Ordnung im Versammlungsrecht. 2007.

Band 6 André Scheidtmann: Wirtschafts- und berufsständische Kammern im europäischen Gemeinschaftsrecht. 2007.

Band 7 Marnie Silny: Die binnenmarktbezogene Rechtsangleichungskompetenz des Art. 95 EG. Reichweite und Grenzen der Harmonisierungskompetenz sowie ihre Stellung in der gemeinschaftsrechtlichen Kompetenzverfassung. 2007.

Band 8 Thomas Mösinger: Auswahlkriterien der Standplatzvergabe unter rechtlicher und ökonomischer Analyse. Staatliche Verteilungsentscheidungen als Gegenstand der ökonomischen Analyse des Rechts. 2007.

Band 9 Henning Schwier: Der Schutz der „Unternehmerischen Freiheit" nach Artikel 16 der Charta der Grundrechte der Europäischen Union. Eine Darstellung der tatsächlichen Reichweite und Intensität der grundrechtlichen Gewährleistung aus rechtsvergleichender Perspektive. 2008.

Band 10 Jens-Peter Eickhoff: Das Funktionsrecht des Europäischen Parlaments. 2008.

Band 11 Burkhard Schöbener (Hrsg.): Junge Rechtswissenschaft: Völker- und Europarecht. Bemerkenswerte Seminararbeiten aus dem Schwerpunktstudium. 2009.

Band 12 Maximilian Robert Jahn: Die Handelshemmnis-Verordnung (Verordnung EG Nr. 3286/94). 2009.

Band 13 Stefan Haeder: Die Neuordnung des Zugangs zum Anwaltsnotariat in Deutschland. 2009.

Band 14 Ursula Hoppe: Die Kunstfreiheit als EU-Grundrecht. 2011.

Band 15 Kathrin F. Baltes: Die demokratische Legitimation und die Unabhängigkeit des EuGH und des EuG. 2011.

Band 16 Sonja Bocek: Die völkerrechtlichen Wirkungen einseitiger Erklärungen der UN-Generalversammlung. 2011.

Band 17 Nadja Gaus: Materiell-rechtliche Gewährleistungen und verfahrensrechtliche Durchsetzbarkeit völkerrechtlich garantierter Menschenrechte. Zur rechtlichen Stellung des Einzelnen im Völkerrecht. 2011.

Band 18 Robin Falk Lengelsen: Aktuelle Probleme der Staatenimmunität im Verfahren vor den Zivil- und Verwaltungsgerichten. Unter besonderer Berücksichtigung des „UN-Übereinkommens über die Immunität des Staaten und ihres Vermögens von der Gerichtsbarkeit". 2011.

Band 19 Maike Friedrich: WTO und Klimaschutz. Konflikte und Synergien zwischen nationalen Klimaschutzmaßnahmen und dem WTO-Recht. 2012.

Band 20 Michael Rafii: Institutionalisierte Kooperationsformen zwischen staatlichen und nichtstaatlichen Akteuren im internationalen Bereich. Internationale Public-Private Partnerships und ihre rechtlichen Herausforderungen für das Völkerrecht und das deutsche Verfassungsrecht. 2013.

Band 21 Anna Müller: Die *Zugehörigkeit zu einer bestimmten sozialen Gruppe* als zentrales Verfolgungsmotiv des Flüchtlingsbegriffs im Lichte des rechtsnormativen Mehrebenensystems. 2014.

Band 22 Ralf Reuter: Die Auswirkungen des unionsrechtlichen Altersdiskriminierungsverbots auf das deutsche Beamtenrecht. 2015.

Band 23 Niklas Haberkamm: Art. 102 AEUV im Lichte eines ökonomisch geprägten Prüfungsansatzes. 2015.

Band 24 Mahdad Mir Djawadi: Individualsanktionen des UN-Sicherheitsrates gegen Al Qaida und die Taliban. Zum Spannungsverhältnis zwischen Sicherheit und individueller Freiheit im Mehrebenensystem von Völkerrecht, Europarecht und nationalem Verfassungsrecht. 2016.

www.peterlang.com

www.ingramcontent.com/pod-product-compliance
Ingram Content Group UK Ltd.
Pitfield, Milton Keynes, MK11 3LW, UK
UKHW021827290926
8980IPUK00004B/311

9 783631 670927